Reader's Digest
Auswahlbücher

Reader's Digest Auswahlbücher

Verlag DAS BESTE
Stuttgart · Zürich · Wien

Die Kurzfassungen in diesem Buch erscheinen
mit Genehmigung der Autoren und Verleger

275
PRINTED IN GERMANY

ISBN 3 87070 081 5

Inhalt

Illustrationen von Herbert Meinhold
Deutsche Buchausgabe: „Piratenkurs"

ISBN 3 7951 0247 2

Piraten-kurs

Eine Kurzfassung des Buches von

Rudolf Braunburg

Die thailändische Polizei hat einen Tip bekommen: Im Bangkok-Singapur-Expreß will sich die PHRYXX einer Gruppe von zwanzig prominenten Deutschen annehmen, um in Hamburg festgenommene Mitglieder ihrer Geheimorganisation freizubekommen. Doch der Tip ist nur zum Teil richtig.

Lohmar, Anführer beim Coup der PHRYXX, ist davon überzeugt, daß die ausgeklügeltsten Ideen nichts nützen, wenn man ihnen nicht mit Gewalt zum Durchbruch verhilft. Und darin hat er Erfahrung. Ihm, dem „Bären" und den zwei zwar attraktiven, aber eiskalt handelnden Helferinnen gelingt es, auf dem Flug nach Teheran die TC 773 in ihre Gewalt zu bekommen. Die nächsten Stunden und Tage sind nicht nur für Passagiere und Besatzung nervenzerreißend, sie sind es mehr und mehr auch für die Täter. Vollkommen bewahrt nur der junge buddhistische Mönch Phra Maha Chai die innere und äußere Ruhe, um die sich der besonnene Flugkapitän Steiner, die gescheite Karen und auch Lohmar so sehr bemühen.

Im Rückblick überrascht es geradezu, daß bis zur Mitte der sechziger Jahre Flugzeugentführungen selten waren. Dann versuchten sich plötzlich Fanatiker, Irre, Gangster und Verzweifelte in dieser neuen Form von Piraterie. Manchmal konnten sie ihre Forderungen durchsetzen und fanden immer mehr Nachahmer. Allein in den ersten beiden Monaten des Jahres 1969 mußten von den USA aus sechzehn Maschinen unplanmäßig nach Kuba fliegen.

Inzwischen sind die Erfolgschancen der Luftpiraten geringer geworden und auch die weltweite Beachtung bleibt meistens aus. Die Zahl der Todesopfer war bei allen Anschlägen gering, doch bei jeder Flugzeugentführung sind Menschenleben dem nie berechenbaren Handeln des Menschen ausgeliefert. Rudolf Braunburg hat diese Situation in seinem spannenden Roman klar ausgeleuchtet und dabei eine ganze Skala von Schicksalen eindrucksvoll geschildert.

1

AN JENEM Frühlingstag funkten die Wettersatelliten das übliche Bild: Wolkenfelder, Küstenformen, Inselgruppen, die blaudunstig auf den Ozeanen des Planeten schwammen.

Südlich der Philippinen bildete sich der erste Taifun des Jahres aus. Fast alle großen Inseln des westpazifischen Raumes waren von Gewittern bedeckt. Über Borneo, Celebes, Sumatra und Java reihten sich Quellwolkenmassen zu Unwetterfronten auf.

Das Antlitz der Erde wurde von der Satellitenhöhe aus nicht durch die Verteilung von Land und Wasser geprägt, sondern durch Wolkenmassen. Es wechselte täglich. Aber nie zeigte sich eine Spur von Leben.

Zwischen den Wolkenpilzen jedoch, die über Indonesien emporschossen, bewegte sich ein winziger Punkt: eines jener Zehntausende von Flugzeugen, die zu jeder Zeit unterwegs waren – in dem schmalen Band zwischen Erde und Stratosphäre, das die Technik bisher als Bewegungsspielraum für sie erobert hatte.

Den winzigen Punkt stellte eine Fokker dar, die Tag für Tag zwischen Denpasar, Djakarta und Bangkok pendelte. Ihre Besatzung wurde dringend in Bangkok erwartet. Dessen Flugplatz Don Muang lag zur Zeit noch unter heftigen Gewitterschauern, sollte aber zur Ankunftszeit frei von Regen sein. Auf der welligen Landebahn hatten sich knöcheltiefe Pfützen gebildet; und der Stationsleiter der *Transcontinental* in Bangkok starrte trist durch die verregneten Scheiben des Büros der Luftfahrtgesellschaft und sagte zu seinem Assistenten: „Wenn die Herren von der Fokker sich beeilen, können wir den Anschluß nach Deutschland halten."

„Hat aber nicht den Anschein!" sagte der Assistent.

„Wo hängt unsere Boeing?" fragte Stationsleiter Raff.

„Keine Ahnung, die letzte Positionsmeldung ist drei Stunden alt, da stand sie noch dekorativ in Hongkong. Sie wissen doch: hier findet die Nachrichtenübermittlung mit dem Fahrrad statt. Der hinkende

Bote zwischen Thailand und dem South Pacific wird mit einer Reifenpanne im Urwald von Neuguinea stecken."

Raff nippte an seiner fünften Tasse Tee. „Abwarten ist das beste in diesem Sch . . ."

Da krachte der nächste Gewittersturz nieder.

ROBERT BRONN, freier Mitarbeiter einiger Zeitungen, Ressort Naturschutz, merkte, wie der Pilot zu kurven begann. Die Gewitter werden uns hoffentlich nicht den Durchgang versperren, dachte er. Die zweimotorige Fokker *Friendship* war vor knapp einer Stunde in Denpasar auf Bali gestartet; und Bronn war sehr daran interessiert, pünktlich in Bangkok zu landen. Dort wollte er umsteigen auf die Langstrecken-Boeing des *Transcontinental*-Fluges TC 773. Die Maschine kam aus Hongkong und sollte ihn nach Deutschland bringen. Nach sechs Wochen Dschungelhitze, Campleben und Inseldasein abseits jeglicher Zivilisation erfüllte die Aussicht, wegen einer versäumten Maschine noch drei Tage in Bangkok warten zu müssen, jetzt sogar den Globetrotter in ihm mit Schrecken.

Im gleichen Augenblick wurde der Schulterdecker von der ersten Bö gepackt, kräftig durchgeschüttelt und wieder in ruhige Gefilde entlassen. Schwarze Katermünder quollen mit geborstenen Lavalippen durch giftgrüne Wolkenschleier.

Der fünfundzwanzigsitzige Kabinenraum vor ihm war fast leer. Links am Fenster, auf seiner Seite, saß eine schwarzhaarige Frau. Sie war nicht übermäßig groß und wirkte körperlich fast zerbrechlich. Aber ihre ausgeprägten Züge strahlten ungeheure Energie aus. Die müde aussehenden Snacks hatte sie von vornherein abgelehnt, statt dessen eine Karaffe Rotwein verlangt und sich entspannt zurückgelehnt, wobei sie gelegentlich seitlich der Kopfstütze eine schlanke Hand mit einem Opal zeigte, der blaugrün in einem schmalen Weißgoldreif glühte.

Auf der rechten Seite, am Mittelgang, saß ein schlaksiger, übergroßer amerikanischer G. I.-Typ in khakigrünem Tropenanzug mit Zivilschnitt. Er hatte sich mehrmals ausgiebig Käsehäppchen und Lachsschnitten nachreichen lassen und dann ungehemmt und langwierig mit dem Zahnstocher gearbeitet. Die erste Bö ließ ihn jäh zusammenzucken, gejagt um sich blicken und zu seiner Sitznachbarin jenseits des Mittelganges sagen: „Stets der gleiche Mist auf dieser Strecke. Die Piloten benehmen sich, als stammten sie aus Feuerland!"

Die Schwarzhaarige warf ihm einen kurzen Blick zu. „Glaub nicht, daß ich das beurteilen kann."

„Wir hatten mal in unserer Einheit einen dressierten Gorilla, der flog besser. Wenn ein Einsatz gefährlich war, schickten wir ihn auf *mission.* Aber nachdem wir immer noch Sergeants, er längst Major war, brachten wir ihn zurück in den Urwald." Er lachte schallend.

„Hoffentlich mit einem Flugticket!" sagte die Schwarzhaarige ironisch. „Gorillas gibt's nur in Afrika... Immerhin, Sie können beruhigt sein. Ich weiß jetzt: Sie sind auch Pilot."

Ein neuer Schlag ließ die Propellerturbinen aus der Synchronisation geraten, das Geschirr in der Galley klirren. Pechschwarze Nacht breitete sich draußen aus, plötzlich ein Strahl Purpur, gleich darauf die alte Mittagshelle. Bergkegel im Wolkendunst. Buchten, Küstenstädte, leicht verzerrt. Die Fokker tanzte zwischen fahlblauen Schluchten.

Sofort begann der G. I.-Typ wieder zu reden; und plötzlich erkannte Bronn: Nervosität und Angst trieben ihn dazu.

„Ich war bei der *12th Tactical Eighter Wing!*" teilte der G. I.-Typ mit und kaute einen Kaugummi intensiv durch. „Und Sie, woher kommen Sie?"

„Interessant, aber ich hab Sie nicht gefragt!" sagte die Frau.

„Schätze, Sie sind Französin, so, wie Sie Amerikanisch sprechen. Hab 'ne Menge Französinnen kennengelernt. Sollten nicht so allein in dieser Gegend umherreisen, Sie. Alles schlitzäugige Kanacker! Ehrlich! Werd mich um Sie kümmern, wo immer Sie hinfliegen." Er musterte sie ungeniert von oben bis unten. „Ihr Fahrgestell ist *top,* versteh nicht, warum Sie so mies dreinschauen."

Jetzt erwiderte die vermeintliche Französin: „Ihr Interesse ehrt mich. Aber dies ist ein Flugzeug, kein Frontbordell."

Das verschlug ihm ganz kurz die Sprache; aber dann kam die nächste Bö, die war hart, dann die übernächste, die war noch härter. In den Wirbeln der Fallwinde wurde der junge Amerikaner direkter und aggressiver.

„Hören Sie, Miß, ich bin Pilot gewesen, ich bin nicht irgendwer, und Sie behandeln mich wie einen dummen Jungen. Ich hab 'ne F-4C gehabt, das ist 'ne *Phantom,* wenn Sie wissen, was das ist, und ich weiß, daß dieser Hinterstubenpilot nichts von der Scheißfliegerei versteht. Sie treiben sich hier in dem dreimal verdammten Dreckasien herum und benehmen sich, als ob Sie sonstwer seien!"

Bronn spürte, daß er bald eingreifen mußte.

„Ich bin auf Westpoint ausgebildet worden!" schrie der Amerikaner jetzt. „Mit mir könnt ihr so was nicht machen, ihr Scheißpiloten! Ihr Scheißweiber!" Er nestelte an seinem Gurtschloß und wollte aufspringen, aber Bronn kam ihm zuvor, sprang neben ihn, drückte ihn zurück in den Sitz, mußte sich selber festklammern. Mit trockenem Ticken schlug ein Blitz ein. Ozongeruch durchdrang die heiße Kabine.

Der Amerikaner hob sich halb aus dem Sitz, bog sich wie eine Feder zurück und ließ dann seine Faust gegen Bronn vorschnellen. Aber sein Gurt hatte sich nicht völlig gelöst und bremste die Wucht seines Körpers.

Bronn schlug sofort zu. Er traf den Amerikaner an der Halsschlagader. Der wich zurück und verzog schmerzhaft das junge, faltenlose Gesicht.

Die Schwarzhaarige sagte: „War das denn nötig? Er hat einfach zuviel getrunken. Ich habe beobachtet, wie er sich vor dem Start eine halbe Flasche Bourbon genehmigt hat. Simples Beiseitespringen hätte genügt; der Mann hat sich völlig verausgabt!"

Tatsächlich hing der Amerikaner tatenlos und apathisch im Sitz.

„Tut mir leid!" murmelte Bronn und zog sich zurück, nahm einen Hauch von Hamamelis, eine Erinnerung an stark gewölbte Augenbrauen, schwarze Rehaugen, fein ziselierte Lippen mit.

Was erstaunt dich nun mehr, alter Haudegen, dachte er: die Kaltschnäuzigkeit der Rehaugendame oder deine Aggressivität? Eine kleine Anspannung, eine winzige Nervosität, ein bißchen Zweifel an der pünktlichen Ankunftszeit – und fort mit der Tünche! Robert Bronn in einer Mini-Streß-Situation – ein wahrer Garant des Friedens! Da möchte ich nicht in einer echten Notlage mit mir und dem Crewcutjüngling eingesperrt sein!

Noch so ein Zwischenfall, dachte das schwarzhaarige Mädchen, das vor Robert Bronn in der Fokker saß, noch so eine Schlägerei, und die Nerven meines verehrten Ralph wären hin. Meine eigenen würden wenig später folgen. Aber Ralph, mein Begleiter, Mitspieler, Widerpart, Mann – er ist nicht bei mir. Ich bin ihm entflohen, einfach davongeflogen. Wir hatten großartige Auftritte in Australien, Neuseeland, in den Hiltons und Intercontinentals des Pazifiks. Wir spielen und passen gut zusammen, wir haben nur positive Kritiken: Ruth und Ralph Osterman, zwei Stimmen, zwei Gitarren, eine Begeisterungswelle!

Zwei Flugtickets: er direkt nach Hongkong und Bangkok, ich mit dem Umweg über Timor und Bali, das wird ihn ärgern, denn das kann er gar nicht fassen, der große Könner, der immer Aufwärtsstrebende! Ich habe mich herrlich ausgeruht, während er in Melbourne schon wieder neue Verbindungen angeknüpft hat.

Sie fixierte den G. I. Er hatte die Beine lang ausgestreckt und kaute stumpfsinnig Kaugummi. Sie haßte Männer, die sich so haltlos gaben und sich trotzdem für unwiderstehlich hielten. Du bist mal wieder sehr hart in deinen Urteilen, dachte sie. Mit deinen Ansprüchen an andere wirst du es nie zu etwas bringen. Du solltest dich lieber auf Ralph freuen, den du in Bangkok wiedertriffst. Er wird dir einen hübschen Fensterplatz reserviert haben, auf den du gar keinen Wert legst, neue Pläne enthusiastisch ausbreiten, auf die du pfeifst, und neue Akkorde vorklimpern, die du scheußlich findest.

Ruth Osterman war vierundzwanzig und reiste seit drei Jahren mit Ralph um die Welt. Sie erinnerte sich an ihre erste Begegnung. Er war ihr in einem Londoner Nachtklubkeller aufgefallen: ein heruntergekommener, halbverhungerter Junge mit einer Gitarre, der man häufigen Personenwechsel ansah. Aber sie spürte nach wenigen Akkorden, daß da einer nicht nur Stücke herunterspielte, sondern mit verbissener Energie an sich selbst arbeitete, allzu Billiges, Geläufiges verwarf und nach einer neuen Auffassung suchte.

Scheinbare Zufälle brachten sie zusammen: Streit mit ihrem Begleiter, der sie einfach davonrennen ließ durch die düsteren Gassen Sohos, Ralph, der das beobachtete, der triste Novembernieselregen. So liefen sie schließlich Hand in Hand durch den Nebelabend. In seinem Mietzimmer spielten sie sich gegenseitig ihre Songs und Kompositionen vor. Besser: ihre Vorstellungen von der Zukunft, ihre Pläne. Sie sangen und spielten um die Wette, und gegen Morgen war sie zu der Überzeugung gelangt, daß ihre zurückhaltende lyrische Art und sein progressives Ungestüm einen recht interessanten Gegensatz innerhalb eines Duos bilden könnten. Und die Erfolge bestätigten ihre Versuche. Erst später zeigten sich Gegensätze, die von Auftritt zu Auftritt extremer wurden. Bis sie in Melbourne Ralph vorgeschlagen hatte, sich zu trennen.

WENN MAN sich von See her zur Zeit der Monsunregen Bangkok nähert, treibt die Stadt inmitten der überschwemmten Felder wie ein ertrinkendes Insekt. Sinkt man tiefer, heben sich aus dem brodelnden

Getriebe der auf Sumpf gebauten Stadt golden und bunt die Pagoden der Tempel. Das Herz der Stadt bilden die Gebäude des Königlichen Palastes, doch von diesem Herzen hat sich das moderne Bangkok mit seinen glänzenden Hotelneubauten mehr und mehr entfernt. Mehr und mehr müssen ganze Straßenzüge enger hölzerner Reihenhütten modernen Bankgebäuden, Geschäftsvierteln, Superhotels weichen.

Aber das typische Stadtleben spielt sich noch immer in den *sois* ab, den überfüllten Seitengäßchen. Irgendwo in einem dieser undurchdringlichen Viertel hockte eine Gruppe Männer und Frauen um einen spärlich erleuchteten Tisch und sortierte Pässe und Reisedokumente, studierte Karten und machte Notizen. Im Hintergrund stand, halb verdeckt durch ein japanisches Fernsehgerät, ein Kurzwellenempfänger mit Sendetaste.

Es war 13 Uhr 40 thailändischer Ortszeit. Über dem Flughafen von Don Muang ging der zweiundzwanzigste Regenschauer seit Beginn des Monsuns nieder. Stationsleiter Raff sagte: „Nach der letzten Positionsmeldung könnte die Fokker noch rechtzeitig für unsere 773 kommen!"

13 Uhr 45: Einer der Männer vor dem Kurzwellengerät sagte: „Mit diesem netten Coup werden wir unseren lieben Freunden von der Geheimpolizei einen hübschen Denkzettel verpassen! Sie werden sich fühlen wie Babys, die man hilflos an der Straßenecke ausgesetzt hat!"

2

RALLEY, Chef der thailändischen Geheimpolizei, sah sein Gegenüber resigniert an und rollte sich schnaufend eine Zigarette: „Diese Deutschen mit ihrem penetranten Eigensinn! Dieser Scheurer vom Konsulat ruft jetzt zum drittenmal an, was wir in der PHRYXX-Angelegenheit erreicht hätten! Was haben wir denn in der PHRYXX-Angelegenheit erreicht, Blavatzky?"

Blavatzky sprang mit gezücktem Feuerzeug herbei, als pariere er eine Messerattacke. „Wir wissen inzwischen: die Phryxxe haben irgendeine Schweinerei vor!"

„Dazu brauche ich mir keinen teuren Agenten zu halten! Diese Information gibt Ihnen auch das deutsche Konsulat! Was, genau, wissen wir, Blavatzky?"

Blavatzky nestelte an seinem Halskragen. „Wir wissen: der PHRYXX liegen die zehn Phryxxe im Magen, die die Deutschen im Hamburger Hafen festgenommen haben. Das war oberstes Management, sozusagen, die wollen sie wiederhaben."

„Konkrete Anhaltspunkte über die formelle Durchführung des Vorhabens?"

„Man plant, sich Geiseln zu beschaffen. Ich habe da einen zuverlässigen Mann laufen ..."

„Darf ich, als Ihr unmittelbarer Vorgesetzter, teilhaben an den Vorzügen dieser Zuverlässigkeit?"

„Der hat mir einen Tip mit dem Bangkok-Singapur-Expreß gegeben. In drei Tagen verläßt eine Gruppe von mehr als zwanzig Deutschen Thailand in Richtung Malaysia. Prominente Leute, Industrielle hauptsächlich. Darauf sollten wir unser Augenmerk richten."

WENIGE Straßenzüge vom Polizeipräsidium entfernt gibt es ein anrüchiges Etablissement mit dem Namen *Thai Yo Nok*. Piloten und Stewards, die hier gelegentlich verkehren, erzählen sich Wunderdinge über die Dutzende von Thai-Mädchen, die auf den Barhockern in langen Reihen auf Abruf bereitsitzen.

An jenem Monsungewittertag saßen im *Thai Yo Nok* nur ein paar vereinzelte Touristen, ein Bodenmechaniker und ein Bordingenieur der TC. Der Bordingenieur hatte ein schwarzhaariges, zartgliedriges Geschöpf auf dem Schoß, das von den Airline-Leuten Yo-Yo gerufen wurde.

Yo-Yo war ein wandelndes Nachrichtenbüro. Obwohl allen Angehörigen öffentliche Diskussionen über Interna streng untersagt waren, wußte Yo-Yo über alle Vorgänge innerhalb der Gesellschaften bestens Bescheid. Sie hatte es sich auf dem Schoß des Bordingenieurs bequem gemacht und streichelte ihm mit ihren schlanken, langnägeligen Fingern Gesicht, Brust und Hände. „Am 24. April haben Besprechungen über eine Ausweitung der Damaskus-Strecke bis Colombo stattgefunden!" sagte sie.

„Was mich viel mehr interessiert, ist, ob ich morgen pünktlich nach Hause komme", sagte der Bordingenieur. „Mein ganzer Kummer ist, ich muß da mit einem Kapitän fliegen, den mag ich gar nicht. Viele mögen ihn nicht."

„Mit wem denn?"

„Captain Schlumm!"

„Stimmt nicht!“ sagte der Mechaniker. „Der fliegt heute auf der TC 773.“

„Was ist?“ fragte der Bordingenieur erstaunt; Yo-Yo hatte ihre Hand jäh zurückgezogen.

„Ah, nichts!“ Yo-Yo lächelte und küßte ihn. „Einer eurer Kopiloten hat mir gestern verraten: ein Captain Steiner fliegt heute.“

„Stimmt nur halb!“ triumphierte der Mechaniker. „Steiner und Schlumm fliegen heute beide. Der TC in ihrem unerforschlichen Ratschluß hat es gefallen, Flugkapitän Steiner einen Checkpiloten mit auf den Weg nach Teheran zu geben: den Schlumm. Steiner hat das auch eben erst erfahren. Per Telex nach Hongkong. Der wird sich freuen!“

Yo-Yo unterbrach ihr Streicheln abermals. „Da fliegen zwei Kapitäne im Cockpit? Zwei?“

„Steiner hat einen Prüfungsflug von Bangkok nach Teheran!“ erläuterte der Mechaniker.

„Da bin ich aber heilfroh, daß ich morgen mit Vermeeren fliege!“ seufzte der Ingenieur erleichtert.

Der Mechaniker trank seinen Whisky aus, winkte dem Bordingenieur zu und verließ das Lokal. Er sah nicht mehr, daß Yo-Yo ans Telephon ging und eine lange Nummer wählte.

Immer wenn Flugkapitän Steiner in Hongkong startete, war er ausgezeichneter Laune. Hongkong-Stops verbuchte er stets auf der Plusseite. Der Einsatzplan der *Transcontinental* bot ihm Gelegenheit, Hongkong in Raten kennenzulernen: gestern ein Scheibchen Kaulun, heute ein Scheibchen chinesische Oper, morgen ein Scheibchen Aberdeen-Dschunkenleben. Langsam drang man tiefer ein in den gewaltigen Menschenkessel, lernte die Geheimnisse einiger der zweihundertfünfunddreißig kleineren Inseln kennen, die verschont vom Touristenstrom waren.

Jetzt beim Start war die Sicht schlecht, und Steiner stieg mit maximalem Steigwinkel, um so rasch wie möglich die Sicherheitshöhe zu erreichen. Als die letzten Inselerhebungen weit unten zurückblieben, der Horizont sich ungetrübt über dem Pazifik ausdehnte, lehnte er sich bequem zurück. Er stopfte sich entspannt seine Pfeife.

„Hübsch, dieser Tag über der Südsee!“ sagte er.

Im Gegensatz zu seinem Kapitän war Weersma, der Kopilot, in miserabler Stimmung. Henk Weersma war Holländer, stammte aus

De Koog auf der Insel Texel und war mit seinen zweiunddreißig Jahren, wie er sich ausdrückte, „nicht mehr der Jüngste". Seine bisherige fliegerische Laufbahn war durch einen lückenlosen Zusammenlauf unglücklicher Umstände gekennzeichnet, woraus sich so manche seiner jetzigen Aversionen, Aggressionen und Aufsässigkeiten ableiteten. Fiel in einem Gespräch der Ortsname Hongkong, wurden Weersmas Nerven sofort in Alarmzustand versetzt. Er hatte alptraumartige Erinnerungen an diese Stadt. Schuld daran war Schlumm, der auf Weersma wie das berühmte rote Tuch auf den Stier wirkte. Mit ihm hatte er seine Hongkong-Einweisung trainiert. Und der Flughafen Hongkong gilt als einer der schwierigsten Häfen der Welt bei den Piloten. Weersmas Einweisung hatte sich als einziges Fiasko entpuppt. Aber wenn Weersma geglaubt hatte, er würde Hongkong nie wiedersehen, irrte er sich. Jetzt hatte er Hongkong angeflogen; mir nichts, dir nichts war er doch für tauglich befunden worden.

Er hatte Steiner während des Steigfluges seine Abneigung gegen Hongkong und Schlumm erläutert, und Steiner hatte ruhig zugehört.

Steiner war sechsundvierzig Jahre alt, von mittlerer Statur und ohne besondere Kennzeichen, obwohl Kollegen von ihm behaupteten, ohne Pfeife sehe er irgendwie amputiert aus. Er trug einen kurzen Bart, den er im Urlaub auswuchern ließ, was während des Dienstes untersagt war, und liebte es, privat möglichst lässig gekleidet zu gehen. Er zeigte ungewöhnliche Begabung zuzuhören: einer der Gründe, weshalb viele Besatzungsmitglieder ihr Herz bei ihm ausschütteten.

Jetzt meinte er ausgleichend: „Der Schlumm ist zwar ein alter Haudegen und immer kurz vor dem Detonationspunkt. Aber er meint das nicht so, hinterher."

Weersma schaltete verbissen an der Kurzwellenskala. „Ausgesprochen gnädig! Ein Mann von weiß ich wieviel Jahren sollte sich beherrschen können. Vom Kommandanten einer Langstrecken-Boeing erwarte ich, daß er nicht mit unflätigen Ausdrücken um sich wirft wie eine Dreckschleuder! Soll ich Intoleranten gegenüber auch noch tolerant sein?"

„Das sind so Fragen!" sagte Steiner und sog bedachtsam an seiner Pfeife. „Darüber sollten wir beide mal nachdenken. Vielleicht nachher – über Vietnam! Nicht der schlechteste Ort dazu!"

Gwen Gary saß in der hintersten Reihe des Erster-Klasse-Compartments.

Jetzt, mit der Küste Vietnams unter sich, die sie nicht interessierte, mit Fluggästen vor sich, die sie nicht interessierten, sah sie sich wieder im *Seashore*-Café in Sydney sitzen: die Palmen des Botanischen Gartens um sich, Baukräne der halbfertigen Oper aus der Hafenbucht ragend. Auch das interessierte sie nicht, damals. Was sie interessierte, war der schwarzhaarige Burt-Lancaster-Typ, der drei Tische von ihr entfernt saß. Für eine alternde Frau, die nicht aufgeben wollte, sah er verdammt attraktiv aus. Gwen erkannte Hank Midway auf den ersten Blick.

Es lag fast ein Jahrzehnt zurück. Da hatte Hank noch weitaus attraktiver ausgesehen. Damals hatte sie ihre letzte wirklich große Rolle gehabt.

Jetzt, während die Stewardessen sich neue Störungen ausdachten und sie unbedingt zu einem Abendessen überreden wollten, wußte sie es endgültig: Alle ihre Rollen danach, der ganze Hintertreppen-Schmieren-Kram war nichts als ein unaufhaltsamer Abstieg gewesen. Sie war erledigt, fertig, basta.

Sie spürte, wie die Erinnerung an Sydney sie wieder aufzuregen begann, obwohl sie sich schon über Australien geschworen hatte, nie mehr daran zu denken. Nervös fingerte sie in ihrem Handtäschchen nach den Tabletten und fand die richtigen. Danach hatte sie Appetit auf einen Kognak, einen doppelten, nur, um den schlechten Geschmack runterzubekommen.

Sie klingelte nach der Stewardeß, die sie eben weggescheucht hatte mit der Aufforderung, sich bis zur Landung nicht mehr sehen zu lassen. Und während sie wartete, dachte sie an Hank. Sie hatten sich mehr als ein Dutzend Jahre gekannt und geliebt, damals in Hollywood, in ihrer Glanzperiode. Hank war stets für sie dagewesen. Nach einem Höllentag voller Drehärger konnte er abends am Ausgangstor der UNIVERSAL stehen und sagen: Komm, wir fliegen nach Las Vegas; hab meine *Beech* schon auftanken lassen! – Und man war nicht mehr müde; man machte den Strip unsicher, die ganze Nacht hindurch. Und Hank hatte nur Augen für sie.

„Bitte?" fragte die Stewardeß.

„Einen doppelten Kognak, wenn's geht!"

„Wir sind bei den Vorspeisen, aber ich will sehen, was ich für Sie tun kann!" Sie verzog keine Miene; aber es bedurfte keines Hellsehers, um ihre Gedanken zu lesen: Die alte Eule führt sich auf, als sei sie noch immer ein Weltstar!

Hank also, vor sechsunddreißig Stunden in Sydney: Sie hatten sich zehn Jahre nicht gesehen, gut! Aber auch Hank war älter geworden. Doch ein Blick auf seine Hände hätte genügt, ihn aus Tausenden herauszufinden. Sie hatte ihm voll ins Gesicht geschaut. In seinen Zügen war nicht der Hauch eines Wiedererkennens.

Endlich, nach qualvollen Minuten, war sie einfach aufgestanden und hatte sich an seinen Tisch gesetzt.

„Ich weiß, dir schwebt mein Name auf den Lippen", sagte sie so humorvoll wie möglich. „Ich bin Gwen."

Sein noch immer markantes Gesicht überflog eine verlegene Röte. Er stotterte wie ein hilfloser Schuljunge.

„Natürlich! Die alte Gwen! Ich wußte schon die ganze Zeit, das ist doch Gwen, der alte Kumpel! Hast dich gar nicht verändert, Gwen!"

Das gab ihr den Gnadenstoß. Wenn er gesagt hätte: Sorry, Gwen, hab dich wirklich nicht erkannt. Zehn Jahre gehen nun mal nicht spurlos vorbei, auch nicht an einer Frau wie dir. Muß mich erst an deine neue Figur gewöhnen. Schließlich war sie immer hart im Nehmen gewesen. Aber diese verlogene Schonung, die machte sie fertig. Die zeigte ihr, wo sie wirklich stand. Endgültig.

„Ihr doppelter Kognak!" Die Stewardeß kam mit maliziösem Lächeln.

Gwen nahm das Glas vom Tablett. Sie blickte auf ihre Finger, die den Kognakschwenker umschlossen. Es waren Finger, die sie bisher für unveränderbar schlank gehalten hatte. Jetzt sah sie zum erstenmal, wie fest ihre Ringe sich ins Fleisch preßten. Sie setzte das halbvolle Glas an den Mund und trank, ohne abzusetzen.

Sie dachte an New York, damals, als ihr Leben die entscheidende Wendung genommen hatte. An den guten Anfang dachte sie, an all die einflußreichen Leute, die sie herumreichten und große Stücke auf sie hielten, bis zu den Proben. Und auch nach den Proben noch, das dauerte seine Zeit, du mußt dich eingewöhnen, Baby, erst mal ein paar Tage ausspannen, wir haben ein Landhaus an den Catskill Mountains, und wenn du zurückkommst, dann wirfst du sie alle um.

Sie kam zurück. Die einzige, die umfiel, war sie selber. Das Wochenende am Hudson hatte ihr gar nicht gutgetan; sie hatte wieder zu trinken begonnen, in der alten, mörderischen Weise, einfach aus

Angst. Sie hatte Hollywood endgültig den Rücken gekehrt, nachdem ihre letzten beiden Filme die Gesellschaft an den Rand des Bankrotts gebracht hatten. Sie ging nach New York, man wollte sie ganz groß im Fernsehen herausbringen. Alle hatten die besten Absichten mit ihr.

Am TV war alles gescheitert. Die seelenlose Raffinesse der Aufnahmetechnik verursachte ihr Herzbeklemmung und Übelkeit. Sie geriet in den Kreislauf Versagen – Lampenfieber – größeres Versagen durch Lampenfieber – größere Nervosität. Ihre Freunde rückten von ihr ab. Sie floh nach Florida, griff, wie gehabt, zu Pillen und Alkohol und versuchte, wie gehabt, einen neuen Selbstmord.

Damals stürzte sie sich in ihre dritte Ehe, die unterschied sich nicht sehr von einem Selbstmord im Zeitlupentempo und nicht wesentlich von ihrer zweiten Ehe, ihrer ersten. Sie suchte rastlos weiter nach Liebe; die Ernüchterung kam schnell – wie immer.

„Möchten Sie nicht endlich etwas essen?" fragte eines der Mädchen.

„Noch einmal den gleichen Doppelten."

Das Mädchen zuckte indigniert die Schultern und entschwand.

Das Angenehmste war stets, an die große Zeit zu denken, die so kurz gewesen war. Doch zwischen sich selber und der Einsamkeit fand sie keine Brücke. Trotz der Erfolge hatten sich schon damals die Nächte eingestellt, in denen sie stundenlang auf das Telephon starrte, sich Glas um Glas vollgoß und sehnsüchtig hoffte, es würde sich wenigstens einer melden, der die falsche Nummer gewählt hatte ...

Der Lautsprecher sagte: „Wir befinden uns im Anflug auf Bangkok und werden in wenigen Minuten landen! Wir bitten Sie, sich zur Landung anzuschnallen. Bitte begeben Sie sich nach der Landung mit Ihrem Handgepäck in den Transitraum!"

IM HINTEREN Teil der Touristenklasse saß, auf Vietnam hinunterblickend, Ralph Osterman. An den leeren Sitz neben sich hatte er durch die Stewardeß das BESETZT-Schild heften lassen. Er jagte mit annähernder Schallgeschwindigkeit Ruth entgegen; und auch Ruth, um fast 2000 km von ihm getrennt, jagte zu ihrem gemeinsamen Treffpunkt, Bangkok. Ralph wußte nicht, ob er sich auf die Wiederbegegnung freuen sollte.

Er war Mitte Zwanzig, trug sein Haar sehr lang und wirkte weicher, als er war. Seine Kleidung pflegte er nur in Boutiquen einzukaufen; wegen der Hitze an Bord und in Hongkong hatte er seine hellviolette Samtjacke abgelegt. Am offenen Kragen seines gestreiften Hemdes trug er eine altsilberne Renaissancekette, an der als Anhänger die Friedensrune hing.

Er starrte nervös auf das BESETZT-Schild. Man wußte bei Ruth nie, ob sie rechtzeitig eintreffen würde, was sie vorhatte. Sie war ein Mensch des Augenblicks, des impulsiven Handelns. Die geschäftliche Seite ihres Unternehmens ließ sie kalt. Die hatte sie ihm übertragen. Da einer sie schließlich erledigen mußte, hatte er sie erledigt. Das hatte ihm ihr Urteil eingetragen, er sei geschäftstüchtig und kommerziell.

Er summte ein paar Bluestakte, während die Stewardeß mit einem Tablett vorbeiging und ihn mißtrauisch beäugte. Bart und Kleidung – seine Kordhose diente seit Monaten als Reisehose – sorgten dafür, daß er beim Kabinenpersonal sofort unter „Hippie“ eingestuft wurde.

Jet-Küken! dachte er spöttisch und blickte hinter der Stewardeß her. Sie bildeten sich ein, arrogant auf Leute wie ihn herabblicken zu können, und waren doch weiter nichts als kleine Kellnerinnen, unfähig, dem Fluggast ein Gefühl echten Behaglichseins zu vermitteln.

Er seufzte, notierte, arrangierte.

3

SIND DAS die Waffen?“ fragte Lohmar. Er bog den Draht, der die Birne hielt, tiefer, so daß die wenigen Holzmöbel in dem kargen Hüttenraum lange Schatten warfen.

Der Kanadier grinste. In seinem Stoppelgesicht wirkte der breitgezogene Mund wie eine Narbe. „Ziemlich eindeutig! Kaum zum Salatessen zu gebrauchen, Chef!“

Lohmar lehnte gegen die Tischkante – mit winzigen Augen, die gutmütig blinzelten, bis sie in den entscheidenden Augenblicken kalt und teilnahmslos auf ihr Opfer starrten. Der Kanadier war plump wie ein Bär, und so wurde er genannt. Er war ein Ungetüm von Mensch, dessen ärmellose Lederjoppe stets verschwitzt war; und tatsächlich fühlte sich der Bär erst wohl, wenn er schwitzen, poltern, losdonnern konnte wie ein Saurier.

Die beiden Schwedinnen lächelten.

„Ich übe lieber noch mal das Zusammenstecken!“ sagte Ingrid Lagerlöf, die Hellblonde mit dem Sommersprossengesicht. Sie ließ sich eine der Pistolen von Lohmar reichen. „Die findet man nicht einmal im zusammengesetzten Zustand an uns."

„Der Bär bringt die unter dem Fingerring unter!" sagte die dunkelblonde Dunkelhäutige, die Inger Bergsson hieß und aus einem Dorf am Vänersee stammte. Die vier hockten in einem der zahlreichen PHRYXX-Quartiere Südostasiens – im Gassen- und Hüttengewirr Bangkoks nahe dem Menam.

Lohmar räusperte sich. „Pistolen, Gassspraydosen, Sprengkapseln – alles bestens vorhanden. Nimm die Füße vom Stuhl, Bär!" Er trat brutal nach seinen Beinen, der zog sie murrend an. „Wie immer geht die Sache elegant über die Bühne. Geraucht wird jetzt nicht!"

Ingrid, die zwei Semester Philosophie in Uppsala studiert hatte, drückte gehorsam ihre Zigarette aus. Sie war die kaltblütigere von den beiden Mädchen, obwohl sie wegen ihrer Sommersprossen harmloser als die malagabraune Inger aussah.

Lohmar grinste zufrieden. Er war zu der Erkenntnis gelangt: die geistreichsten Ideen nützten nichts, wenn man ihnen nicht mit Gewalt zum Durchbruch verhalf. Darin hatte er Erfahrung. Nach seinem Dienst in der deutschen Wehrmacht hatte er aus der französischen Gefangenschaft heraus den Dienst in der Fremdenlegion angetreten, was ihm ein Jahr Gefangenschaft ersparte und ihn wahrscheinlich vor dem Hunger- oder Seuchentod rettete. In ihm war ein primitiver Drang nach Rache verblieben: für die vergeudeten Jugendjahre in der Rußlandarmee und im Westen, für die Quälereien im Gefangenenlager bei Metz und für die in der marokkanischen Sahara, wenn sie ihn, wegen simpler Brotdiebstähle, bis zum Hals in den Sand gruben. Jetzt besaß er Macht und Gewalt genug, auf die ganze Welt zu kotzen!

„Wir sind auf der TC 773 gebucht", sagte er. „Der Bär und ich: First Class. Die Damen: Holzklasse!"

„Ich hab ein Problem", sagte die hellblonde Ingrid. „Wir besteigen gemeinsam die 773 nach Teheran, gut! Du, großer Lohmar, begibst dich gegen 120 Minuten nach Null ins Cockpit und einigst dich mit dem Piloten. Auch gut! Gleichzeitig machen wir unsere verehrten Mitreisenden auf einige belanglose Änderungen im Flugplan aufmerksam, okay! Saublöde Frage: Wozu das Ganze? Wer soll entführt werden? Vor allem: wohin?"

„Wohin? Nach Teheran!"

„Aber da fliegen wir doch sowieso hin!"

„Hört, hört! Nur: wir denken uns was dabei. Es hat jedoch seine Vorteile, wenn nicht allzu viele allzuviel wissen! Denn wenn man euch mal schnappt, dann ist es gut, ihr wißt nicht allzuviel auszuspucken! Klar?"

„Das ist klar!"

„Okay, weil ihr es seid: Falls die Sache mit Teheran schiefgeht: Kabul ist informiert."

„Das kennen wir, das genügt!" sagte Ingrid für alle. Sie räusperte sich: „Wir haben noch sieben Stunden bis zum Teheran-Flug! Wir sind am Swimming-pool vom *Siam-Intercontinental* zu finden, falls man uns sucht!"

„Das geht klar!" erlaubte Lohmar generös. „Wir nehmen unser Abendessen in Ruhe an Bord ein. Da kann gar nichts schiefgehen zwischen Bangkok und Teheran!"

„DA KANN gar nichts schiefgehen in Bangkok!" sagte Raff. „Wetter okay, Anschlüsse okay." Er warf einen flüchtigen Blick auf die Passagierliste, die seine Assistentin abtippte:

TRANSIT: Mrs. and Mr. Radewald ... Mrs. Gary ... Mr. Osterman ... German Deputies of International Astronomical Union, total number 20 ...

„Diese deutschen Wundermänner, die muß ich mir mal in Ruhe ansehen nach der Landung. Das muß ja wohl die Creme deutscher Intelligenz sein, was?" Er überflog die Namen der Zusteiger in Bangkok:

Mr. Bronn, Mr. Patrinelli, Miß Osterman ...

Raff stutzte. „Osterman? Hatten wir doch eben schon!"

„Das war Mr. Osterman!" Seine Assistentin schrieb schon wieder:

Miß Inger Bergsson ... Miß Ingrid Lagerlöf ... Mr. Chai ... Mrs. and Mr. Bauer ... Mr. Lohmar ...

Raff ersparte sich das Dutzend japanischer Geschäftsleute, das die TC 773 aus Hongkong mitbrachte. Er seufzte. Er beschloß, einmal am Eincheck-Schalter nach dem Rechten zu sehen.

DER JUNGE Mönch Phra Maha Chai reihte sich gegen 15 Uhr 30 in die Schlange vor dem *Transcontinental*-Schalter ein. Fast alle Bangkok-Zusteiger für den Flug TC 773 trugen ihre Jacken über dem Arm und hatten ihre Krawatten gelockert: April und Mai waren die heißesten Monate Thailands.

Teilnahmslos registrierte Phra Maha Chai die Werbeplakate. Dann stießen seine Blicke auf ausgelegte Kabel, glitten an ihnen entlang und entdeckten Sven Arnold mit seinem Kamerateam. Gleichzeitig hatte auch Arnold ihn entdeckt, löste sich aus dem Durcheinander von Assistenten, Verkabelungen und Fahrlafetten und streckte ihm jovial die Hand entgegen; der Mönch verneigte sich.

„Trifft sich ausgezeichnet!“ Der hagere Schwede wischte sich den Schweiß von der Stirn. „Wir blenden da noch ein paar Abschiedsworte ein, hätten das gleich in Betracht ziehen sollen, heute nachmittag im Wat Benchamobaphit!“

„Benchamabophit“, korrigierte Phra Maha Chai lächelnd.

Arnold hatte schon Wessmann, seinen Kameramann, herangewinkt. „Wir machen noch mal ein paar Close-ups, dann Schwenk über die Schlange, und da müssen dann auch Sie wieder stehen, Phra Maha Chai, mit Ihrem ... was für einen eleganten Koffer haben Sie da eigentlich?“

Der Mönch sah erstaunt an sich hinunter. „Rindsleder!“

„Dieses Asien“, sagte Arnold, zu Wessmann gewendet, „bleibt mir ewig unverständlich. Da sollte man nun was Abgegriffenes aus Pappe oder Sperrholz erwarten. Kommt der Mann mit feinstem Boxkalf!“

„Ob der mitteleuropäische Zuschauer das frißt?“ fragte Wessmann und beschäftigte sich schon mit dem Close-up.

„Denken Sie nur an den Medizinmann!“ erinnerte Arnold und hängte dem Mönch das Mikrophon um; dieser, bereits trainiert, bedeckte es mit seinem Gewand.

Wessmann dachte gehorsam an den „Medizinmann“. Sie waren im Wat Benchamabophit umhergestreift, jenem Tempel aus weißem Marmor an der Ayudhya Road, der wegen seiner romantischen Ecken von Liebespärchen bevorzugt wurde. Dort hatten sie für das schwedische Fernsehen den ersten Teil einer Serie über THAILAND HEUTE gedreht, waren auf Phra Maha Chai gestoßen und auf den Mönch, den Wessmann sofort als Medizinmann bezeichnete: Er hockte selbstvergessen vor einer brüchigen Holzbude im Staub. Wessmann hatte lautstark geäußert, der arme Hund von Bettler könne wahrscheinlich keine lebende Sprache sprechen.

Da hob der Mönch lächelnd das Haupt und sagte in fließendem Schwedisch und feiner Ironie, er spreche außer Schwedisch, Englisch und Thai tatsächlich nur tote Sprachen – Altgriechisch und Sanskrit, sein Spezialgebiet seien die Pali-Schriften.

Das verschlug Wessmann die Sprache. Die Welt war voller Wunder! Phra Maha Chai, so lernte Wessmann, würde morgen nach Europa fliegen, nach Hamburg, an die Universität am Dammtor, um über die zwölf Prinzipien des Buddhismus zu referieren.

Später hatten sie begeistert interviewt:

„Welche Rolle spielen die Mönche im gesellschaftlichen Leben Thailands?"

„Gar keine. Das ist unser Problem. Früher war der Tempel Mittelpunkt des Dorfes. Alle Bildung ging von den Mönchen aus. Heute ist Erziehung eine nationale Angelegenheit geworden. Die Mönche sind die am wenigsten Gebildeten. Wir versuchen, die Apollomission genauso zu studieren wie die Lehren Buddhas. Die meisten Thais werden *bhikkhus* oder Buddhistenmönche. Sie rasieren sich Kopf, Bart und Augenbrauen. Wenn der Mönch seine orangerote Robe angezogen hat, trennt er sich von allen weltlichen Banden. Er darf keine Frau berühren, nicht mal seine eigene."

„Das Tolle", sagte Wessmann, „ist: diese Religion lebt! Sie ist nicht isoliert vom Alltag – sie ist gegenwärtig!"

Und jetzt, unmittelbar vor seiner Abreise nach Hamburg mit TC 773, wurde Phra Maha Chai noch einmal befragt:

„Nein. Genaugenommen läßt sich Wat nicht mit Tempel übersetzen. Buddha hat sich nie als göttlich bezeichnet; eher als Lehrer mit einer Mission. Ein Wat ist daher eher eine Gruppe von Gebäuden, in denen man die Lehren Buddhas studieren und über sie meditieren kann."

„Vielen Dank, Phra Maha Chai!" sagte Arnold und schob seine Kopfhörer beiseite.

Der Mönch, kurz vor seinem *Transcontinental*-Flug nach Deutschland, lächelte sanft zurück. Er reihte sich wieder in die Schlange ein; und Arnold ließ noch einmal die ganze Reihe abfilmen. Das Orangerot des Mönchsgewandes hob sich blendend aus dem eintönig sachlichen Weiß der Europäerhemden hervor.

„ABGEBLASEN? Wieso abgeblasen?" rief Lohmar ratlos. Immer wenn er sich erregte, schwoll die Narbe auf seiner Stirn. Er trommelte wütend auf den Telephonhörer.

„Wegen des Risikos!" sagte der Boß ruhig. „Da fliegen zwei mit, heute abend. Da ist mir einer zuviel an Bord, kapiert?"

„Wer hat Ihnen den Bären aufgebunden?"

„Kein Bär. Tatsache! Da fliegt so 'ne Art Prüfer mit, der hockt hinter dem Kommandanten, da, wo Sie sich hinhocken sollten mit der Kanone. Der heißt Schlumm, und das ist mir einfach zu riskant. Hat's jetzt gezündet?"

„Das ist ein zusätzliches Risiko", gab Lohmar zögernd zu.

„Und das lassen wir ruhig im Schrank! Also abgeblasen!"

„Und wir hatten die ganze westdeutsche Super-Intelligenz schon in der Hand!" sagte Lohmar und knallte den Hörer auf die Gabel.

„WAS hast du gesagt?" fragte die Frau.

„Ich habe nichts gesagt", antwortete der Mann.

„Warum redest du nicht", sagte die Frau.

„Ich habe gedacht!" sagte der Mann.

„Was hast du gedacht?"

„Nichts Bestimmtes, nur so."

„Man denkt immer was Bestimmtes. Träumen ja, das kann man nur so. Denken nicht."

„Dann habe ich eben geträumt."

„Du hast aber gesagt, du hättest gedacht."

„Dann habe ich mich geirrt!"

„Du irrst dich oft in der letzten Zeit", sagte die Frau. „Du wirst alt."

Sie warf einen Blick aus dem Hotelfenster. Ihr Gesicht wirkte unter dem rosa *fond de teint* wie die Totenmaske eines Kindes. Sie war seit einer Stunde mit ihrem Reise-Make-up beschäftigt. Sie verwendete maßlose Anstrengungen auf ihr Gesicht. Die am Swimmingpool faulenzenden Mädchen reizten sie dadurch um so mehr.

„Blond und hellhäutig!" stellte sie fest. „Und dann in dieser Sonne! Die Dunkelblonde trinkt jetzt den dritten Gin-Tonic. Die muß volltrunken sein bei der Tropenhitze!"

„Sie sind beide sehr hübsch", sagte der Mann. Er war mit der Auswahl einer Krawatte beschäftigt, von denen ein halbes Dutzend sauber geordnet im aufgeschlagenen Koffer lagen. Er konnte sich nicht entscheiden, und um sich abzulenken, überprüfte er immer wieder ihre Papiere: Paß, Impfpaß, Flugschein: Mr. und Mrs. Bauer, Bangkok–Hamburg, Economy-Class, TC 773.

„Spätestens in fünf Jahren sind sie passé", sagte die Frau. „Runzlige Haut, brüchiges Haar."

„Frühestens in zehn. Und dann haben sie wenigstens gelebt."

„Ich habe nie so leben können."

„Aber jetzt lebst du so."

„Was habe ich jetzt davon, mit dir? Was treibst du da?"

„Ich treibe nichts. Ich suche eine Krawatte für den Flug aus."

„Du tust aber was. Du suchst eine Krawatte aus."

„Ich habe sie aber noch nicht ausgesucht. Ich überlege noch."

„Du hast gesagt: ich suche eine Krawatte aus. Hast du das gesagt oder nicht? Jetzt sagst du: ich habe sie noch nicht ausgesucht."

„Ich bin dabei, sie auszusuchen."

„Du bist dabei! Du stierst aus dem Fenster und findest diese beiden Nutten hübsch."

„Es sind keine Nutten."

„Es sind Nutten. Sie hätten sonst gar kein Geld, in einem solchen Hotel herumzufaulenzen."

„Welche Krawatte soll ich nun nehmen?"

„Du nimmst die blaugestreifte. Sie paßt zu deinem grauen Reisesakko."

„Die einfarbig blaue paßt aber auch."

„Dann nimm die einfarbig blaue."

„Ich glaube, ich nehme doch die gestreifte", sagte der Mann endgültig, zog sie heraus und postierte sich vor dem winzigen Spiegel neben der Tür, während die Frau behutsam Puder auf die Grundierungsmasse tupfte, die unter dem Kinn abrupt endete und die Runzeln der Halspartie frei ließ.

LOHMAR telephonierte. Seine schweren Augenbrauenwülste schoben sich vor. „Hören Sie: Ich garantiere Ihnen, der Fall Schlumm wird bestens erledigt. Er wird nicht mitfliegen."

„Ich habe Ihnen gesagt: Die Entführung ist gestorben!"

„Braucht sie aber nicht. Ich beseitige Schlumm, und keiner macht mir den Sitz hinter dem Kommandanten streitig."

„Sie beseitigen Schlumm, und um 15 Uhr 30 wollen Sie am Flughafen sein! Wie wollen Sie das schaffen?"

„Ich beseitige Schlumm auf meinem Weg zum Flughafen. Wir gehen kein Risiko ein. Ich werde es schaffen, mein Wort!"

„Sie werden es schaffen, sonst sind Sie erledigt, Lohmar!"

„Okay, sonst bin ich erledigt. Einverstanden?"

„Einverstanden! Wo stecken die Mädchen?"

„Intercontinental. Ich rufe sie an!"

Schlumm bestieg das Taxi, das bremsenkreischend vor dem Hotel hielt. Der Fahrer jagte los.

Schlumm hatte bis zehn Minuten nach seiner *pick-up-time* gewartet und dann den Flughafen angerufen: „Hören Sie, wenn Sie wollen, daß ich den Steiner nach Teheran checke, dann schicken Sie endlich einen fahrbaren Untersatz!"

„Ich versteh das nicht!" hatte Raff entgegnet. „Der Wagen ist hier rechtzeitig los! Warten Sie noch fünf Minuten. Wenn dann nicht, dann auf eigene Faust, okay?"

Jetzt hockte Schlumm gereizt im verstaubten Fond des Taxis. Unpünktlichkeit war ihm verhaßt, und seine Dienststellung als Prüfungskapitän nahm er sehr ernst. Schlumm war ein Mann der Tat: er beging lieber eine zweite, als über die erste nachzudenken. Daß er auf geistigem Gebiet unterlegen war, wußte er. So wachte er argwöhnisch darüber, niemals in Bereiche gelockt zu werden, die er nicht beherrschte. „Sie sollen fliegen, nicht denken", war daher seine Philosophie.

Plötzlich stoppte der Wagen scharf. Schlumm schrak auf. Rötlicher Unrat wirbelte hoch. Sie standen zwischen unbewohnten Holzkaten, deren vermoderte Dächer sich windschief zusammenneigten. Direkt neben dem Wagenschlag ragte ein verwitterter Buddhakopf aus mannshohem Gras. Zerbröckelte Tempelstufen endeten an einem Holzverschlag.

Kaum stand das Taxi, tauchte Lohmar hinter einem Sockel auf, riß die Tür auf, zerrte Schlumm in den Abfall. Der Taxifahrer jagte davon.

Schlumm reagierte rascher, als Lohmar erwartet hatte. Seine Reflexe waren ausgezeichnet. Blitzschnell überschlug er seine Möglichkeiten. Sein Körper war bestens trainiert. Kein Urlaub, in dem er sich nicht durch Sporttauchen, Tennis, Reiten fit hielt.

Er beging nicht den Fehler, sich im Wagen zu widersetzen. Lohmar hatte ihn mühelos ins Gras geschleudert; dieser Erfolg täuschte ihn. Schlumm federte hoch, stand, warf sich mit dem Rücken in eine Nische, so war er sicher gegen Angriffe von rückwärts. Während er sprang, erkannte er eine Menge: er hatte nur einen Gegner vor sich. Der Mann war muskulös und weißhäutig. Der Tempelbezirk war verödet, die Luft kochend heiß, und die Uniformjacke behinderte ihn.

Lohmar war eine Sekunde so verblüfft, daß er reflexhaft sein Messer zog. Er hatte in der Fremdenlegion lange genug Nahkampf trainiert, um sofort wieder Selbstvertrauen gewinnen zu können. Er grinste. Langsam, mit der Geschmeidigkeit einer Raubkatze, bewegte er sich auf sein Opfer zu.

Schlumm sah: er saß in der Falle. Die zerborstene Nische wölbte sich um ihn wie eine Austernschale. Er ließ jedoch keine Zeit mit Überlegungen verstreichen. Er handelte und kämpfte damit die aufsteigende Angst nieder. Er riß sich die Jacke vom Oberkörper. Ein Fehlgriff – er wäre steckengeblieben und erledigt worden. Die blitzartige Bewegung saß, und sein Gegner hatte die Jacke im Gesicht. Sofort stieß Schlumm nach; aber die Wucht traf ins Leere. Lohmar hatte sich beiseite geworfen; er war mit allen Tricks vertraut. Nur sein Messer hatte sich im Stoff verfangen. Er ließ es stecken. Er konnte jederzeit darauf als letzte Reserve zurückgreifen. Er landete einen gewaltigen Schlag auf Schlumms Schädel. Der prallte gegen den verwitterten Buddha und versank halb im Gras.

Der Schlag kam nicht ganz wie berechnet an. Aber an der Art, wie sein Opfer ihn abzuwehren versuchte, merkte er, daß er es ohne großes Risiko schaffen würde. Diese Gegenwehr weckte all seine Raubtierinstinkte und ließ ihn wieder einmal abrechnen mit der Welt, die ihn von jeher immer nur getreten und verachtet hatte.

Schlumm federte mit dem Fuß gegen einen Steinbrocken und warf sich wie eine Ramme gegen den Bauch Lohmars, der taumelte, drehte eine halbe Rolle, fühlte einen stechenden Schmerz im Nasenbein, bekam Haare zu packen und schlug Schlumms Kopf zweimal gegen die Nischenwand.

Er gewann Abstand und fühlte Blut über Mund und Kinn rinnen. Sein Opfer war bereits wieder auf den Beinen. Sein Gesicht war übel zugerichtet. Über die Stirn zog sich ein tiefer Schnitt. Sein rechtes Auge war blutverklebt.

Daß sein Leben in Gefahr war, verlieh Schlumm gewaltige Kräfte. Er wollte nicht sterben, schon gar nicht jetzt und hier, in dreckigen Tempelruinen kurz vor dem Rückflug. Er krümmte sich, und Lohmar dachte, jetzt verendet er, aber Schlumm zog nur den Steinbrocken an sich und schleuderte ihn mit übermenschlichen Kräften.

Er traf seinen Gegner direkt vor die Brust. Der stürzte und schrie auf. Der neue Schmerz weckte Haß und Mordlust in Lohmar. Er vergaß seinen Auftrag. Er tötete nur noch um des Tötens willen.

Er griff den gleichen Stein und warf, als Schlumm ihm in einem wahnwitzigen Fluchtversuch die Seite zukehrte und losspurtete.

Mit einem Aufschrei brach Schlumm endgültig zusammen. Mit weit aufgerissenen Augen starrte er auf sein zerschmettertes Bein. „Warum?" murmelte er erstaunt wie ein Kind. „Warum?"

Ohne Eile suchte Lohmar sein Messer hervor. Dann stach er zweimal eiskalt zu. „Weil diese Welt nur aus Schweinen besteht!" sagte er. „Ein Schwein wehrt sich gegen das andere. Jedes auf seine Art!"

Er zerrte den leblosen Körper in die Nische und lief zu einer Zapfsäule mit aufgestapelten Kanistern hinüber. Die Tankstelle war geräumt. Aber in den Kanistern stand noch ein Rest von Benzin. Lohmar warf Schlumms Uniformjacke über den Leichnam, übergoß alles mit Benzin und ließ ein brennendes Streichholz darüberfallen.

4

STEINER stand am Barackenfenster und blickte über das Vorfeld, wo ein gutes Dutzend internationaler Jets zusammengepfercht stand, umstellt von Catering-Wagen und Elektrokarren. Ein Heer von Thai-Putzern schwärmte aus einem heranjagenden Bus aus. Der Klimawagen stieß blauschwarze Giftwolken in den Nachmittagshimmel. An einem der Gepäcklorries war eine Achse gebrochen, die Koffer lagen in wirren Haufen auf dem Beton. Zwei junge Thais standen daneben und hielten sich die Bäuche vor Lachen.

Man kann ihnen einfach nicht böse sein, dachte Steiner und wandte sich wieder dem Dispatcher zu. Der durchblätterte den Stoß Wetterkarten.

„Kaum Wetter, das Übliche."

„Ich sehe eine ganze Menge Wetter!" sagte Steiner.

„Für Ihren Zielhafen sind nicht mal Wolken vorausgesagt, geschweige denn Gewitter."

„Und wenn die nicht vorausgesagt sind, dann stehn die garantiert nicht da!"

Der Dispatcher zuckte die Schultern. „Ich kann Ihnen nur sagen, was hier steht."

„Wir wollen Ihre Theorie ja nur durch unsere Praxis ergänzen!" fügte Weersma hinzu. „Wir sind nur etwas mißtrauischer. Das gibt uns mehr Sicherheit."

„Dann bleiben Sie doch am besten gleich am Boden!" knurrte der Dispatcher unwirsch.

Wir sind alle etwas gereizt, dachte Steiner, gewittrige Luft, schlechte Klimaanlage, und gearbeitet haben wir alle auch schon eine ganze Menge. „Wir wollen lieber zusehen, daß wir unsere zweiundfünfzig Tonnen getankt bekommen", sagte er. „Wenn sich nachher ein Gewitter entlädt, ist es mit dem Tanken vorbei."

„Wir hatten vorhin mal einen Schauer, aber es sind für Bangkok keine Gewitter vorausgesagt worden!" Der Dispatcher schob sein Bündel Papiere ärgerlich dem Kopiloten zu.

„Dann sehen Sie am besten mal aus dem Fenster!" meinte Steiner.

Der Platz war umstellt von düstergrauen Quellwolken, deren Gipfel blendend aufleuchteten. Nördlich des Platzes stürzte ein Schauer wie ein rauschender Vorhang zu Boden. Auf dem Beton selber spiegelte sich die Sonne in den letzten Pfützen.

Der Dispatcher stürzte hinaus, um sich um das Tanken zu kümmern.

Steiner wischte sich den Schweiß von der Stirn und ging die Hunderte von Zahlen auf den Flugplänen und -freigaben durch.

Trotz aller hochgespielter Automatisierung war der Kapitän noch immer die treibende Kraft des Flugbetriebs. Er hatte für alles zu unterschreiben und für das Unterschriebene einzustehen. Wenn ein Kapitän die Bordtreppe betrat, war seine Verantwortung für alles hinter der Kabinentür total. Schlich sich in den Flugablauf so etwas wie ein Fehler durch menschliches Versagen ein – mit Sicherheit mußte er derjenige sein, der ihn begangen hatte.

Auch der Belader oder Dispatcher würde zur Rechenschaft gezogen werden – wegen eines Rechenfehlers. Er aber mußte den Tod der ihm anvertrauten Passagiere verantworten – falls er überlebte.

Hinter den Militärbaracken des südlichen *Airforce*-Bereiches entluden sich Gewitter. Glühend weiß flammten lange Blitzkaskaden durch die schwarze Wand der Böenfront.

„Hoffentlich schafft die BP das Tanken noch!" sagte Steiner und klopfte seine Pfeife aus.

Er war froh, nicht auch dafür noch verantwortlich zu sein. Die Frage, wie er sich nach dem Start durch die Wolkenmassen quälen sollte, beschäftigte ihn schon genug.

Die Tür des Dispatcher-Raums wurde aufgerissen, und seine fünf Stewardessen stürmten herein.

„Hallo, Captain!" sagte Karen Hilldorf.

„Hallo, Karen!" antwortete Steiner.

Karen Hilldorf war eine welterfahrene Frau, mit der sich auch ein überdurchschnittlich gebildeter Fluggast angeregt unterhalten konnte, gewandt, schlagfertig, gebildet, dazu noch gut gebaut und verführerisch. Da die *Transcontinental* keine Stewards beschäftigte, fiel Karen als der Purserette die Entscheidungsgewalt für die Kabinenangelegenheiten und die volle Verantwortung in Notfällen in der Kabine zu.

Steiner begann gleich mit dem *briefing* für seine neue Kabinencrew bis Teheran: „Unsere Flugzeit wird, daran ist der Gegenwind schuld, sechs Stunden dreißig betragen. Höhe, wenn wir es schaffen, 37 000 Fuß, sonst erst einmal 33 000. Wetter: das Übliche. Verpflegung: das Übliche. Wir fliegen über Rangun, Kalkutta, Varanasi, Delhi, Kandahar, Farah, Kamar, Birjand, Dehnamak nach Teheran, wo wir gegen 21 Uhr Ortszeit ankommen."

„Nie gehört", kommentierte Kay Sanders.

„Eine Menge Wüste. Sand, Salz, Stein."

„Interessant!" sagte Vera Merkelsbach.

„Was den Notfall betrifft", schaltete sich Karen ein. „Vera und ich selber bleiben vorn, Kay und die anderen beziehen die hinteren Stationen. Ansonsten gilt: fünfmal klingeln akuter Fall von *emergency;* ich rase dann nach vorn."

„Und fahren Sie nicht gleich die große Feuerwehr auf, wenn es in der Galley mal brennt. Oft genügt das Ziehen einer Sicherung, um den durchgeschmorten Auftauofen zur Räson zu bringen!"

„Aye, aye, Captain!"

Karen legte die Hand an ihr Käppi.

„Wir schmeißen den Laden hinten schon!" versprachen die anderen.

Gut, gut, dachte Steiner; dann runzelte er die Stirn. Schlumm müßte jetzt wirklich bald kommen, wenn er nach Teheran will, dachte er. Wahrscheinlich ist er irgendwo im Verkehr eingeklemmt. Der bricht ja um diese Zeit immer zusammen.

Bangkok Don Muang war ein stets aus den Nähten platzender Flughafen. In den Gängen und Hallen prangten mit thailändischer Farbenfreudigkeit die Werbeplakate der asiatischen Fluggesellschaften, die einen Hauch östlichen Fernwehs vermittelten. Robert Bronn, der während der Transitzeit die Plakate studierte, warf verstohlene Blicke auf seine schwarzhaarige Fokker-Begleiterin, die einen jungen Mann begrüßte – ein wenig kühl, stellte er fest. Obwohl er vor wenigen Stunden noch Heimweh nach der Zivilisation gespürt hatte, faszinierten ihn die fremdartigen Namen bereits wieder. Hinter ihm standen und saßen die übrigen Passagiere, zum Teil bereits erschöpft durch den vorausgegangenen Flug.

„Gut, daß du den Anschluß nicht verpaßt hast!" sagte Ralph zu Ruth Osterman.

Sie sah ihn nur kurz von der Seite an. „Wie ich dich kenne, hast du mich gar nicht vermißt."

Durch die Paßkontrolle kamen die ersten Zusteiger, ein älteres Ehepaar.

„Du wolltest die Pässe einstecken!" sagte die Frau. „Aber du hast gar nicht daran gedacht!"

„Ich habe sie aber gehabt!"

„Aber du hast nicht daran gedacht! Es war reiner Zufall, daß sie noch in deiner Jackentasche steckten! Du hättest sie genausogut liegenlassen können."

„Ich habe sie aber nicht liegengelassen!"

„Du hättest sie liegenlassen können, das genügt!"

Durch eine größere Gruppe deutsch sprechender Männer drängelte sich ein junger Amerikaner, der sich aus einer Art Kampfjacke einen Zivilanzug hatte schneidern lassen. Er ließ sich auf einen Barhocker fallen und bestellte einen Brandy mit Eis und Sodawasser.

Einer der männlichen Passagiere wurde für eine Stichprobe vorgesehen und mußte sein Handgepäck öffnen. Der Beamte warf einen Blick in den Paß und verglich Photo und Namen.

„Lohmar, Wilhelm?"

„Ja."

Der Beamte ließ sich den Toilettenbeutel aus Büffelleder öffnen. Er wühlte darin. „Sie haben eine Menge Spraydosen, wie?"

Lohmar grinste. „Pre-Shave, After-Shave, Deodorant ... ich mag das."

Der Beamte zog sorgfältig den Reißverschluß zu und gab das Gepäck frei. Als Lohmar am Gate ankam, drängten sich die ersten Zusteiger bereits in den blauen Bus.

„Ich geh mal wieder in mein Büro!" pflegte Steiner zu scherzen, wenn er im Cockpit Platz nahm.

Das Cockpit eines kostspieligen Airliners war der ungemütlichste und engste Teil, vielleicht von den Toiletten abgesehen. Schon ohne

Piloten war es mit Instrumentenkästen, Konsolen, Schalttafeln so vollgepfercht, daß harmlose Besucher sich verzweifelt fragten, wo zwischen all den Hebeln, Schaltern, Kabeln, Sicherungen noch ein menschliches Wesen Platz finden sollte.

Im Gegensatz zu Entscheidungen in einem Büro mußte ein Teil der Cockpitentschlüsse in Bruchteilen von Sekunden gefaßt werden. So, wenn im kritischen Teil der Startphase, V 1, ein Triebwerk ausfiel und über Abbruch oder Startfortsetzung entschieden werden mußte.

Schon wegen des stets wechselnden Panoramas hätte Steiner sein Büro jedoch gegen kein geräumigeres auf der Erde eingetauscht. An den Scheiben rasten Höhenstürme vorbei. Phantastische Wolkenpanoramen entrollten sich. Nordlicht spannte seinen Lichtbogen von Horizont zu Horizont. Fremdartige Sternbilder flackerten in der Tropennacht. Das Cockpit war ein guter Ort, die Erde zu betrachten.

„Ladeplan und Vertrimmung, Sir!" sagte der Stationsassistent und drückte ihm die Papiere auf den Schoß.

Er überflog einen Teil der wichtigsten Zahlen. Weersma las die Checkliste.

16 Uhr 30 thailändische Ortszeit: die JETSTREAM stand klar zum Triebwerkanlassen. Kühlaggregat, Gepäckkarren, der letzte Cateringwagen krochen aus dem Umkreis der Boeing.

Im Cockpit sagte Steiner zu Weersma: „Nummer 3 starten!"

„Alles klar, schönen Flug", sagte der Mechaniker; zwei Thais rannten wie besessen mit den Bremsklötzen aus dem Rollbereich der JETSTREAM.

Während des kurzen Rollweges bis zur Startposition kam die Flugfreigabe nach Teheran.

Steiner liebte seine Boeing, und er zog sie steil vom Ende der Bahn auf 6000 Fuß, wie einen Hengst, den man an der Kandare nimmt. Dann ließ er langsam locker und ließ sie auf Fahrt kommen, und während er, vorsichtig die Gewitter umkurvend, weiter auf 33 000 Fuß stieg, dachte er daran, daß Schlumm eigentlich hinter ihm hätte sitzen sollen und vielleicht schon die erste Beanstandung gehabt hätte.

Die Maschine hing scheinbar reglos im Abendglast, umströmt von Fahrtwind und Sonnenschein. Der Bug war unverrückbar auf den River Kwai gerichtet, dessen Schlangenleib sich in tausend Reflexen brach.

„Wir haben schon mal eine kleine Vorspeise fertig!“ verkündete Karen strahlend aus der Durchgangstür.

„Ausgezeichneter Service!“ lobte Steiner.

„Gibt's denn?“ fragte Weersma.

„Gänseleberpastete, Geflügelsalat, Canapés.“

„Auch Consommé?“ fragte De Laer, der Bordingenieur.

„Auch Consommé! Champignonsalat, Heringshäppchen in Essigsoße, alles!“

Sie bestellten, während der River Kwai von den Turbinen verschluckt wurde.

Während des Weiterfluges zur burmesischen Küste entschloß sich Steiner, einen Gang durch die Kabine zu machen. Er arbeitete sich aus seinem Sitz, warf einen prüfenden Blick über das Pult des Bordingenieurs und öffnete die Tür zur Kabine: heller Lichtschein flutete ins Cockpit.

Er schob sich durch die Galley: Vorspeisenwagen, dampfende Kaffeebehälter, geöffnete Kognakflaschen – der Service lief auf Hochtouren. Karen war in der Kabine; sie schob gerade einem gewaltigen Naturburschen von runden zwei Metern eine doppelte Portion *Hors d'œuvre délicieux* zu. Lohmar, der Nachbar des Bären, griff ihn sanft am Jackett.

„Captain, verraten Sie mir, wo genau wir uns befinden?“

„Gern!“ Er drehte sich um und blickte in ein sportlich gebräuntes Gesicht mit harten Zügen. „Wir haben vor fünfunddreißig Minuten Rangun überflogen.“ Er blickte auf seine Uhr: „Um fünfzehn nach sind wir über Kalkutta.“

„Besten Dank.“

Steiner ging weiter. Er hatte die Passagierlisten studiert und versuchte, einige der Namen wiederzufinden. Unübersehbar: die Gruppe deutscher Astronomen. Man speiste mit großem Appetit und diskutierte trotzdem angeregt über sämtliche Sitzreihen hinweg. Ehe er in die Economy-Klasse hinüberwechselte, erkannte er flüchtig Gwen Gary, auf die ihn Karen schon hingewiesen hatte. Wenig Ähnlichkeit mit damals, dachte er, immerhin, beachtliche Frau – er ging trotzdem hinüber.

Hier, in der Touristenklasse, ging alles einfacher, ungezwungener, lauter zu. Er identifizierte mühelos zwei junge Menschen in der allerletzten Reihe als RUTH UND RALPH OSTERMAN, GESANGSDUO. Merkwürdig, dachte er, sie sitzen nebeneinander, als wäre eine Mauer zwischen ihnen – jeder für sich. Ihm fielen ein paar ältere Ehepaare auf, dazwischen saß ein gutes Dutzend gleichförmig gekleideter Japaner.

Was ihm noch auffiel: eine wasserstoffsuperoxydblonde junge Dame, die in der hinteren Galley mithalf.

„Das ist Ingrid!" erläuterte Kay Sanders aufgekratzt. „Sie ist Schwedin; und es macht ihr Spaß, uns in der Galley helfen zu können!"

Steiner nickte flüchtig. Auf den ersten Blick wirkte sie ohne Zweifel aufreizend; aber ihre Bewegungen und Gesichtszüge fand er ernüchternd ordinär. Er trat den Rückweg an.

Ein schlaksiger, langaufgeschossener junger Mann, Kaugummi im Mund, hielt ihn zurück. „*Listen, Captain.* Ich hab selber geflogen! *Phantom, Freedom Fighter,* F-104, das ganze Zeugs! Vietnam, wenn Sie wissen, was das ist! Ich kenn mich aus! Aber diese Art Fliegerei ... Sie wissen, was ich meine?"

„Nein", sagte Steiner. „Ich weiß nicht, was Sie meinen."

„Vorhin: diese Kurven! Davor: dieser Steigflug! Was ich meine, ist: Sie sollten Ihren Kopiloten nicht so oft fliegen lassen. Er lernt's nie!"

„Ich mach Ihnen einen Vorschlag. Kommen Sie nach vorn, fliegen Sie selber ein Stückchen."

Der junge Mann schob seinen Kaugummi in die andere Backe. „Ich komm schon aus Bali, falls Sie wissen, wo das liegt! Ich schlaf erst mal."

Steiner ging weiter durch die Reihen zur ersten Klasse und zum Cockpit. Ein älterer Herr versuchte ihn schüchtern zurückzuhalten. Die Frau daneben blickte ihn strahlend an: einfache Leute; Steiner mochte sie sofort.

„Wir fliegen schon seit Hongkong mit Ihnen, mein Name ist Radewald ... Meine Frau und ich ... wir genießen den Flug. Ich glaube, Sie fliegen wunderbar. Sie machen wunderbare Landungen. Wir waren in Sydney ..."

„Das freut mich!" sagte Steiner herzlich. „Ich werde mich bemühen, Sie bei der Landung in Teheran nicht zu enttäuschen."

Herr Radewald nickte freundlich und sah strahlend seine Frau an. Die Radewalds stammten aus Michelstadt im Odenwald. Im Laufe der langen friedlichen Ehejahre waren sich beide stets ähnlicher geworden, hatten aber im wesentlichen immer nur die positiven Eigenschaften voneinander übernommen. Wie viele Deutsche, die sich mühsam von unten herauf emporgearbeitet hatten, waren sie durch billige Urlaubscharterangebote zum Fliegen gekommen. Mallorca, Las Palmas, Tunis hießen die Ziele, für die sie jährlich einmal ihre bescheidene Wirtschaft am Stadtrand von Michelstadt für vier Wochen schlossen. Sie warf ihnen ein Existenzminimum ab, mit dem sie in Frieden die Jahre zwischen Silber- und Goldhochzeit genießen konnten.

Beide bewunderten die Geschicklichkeit der servierenden Stewardessen, die Geschwindigkeit, mit der Speisen und Getränke gereicht wurden.

„Darf ich Ihnen zum Nachtisch eine Birne Hélène servieren?" fragte die Stewardeß.

„Nehmen wir eine Birne Hélène, Hannes?"

„Bringen Sie zwei Birnen Hélène, bitte", sagte Hannes Radewald.

Die Welt der Wolken, schrieb Robert Bronn auf seiner Reiseschreibmaschine über dem Golf von Bengalen, *ist eine lebendige Welt. Nichts, auch das Meer nicht, ist verwandlungsfähiger als sie.*

„Sie sehen müde aus!" sagte Karen, als sie vorüberging. „Sie sollten sich ausruhen, zumindest nach dem Essen. Wovon handelt denn Ihr Pamphlet?"

„Wolken, genauer: eine Art Wolkenkunde. Dürfte Sie kaum interessieren."

„Was mich interessiert, ist: Habe ich genug Chicken Curry in die Auftauöfen gepackt? Und wo steckt der zollfreie Kognak? Welcher Idiot hat die Zigaretten im Tiefkühlfach verstaut? Also: was les ich hier? *Es ist klar, daß neben individuellen und zufälligen Formen jeder Wolke Wolken gewisse Allgemeinformen besitzen ...*"

„Lamarck, 1802 in seinem *Annuaire Météorologique.*"

„Nie gehört, ich kenne nur Howard."

„Das ist aber schon viel, wenn Sie den kennen. Er hat die Grundformen benannt, mit heute noch gültigen Namen ..."

„Lassen Sie mich mal: Zirrus, Kumulus, Nimbus ..."

„Und Stratus. Falls es Sie interessiert – setzen Sie sich doch!"

„Die TC verbietet mir das." Karen horchte auf. „Es klingelt! Ich muß mal nachsehen. Gelegentlich komme ich wieder mal vorbei."

„Sie sind die erste Stewardeß, mit der ich mich über Wolken unterhalten habe!" sagte Bronn. Er lehnte sich entspannt zurück. Seine Blicke streiften die beiden Passagiere an der rechten Seite vor ihm.

Er war sicher: der Riese und der Hagere kannten sich nicht. Sie waren getrennt an Bord gekommen und hatten kein Wort miteinander gewechselt. Aber eben hatten sie einander angeblickt; und der Hagere hatte dem Riesen eindeutig ein paar Worte zugeflüstert.

Das machte ihn stutzig.

Gwen Gary klingelte nach der Stewardeß und bestellte etwas Roquefort, Schwarzbrot, einen neuen Doppelten dazu.

„Ich will mal nachsehen", sagte Vera Merkelsbach, „wir haben ja gerade alles abgeräumt. Vorhin, da habe ich Sie noch gefragt."

„Ich esse am liebsten dann, wenn ich selber Appetit habe, und nicht, wenn andere ihn haben!"

„Es ist sehr schwer, mit so vielen Passagieren!"

„Es ist sehr schwer, zweitausend Dollar für einen Erste-Klasse-Flug zu verdienen ..."

In der Galley tobte Vera los: „Jetzt hast du mich zum letztenmal im Prominentenparkett gesehen, Karen! Starallüren in Ehren! Aber diese Frau kann ein ganzes Regiment beschäftigen! Wo sind wir denn? Im Mittelalter? Jetzt will sie was zu fressen haben! Und eben ..."

„Dann gib ihr doch was!" unterbrach Karen.

„Aber wir sind doch gerade mit der Schmatzorgie fertig!"

„Gerade, weil wir fertig sind, haben wir doch am meisten Zeit!"

„Und sie säuft wie ein Loch! Gleich fängt sie zu randalieren an!"

„Die nicht", sagte Karen. „Gib mir mal die Flasche und das Tablett. Ich mach das selber." Als sie durch den Vorhang in die erste Klasse ging, sagte sie leise: „Ich mag sie nämlich gern, glaube ich."

Während sie servierte, meinte sie: „Wir werden pünktlich in Teheran landen, Mrs. Gary. Das Wetter ist in Ordnung, unser Flugzeug ist in Ordnung, da müßte es mit dem Teufel zugehen, wenn ..."

„Was mich mehr interessiert, ist London." Gwen zündete sich eine Zigarette an und blickte dann auf. „Der Anschluß in Hamburg nach London."

„Wenn wir in Teheran pünktlich auftanken, werden wir auch in Hamburg pünktlich sein, werden Sie auch pünktlich in London ankommen. Ich habe übrigens viele Ihrer Filme gesehen!" gestand Karen. „Im Fernsehen. Da war neulich eine Woche guter alter Filme ..." Sie spürte, daß sie einen Fauxpas begangen hatte. Die guten alten Filme waren Gwen Garys letzte gewesen.

Aber Gwen lächelte. „Wenn Sie Zeit haben ..."

„Darf ich noch für fünf Minuten in die Galley? Kraut und Rüben dort, nur kurz nach dem Rechten sehen!"

„Kommen Sie, wann immer Sie Lust haben!"

„Ich kenne auch alle Ihre Kinderfilme!" rief Karen noch, ehe sie in die Galley verschwand.

Plötzlich schien der Kognak ein volleres Aroma zu entfalten. Wer Gwen kannte, wußte, daß sie im Grunde ein nicht nur liebebedürftiges, sondern auch liebenswertes und liebevolles Geschöpf war. In ihren guten Stunden konnte sie jeden mit ihrem sonnigen Temperament, ihrer Bedürfnislosigkeit, ihrer Betroffenheit über die Sorgen anderer verblüffen. Diese guten Stunden waren, spärlich genug, wie Hochseeinseln eingebettet zwischen Verzweiflung, Hysterie, Nervosität, Volltrunkenheit, Trägheit, Protest.

Der kurze Wortwechsel mit Karen hatte genügt, ihr wieder Lebenslust einzuflößen. London, ihr Engagement, war ihre letzte, ihre absolut allerletzte Chance! Sie würde sie wahrnehmen. Sie würde sich geben wie immer: ganz.

Sie dachte daran, wie sie sich stets ganz gegeben hatte, von ihrem ersten Kinderfilm an.

„Wenn sie wüßte, wie das wirklich war: mit den Kinderfilmen!" sagte sie in das Rauschen des Fahrtwinds.

5

Die Jetstream glitt jetzt, das Gangesdelta an Steuerbord, Indien entgegen. Während unter ihnen das pythongefleckte Sumpf- und Dschungelland des tausendarmigen Ganges vorüberglitt, schlang der Bär mit Wohlbehagen Hühnchen in Ingwersoße in sich hinein. Er hatte sich doppelte Frühlingsröllchen reichen lassen und bestellte so oft von dem thailändischen Singha-Bier nach, bis Lohmar ihm einen mahnenden Blick zuwarf. Der Bär rülpste protestierend, wischte sich mit dem mächtigen Handrücken den fettigen Mund und stierte dann auf seine Armbanduhr. Er grunzte zufrieden: nur noch vier Minuten bis zur Stunde Null.

Hinten saßen die beiden Mädchen und lehnten, nach einem Blick auf die Uhr, den angebotenen Kaffee ab.

„Einen kleinen Cointreau vielleicht?"

„Auch keinen Cointreau!"

Inger tastete verstohlen nach ihrer Pistole, die sie längst aus sieben Teilen zusammengeschraubt hatte. Ingrid, die am Mittelgang saß, beobachtete jetzt die Vorgänge in der ersten Klasse. Im Gegensatz zu den Maschinen anderer Fluggesellschaften hatten die TC-Boeings keinen Trennvorhang zwischen beiden Abteilungen.

Drei Minuten bis Null: Lohmar ließ sich sein Tablett forträumen, schlug die Beine übereinander und zündete sich eine Zigarette an.

Der Bär stellte seine Tasche so zwischen die Sitzbeine, daß sie sich einen Spalt öffnete.

Zwei Minuten dreißig Sekunden bis Null: Lohmar beobachtete konzentriert die beiden blauen Lichtpunkte über der vorderen Galley, die anzeigten, ob die Toiletten besetzt waren. In der Galley waren zwei Stewardessen mit dem Verstauen der benutzten Tabletts beschäftigt.

Sehr leichte Turbulenz ließ die Maschine sanft und fast beruhigend dümpeln. Viele Passagiere begannen sich behaglich auszustrecken und auf ein Nickerchen einzustellen. Zwei Minuten bis Null: Lohmar sah sich zum letztenmal forschend um.

KAREN hatte auf der Toilette das getan, was sie „ein neues Gesicht anziehen“ nannte. Eine Boeing-Kabine voller Passagiere mit drei, vier Gängen zu bedienen zehrte nicht nur an Physis und Psyche; es warf auch die raffinierteste Kosmetik über den Haufen. Nach dem Service klebten die unpraktischen, durchschwitzten Uniformen wie nasse Säcke am Körper. Die Lippen waren geborsten, die Nasenschleimhäute entzündet, die Haare hingen strähnig herab.

Als sie sich von Flecken und abgebrochenen Haaren gereinigt und neu geschminkt hatte, stieß sie auf Lohmar, der sie mit der Bitte um einen kurzen Cockpitbesuch ansprach.

Sie begab sich ins Cockpit.

„Tut mir leid, der Kapitän ist jetzt sehr beschäftigt!“ sagte sie, als sie zurückkam.

Lohmar blickte flüchtig hinter sich: Der Bär war aufgetaucht und postierte sich im Durchgang zur Kabine.

„Tut mir auch leid, Kindchen. Wir werden ihn noch mehr beschäftigen!“ Er zog seine Pistole aus der Jackentasche, drückte die Mündung auf ihren Bauch und zwang sie auf die Notsitzbank.

Der Bär hatte Kay Sanders einfach an die Hand genommen und neben Karen auf die Bank geschleudert. Lohmar sah ihn gespielt mißbilligend an: „Nicht diese Töne! Die Mädchen tun, was wir wollen. Brich ihnen nicht gleich die Knochen!"

Der Bär postierte sich vor den beiden Mädchen. Lohmar steckte die Pistole zurück, sah, daß Ingrid sich planmäßig im Galleyausgang plaziert hatte, und öffnete die Cockpittür.

Karen spürte zum erstenmal nackte Angst. In einem Anfall von Panik wollte sie sich auf Lohmar stürzen.

Da wurde die eine Toilettentür geöffnet, und ein Japaner trat heraus.

Der Bär legte ihm die rechte Pranke auf die Schulter, drehte ihn wie eine Puppe mit dem erstaunten Gesicht zu sich hin und drückte ihn dann wortlos zwischen Öfen, Spüle und Containerregale gegen die Bordwand.

Lohmar verschwand im Cockpit. Er riß die Pistole heraus, schlug die Tür hinter sich zu, blickte um sich.

Halbdunkel. Instrumente. Gelbe Warnlampen. Roter Himmel. Die drei Männer.

„Ruhig bleiben! Weitermachen! Keine verdächtige Bewegung!" Er richtete den Lauf auf De Laer, den Bordingenieur, der ihm am nächsten saß. „Keine Tricks! Ich schieß verdammt gut; und ich weiß, wohin!"

Die drei Männer starrten ihn an. Lohmar suchte sich eine bessere Stehposition zwischen den Sitzen aus. „Mich unschädlich zu machen ist sinnlos. Ich habe eine Menge Leute bei mir, die richten in der Kabine ein Blutbad an!"

„Wir sind stets bemüht, die Wünsche unserer Passagiere zu erfüllen", sagte Steiner.

„Dieser Ton gefällt mir!" sagte Lohmar. „Würden Sie mir den Gefallen tun, den Kurs zu fliegen, den ich befehle?"

„Wohin wollen Sie?"

„Nach Teheran!" sagte Lohmar.

„Das nenne ich mal eine originelle Entführung!" sagte Steiner. „Dahin fliegen wir sowieso!"

Einen Atemzug lang verlor Lohmar seine Selbstsicherheit. Die kühle Gelassenheit Steiners, obwohl erwartet, beeindruckte ihn. „Fein ..." Er ließ seine Blicke prüfend über die Männer schweifen, die wieder über ihren Instrumenten hockten, als ginge sie sein Auftritt nichts an. „Wir sind uns einig über das Ziel: Teheran. Wir denken uns was dabei, wenn wir ein Flugzeug nach Teheran entführen, das sowieso nach Teheran fliegt! Aber das hat Zeit. Jetzt erst einmal dieses!“

Lohmar zerrte aus seiner Hosentasche eine Spraydose von der Größe einer Deodorantdose hervor. Das Stichwort DIESES veranlaßte De Laer, sich sofort umzudrehen; der ist am aufgeregtesten, stellte Lohmar fest. Aus einer zweiten Tasche zog er eine Plastikschachtel. Er stellte sie behutsam zwischen die beiden Piloten auf den Radarschirm, wo jeder sie gut sehen konnte. Ein Kakerlak hockte fett und riesig reglos am Boden.

Er nahm die Spraydose und sprühte kurz in die Schachtel. Sofort kam Leben in das Tier. Es krabbelte erregt über den Boden. Wie eine Billardkugel prallte es von Wand zu Wand. Es schlug hart auf dem Rücken auf. Seine behaarten Glieder strampelten wild, erstarrten ruckartig und sanken zusammen: das gewaltige Tier war tot.

„Tropische Kakerlaken sind mit dem härtesten Insektengift nicht umzubringen!“ erklärte Lohmar. Die drei Männer hatten gebannt auf den kurzen Todeskampf gestarrt. „Gegen Nervengas sind auch robuste Pilotennaturen nicht gefeit. Geschweige denn Passagiere ...“

„Sie würden sich selber damit umbringen!“

Lohmar lachte trocken, das klang sehr häßlich. „Wir sprühen das in die Klimaanlage. Im Ernstfall, Skipper, setzen wir Sauerstoffmasken auf! Unsere Mitarbeiter in der Kabine hängen sich Ihre Lungengeräte um. Oder sie bedienen sich der Masken in der PSU!“

Das Fachwort machte Eindruck. Nur Steiner reagierte nicht ganz nach Wunsch. „Darf ich mir eine Pfeife anzünden?“ fragte er.

„Auf keinen Fall!“ erwiderte Lohmar gereizt.

„Mit Pfeife bin ich viel ruhiger!“ sagte Steiner.

„Sie sind mir ruhig genug!“ sagte Lohmar. Einen Augenblick zögerte er. Dann befahl er Weersma: „Drück mal den Rufknopf für die Kabine! Zweimal! Pilotentod oder Pilotenleben – hängt von deinem Benehmen ab!“

DER BÄR richtete seine Augen auf das schwarze Bedienungspult über dem Galleyausgang: Das blaue Sprechlicht flammte auf; jemand aus dem Cockpit meldete sich.

Auf dieses verabredete Zeichen hin riß der Bär den Vorhang zurück und zeigte sich grinsend, die Beine nach Cowboyart gespreizt, mit seiner Pistole den Passagieren. Gleichzeitig zogen Inger und Ingrid ihre Waffen. Eine Welle des Schreckens lief durch die Kabine.

Jetzt erklang die Stimme Steiners über die Bordanlage. „Meine Damen und Herren, wir haben hier einige Herren in der Gegend des Cockpits, die ihre eigenen Vorstellungen über die Durchführung unseres Fluges haben. Ich bitte Sie dringend, ihren und meinen Anweisungen nachzukommen und ruhig auf Ihrem Sitz auszuharren. Es ist die sicherste Art, wieder die Erde zu erreichen. Über unser Ziel herrscht seltsamerweise Übereinstimmung: Wir wollen gemeinsam nach Teheran ..."

Die Passagiere blickten schockiert um sich. In der hinteren Galley wirkten Vera Merkelsbach und ihre Kolleginnen wie versteinert.

„Der Herr hinter mir", fuhr Steiner fort, „bittet mich noch, Ihnen folgenden Tatbestand zu verdeutlichen: Sollte irgend etwas nicht in seinem Sinne ablaufen, so zögert er nicht, Sie schlichtweg zu vergiften. Er benutzt für dieses Vorhaben einen Gasspray, den er durch die Frischluftanlage schickt. Dabei kann er sich selber und uns hier im Cockpit durch Sauerstoffmasken schützen. Ich habe mich davon überzeugt, daß er für diesen Zweck bestens ausgerüstet ist."

Während der letzten Sätze hatten die beiden Schwedinnen demonstrativ handliche Spraydosen hervorgezogen und hielten sie, als wollten sie den Gebrauch der Schwimmwesten vorführen.

Karen spürte durch alle Wände hindurch die gespannte Nervosität in der Kabine, die jeden Augenblick in nackte Angst umschlagen konnte. Jeder harmlose Zwischenfall konnte der Auslöser sein.

„Darf ich mich um die Passagiere kümmern?" fragte sie.

„Aber keine Ränke! Keine Pläne! Klar?" sagte der Bär.

Mit klopfendem Herzen, aber lächelnd begann Karen durch die Reihen zu gehen. Sie spürte, daß die Passagiere ihr diese Leichtigkeit nicht abnahmen. Während sie sich schrittweise vorwärtsarbeitete, bemüht, jedem einen beruhigenden Blick zuzuwerfen, suchte sie sich aus den männlichen Passagieren ein paar zuverlässige heraus. Laut Ausbildungsvorschrift sollten sich die Stewardessen beim Einsteigen der Passagiere grundsätzlich die Männer in bezug auf ihre Zuverlässigkeit und Körperkraft ansehen. Im Notfall mußten sie sich Hilfe von Passagieren holen, die in der Lage waren, ein Notfenster herauszunehmen oder eine verklemmte Tür aufzustoßen.

Von den nichtssagenden, in korrektes, phantasieloses Grau gekleideten Geschäftsleuten aus Japan und Australien konnte sie sich keine konkrete Vorstellung für den Ernstfall machen. Einer von ihnen hielt sie am Ärmel zurück.

„Hören Sie, Miß, wir werden doch pünktlich in Teheran ankommen?" Die Gesichtsmuskeln des Mannes zuckten nervös. Er drehte ununterbrochen an einem Rauchtopasring. „Nämlich, es ist eminent wichtig für mich, pünktlich anzukommen. Ich werde im iranischen Handelsministerium erwartet."

„Ich werde unsere Entführer davon in Kenntnis setzen!" versprach Karen, ohne eine Miene zu verziehen.

„Hören Sie!" mischte sich scharf sein Nachbar ein. „Wir haben eine Menge Geld bezahlt. Wir haben Anspruch darauf, dorthin geflogen zu werden, wohin wir gebucht haben."

„Wir sind bereit, den doppelten Flugpreis zu entrichten!" ergänzte der erste Japaner. „Sagen Sie das den Herren!"

„Ich werde alles ordnungsgemäß ausrichten!" versprach sie und sah sich nach der nächsten Reihe um.

„Hallo!" wurde sie von Bronn begrüßt. „Erster Ausgang der Verdammten?" Sobald er seine Frage gestellt hatte, tat sie ihm leid. Das Mädchen war strapaziert genug und sollte nicht zusätzlich durch Albernheiten belästigt werden.

Karen strich sich über die Stirn. „Ich laufe gern am Ganges entlang!" antwortete sie schlagfertig, nach einem kurzen Blick aus dem Fenster. „Reizender Fluß, besonders im indischen Frühling. Hören Sie ..." Sie beugte sich vor. „Im Fall einer Notlandung – würden Sie am Notausstiegsfenster Platz nehmen? Sie können in den Notanweisungen in der Sitztasche alles genau studieren. Helfen Sie mir?"

„Schon genehmigt! Ich kenne mich aus, keine Sorge! Ich bin auch bestens trainiert: Ich habe schon eine Notlandung hinter mir. Im Dschungel von Yucatan. Blödes Gefühl für Sie, wie?"

„Es ist nicht das Gefühl, das in der Werbung vermittelt wird; aber mit Ihrem Angebot in der Tasche fühle ich mich trotzdem großartig!" Sie blinzelte ihm aufmunternd zu und zog weiter in die Economy-Klasse.

Vor ihr tauchte das Ehepaar Radewald auf und sah sie voller Vertrauen an. „Nicht wahr? Es besteht keine unmittelbare Gefahr?"

„Überhaupt nicht! Sie können ganz beruhigt sein!"

Der Mann griff tröstend nach der Hand seiner Frau. „Die Piloten wissen, wie sie sich zu verhalten haben. Wenn sie sich richtig verhalten, wird ihnen und uns nichts geschehen."

„Ich habe auch überhaupt keine Befürchtungen, daß etwas schiefgeht!" erwiderte die Frau. „Aber Sie ... Sie müssen eine große Verantwortung tragen. Wenn Sie glauben, wir könnten Ihnen ... Wir sind alte Leute. Aber wenn wir Ihnen helfen können – sagen Sie es uns!"

„Bestimmt!" versprach Karen gerührt. „Ich bin froh, ein paar zuverlässige Menschen unter uns zu wissen!"

Eine Reihe weiter hielt sie neben den Bauers an. „Alles in Ordnung soweit?"

Die Frau sah sie mit stechenden Blicken an. Sie mußte Anfang Fünfzig sein. Ihre Haut war grobporig und fleckig, das helle Fleisch aufgedunsen. Die grelle Schminke betonte mehr, als sie verbarg.

„In Ordnung?" sagte sie laut. Ihre Stimme war hart. „Was soll das heißen: in Ordnung? Soll das ein verspäteter Faschingsscherz sein? Ihre Fluggesellschaft verfrachtet uns gemeinsam mit Gangstern, und Sie fragen, ob alles in Ordnung ist!"

„Es ist eine Schande, was hier passiert!" fiel der Mann neben ihr ein. Er zerrte unbehaglich an der korrekt sitzenden Krawatte.

„Es ist noch nichts passiert!" korrigierte die Frau. „Aber es wird bald etwas passieren!"

„Es wird passieren, und dann ist es passiert!" erwiderte der Mann. „Das war's, was ich meinte!"

„Meinst du es jetzt plötzlich nicht mehr?"

Der Mann sah seine Frau erstaunt an. „Natürlich meine ich es auch jetzt noch."

„Warum sagst du dann nicht: Das ist, was ich meine? Und warum hast du deine Tabletten noch nicht genommen? Hier sind sie! Bringen Sie ein Glas Wasser, Mädchen!"

„Ich glaube nicht, daß mir das erlaubt ist!" meinte Karen und freute sich fast darüber.

„So fängt es an!" sagte die Frau. „Bald haben wir chaotische Zustände an Bord. Nimm die Tabletten ohne Wasser, Fred!"

„Ich brauche die Tabletten nicht!"

„Du brauchst sie. Du hast zu hohen Blutdruck! Du nimmst sie!"

Der Mann nahm sie gehorsam.

In der hinteren Galley sah Karen eine der beiden Schwedinnen stehen. Sie hatte sich gegen die Bordwand gelehnt und die Daumen in den Oberrand der Blue Jeans gehakt. Eine winzige Pistole lag neben ihr auf der Anrichte.

Vorbei an einer indischen Mutter mit vier Kindern, die sie hilflos anlächelte und von der sie wußte, daß sie kein Englisch sprach, vorbei an einem jungen Amerikaner mit Crewcut und Kaugummikauen, der sie herausfordernd anblickte, kam sie in der letzten Reihe an. Im Hintergrund, auf der Crewbank, sah sie zusammengedrängt mit bedrückten Gesichtern ihre Kolleginnen sitzen.

„Hier geht's nicht weiter, Kindchen!" sagte Inger. „Das beste ist: Du hockst dich in die vordere Galley. Alle weiteren Instruktionen kommen aus dem Cockpit."

„Jetzt zu uns!" Nachdem Steiner seine Durchsage beendet hatte, schlug Lohmar dem Bordingenieur mit dem Pistolenknauf über die Schulter. „Deine Haltung gefällt mir gar nicht, Bruder! Jetzt drehst du dein photogenes Gesicht zur Wand und läßt es dort! Und deine Hände bleiben ab sofort über dem Tisch! Diese Fummelei im Ablegefach paßt mir nicht!"

Tatsächlich stand die Nervosität De Laers im Gegensatz zu der Gelassenheit der beiden Piloten. Sein Gesicht hatte sich fahlgrün verfärbt; seine Hände verkrampften und streckten sich, als knete er Wachs. Er litt unter einem wachsenden Druck im Magen.

Lohmar wandte sich an Steiner: „Das Oberkommando liegt ab sofort bei mir. Drehen Sie mal die Frequenz 5568 ein!" Steiner drehte am Abstimmknopf für das Kurzwellengerät. „Auf dieser Frequenz werden Sie Teheran rufen." Lohmar stellte mit Befriedigung fest, daß seine Fachkenntnis verblüffte.

„Und was, bitte, hätten Sie gern ausgerufen?"

„Sie werden Teheran anweisen, den deutschen Botschafter anzurufen."

„Worüber hätten Sie den deutschen Botschafter gern informiert?"

„Erstens: über die Entführung dieses Flugzeugs. Es befindet sich ab sofort unter dem Kommando der PHRYXX. Falls Sie wissen, was das ist."

„Zweitens?"

„Zweitens werden Sie den Botschafter daran erinnern: In Hamburg sind vor vierzehn Tagen zehn unserer Mitglieder verhaftet worden."

„Drittens?"

„Drittens soll der Botschafter auf dem schnellsten Wege die Freilassung unserer Leute veranlassen. Sollte bis zu unserem Anflug auf Teheran eine entsprechende Erklärung aus Deutschland nicht vorliegen, dann . . ."

„Dann . . . was?"

Lohmar lehnte sich so bequem wie möglich gegen den leeren Sitz hinter Steiner. Er trommelte mit den Fingern auf die Spraydose, die er dort abgelegt hatte. „Sie haben da eine erlauchte Fracht von Intelligenzbestien an Bord. Den Jet-set deutscher Wissenschaft. Diese zwanzig Astronomen sind ab sofort Geiseln der PHRYXX. Und ich gebe keine Flasche Sekt für ihre Überlebenschance, wenn bis zu unserer Landung unsere Leute in Hamburg nicht frei sind."

„SETZ dich endlich hin, Mädchen, sonst knallt's!" drohte der Bär, als Karen von ihrem Trostgang durch die Kabine zurückkehrte.

Sie nahm kurz entschlossen neben Gwen Gary Platz. „Jetzt komme ich doch noch zu Ihnen. Wenn auch unter anderen Umständen." Sie lehnte sich zurück. „So rasch geht das!"

... Später sagte Gwen: „Wenn Sie wüßten, wie das wirklich war: mit den Kinderfilmen!"

„Ich würde es gern erfahren."

Gwen lächelte. „Eine richtige Flugzeugentführung. Und ich erzähle Ihnen meine Kindheitserinnerungen!"

„Es lenkt ab. Haben Sie gar keine Angst?"

„Nein", sagte Gwen. „Überhaupt nicht. Ich stelle das selber mit Erstaunen fest. Wissen Sie ... ich muß dringend und pünktlich nach London ... das schon. Andererseits: Das ist alles so unwichtig. Es gibt Augenblicke, da stellt man fest: Das Unwichtigste im Leben sind die sogenannten wichtigen Angelegenheiten."

„Ich habe den Eindruck: Diese ganze scheußliche Sache läßt Sie irgendwie kalt."

„Wie gesagt – es erstaunt mich selber. Aber es ist so: Ich stelle fest, ich sehe gar nicht den Vorfall an sich. Sondern immer nur ... wie ich damit fertigwerde. Ich glaube, das ist das einzig Wichtige im Leben – wie man fertigwird mit den Problemen, vor die man gestellt wird ..."

SIE WAR ein hübsches, dunkelblondes Mädchen von knapp fünfzehn Jahren. Jeder liebte sie wegen ihres Charmes, ihrer Aufgeschlossenheit – wenn sie ausgeschlafen war. Sie lieferte Schlagzeilen für die Weltpresse. Jeder ihrer Kinderfilme spielte mehr ein, als ihre Produzenten sich in ihren optimistischsten Stunden träumen ließen.

Wenn sie nach der siebenten Drehstunde zusammenzubrechen

drohte, stand jemand mit einer *Pepup*-Pille bereit. Nach weiteren vier Drehstunden durfte sie sich auf eine Couch hinter den Kulissen ausstrecken. Jemand stand mit einer Schlafpille bereit. Sie fiel in einen todesähnlichen Schlaf, aus dem sie nach vier Stunden geweckt wurde. Jemand stand mit einer neuen *Pepup*-Pille bereit. In diesem Zyklus wurden zweiundsiebzig Stunden abgedreht.

Ihre Ferienaufenthalte fanden in Sanatorien, später in Nervenheil- und Entziehungsanstalten statt. Sie neigte zur Fettleibigkeit, schon mit fünfzehn. Dagegen gab es Pillen. Die Pillen machten sie müde. Dagegen gab es Aufputschpillen. Die Aufputschpillen verursachten Appetit. Dagegen gab es Pillen ...

Sie war nichts als eine reizende Puppe. Aufziehen, Pillen schlucken lassen, abfilmen. Sie versuchte auszubrechen; und die Filmgesellschaft warf ihr Vertragsbruch vor und ließ sie zurückholen. Die Zeitungen schrieben, sie sei launisch und unberechenbar.

Gwen Gary lehnte sich erschöpft zurück. Sie atmete entspannt aus. Sie wollte gerade den Rest ihres Glases austrinken, da machte das Flugzeug einen kurzen, heftigen Satz. Jeder Passagier klammerte sich automatisch fest. Instinktiv sprang Karen auf, um ins Cockpit zu rennen.

Mit unerwarteter Schnelligkeit war der Bär bei ihr und drückte sie hart in den Sitz. „Noch eine solche Bewegung, Mädchen, und du kannst deine Physiognomie von der Wand kratzen!“

„Ich glaube nicht, daß wir an den Funkverhältnissen viel ändern können!“ sagte Steiner. „Was uns zu schaffen macht, ist der Dämmerungseffekt. Wir haben kurzen Kontakt mit Teheran gehabt, aber dann ist die Verbindung überlagert worden. Er wird uns wieder rufen, sobald die Verständigung besser ist.“

„Und bis wann wird es euch Stümpern gelingen, meine Anweisungen zu befolgen?“ fragte Lohmar.

„Spätestens bis wir in den UKW-Bereich gelangt sind!“ mischte sich Weersma ein.

„Wann?“

„In frühestens zwei Stunden. Wir sind gerade über Delhi weg.“

„Zu verdammt spät. Bis zur Landung muß die Antwort aus Deutschland vorliegen!“

„Wir haben Treibstoff genug, um anderthalb Stunden länger in der Luft zu bleiben.“

„Interessiert mich nicht! Ich möchte diese Sache mit Teheran sofort geklärt haben."

Weersma machte sich wieder über die Kurzwelle her.

Die Erde lag in fahlem Nachtdämmer unter einer aufreißenden Altokumulus-Schicht. Der westliche Himmel war flammend rot, gab aber kaum noch Helligkeit ab, und Steiner hatte die Cockpitbeleuchtung eingeschaltet. Die rote Instrumentenbeleuchtung, die gelben, grünen und blauen Lichter verstärkten die gespenstische Atmosphäre.

DIE JETSTREAM hatte soeben die pakistanisch-indische Grenze querab von Lahore überflogen und nahm jetzt Kurs auf Multan am nördlichen Indus. Von dort würde man die Grenze Afghanistans ansteuern. Der Funksprechverkehr mit den rasch wechselnden Ländern, die in Feindschaft miteinander lebten, erforderte höchste Aufmerksamkeit; und Steiner hoffte, daß an diesem Abend die Wachsamkeit der Radarstationen und das Mißtrauen nicht allzu groß sein würden.

Plötzlich rief Weersma: „Hier kommt Teheran! Ich hab ihn – laut und klar!"

Alle horchten gespannt, wie Weersma ihre Position durchgab und bestätigt erhielt. Dann versuchte er, seine Sondermeldung durchzugeben; und alles, was er als Antwort erhielt, war ein NOCH EINMAL BITTE.

„Ich glaube, sie sind gehijacked!" mischte sich lakonisch eine englische BOAC-Maschine ein. „Hören Sie, Teheran, TC 773 ist gehijacked!"

„Geben Sie verdammt noch mal endlich unsere Botschaft durch, sonst sind Ihre Minuten gezählt!" zischte Lohmar jetzt und richtete seine Pistole auf den Kopiloten.

„Okay Teheran!" sagte Weersma auf gut Glück ins Mikrophon. „Wir haben eine besondere Nachricht. Bitte rufen Sie den deutschen Botschafter. Ich wiederhole: Hier folgt eine Nachricht für den deutschen Botschafter. Haben Sie soweit verstanden, Teheran?"

„Okay, 773!" meldete sich die BOAC. „Ich höre Sie laut und klar, sagen Sie, was Sie auf dem Herzen haben. Wir versuchen dann, es Teheran klarzumachen."

Weersma gab seine Meldung durch; Lohmar preßte den Kopfhörer an sein linkes Ohr und verfolgte jedes Wort.

„Okay, 773!" bestätigte BOAC. „Wir haben alles. Haben Sie mitgehört, Teheran?" Aber Teheran schwieg. „Wir bleiben in Verbindung mit Teheran!“ versprach BOAC. „Wir wünschen alles Gute und trotzdem: Happy Landings!“

„Fliegergewäsch!“ murrte Lohmar. Er rieb sich das Nasenbein. Und zum erstenmal nach dem Überfall im Cockpit spürte er auch wieder den dumpfen Druck unter den Rippen, der von dem Steinwurf Schlumms herrührte. Die bittere Erkenntnis, Schlumm nicht ganz elegant erledigt zu haben, machte ihn reizbar. Die Schwierigkeiten in der Nachrichtenvermittlung hatte er nicht vorausgesehen. Scheißpiloten! dachte er wütend. Fliegen Zwanzig-Millionen-Mark-Flugzeuge. Aber ihr Kurzwellenverkehr stammt aus der Steinzeit!

„Bereitet euch aufs Sterben vor!“ Er beobachtete eiskalt, wie der Kopilot zusammenzuckte. „Für den Fall, daß bis zur Landung die Freilassungsgarantie für meine Hamburger Leute nicht eingetrudelt ist! Am Boden werde ich persönlich pro Stunde eine der deutschen Intelligenzbestien abknallen, bis die Freigabe da ist. Aber vorher rechne ich mit euch ab! Am Boden brauch ich euch Kutscher nicht! Ihr wärt keinesfalls der erste Ikarus, der in die ewigen Jagdgründe eingeht!“

Steiner horchte auf. „Was soll das heißen?“

„Das soll heißen: Ich habe heute schon mal einen von euch befördert!“

„Schlumm?“

Jetzt saßen alle starr.

„Ich hab's nicht gern, wenn das Cockpit so voll ist!“

„Sie haben ihn umgebracht, nicht wahr?“ fragte Steiner. Er saß sehr steif im Sitz.

„Er starb wie ein Held!“ lachte Lohmar herzlich. „Keine Bange, er hat mir arg zugesetzt, ehe er hinüber war! Mein Nasenbein ist hin!“

Blitzartig drehten sich ihm alle Gesichter zu.

„Das ist eine Schweinerei!“ stieß Weersma hervor. „Einen Menschen umzubringen, der Ihnen nichts getan hat! Sie verfluchtes Schwein!“

Mit Weersma war eine seltsame Veränderung vor sich gegangen. Kalkweiß und zitternd saß er im Sitz; Backenknochen, Nasenrücken, Lippen traten plötzlich scharf hervor. Seine Hände bebten.

„Ganz ruhig, Henk!“ sagte Steiner leise. „Ganz ruhig. Ein Opfer genügt!“

Lohmar klopfte Steiner anerkennend auf die Schulter. Er fühlte sich sofort überlegen, wenn sein Gegner die Haltung verlor. Er war jetzt ganz entspannt. „Krieg dich wieder ein, Junge!“ schlug er Weersma vor. „Du überdrehst. Das schadet dem Motor!“

Aber Weersma war außer sich geraten. „Sie Mörder! Sie haben Schlumm umgebracht! Sie Schwein!“ schrie er.

„Henk!“ rief Steiner warnend.

Aber es war zu spät. In einem Anfall blinden Zorns schlug Weersma hart auf die Steuersäule, griff nach und drückte sie fest nach vorn. Alles im Cockpit, was nicht angeschnallt oder verschraubt war, wurde gegen die Decke geschleudert: Pappbecher, Karten, Zeitschriften, Lohmar.

De Laer war der einzige, der mit diesem Zwischenfall gerechnet hatte. Er wußte, daß dieser jähe Abwärtssturz die einzige Möglichkeit war, Lohmar außer Gefecht zu setzen; und er war sofort zur Hand. In dem plötzlichen Abwärtssturz drückten seine Oberschenkel schwer und schmerzhaft gegen die Sitzgurte; und sein Oberkörper wurde aufwärts gerissen. Aus dieser Bewegung heraus schleuderte er sich rückwärts gegen Lohmar. Er schlang seine Arme um Lohmars Hals; und als seine rechte Hand die Kehle spürte und zudrückte, löste er seine linke und öffnete blitzartig das Gurtschloß. Aber der kurze Zeitverlust entschied den Ausgang. Als er wieder beide Hände zur Verfügung hatte, war Lohmar schon frei, hatte den Pistolenknauf hart und dreimal auf seine Schläfe schnellen lassen; und De Laer sank auf dem Ingenieurpult zusammen, seufzte noch einmal, lag still.

Steiner hatte die Maschine kurz abgefangen und wieder auf Höhe gebracht. Lohmar atmete tief durch und richtete jetzt die Mündung der Pistole gegen die Schläfe Steiners. „Der nächste, der zu Boden geht, wird Ihr Kopilot sein! Dieses Flugzeug fliegt ausgezeichnet mit einem einzigen Piloten!“

6

DIE WERDEN uns gewiß nichts tun!“ tröstete Hannes Radewald seine Frau. „Sie haben an uns einfachen Leuten gar kein Interesse.“

„Manchmal ist es gut, bescheiden im Odenwald zu wohnen. Ich wollte, wir wären schon wieder da. Wenn nur das Flugzeug nicht so geruckt hätte. Meinst du, es wird wieder rucken? Ich glaube, ich habe Angst gehabt!“

„Wenn es wieder ruckt, hältst du meine Hand. Ganz fest. Dann kann dir nichts passieren."

„Das ist gut, ja ..."

Ralph Osterman sagte nervös: „Diese Komplikationen mag ich gar nicht. Das ist doch alles ein Vabanquespiel – diese ganze Technik. Keiner durchschaut sie."

„Du bist ein hervorragender Tröster!" Ruth klammerte sich noch immer fest. „Glaubst du, ich habe nicht schon so Angst genug?"

„Wenn du mich zum Trost brauchst, warum kneifst du dann aus und fliegst über Bali?"

„Jetzt bist du gereizt aus Angst, da kommen dann immer sofort deine Vorwürfe."

„Keine Vorwürfe. Aber kaum kommt ein Zwischenfall, schon gerät alles an den Rand der Katastrophe. Ein Schuß genügt, wir explodieren!"

„Du bist wirklich die Ruhe selbst!"

„Wir haben noch so viele Pläne, und da kommen so ein paar Halunken daher, und alles wird zweifelhaft."

„Du meinst, es wäre jammerschade um die Welt, wenn sie dich verlieren würde – jetzt, mit deinen neuen Plänen!" Ruth strich sich über die Stirn. „Verzeih mir! Diese verdammte Anspannung! Wir sollten nicht so reden! Beide nicht! Diese Frau mit ihrer Pistole macht mich nervös. Diese Fliegerei macht mich nervös. Ich wollte, wir wären unten. Und heil!"

Der Mönch Phra Maha Chai kam aus den nordöstlichen Farmebenen Thailands, und er hatte seinen Beschluß nie bereut. Obwohl seine Eltern ihn nie besucht hatten, war seine Entscheidung in gegenseitigem Einverständnis gefällt worden. Sein Heimatdistrikt Roi-Et war heiß und trocken, der Weg bis ins Kloster nach Bangkok weit und beschwerlich. Acht Geschwister machten das Leben seiner Eltern zu einem harten Kampf. Von seinem Klostereintritt versprachen sie sich Hilfe: Es geschieht nicht nur zu seinem, sondern auch zu unserem Segen. Er rettet uns damit vor der Hölle.

Er hatte die Vorgänge in der Kabine kurz, keinesfalls uninteressiert, verfolgt. Jetzt gab er sich wieder der Betrachtung des Tao hin: Es wird weder benannt noch beschrieben. Er spürte Verzweiflung darüber, daß das Tao sich jeder Fragestellung entzog. Was blieb, war ein ehrfürchtiges Schauern vor dem Geheimnis und der Schönheit des Alls und seiner Wandlung. Aber schließlich, befand er, entzog es sich nicht mehr dem Bewußtsein, als sich die Lösung der letzten Fragen den Wissenschaftlern entzog.

Jack Patrinelli stopfte drei Bänder Kaugummi gleichzeitig hinter die Backen und kämpfte verzweifelt gegen seinen revoltierenden Magen an. Der Gedanke, keine Erlaubnis für das Aufsuchen der Toilette zu bekommen, machte ihn halb wahnsinnig. Mit Bestürzung beobachtete er, wie ganz vorn ein schwarzgekleideter Japaner von einem hünenhaften Mann einfach hochgehoben und wie eine Puppe in der Kabine abgestellt wurde. Eines der Mädchen mit Pistole stellte sich demonstrativ vor ihm auf, als solle eine öffentliche Exekution stattfinden.

Patrinelli schluckte. Angst und Schrecken der vergangenen Jahre standen jäh wieder vor ihm und hatten nichts von ihrer Intensität eingebüßt: das Ausbildungslager der Rangers in North Carolina, die genaue Erläuterung, wie man ein Messer im Unterleib ansetzen muß, um möglichst große Wunden zu erzielen. Der Sergeant, der die Eidechse unter dem heißen Felsen hervorzog, am Schwanz hochhielt und ihr, schwupp, den Kopf abbiß. Diese Erinnerung gab ihm den Rest; er krümmte sich und erbrach sich gegen das Fenster.

Patrinelli stammte aus einer armen italienischen Einwandererfamilie, die sich in der ödesten Gegend Wyomings mühsam vom Schrotthandel ernährte. Als er an der Hand seiner Mutter amerikanischen Boden betrat, war er acht, und bis zu seiner Einberufung war er groß geworden zwischen Lagerschuppen, verrosteten Gartenzäunen, keifenden Kleinbürgerfrauen mit Lockenwicklern. Die Einberufung erschien wie eine Erlösung, und sein Vater empfahl ihm die Armee als eine harte Schule des Lebens, in der jeder Tüchtige mehr lernen konnte als in dreißig Jahren auf Sizilien.

Jack Patrinelli schloß die Augen, beleckte seine trockenen Lippen und befand sich wieder in Vietnam. Ein zitternder, halbverhungerter, mit Schwären übersäter Vietnamese humpelte mit erhobenen Händen hinter brennenden Rhododendronbüschen hervor. Er hatte fünf Stunden lang ein halbes Dutzend Panzer und fast fünfzig Mann am Weitermarsch gehindert, und an ihm wurden sie ihre Rache los. Sie folterten den schmächtigen Vietcong fünf Stunden lang. Dann starb er.

Patrinelli sah fünf Stunden lang zu. Er hatte sich geschworen, die Leiden des gequälten Menschen nachzuvollziehen – wenn nicht physisch, so zumindest in seinem Bewußtsein. Er starrte fünf Stunden in das zerfallende Antlitz eines Menschen, den er in einer Art Stunde der

Wahrheit plötzlich als seinen Bruder erkannte. UNGLAUBLICH, WIEVIEL EIN MENSCH ERTRAGEN KANN, dachte er immer wieder... WIEVIEL EIN MENSCH ERTRAGEN KANN!!!

Am nächsten Tag war Jack Patrinelli verschwunden.

Jetzt drückte er seinen Kopf an die Scheibe: Sterne, die unregelmäßig von vorbeihuschenden Schleierwolken ausgewischt wurden, neu aufblinkten, verdämmerten. Das rotierende Antikollisionslicht verwandelte die Schleierfetzen in züngelnde Flammen. Genauso hatte der Nachthimmel ausgesehen bei jenem letzten Angriff, bevor er Schluß machte. Hier sind wir Schrecken wieder, alter Junge, du wirst uns nie los! Du kannst vor uns fliehen, so weit du willst, aus Vietnam, aus Kambodscha, aus Laos, hier, über Indien, Afghanistan, haben wir dich wieder eingeholt, du Deserteur!

STEINER spürte, wie Gelassenheit und Ruhe langsam von ihm wie Tünche abblätterten. Der kurze Gewaltakt Lohmars hatte den Prozeß beschleunigt. Seine Blicke zuckten vom zusammengesunkenen Körper De Laers zurück zum schwarzen Knopf des Autopiloten. Jetzt auf Wesentliches konzentrieren, dachte er. Kursknopf nach rechts drehen, für sieben Sekunden! Auf dreihundertundsechzig Grad kurven! Los, wird's bald? Die Hand bewegte den Kursknopf, das Flugzeug legte sich schräg und kurvte.

Dann aber, als der neue Kurs anlag, entdeckte er, was er schon lange erwartet hatte, über dem Golf von Bengalen, hinter dem Gangesdelta: Hinter der Cockpitscheibe quoll unüberschaubar Wolke um Wolke empor. Schon flackerten fern die ersten Blitze im fahlen Frühnachtdämmer; nur die oberen Ränder der Gewitterschirme glühten noch rostbraun im Spätlicht der Stratosphäre.

„Da kommt eine gewaltige Unwetterfront auf uns zu!" sagte er.

Lohmar hatte sich seine Sporen in Südostasien verdient. Das hieß: Er besaß Erfahrung mit Unwettern aller Art. Als Freund des Vietcong war er während des Monsuns im Einsatz gewesen, da bestand das gesamte Wetter ein halbes Jahr lang nur aus Unwetterfronten! Er sah sich wieder, während Steiner mit dem Radar hantierte, als Lkw-Fahrer, der mit zwei jungen vietnamesischen Gehilfen im Gewitterregen unterwegs war. Er blieb wöchentlich drei-, viermal in den Monsungewittern stecken, einfach, weil die Scheibenwischer den Regen nicht mehr schafften und man weniger als unter Wasser sah. In den tropischen Stürmen stürzten von Termiten ausgehöhlte Bäume über die Pisten, zwangen ihn Raketensalven zur Deckung in verschlammten Löchern, die von Ratten wimmelten.

Nie wieder hatte er so furchtbare Ängste ausgestanden wie Mitte der sechziger Jahre in Südvietnam. Bei jedem Granateinschlag, jedem Wirbelsturm zitterte er, denn er war im Grunde genommen ein feiger Mensch, sobald ihm die Ereignisse aus der Kontrolle gerieten. Er fühlte sich nur sicher, solange er Macht ausübte.

Er lächelte, als aus Steiners Mund das Wort „Unwetterfront" fiel. Er konnte sich nicht vorstellen, daß ein Flugzeug, das mit annähernder Schallgeschwindigkeit elegant dahinglitt, ein üblerer Aufenthaltsort sein konnte als ein steckengebliebener Lkw im Monsunsturm und Raketenwerferfeuer.

„Lassen Sie Ihre verdammte Trickkiste zu, Captain!" sagte er. „Für mich gibt es nur Gelingen oder Untergang. Wer mich am Gelingen hindert, geht mit unter. Lassen Sie also Ihre Gewitter in der Kiste!"

„Überzeugen Sie sich selbst! Da vorn: eine ausgewachsene Front, die wir nicht übersteigen können. Sind wir erst mittendrin, werden wir in den Turbulenzen hochgeschleudert bis ans Dach der Welt!"

„Davon habe ich noch nie gehört, daß ein paar Wolken einem Düsenliner gefährlich werden!"

„Beschweren Sie sich wegen dieser Unterlassung bei der Werbeabteilung meiner Firma."

Lohmar wurde unsicher. Er wußte zwar nicht, daß die Energie einer einzigen Tropengewitterwolke die einer Atombombenexplosion übersteigen konnte, aber er wäre zu Kompromissen bereit gewesen, hätte die Aktion Weersmas ihn nicht gereizt und mißtrauisch gemacht. Die fehlende Verbindung mit Teheran trug ebenfalls nicht zur Hebung seiner Stimmung bei.

„Ich glaube, Sie sollten auf dem kürzesten Wege nach Teheran fliegen!" sagte er drohend.

„Ich glaube nicht, daß wir auf dem kürzesten Weg Teheran jemals erreichen werden!" sagte Steiner. „Und diese Gewitterfront ist nicht das einzige Problem, das mich nervös macht! Wenn meine Fluggesellschaft drei Leute im Cockpit bezahlt, statt nur den Kapitän, dann hat sie dringende Gründe dafür. Ich brauche meinen Bordingenieur, spätestens beim Anflug auf Teheran."

Lohmar schlug ihm auf die Schulter. Steiner zuckte zusammen, daran wurde erkennbar, wie sehr er unter Streß stand. „Flugkapitäne sind mir schon wahre Helden! Sie fürchten sich vor rosaroten Wölkchen; und sie können nicht mal allein ihr Flugzeug landen!“

Steiner schwieg. Er hatte das Gefühl, ein stählerner Ring, der anfangs sehr viel Spielraum ließ, zog sich unerbittlich zusammen.

„Darf ich die Passagiere anschnallen?“ fragte er.

„Die dürfen sowieso nicht aufstehen!“

„Darum geht es verdammt noch mal nicht! In der ersten Unwetterbö wird alles durcheinanderwirbeln. Mein Vorschlag: Sie selber schnallen sich auf dem schnellsten Weg an!“

Triumphierend schlug Lohmar Steiner auf die Schulter. „Jetzt hab ich Sie! Sie möchten mich fesseln – auf die leise Art, wie?“

„Brechen Sie sich Ihr Genick, auf Ihre Art!“ antwortete Steiner kurz. Er beugte sich wieder vornüber, und seine Blicke schweiften zwischen dem Radarschirm und dem Nachthimmel.

„Hier kommt Teheran!“ Weersmas Stimme klang zögernd und sehr leise. Nach seinem mißlungenen Coup wagte er kaum noch, Steiner anzublicken.

Teheran sagte: „Sorry, TC 773, wir können deutsche Botschaft nicht *contacten!* Wir haben einen Telekommunikationsstreik in Teheran. Kein Telex, kein Telephon, kein TV!“

Lohmar erstarrte: „Was hat der Idiot gesagt?“

„Teheran hat keine Verbindung mehr mit irgendwelchen Stellen. Kein Flugplan kommt durch, kein Wetter!“ erklärte Weersma. „Derartige Streiks erleben wir oft.“

„Sagen Sie diesen verfluchten Kanackern, sie sollen einen Radfahrer losschicken!“ tobte Lohmar.

Weersma wiederholte brav: „Bitte versuchen Sie Botschaft zu *contacten* vermittels Radfahrer!“

Wäre die Situation angesichts der Unwetterfront nicht so ernst gewesen, Steiner hätte laut losgelacht. Im nächsten Augenblick war der klare Empfang Teherans bereits wieder weg, und nichts mehr war zu hören außer einem Durcheinander von Geräuschen, Pfeiftönen, unverständlichen Wortfetzen.

„Der nächste Wortwechsel“, erläuterte Steiner, „ist erst hinter der Front möglich. Aber da kommen wir nicht lebend raus.“

Vor ihnen stand jetzt eine Flammenwand aus zuckenden Blitzen. Der hohe Zirrenschleier, der sich bedrückend über sie stülpte, nahm das letzte Abendlicht und hüllte alles in gespenstisches Dunkel. Der Mond zerschmolz zu einem matten Fleck.

Lohmar wurde nervös. In seinem Programm waren weder Streik noch Gewitter vorgesehen. „Da kommen wir doch leicht drüber weg?"

„Da kommen wir kaum mit den Flugzeugen der nächsten Jetgeneration drüber weg. Die gehen über 60 000 Fuß hoch."

„Dann umfliegen Sie in Gottes Namen diese verdammten Blitze!"

Aber dazu war es längst zu spät. Sie waren von Quellwolken umstellt wie von blutrünstigen Ungeheuern. Hier, über der großen Todeswüste Südafghanistans, stieß die feuchtheiße Meeresluft des Indischen Ozeans auf die eiskalten Fallwinde aus dem Himalaja. Das Ergebnis der krassen Temperaturgegensätze waren ganze Orgien explodierender Gewitter.

Steiner begann zu kurven. Schlagartig waren sie in den Hexenkessel der Böen geraten. Hagel knallte wie Maschinengewehrfeuer gegen die Scheiben.

Lohmar klammerte sich mit beiden Händen am Sitz fest. Jetzt hatte er Angst, nackte Angst.

Ein Schlag wie eine Detonation erfolgte. In den Halterungen der Instrumentenkonsolen knackte es trocken. Staub wirbelte auf. Pappbecher, Karten, Logbücher schwebten schwerelos im Raum. Dann folgte der Gegenschlag; und alles knallte tonnenschwer zurück. Sie jagten durch ein Flammenmeer. Wieder und immer wieder schlugen Blitze mit trockenem Ticken gegen die Bordwand. Auf dem Radiogeräteregal sprühten bläuliche Flammen über die Metallteile. Plötzlich wurde auch das Haar des zusammengesunkenen Bordingenieurs von kalten Flammenbögen überspannt. Lohmar starrte auf diese künstliche Aura wie auf eine übersinnliche Erscheinung.

„Raus hier!" schrie er in panischer Angst. „Machen Sie, daß wir hier rauskommen! Kehren Sie sofort um, oder ich erschieße Sie auf der Stelle!"

Steiner tat, was er tun konnte: Er kurvte so steil wie möglich zurück aus der Hölle. Mehr war nicht in seine Macht gegeben.

Weersma hatte sich gleichzeitig ganz auf die Wiederherstellung des Funksprechverkehrs konzentriert. Es war der beste Halt, den er in seiner Angst finden konnte. Er hatte nie ein derartiges Unwetter, nie so harte Böenschläge erlebt.

„Der Kurzwellenempfang ist tot", sagte er. „Absolut tot. Ich glaube, der Blitz ist in die Antenne geschlagen."

Lohmar klammerte sich noch immer fest. „Wie? Was ist tot?"

„Die Kurzwellenverbindung mit Teheran. Mit überhaupt jeder Station!" wiederholte Weersma.

„Wir sind auf Gegenkurs. Wohin wollen Sie, daß ich fliege?" Steiner, ganz ruhig.

Nur er, Lohmar, zitterte. Plötzlich hatten alle den Entscheidungszwang auf ihn abgewälzt! Und plötzlich hätte er viel dafür gegeben, wenn die Piloten ihm diese Entscheidung abgenommen hätten.

„Also gut!" sagte er tief aufatmend. „Also Teheran ist tot und gestorben! Wir werden jetzt ein anderes Ziel anfliegen."

„Das beste wäre, wir würden nach Delhi zurückgehen!" schlug Steiner vor. „Oder Karatschi."

„Wir fliegen weder nach Delhi noch nach Karatschi!" sagte Lohmar drohend und fing sich langsam wieder.

„Wohin denn?"

„Nach Kabul!" sagte Lohmar kurz. „Nach Kabul in Afghanistan."

Steiner blickte Weersma an. Weersma pfiff nervös.

„Nach Kabul", sagte Steiner zögernd, „können wir nicht fliegen. Kabul ist für unsere JETSTREAM nicht zugelassen. Die Landebahn ist zu kurz. Es gibt keine Anflughilfen für die Nacht. Wir haben den Platz überhaupt nicht in unseren Karten. Er ist umringt von Bergen. Da können wir gleich in der Todeswüste landen."

„Wenn Sie das glauben, dann landen Sie nur in der Wüste!" sagte Lohmar jetzt ruhig. „Ich würde Ihnen trotzdem Kabul empfehlen!"

IN DER Kabine herrschte Angst und Chaos. In den Böen waren lose Gepäckstücke, Tassen und Zeitungspakete erst gegen die Decke, dann auf die Passagiere geschleudert worden. Zwei Japaner, die am Kopf bluteten, hämmerten in Panik gegen die Fenster und wollten abspringen. Die deutschen Wissenschaftler waren mit Champagner, Essensresten, Büchern und Aktentaschen überschüttet worden. Ingrid hatte sich zwischen Containern und Lagerfächern festgeklemmt, aber Inger war zwischen zwei Sitze gestürzt und richtete sich mühsam mit blutendem Ellbogen und verschrammter Wange wieder auf. Ihre Pistole war ihr entglitten. Gejagt suchte sie unter den Sitzen.

Der einzige Unerschütterliche war der Bär. Er stand nach wie vor wie ein Betonklotz im vorderen Galleydurchgang und hatte nicht einmal den Japaner losgelassen. Der winzige Mann zappelte schreiend an seiner rechten Faust. Der Bär entdeckte in der Hutablage vor ihm das elektrische Megaphon, er riß es an sich, ließ den Japaner einfach fallen wie einen toten Gegenstand, setzte das Mundstück an die Lippen und dröhnte durch die Kabine:

„Dies ist eine verdammt ernste Ansage, hört also zu, Leute! Jeder bleibt sitzen! Wer seinen verdammten Kopf höher als meine Gürtellinie hebt, kriegt mehr Bohnen durch seinen verdammten Magen, als er verdauen kann! Also, alles klar?"

Der Bär warf das Megaphon zurück ins Reck und legte seine behaarten Hände auf seine MP. Dann stierte er wie eine Statue mit unbeweglichem Gesicht durch die Kabine.

Jetzt geschah Unglaubliches. Neben Gwen Gary löste Karen Hilldorf ihren Gurt, stützte sich an der Lehne vor ihr ab und stand langsam, aber unmißverständlich auf. Der Bär glotzte sie mit weit aufgerissenen Augen an.

„Du bist verdammt jung zum Verrecken, Kind!" sagte er.

„Dann lassen Sie mich gefälligst durch die Kabine gehen! An der Galleywand, gleich neben Ihnen, hängt ein Rote-Kreuz-Koffer. Da ist Verbandzeug drin. Ich möchte ihn abnehmen."

„Du gehst nicht, und du darfst nicht!" entschied der Bär.

„Die Leute brauchen Zuspruch! Sonst machen sie Panik! Wollen Sie das?" Sie hatte Ingers Verletzungen entdeckt. „Ihre eigenen Leute brauchen Hilfe! Also lassen Sie mich!"

Sie riß den Kasten aus der Halterung, ohne auf den Bären zu achten. Es war die beste Art, mit der Angst fertigzuwerden. Der Bär starrte verblüfft auf sie. Sie klammerte sich mit einer Hand von Sitzlehne zu Sitzlehne fest und arbeitete sich, tapfer lächelnd, vorwärts.

Dann, wenige Schritte vor dem Ehepaar Bauer, vor der verzweifelt suchenden Inger, sah sie es. Sie sah, wie der Mann seinen Fuß auf die Pistole setzte, die Inger suchte. Sie erstarrte hilflos und wußte nicht, was sie tun sollte. Dann spielte sich alles so rasch ab, daß sie nicht eingreifen konnte.

Die Frau hatte gesagt: „Paß auf, gleich machst du in die Hose vor Angst. Sie sucht was! Hoffentlich sucht sie es nicht bei dir!"

Der Mann sagte: „Sie ist gestürzt; und jetzt hat sie ihre Pistole verloren. Ich habe keine Angst!"

„Du wirst Angst haben, wenn sie dich nur anblickt!"

Inger hatte sich jetzt eine Reihe weiter vorgetastet. Sie drehte den Bauers den Rücken zu.

„Was würdest du von mir erwarten, wenn ich jetzt eine Pistole hätte?"

Frau Bauer lachte schallend. „Ich würde erwarten, daß du dir die Finger klemmst oder dir aus Versehen damit in den Hintern knallst. Ich würde keine Träne vergießen, außer vor Lachen!"

Bauer hatte angefangen, unruhig auf seinem Sitz zu rutschen. Jetzt sah er Karen herankommen. Jetzt bückte er sich. Jetzt griff er unter seinen rechten Schuh. Er spürte das harte Metall, den Lauf, den Griff. Er legte an. Er sah Karen beiseite springen. Er drückte ab und wunderte sich, daß er den Hahn nicht durchziehen konnte und daß trotzdem der Schuß dröhnte. Er wunderte sich, daß die Pistole schwerer und schwerer wurde und ihm entglitt. Er wunderte sich, daß seine Frau sich mit einem Aufschrei über ihn stürzte. Seine Frau rief seinen Namen, da war er schon tot.

Ingrid hatte nur einmal geschossen. Sie stürzte aus der Galley herbei, Inger hatte ihre Pistole aufgegriffen; und beide Mädchen hielten jetzt die Passagiere unter Kontrolle, vorn hatte der Bär sofort seine Maschinenpistole drohend in die Kabine gerichtet.

Karen kniete nieder, hatte ihren Verbandkoffer aufgerissen, versuchte verzweifelt, das Blut zu stillen, das aus der linken Brust Bauers rann.

Inger stieß sie grob beiseite. Sie blickte verächtlich und kalt auf die Frau, die hysterisch schluchzend ihren toten Mann umklammerte, und rief: „Wie wär's, du würdest dich mal um meinen Ellbogen kümmern? Der da weiß deine Dienste gar nicht zu schätzen!"

„Ich fliege Sie überallhin!" sagte Steiner zu Lohmar. „Delhi, Karatschi, Bombay, Bagdad, Lahore. Wir haben Treibstoff genug. Nur nach Kabul, dahin flieg ich Sie nicht! Ich kenne den Platz nicht."

„Am besten, Sie sehen mal rasch in Ihren Unterlagen nach! Es gibt für Sie nur eine Möglichkeit, die Erde lebend zu erreichen! In Kabul!"

„Wir haben keine Unterlagen!"

„Schade!" sagte Lohmar. „Wirklich schade um Sie! Sie werden in spätestens zehn Minuten ein toter Mann sein, Steiner. Angesichts Ihrer Leiche wird Ihr Kopilot entdecken, daß er ohne Schwierigkeiten nach Kabul fliegen kann."

Weersma rutschte unruhig auf seinem Sitz und wußte nicht, ob er sprechen sollte oder nicht.

„Ist was, Stukaflieger?" hakte Lohmar sofort ein.

„Ich glaube, wir haben Karten", sagte Weersma. „Unter der Rubrik Notlandeplätze!"

„Dann hol sie mal rasch hervor! Mehr als eine Notlandung will ich gar nicht!“

Während Weersma eine Notlandekarte für Kabul aus der Navigationstasche zog, flüsterte er Steiner zu: „War das wieder falsch?“

„Es war besser so“, gab Steiner leise zurück. „Ich wäre sonst noch in Versuchung geraten, Dummheiten zu machen! Ich habe eine bessere Idee!“

Sie teilten Kandahar ihre Entführung mit, und Kandahar reagierte geistesgegenwärtig. „Kandahar möchte wissen, ob und wann wir in Kabul landen“, meldete Weersma. „Man versucht, einen Controller auf den Turm zu holen, der uns Landeanweisungen erteilt!“

„Wir werden erst einmal über dem Kabuler Funkfeuer kreisen! Machen Sie das, Henk?“

„'türlich. Ich reiche Ihnen die Karten rüber. Können Sie in Ruhe studieren. Alles drauf!“

„Da vorn sehe ich deutlich Kabul liegen!“ sagte Lohmar. „Da werden Sie ja wohl den Platz finden!“

„Den Platz schon, aber nicht die Landebahn. Sie ist hier besonders schmal und kurz. Und sie ist schlecht beleuchtet. Warum lassen Sie nicht wieder den deutschen Botschafter rufen? Wir haben noch für mehr als zwei Stunden Treibstoff. Wir könnten hier oben warten.“

„Und dann, wo würden Sie dann landen?“

„Lahore, Delhi oder Karatschi. Wir könnten sparsam fliegen.“

„Ich mag diese Städte überhaupt nicht. Hier hingegen, hier werden wir erwartet, ist man bestens vorbereitet auf unser Kommen.“

„Interessant!“ Steiner nickte. „Der Ausweichplan für Teheran, wie?“

„Sonst noch Vorschläge?“

„Ja! Für einen solchen Kamikaze-Anflug brauche ich alle Mann im Cockpit. Machen Sie mir meinen Ingenieur lebendig – dann versuch ich es! Ich kann mich um die technische Bedienung überhaupt nicht kümmern. Ich möchte bei der Landung so leicht wie möglich sein. Dazu muß ich Kerosin ablassen. Das muß der Bordingenieur machen. Er hat das Bedienungspult dafür vor sich.“

Lohmar überlegte kurz. „Klingt einleuchtend. Aber geben Sie sich keinen Illusionen hin: Ich lasse alles nachprüfen. Sie kommen mir nicht ungeschoren davon, wenn nicht jedes Wort stimmt!“

„Und sonst?“ fragte Weersma gespannt. Er hatte alle Hände voll zu tun: Er informierte Kandahar, er stellte Kurse und Funkfeuer ein, er bediente den Autopiloten und ließ die JETSTREAM in 35 000 Fuß um die Station KB kreisen. „Alles stimmt, also was wird aus uns?"

„Wenn alles stimmt", sagte Lohmar langsam und genoß, wie sich das Gesicht Weersmas entspannte, „dann können Sie in zwei Stunden schon wieder in der Luft sein."

„Sie meinen wirklich, wir . . ."

„Ohne Ihre deutschen Intelligenzbestien natürlich. Die laden Sie aus. Dann, mit meinem Segen und den übrigen Helden, können Sie wieder starten."

Weersma sah seinen Kapitän strahlend an. Steiner schwieg. Er sog an seiner leeren Pfeife und sagte endlich: „Ich könnte jetzt den großen Helden darstellen und folgendes erwidern: Meine Passagiere sind mir anvertraut. Ich denke gar nicht daran, sie ihrem Schicksal zu überlassen. Aber das sag ich gar nicht . . ."

„Was denn, was denn?" forschte Weersma unruhig. „Wenn wir bei unseren zwanzig Astronomen bleiben, riskieren wir die glückliche Heimkehr der übrigen – das sind mehr! Ist das besser?"

„Das sag ich auch gar nicht", wiederholte Steiner gelassen. „Was ich sage, ist: Da wir nicht sicher mit unserer Boeing in Kabul landen können, weil die Landebahn zu kurz ist . . . werden wir auf keinen Fall wieder starten können!"

WENN wir nur erst in Teheran wären! dachte Karen. Wenn Steiner nur die Maschine heil hinunterbringt! Wenn, wenn, wenn! Aber Teheran hat eine Riesenbahn, Radar und gute Nachtbeleuchtung, da wird er selbst mit einer Pistole an der Schläfe sicher landen!

Ingrid kam vom Cockpit. Fast tänzelnd umging sie den toten Bauer und richtete ihren Zeigefinger wie einen Pistolenlauf auf Karen: „Dich will der Boß sprechen! Mach, daß du ins Cockpit kommst! Der Boß befiehlt: Bring ein Lungengerät mit! Was mit Sauerstoff! Okay?"

Karen hatte schon ins Hutregal gegriffen, sich das Sauerstoffgerät umgehängt. Sie stürzte nach vorn. Sprang über den Leichnam, über geronnenes Blut durch die erste Klasse. Die Wissenschaftler reinigten sich mit Kleenextüchern. Der Japaner lag regungslos zu Füßen des Bären. Sie öffnete die Cockpittür.

„Hier ist ein Schlappmann, der braucht 'n bißchen Lunge, Schätzchen!" sagte Lohmar. „Und keine Privatgespräche! Gleich landen wir in Kabul!"

Karen hatte sich schon über De Laer gebeugt. „In Kabul?"

„Afghanistan. Hübsches Städtchen. Viel Wüste drumrum. Sehr heiß im Mai. Ist aber nicht deine Sorge. Mach ihn lebendig, den Komplikationsminister; und dann verdufte, Biene!"

Sie beugte sich über den Bordingenieur. Sie setzte das Atemgerät an, wie sie es gelernt hatte.

Nach kurzer Zeit kam De Laer zu sich, schlug die Augen auf und blinzelte. Die Schmerzen schienen seinen Kopf zu zerreißen. Er griff sich in panischer Angst an die Schläfen und starrte Steiner mit weit aufgerissenen Augen an.

Steiner lächelte ihm krampfhaft zu. „Ich weiß, es ist scheußlich. Aber versuchen Sie, zu sich zu kommen. Ich brauche Sie noch!"

De Laer atmete tief durch; aber man sah, wie jeder Zug ihm Schmerzen bereitete. Er überflog die Instrumente. „Öldruck okay, Generatoren kerngesund, wir haben noch vierzehn Tonnen!"

„Wir fangen gleich mit dem Abstieg an!" ordnete Steiner an.

Wie in Trance langte De Laer an die Schalter für die Treibstoffheizung und begann, das Landegewicht auszurechnen. Steiner entging nichts.

„Unnötige Arbeit!" unterbrach er. „Wir lassen noch Treibstoff ab vorher. Ich möchte mit nicht mehr als sechs Tonnen landen!"

„Okay!" sagte De Laer stupide und rechnete schon wieder.

„Soll ich die Kabine für eine Notlandung vorbereiten?" fragte Karen aufgeregt.

„Gute Idee! Sie wissen, was Sie zu tun haben!"

Sie wußte es: lose Gegenstände verstauen, alle Verzurrungen überprüfen, die Notausgänge frei machen. Tüchtige Männer an die Notfenster setzen. Die Schuhe ausziehen, Schlipse entfernen lassen. Anweisungen für das Verhalten beim Aufprall geben: Den Oberkörper nach vorn beugen, die Hände unter den Knien zusammendrücken, tief den Kopf senken, mit Kissen abpolstern. Sie verließ das Cockpit.

Draußen hörte sie Ingrids Stimme über die Bordanlage: „... werden wir bald in Kabul landen. Nach der Landung bleibt jeder angeschnallt auf seinem Sitz. Wer den Versuch macht aufzustehen, wird erschossen. Ein Teil von euch wird bald weiterfliegen können. Einige andere Leute werden bei uns am Boden bleiben. Macht keinen Ärger! Gleich nach der Landung werden wir zur besseren Sicherheit ein paar hübsche Dynamitpäckchen in der Kabine deponieren. Ein böses Wort – und ihr fliegt in die Luft! Alle!"

... „Hallo Seven-Seven-Three!" sagte Kabul Tower plötzlich aus der Funkstille. „Höre, Sie machen Notlandung. Sie sind freigegeben zur Landung. Aber zu Ihrer Information: Dieser Platz ist gesperrt für Ihre Maschine!"

„Wir lassen jetzt Treibstoff ab!" kündigte Steiner an. „Checkliste!"

Weersma las die einzelnen Punkte vor. Er hatte, außer beim Training, noch nie Treibstoff abgelassen. Er spürte plötzlich, wie angespannt er auf seinem Sitz hockte. Er hatte einmal von einem Flugzeug gehört, das beim Treibstoffablassen explodiert war, weil es mit seinen glühenden Turbinenteilen in die eigenen Kerosinsprühfahnen geraten war. Diese Erinnerung hing ihm an. Lohmar war der ruhigste von ihnen. Wer keine Ahnung von den möglichen Komplikationen hatte, hatte keine Furcht. Glückliche Laien! dachte Weersma verzweifelt, dann sagte Steiner:

„Dump fuel!"

Jetzt liefen mehr als acht Tonnen Treibstoff aus den Tragflächentanks – fast sechstausend Liter.

„Fuel dump gestoppt!" sagte De Laer.

„Okay!" Steiner warf einen Blick auf die Instrumente des Bordingenieurs. „Treibstoffablaßhähne zu. Treibstoffablaßrohre einfahren!"

„Fahren ein!"

Sie lasen den Rest der Checkliste. Jetzt wogen sie nur noch fünfundachtzig Tonnen. Aber sie besaßen auch nur noch Treibstoff für knapp anderthalb Stunden.

„Wird's bald mit der Landung?" forschte Lohmar ungeduldig. „Meine Freunde unten warten sich die Beine in den Bauch!"

„Sie sind zur Landung freigegeben, aber der Platz ist für die Nacht gesperrt!" wiederholte Kabul stereotyp.

„Wissen Sie, was das auf deutsch heißt?" fragte Steiner Lohmar. „Das bedeutet: Sie dürfen sich gern das Genick brechen, aber wir haben Sie gewarnt!"

DER einzige an Bord der JETSTREAM, der Kabul kannte, war Robert Bronn. Die Ankündigung der Kursabweichung löste bei ihm zwiespältige Gefühle aus. Einerseits wußte er zuviel von der Fliegerei, um nicht die Gefahren einer Flugzeugentführung zu erkennen. Andererseits reizte ihn sofort das Außergewöhnliche – der Abenteurer in ihm kam zum Durchbruch.

Er sah Karen aus der Galley zurückkommen. Sofort richteten sich die Augen sämtlicher Passagiere auf sie. Ihr Gesicht strahlte alles andere als Ruhe und Zuversicht aus. Als sie sich dessen bewußt wurde, versuchte sie ein Lächeln. Sie gab es auf und ließ sich neben Bronn in den Sitz fallen.

„Ehrliche Angst beruhigt manchmal mehr als gespielte Gelassenheit!" sagte er und grinste fast dabei.

„Sie zwingen den Kapitän, in Kabul zu landen. Der ist für uns gar nicht zugelassen!"

„Was passiert, wenn wir unten sind?"

„Keine Ahnung! Bin froh, wenn wir das heil überstehen!" Karen hatte nervös in ihr Täschchen gegriffen und sich eine Zigarette angezündet. Schon die Zigarette zwischen den Fingern verlieh ihr ein Gefühl von Festigkeit; sie spürte Vertrautes. Als sie ausatmete, beruhigte sich auch ihr Atem. Sie warf einen flüchtigen Blick auf seine verstaute Reiseschreibmaschine. „Keine Lust mehr? Hat man Ihnen die Freude an den Wolken verdorben?" Sie spürte mit Erstaunen, wie sie neben Bronn rasch die alte Ironie zurückgewann. „Wie wär's mit Wolken über Kabul? Da stoßen wir gleich blindlings hindurch! Sie Armer müssen dafür auch noch bezahlen!"

„Ich kenne Kabul! Sie vergessen, daß ich Journalist bin. Wenn ich heil davonkomme, kann ich viel Geld mit meiner Angst machen!"

„Und ich habe Sie für einen verkappten Romantiker gehalten!" Karen drückte die Zigarette aus. „Mein Gott, wenn wir gleich landen, muß ich doch wenigstens die Gurte überprüfen!" Sie sprang auf. „Falls ich bis zur Landung nicht zurück bin: Pressen Sie Ihren Kopf fest auf die Oberschenkel! Halten Sie Ihre Arme unter den Kniekehlen zusammen! Ich versuche inzwischen, das den übrigen beizubringen!"

Schon war sie fort; und Bronn fühlte sich jetzt verlassener als vorher. Während die Neigung des Flugzeugs steiler und steiler wurde, wurde die Angst größer und größer. Er drehte seinen Kopf zurück, um hinter Karen herzusehen. Der Anblick des beschäftigten Mädchens, das sicher und selbstbewußt Ratschläge und Trost austeilte, beruhigte und beschämte ihn gleichzeitig.

LOHMAR spürte allmählich seine Nerven. Er machte Bilanz: Keine Verbindung mit Teheran. Ein aufsässiger Kopilot. Ein aufsässiger Bordingenieur. Ein Toter in der Kabine. Kritische Situation im Gewitter. Jetzt: ein wirklich übler Anflug auf Kabul. Wenn die Bahn nur halb so gut erleuchtet wäre wie die verfluchte Stadt, dachte er. Sein Rücken war klitschnaß.

Zum erstenmal hatte er im Mondlicht Berggipfel auftauchen sehen, direkt neben der Fläche. An der Anspannung des Kopiloten erkannte er, wie brenzlig die Situation war. Aber er durfte jetzt nicht nachgeben. Die Blamage wäre vollkommen; bei der PHRYXX hätte er ausgespielt.

Alles schien sich gegen ihn verbündet zu haben: Wetter, Technik, Menschen. Im Cockpit, getrennt von den anderen, fühlte er sich von allen und allem verlassen. Sein Nasenbein stach.

„Jesus!“ entfuhr es ihm unwillkürlich, als er jäh die Maschine zwischen zwei kahlen Steilhängen hindurchjagen sah. „Ihr Kamikazepiloten wollt mich umbringen!“

Aber niemand antwortete ihm.

Steiner hatte sich entschlossen, in Vollkreisen um das Funkfeuer KB Höhe aufzugeben – so rasch wie möglich.

„Fahrwerk aus!“

Rauschend fuhr das schwere Fahrwerk aus den Schächten.

„Klappen fünfundzwanzig Grad!“

Steiner drückte die Maschine auf den Kopf und ging kreisend im gebremsten Sturzflug hinunter ... 33 000, 31 500, 29 000 Fuß spulte der Trommelhöhenmesser ab.

DIE ANGST vor dem Zerschellen hatte sich schlagartig über die ganze Kabine ausgebreitet. Der steile Abstieg, der Druck auf den Ohren, das Orgeln des Fahrwerks hatte alle aufgeschreckt.

Einer der Japaner am Fenster hatte einen spitzen, alarmierenden Schrei ausgestoßen, als er die Steilhänge im Mondschein neben sich sah. Er hatte sich durch das ganze Flugzeug fortgepflanzt. Fast alle Passagiere hatten plötzlich unbewußt eine verkrampfte Haltung eingenommen: Mit weit zurückgestrecktem Oberkörper und hochgerissenem Kinn waren sie wie ägyptische Statuen erstarrt.

DER Höhenmesser zeigte 12 000, 10 000 Fuß – jetzt kam man unwiderruflich in den Bereich der Berge.

„Noch zwei Vollkreise, dann liegen wir in Anflugposition!“ sagte Steiner.

„Sehen Sie zufällig den Platz?“ fragte Weersma, das Gesicht an die Scheiben gepreßt.

„Keine Spur!“ sagte Steiner.

Kreisende Finsternis, Vollmond, bleiche Berghänge, Mauern, Lehmhütten, eine Moschee.

„Neuntausend Fuß!“ sagte Weersma.

„Okay, ich kurve ein!“ sagte Steiner. „Ich fliege bis zum absoluten Minimum runter. Dann muß sich irgend etwas zeigen. Die Sicht ist doch gut!“

Sie lagen in Anflugrichtung. Die schneebedeckten Gipfel des Hindukusch glänzten neben Weersma auf. Sie hatten keine Anhaltspunkte über die Lage im Raum, zum Horizont, zur Landebahn. Sie sanken gleichmäßig mit 700 Fuß, nachdem sie das Funkfeuer passiert hatten.

„Dort!“ schrie Weersma. „Zwei-Uhr-Position!“

Steiner kurvte sofort nach rechts. Sie waren noch vierhundert Meter über Grund. Er erkannte rote, blaue, grüne Lichter. Dort – diese Aneinanderreihung von Weiß, durchsetzt mit Blau –, das mußte die Bahn sein. Jetzt spürte er, wie erschöpft er war ... Reiß dich zusammen, befahl er sich.

„Volle Klappen!“

Weersma riß den Hebel in die äußerste Position. „Das ist sie!“ rief er ermutigend. „Das ist die Bahn!“

Steiner sah jetzt, wie kurz die Bahn war. Er schwebte dem nahen Ende zu. Runter, du Biest! murmelte er. Er riß das Gas heraus, jetzt oder nie! Er knallte auf die Bahn, aber er war unten. Er riß den Hebel für die Störklappen heran, er zwang die Schubhebel in Umkehrschub; und donnernd bremsten die Turbinen. Er trat voll in die Fußbremsen, er griff ans Bugrad, hielt die schlingernde Maschine geradeaus. Die roten Warnlichter des Bahnendes rasten auf ihn zu. Die Schubdüsen donnerten, die Fußbremsen kreischten. Dann folgten zwei, drei scharfe Knalle. Fast gingen sie unter im orgelnden Lärm. Steiner hatte sie deutlich gehört, und er wußte, was sie bedeuteten. Er sah Weersma kurz an; Weersma starrte fasziniert geradeaus auf die blendendroten Lichter, die das Ende der Bahn ankündigten.

„Wir stehen!“ murmelte er wie ein Betrunkener.

Steiner ließ alles los. Er sackte plötzlich zusammen, als habe man Luft aus einem Kissen gelassen. Er bedeckte das Gesicht mit den Händen; und als er sich wieder aufrichtete, rann der Schweiß herab wie Regenwasser.

7

Ali Azizi schob den Rundfunkempfänger beiseite und lehnte sich grinsend zurück. Er hatte das Gespräch zwischen Kabul Tower und TC 773 mitgehört; und es gab weiter nichts zu tun, als zum Telephon zu greifen und den Botschafter anzurufen. Danach würde er an die bereitstehenden Busse gehen, seine vier Helfer aus dem Schlaf aufscheuchen und losfahren.

Er rieb sich die knochigen, verschwielten Hände. Endlich brauchbare Arbeit in diesem Land; endlich Geld, Spannung und Abenteuer dazu! Die PHRYXX war eine erstklassige Geheimorganisation: Was sie plante, war bis in die letzten Details durchdacht. Ihr war bekannt, daß der Botschafter zu dieser Zeit nicht unter seiner gewöhnlichen Nummer zu erreichen war: Im Kabul Intercontinental wurde ein Empfang gegeben.

Von Benrath war relativ jung für seine Position. Andererseits saß man in Kabul nicht gerade im Schnittpunkt des Weltgeschehens. Als er ans Telephon gebeten wurde, hatte er gerade ausführlich und unter großem Aufwand von Bedeutsamkeit die Situation der afghanischen Luftwaffe dargestellt.

Von Benrath verließ den großen Klubsaal und ließ sich den Hörer reichen. Nach wenigen Sätzen wußte er, daß er mit dem schwierigsten und aufregendsten Fall seiner Laufbahn konfrontiert wurde.

„Sie schießen!" schrie Frau Bauer. „Die elenden Verbrecher schießen schon wieder!"

Sie hatte sich jäh vom Leichnam ihres Mannes aufgerichtet. Die Maschine war zum Stillstand gekommen; und in der Stille, die nach dem Inferno des Umkehrschubs über die Insassen fiel, klang ihr Schrei um so aufpeitschender.

„Sie bringen uns alle um! Sie haben nur bis zur Landung gewartet!" Das war Jack Patrinelli. Nachdem der Fahrtwind verstummt war, hörte man jede Stimme deutlich durch die ganze Kabine. Nach dem Ausrollen hatten die meisten entspannt aufgeatmet. Die Verkrampfung hatte sich gelöst. Jetzt schlug die Stimmung sofort wieder um. Panik drohte auszubrechen. Mit weit aufgerissenen Augen starrten alle auf die Frau und den G.I. Während Patrinelli verlegen zurücksank, steigerte sich die Frau mehr und mehr in eine exzessive Hysterie hinein. Sie bäumte sich auf, heulte, jammerte in kurzen, abgehackten Kadenzen.

Mit einem einzigen Satz war Inger neben der Frau, drückte den Pistolenlauf an ihre Stirn; wimmernd brach sie erneut neben dem Leichnam zusammen.

„Uns sind ein paar Reifen geplatzt!" sagte Weersma in die Stille hinein, die sich im Cockpit ausbreitete. Sie hatten, nachdem Steiner die Maschine auf Anweisung Lohmars ans äußerste Ende des Rollweges getaxied hatte, die Turbinen abgestellt.

„Das ist dein Problem, Junge!" Lohmar hatte tief aufgeatmet und sich sofort wieder in der Gewalt gehabt. „Jetzt paßt auf, was passiert!"

Über die Zufahrtsstraße zum Flughafen kamen Busse geholpert. Es waren die üblichen afghanischen Busse: Bunt und primitiv war die Holzverschalung mit ländlichen Phantasieszenen vollgemalt, das Verdeck weit über das Führerhaus gezogen, um die Sonne fernzuhalten. Der Fahrerraum war mit Teppichen ausgelegt, die Rückwand mit weiteren farbenprächtigen Szenen mit Bergen, Wasserfällen, Vögeln und Düsenjägern ausgestattet.

Kurz vor der Anfahrt zum Terminal bogen die Busse scharf auf die Grasebene des Flughafens ab. Lohmar beobachtete das Abspringen von vier Männern mit umgehängten Maschinenpistolen, ein fünfter, unbewaffneter, begann Kisten mit Sprengladungen auszuladen.

„Sie haben uns umstellt!" Ruth Osterman warf angstvolle Blicke nach beiden Seiten durch die Fenster. „Sie bringen eine Leiter!"

Phra Maha Chai beobachtete die Vorgänge um die Maschine aufmerksam, aber leidenschaftslos. Als ihn das Justieren der primitiven Leiter, das Heranschleppen der Zündapparate und der Dynamitladungen nicht mehr interessierte, zog er sich von der Außenwelt zurück und begann, sich auf die Prinzipien Buddhas zu konzentrieren.

Alle richteten ihre Augen schlagartig auf Steiner, der in der Galleyöffnung erschien und zum Mikrophon griff.

„Meine Damen und Herren!"

Die Spannung war fast körperlich spürbar.

„Diese Gentlemen hier haben das Bedürfnis, einige von Ihnen als Geiseln zu behalten. Sie wollen über die deutsche Botschaft in Kabul

Genossen auslösen, die in Deutschland inhaftiert sind. Diese kleine Gruppe wird an Bord bleiben müssen. Alle anderen können sofort über die Leiter das Flugzeug verlassen. Unsere Stewardessen werden sich um Sie ..."

„Sie quatschen verdammt viel, Captain!" Ingrid hatte ihm brutal das Mikrophon aus der Hand gerissen. „Ich will euch was sagen, Leute: Unsere Männer heizen jetzt diesen alten Kasten ein bißchen mit Dynamit auf. Eine falsche Bewegung – und alle ... alle gehen in die Luft! Macht, daß ihr runterkommt, Leute!"

Überall in den Reihen entstand Bewegung und Unruhe.

„Hören Sie mal, Stewardeß ..." Einer der deutschen Wissenschaftler zog Vera Merkelsbach zu sich heran. „Da ist soviel von Geiseln die Rede. Wer gehört eigentlich dazu? Die japanischen Industriellen, schätze ich?"

Vera warf einen kurzen, fast verächtlichen Blick auf den Professor. „Tut mir leid, Professor. Nicht die Japaner. Die Deutschen! Sie!!"

Der Professor sank zurück, als wäre ihm das Todesurteil verkündet worden. Aber sie war schon weitergeeilt. Die stundenlange Spannung, die Bedrohung, das Angeschnalltsein auf der Sitzbank ließen sie alles vergessen, was sie als Stewardeß an äußeren Umgangsformen eingeprägt bekommen hatte.

Alle, außer den Wissenschaftlern, quälten sich die Holzleiter hinunter.

„Meine Herren", sagte Professor Gennenburg zu seinen Kollegen, „wir wollen die Dinge vorläufig nicht ernster nehmen, als sie sind." Er warf einen schrägen Blick auf Ingrid, die allein an Bord geblieben war. „Jetzt können wir erfahren, was wir der deutschen Regierung wert sind!" Er sah sich, fast flehend, nach ein wenig Heiterkeit um.

Dr. Berner von der Sternwarte Bochum rückte nervös seine Krawatte zurecht. „Wir könnten uns zum Skat zusammentun, das lenkt noch am meisten ab."

„Da würde ich glatt jede Partie verlieren." Das war Professor Blanck aus Stuttgart.

„Außerdem wird gleich die Bordbatterie abgeschaltet!" Vera Merkelsbach war zurückgekommen und ging durch die Reihen, um zu kontrollieren, ob alle außer den Wissenschaftlern gegangen waren. „Gleich sitzen Sie im Dunkeln."

In Gedanken fuhr sie fort: Hätten wir Sie nur nicht an Bord gehabt, säßen wir jetzt schon im Hilton in Teheran. Angst und Spannung hatten sie nervlich erschöpft. Planlos lief sie bis in die hintere Galley und wieder zurück. Die Kabine bot ein Bild des Chaos. Erbrochenes, Zeitungen, vergessene Gepäckstücke – um die sie sich nicht kümmerte – lagen wirr in den Gängen und zwischen den Sitzen.

„Dann sollten wir schon lieber unsere Diskussion fortsetzen, solange wir noch Kraft haben, das Maul aufzutun!" meinte Dr. Berner burschikos.

Gennenburg: „Mein Magen knurrt. Ich hätte vorhin wirklich mehr essen sollen!"

Dr. Berner: „Da kommen zwei Männer hoch. Jetzt holen sie uns. Die deutsche Regierung hat uns ausgelöst; das nenne ich prompte Reaktion!"

Dr. Heller, Mainz: „Sie gehen aber weiter nach hinten. Was jetzt?"

Blanck: „Die Regierung wird in die Ferien gefahren sein, da dauert es ein Stündchen länger!"

Dr. Berner: „Jetzt bin ich doch für ein Spielchen, das schaffen wir noch bis zur Auslösung. Wir haben ja noch die Flughafenbeleuchtung von draußen."

Die beiden Afghanen transportierten mühsam die Leiche die Treppe hinunter. Als sie aus der Kabine verschwunden waren, stürzten einige der Wissenschaftler an die Fenster und verfolgten, wie sie zum Heck gebracht wurde und dort unter dem Rumpf verschwand.

Dr. Heller: „Hat es denn einen Toten gegeben?"

Der Mond ging hinter den Hügelketten unter, und Ruth Osterman hatte angstvoll die Afghanen beobachtet und die Kästen mit Dynamit gezählt, die an Bord untergebracht und angeschlossen worden waren: sieben. Die Passagiere waren jetzt getrennt in Bevorzugte und Geiseln. Die Bevorzugten hatten sich am Bug der Jetstream im spärlichen Gras niedergelassen. Der Bär stand zwanzig Meter von ihnen entfernt mit schräg vor die Brust gehaltener Maschinenpistole. Die beiden Mädchen hatten sich den Afghanen angeschlossen, mit ihnen einen Kreis um Flugzeug und Entführte und so eine Front gegen alle gebildet, die versuchten, sich ihnen zu nähern. Lohmar hatte eines der Bordmegaphone geholt und einem der Afghanen befohlen, auf Pushtu jedem eine geharnischte Warnung zuzuschmettern, der sich dem Bannkreis näherte. Längst hatten sich die ersten Neugierigen eingestellt und beobachteten aus angemessener Entfernung die Vorgänge.

Lohmar studierte heimlich das Verhalten der Passagiere, um herauszufinden, wo sich Widerstand und Gefahr andeutete. Die Japaner würdigte er keines Blickes: verwirrte Ameisen, deren Ordnung durcheinandergeraten war. Auch die Besatzung schied aus seinem Mißtrauen aus – trotz des Zwischenfalls an Bord. Einer der Passagiere interessierte ihn besonders; und er ließ kein Auge von ihm . . .

Ruth sagte: „Die armen Leute da drin! Sie sitzen auf Tonnen von Dynamit!"

„Unsere Gitarren sind noch an Bord!" sagte Ralph.

„Du bist der größte Egoist, der mir jemals begegnet ist!"

„Egoismus – auch so ein Wort! Warum soll ich mir nicht Sorgen wegen unserer Instrumente machen? Ihr macht es euch leicht!"

„Wer ist ‚ihr'? Und wieso machen wir es uns leicht?"

„Die Masse, deren Moral du vertrittst, Ruth. Bloß weil da drin zwanzig Männer schmoren, wagst du nicht mehr an deine Gitarre zu denken! Und das findest du schon moralisch! Was hast du dadurch geändert? Nichts!"

„Ich denke an die Gefahr, in der diese Geiseln schweben, du an dein Instrument – das ist der Unterschied! Ich kann einfach an nichts anderes denken!"

„Wie edel! Wir sind in einer Ausnahmesituation, die alles in Frage stellt! Und du bist in Sorge um zwanzig Geiseln! Das wird sie retten!"

„Ich habe einfach Angst! Um mich! Um die Deutschen!"

Ralph schwieg. Er hielt Ausschau nach einem der beiden Mädchen. Aber der einzige, der Interesse für ihn zeigte, war Lohmar. Ralph stellte fest, daß seine stahlharten, eiskalten Augen schon seit längerer Zeit auf ihn gerichtet waren.

Diese Langhaarigen, dachte Lohmar, ich habe sie nie gemocht! Sie sind unberechenbar! Sie lehnen sich gegen jede Art von Gewalt auf! Diese Rotznase führt etwas im Schild – aber was?

Steiner näherte sich. Er hatte seine Krawatte gelockert und die Jacke lose über die Schultern gehängt. Trotz der Nacht war die Luft feucht und warm.

„Sie kommen mir gerade recht!" Lohmar warf ihm einen gereizten Blick zu. „Alles, was ich von Ihnen wollte, sind zwanzig Professoren! Und Sie liegen mir mit der gesamten Einwohnerschaft Ihrer Maschine auf der Pelle! Ich habe Ihnen erlaubt, wieder zu starten. Und Sie strapazieren meine Gastfreundschaft!"

„Uns sind beim scharfen Bremsen drei Reifen geplatzt, das wissen Sie. Mit geplatzten Reifen können wir nicht starten.“

„Wenn Sie nicht bald“, drohte Lohmar, „von selber verschwinden, muß ich Sie . . . entfernen lassen. Gewaltsam!“

„Lassen Sie meine Passagiere zum Terminal hinübergehen. Es gibt dutzendweise Möglichkeiten, morgen früh hier aus Kabul abzufliegen.“

Aber gerade davor hatte Lohmar Angst. Eine Boeing, die mit vier schwarzen Auspuffstrahlen am Horizont verschwand, die störte ihn nicht. Aber wer garantierte ihm, daß die Menschen, die er jetzt noch so argwöhnisch bewachen ließ, wirklich abflogen, wenn sie sich im Terminal unter die Einheimischen mischten? Sie hatten Einblicke in die Bewaffnung seiner Leute gewonnen; sie sahen, wo und wie die Zündkabel für die Sprengladungen angebracht waren. Die einheimischen Polizei- und Militärstellen würden sie mit Fragen löchern und wertvolle Informationen gewinnen über die Art, wie man sie unschädlich machen konnte. Er schüttelte den Kopf.

„Tut mir leid, Captain! Bringen Sie Ihren verdammten Kahn in Ordnung, und Sie können starten! Sofort!“

Steiner nickte wehmütig. „Dafür brauche ich eine ganze Menge! Kerosin, mindestens zehn Tonnen. Neue Reifen, die für die Boeing 707 in Kabul nicht gelagert sind. Mechaniker, die sie montieren können!“

„Ihr Sprit reicht doch, um die zehn Minuten bis Kandahar zu fliegen? Und fünf heile Reifen haben Sie immer noch!“

„Ja!“ sagte Steiner. „Aber mit soviel Passagieren, auf dieser Bahn – das riskier ich nicht!“

„Was durch Ihre Entscheidung mit Ihren kostbaren Passagieren geschieht – das ist Ihre Verantwortung!“ sagte Lohmar jovial.

Ralph Osterman war die Leiter hinaufgeklettert, ohne von jemandem aufgehalten worden zu sein. Aus der Kabine schlug ihm ein atemberaubender Geruch entgegen, der aus abgestandener Luft, afghanischem Knoblauchgestank und dem ätzenden Dunst des Sprengstoffs gemischt war. Einige der Wissenschaftler dösten, andere diskutierten. Die Kabine war jetzt nur durch das einfallende Licht der Flughafenlampen schwach erhellt.

Er tastete sich an den Gepäckstücken vorbei in die hinterste Reihe. Die beiden Gitarren standen noch unversehrt hinter den Sitzen. Als er sich mit ihnen mühsam seinen Weg zurück bahnen wollte, hörte er Schritte hinter sich. Er drehte sich um: Ingrid.

„Auf Abenteuer aus?"

Er zuckte zusammen. „Auf Gitarren!" sagte er geistesgegenwärtig. Die Kälte ihrer Augen erschreckte ihn. Er sah ein Messer in ihrer rechten Hand.

„Ich wollte nur ... sie sind ...", stammelte er.

„Du bist kein Held, was?" Ihre Züge schienen sich zu entspannen. „Du willst doch überleben, nicht? Sag ja!"

„Ja!" sagte er gehorsam.

„Du willst auch, daß deine ... Freundin überlebt. Sag ja!"

„Ja!" wiederholte er.

„Wenn du tust, was ich dir auftrage, wirst du garantiert überleben ..." Sie zeigte eine Spur von Lächeln. „Du wirst der erste sein, der freikommt. Du mit deiner Freundin!"

„Was soll ich tun?"

„Du wirst mir Bericht erstatten. Du wirst dich gut umhören. Du meldest mir alle, die an Widerstand denken. An Ausbruchsversuche. An schmutzige Tricks!" Sie trat beiseite, als wolle sie ihm den Weg freigeben. „Ich frag dich nicht mal, ob du zustimmst. Du mußt – es ist deine einzige Überlebenschance. Deine und die deiner Freundin. Jetzt frag noch, was passiert, wenn du dich weigerst!"

„Was passiert, wenn ich mich weigere?"

„Paß auf, ich zeig dir's!" Plötzlich sprang sie katzenhaft vor. Er schrie auf. Er starrte sie ungläubig an. Er griff sich an den Bauch. Die Gitarre schlug dumpf auf.

„Stell dich nicht so an! Die Wunde ist genau einen halben Zentimeter tief; ich kenn mich aus. Aber für jedes Mal, wo du mir keine befriedigende Antwort gibst, wird sie einen halben Zentimeter tiefer! Jetzt hau ab!"

Hinter den nackten Hügeln stieg die Sonne wie ein Ballon auf. Helles, siegreiches Licht glitt über die Erde.

Jetzt, unter der kargen Eintönigkeit des afghanischen Himmels, befiel den Mönch zum erstenmal Heimweh. Er sehnte sich zurück nach den kühlen Wandelgängen und Hallen seines Klosters. Würde er es jemals wiedersehen?

Alles Elend in der Welt, dachte Phra Maha Chai, rührt davon her, daß die Menschen körperlichen Besitz mit geistigem verwechseln und die Illusion nicht erkennen. Die ganze Welt steht mir offen. Ich kann mir die Werke der Dichter, Denker und Propheten aneignen – und ich gewinne eine gewaltige Kraft, und ich bestehle niemanden! Warum erkennen die Menschen das nicht? Was oder wer hat sie geblendet? Er begriff die Jagd nach Geld und Ruhm nicht. Er sah sie als die Unfähigkeit, sich ein Leben in Harmonie einzurichten. Er begriff nicht die Motive der Entführer, die ihr eigenes Leben und das der Passagiere riskierten für Ziele, die er sich nicht vorstellen konnte. Gewiß: Verstandesmäßig registrieren konnte er die Dinge und Vorgänge. Neid, Besitzgier, Aggressionslust waren nun einmal in der Welt, und die Menschen waren ihnen unterlegen – das hatte er gelernt. Schönheit und Würde! dachte er. In Schönheit und Würde in einer Umgebung leben, die uns und unserer Aufgabe angemessen ist. Den Alltag in Harmonie verbringen ...

„HÖR MAL, Karen!“ sagte Vera Merkelsbach. „Deine verdammten Passagiere können mich jetzt gern haben!“

„Was soll das heißen?“

„Das soll heißen: Wir sitzen alle im gleichen Boot! Ich bin genauso eine Entführte wie jeder andere hier! Die Verantwortung für das Wohlergehen der Passagiere ist mir abgenommen worden.“

„Für die Verpflegung sind wir zuständig – solange wir noch gefüllte Container haben. Wir kratzen jetzt die letzten Sachen zusammen und servieren ein Frühstück!“

„Ich finde: Das ist jetzt Angelegenheit der PHRYXXE!“

„Ich habe mit den Mädchen gesprochen. Sie erlauben es!“

„Erlauben! Wie großzügig! Sollen sie doch selber servieren!“

„Solange wir noch Essen haben, werden wir Essen servieren!“

Vera sah Karen schräg von der Seite an. Sie biß sich auf die Lippen. Sie waren spröde. Durch die Unterlippe zog sich ein dunkler Riß. „Soll das eine dienstliche Anordnung sein?“

„Wenn du so willst!“

„Okay, ich schmeiß die Sachen raus! Aber nur unter Protest! Noch bist du der Boß! Oder du bildest es dir ein!“ Vera drehte sich brüsk um und holte die Stewardessen zusammen.

Sie teilten mühsam die Tabletts aus; die Sonne stach.

Während Karen servierte, ertappte sie sich dabei, daß sie ihre Glieder mechanisch bewegte. Sie war erschöpft, überreizt; und sie spürte, daß sie nicht mehr lange durchhalten würde.

„Darf ich Ihnen ... Nein, Eier können wir nicht kochen, die Bordbatterie ist ... alles kalt, ohne Strom. Hör mal, Kay, hast du noch eine Milch übrig für den Kleinen hier? ... Nein, ich kann Ihnen nicht sagen, wann die nächste Maschine geht! Ihren Bruder in Oshima benachrichtigen, nein, leider nicht möglich. Setzen Sie sich doch bequemer hin, Herr Radewald, so vielleicht, nein, helfen können Sie nicht. Hast du noch Pappbecher übrig, Vera? Guck nicht so blöd aus der Wäsche, wir sind alle am Ende. Kay, gib mal das Brot. Ich kratz den letzten Schmierkäse zusammen, keiner soll hungern. So, jetzt kommt die Crew ran, hoffentlich sind unsere Astronomen ausreichend versorgt, die haben das am nötigsten. Nein, Frau Bauer, Sie sollten jetzt wirklich einen Happen zu sich nehmen, wenigstens einen Schluck. Nein, natürlich, er kann das auch nicht, aber deswegen sollten Sie ... Mit ihm sterben, auf gar keinen Fall, das hilft ihm auch nicht."

Die Hitze nahm von Stunde zu Stunde zu;. und Steiner dachte: Wie gut, daß die Boeing so lange und breite Tragflächen hat. Erregt blickte er auf die Vorgänge unter dem Heck: Die Leiche wurde fortgeschafft. Hoffentlich dreht die Frau nicht durch, dachte er.

Aber Frau Bauer hatte den Abtransport gar nicht bemerkt. Sie lag selber wie eine Tote da und regte sich nicht. Sie sah nicht, wie zwei Afghanen den in Decken gehüllten Körper nahmen und zu einem winzigen Ahornhain trugen, der am Rollfeldrand kargen Schatten spendete. Hinter dem Hain war eine tiefe Schlucht, und dahinter wellten sich versteppte Felder wie riesige erstarrte lehmgelbe Wogen.

Steiner hatte Lohmar zu überreden versucht, Frau Bauer, den Mönch und ihn selber mitgehen zu lassen auf dem letzten Weg Bauers. Aber Lohmar hatte kalt erwidert: „Das ist keine Beerdigung. Das ist nur die Entfernung einer Leiche. Sie wird uns nicht mehr lange belästigen. Es gibt eine Menge Geier in Afghanistan. Sehen Sie nur!"

Tatsächlich kreisten über dem Platz jetzt ein Dutzend Geier. Schließlich war Steiner dankbar, daß Frau Bauer schlief.

Steiner hatte knapp zwei Stunden geschlafen – aber die kurze Spanne hatte ihn erfrischt –, er war derartige Episoden und Kraftakte gewohnt. Er sah Lohmar und ging auf ihn zu.

„Sie haben uns die Freiheit versprochen, warum lassen Sie meine Passagiere nicht gehen?"

„Nicht gehen? Sie können nicht starten, daran liegt es!"

„Es gibt andere Möglichkeiten!"

„Welche?"

„Ich gehe ins Terminal hinüber und organisiere eine Maschine. Man wird mich durch den Polizeikordon lassen."

„Also gut!" sagte Lohmar und schritt mit auf den Rücken gelegten Händen wie ein General die Front ab. „Also gut, Sie organisieren das. Und zum letztenmal: keine Mätzchen! Die Maschine muß isoliert auf der Rampe stehen; und alle Passagiere gehen direkt von hier an Bord!"

Weersma trat plötzlich neben ihn. „Lassen Sie mich das machen!"

Steiner warf ihm einen überraschten, Lohmar einen mißtrauischen Blick zu.

„Sie werden hier gebraucht bei den Passagieren. Das ist Kopilotenarbeit! Sonst hole ich das Wetter, melde die Flüge an. Jetzt reserviere ich ein Flugzeug!"

Steiner wandte sich an Lohmar. „Einverstanden?"

„Falls etwas dahintersteckt ..." Er kniff die Augen halb zu. „*Die* Pläne gibst du lieber gleich auf! Es ist jetzt 13 Uhr 15, Kabuler Ortszeit – stell deine Uhr exakt! Um Punkt drei bist du zurück! Falls nicht ..."

„Meine Uhr geht korrekt."

Man sah Weersma an, wie er sich freute, Steiner eine Arbeit abnehmen zu können. Er wollte gutmachen, was er an Bord verdorben hatte.

Lohmar ließ sich Zeit. Er musterte abwechselnd die beiden Piloten und die Reihe der erschöpften, unter der Hitze leidenden Passagiere. „Das ganze Unternehmen hat einen Haken. Es ist doch klar, daß ich eine Geisel für dich brauche! Bist du um Punkt drei nicht zurück, wird hier ein Passagier erschossen, klar?"

„Ja!" sagte Weersma leise. Er hatte beobachtet, wie Frau Radewald zusammenzuckte und kurz vor einem Tränenausbruch war.

„Großartig! Wir haben uns verstanden! Und ich bin ein großzügiger Mensch. Ich warte geduldig auf einen Freiwilligen ..." Das schien niemand verstanden zu haben; und er baute das hilfsbereit aus. „Ich überlasse es euch, wer sterben will. Er soll vortreten und sich melden, und er wird sterben um drei Uhr, falls ... Wer bietet sich an? Wer bürgt? Mir ist es gleich!"

Niemand trat vor.

Eine Wolke segelte vorbei, langsam ... kaum Wind. Ein Esel schrie sehr fern, das einzige Geräusch.

Lohmar brach in Lachen aus, in ein hektisches, spöttisches Lachen, und Inger und Ingrid stimmten ein. „Hier steht einer der beiden Piloten!" rief er verächtlich, „einer, der euch sicher und mutig nach Kabul gebracht hat! Und keiner, keiner ist da, der für ihn bürgt!"

Er schritt jetzt die Front ab, und wo er auftauchte, da wich die Menschenlinie zurück, und keiner blickte ihm in die Augen. Leichenblaß stand Weersma vor den Menschen und zitterte. Er schämte sich; und er merkte nicht, daß er in eine Falle gelaufen war und Lohmar sich an ihm rächen wollte. Er stand einsam und verloren in der heißen Sonne, und der Horizont begann zu kreisen.

Da sagte eine Stimme: „Er ist mein Kopilot; natürlich bürge ich für ihn."

Der Horizont kam zum Stillstand. Fast hätte er Steiners Hand gegriffen.

Aber Lohmar schüttelte den Kopf. „Sie sind unentbehrlich, Captain. Nein! Ich möchte schon jemand von denen da! Am liebsten bald! Das Elend ist: Ihm bleibt um so weniger Zeit, die Dinge zu organisieren! Um drei erwarte ich ihn zurück, so oder so!"

Wieder legte sich Stille über die Gruppe. Hoch oben tauchten neue Geier auf, kreisten regungslos.

Dann, während niemand mehr damit gerechnet hatte, entstand Bewegung in der Gruppe. Weersma hatte die Augen gesenkt, aber er spürte die Nähe des Menschen, der vorgetreten war. Ein kurzer Schatten lag vor ihm. Er hob seine Augen. Er sah, daß eine Frau vor ihm stand. Er wußte nicht, wer die Frau war, denn er hatte sich nicht um die Passagiere gekümmert. Er spürte eine große Dankbarkeit für sie.

Es war Gwen Gary.

8

KAREN HATTE sich neben Bronn gehockt. Er erzählte mit leiser Stimme von seinen Reisen. Doch er ertappte sie dabei, wie sie zum Terminal hinüberblickte, ob sich da nicht ein winziger Punkt aus der schwarzen Kette der Schaulustigen hob. Und auch er selber wurde nervös; es war 14 Uhr 32, afghanische Ortszeit.

„Jetzt könnte er bald kommen!"

„Er wird Schwierigkeiten haben. Sie kennen die orientalische Mentalität und Bürokratie."

Sie sah, wie auch Steiner, De Laer und ihre Kolleginnen sich öfter und öfter aufrichteten und nervöse Blicke zum Terminal hinüberwarfen. Himmel, dachte sie, ich muß zu Gwen Gary hinüber! Wie sie sich jetzt fühlen mag. Dann stellte sie eine Tatsache fest, die einen eisigen Ring um ihr Herz legte: Unmerklich war Gwen Gary isoliert worden. Die beiden Schwedinnen hatten sich zwischen sie und die übrigen Passagiere geschoben; die waren sofort beiseite gerückt, als ginge sie das alles nichts an, als hätten sie nichts mit den Vorgängen zu tun. Hastig drängte sie:

„Weiter, weiter! Haben Sie nie Angst gehabt auf Ihren Streifzügen? Richtig Angst? Ich ertappe mich dauernd dabei, daß ich richtig Angst habe. Auch ohne Trips nach Burma oder in den Jemen!"

„Doch, doch", sagte er. „Und wir haben noch fünfundzwanzig Minuten, wir sollten uns keine Sorgen machen ... Der Schlangentempel von Padang auf Sumatra, darin habe ich gezittert vor Angst; daraus bin ich laut schreiend geflohen! Damals mußte ich noch viel lernen!" sagte er und versuchte, sich zu entspannen. „Was ich nicht wußte, war: die Schlangen waren durch die intensiven Weihrauchdüfte so betäubt, daß ihnen jede Angriffslust abhanden gekommen war. Noch nie ist in diesem Tempel ein Besucher von einer giftigen Kobra gebissen worden!"

„Noch achtzehn Minuten!" sagte Karen. „Jetzt muß doch etwas geschehen, jetzt muß er doch kommen!"

Aber Weersma kam nicht.

Und auch Steiner stand jetzt da und starrte hinüber, und De Laer wandte seinen Kopf, und die Mädchen ließen keinen Blick mehr vom Terminal ...

„Da ist er doch!" rief Kay, aber es war eine Falschmeldung.

Jetzt standen beide Schwedinnen vor Gwen Gary, komm schon, nickten sie, und die Frau erhob sich, nicht zu schnell, nicht zögernd; das können sie doch nicht tun, schien Karen zu sagen und blickte mit wilden Augen Steiner an.

„Hören Sie zu, Lohmar!" sagte Steiner.

„Bitte?" fragte Lohmar ruhig.

„Ich sehe ein, daß es um Ihr Prestige geht. Aber Sie werden sie nicht wirklich erschießen, nicht wahr?"

„Sondern?"

„Sie werden sie fortführen . . .“

„Zu der Ahornbaumgruppe dort, ja . . .“

„Sie werden einen Schuß abgeben lassen . . .“

„Sie besitzen hellseherische Fähigkeiten, Captain!“

„Aber er wird in die Luft gehen. Ich gebe Ihnen mein Wort: kein Passagier wird mehr diese Frau zu Gesicht bekommen. Wir können sie in die Kabine zu den Geiseln tun, oder . . .“

„Diese Hitze“, sagte Lohmar ruhig. „Ihr Gedächtnis leidet. Sie vergessen: ich habe schon einen Ihrer Kollegen umgebracht.“

„Sie wissen genausogut wie ich, daß mein Kopilot . . . er ist aufgehalten worden, schuldlos. Er wird kommen!“

„Es macht Spaß!“ sagte Lohmar ruhig. „Es macht mir einfach Spaß!“

Er beobachtete geduldig, wie Gwen Gary noch einmal stehenblieb, über die Menge, vorbei an der Maschine, zu den fernen Hügeln hinüberblickte und dann widerstandslos mitging.

„Außer Ihrer Crew“, fuhr er fort, „scheint niemand übermäßig viel Interesse aufzubringen. Niemand winkt ihr nach. Niemand bricht in Wehklagen aus . . . Ich will Ihnen was sagen, Captain: ich bin ein großzügiger Mensch! Es ist fünf vor; aber ich warte noch bis genau fünf nach!“ Er wandte sich abrupt um. „Dann knallt es!“

Steiner blickte verzweifelt hinter ihm her, wie er der einsamen Gruppe nachschlenderte, die Kurs auf die Baumgruppe am Rollfeld nahm.

14 Uhr 58: der Himmel hatte sich bezogen; aber die Sonne war noch immer spürbar. Alle warteten erstarrt auf den Schuß . . .

WÄHREND Weersma über das Feld ging, versuchte er, seine Uniform in Ordnung zu bringen. Ihm wurde bewußt, wie verwahrlost er aussah. Er hatte sich weder gewaschen noch rasiert noch sorgfältig gekämmt. Er hatte Jacke und Krawatte zurückgelassen, so ließen sich die Flecken auf seinem zerknitterten Hemd nicht verbergen.

Vor der Menschenwand, die vor ihm hochwuchs, überfiel ihn Lampenfieber. Er suchte nach einem Durchschlupf, aber die dichteste Ballung konzentrierte sich dort, wohin er gerade seine Schritte lenkte. Erschöpfung, Hitze und seelische Belastung hatten ihm längst seine Selbstsicherheit geraubt. Fahrig strich er mit den Fingern durch das widerspenstige Haar. Die Sonne brannte; er spürte Durst, Übelkeit und Kopfschmerzen.

Als er das Spalier erreicht hatte und durch das absperrende Seil schlüpfte, brach ein Tohuwabohu um ihn los. Ein Dutzend Reporter stürzte sich mit Fragen und Kameras auf ihn.

„Lassen Sie mich durch! Ich bin in Eile!“

„Nur zwei Fragen: wie sind die Bedingungen, wie ist . . .“

„Um wieviel Entführer handelt es sich?“

„Lassen Sie mich zum Flughafenkommandanten! Oder zum . . .“

„Wie lange reichen Ihre Essensvorräte?“

„Wie ist die Moral an Bord?“

„. . . oder zum Chef der örtlichen Polizei! Wer hat hier die Ober . . .“

„So ja, bleiben Sie so stehen, jetzt noch ein Schuß von schräg . . .“ Kameras klickten, Filmkameras surrten; Weersma war keinen Schritt vorwärtsgekommen.

„Oder ins Büro der Ariana. Ich brauche ein Flugzeug!“

„Sollen die Passagiere freigegeben werden?“

„Ja, lassen Sie mich durch!“

„Laßt ihn doch mal durch! Wie viele sollen freigegeben werden? Alle?“

„Nicht alle! Wo ist hier . . .?“

Er kämpfte sich verbissen vorwärts. Er ruderte, schlug um sich; einmal biß er zu. Er spürte, wie seine Kräfte zu Ende gingen. Endlich tauchte der Eingang des Terminals auf. Zwei afghanische Polizisten räumten den Weg für ihn frei.

Er verlangte auf englisch den Polizeichef; sie verstanden ihn nicht. Sie bahnten ihm den Weg an einen Jeep. Er sprang auf. Als der Jeep davonrasen wollte, überfielen ihn Zweifel, ob er das Richtige tat. Er mußte am Flughafen bleiben! Er sprang ab und rannte zurück zum Eingang. Dort stieß er auf zwei höhere Offiziere, die Englisch sprachen. Sie brachten ihn zum Platzkommandanten. Kostbare Zeit verstrich, ehe er sein Vorhaben verständlich gemacht hatte.

Als er sprach, merkte er langsam, daß er in eine andere Welt geraten war. Die Geborgenheit des Büroraums stand in krassem Gegensatz zu der Bedrohung und Angst, der er entflohen war. Er zitterte, schwitzte, stotterte gehetzt. Ihm gegenüber saßen Männer, die gerade einen erholsamen Schlaf hinter sich hatten und Unruhen, Protestmärsche, ja Revolutionen gewohnt waren. Sie ließen sich durch ein paar Geiseln auf dem Flughafenvorfeld nicht aus der Ruhe bringen. Und vor allem: sie hatten Zeit.

Der Platzkommandant schlug die Beine übereinander, zündete sich umständlich eine Zigarette an, bestellte nicht weniger kompliziert heißen Tee für alle, klopfte einen Staubfleck von seiner khakigrünen Leinenjacke und sagte im breiten, gesetzten Englisch der Afghanen: „Ihre Leute können jederzeit herüberkommen. Wir richten uns in der Abflughalle auf sie ein."

„Wir brauchen ein Flugzeug!"

„Wir haben keins zur Verfügung. Sie könnten mit der Ariana 556 um 17 Uhr nach Delhi fliegen. Die Maschine ist allerdings ausgebucht."

„Ausgebucht? Spielt das denn eine Rolle? Hier geht es doch um das Leben der entführten Passagiere!"

„Wieso um das Leben?" Erstaunen auf allen drei Gesichtern.

„Weil ... Die Moral und die äußeren Bedingungen verschlechtern sich von Stunde zu Stunde. Die Verbrecher sind unberechenbar. Wir haben bereits einen Toten. Es wird einen zweiten geben, wenn ich bis um drei nicht pünktlich zurück bin ..."

„Weshalb?"

„Man hat mir zur Bedingung gemacht, bis um drei zurück zu sein. Andernfalls ..."

„Das finde ich eine kurzsichtige Bedingung!" sagte einer der Offiziere. Der andere antwortete: „Es wäre klüger, den Jungen hierzulassen, bis alle Probleme geklärt sind!"

Weersma schlug sich gehetzt und verzweifelt auf die Schenkel. „Wir können doch jetzt nicht über die Richtigkeit der Maßnahmen der Entführer diskutieren!"

Der Platzkommandant sah ihn pikiert an. „Wer bestimmt, worüber wir diskutieren? Wieso ist das Leben Ihrer Passagiere gefährdet, wenn wir sie im Abflugraum unterbringen?"

„Die Entführer erlauben nicht, daß die Passagiere sich im Flughafen aufhalten. Ihre Bedingung lautet: direkt von unserer Boeing ohne Kontakt an die neue Maschine."

„Sie kommen hierher und stellen Bedingungen ...", mischte sich einer der Offiziere wieder ein. „Wir haben Sie nicht gerufen."

„Sie behandeln mich, als wäre ich der Entführer!" protestierte Weersma gereizt. Der Tee trieb ihm den Schweiß in Bächen von der Stirn.

„Hören Sie! Sie sind illegal eingereist. Sie können nicht wieder illegal ausreisen! Wir stellen Ihnen unser Terminal und unsere Behörden zur Verfügung. Wir werden uns sogar bei der Ariana für Ihre Flugscheine verbürgen, die Sie wahrscheinlich gar nicht bezahlen können. Aber Sie müssen uns erlauben, dafür Zeit zu verwenden!"

Weersma starrte die Männer wie Geistererscheinungen an. Sein Unterkiefer schnappte einige Male ein wenig auf und zu, aber er schwieg.

„Wir werden", fuhr der Kommandant fort, „ein Sonderkommando der Zoll- und Einreisebehörden alarmieren, damit die Formalitäten rasch erfüllt werden. Obwohl ... niemand hat wahrscheinlich ein Visum ... doch wir werden das regeln. Aber das braucht Zeit ..."

Die Uhr zeigte 14 Uhr 28, als Weersma seinen Versuch aufgab. Er bat, mit dem deutschen Botschafter verbunden zu werden.

Aber der deutsche Botschafter war schon am Flughafen eingetroffen; als er eintrat, rückte der Zeiger auf 33.

Von Benrath beugte sich fast unmerklich vor und lächelte unverbindlich. „Natürlich tun wir alles, was in unserer Macht steht. Wir begegnen aber Schwierigkeiten, gegen die wir machtlos sind."

„Welchen zum Beispiel?"

Weersma ließ keinen Blick mehr von seiner Armbanduhr. Sie zeigte 41 nach.

„Zum Beispiel dieser Streik der *Telecommunications* in Teheran. Wir sind – hoffentlich – inzwischen durchgekommen, aber verspätet. Ehe die Antwort da ist ... es wird dauern. Aber selbstverständlich: es wird alles klargehen, das können Sie ausrichten, das ist doch das Wichtigste."

„Wenn ich in fünfzehn Minuten nicht zurück bin, wird ein Passagier erschossen!"

Der Botschafter wehrte mit einer erstaunten Geste ab. „Ah, kommen Sie! Was erzählen Sie da! Ihre wertvollen Geiseln ... man will sie eintauschen, nicht erschießen!"

„Nicht alle Passagiere sind Geiseln. Ihr Zustand verschlechtert sich von Stunde zu Stunde ..."

„Wir bemühen uns. Ich schicke Ihnen einen Vermittler mit einer weißen Flagge, sobald die Rückantwort da ist, sagen Sie das den Entführern. Wir müssen uns in Geduld fassen – Sie und ich. Auch meine Lage ist nicht die rosigste, vergessen Sie das nicht, Captain!"

„Ich bin nicht der Captain!" sagte Weersma abrupt und sprang auf. „Ich bin der Kopilot."

Von Benrath war ganz und gar Überraschung. „Ich habe mich schon gewundert. Ich war mir wegen der Streifen nicht sicher. Warum kommt der Kapitän nicht selber?"

„Weil es für ihn bei den Passagieren schwere Probleme zu lösen gibt! Daran sehen Sie, wie ernst die Situation draußen ist!"

Aber er spürte sofort, daß er einen Fehler begangen hatte, als er sich statt Steiner für diese Mission bereit erklärt hatte. Die Unterhaltung war auf deutsch geführt worden, aber die Offiziere hatten genug verstanden, um sofort einzuhaken: „Sie sind nicht der Kapitän? Hält er diese Angelegenheit nicht für wichtig genug, selber zu kommen?"

„Ich muß jetzt gehen!" sagte Weersma hastig und verabschiedete sich. „Können Sie mir helfen, möglichst rasch an das Flugzeug zu gelangen?"

„Nur bis zur Absperrung!" sagte einer der Offiziere kühl. „Das andere ist Ihre Sache!"

Weersma stürzte hinunter; aber als er vor der Menge ankam, mußte er auf seine Begleiter warten; und als sie da waren, zeigte die Uhr 2 Minuten vor voll. Er wollte losstürzen, aber schon hielt ihn der erste Reporter am Ärmel zurück, riß die Kamera hoch – andere folgten. Er sah hilfesuchend zu den Offizieren hinüber; die lächelten nur andeutungsweise, der Botschafter war nicht mehr zu entdecken.

Weersma stürzte vorwärts, und als er endlich die Sperre durchbrach, zeigte die Uhr drei Minuten nach. Er hatte noch gute dreihundert Meter vor sich; und er war kurz vor dem Zusammenbruch.

Er hatte noch keinen Schuß gehört; und er dachte: Es war nicht so ernst gemeint; es wird alles gutgehen!

Steiner sah Weersma zurückjagen, straucheln, sich aufraffen, erstarren, während der Schuß fiel, weiterrennen mit vermehrter Kraft. Karen brach nach dem Schuß in lautes Weinen aus, und Weersma gebärdete sich wie ein Irrer – er sei an allem schuld, alles, was er übernehme, gehe schief, jetzt sei er am Tod der Schauspielerin schuld . . .

Die Hitze waberte in Wellen über die Landschaft. Die Luft war wie trübes Glas, hinter dem alle, die durch den Schuß kurz aufgeschreckt waren, wieder zu Panoptikumsfiguren erstarrten. Durch die Reihen der fernen Neugierigen lief ein kurzer Aufschrei wie eine Woge.

„ICH warte!“ sagte Ingrid zu Ralph Osterman.

„Spar dir die Zeit!“ sagte Ralph. Er war blaß, aber ganz ruhig.

Sie betrachtete lächelnd die Spitze ihres Messers, das im diffusen Kabinenlicht schimmerte, und zuckte die Schultern. „Überall hocken sie zusammen, flüstern, zischeln. Ich weiß, daß Aufwiegler darunter sind. Jetzt sag mir brav, welche!“

„Ich habe niemand entdeckt.“

„Ach komm ...“ Sie sah ihn über die Klinge warnend an.

„Niemand!“

„Wie du meinst.“ Sie hob seinen Pullover hoch und stach zu. Sein Körper klappte zusammen wie ein Klappmesser. Er schrie auf, sehr kurz und sehr leise, und starrte auf das Blut, das aus der Wunde lief.

„Keine Angst!“ versicherte sie lächelnd. „Das ist völlig harmlos. Noch! In zwei Stunden hol ich dich wieder. Dann wird es kritisch!“

Aus dem Erste-Hilfe-Kasten, der auf einem der hinteren Sitze lag, zog sie Verbandzeug und Leukoplast. Sie stillte das Blut, achtete darauf, die alte, eben verkrustete Wunde nicht zu berühren, zog seinen Pullover darüber, meinte zuversichtlich: „In zwei Stunden wird dir sicher mehr einfallen!“

Er ging.

„Wohin verdrückst du dich eigentlich immer?“ fragte Ruth.

„Du mußt mal in die Kabine gehen, da ist eine Temperatur, da fällst du rückwärts wieder hinaus!“

„Danke, mir reicht die Hitze hier im Schatten! Mir ist übel, alles dreht sich, und ich habe Angst!“

Es war später Nachmittag, Himmel und Erde schienen in einer einzigen flammenden Orgie miteinander zu verschmelzen. Von Minute zu Minute schien die Hitze unerträglicher zu werden. Es wehte kein Wind.

„Was machst du da?“

„Ich stimme meine Gitarre. Willst du deine haben?“

„Gitarre? Ich habe andere Sorgen; ich bin hungrig, durstig, und ich zittere vor Erschöpfung!“

„Die da drinnen auch!“ sagte Ralph.

Er hatte sich wie ein Raga-Spieler niedergehockt und strich zärtlich über die Saiten, schlug Akkorde an, stimmte nach, versuchte ein arabisches Motiv, pentatonisch. Im Hintergrund wimmerten die Kinder der Inderin. Gleichzeitig rollte vom fernen Hindukusch das dumpfe Grollen eines Gewitters heran.

„So SCHNELL geht das“, sagte Karen, „so rasch bröckelt die Tünche ab.“

Sie hatte drei Japaner beobachtet, die sich um eine halbe Flasche Whisky stritten, die einer von ihnen im Handgepäck hatte.

Jetzt wurde ihre Aufmerksamkeit auf Frau Radewald gelenkt, die plötzlich auf eines der indischen Kinder eingeschlagen hatte, das über ihre Füße gestrauchelt war.

„Was unter der Tünche zum Vorschein kommt, ist das Tier!“

„Das wäre ein Lob!“ sagte Bronn. „Wenn die Menschen sich benehmen würden wie die Tiere – wir hätten das Paradies auf Erden! Jeder würde nur zum simplen Zweck der Nahrungsaufnahme töten. Kein Sadismus, keine Quälerei!“ Er sah einen Augenblick zu, wie Hannes Radewald auf seine Frau einzuschreien begann, dann fuhr er fort: „Ein einziger Nachmittag voller Hitze und Bedrohung genügt vollauf, schon ist der Anarchismus da!“ Er sah sich gereizt um. „Dieser Kerl mit seiner Gitarre geht mir allmählich auf die Nerven!“

„Aber er meint es nur gut; er versucht, die Leute abzulenken!“

„Wie ein ungarischer Schnulzengeiger!“

„Aber ...“, machte Karen erstaunt. „Er ist ein berühmter Star, und ich dachte, zumindest Sie würden diese Musik mögen. Ich mag sie!“

Bronn warf ihr einen Blick zu, als sei er aus einem Traum erwacht. „Sie haben recht, Karen! Da geht meine Tünche! Und ich will Ihnen was gestehen: ich hab meine Fassade schon mal verloren, in einer Fokker über Bali ... Es gibt nur zwei Menschen, die ich hier bewundere; und ich selber bin nicht darunter, das wurmt mich!“

„Wer sind die beiden Glücklichen?“

„Sie ... und Ihr Captain!“

„Großartig! Wenn Sie wüßten, wie dreckig ich mich fühle!“

„Das tun wir alle! Woher nehmen Sie die Kraft, so gut über die Runden zu kommen, Karen?“

„Kraft?“ Sie rieb sich den Hals, die Kehle. Ihr Gesicht glühte, die Lippen brannten. „Ich denke einfach an all die wunderbaren Reisen, die ich gemacht habe. Ich bin immer gern in der unberührten Natur gewesen, wissen Sie ... an den Frieden, der dort herrscht. Die Welt ist so herrlich ... die Menschen ... die Menschen machen alles kaputt ...“ Sie wußte plötzlich nicht weiter. Sie sah ihn hilflos an.

„Sie weinen ja!“ sagte Bronn. Er spürte das Bedürfnis, einen Arm um sie zu legen.

„Karen, kann ich Sie mal sprechen?“ sagte Steiner, der plötzlich hinter ihnen aufgetaucht war.

Sie sprang auf. „Natürlich.“

Sie schlenderten langsam zwischen Bug und Heck hin und her. Steiner sah verwildert aus. Sein Hemd bestand aus einem einzigen Muster von Kaffee-, Blut- und Ölflecken. Nasenrücken und Stirn waren von der Sonne verbrannt.

„Weersma macht mir Sorgen. Vielleicht können Sie sich mal um ihn kümmern.“ Er nickte mit dem Kinn zu dem Piloten hin, der bäuchlings im Gras lag und sich nicht rührte.

„Er ist völlig fertig, wie?“

„Er fühlt sich verantwortlich für den Tod von Mrs. Gary.“

„Ich kümmere mich um ihn. Wie geht es Ihnen?“

Hinter dem Bugrad tauchte Lohmar auf. „Ich hätte Sie gern mal gesprochen, Captain; aber ein bißchen rasch!“

Gegen vier war ein Vertreter des Botschafters erschienen und hatte ihn schwitzend beschworen, nicht die Geduld zu verlieren. Die Nachricht sei durch bis Deutschland, das wisse man positiv, auch Telegramme seien unterwegs; aber die Antwort würde noch etwas auf sich warten lassen.

„Womit willst du die vielen hungrigen Mäuler eigentlich stopfen?“ hatte Inger gefragt, und Ingrid hatte hinzugefügt: „Reichlich große Gesellschaft, die wir uns da angelacht haben. Wir sollten sie endlich davonjagen!“

„Verdammt schwerer Entschluß!“ Lohmar hatte sich die Stirn gerieben. Er spürte, wie er allmählich in eine Sackgasse geriet. Seine Aktion hätte mit voller Geschwindigkeit am Schnürchen ablaufen müssen. Statt dessen kam er sich vor wie in einem riesigen Leimtopf, nur noch zähflüssige Bewegungen waren möglich, und langsam erstarrte alles. „Gegen sieben kommen vier Container mit Schlangenfraß, die werden gerecht aufgeteilt.“

„Und was ist gegen acht? Wenn der Botschafter noch immer nichts ...“

„Um acht fällt der Hammer, da fahren wir ab, wie geplant.“

„Und da willst du alle mitschleppen, statt, wie ursprünglich vorgesehen, nur die deutschen Intelligenzler!“

Lohmar tastete unsicher seine lädierte Nase ab. „Hier sitzen wir auf dem Präsentierteller. Unsere Freunde haben ein hervorragendes Versteck, das wird vorbereitet. Wir hatten das ja für den Notfall eingeplant. Ich bin einfach dagegen, so viele Leute, die uns noch wertvoll sein können . . ."

„Wertvoll?" unterbrach Ingrid. „Gefährlich! Im Flugzeug habe ich mich sauwohl gefühlt! Aber hier, in Afghanistan? Mit nichts als diesen Kanackern um uns? Ich weiß nicht."

„Ich hab gesagt: wertvoll. Das heißt: ich möchte die Geiseln nicht gleich der Reihe nach abknallen, wenn die Sache schiefläuft. Angenommen, wir fahren nachher los, und man folgt uns. Oder man hält uns an irgendeiner Sperre auf – es wimmelt auf den Straßen von Kontrollpunkten für Busse und Laster –, ein paar Leichen zum Pflastern des Asphalts wirken oft Wunder!"

„Aber dieser Vorteil", sagte Inger, „ertrinkt in einem ganzen Meer von Nachteilen!"

Lohmar hatte die Fäuste in die Hosentaschen gestopft, damit die Hose zurechtgezogen, verbissen aufgestampft und endlich gesagt: „Also gut . . . Ich lasse sie laufen . . . aber wohl ist mir nicht dabei!"

Jetzt sagte Lohmar Worte, die den ihm folgenden Steiner überrascht anhalten ließen; er sagte: „Wir haben uns entschieden: Sie sind frei! Sie können auf der Stelle Ihre Siebensachen packen und gehen, wohin Sie wollen!"

„Alle?"

„Natürlich nicht – die Geiseln bleiben! Aber wenn die Antwort aus Deutschland eintrifft, schmeiß ich Ihnen Ihre Koryphäen sofort hinterher! Und jetzt verschwinden Sie mit Ihren Leuten!"

„Das ist eine erfreuliche Nachricht!" sagte Steiner.

„Geh weg mit deiner Hippiemusik!" schrie De Laer. „Hau ab und wasch dich!"

Ralph zuckte die Schultern und erhob sich.

„Komm!" sagte Ingrid. „Wir gehen mal wieder nach oben."

Im Flugzeug prallten sie wie gegen eine Wand aus brennender Luft und Gestank. Hinten sagte Ingrid: „Ich habe keine Lust, noch jemals wieder in diesem Mief zu stehen. Dies ist also deine letzte Chance!" Sie nahm ihre Sonnenbrille ab, steckte sie betont langsam ein und zog das Messer hervor. „Also?"

„Ja!" sagte Ralph. „Dieses Mal habe ich etwas!"

„Na bitte!" Sie ließ die Hand sinken, mit der sie seinen Pullover hatte heben, die alten Wunden hatte bloßlegen wollen. „Einmal fallen auch die größten Idealisten auf den Boden der Tatsachen zurück!"

„Es dreht sich um den Ingenieur! Er braucht ärztliche Behandlung! Er soll während des Fluges zusammengeschlagen worden sein! Es geht ihm sehr schlecht."

Sie brauchte lange, ehe sie sich von ihrer Verblüffung erholt hatte. Sie spielte mit dem Messer, hielt es an der Schneide und fuhr mit dem Elfenbeingriff fast zärtlich über die blutverkrusteten Wunden; er zuckte zusammen. „Du bist wirklich so 'ne Art Jesus, was? Dabei bist du überhaupt kein Held, landläufig gesehen. Du krümmst dich schon jetzt – was wird erst werden, wenn ich zusteche?" Sie sah ihn lange an. „Du bist beängstigend, weißt du das? Du zitterst vor Angst, ich merk das ... Aber du verrätst nicht mal deine Feinde ... es sind doch deine Feinde, das hast du ganz genau gemerkt ... etwas in dir ist stärker, das macht mir angst ... Ehrlich! Mann, bin ich froh, wenn ich dich los bin!"

Sie nahm ihre Hand zurück, steckte das Messer fort. Sie hatte jetzt beide Hände frei; und einen Atemzug lang schien es, als wolle sie seinen Kopf zwischen ihre Hände nehmen. Aber sie sagte nur: „Behalt mich einfach in ... nicht allzu schlechter Erinnerung ... Okay?"

Im diffusen Abendlicht stand Steiner vor der Reihe seiner Passagiere. In ihren abenteuerlichen Aufzügen, mit den chaotisch abgestellten Gepäckstücken glichen sie einem müden Haufen, der seit Tagen auf seinen Abtransport wartete. Die Sonne hatte sich jetzt hinter gewaltigen Kumuli versteckt, und über Kabul flackerte der Widerschein von Blitzen. Es regnete noch nicht, aber schon über die nächsten der Hügel wälzten sich jetzt die ersten Schauerwolken. Die Boeing wiegte sich leicht in den ersten Böenwirbeln, als Steiner zu der fertigen Gruppe sagte:

„Wir werden jetzt unser Gepäck aufnehmen und im Gänsemarsch, ohne zu sprechen, gradlinig auf das Abfluggebäude zugehen! Unsere Gastgeber legen großen Wert auf die strikte Befolgung dieser Marschordnung. Sie werden nicht zögern, Zuwiderhandelnde ... mit dem Tode zu bestrafen."

Alle warfen schräge Blicke auf ihre Bewacher. Bis auf zwei Afghanen, die die Isolierung von den Neugierigen überwachten, hatten sich alle mit Pistolen vor der Kette der Abmarschbereiten aufgebaut.

„Sie werden auch nicht zögern", fuhr Steiner fort, „der Reihe nach die Geiseln zu erschießen, sollten sie erfahren, daß wir im Terminal so etwas wie eine Befreiungsgruppe organisieren ..."

„Warum gehen wir nicht endlich?“ schrie einer der Japaner auf. „Es beginnt zu regnen! Wir haben keine Lust, auch noch naß zu werden!“

Steiner traute seinen Ohren nicht. Aber der Ruf pflanzte sich durch die Reihen fort. „Wir stehen hier und werden naß! Wir stehen hier ...“

„Wir sind schon auf dem Weg!“ rief Steiner und wollte sich an die Spitze der Kolonne setzen.

„Es ist eine Schweinerei!“ Ralph Osterman sprang auf die Bordleiter der Boeing und schleuderte seine Worte inmitten des einsetzenden Schauers über die Menge. „Wir wollen uns feige absetzen! Da drinnen ...“ Er zeigte auf den Eingang der Boeing, in dem verstört das Gesicht Gennenburgs auftauchte. „Da drinnen hocken unsere Mitpassagiere; und ihr, ihr wollt euch davonstehlen! Laßt sie nur verrecken! Hauptsache, wir kommen selber noch einmal davon!“

Die Empörung über diese Störung flammte wie ein Blitzschlag auf. Ruth drängte sich neben Ralph; und dort, verloren auf der Leiter, ließen sie die Schimpforgie der Menge über sich ergehen.

„Los endlich, verdammt!“ schrie Radewald außer sich. Mit ihm war eine angsterregende Veränderung vor sich gegangen. Mit wutverzerrtem Gesicht kämpfte er sich zur Treppe vor.

Frau Radewald versuchte, ihn zu erreichen. „Aber Hannes!“

Er drängte zur untersten Stufe hin und stürzte sich auf Osterman. Seine Augen waren rot unterlaufen, auf der Stirn mit dem zurückweichenden Haaransatz prägten sich dicke Adern ab.

„Hören Sie auf damit!“ Seine Schulter wurde zurückgehalten, gerade als er zum Schlag ausholen wollte. Er riß sich los, holte schon wieder aus, sah sich nicht um.

„Laß mich los, du Gangster!“

„Kommen Sie zu sich!“

Radewald sah sich um. Hinter ihm stand nicht Lohmar, sondern Steiner. Die Rangabzeichen, wenn auch beschmuddelt, flößten ihm sofort Ehrfurcht ein. Er strich sich über die Augen.

„Verzeihung, Captain!“

Atemlos hatte Frau Radewald die beiden erreicht. „Nehmen Sie es ihm nicht übel, Herr Kapitän! Er hat das vom Krieg zurückbehalten!“

Steiner stand jetzt zwischen den Ostermans und den Radewalds – dahinter drängte sich die Masse der aufgebrachten Passagiere. Einer schrie: „Er hat schon öfter versucht, uns ..." Ein anderer unterbrach: „Schlagt ihn tot!"

Steiner hielt Radewald noch immer hart an der Schulter fest. „Niemand wird hier totgeschlagen!" Er versuchte, die Aggressivsten zu fixieren. Aber alle verschwammen vor seinen Augen zu einer anonymen Masse. Endlich entdeckte er Karen. „Möchten Sie, daß einem unserer Passagiere ein Haar gekrümmt wird?"

Karen schaltete sofort und bahnte sich einen Weg zu Steiner hin. Lautstark antwortete sie: „Natürlich nicht! Wir sitzen doch alle im gleichen Boot!"

„Frau Bauer?" fragte Steiner. „Sie können am besten beurteilen, was es heißt ..." Alle wandten ihre Köpfe. Sie schwieg; aber keiner schrie jetzt mehr. Betretenes Schweigen. „Entweder: wir gehen alle, oder ..."

Leises Murren.

Steiner wußte, daß er als simple Zivilperson nicht die geringste Chance gehabt hätte. Eine gute Idee, das Hemd mit den Schulterklappenlitzen nicht auszuziehen, dachte er verzweifelt. Alle starrten ihn an.

„Also gut!" sagte er hilflos und ohne Sinn. „Also gut!" Und mit einer plötzlichen Eingebung: „Ich danke Ihnen."

Das rettete die Situation. Niemand wagte mehr, die Ostermans zu bedrohen.

Aber jetzt trat Lohmar vor. Er hatte die schwierige Lage Steiners dankbar genutzt, seiner Verblüffung Herr zu werden. Jetzt war er zu einem eindeutigen Schluß gekommen.

„Stop!" schrie er und drängte sich nach vorn. „Der Mann hat recht: Mitgefangen, mitgehangen!"

... Steiner stand vor der Menge und sah, wie sich die Reihe in Bewegung setzte – nicht hinüber zum Terminal, sondern hinein in die Busse der PHRYXX, während der erste Schauer sich senkrecht über ihnen entlud und die ersten zu rennen begannen. Ja, nachdem sie von den beiden Schwedinnen erst einmal in die genaue Richtung dirigiert worden waren, rannten sie, freiwillig stürzten sie auf die Busse zu, die ihnen Schutz gegen einen simplen Schauer boten.

9

Die Fahrzeugkarawane setzte sich gegen 22 Uhr, unter einem tiefgoldenen Mond, in Bewegung. In der Luft hing ein betäubender Duft von Blüten nach erfrischendem Regen. In den hartgefederten, verdreckten Bussen war die Luft zum Schneiden. Die vorausfahrenden Busse bliesen den nachfolgenden dicke Auspuffahnen in die aufgerissenen Fenster. Vor der Abfahrt war der spärliche afghanische Eintopf, den Lohmar bestellt hatte, verteilt worden: Reis mit Hammelfleisch, das für viele der Europäer einen bestialischen Geruch verbreitete. Aber alle waren ausgehungert.

Lohmar fühlte sich von Stunde zu Stunde unwohler. Er hockte mit der Straßenkarte neben dem uralten Fahrer im ersten Bus, in dem die Wissenschaftler untergebracht waren. Die leeren Busse, die weit voraus und zurück die Kolonne sicherten, waren unsichtbar. Sie würden jeden Widerstand, jeden Einmischungsversuch kontern mit der Drohung, die Busse mit den Geiseln in die Luft zu sprengen.

Trotzdem behagte ihm die Vorstellung einer endlosen Kette von Neugierigen, die der Kolonne folgte, gar nicht. Er wußte, daß sie bald mit gelöschten Lichtern abbiegen würden, daß einer von ihnen weiter geradeaus fahren würde, in der Hoffnung, die Verfolger fehlzuleiten. Obwohl er das Überfliegen ihrer Gruppe ausdrücklich hatte verbieten lassen, näherten sich ihnen am frühen Abend zwei Hubschrauber in geringer Höhe. Wenig später jagte eine MIG der Luftwaffe im Tiefflug über sie hinweg.

Der Bär hatte aus seiner MP eine Salve hinter der MIG hergejagt und dabei so schallend gelacht, daß seine Stimme sogar aus dem Turbinenlärm heraus zu hören gewesen war. Aber Lohmar kannte seine Leute gut genug, um zu wissen, daß sogar der Bär nervös geworden war.

Jetzt holperten sie über die Ausfallstraße nach Norden. Sie fuhren durch ein Kaff namens Qarabagh; und Lohmar wußte, daß sie irgendwo dahinter auf eine ominöse Piste nach Westen abbiegen würden, um auf Schleichwegen an einen Ort zu gelangen, wo sie in Ruhe auf die Austauschvorschläge der deutschen Regierung warten könnten.

Lohmar hoffte, dazu würde es nicht kommen. Er hatte dem deutschen Botschafter mitteilen lassen, er brauche nur über die Sender des nationalen Rundfunks die Bereitschaft der deutschen Regierung in einer Sondermeldung mitteilen zu lassen, und die PHRYXX würde auf den Hinterrädern kehrtmachen und die Geiseln und alle übrigen ausliefern.

Jetzt starrte Lohmar gespannt auf seine beiden Transistorgeräte, aber aus den beiden Sendern klang ihm nichts anderes entgegen als ein Gemisch aus Persisch und schwermütiger Hirtenflötenmusik.

Plötzlich löschte der Fahrer alle Lichter.

Lohmar sah sich nach den nachfolgenden Fahrzeugen um; auch dort nichts als Dunkelheit.

Dann holperten sie querfeldein durch Schlaglöcher, Querrinnen, loses Geröll – dichter Busch nahm sie auf. Die Fahrzeuge bremsten, das Rattern aller Motoren erlosch schlagartig. Fern auf der Straße hörte Lohmar die Schlange der Neugierigen vorbeirollen – ihr Abzweigen war unbemerkt geblieben. Er schlug dem Fahrer jovial auf die Schulter: gut gemacht.

Von jetzt an ging es über Steppenhügel und durch Flußbetten quer durch die Finsternis. Allein, ohne Verfolger!

Lohmar atmete auf. Er schöpfte wieder Hoffnung.

UM 0 UHR 45 setzte auf dem Flughafen Bangkok Don Muang eine Maschine auf, die Kabul am frühen Nachmittag verlassen hatte. Unter den Passagieren befanden sich mehrere Deutsche. Einige von ihnen setzten sich sofort nach der Landung mit der Bangkoker Presse in Verbindung, andere riefen die Station der *Transcontinental* an, um Auskunft zu geben über den Zustand der entführten deutschen Maschine und ihrer Insassen.

So war Stationsleiter Raff die ganze Nacht auf den Beinen; und als sein Telephon endgültig zu schweigen schien, griff er seinerseits danach, ließ sich mit dem *Siam-Intercontinental* verbinden und verlangte Erik Wessmann.

Raff wußte, daß die Kameraleute Sven Arnold und Erik Wessmann dabei waren, außerplanmäßig eine Mordsreportage über die Entführung der JETSTREAM zu drehen. In dieser Story wollte Raff eine möglichst günstige Rolle spielen. So überraschte er in aller Herrgottsfrühe die beiden Fernsehleute und scheuchte sie mit den neuesten Nachrichten aus Kabul aus dem Bett.

„Das beste wäre, wir würden uns mal an Ort und Stelle ein Bild von der Sache machen, wie?“

Auf diesen Vorschlag der beiden hatte Raff gewartet. „Das habe ich schon einkalkuliert; Ihre Tickets nach Kabul liegen bei mir abholbereit. Start: morgen früh um neun!"

Er genoß diese Überraschung selber am meisten. Aber seine Hochstimmung brach zusammen, als er hörte:

„Kabul? Ich glaube nicht, daß das der richtige Zielhafen ist! Da wird Filmverbot sein. Die Entführer sind doch nicht von gestern!"

„Aber ..."

„Wohin wir möchten ist ... Kandahar! Nicht wahr, Sven?"

„Ja", sagte Arnold aus dem Hintergrund, „in Kandahar können wir uns ein Privatflugzeug mieten."

„Aber Kandahar ist ein Militärflugplatz."

„Eben! Dort haben wir eine gute alte Freundin, Anja Serwowitsch, die ist Ausbilderin bei der Luftwaffe. Die stellt uns ihre Do 28 zur Verfügung. Da können wir nach Herzenslust filmen."

„Aber dahin hab ich keine Tickets!" sagte Raff hilflos. „Dahin fliegt niemand!"

„Doch!" korrigierte Wessmann. „Die PAK INTER! Zweimal wöchentlich ab Karatschi. Dahin möchten wir."

„Okay!" seufzte Raff. „Ich besorge Ihnen zwei Tickets."

JACK PATRINELLI schlug zu. Er traf Ralph Osterman hart am Kinn. Danach fühlte er sich erlöst – er hatte sich für eine Ohrfeige gerächt, die er zwischen Bali und Bangkok erhalten hatte.

Ralph wehrte sich nicht. Er wandte sich ab und versuchte, im hinteren Teil des Busses Schutz zu finden.

Aber Patrinellis Schlag hatte nur der allgemeinen Empörung den Weg gebahnt. Während Ralph nach hinten flüchtete, empfing er zahlreiche Kniffe, Püffe und einen gemeinen Tiefschlag in den Magen.

„Verdammter Langhaariger!" schrie einer der Passagiere.

„Jetzt könnten wir auf dem Weg in die Freiheit sein, du Schwein!"

„Dreckiger Hippie!"

Wieder schlug jemand ihm in den Unterleib. Er krümmte sich, und während Ruth ihn mit einem Angstschrei auffing, blickte er voller Verwunderung auf die Gesichter, die ihn haßverzerrt anstarrten.

Plötzlich tauchte Ingrid im schmalen Gang auf. „Wer hat hier geschlagen?"

Stille. Niemand rührte sich.

„Wer hat geschlagen?"

Unerwartet hob Jack Patrinelli seine Hand wie ein verschüchterter Schuljunge. „Ich, Miß!“

„Dich mein ich nicht, Taschenheld! Nach dir – wer war das?“

Aber niemand antwortete mehr. Alle duckten sich möglichst tief in die Sitze. Ingrid tastete sich langsam von Sitzreihe zu Sitzreihe vorwärts und sah jeden mit einem drohenden Blick an. Hannes Radewald zuckte zusammen. Er hatte gekniffen, aber nicht geschlagen. Weiter: Chris De Laer. Er hatte getreten, nicht geschlagen. Ingrid überging auch ihn; sie war längst sicher. Steiner, Weersma: Ingrid zuckte die Schultern. Hinter der Cockpitcrew saßen die Stewardessen, eng zusammengedrängt. Sie griff Vera Merkelsbach an den Schultern und zerrte sie hoch.

„Du hast gemein zugeschlagen, gib's zu!“

„Er hat's verdient!“ flüsterte sie zitternd.

„Ich will dir zeigen, was du selber verdient hast.“ Sie hielt Vera Merkelsbach an der Kehle fest und schlug mit der anderen Hand zu. Vera krümmte sich und ließ sich widerstandslos zurück in den Sitz schleudern.

Professor Gennenburg hatte den ersten Teil der Fahrt gut überstanden, als die Schmerzen begannen.

Sie deuteten sich als ein dumpfer, kaum spürbarer Druck im Unterleib an. Obwohl er es aus Erfahrung längst besser wußte, bemühte er sich verzweifelt, ihn für eine Folge der furchtbaren Schüttelfahrt zu halten. Er saß im ersten Bus, dicht hinter dem Fahrer und Lohmar, inmitten seiner Kollegen, und als der Bus die versandete Staub- und Schlaglöcherpiste zu einem Paß hinaufzurumpeln begann, schob er sich mühsam zurecht, so daß sich sein Unterleib entspannen konnte.

Die aufgehende Sonne fiel schräg von hinten durch die dick verdreckten Scheiben und warf spukhafte Schatten- und Lichtreflexmuster über die karge Gebirgssteppe. Lehmgelbe Ruinen tanzten vorbei. Überreste grünblauer Keramik ... vorbei. Steiler Anstieg über Serpentinen; er warf den Kopf zurück; der Druck hatte sich verstärkt und war nun lokalisierbar. Es gab keinen Zweifel mehr.

Berner, der hinter ihm saß, wurde aufmerksam. „Schwierigkeiten?“

„Das alte verdammte Leiden! Nierensteine!“

„Auwei, da muß was geschehen, nicht?“

„Ich hoffe, es geht vorbei. Es muß vorbeigehen ...“ Aber er wußte, wie alles weiterging. Er zitterte, und der Schweiß quoll in dicken Bächen von seiner Stirn. Er spürte, daß der erste Anfall nicht mehr fern war, und wußte, wie jeder nächste Anfall an Intensität zunehmen würde. Bis jetzt war jedesmal irgendwann ein Arzt angekommen, der immer kurz vor dem totalen Kollaps eine Spritze bereit hatte.

„Was ist mit ihm los?" fragte Lohmar.

„Nierenkolik!" sagte Berner. „Er braucht sofort einen Arzt!"

„Gute Idee!" Lohmar war gereizt und erheitert gleichzeitig. „Wer eine gute Kapazität weiß, soll mir die Adresse geben. Ich fahre sofort hin!"

„Aber er hält das nicht durch!"

„Er wird müssen!"

Gennenburg zuckte zum erstenmal merklich zusammen und stöhnte. Eiskalter Wind fegte durch den Bus. Gebirgshänge tauchten auf, mit schmutzigem Schnee bedeckt. Die krassen Temperaturunterschiede setzten auch den anderen zu.

Der Paß war nichts als eine busbreite Durchfahrt zwischen Felsen. Dahinter dehnte sich ein Plateau mit kargem Strauchwuchs. Der Wind heulte über die Hochebene. Nirgends eine Station oder Unterkunft.

Gennenburg sprang auf und versuchte, durch den schaukelnden Bus zu gehen. Er war leichenblaß und taumelte.

„Legen Sie ihn auf den Boden!" schrie Lohmar die anderen an.

„Bringen Sie ihn zu einem Arzt, sofort!"

Lohmar zuckte die Schultern. „Hier gibt es keinen Arzt!"

„Dann in die nächste Stadt! Er stirbt uns sonst!"

Sie betteten Gennenburg in den Mittelgang, auf Decken, die sie übereinanderstapelten. Er stöhnte jetzt ununterbrochen, preßte die Hände gegen die rechte Nierengegend und schwamm in Schweiß.

„Da sind schon mehr gestorben!" sagte Lohmar. „Das Ganze ist vielleicht ein fauler Trick, wie?"

Berner hatte die rettende Idee. „Sie sollen uns eintauschen, und die größte Kapazität unter Ihren Geiseln liefern Sie tot ab. Ist das nicht Wortbruch?"

Das half. Lohmar verhandelte mit dem Fahrer. Der zuckte die Schultern. Um sie war nichts als Steppe. Eine Schafherde: dickschwänzige Tiere, frisch geschoren.

„Er wird noch durchhalten müssen. Sie sehen, hier gibt es keine Ärzte!"

„Dann fahren Sie doch schneller!" drängte Berner.

Er sah verzweifelt auf den Kranken, dessen Körper sich, geschüttelt von Krämpfen, aufbäumte.

„Gleich sind wir da!“ redete er ihm zu. „Wir fahren auf eine große Stadt zu, und bald gibt ein Arzt Ihnen eine wunderbare Spritze, und Sie spüren nichts mehr, und morgen sind Sie gesund!“

Der Kranke versuchte zu lächeln, aber ein neuer Anfall schüttelte ihn.

Als Berner hinter sich sah, stellte er fest, daß der zweite Bus weit zurückgeblieben war. Er beeilt sich tatsächlich, dachte er, hoffentlich ist nicht alles zu spät.

DIE BEWOHNER der Straßensiedlung umstanden den Bus. Sie trugen Gennenburg auf einer Decke hinaus und lagerten ihn auf einer der geflochtenen Liegen des Straßenrestaurants. Ein junger Afghane sprang auf sein verrostetes Rad, um den Arzt zu holen. Gennenburg war halb bewußtlos vor Schmerzen.

Lohmar trieb sie zurück in den Bus; und als sie abfuhren, tauchte der nachfolgende am Ortseingang auf. Noch so ein Zwischenfall, dachte er wütend, und ich erschieße sie alle eigenhändig!

Stunde für Stunde kroch die Buskarawane von Tal zu Tal, von Schlucht zu Schlucht, von Hochplateau zu Hochplateau. Gelegentlich kam die Kolonne zum Stehen – in einer Schlucht aus rotem Sandstein oder auf einer versteppten Bergebene. Gewaltige Männer, die die Enden ihrer langen Turbane gegen den Staub um ihr Gesicht geschlungen hatten, tauchten auf, wechselten Worte, zeigten mit langen, knochigen Händen in die Ferne, verschwanden dann wieder oder wechselten mit den Fahrern die Plätze.

Lohmar mischte sich von Stop zu Stop unsicherer und überflüssiger in die undurchschaubaren Vorgänge. Er versuchte krampfhaft, sie unter Kontrolle zu halten. Einmal fuhr er einen der Fahrer an, weil er den Lautstärkeregler für die Radios zu leise gedreht hatte. Die einzige wichtige Nachricht war bisher ein Aufruf des deutschen Botschafters an die Entführer gewesen, keine unüberlegten Schritte zu tun, er erwarte in Kürze eine wichtige Nachricht aus Deutschland, die alle zufriedenstellen werde.

Bei solchen Stops neigten die Fahrer stets dazu, ihre Ruhezeiten über die äußerste Notwendigkeit auszudehnen, sich ins warme Gras niederzulassen, sich auf einem rasch entzündeten Feuer eine Tasse *Chai* zu bereiten und über die Neuigkeiten der Welt zu plaudern.

Lohmar erschien stets, um sie anzutreiben. „Himmel, die machen mir mehr Schwierigkeiten als unsere Geiseln", sagte er einmal aufseufzend zu dem Bären.

Aber selbst dieser reagierte ungewöhnlich für seine Mentalität. „Es ist verdammt heiß und dreckig hier, Boß!"

Und diese schlichte Feststellung kam bei ihm schon fast einer Meuterei gleich, dachte Lohmar wutentbrannt. Er hatte gemerkt, daß auch die beiden Mädchen langsam in ihrer Energie nachließen. Sie sehnten sich nach ihrem Ziel, als warte dort ein Intercontinental-Hotel auf sie.

Einmal kam Ralph Osterman aus dem stinkenden, lehm- und staubverkrusteten Bus gekrochen, um unter Ingrids Geleit seine Wunden an einem Bach auszuwaschen. Irgend jemand hatte ihm während der Dunkelheit mit einem hölzernen Gegenstand über Beine und Schenkel geschlagen. Er wußte nicht, wer es gewesen war, und es war ihm auch gleichgültig. Ruth, die selbst beschimpft und bespuckt worden war, meinte, am Morgen habe eine Gestalt, die De Laer oder Radewald ähnlich sah, einen Baumast aus dem Fenster geworfen.

Irgendwann, irgendwo während einer Mittagsrast saßen Karen und Bronn zusammen.

„Ein herrliches Land!" sagte Bronn.

„Sie waren hier schon, wissen Sie nicht, wohin es geht?"

„Ich habe eine Vermutung, aber die behalte ich für mich. Vorläufig. Ich weiß nur, was jeder wissen kann: die allgemeine Richtung scheint, trotz aller Richtungswechsel, Westnordwest zu sein. Wir nähern uns dem Shibarpaß – die einzige Möglichkeit, über das Gebirge nach Westen zu gelangen."

„Ich habe manchmal den Eindruck: Sie genießen die Reise, trotz allem."

„Sie auch, geben Sie es nur zu, Karen."

„Ich weiß nicht ... Einerseits habe ich Angst. Andererseits: es ist phantastisch! So etwas bekomme ich kein zweites Mal geboten!"

„Wir beiden sind die einzigen, die so denken!" Bronn lachte laut auf.

... Anfahren, jähes Stoppen, durchjagte Kurven, die sie wie leblose Gegenstände durcheinanderschüttelten ... Abrutschen auf steiler Schotterstraße, gefährliches Schwanken der Karosserie ... Frau Radewald hatte es längst aufgegeben, sich einen festen Halt zu verschaffen. Sie wußte nicht einmal, ob sich ihr Mann noch neben ihr befand.

Sie ließ sich in den Schlaglöchern schleudern, wohin die unberechenbaren Kräfte wollten. Gelegentlich, wenn sie aufschrak, wurde sie sich bewußt, daß sie lautlos vor sich hinweinte, daß ihr Körper voller blauer Flecken und Blutergüsse sein mußte.

... Bremsenkreischen. Türenknallen, unverständliches Eingeborenengeschrei, Vorwärtsholpern im Schrittempo, Türenknallen, weiter ... Rasende Fahrt vorbei an Abgründen, Finsternissen, Öllampen, die in einsamen Zelten flackerten ... Steiner saß ganz vorn hinter Lohmar, der den Bus gewechselt hatte, unnatürlich steif, wie eine Holzpuppe. Es war jene Haltung, die Kollegen als seine „Langstrekkenhaltung“ bezeichneten. Sie meinten, er könne länger so ausharren, als der Treibstoff ausreiche.

Mit seinen Leidensgenossen ausharren, sie nicht im Stich lassen, darin lag seine Stärke. Er wurde sich ihrer bewußt, je mehr er sich zum Mönch hingedrängt fühlte. Seine stoische Art, die Dinge zu nehmen, faszinierte ihn. Sich einen Innenraum zu schaffen, der nur einem selber gehörte, zu dem auch der blutrünstigste Verbrecher mit den drohendsten Waffen keinen Zugang hatte ... Er sah keinen Anlaß mehr zur Aktivität. Diese Haltung war ihm von seinen Vorgesetzten lange genug eingeimpft worden: keinen Widerstand leisten, lautete die Parole, nichts unternehmen, was die Passagiere gefährden könnte ... Der wagemutige Pilot, der durch seinen Handkantenschlag einen Flugzeugentführer unschädlich gemacht und die Passagiere vor der Entführung bewahrt hatte, würde nach der Landung fristlos entlassen werden. Weil er sich auf ein Risiko eingelassen hatte, das genauso anders hätte ausgehen können. Er ließ sich auf nichts ein; er versuchte lediglich, durch seine Haltung Vorbild zu sein.

Im Scheinwerferlicht tauchte eine Barriere auf. Sie hatten schon viele passiert; und jede hatte sich bisher rechtzeitg geöffnet. Diese aber blieb geschlossen. Die Busse standen jetzt eng hintereinander, die Motoren schnauften wie aufgebrachte Stiere. Die Fahrer blinkten nervös mit dem Fernlicht. Die Schranken öffneten sich nicht.

Lohmar sprang hinaus. Der Bär sicherte mit angelegter Maschinenpistole. Im Lichtkegel tauchte eine uniformierte Gestalt auf. Der Afghane, in einer schmutzigbraunen verschlissenen Uniform, näherte sich zögernd.

Lohmar durchschaute nicht, was hier schiefgegangen war. Er winkte seine afghanischen Helfer heran. Sie begannen auf urdu auf den Schrankenwärter einzureden. Während der lautstarken Diskussion wurden weitere uniformierte Beamte im Halbdunkel hinter der Zöllnerbaracke sichtbar. Lohmar blickte nervös um sich. Hier tauchten Hindernisse auf, die nicht rechtzeitig beseitigt worden waren. Er sah prüfend zum Bären hinauf, der war bereit.

„Einsteigen!" befahl Lohmar. „Und Vollgas hindurch!" Er hatte die Zerbrechlichkeit der verrotteten Schranken erkannt.

Lohmar war der letzte, der aufsprang. Mit entsicherter Pistole blieb er auf dem Trittbrett stehen. Der Bär hing über ihm, wie ein Sandsack, aber schußbereit. Der Fahrer fuhr an. Gleichzeitig bellte ein Maschinengewehr auf. Es mußte im Dunkel hinter der Zollbaracke versteckt gehalten worden sein. Durch die Busse jagte ein Entsetzensschrei. Wer reaktionsfähig war, warf sich unter die Sitze.

Lohmar umklammerte mit beiden Händen die Pistole und feuerte. Der Ruck des anfahrenden Busses warf ihn vom Trittbrett. Plötzlich lag er auf dem Bauch, die Pistole schon wieder schußbereit, und feuerte, feuerte. Die Barackenwand splitterte. Er sah die roten Rücklichter des letzten Busses durch die zersplitterten Schlagbäume holpern.

Niemand erwiderte mehr seine Schüsse.

Nur der Bär feuerte noch immer durch die Nacht.

Er erkannte zwei zusammengesunkene Gestalten an der Barackenwand. Blutbefleckt. Regungslos. Er klopfte den Dreck von seinem Anzug und erhob sich.

Der letzte Bus stoppte. Lohmar sprang auf.

„Alles in Ordnung?" fragte er.

Ingrid nickte.

Die Fahrzeuge holperten weiter. Die Schluchten waren finsterer denn je. Bergzinnen wischten den Mond aus wie mit riesigen Zeigefingern.

Als die Karawane anderthalb Tage nach der Abfahrt endgültig zum Stillstand kam, bot das Innere der Fahrzeuge ein Bild des Chaos. Erschöpfte Gestalten taumelten über den roten Staubboden, über dem sich die bleierne Schwere des Himmels wölbte. Reflexhaft suchte jeder von ihnen Halt an den gewaltigen Felsbrocken des Berghangs. Nach sechsunddreißig Stunden Pistenfahrt war ihr Gleichgewichtssinn gestört, ihre physische Kraft vernichtet.

Aber Lohmar gönnte dem chaotischen Menschenhaufen noch keine Ruhe. Er ließ alle den Steilhang hinauftreiben, und ihm selbst bereitete der mühsame Aufstieg nicht weniger Qual als seinen Opfern. Er wußte, daß er sich in eine Sackgasse manövriert hatte, aus der es kein Entrinnen gab. Es sei denn, DIE BOTSCHAFT käme endlich aus dem Radio. Er wußte, daß er erledigt war, wenn DIE BOTSCHAFT nicht kam. Aber er war fest entschlossen, niemanden davonkommen zu lassen, wenn er nicht selber davonkam. Und davonkommen hieß für ihn: Erfolg haben.

Die Karawane war auf einem sandigen Hochplateau zum Stillstand gekommen. Von ihm hob sich ein einzelner gewaltiger Berg Hunderte von Metern empor. Unterhalb des Plateaus dehnte sich eines der wunderbarsten Täler der Welt, frühlingsgrün, von Bewässerungskanälen durchzogen, begrenzt durch die rotglühenden Grate der Wüstengebirgsketten: das Bamiyantal.

Der Berg, den die armselige Menschenkarawane hinaufgetrieben wurde, hieß *Die Zitadelle* und trug die Überreste einer der blühendsten Städte des ersten Jahrtausends. Von ihrem Gipfel hatte man einen phantastischen Ausblick auf das gegenüberliegende Bergmassiv, in das frühe Buddhistenmönche Tausende von Zellenhöhlen geschlagen hatten.

Die Gruppe fand dicht unter dem höchsten Trümmergipfel ihre Lagerstätte. Hier heulte der Wind kühl und heftig und linderte die Hitze. Der Blick auf das Tal wurde durch ein hochaufragendes Wandmassiv verdeckt, das gleichzeitig jede Fluchtmöglichkeit ausschloß. Der einzige Zu- und Ausgang war der Bergpfad, über den sie gezogen waren. Halbschalenförmig abgeriegelt, konnte das Plateau von der Größe eines Vorstadtkinosaals durch einen einzelnen Posten unter Kontrolle gehalten werden.

Steiner mußte Lohmar bescheinigen, daß die Wahl dieses Rückzugortes genial war. Er sah keine Chance, zu entkommen, es sei denn durch eine entsprechende Nachricht aus Deutschland. Er stellte sich vor, wie gerade jetzt in einem Deutschland voller Frühlingsstimmung Ausschüsse gegründet, Zuständigkeiten geprüft wurden, mit echt deutscher Gründlichkeit überwiesen und rückverwiesen, vorgeprüft und nachgeprüft wurde, während im tiefsten Innern Afghanistans eine Handvoll Menschen langsam, aber sicher vor die Hunde ging.

Obwohl Karen am Ende ihrer Kräfte war, quälte sie sich noch einmal durch die Reihen, ehe sie sich selbst zur Ruhe legte. Verzweifelt bemühte sie sich, hinter den stumpfen, ausdruckslosen Gesichtern wieder die Aufgeschlossenheit ihrer einstigen Passagiere zu entdecken.

Radewald hatte gesagt: Wenn Sie knapp sind mit dem Essen, wir treten gern zurück, wir wissen, wie das ist, meine Frau und ich. Bei der letzten Verteilung von Reis und Huhn hatte er brutal drei Japaner beiseite geprügelt. Die Nahrung kam in einem grauen Behälter von der Größe und Form eines Mülleimers, und da jeder nur einen Teller pro Tag erhielt, hatte bald das Thema Hunger alle Gespräche und Gedanken beherrscht.

Neben ihm hockte Patrinelli. Er hatte sich einfach gegen einen Trümmerbrocken sacken lassen, der die Form einer verwitterten Minipagode hatte. Patrinelli hatte sich in der letzten Nacht über Ralph Osterman hergemacht. Er hatte ihn so lange verprügelt, bis Bronn eingegriffen und Patrinelli zu Boden gezwungen hatte.

Karen wandte sich ihren Kolleginnen zu. Mit Ausnahme der offenen Feindschaft Vera Merkelsbachs hatte sie sich über Hilfsbereitschaft und Zusammenarbeit nicht beklagen können. Jetzt lagen sie alle eng um Kay Sanders zusammengeschart, wie hilflose Kinder, die Schutz suchten.

Sie warf einen beunruhigten Blick auf De Laer. Er war körperlich am übelsten dran; der Schlag Lohmars zeigte schlimme Nachwirkungen, und er brauchte dringend ärztliche Hilfe. Von Chris De Laer war nichts als ein Häufchen Haß übriggeblieben; bei den geringfügigsten Anlässen brach er in eine Flut von Schimpfworten aus.

Der einzige, der immer noch hellwach, ohne eine Spur von Erschöpfung, dasaß, war Phra Maha Chai. Er hatte sich an den äußersten Rand des Plateaus gehockt und starrte mit verklärten Augen auf das Tal und die beiden gewaltigen Buddhastatuen, die an beiden Seiten den Höhlenkomplex abschlossen.

„Davon habe ich immer geträumt!“ sagte er sanft und glücklich. „Es ist der wunderbarste Tag meines Lebens!“

Seine Worte senkten sich mild wie Honig in sie. Sie fühlte eine große, friedliche Mattigkeit über sich kommen, und statt der Gruppe der Wissenschaftler einen Besuch abzustatten, sank sie neben Steiner nieder und fiel sofort in einen tiefen, traumlosen Schlaf.

KAREN schrak hoch: Wind heulte um die Felsen; und irgendwo brach Gestein auseinander und rollte einen Hang hinunter. Sie bewegte die Zunge durch den ausgedörrten Mund: Staub knirschte zwischen den Zähnen. Staub war seit Tagen überall: in der Kleidung, in den Decken, in den Poren, in der Nahrung.

Sie zuckte zusammen. Aus dem Halbdunkel neben ihr starrte sie eine Gestalt an. Der Mann kroch näher, und sie erkannte Bronn.

„Karen ..." Er griff ihren Arm. „Ich muß Ihnen was Wichtiges sagen! Habe ich Ihnen eigentlich erzählt, daß ich schon in Afghanistan war?"

„Ich glaube, ja! Wie spät ist es eigentlich?"

„Gerade erst Mitternacht! Wir haben noch etwa fünf Stunden Zeit!"

„Wozu Zeit?"

„Lohmar wird uns niedermachen. Er hat schon wieder sein verdammtes Dynamit anbringen lassen, und ihm gehen die Nerven durch. Das einzige, was ihm bleibt, ist ein hübsches Feuerwerk zum Abschluß. Er jagt sich selber mit in die Luft. Ich kenne diese Typen."

„Sie meinen, die Zeit bis dahin sollten wir auf angenehme Weise überbrücken?"

„Oh, verdammt, Karen, jetzt hören Sie zu! Ich war hier schon mal! Hier, auf diesem Plateau! Ich kenne hier jeden Stein!"

„Und? Was bringt uns das?"

„Eine ganze Menge. Die Freiheit!"

Karen starrte Bronn mit großen Augen an. „Die Freiheit? Welche Freiheit?"

„Unsere. Deine. Meine!"

„Sie meinen: Weil Sie hier schon mal gewesen sind, wissen Sie eine ... Fluchtmöglichkeit?"

„Ja, Karen. Und eine sichere! Hör zu!"

Karen richtete sich auf den Ellbogen auf. „Könnten wir alle fliehen?"

„Nein, Karen, alle nicht. Aber drei oder vier ... Die könnten Rettung holen!"

„Rettung? Von wem? Jeder in Kabul wußte, was los war. Wer hat uns geholfen? War doch gar nicht möglich!"

„Nein! Aber hier wäre es möglich! Auf dem gleichen Weg, den wir zur Flucht benutzen, könnte Hilfe aufs Plateau geschafft werden. Ein paar Bewaffnete würden genügen."

„Und wie wollen Sie fliehen?"

„Hör zu, Karen!" Bronn beugte sich vor. „Die Wand hinter uns sieht wie festgefügt aus, ohne Spalten und Höhlen. Aber der Eindruck täuscht. Zwei Meter neben dir, dort, wo die Radewalds schlafen, dieses Felsmassiv dort, ja ... Wenn du auf den untersten mannshohen Brocken kletterst und von dort auf den nächsten, nur noch halb so hohen ... dahinter ist ein Durchschlupf. Der dritte Stein, der diesen Spalt verbirgt, läßt sich leicht beiseite schieben. Man muß es wissen ... sonst findet man diesen Ausgang nie."

„Wie sieht die andere Seite aus?"

„Ein steiler Serpentinenpfad führt bis ins Tal. Das Tal östlich der Zitadelle besteht aus Wüste, aber wenn wir uns dort nach Norden wenden, stoßen wir auf die große Straße, auf der wir hierhergelangt sind."

„Wo würdest du ... würden wir Hilfe holen?"

„In einer der Siedlungen im Bamiyantal. Wir müßten einen Polizeiposten erwischen ..."

„Wie wollen wir uns verständigen?"

„Du hast recht. Aber es ist unsere letzte Chance. Spätestens übermorgen dreht Lohmar durch, wenn keine Nachricht eintrifft."

„Vielleicht haben wir Glück. Wir brauchen einfach Glück."

„Mit vier, fünf bewaffneten Leuten", fuhr Bronn fort, „ist alles ein Kinderspiel. Sie können unbemerkt bis auf wenige Meter an dieses Plateau heran. Sie erscheinen plötzlich im Durchgang und richten ihre Waffen direkt auf unsere Bewacher. Ehe einer von ihnen schießt, sind sie schon erledigt."

„Es ist die einzige Chance, wie?"

„Ja. Und die einzige Chance ist diese Nacht, diese mondlose, stürmische Nacht. Bei Mondschein werden wir sofort entdeckt. Bei Windstille ebenfalls. Wir müssen los, sofort!"

„Wer ist wir?"

„Drei, vier zuverlässige Leute. Mehr nicht."

„Warum nicht alle?"

„Die Geiseln liegen so dicht an den Bewachern, daß ihr Aufbruch bemerkt wird. Und stell dir diese Riesenmenschenkarawane vor, die durch die Wüste zieht morgen früh. Drei, vier Leute können sich leicht verstecken."

„Das leuchtet ein. Warum erzählst du mir das eigentlich, Robert?"

Es war das erste Mal, daß sie ihn eindeutig duzte; und er streichelte kurz ihr Haar. „Weil du am besten weißt, wer in Frage kommt."

„War das der einzige Grund?"

„Okay, ich möchte dich dabei haben. Ich möchte dich nicht zurücklassen!"

„Es wird strapaziös werden, nicht?"

„Könnte ..."

„Gut! Wir nehmen Steiner mit."

„Selbstverständlich. Mach ihn wach!"

„Nein, erst wollen wir alle Teilnehmer festlegen. Dann erzählen wir allen gleichzeitig unseren Plan. Ich schlage dazu noch Weersma vor, den Kopiloten."

Bronn wiegte bedenklich den Kopf. „Auf die Moral der Passagiere macht das keinen guten Eindruck, wenn sich die halbe Besatzung aus dem Staub macht."

„Weersma ist aber sehr gut. Und auf die Moral können wir jetzt keine Rücksicht mehr nehmen. Wenn alles klappt, sind alle schon morgen mittag frei. So lange werden sie verdammt noch mal durchhalten müssen!"

„Himmel, Karen, du bist energisch wie ..."

„Wie ein Flintenweib. Also Weersma. Das wären schon vier."

„Ja, das reicht! Mach sie wach!"

Steiner war bereits durch Karens letzte Worte aufgeschreckt worden, und Weersma robbte sich lautlos an die Gruppe heran. Er war sofort Feuer und Flamme, noch bevor Bronn ausgesprochen hatte. Nur Steiner schwieg.

„Alles klar?" fragte Karen.

„Bis auf mich!" sagte Steiner. „Ich komme nicht mit!"

„Aber ... Sind Sie gegen den Plan?" Karen sah ihn ratlos an.

„Ich bin für den Plan. Ich finde ihn hervorragend. Aber ich komme nicht mit! Ich bin für die Passagiere verantwortlich; ich muß bei ihnen bleiben!"

„Wen schlagen Sie an Ihrer Stelle vor?" fragte Bronn.

Die Antwort verschlug allen die Sprache. „Jack Patrinelli!"

„Das ist keine sehr günstige Lösung", zögerte Bronn. „Wir beide hatten gewisse Differenzen ..."

„Ich halte Patrinelli für eine sehr günstige Lösung!" sagte Steiner. „Er ist im Krieg gewesen und hat eine harte Ausbildung hinter sich – das hat er mir im Bus erzählt. Er weiß, wie man in der Wüste überlebt. Er hat vier Wochen in der Sonorawüste verbracht, an der mexikanischen Grenze."

„Wir haben nicht vor, uns lange in der Wüste aufzuhalten!" sagte Karen.

„Captain Steiner hat recht!" sagte Weersma.

„Also gut", sagte Bronn, „wecken wir ihn ..."

... Und zehn Minuten später brach die Gruppe auf. Bronn bestieg als erster den untersten Felsen, reichte Karen die Hand, tastete sich weiter, fand den Durchschlupf ... Als sie alle hindurch waren, schob er Stein um Stein zurück, verwischte Spuren ... dann lag, während sie sich gegen die Felswand drückten, die Tiefe, die Freiheit vor ihnen.

Lohmar schleuderte eines der Transistorgeräte gegen die Felsen. Im Flackern der Öllampe trieb eine rote Staubwolke vorüber.

„An alles hat der große Könner gedacht!“ spottete Inger. „Und was die Auswahl dieses Ortes betrifft – da mach ich dir unser uneingeschränktes Kompliment.“

„Aber er hat vergessen, an diesen hochgelobten Ort Ersatzbatterien mitzunehmen!“ ergänzte Ingrid. „Und jetzt sind ihm seine sämtlichen Geräte an Unterernährung eingegangen!“

„Wenn dieses Unternehmen scheitern sollte, dann nur, weil ich mich verdammt um jede Lappalie selber kümmern mußte!“ tobte Lohmar. „Hätte keiner von euch mal an so was Simples wie Radiobatterien denken können?“

„Morgen früh werden wir einen von deinen einheimischen Gorillas in das Kaff da unten hinunterschicken!“ versprach Inger.

Lohmar zuckte zusammen. „Was war das?“

„Der Wind!“ beruhigte Ingrid. „Alles unter Kontrolle! Hier kommt niemand vorbei. Schlage vor, wir hauen uns hin!“

Ehe Lohmar sich schlafen legte, inspizierte er die Posten am Ausgang des Plateaus.

„Sie sind alle hinüber!“ brummte der Bär und schrak auf.

„Du vor allem!“ murrte Lohmar. „Morgen früh lösen dich die Mädchen ab.“ Er trottete zurück und warf sich auf seine Decken. Er starrte in den finsteren Himmel, bis ihn der Schlaf übermannte.

10

Abstieg: eiskalter Wind umwirbelte sie. Staubwolken nahmen ihnen den Atem. Jetzt waren sie zum erstenmal der ganzen Gewalt des nächtlichen Nordostwindes preisgegeben.

„Er treibt aus dem Hindukusch heran!“ erläuterte Bronn. „Und er bringt die Gletscherkälte des Pamirs mit sich. Unten in der Wüste steigt die Temperatur.“

Karen, dicht hinter Bronn, fror; in der nächsten Minute, bei der geringsten Anspannung, brach ihr der Schweiß aus. Ich schaffe es nicht, dachte sie plötzlich voller Panik. Ich habe mir zuviel zugetraut.

„Wir sind rascher unten, als ich angenommen habe!“ ließ sich Bronn plötzlich hören.

„Es ist noch immer stockfinster!“ rief Patrinelli gegen den Wind an. „Was jetzt?“

Sie drängten sich unter einer Felswand zusammen. Der Wind war wärmer und wärmer geworden; jetzt war die Temperatur angenehm.

„Schlage vor, wir warten hier, bis es hell wird!“ sagte Weersma.

„Damit verlieren wir kostbare Zeit!“ – Bronn.

Patrinelli wischte sich den Staub aus dem Mund und wandte sich an Bronn: „Wenn du so sicher bist, daß die Straße mit den Siedlungen nördlich der Zitadelle liegt ... wir sind an der Ostseite abgestiegen ... also brauchten wir uns jetzt nur nach links zu wenden. Irgendwann stoßen wir dann auf die Straße!“

Bronn schüttelte den Kopf. „Wer garantiert uns, daß unser Abstiegspfad nach Osten in die Ebene mündet? Wir sind in Serpentinen abgestiegen. Es kann sein, daß wir jetzt gerade nach Süden blicken statt nach Osten.“

„Es gibt eine einfache Methode, die Richtung festzustellen“, sagte Patrinelli. „Der Wind kommt aus Nordnordost. Also: gehen wir doch etwas schräg gegen den Wind an, mit leichter Linksdrift. Da ist Norden!“

Die Gruppe setzte sich in Bewegung. Jetzt, unten in der Ebene, war der Wind erträglich. Nur der Sandgehalt der Luft nahm zu, unmerklich zunächst, bis sie mehr und öfter schlucken und spucken mußten. Patrinelli ging voran. Man konnte knapp zehn Meter weit sehen, keine Spur von Helligkeit am Himmel.

Bronn blieb mehr und mehr zurück, bis er endlich am Schluß ging.

„Probleme?“ fragte Weersma vor ihm.

„Eine ganze Wüste voll!“

Sie hielten an. Patrinelli sah sich zweifelnd um und begann, Steinchen mit dem Fuß zu treten.

„Ist was, Leute?“

„Ich schlage vor, wir warten den Sonnenaufgang ab!“ sagte Bronn energisch.

„Laut Gegenwind gehen wir genau nach Norden!“ versicherte Karen.

„Falls er noch immer aus Nordnordost bläst!" sagte Bronn.

„Warum sollte er nicht?" – Weersma.

„Weil er wesentlich wärmer ist als oben am Hang!"

„Du hast doch selber gesagt . . . daß der Wind unten in der Wüste wärmer ist als oben am Hang?"

„Ja, aber er kann in der Wüste auch seine Richtung ändern. Deshalb sollten wir die Helligkeit abwarten."

Karen und Weersma sahen sich zweifelnd an, aber Patrinelli entschied: „Da hast du recht, Mann! Lokalwinde aufgrund von örtlichen Erwärmungsverhältnissen haben nichts mit der allgemeinen Windrichtung zu tun. Wir warten, bis der Kegel der Zitadelle im Morgendämmer auftaucht. Daran orientieren wir uns!"

Sie hockten sich auf den Boden. Die Wüste war felsig, aber mit einer dicken Sandschicht überzogen, und es gab Steinbrocken genug, gegen die man sich lehnen konnte. Als sie alle saßen, fiel die Stille über sie.

Karen rückte dichter an Bronn, und Bronn legte den Arm um sie. Sie hockten einfach so beisammen, fast selber wie Steine – regungslos und stumm. Grau und rissig.

Patrinelli war der erste, der unruhig wurde. Öfter und öfter sah er auf seine Uhr. Bald tat es Bronn ihm nach.

„Versteh ich nicht, Leute", brach Patrinelli die Stille. „Es hätte längst hell sein müssen. Wie spät hast du es, Junge?"

Er meinte Bronn.

„Halb sechs! Und du?"

„Achtundzwanzig vor sechs. Vielleicht noch kein Sonnenaufgang – aber es müßte hell werden. Heller!"

„Gestern morgen war es um fünf schon hell", meinte Bronn.

„Aber gestern morgen", zögerte Weersma, „hatten wir blauen Himmel. Heute ist es bewölkt!"

„Trotzdem!" beharrte Bronn. „Irgendwas stimmt da nicht. Es müßte wenigstens eine Spur von Helligkeit dasein."

Karen reckte ihren Hals. „Man sieht jetzt weiter als vor einer Stunde, am Hang."

„Irgendwann muß es hell werden!" meinte Weersma. „Dann werden wir die Zitadelle sehen. Dann werden wir wissen, wo Norden ist."

Sie sanken wieder in sich zusammen. Nur Karen schreckte sie noch einmal hoch.

„Angenommen, der Wind hier unten weht gar nicht aus Nordnordost. Sondern, sagen wir: aus Süden. Was dann?"

„Dann wären wir bisher weit, weit nach Osten gegangen, statt nach Norden."

„Da gibt es doch auch Siedlungen. Oder?"

„Im Osten und Süden", sagte Bronn nachdenklich, „gibt es nur Wüste. Zumindest für die nächsten fünfhundert Kilometer."

„Ein widerliches Volk von Schweinen!" tobte Lohmar. „Von Verrätern! Von Scheinheiligen! Und wir haben euch mit Samthandschuhen angefaßt!" Er stapfte wütend vor der Front der Aufgescheuchten und zusammengetriebenen Menschen auf und ab. „Damit ihr endlich kapiert: wir meinen es ernst! Wir sind zu tolerant gewesen! Das hört jetzt auf! Vier von euch haben mein Vertrauen mißbraucht! Diese elenden Feiglinge!" Er wandte sich an Steiner, der mit offenem Hemd und grau verstaubter Uniformhose blaß und gefaßt dastand. „Eine feine Crew haben Sie uns da mitgebracht, Captain! Erstklassiges Personal. Läßt bei der erstbesten Gelegenheit ihre Passagiere im Stich! Türmt! Jetzt können Ihre Passagiere sehen, wie sie klarkommen! Jetzt wird alles anders! Ich gebe euch zwei Stunden Zeit. Zwei Stunden – dann habe ich von euch erfahren, was passiert ist! Wir sitzen dort hinter dem Felsen! War bis um zehn Uhr niemand da, dann erledige ich die ersten beiden." Er machte eine unzweideutige Bewegung mit seiner Pistole.

Er zog sich mit den beiden Schwedinnen zurück, während der Bär mit seiner MP alle wieder auseinanderscheuchte.

„Diese Schweine!" sagte Lohmar zu den Mädchen. Aber er meinte jetzt nicht die Passagiere, er meinte seine afghanischen Helfer. „Sie müssen gepennt haben, die ganze Nacht, und die Leute sind einfach an ihnen vorbei!"

„Laß sie doch!" grinste Inger. „Sie sind bald erledigt, bei der Hitze!"

„Der Mann mit den Batterien ist auch noch nicht zurück!" Lohmar hatte gar nicht zugehört. „Vielleicht sind meine Bedingungen längst akzeptiert. Und ich schlag mich hier mit einem Haufen von Idioten rum!" Er knallte wütend seine Waffe auf sein Lager.

„JETZT sieht man mindestens hundert Meter weit!" sagte Karen plötzlich.

Sie schraken auf. Sie waren eingedöst; die Erschöpfung der letzten Tage machte sich bemerkbar.

„Es ist ja auch schon halb acht!" schränkte Bronn sofort ein.

„Ja", stellte Weersma fest, „wir haben längst hellen Tag, aber der helle Tag ist verdammt dunkel!"

Alle rieben sich Sand aus Augen, Ohren und Nase. Als sie sich erhoben, rieselte er rötlich an ihren Kleidern hinab.

„Himmel unsichtbar, nichts als Sand um uns!" sagte Patrinelli lakonisch. „Da sind wir in einen Wetterumbruch hineingeraten!"

„Was jetzt?" fragte Karen und sah angstvoll abwechselnd Bronn und Patrinelli an.

Patrinelli kratzte mit einem Stein eine Windrose in den Sand. „Ich male die vier Himmelsrichtungen auf. Die stimmen natürlich nicht, das macht aber nichts. Jeder schreibt jetzt auf einen Zettel auf, wo er glaubt, daß die Sonne steht. Dabei nimmt er die Windrose als Bezugspunkt. Ich bin nämlich der Meinung: man kann durchaus Unterschiede in der Helligkeit ausmachen ... Aber ich weiß aus Erfahrung, wie der eine den andern beeinflussen kann. Deshalb schreibt jeder für sich, was er glaubt. Wir richten uns dann nach den meisten Stimmen. Denn die Sonne steht jetzt im Osten, und wenn wir nach Norden wollen ... dann gehn wir um neunzig Grad nach links. Und schon, halleluja, stoßen wir auf die Straße!"

Weersma hatte schon den Kugelschreiber aus seiner Hemdtasche gezückt und einen alten Notizzettel in vier Teile gerissen.

Jetzt liefen sie alle mit zusammengekniffenen Augen im Kreis durcheinander. Patrinelli war der erste, der den Kugelschreiber verlangte, Karen die letzte.

Patrinelli verlas die Ergebnisse. Sie lauteten: zwei für Osten, eins für Süden, eins für Westen.

„Na, wenigstens ein Mehrheitsbeschluß!" sagte Bronn sofort. „Drehen wir uns also um neunzig Grad und gehen nordwärts!"

Sie setzten sich in Bewegung. Sie stapften vorwärts, die Spannung auf die nächsten hundert Meter trieb sie rascher an, als ihre Kräfte erlaubten. Die Luft war heiß und feucht, trotzdem konnte man sie ertragen bis zur Straße. Vor ihnen tauchten schwarze Schatten auf.

„Hütten!" sagte Bronn.

Aber es waren nur dünne, laublose Strauchhecken.

Ein Schemen ging auf Lohmars Lager zu. Die beiden Afghanen, die auf den heißen Steinen gedöst hatten, hoben ihre MP. Aber die Gestalt winkte nervös mit der erhobenen Rechten, und Lohmar nickte den beiden Posten flüchtig zu: Durchlaß gewährt.

„So!“ sagte er lobend und musterte das Mädchen. „Endlich eine Mutige in einem Haufen erbärmlicher Feiglinge! Noch eine halbe Stunde, und ich hätte die ersten beiden erschießen lassen!“

Vor ihm stand Vera Merkelsbach. „Ich habe mit der Flucht nichts zu tun!“ wehrte sie zitternd ab. „Ich weiß aber jemand, der etwas wissen könnte!“

„Wer soll das sein?“

Sie sah hinter sich, als werde sie verfolgt. „Steiner muß wissen, wohin Karen und die anderen verschwunden sind. Sie müssen sich vorher abgesprochen haben!“

„Also gut, wenn du meinst ...“

Er scheuchte das Mädchen verächtlich fort. „Da werde ich mir also mal den Steiner vorknöpfen!“ sagte er. „Hol ihn mal her, Ingrid!“

Sie kämpften sich weiter gegen den Wind vorwärts. Jeder stapfte jetzt verbissen vor sich hin, eingekapselt in seiner eigenen Welt aus Staub, Hitze und Ermattung.

Sie stießen auf eine geringfügige Abwechslung des Bodens, die wie eine Sensation wirkte: eine leere Bachfurt. Geröll, mitgeschleifte Äste, die in einem Kokon von hartem, rissigem Lehm dahinbleichten. Eine Plastikflasche.

Eine Plastikflasche, dachte Bronn krampfhaft. Aber die kann vor Jahren mitgeschleift worden sein!

„Immerhin!“ meinte Patrinelli. „Wir wissen jetzt, wo das Gebirge ist. Daher kommt der Bach natürlich!“

Sie überlegten, ob sie dem Bett folgen sollten, stellten aber fest, daß der Boden voller Hindernisse war, überquerten es und gingen geradeaus weiter.

Der Boden wurde unebener, rauher und zerklüfteter. Gelegentlich mußten sie springen, größere Geröllformationen umgehen. Karen stürzte und raffte sich auf, als sei der Boden eine Kochplatte. Bronn stürzte sofort auf sie zu.

„Ernst?“

„Nichts!“ Aber sie hinkte leicht.

Auch Bronn begann, den einen Fuß nachzuziehen, Haut aufgescheuert, kommentierte er vor sich hin.

Ihre Kleider klebten heiß, feucht und dampfend am Körper.

Ihre Uhren zeigten fünfzehn Uhr, als Karen leise vor sich hinmurmelte: „Durst. Und nichts zu trinken . . .“

„Ich sehe Jurten!“ Weersma. Aber es waren Kameldornsträucher, baumhoch.

Karen humpelte jetzt eindeutig. Patrinellis Gesicht sah am verheerendsten aus: blaßgrün, rissig, entzündete, offene Stellen an den Mundwinkeln. Weersmas Schläfen klopften rasend. Obwohl er der Jüngste war, versagten seine Glieder am raschesten. Seine Gelenke schmerzten. Er fürchtete sich vor jedem Halt, er kam einfach nicht mehr in Gang. Die Sohlen brannten. Seltsamerweise wurde auch sein Zahnfleisch wund!

Gegen siebzehn Uhr murmelte Weersma: „Es hat keinen Zweck. Wir gehen zurück.“ Er ließ sich einfach fallen. Er streckte sich mit dem Rücken gegen eine flechtenüberzogene Geröllgruppe und sackte zusammen.

„Warum schlafen wir nicht einfach und gehen bei Nacht weiter?“ fragte Karen und sank lautlos in den Sand.

Bronn erfaßte als erster die Tragweite dieses Vorschlages. „Aber . . . wie lange wollen wir überhaupt noch gehen? Wir müssen Hilfe holen, so rasch wie möglich!“

Patrinelli sagte: „Wir sollten wirklich ein paar Stunden schlafen. Vielleicht wird die Sicht gegen Abend besser.“

Karen war schon eingenickt, und Bronn kroch zu ihr hin und bettete ihren Kopf in seinen Schoß. Ihr Haar war eine einzige graue klebrige Masse, unentwirrbar. Ihre Haut war nicht mehr von ihrer Bluse zu unterscheiden, Arme und Kleidung waren staubverkrustet. Mit rauhen Fingerkuppen strich er ihr über die bleichen, spröden Wangen.

„Eine üble Sache, Captain. Wirklich!“ Lohmar zog mit hämischer Besorgnis den Mund breit.

Steiner steckte sich seine kalte, leere Pfeife in den Mundwinkel. „Ich habe mit der Sache nichts zu tun. Ich weiß von nichts!“ Er wandte all seine Konzentration auf, um nicht in eine Falle zu gehen. Er hatte nach der Flucht der Gruppe kaum noch geschlafen, er war erschöpft und zerschlagen. Aber er wußte, daß auch Lohmar nicht der

Frischeste sein konnte. Es geht darum, dachte er, wer am längsten Schwäche verbirgt.

„Sie wissen alles! Den Fluchtweg, das Ziel! Zwei Ihrer Leute sind dabei. Sie haben sich vorher mit ihnen abgesprochen!"

„Glauben Sie, ich würde meine jungen Leute in die Wüste schicken und selber hier feige zurückbleiben?"

Lohmar lachte triumphierend auf. „Primitiv, Ihre Art, Verdacht zu zerstreuen! Natürlich hätten Sie nicht daran gedacht mitzufliehen! Dazu sind Sie viel zu pflichtbewußt! Sie würden Ihre Passagiere niemals allein lassen!"

Jetzt hat er mich! dachte Steiner verzweifelt. Er war in Schweiß gebadet, obwohl die Sonne hier oben fahlgelb hinter der Wolkendecke schimmerte.

Lohmar setzte alles auf eine Karte. „Man hat Sie gesehen, wie Sie sich mit Ihrer Crew beraten haben. Einer aus der Besatzung hat mitgehört!"

„Mitgehört? Wer?"

„Ihre Stewardeß. Merkelsbach."

Steiner starrte Lohmar an. Sein Gehirn arbeitete auf Hochtouren.

„Das wirft Sie um, was?" triumphierte Lohmar, fast heiter.

Steiners Gedanken rotierten. Gesprächsfetzen mit Karen über Vera Merkelsbach taumelten wie Treibholz vorüber. „Sie lügen!" sagte er plötzlich fest und sicher. „Oder Sie werden belogen. Niemand kann etwas gehört haben. Es ist nichts besprochen worden. Ich weiß von nichts."

Lohmar sackte sichtbar zusammen. Er traute Steiner mehr als der Stewardeß. Ein unbändiger Zorn überkam ihn. Nichts gelang mehr. „Wie Sie meinen, Captain. Sie haben bis morgen mittag Zeit. Der allerletzte Termin!"

„Ich kann morgen nicht mehr sagen als heute."

„Der letzte Termin. Morgen mittag um zwölf fliegt das gesamte Plateau in die Luft. Mit allen, die darauf sind ... Es sei denn, Sie geben uns brauchbare Hinweise."

Sie wachten fast alle gleichzeitig auf, stöhnend, nach Atem ringend. Sie hatten kaum zwei Stunden geschlafen. Aber die Helligkeit war jetzt zweifelhafter denn je. Finsternis wälzte sich wie in Nebelwolken heran, und gleichzeitig wurde die Atmosphäre noch drückender und erstickender, als entziehe ihr jemand den Sauerstoff.

„Die Luft färbt sich schwarz!" murmelte Karen.

„Ja“, flüsterte Bronn, „was jetzt weht, das ist der Schwarze Wind!“

„Der Schwarze Wind?“

„Der schlimmste Wüstenwind, den es in Afghanistan, Usbekistan und Tadschikistan gibt. Wir sind in das übelste Wetter geraten, das uns in der Wüste beschert werden kann.“

„Hier müssen wir raus!“ rief Weersma in Panik. Er sprang auf und blickte wild um sich.

Sie setzten sich wieder in Bewegung. Windböen schütteten Sand über sie. Kochendheiße Luft umwirbelte sie wie unsichtbare Flammen. Bald kämpften sie sich nur noch mechanisch vorwärts. Karen wurde von hysterischem Schluchzen geschüttelt. Mit einem Aufschrei fiel sie zu Boden.

Patrinelli zerrte sie hoch. „Mädchen, geh weiter, hier brennt's!“

Raus! dachte Weersma, wo ist der Notausstieg, irgendwo muß ein Notausgang sein. Er schlug um sich.

Patrinelli schob ihn vor sich her. „Wenn du so mit den Armen fuchtelst, kommst du mit den Beinen nicht voran! Mach's umgekehrt!“

Es war jetzt fast dunkel. Sie lebten, sie gingen noch immer. Die Nacht senkte sich über die glühendheiße, flammende Wüste. Gleichzeitig ließ der Wind nach. Man sah die Sandfontänen nicht mehr, keine erstickenden Wolken – nur gnädige Finsternis.

„Nicht stehenbleiben!“ bat Weersma flehentlich. „Ich komme nie mehr in Bewegung!“

„Wir gehen jetzt unaufhörlich bis zur Straße!“ Bronn sprach wie in Trance.

„Licht!“ rief Weersma plötzlich.

Alle standen wie auf Befehl.

„Ja!“ bestätigte Patrinelli. „Keine Täuschung!“

„Ah, kommt!“ Bronn. Er zerrte Karen weiter, die wie angewurzelt stand.

„Mehrere Lichter!“ Wieder Weersma.

„Fata Morgana!“ Bronn hatte Mühe, noch Laute von sich zu geben. Die Stimmbänder versagten spröde.

„Wirklich Lichter!“ gab Karen zu.

Endlich erkannte auch Bronn die Lichter, greifbar nahe. Sie gingen darauf zu; die Lichter nahmen zu an Zahl, wurden klarer, Einzelheiten wurden erkennbar.

„Ich seh die Umrisse von Hütten!“ – Weersma.

„Minarette!“ Das war Karen.

„Straßenlaternen!“ rief Bronn.

Nur Patrinelli schwieg. Endlich blieb er einfach stehen. „Keine Lichter!“ sagte er matt. „Keine Hütten! Keine Minarette. Keine Straßenlaternen! Sterne! Einfach Sterne!“

„Ah, nein!“

Aber es waren Sterne. Mehr und mehr wich die Hitze, bis endlich klar und staubfrei die subtropische Sternennacht herabblinkte.

„Du kennst dich doch aus da oben, nicht, Henk? Aus welcher Richtung sind wir gekommen?“

„Da ist das Kreuz des Südens. Da Drache, Wasserschlange, ganz klar: Wir sind aus Westen gekommen! Wir gehen nach Osten!“

„Mitten in der dicksten Wüste, nicht, Robert?“ fragte Patrinelli.

Bronn nickte nur noch verzweifelt.

Plötzlich sprach Karen für ihn: „Jetzt haben wir klare Sicht. Jetzt warten wir den Morgen ab. Dann stoßen wir auf eine wunderbare weiße Straße! Darauf fahren große Busse ...“ Sie lächelte, dann ließ sie sich sanft zu Boden gleiten und schmiegte sich an den Sand wie an ein Bettkissen und schlief schon.

„Ja!“ bestätigte Patrinelli. „Das Beste, was wir tun können! Morgen früh sehen wir die Landschaft, und irgendwo wird eine Hütte, ein Zelt, eine Spur von Leben sein. Das kriegen wir schon hin, wie?“

Das kriegen wir schon hin, dachte Bronn und schlief schon halb. Mit so einem Burschen wie Jack kriegen wir das glatt hin. Er versuchte sich vorzustellen, wie er über Jack Patrinelli gedacht hätte, wenn der Flug ihn ganz normal nach Teheran geführt hätte.

Jack Patrinelli war körperlich nicht sehr kräftig, aber zäh. Den ganzen verzweifelten Nachmittag lang hatte er nur ein einziges Bild vor Augen gehabt: den gefolterten Vietcong. WIEVIEL EIN MENSCH AUSHALTEN KANN! dachte er immer wieder. Und ich – ich soll versagen, aufgeben? Diese Vorstellung hatte ihn vorwärts getrieben.

Das Schweigen der Wüste hüllte sie ein.

AM NÄCHSTEN Morgen war die Sonne so grell, daß alle aufschraken, als sie blendend über den Horizont schoß. Während der klaren Nacht war die Hitze fast angenehm gewesen. Aber sie hatten den Wechsel kaum gespürt in ihrem todesähnlichen Schlaf. Jetzt fühlten sie sich, trotz der zunehmenden Temperatur mit rasch steigender Sonne, fast wie neu geboren.

Henk sprang unternehmungslustig auf, um sofort schmerzgekrümmt zusammenzusinken: seine Gelenke und Muskeln streikten noch immer. Mühsam brachte er sich durch Freiübungen im Zeitlupentempo in Gang.

Karen wurde vom Durst geplagt. Ihr linker Fuß versagte, sie schleifte ihn mühsam hinter sich her.

Ihre Zuversicht sank sofort nach dem ersten Rundblick. Im Norden: eine ferne Hügelkette, kahl, unwirtlich. Davor: Wüste. Im Osten, unter der blendenden Sonne: Wüste, glatt, gleichförmig. Im Süden: Wüste mit uneinsehbaren Mulden und Dellen. Im Westen, woher sie kamen: Dorngestrüpp, Geröllformationen, keine Zitadelle mehr.

„Leute, wir sind wirklich ein Stück gegangen!" Patrinelli versuchte die Enttäuschung positiv zu formulieren. Sofort fiel die Hoffnungslosigkeit über sie her. Karen schluchzte still vor sich hin.

„Glaubst du, irgend etwas hat noch irgendeinen Zweck, Jack?" Bronn röchelte mühsam die paar Worte.

„Und wenn es nur den Zweck hat zu überleben. Und, glaub mir, Robert: man überlebt besser im Gehen!"

Die Sonne stieg höher und höher und verwirbelte alles in einer Orgie aus Hitze und Licht. Es gab keine Schatten mehr.

„DAS HABEN wir aber ganz vorzüglich hingekriegt!" Wessmann klopfte seiner Pilotin auf die Schulter; Arnold zog seine Kamera vom Fenster zurück.

Anja Serwowitsch war eine robuste Russin aus dem Wolgadelta, die als Beraterin der afghanischen MIG-Flotte zugeteilt worden war. Sie schüttelte unwillig die Schultern: „Das mag ich gar nicht. Wenn ich fliege . . ." Sie lachte jetzt doch, mit blitzenden Zähnen.

„Das war Kabul International. Die verlassene Boeing, umstanden von einem Ring Neugieriger. Sehr schön, mit zwei *Low-Passes* restlos abgeknipst! Jetzt weiter, nach Westen!" Sie zog die Dornier hoch und verabschiedete sich von Kabul Tower. „Nicht weiter als bis zum Paß!" schränkte sie ein. „Wir sind ausdrücklich gewarnt worden! Keiner weiß, wo . . ."

„Ich weiß . . . ah, bah!" sagte Wessmann neben ihr. „Wo sich die Entführer aufhalten. Um Himmels willen nicht die sensiblen Pistolenschützen erschrecken! Mal kurz über den Paß hüpfen, ja? Keine zehn, fünfzehn Minuten weit."

„Mit fünfzehn wären wir schon fast bis Bamiyan!“ sagte sie protestierend. „Bis dahin werden sie kaum gekommen sein, die Entführer.“

„Einen kleinen Sprung über den Paß, bitte“, bat Wessmann. „Und ich werde nie mehr ein böses Wort über die afghanische und russische Luftwaffe sagen!“

„In zwei Stunden ist alles vorüber!“ tröstete Lohmar.

Steiner saß ihm gegenüber, das Radio knisterte wieder.

„Was zwingt Sie, uns in die Luft zu jagen?“

„Ihre eigene Regierung! Die deutsche Gründlichkeit! Man bittet uns um Geduld! Aber unsere Geduld ist zu Ende. Speis und Trank übrigens auch! Ihr Botschafter in Kabul hat ein letztes Mahntelegramm verschickt; ich habe es über die Nachrichten gehört. Man reagiert nicht in Deutschland! Gut! Um zwölf gehen Sie in die Luft!“

„Sie sehen schlecht aus!“ sagte Steiner zusammenhanglos.

„Bereiten Sie die Leute auf ihren Tod vor!“ stieß Lohmar gereizt aus. „Verschwinden Sie! Singen Sie Choräle! Halten Sie Messen ab! Haben Sie nie an Bord Pastor gespielt?“

Der Bär drängte Steiner zurück ins Lager, und Lohmar bemühte sich, auf die Beine zu kommen. Er hatte seit dem vorigen Abend Fieber. Hitze, Anspannung und afghanische Notverpflegung waren ihm nicht bekommen, und er sah sich mehr und mehr in der Rolle des gescheiterten Helden, den die Widerstände zwingen, aufzugeben. Wenigstens seine allerletzte Rolle würde er heroisch spielen. Er dachte nicht daran, lebend zurückzukehren; erledigt war er so oder so.

Er ließ die Sprengladungen überprüfen.

„Sieh mal dort, mitten in der Wüste!“ schrie Wessmann plötzlich.

„Das ist schon eine komische Gesellschaft, da mittendrin!“ gab Arnold zu. „Geh mal tiefer, Anja!“

Sie setzte Klappen und umkurvte langsam die Gruppe Menschen.

„Mitten in der Wüste? Seltsam!“

Arnold filmte schon. „Landen wir? Einfach so?“

Sie grinste. „Angst? Wir Russen sind sehr neugierig!“

Jack Patrinelli lief ein paar Schritte auf die ausrollende Maschine zu, dann brach er zusammen.

„Hübscher Empfang!“ murmelte Arnold und filmte.

Wessmann schlug ihm die Kamera beiseite: „Hör mal, das sind keine Schauspieler! Dies ist blutiger Ernst!“

Zu dritt gingen sie auf das Häufchen zusammengebrochener Menschen zu.

„Die kenn ich doch zum Teil!“ murmelte Arnold. „Die hab ich schon mal gefilmt!“

Jack Patrinelli berichtete kurz und hastig. Als er erfuhr, daß endgültige Entscheidungen noch nicht aus Deutschland bekanntgeworden waren, beeilte er sich, Bronns Plan darzulegen: wie man das Plateau erobern könne.

Die beiden Reporter wiegten bedenklich den Kopf. „Wir sind keine Militärs ... Das überlassen wir lieber den Fachleuten ...“

Der Start, mit sieben Menschen an Bord, erforderte Anjas ganze Konzentration. Sie knüppelte und franzte angestrengt, flog knapp fünf Minuten und landete dann neben einer Landstraße, die sich zu einer Siedlung verdickte. Als die Maschine ausgerollt war, sagte sie kurz: „Dschanbe! Hier wohnt der Polizeikommandant des Bamiyan-Bezirks.“

11

Der Kommandant schüttelte den Kopf: „Ich darf nichts selbständig entscheiden. Das geht weit über meine lokalen Befugnisse hinaus!“ Er war ein dicker Mann mit Stoppelbart.

Arnold hatte die entscheidende Idee. „Wissen Sie nicht, daß Ihr ganzes Unternehmen gefilmt wird?“

Wessmann war schon an die Maschine gerannt und schleppte eine der beiden Kameras heran.

„Das Ganze ist natürlich Ihre Idee: die Befreiung der Geiseln!“

„Ich kenne die Zitadelle wie meine Tasche!“ sagte der Polizeikommandant. „Mit zehn Mann erobere ich die Festung in dreißig Minuten! Wir fahren mit einem Lastwagen bis an die Serpentine. Dann hinauf! Dann hinein! Erledigt! Wo filmen Sie?“

Sie hatten alle Wasserbehälter geleert und sich mit ihren brennenden Gesichtern in die Tröge gestürzt. Karen lachte die ganze Zeit haltlos.

„Wir filmen vom Flugzeug aus – Ihren Aufstieg, Angriff, Kampf, Sieg!“

„Großartig!“ Er sah auf die Uhr. „Bis zum Mittag ist alles erledigt!“

Er stürzte an ein Telephon, das man mit der Handkurbel bedienen mußte.

„Wieso vom Flugzeug aus?“ fragte Anja. „Dadurch machen wir sie doch stutzig, mit dem Geräusch.“

„Also gut . . .“, lenkte Wessmann ein. „Wir starten erst, wenn der erste Schuß fällt. Aber ich möchte das Ganze von oben haben – einmalig!“

„Ich möchte mit, ich kenne den Zugang genau!“ sagte Bronn.

Draußen versammelten sich bereits die ersten freiwilligen Kämpfer: riesige Gestalten.

„Übrigens!“ sagte der Kommandant noch. „Ich habe hier einen Ihrer Leute. Wurde gestern auf der Landstraße gefunden. Muß ins Hospital nach Kabul. Anordnung vom Arzt. Wir wollten ihn nachher mit dem Bus mitnehmen, aber Flugzeug ist besser!“

„Himmel!“ rief Karen. „Das muß Professor Gennenburg sein! Den haben sie zurückgelassen, weil er Nierenkoliken hatte! Die Schweine, sie haben ihn einfach liegen lassen!“

Wessmann zeigte sich wenig beeindruckt. „Was heißt hier Flugzeug? Damit filmen wir doch erst mal!“

„Kein Flugzeug zum Filmen!“ sagte die Russin streng. „Ihr werdet eure Kameras selber schleppen müssen! Wo ist der Mann? Ich starte sofort nach Kabul.“

Das Polizeiunternehmen startete um 11 Uhr 10.

Während der Lastwagen mit der Zwölfmanntruppe, Bronn und den beiden Kameraleuten abfuhr und rote Staubwolken zurückließ, half Karen, so gut sie wieder konnte, den sterbenskranken Professor in die enge Maschine zu tragen. Der Arzt, der mühevoll aus Doshi beordert worden war, hatte mit Spritzen geholfen, so gut er konnte. Er sprach fließend Französisch; und Karen unterhielt sich während der letzten Abflugvorbereitungen mit ihm, bis ihr plötzlich etwas bewußt wurde.

„Mein Gott, Robert!“ murmelte sie.

Sie stand und starrte lange auf die Staubwolke, die noch immer über der Wüste hing . . .

. . . Von der Polizeistation bis zum Westhang der Zitadelle waren es knapp zwanzig Autominuten. Bronn stellte fest, daß sie in einem gewaltigen Halbkreis um die Station geschwenkt waren während ihrer Odyssee. Er hatte sich erfrischt, Ziegenmilch getrunken und seine

Haut mit Fett eingeschmiert; aber er fragte sich verzweifelt, ob er noch durchhalten würde. Er mußte durchhalten; er traute den Afghanen weniger örtliche Kenntnisse zu als sich selber.

Aber der Kommandant leitete die Aktion sehr umsichtig und klug. Er kannte sich aus in seiner Wüste. Fast lautlos ließ er an den Hang fahren, rechtzeitig halten und die letzten hundert Meter bis zum Aufstieg zu Fuß gehen. Wessmann und Arnold, mit ihren Kameras, fluchten.

INGER und Ingrid taumelten den Berg hinunter. „Verschwindet!" raste Lohmar. „Ich brauche euch nicht mehr! Ich werde euch ein hübsches Feuerwerk bescheren!"

Seine Augen glühten fiebrig. Der Bär machte langsam Anstalten, sich in den Schutz der tieferen Geröllhalden zurückzuziehen. Einer der Afghanen stellte den Sprengkasten bereit.

Lohmar hatte bewußt vermieden, seine Gefangenen zu informieren. Er fürchtete eine Panik. Steiner war der einzige, der Bescheid wußte. Aber ihn hatte er gesondert unter Bewachung stellen lassen.

Auf dem Plateau waren die Gruppen noch immer voneinander getrennt: Die Wissenschaftler für sich, die restlichen Passagiere – und unter ihnen wieder die Japaner unter sich. Es gab kaum noch Gespräche. Sie lagen zusammengedrängt, aber jeder war allein. Die meisten litten unter Hunger, Durst, Durchfall, Schmerzen.

Die Polizeimannschaft brauchte keine Bergpfade, um an den Durchbruch zu gelangen. Wie die Bergziegen, dachte Bronn, sie steigen fast senkrecht in der Wand hoch, mit ihren schweren, unhandlichen Gewehren.

Er kam nicht nach, die Kräfte verließen ihn, und als die Mannschaft oben angekommen war, hatte er gerade die halbe Strecke geschafft. Er gab auf.

Er hatte kaum den dröhnenden Kopf in seinen Händen vergraben, als der erste Schuß fiel. Danach hallte eine wilde Salve durch die Schründe und Höhlen der Bergkuppe. Er riß den Kopf hoch und sah, wie der letzte der Wüstensöhne brüllend durch den Spalt verschwand.

Steiner sah das erste bärtige Turbangesicht an der Mauer auftauchen. Drei, vier, fünf Krieger sprangen brüllend aus mehr als vier Meter Höhe aufs Plateau. Dann dröhnte der erste Schuß, und er warf sich hinter den nächsten Felsen, und im Lager stieg wildes Angstgeschrei auf, keiner dachte an Rettung.

Lohmar riß seine Pistole hoch und ließ sie in der nächsten Sekunde schon wieder sinken. Er erkannte, daß alles verloren war. Gleichzeitig stellte er überrascht fest, daß sein eigener Todeswille geschwunden war.

„Ich könnte Sie jetzt zu guter Letzt noch umbringen." Er hob seine Stimme nur unwesentlich über den Kampfeslärm empor. „Aber ich bin nicht mehr an Ihnen interessiert. Einfach nicht mehr interessiert! Worauf ballern die Kerle eigentlich? Es tut ihnen doch keiner was!"

Die eigenen Afghanen hatten, als sie ihre Brüder auftauchen sahen, erstaunt die Waffen gesenkt und sich dann persische Urlaute zugeschrien. Der Bär ließ seine MP fallen und blickte überrascht auf seinen linken Arm, der einfach heruntersank und aus dessen Ellbogen Blut sprudelte.

Auf dem Plateau hatten sich alle schreiend an die Erde gedrückt. Himmel, dachte Steiner verzweifelt, wo bleiben die vier? Statt dessen tauchte oben Arnold mit seiner Kamera auf und begann, das Chaos zu filmen.

„Kommen Sie!" sagte Lohmar ganz ruhig zu Steiner. „Stellen Sie sich in Positur; Sie haben gewonnen!"

Der Polizeikommandant stürzte auf Steiner zu und drückte ihm seine Dienstpistole unter die Nase: „Ergeben Sie sich! Ihr Spiel ist aus!"

Er schielte zur Filmkamera hin.

„Etwas weiter nach links!" schlug Steiner vor. „Der da ist zuständig."

Lohmar grinste säuerlich und ließ sich abführen.

Sie hockten alle transportbereit auf dem Plateau und beobachteten gespannt die Busse, die unten für sie vorfuhren.

Inger und Ingrid wurden gefesselt aus einem Lkw gezerrt. Der Polizeikommandant hatte einfach zwei seiner Leute mit einem Jeep hinter ihnen hergeschickt und sie im Dorf festnehmen lassen.

„Meinen Sie, daß ich morgen in Zürich sein kann?" fragte ein japanischer Geschäftsmann.

In den Bussen, die sie zurückbeförderten nach Kabul, war mehr Platz als in den verstaubten Vehikeln, die als ihr Gefängnis gedient hatten. Karen genoß, sich der Länge nach auf einem sauberen Sitz ausstrecken zu können. Trotz der Schmerzen, die ihre strapazierte Haut ihr bereitete, genoß sie Fahrt und Landschaft.

Sie genoß kindlich die jungen Esel, die unbeholfen hinter der Mutter herstolperten, die weit überragende Lasten von Schilf, Stroh oder Baumzweigen transportierte. Sie genoß die lachenden Hirtenjungen, die ihre verwilderten Hunde in Zaum zu halten versuchten. Sie genoß vor allem den kühlen Schatten der Felsschluchten, durch die sie fuhren, laut hupend jetzt an jeder Zollschranke stoppend.

Sie genoß überhaupt alles, und sie fühlte sich wie neu geboren.

Jetzt saß sie abseits in mehr als dreitausend Meter Höhe. Sie hatten gerade einen Paß überquert. Aus der Wüstenhitze waren sie in die Eiseskälte des Hindukusch geraten. Plötzlich wurde ihr bewußt, daß sie ein einmaliges Abenteuer bestanden hatte. Sie pfiff vor sich hin.

Nichts von dem, was sie erlebt hatte, mochte sie mehr missen. Weder ihre eigenen Qualen noch ihre Beobachtungen der Verhaltensweisen ihrer Leidensgenossen. Noch die Erkenntnisse, die sie in bezug auf ihr Verhältnis zu Robert gewonnen hatte. Wenn man tagelang unter Todesangst durch eine Wüste irrte – das konnte einen schon binden!

Kalt strich der Wind über die kahlen Höhenzüge. Sie schauerte, wenn sie daran dachte, daß nur wenige ihrer ehemaligen Fluggäste bereit waren, Konsequenzen aus ihren furchtbaren Erlebnissen zu ziehen.

Nicht ungerecht sein, Karen, dachte sie. Du meinst doch nur die Radewalds, die so beliebt wegen ihrer Bescheidenheit, ihrer Dankbarkeit gewesen waren. Natürlich, auch Frau Bauer wird aus tiefster Überzeugung behaupten, sie habe ihren Gatten heiß und innig geliebt. Der Mönch ist über jede Änderung erhaben. Die Ostermans, vielleicht, werden Konsequenzen ziehen.

Aber die Radewalds und alle die vielen anderen werden so weitermachen wie bisher. Sie werden wieder in ihrem Häuschen im Grünen sitzen und von ihrem großen Abenteuer berichten. Aber sie werden keinen Schritt weitergekommen sein.

Ein Schneefink flatterte heran und ließ sich kurz auf einem verdorrten Büschel Zweige nieder.

„Manchmal kann das, was uns Schmerzen, was uns eine Niederlage bereitet, trotzdem schön und wesentlich sein!“ Sie lächelte.

„Sprichst du mit dem Wind, dem Finken oder dem Schnee?“ fragte Robert Bronn.

Sie sah dem Schneefinken nach, der davonstob.

„Mit dir!“ antwortete sie.

Vom *Kabul Intercontinental* hatte man einen herrlichen Blick. Eine breite Straße zog sich in weitem Schwung zur Stadt hinunter. Die Zimmer blitzten vor Sauberkeit, es gab Wasser, soviel man wollte, hinter den doppelten Scheiben war es kühl; und das Surren der Klimaanlage klang wie Orgelmusik.

Man hatte geschlafen und gebadet, in Wasserorgien geschwelgt, man hatte getrunken, gegessen und wieder getrunken, gebadet. Jetzt traf man sich in der Empfangshalle; und in einer halben Stunde würde man im großen Konferenzsaal dem Heer der Pressephotographen und Reporter überliefert werden.

Karen und Robert standen vor der Hotelladenreihe und sahen sich die Souvenirs der örtlichen Handwerker an: Ringe und Manschettenknöpfe aus Lapislazuli, alte Gewehre und Dolche, handgeblasene Vasen aus blauem Glas, Hirtenmäntel, Karakulschafsledertaschen.

„Hamburg und Frankfurt“, sagte er, „liegen nicht so weit auseinander wie Bamiyan und Kabul.“ Er ergriff ihre Hand. „Ich werde schneller bei dir sein, als du glaubst.“

„Nicht schnell genug!“ sagte sie.

„Da kommt dein Captain! Entlaß mich mal eben in diesen Laden. Ich habe was Dringendes zu erledigen!“

„Unsere Maschine geht um 15 Uhr!“ sagte Steiner. „Ich hätte euch alle lieber selber nonstop nach Europa geflogen, statt uns als Passagiere einer Sondermaschine anzuvertrauen.“ Steiner sah auf seine Pfeife. Sie brannte wieder, mit neuem englischem Tabak.

„Was ist mit De Laer?“ fragte sie. „Bleibt er hier?“

„Ja, der Schlag im Cockpit scheint ihm ärger zugesetzt zu haben, als er erst dachte. Professor Gennenburg bleibt auch noch hier, um das Untersuchungsergebnis abzuwarten. Es geht ihm aber gut.“

„Fein“, sagte sie.

„Wußten Sie schon, daß Patrinelli abgeholt worden ist? Amerikanische Militärpolizisten haben ihn im Jeep mitgenommen.“

„Himmel, er war ein prima Kerl! In der Wüste! Hat was nicht gestimmt?“

„Er soll desertiert sein. Aus Südvietnam. Er ist aus einem Lazarett in Saigon ausgerückt.“

„Aus dem Lazarett?“

„Aus der psychiatrischen Abteilung. Er soll durchgedreht sein; und man hatte noch nicht herausgefunden, ob er wirklich verrückt war.“

„Wenn er abgehauen ist, dann war er völlig normal.“

„Das versuchen Sie mal jemandem in dieser Idiotenwelt klarzumachen." Steiner sah Robert zurückkommen. „Wir sehen uns gleich beim Verhör!"

Robert drückte ihr ein Päckchen in die Hand. „Als Überbrückung, bis ich in Hamburg bin!"

„An und für sich", sagte sie schluckend, „nehme ich nur Geschenke von bleibendem Wert!"

IM TAMERLAN-ROOM des Hotels drängten sich über zweihundert Menschen. Blitzlichter flammten auf, Diener mit Turban und afghanischen Pluderhosen servierten Champagner.

„Keine Frau hat ihren Mann jemals so geliebt wie ich!" sagte Frau Bauer. „Ich werde seinen tragischen Tod nie ..."

„Nein", sagte Ruth Osterman zu Ralph, als sie gemeinsam für ein Bild posiert hatten. „Es hat sich nichts geändert. Wir haben uns gegenseitig beigestanden, so gut wir konnten. Aber deswegen zusammenbleiben?"

„Ich werde mir all deine Platten kaufen, die du ohne mich machst", sagte er.

„Deine erste Bluesplatte", sagte sie, „wird bestimmt ein Erfolg."

„Da war doch", sagte ein Journalist zu Hannes Radewald, „diese Sache mit dem Osterman."

„Dem Hippie? Welche Sache?"

„Er ist arg zusammengeschlagen worden. Man hat ihn heute morgen schon ambulant behandelt ..."

„Mir ist nichts bekannt, dir?" Er wandte sich an seine Frau, die heiter und gelöst neben ihm stand.

„Es gibt immer mal Spannungen, glaube ich. Mein Gott, der arme Junge", sagte sie zusammenhanglos. „Wie ich mich auf den Odenwald freue!"

„Jeder war immer sehr zuvorkommend zu uns", sagte Hannes Radewald. „Es ist nichts Schlimmes passiert, außer daß wir sehr großen Durst hatten und furchtbar unter der Hitze litten!"

„Vergiß nicht diese entsetzliche Schießerei! Zwei Tote! Und es roch so furchtbar! Wie ist so etwas Gräßliches möglich! Ob unsere Gartenblumen alles gut überstanden haben? Es soll sehr trocken gewesen sein."

„Aber eine Menge Leute müssen ihn so zugerichtet haben!" beharrte der Journalist. Er wandte sich an Kay Sanders.

„Wenn man unter Streß steht, reagiert man manchmal etwas gereizt. Mir ist nicht bekannt, daß es irgendwann zu Ausschreitungen gegen irgendwen gekommen ist."

Irgendwo stieß Steiner, der den vielen Kameras zu entgehen versuchte, auf Weersma.

„Ich beneide dich fast ein bißchen, Henk", grinste er. „Du kannst stolz auf dich und deine Wüstentour sein! Das hätte ich alter Mann nicht durchgehalten! Ich werde schon hysterisch, wenn ich die Schuhe voller Elbsand habe!"

„Der ist auch nicht so sauber wie afghanischer Wüstensand", protestierte Weersma, strahlte aber über das ganze verbrannte Gesicht.

„Sie hätten den Champagner besser kühlen können", sagte Vera Merkelsbach. „Das hätten wir uns verdient!" Sie sah Steiner unsicher von der Seite an: wußte er nun von ihrem Verrat oder nicht?

„Wenn ich Feldherr wäre", sagte Steiner, „würde ich sagen: ich bin stolz auf meine Mannschaft! Aber das ist mir zu blöd, deshalb nur: *cheerio!*" Er stieß mit ihr an.

„Jeder hat getan, was er konnte!" sagte Vera Merkelsbach.

Phra Maha Chai lächelte glücklich in die Kameras. Wegen seiner Kleidung hatte er den größten Zuspruch. „Ich habe die Buddhas von Bamiyan gesehen. Das ist alles, was ich zu sagen habe . . ."

Robert Bronn wurde von einer intellektuellen Reporterin ausgefragt.

„Das Fazit? Was ich als Erfahrung mit nach Deutschland nehme?" Er überlegte lange. „Dieses: daß der Mensch ein unberechenbares Wesen ist. Jeder von uns hat so völlig anders gehandelt, als man östlich von Bangkok angenommen hätte. Darüber werde ich mal schreiben."

Hannes Radewald hatte lange schweigend in die vielen Gesichter geschaut, denen man die harten Entbehrungen ansah. Dann ging er schwerfällig auf Ralph Osterman zu: „Ich hoffe, du hast dich bald wieder erholt", begann er ungeschickt.

„Schon gut!" winkte Ralph kurz ab.

„Ich meine, wir haben das nicht böse gemeint. Du hast uns aber auch eine Menge zugemutet. Wir sind alle keine Heiligen. Du mußt das verstehen. Es tut uns leid."

„Schon gut", sagte Ralph.

Am späten Nachmittag dröhnte die *Ariana*-Boeing nach Teheran, Istanbul, Frankfurt über das Untersuchungsgefängnis Kabuls. In einer der heißen, verschmutzten Zellen schraken zwei Mädchen aus dem Halbschlummer auf. Der Lichtschacht erlaubte keinen Blick auf den Himmel; und die beiden Mädchen schlossen die Augen wieder und versuchten weiterzuschlafen und die Kakerlaken zu vergessen, die sie in der dunkelsten, dreckigsten Ecke hatten hocken sehen.

„Darf ich Ihnen etwas zu trinken bringen?" fragte die afghanische Stewardeß, zwölf Kilometer von Kabul entfernt.

Robert sah Karen an, die am Fenster entspannt lächelnd auf den Kabulfluß hinabblickte. Sie spielte an ihrer Halskette mit dem Lapislazuli.

„Ich möchte gern damit und mit dir durch die Haseldorfer Marsch gehen!" sagte sie zu ihm.

„Zwei Flaschen Veuve Cliquot!" sagte er.

Lebenslauf kurzgefaßt

Geboren 1924 in Landsberg an der Warthe.

Vom 10. Lebensjahr an zwei Wunschträume: Schreiben und Fliegen. Beide verwirklicht. Eltern waren gegen Verwirklichung, statt dessen für den Lehrerberuf. Auch den noch verwirklicht: Nachkriegsstudium auf der PH Lüneburg, dann siebenjährige Lehrertätigkeit in Hamburg.

Erste Bekanntschaft mit der Fliegerei als Jagd- und Transportflieger in Polen und Rußland. Nach der Gründung der neuen Deutschen Lufthansa zunächst Navigationsoffizier, seit 1959 Flugkapitän. Zur Zeit Kommandant auf einer Langstrecken-Boeing.

Bevorzugte Aufenthaltsorte: Hilton-Hotels, Sümpfe, Steppen, Urwälder, New York, die Stratosphäre.

Erster Roman 1955: *Dem Himmel näher als der Erde.*

Erzählungen, Essays und Reisebeschreibungen u. a. in: FAZ, Sonntagsblatt, Westermanns Monatshefte, Welt, Rheinischer Merkur, Deutsche Zeitung – Christ und Welt, Weltwoche.

Wohnte zunächst in Wedel an der Elbe, nach Wiederheirat mit einer Stewardeß in einem Appartement bei Frankfurt. Ist auch in der Freizeit mehr in der Luft oder in fernen Ländern als in den gemieteten vier Wänden.

Rudolf Braunburg

Die Farm in den Bergen

Eine Kurzfassung des Buches von
ERNEST RAYMOND

Ins Deutsche übertragen von
Ulla H. de Herrera

Illustrationen von Nita Engle
Titelseite von Ben Wohlberg

Originalausgabe: „The Mountain Farm“

Das englische Landleben ist ein Thema, das seit bald zweihundert Jahren immer wieder behandelt wird und an dem sich die Leser in aller Welt nicht satt lesen können. Nicht zu zählen sind die Autoren, die sich des Themas immer wieder liebevoll annehmen. Aber einen guten Liebesroman liest man auch von ihnen nur noch selten. Ernest Raymond scheint einer der letzten zu sein, der das Thema Liebe nicht zu altmodisch findet. Aber es ist nicht nur die bewegende Liebesgeschichte, die dieses Buch so anziehend macht – es ist wieder einmal der Zauber der englischen Landschaft, des merkwürdigen Gemisches aus seltsamen Figuren, die ein englisches Dorf bevölkern: Bauern, Wirtinnen, Aristokraten, Bergsteigern, Touristen und vor allem denjenigen, die keinem dieser Kreise angehören oder allen zugleich. Sie sind es, die den eigentlichen Zauber ausmachen, deren Leben aber auch am leichtesten zerbricht, da sie nicht so fest verwurzelt mit dem Boden sind wie die, die ihn bebauen. Und dann kann man dieses Buch auch als Bergsteigergeschichte lesen, als eine höchst dramatische sogar. Es ist eine zauberhafte Mischung, wie ein Strauß aus kräftigen Bergkräutern.

EINS

DIE morgendliche Aprilsonne sah auf den langgestreckten, sich vertiefenden Trog des Sledden-Tals in den Bergen von Cumberland hinab. Sledden ist eines der vielen Täler, die strahlenförmig von dem mittleren Gebirgsmassiv ausgehen, das die Geologen „Zentralkuppel“ nennen. Nur ist Kuppel ein viel zu sanftes Wort für dieses stürmische, zerklüftete Hochland mit seinen schroffen Felswänden und dem größten wildhügeligen Moorgebiet südlich der schottischen Grenze. An seinem oberen Ende eine schmale Einöde mit verstreuten Felsen, zieht sich das Tal von Sledden hinunter, wird allmählich breiter und öffnet sich schließlich auf die grünen Wiesen um den idyllischen Goswater-See.

So ist denn die untere Hälfte des Tals eine lieblich-ländliche Gegend, und eine gute Straße windet sich vom See aus weiter nach oben, vorbei an einer Gruppe von grünen Schieferhütten, Klein-Sledden genannt, vorbei an der winzigen Kirche und der kleinen Schule und weiter hinauf in das immer schmaler werdende Tal – bis sie zu Alt-Sledden, dem entlegensten Gehöft all dieser Täler, kommt. Dort am Tor endet die Straße. Danach ist alles anders; eine Wiese hinter den Scheunen, ein gepflügtes Feld, dann saures Sumpfland und ein schmaler, steiniger Pfad, der sich nach Nordwesten durch Heidekraut und Geröll zur Paßhöhe emporschlängelt.

Und dieses obere Sleddental ist etwas Besonderes in den Cumberlandbergen, weil seine Westseite fast zwei Kilometer weit von hohen, grauen Felspfeilern gebildet wird, den berühmten, ragenden Idle Crags. Alle Bergsteiger haben von den Idles gehört, aber die meisten Routen dort sind „überaus schwierig“ und werden nur von den „Extremen“ jener sympathischen, aber auch ein bißchen verrückten Bruderschaft angegangen.

Dort, wo der gewundene Pfad das Joch erreicht, gabelt er sich: Ein Weg läuft weiter über den Grat, der andere führt in einer Haarnadelkurve in das abschüssige Tal von Sledden Dore. Das Dore, wie die Einheimischen diesen grünen Kessel hoch oben in den Wolken nennen, hat Bäume, einen Rasenteppich und einen kleinen Bergsee, der an einem Morgen wie diesem in der Sonne glitzert. Aber das seltsamste am Dore ist, daß sich an seinem anderen Ende eine weitere Felsenkette, noch bedrohlicher als die Idles, erhebt. Die Karten der Bergsteiger nennen sie die Upper Crags. Ihre gefurchten, wulstigen Wände, die manchmal zu weit vorstehenden Überhängen aufragen, sind hier und dort von kaskadenförmig herabstürzenden Fällen graugrünen Vulkangesteins durchbrochen. Diese Upper Crags erstrecken sich bis zur höchsten Erhebung des Berges, Sledden Seat genannt – wahrscheinlich, wie Dr. Hugo Pater zu sagen pflegte, weil die Wikinger, die vor tausend Jahren in Cumberland eingefallen sind, diesen hohen, mit Findlingsblöcken übersäten Gipfel als einen trefflichen Sitz für ihre nordischen Götter ansahen.

An diesem Aprilmorgen kamen Dr. Hugo Pater und sein Freund, Kanonikus Joseph Nickle, der neue Pfarrer von Goswater und Sledden, von Klein-Sledden herauf und gingen rasch in Richtung des gewundenen, schmalen Pfades. Ein Fremder wäre vielleicht über ihr Tempo erstaunt gewesen, denn einer von ihnen war weißhaarig, der andere grau, und beide sahen wie über siebzig aus. Der größere von ihnen, Dr. Pater, sprach schnell und enthusiastisch, und sein Redefluß bestimmte wie ein mühelos arbeitender Motor die Schritte seiner mageren, eifrigen Beine. Nickle, kleiner und schwerfälliger, obgleich er vier Jahre jünger war, hielt Schritt mit ihm, weil ihm das Geplauder Vergnügen bereitete.

Der Doktor trug eine offene, abgenutzte lose Jacke und einen schwarzen Filzhut, der in seiner Lehrerzeit zweifellos eindrucksvoll gewesen, aber in zahllosen Gebirgsregen unterdessen schlapp und unförmig geworden war. Sein Rand fiel schützend wie das überhängende Dach eines Schweizerhäuschens über das weiße Haar, und unter ihm funkelten die alten schwarzen Augen vor Schalkhaftigkeit.

„Schauen Sie“, sagte er, ohne sein Tempo zu vermindern. „Schauen Sie dort oben.“ Sie befanden sich an einer Stelle der Straße, wo man einen Teil der Upper Crags über dem abschüssigen Tal sehen konnte. Zwei weiße Flecken, einer über dem anderen, hoben sich von dem graugrünen Gestein ab. „Wenn mich nicht alles täuscht, sind sie auf einer der scheußlichsten Routen im ganzen Seengebiet“, sagte der Doktor. „Sumners Überhang.“

„Haben Sie ihn je gemacht, Hugo?"

„Lieber Gott im Himmel, nein – verzeihen Sie den Ausdruck. Er ist als ‚äußerst schwierig' eingestuft, galt aber praktisch als ‚unmöglich', bis Sumner ihn an einem übermütigen Nachmittag, als das Leben ihm offenbar nicht wichtig erschien, bezwungen hat. Aber da sind doch hoffentlich mehr als zwei bei einem ‚unmöglichen, äußerst schwierigen' Unternehmen dabei? Ja. Da ist der Führer; er ist am Überhang gesichert und holt das Seil ein. Die Felsen da blicken nach Nordosten, Vikar. Haben Sie je darüber nachgedacht, was das bedeutet?"

„Nein, ich bin hier noch zu neu. Hat es etwas zu bedeuten?"

„*Ob* es was zu bedeuten hat? Mein lieber Joseph, in der Eiszeit lagen die Nordostwände im Schatten; darum ist das Eis im Gegensatz zu den nach Süden gelegenen, sonnigeren Wänden dort nicht geschmolzen. Es blieb Eis, bewegte sich ganz langsam voran und hat dabei diese zerklüfteten Felsen zerschnitten, geschliffen und ausgehöhlt. Ich nehme an, es hat einige Millionen Jahre dazu gebraucht. Und das ist der Grund, weshalb eine Seite dieses oberen Sleddentals glatt und grasbedeckt ist, während die andere diese aufregenden Idles hat. Nun gut, Sie und ich, wir sind nur für eine kurze Spanne zwischen einer Eiszeit und der nächsten auf der Welt. Ebenso wie diese Lämmer." Er deutete mit dem Kopf auf die kleinen weißen Herdwicks mit ihren kohlschwarzen Gesichtern und schwarzbehosten Beinen, die auf der Wiese neben ihnen herumhüpften. „Ihr Leben ist sogar noch kürzer als unseres, aber sie scheinen es zu genießen. Zweifellos sind für einen Geologen die Berge, die ja immerhin einige Jahrmillionen unter dem Meer waren, ebenso jung wie für uns die Schafe."

Dr. Pater liebte es, so zu reden; er war der geborene Gelehrte, der in Jahrtausenden oder Jahrhunderten dachte. Als Lehrer an der Schule von Milton Close in Yorkshire hatte er sowohl klassische Literatur als auch Bergsteigen gelehrt, und er war so beliebt gewesen, daß er nach einer Weile – ein ungewöhnlicher Schritt – zum Direktor ernannt wurde. Mit fünfundsechzig pensioniert und Witwer, war er nach Klein-Sledden gekommen, um seinen Lebensabend in den Bergen zu verbringen, die er schon immer geliebt hatte. Jetzt, mit achtundsiebzig, stand er an der Schwelle des Greisenalters, aber abgesehen von seinem gefurchten Gesicht ließ nichts an seiner Erscheinung darauf schließen.

Kanonikus Nickle, der nach dreißig Jahren im dichtbevölkerten Pfarrbezirk eines Industriegebiets jetzt seit weniger als einem Jahr hier war, hatte sehr schnell unter seiner verstreuten Herde diesen lebhaften, gelehrten Mann entdeckt und sich ihm angeschlossen. Der Doktor – in Sledden wurde Dr. Pater allgemein nur der Doktor genannt – schien mit jedem Zeitalter des Menschen – oder sogar der Erde selbst – vertraut, als ob er darin zu Hause wäre.

Kanonikus Nickle bedauerte seinen eigenen Mangel an vergleichbarer Gelehrsamkeit. „Im Gegensatz zu Ihnen habe ich – Oxford hin oder her – nie viel Grips besessen."

„Schon möglich, Joseph. Aber das Studium der Klassiker hat auch bei Ihnen Spuren hinterlassen. Warum, um alles in der Welt, hören Sie sich sonst mit solch liebenswürdigem Interesse all meine überspannten Reden an? Oh, dort ist unser trefflicher Harry Whinlake. Die Whinlakes treiben seit Jahrhunderten Schafzucht auf diesen Hügeln; schon seit ihre Wikingervorfahren hier eingefallen sind."

Sie waren an dem Punkt angelangt, wo die Straße vor dem Tor von Alt-Sledden endete. Auf dem mit Kopfsteinen gepflasterten Hof stand ein hochgewachsener, hagerer Mann über seinen Traktor gebeugt. Der Anhänger war mit Dünger beladen, den Harry Whinlake später auf dem gepflügten Feld verteilen wollte. Der warme Geruch des aufgehäuften feuchten Dungs kam ihnen angenehm entgegen, geradezu eine Duftverkörperung des Bauerntums in aller Welt.

„Ein herrlicher Geruch", sagte der Doktor. „So voll!" Er hob die Hand, um den Besitzer dieser Fülle zu begrüßen. „Wie immer fleißig bei der Arbeit, Harry?"

„Ja. Für 'n Bergbauern gibt's immer was zu tun." Harry sah aus blaßblauen Augen („seine Wikingervorfahren", pflegte der Doktor zu sagen) zu ihnen auf und grinste. „Die Stiefel von 'nem Schafzüchter werden nie richtig kalt, sagt man bei uns." Whinlake, fast siebzigjährig, war alt genug, um noch ganz selbstverständlich den „Cummerlan"-Dialekt zu sprechen, während seine beiden Kinder, die auf der Oberschule von Caldmere gewesen waren, in einem Tonfall sprachen, der sich wenig von demjenigen der gutsituierten Stadtbewohner unterschied.

Der Doktor versuchte, den Dialekt nachzuahmen. „Wie gehts'n der schönen Tochter, Harry?"

„Unsrer Marjy? 's geht ihr gut. Arbeitet drüben auf der Wiese."

„Und der Junge, Matt? Wie geht's unserm Matt?"

„Ach! 'n schrecklicher Faulpelz, weiter nix. Ich nenn ihn den Gaffer. Starrt jetzt wahrscheinlich aus dem Fenster und denkt drüber nach, was für'n famoser Kerl er is, während sein Vater und seine Schwester sich abrackern. Hätt ihm öfters das Fell gerben solln, als er noch ein Junge war. Aber Marjy macht mir kein Ärger. Geht's denn hin heut morgen, die Herren?"

„An den Felsen vorbei zum Sledden Seat; wir wollen dort oben zu Mittag essen."

„Nur der Herrgott im Himmel weiß, warum jemand dort raufgeht, wenn er nich muß. Das is was andres beim alten Tam Godrigg" – Tam war Harrys Schafhirt – „und mir; ein Schäfer und ein Bauer müssen ihren Schafen nach. Aber diese Kletterer! Grad jetzt sind wieder welche oben. Nehmen den schwersten Weg und machen uns 'n Haufen Scherereien, wenn sie sich's Genick brechen. Schafe haben mehr Verstand; die suchen sich den leichtesten Weg. Na, Menschen sind fast alle mal Dummköpfe. Schließ mich selbst nich aus."

„Hat unser Doktor hier weniger Verstand als ein Schaf?"

„Wohlgemerkt, Herr Pfarrer" – Harry ging mit mutwillig blitzenden Augen auf die scherzhafte Herausforderung ein –, „es is sehr leicht möglich, ein großer Gelehrter und auch ein großer Dummkopf zu sein."

Der Doktor lachte. „Und die Klügsten sind meist die schlimmsten. Nun, wir zwei Dummköpfe müssen machen, daß wir weiterkommen. Auf Wiedersehn, Harry."

„Bleiben Sie bloß von den Felsen weg und halten Sie sich auf den Schafsspuren. Wiedersehn, die Herrn."

Die beiden Männer ließen ihn zurück und sahen kurz darauf seine Marjy auf der steinigen Wiese. Sie harkte die Steine und die grauen, von den Schafen abgeworfenen Wollflocken fort, um die Mahd vorzubereiten. Ihr glänzendes blondes Haar fiel ihr bis über die Schultern und bewegte sich im Wind, während sie arbeitete. Ihre Füße waren nackt, und über den gutgeformten Beinen flatterte ihr grober Rock ebenfalls im Wind. Sie sang leise und ein wenig falsch vor sich hin.

„Heil unserer Margaret!" Dr. Pater blieb am Drahtzaun stehen. Sofort wandte sie sich um und lief auf die beiden alten Herren zu („meine Siebziger" nannte sie sie ihren Freunden gegenüber). In ihren Augen lag ein warmer Willkommensgruß, aber sie wußte nicht, was sie sagen sollte, und so stand sie einfach da und lächelte.

Um ihr die Befangenheit zu nehmen, neckte der Pfarrer sie. „Nicht *Margaret,* Hugo. Sie müssen ‚Greta' sagen. Greta ist der Name ihrer Wahl."

„Oh, ich habe nichts gegen Margaret. Es ist Vaters Marjy, das ich nicht leiden kann." Dann sprach sie von einer Neuigkeit, die sie offensichtlich stark beschäftigte. „Wir bekommen zwei Bergsteiger, die bei uns wohnen werden. Heute!"

„Auf der Farm?" Die Stimme des Doktors klang überrascht. „Dein Vater hat doch immer gesagt, er werde nie Touristen nehmen. Tee könnten sie haben, hat er gesagt, aber keine Betten."

Sie lachte. „Er sagt, die Schafschur bringt nicht mehr genügend ein, und deshalb will er auch die Touristen scheren. Ich finde es herrlich. Wir werden sie aufnehmen, sooft Mrs. Pauncevs Gasthaus voll ist. Ich werde für sie kochen müssen." Sie packte den Zaun mit beiden Händen, lehnte sich zurück und hob beglückt das Gesicht, so daß ihr volles, welliges Haar lose herabhing. „Das wird Spaß machen."

„Kennst du diese jungen Männer? Oder vielleicht sind es zwei Alte wie Joseph und ich?"

„O *nein!*" Sie errötete, denn sie hatte die beiden auch manchmal „meine Alten" genannt. Hatten sie es erfahren? Eilig fuhr sie fort: „Einer von ihnen, sagt Mrs. Pauncey, ist ein berühmter Bergsteiger. Er heißt Kingharber."

„Norman Kingharber – Norry! Ja, das ist wirklich ein Kletterer. Ich bin ihm oft im Bergsteigerklub begegnet. Er macht großartige Sachen in den Alpen, Greta. Und auch im Himalaja."

„Wie aufregend! Und er war in Oxford und so, sagt Mrs. Pauncey. Ist er nett? Wie ... wie Sie und der Herr Pfarrer?" Ein Kompliment für den Fall, daß sie die beiden vorhin verletzt hatte.

„Alle Menschen, die Berge lieben, sind nett. Er ist Lehrer. Ein gefährlicher junger Mann. Wahrscheinlich wird er dich auf irgendeinen unmöglichen Aufstieg mitschleppen wollen. Leute mit fixen Ideen sind immer gefährlich. Aber zu deinem Trost kann ich dir sagen, er ist ein glänzender Führer und wird dich nicht abstürzen lassen. Wer ist der andere junge Mann?"

„Jemand namens Wallis. Sie kommen zusammen."

„Kenn ich nicht. Wahrscheinlich ebenfalls ein ‚Extremer'. Aber grüß Norry von mir. Nun, wir müssen weiter. Lebwohl, mein Kind."

Greta fing wieder an, Steine zu harken, während die Siebziger den steiler werdenden Pfad hinaufstiegen.

„Ein Mädchen von neunzehn ist wirklich etwas Außergewöhnliches, Joseph“, bemerkte der Doktor. „Ich hab selber zwei, aber erst jetzt habe ich eingesehen, wie sehr Mädchen in dem Alter, wenn sie schön sind wie unsere Greta, den Zauber junger Sehnsucht verkörpern: all dies Verlangen, die Hoffnungen und Träume – dieses Wunder an Frohsinn, Lebenskraft und Idealismus. Diese Mädchen verkörpern das Mysterium der Schöpfung.“

Der Pfarrer sagte nur: „Ja.“ Er hatte seine Geheimnisse, was Greta betraf. Sie besuchte regelmäßig seine kleine Kirche zwischen den Eiben und war schon mehr als einmal zu ihm gekommen, um ihm ihr Herz auszuschütten. In der Dorfschule und in der Oberschule von Caldmere war sie eine der aufgewecktesten Schülerinnen gewesen. Dann, als sie siebzehn war, starb ihre Mutter, ihr Vater brauchte sie zu Hause, und sie mußte die Schule verlassen. So gab es in ihrem Inneren Konflikte zwischen der liebevoll wahrgenommenen Verpflichtung gegenüber einem alternden Vater und ihrem geheimen Verlangen nach Flucht in irgendein großartigeres Dasein. Hatte in jener Bemerkung: „Das wird Spaß machen“ ein Anflug von Verzweiflung gelegen? Der Geistliche blieb schweigsam und behielt diese Gedanken für sich.

Während sie den kleinen Pfad hinaufstiegen, sahen sie hoch oben auf dem grünen Hügel, der den Idle Crags gegenüberlag, den alten Tam, Whinlakes Schäfer, der einem Zug von Mutterschafen und ihren Lämmern folgte. Die Lämmer waren jetzt kräftig genug, um zu dem Alt-Sledden zugeteilten Weideland aufzusteigen, nachdem sie nahe den Hinterbeinen mit Whinlakes roten Streifen gekennzeichnet worden waren. Zwei schwarzweiße Collies liefen unentwegt um die Tiere herum und trieben die Versprengten mit der erstaunlichen Geschicklichkeit ihrer Rasse zur Herde zurück.

„Ich habe den Eindruck“, bemerkte der Doktor, „daß es den Hunden tatsächlich Spaß macht, andere Lebewesen herumzukommandieren. Wie den Menschen. Wie alt ist Tam eigentlich?“

„Sechsundsiebzig, soviel ich weiß.“

„Und Sie sind vierundsiebzig. Praktisch ein Jüngling. Großer Gott – verzeihen Sie –, ich bin älter als irgend jemand sonst.“

„Unsinn, Hugo. In manchen Dingen sind Sie jünger als wir alle.“

„Möge diese barmherzige Lüge Ihnen verziehen werden, Joseph. Seit meinem fünfundsiebzigsten Geburtstag betrachte ich jeden Tag als ein Geschenk und stehe morgens auf, um ihn noch zu genießen, ehe das Ende kommt. Gehen wir zum alten Tam.“

„Muß das sein? Können wir nicht auf dem Weg bleiben?"

„Nein. Sie mit Ihren jungen Jahren! Du meine Güte, nein. Wie Harry sagt, Schafe sind die vernünftigsten Bergwanderer." Der Doktor eilte, immer noch lebhaft sprechend, hinter den Schafen her den steilen Hang hinauf. „Finden Sie nicht, daß der alte Tam wie Gottvater aussieht?"

Als Tam sich mit seinem langen, im auffrischenden Wind wehenden grauen Bart nach den Stimmen hinter sich umdrehte, ließ er die Worte des Doktors sogar gerechtfertigt erscheinen. Diese hohen, kargen Hügel bringen häufig hochgewachsene, hagere Menschen hervor, und wenn diese Menschen Schafhirten sind, die den größten Teil ihres Lebens zwischen den einsamen, majestätischen Bergspitzen zubringen, sind sie oft schweigsam. Tam schien der Meinung, daß ein Wort – oder bestenfalls drei hintereinander – für das meiste genügte.

„Guten Morgen, Mr. Godrigg", sagte der Doktor. „Ganz schöner Wind."

„Ja."

„Und kalt hier oben."

„Ja, kalt."

„Wie geht es Ihnen so, Tam?"

„Nich besonders."

„Sie sehen gut aus. Kommen die Lämmer immer schon so früh herauf?"

Tam brachte als Antwort einen verhältnismäßig langen Satz zustande. „Der Bauer sagt, wenn sie erst mal über einen Graben springen können, sind sie alt genug für die Hänge." Aber dann sah er, daß ein Mutterschaf hinter den anderen herhinkte und ein unvernünftiger Hund es anbellte. „Hör auf mit dem Gekläff, du dummer Hund." Er ließ seinen Schäferstab fallen, hob das schwerfällige, ungeschorene Schaf auf und hängte es um seine Schultern. Den Kopf unter der Last gebeugt, sagte er leise zum Hund: „Heb den Stock auf, Dummkopf." Erfreut nahm der Hund den langen Hirtenstab zwischen die Zähne und trug ihn hinter seinem Herrn her. „Das macht deinem Gekläff ein Ende", sagte Tam.

Seltsamerweise schien es auch Dr. Paters Redefluß ein Ende zu setzen. Vielleicht machte die Schweigsamkeit, in die der alte Schäfer jetzt wieder verfiel, weitere Worte überflüssig, vielleicht war sie auch eine geziemende Anerkennung der Stille und Einsamkeit auf den Gipfeln, zu denen sie jetzt gelangten. Bald kamen sie zu dem Joch, wo der kleine Pfad sie verließ, um sich über den Grat zu schlängeln, und schlugen den schmalen Weg ein, der ins Dore, das abschüssige Tal unterhalb der Upper Crags, führte.

Sobald Greta ihre Arbeit mit dem Rechen beendet hatte, eilte sie ins Haus, um sich zu vergewissern, daß alles für die Ankunft von Norry und Mr. Wallis bereit war. Das Wohnzimmer war geräumig und gut eingerichtet. Der buntgemusterte Linoleumboden, am Tag zuvor von Greta blank geputzt, glänzte in der Morgensonne. Auf beiden Seiten eines alten, tiefen Fensters standen zwei große Ledersessel. Es gab einen viereckigen Eßtisch mit einer altmodischen, mit Fransen besetzten Tischdecke, und an den Wänden zeigte eine Photographie ihren Vater als jungen Mann, eine andere die Hochzeit ihrer Eltern und ein großes Bild einen herrlichen schottischen Schäferhund. Sie schüttelte die Kissen auf den Sesseln auf, ordnete die Narzissen und Anemonen in der Vase auf der Anrichte, und dann blieb sie stehen und blickte auf den kleinen, holprigen Hof hinaus. Aber sie sah nicht viel, sondern träumte – erfüllt von Erregung. Leben sollte auf die Farm kommen. Was konnte da nicht geschehen!

Greta hatte während ihrer einsamen Jahre mit zwei heimlichen Träumen gelebt. Einer war aus der unvermeidlichen Sehnsucht nach Liebe, Bewunderung, aufregenden Erlebnissen und Romantik geboren. Sie träumte von irgendeinem unerreichbaren Glück, in dem sie sich mit jemand Wohlhabendem und Angesehenem verheiratet sah, der sie zu allen möglichen wundervollen Orten führen würde. Sie wußte durch ihren Erfolg in der Schule, daß sie eine Intelligenz besaß, die über dem Durchschnitt des Tales lag, und sie konnte nicht umhin zu wissen, daß sie auch Anmut zu bieten hatte.

Der zweite Traum, noch viel geheimer als der erste, war nichts weniger als ein Wunsch nach Tugend – einer Tugend von schon außergewöhnlicher Art. Diese unbequeme Begleiterscheinung des Verlangens nach dem großen Glück war eine junge Pflanze, zu der Kanonikus Nickles Vorgänger in der kleinen Kirche von Sledden den Samen gelegt hatte. Jetzt wurde sie von Kanonikus Nickle selbst gehegt. Und obwohl sie manchmal im Widerspruch zu ihrem ersten Traum zu stehen schien, hatte Greta den ehrlichen Wunsch, sie zu nähren.

Es war jetzt nach zwölf. Die Gäste konnten jeden Augenblick kommen. Sie beugte sich aus dem Erkerfenster und blickte über einen Blumenkasten hinweg die stille, menschenleere Straße hinunter.

ZWEI

„DER SHAP!" rief der junge Mann in dem kleinen roten MG, als die Straße anzusteigen begann. Er schwelgte. „Der Shap Fell! Du, Pug! Hier fangen die Berge an. Der Rand des Paradieses. Schönes, wildes Land!" Ein kurzes Schweigen, dann sagte er ernster: „Ich liebe den Shap – er verkündet als erster die Hoffnung auf ein Entkommen in die Einsamkeit."

Pug Wallis bemerkte nicht, daß dies für einen scheinbar so munteren und lebenslustigen jungen Mann ein seltsamer Ausspruch sein mochte, der vielleicht eine tief unter all der Fröhlichkeit und Possenreißerei versteckte Melancholie verriet. Es war sieben Stunden her, seit sie um fünf Uhr morgens die Schule von Brentham in Buckinghamshire verlassen hatten, und Norry hatte mit einem fröhlichen Winken jeden Wagen auf der Landstraße überholt. Pug war noch nie in diesem nördlichen Gebiet gewesen, und Norry war entschlossen, ihn zu den Bergen zu bekehren. Die Berge waren Norrys Religion, und jetzt, da er die Möglichkeit hatte, einen Konvertiten für seine Gemeinschaft zu gewinnen, war er bereit, um dessen Seele zu kämpfen. Pug war ein sehr vielversprechender Novize, denn er war ein guter Sportler, gewandt und ausdauernd.

„Bei Gock, wie wir in Cumberland sagen, aus dir werde ich einen Bergsteiger machen, Pug. Bevor wir nach Hause fahren, wirst du ein ‚Felsentiger' sein und ein paar ‚äußerst Schwierige' angehen. Die Schwierigkeitsgrade sind: unschwierig, mäßig schwierig, schwierig, sehr schwierig, besonders schwierig und äußerst schwierig. Nur die Genies wagen sich an die ‚äußerst Schwierigen' – oder ‚Unmöglichen', wie wir gewöhnliche Sterbliche sie nennen."

„Könnten wir uns bei diesem ersten Mal nicht auf einen ‚mäßig Schwierigen' einigen?"

„Ganz bestimmt nicht. Du bist doch auch sonst große Klasse bei allen Mannschaftsspielen. Hier treten wir gegen einen Berg an, und der ist ein scharfer Gegner, der kennt jeden Trick. Aber wenn du ihn einmal besiegt hast, liebst du ihn für den Rest deines Lebens." Norrys Begeisterung übertrug sich auf das Gaspedal. Der Wagen fuhr jetzt hundertzehn.

„Aber was ist, wenn er dich besiegt?“ fragte Pug. „Was ist, wenn du abstürzt?“

„Das hängt wohl mehr oder minder von deinem früheren Leben ab. Im großen und ganzen meine ich, wir sollten lieber dafür sorgen, daß du uns erhalten bleibst. Ich bin froh, daß Ma Pauncey's Pension voll war und wir auf die Farm abgeschoben werden. Es gibt da ein Mädchen, Pug – du, die haut dich um.“

Norry hatte nie mit Greta gesprochen, aber er hatte sie oft auf Alt-Sledden bei der Arbeit auf dem Feld gesehen, einmal auch ans Hoftor gelehnt, und jedesmal hatte ihr Anblick ihn verwirrt. Als Mrs. Pauncey geschrieben und ihnen vorgeschlagen hatte, sie in dem Bauernhaus unterzubringen, hatte sein Herz schneller geschlagen. Er und das Mädchen im selben Haus, sie vielleicht bereit, sich zu verlieben ... aber nein: Das war nur ein Traum, herrlich und erregend ... Man war doch kein herzloser Verführer; man wollte niemandem weh tun, weder diesem hübschen Geschöpf noch einer gewissen anderen jungen Dame. Es war lediglich so, daß er wie tausend andere junge Männer manchmal in Gedanken schwelgte, die er verbergen mußte.

Der kleine rote Wagen schoß in die hüttengesäumte Straße von Klein-Sledden und hielt hupend vor dem einzigen großen Haus des Dorfes; es war früher einmal das Pfarrhaus gewesen und war jetzt Mrs. Pauncey's berühmte Pension – berühmt zumindest unter den jungen Bergsteigern. Norrys lautstarker, anhaltender Gruß brachte Mrs. Pauncey heraus, die ihn mit einem ebenso lauten und freudigen Aufschrei erwiderte. „Oh! Da ist ja Norry. Der Treulose. Wie können Sie so ruhig dasitzen und mir in die Augen sehen?“

Mrs. Pauncey war eine breithüftige, vollbusige Frau mit einem mädchenhaften Gesicht. Es waren ihr umfangreicher Körper, ihre umfangreiche Stimme und ihr mehr als umfangreiches Lachen, was ihre Gäste veranlaßte, sie von vorn einfach Pauncey und hinter ihrem Rücken Mama Pauncey oder Mama Paunchy – die dicke Mama – zu nennen.

„Norry, der Verräter! Ich hatte für Sie ausgemacht, daß Sie auf der Farm wohnen und Ihre Mahlzeiten hier einnehmen sollten – hier, wo wir Sie lieben –, aber das wollen Sie nicht. Jetzt ist Schluß mit der Liebe. War es meine Schuld, daß Sie zu faul waren, mir rechtzeitig zu schreiben? Aber der junge Mann, dem ich Ihr Zimmer gegeben habe, ist ein Gewinn Ihnen gegenüber. Sie sind sehr, sehr unartig.“

„Ganz und gar nicht, liebe Pauncey. Wenn jemand niederträchtig ist, sind Sie es. Mich nach all diesen Jahren einfach auf die Straße zu setzen!“

„Niederträchtig!“ Und jetzt ertönte das berühmte Pauncey-Lachen, ein Gebrüll, das (wie ihre jungen Gäste sagten) durch die ganzen sechs Kilometer des Sledden-Tals hallte. „War es etwa niederträchtig von mir, daß ich Harry Whinlake überredet habe, Sie zu übernehmen, oder besser, sich an Ihnen zu übernehmen – ho-ho-ha-ha –, obwohl er noch nie in seinem Leben einen Gast aufgenommen hat?“

„Unsinn, Pauncey. Er braucht das Geld. Pug und ich – der hier ist Pug Wallis – werden dort oben, fern von all dem lärmenden jungen Gemüse in Ihrem Haus, sehr zufrieden sein. Ich werde älter und brauche Ruhe.“

„*Sie* und Ruhe! Daß ich nicht lache! In Ihrem Grab werden Sie Ruhe geben, vorher nicht. Mr. Pug, lassen Sie sich von dem bloß nicht zu irgendeiner wirklich gefährlichen Kletterei verleiten. Niemand sollte die Touren machen dürfen, die er sich manchmal aussucht. Eines Tages bringt er noch jemanden um.“

„Nichts als Verleumdung, Pauncey. Neulingen gegenüber bin ich der zartfühlendste Lehrmeister. Aber wir werden Sie besuchen, sooft wir können; diesmal verzeihe ich Ihnen noch.“

„Mir verzeihen! Oo-hoo-ho! Wie gesagt, Mr. Pug, lassen Sie sich nicht –“

Aber Norry hatte den Wagen bereits in Bewegung gesetzt und winkte ihr mit seiner freien Hand zu. Einen Augenblick später hatten sie Klein-Sledden hinter sich, und dann waren keine Häuser mehr zu sehen, bis sie zum Tor des Gehöftes kamen. „Wir sind da, Pug“, sagte Norry. „Hinter diesem Bauernhaus gibt es kaum etwas außer Wildnis, wie Gott sie geplant hat.“

DAS Farmhaus von Alt-Sledden war ein langgestreckter, weißgetünchter Bau, an den sich, wie zum Gebäude gehörig, ein grob verputzter Kuhstall mit einem Heuboden anschloß. Andere Scheunen verbargen sich hinter dem Haus oder standen um den Hof herum.

Als der Wagen hielt, eröffneten einige unsichtbare Schäferhunde einen aufgeregten, zornigen Protest. Norry wand seine hochgewachsene Gestalt aus dem Wagen, und Harry, dem zwei Hunde folgten, kam aus einer Scheune. „So“, sagte er, als er das Tor öffnete, „da sind Sie ja wohl.“

Norry pflichtete ihm bei: „Ja, da sind wir, Sir."

„Nun, wir freun uns, Sie hierzuhaben, wenn's auch das erstemal ist, daß wir Gäste aufnehmen, aber heutzutage bleibt einem nix erspart." Norry bewahrte sein Lächeln. „Mein Mädel wird's Ihnen bequem machen und gutes Essen für Sie kochen. Und darauf kommt's doch an, nich wahr?"

„Sie haben vollkommen recht, Mr. Whinlake. Dies ist Mr. Wallis."

Mr. Whinlake nickte zustimmend. „Ja. Mr. Wallis."

Dem stimmte dann wieder Norry zu: ja. Und der Rest war Schweigen. Bis Harry sagte: „Das Mädel bringt Sie auf Ihre Zimmer."

Norry entdeckte sie unmittelbar hinter der Tür. Sie fing seinen Blick auf; und beschämt, beim Lauschen ertappt worden zu sein, beugte sie sich vor und stand jetzt, die Hände an die Türpfosten gestützt, da – als ob ihr nichts ferner gelegen hätte, als sich schüchtern zu verstecken. Ihre großen, weit auseinanderstehenden Augen lächelten ihn an. Norrys Herz schlug schneller; er ging zum Auto zurück und zog zwei aufgerollte Seile, eine vollgestopfte Tasche und – das Schönste von allem – seine *Stiefel* heraus –, die Stiefel eines Felsenkletterers, deren altehrwürdige Nägel all seine Hoffnungen und Erinnerungen in sich bargen. Ein Seil warf er Pug zu, das andere hängte er sich über die Schulter. „Gehen wir hinein, Sir?"

„Tut mir leid, daß mein Junge nicht da ist, um was von den Sachen für Sie reinzubringen. Hier, ich nehm die Taschen."

„O nein, das tun Sie nicht, Sir. Wir brauchen keine Hilfe. Komm, Pug."

„Das is meine Tochter. Ja, hier is Marjy."

Ihr Lächeln brach über Norry herein, als er sich umdrehte und sich überrascht stellte, sie jetzt am Tor zu sehen. Er bemerkte das gebannte Interesse in ihren Augen, aber die einzigen Worte, die sie in ihrer Verlegenheit hervorbringen konnte, waren: „Möchten Sie zu Mittag essen?" Wundervoll der Unterschied zwischen ihrer korrekten Schulmädchensprache und dem kumbrischen Dialekt ihres Vaters.

„Nein, vielen Dank. Wir gehen sofort hinaus zu den Felsen. Pug", setzte er hinzu, „dies ist unsere Gastgeberin. Ich weiß nicht, wie Sie heißen –"

„Sie heißt Margaret", sagte ihr Vater. „Aber Greta gefällt ihr besser."

Das Mädchen errötete und sagte nur: „Hier entlang, Mr. Kingharber."

Sie wußte also, wie *er* hieß. Sehr erfreulich. Und um sie seinerseits zu erfreuen, sagte er: „Geh schon mal Greta nach, Pug."

Was sie veranlaßte, sich umzudrehen und ihm zuzulächeln.

Sie führte die jungen Männer in zwei kleine Schlafzimmer, sauber und hübsch mit bedruckten Vorhängen und Bettdecken und Vergißmeinnicht, Traubenhyazinthen und Schlüsselblumen in den Vasen. „Ganz reizend. Vielen Dank, Greta", sagte Norry.

Sie war kaum außer Hörweite, als Pug ausrief: „Mein Gott! Die Kleine!"

„Kann man wohl sagen. Irre. Aber Hände weg. Nichts für dich." Norry warf eine Windjacke, dicke schottische Socken und Cordbreeches aufs Bett – alles Sachen, bei denen sein Herz höher schlug. „In zwölf Minuten bin ich soweit. Los. Beeil dich."

Greta sah Norry zwölf Minuten später in der Sonne vor der Küchentür stehen. Er war jetzt in voller Kletterausrüstung. Das aufgerollte Seil hing ihm von der Schulter schräg über die Brust, und das übrige Zubehör war lose um seine Taille gebunden. Nach einer guten Minute begann sie zu argwöhnen, daß er sich in all dem nur für den Fall produzierte, daß sie von irgendwoher zusah.

Als sich Norry und Pug an diesem Abend in der Wohnstube zum Essen setzten, da war es Gretas Bruder Matt, der sie bediente – falls man das, was er tat, bedienen nennen kann. Matt Whinlake war das, was seine Mutter mit liebevoller Nachsicht „kräftig gebaut" genannt hätte. Weniger parteiische Beobachter dachten beim Anblick seines Gesichts mit den winzigen Augen unwillkürlich an eine Kartoffel. Teller und Schüsseln landeten ohne ein Wort der Ermunterung mit einem dumpfen Knall auf dem Tisch. Nachdem Matt sie abgestellt hatte, wandte er seinen Gästen den Rücken und starrte aus dem Fenster.

Voll guten Willens versuchten Norry und Pug, sein dumpfes Schweigen zu brechen. Norry, dem Freundlichkeit ein Bedürfnis war, hätte ihn gern von Anfang an Matt genannt, aber die Atmosphäre, die den jungen Mann umgab, wirkte wie ein undurchdringlicher Panzer. „Ein schöner Tag war das, Mr. Whinlake", bemerkte er, in der Hoffnung, daß das „Mister" Anklang finden würde. Aber was immer die beiden Gäste auch vorbringen mochten, nichts konnte ihren Mundschenk vom Fenster fortlocken. Norry sah Pug mit einer leichten Grimasse an, und sie nahmen sich selbst von Fleisch und Gemüse.

Als sie fertig waren, sammelte Matt das Geschirr ein und ging hinaus. „Die Schwester", sagte Pug, „scheint aber auch nicht sehr gesprächig zu sein."

„Sie ist nur stumm vor Schüchternheit", erklärte Norry.

Matt kehrte mit einer verlockend duftenden, leicht gebräunten Apfeltorte zurück, setzte sie ihnen vor die Nase und ging wieder zu seinem Fenster. Pug sagte: „Ich glaube, Mr. Whinlake, Ihre Schwester ruft Sie."

„Ja-a?" fragte Matt, sich nach ihnen umdrehend, und Pug antwortete, wohl zum erstenmal in seinem Leben, mit dem gleichen langgezogenen Ja, das so typisch für diese Gegend war.

Matt hatte eine Schüssel mit dickflüssiger Sahne vergessen. Jetzt schob er sie ihnen hin und zog sich dann in die Küche zurück.

Pug sah ihm nach. „Offensichtlich leicht begriffsstutzig", stellte er fest.

Nachdem Matt abgeräumt hatte, zündeten Norry und Pug sich ihre Pfeifen an, ließen sich in die beiden Sessel sinken und berieten gerade, wie man wohl am besten die Tochter des Hauses ins Zimmer locken könne, als der Vater hereinkam, sichtlich bereit für einen „netten kleinen Plausch" mit seinen Gästen, wie er es nannte. Norry stand auf und bot ihm seinen Sessel an, aber Harry setzte sich auf einen der Stühle am Tisch. „Schönen guten Abend, die Herren", sagte er. „Kann ich Ihnen irgendwas erzählen, was Sie gerne wissen möchten?"

„Aber ja doch", erwiderte Norry, innerlich der Verzweiflung nahe, als er das Mädchen in der Küche summen hörte. „Erzählen Sie uns, wie ein Berghof bewirtschaftet wird."

Keine Frage hätte dem Farmer besser die Zunge lösen können. „Nun, es is ein schweres Brot heutzutage, das können Sie mir glauben. Ich besitz fast tausend Morgen, aber 's ist größtenteils hochgelegenes Weideland. Nich mehr wie neunzig Morgen geschütztes Land für Getreide und Gras is dabei. Ja, es is vielleicht kein leichtes Leben für die Schafe da oben, aber es is auch hier unten kein leichtes Leben für den Farmer und für die Tochter des Farmers auch nich." Und damit begann er einen langen Bericht über Marjy und Matt und die „schrecklich gute Frau", die sie geboren und sein Leben „hier hinten in diesem sterbenden Tal" geteilt hatte.

„Haben Sie *sterbend* gesagt?"

„Ja. Ich weiß noch, wie Sledden noch seinen Metzger, seinen Schuster und einen Schmied hatte. Aber jetzt – die Jungen wolln nich im

Tal bleiben; können in der Stadt doppelt soviel verdienen. Und dann, wenn eins von den Häusern verkauft wird, dann holen es sich Leute wie Sie als Ferienhaus, und es steht neun Monate vom Jahr leer. Is kein Vergnügen für Marjy. Aber sie's ein braves Mädel; geht in die Kirche und hält große Stücke vom Herrn Kanonikus Nickle. Bin selbst kein guter Kirchgänger. Aber ich bin froh, daß Marjy geht und sich Mr. Nickles Predigten anhört. Das hält sie brav, und ich hab nich die Zeit dazu. Matt is ganz versessen auf die Religion. Liest Traktate und redet dauernd davon, während das Mädchen die Arbeit tut. Nich, daß sie vollkommen wär – sie kann einem manchmal auch Sorgen machen."

„Wirklich? Wieso?" fragte Norry verblüfft, als ob sein Gastgeber etwas Unvorstellbares gesagt hätte; aber er war froh, daß er ihn weiter über das Mädchen reden lassen konnte.

„Nun, sie mault rum, daß sie nix vom Leben zu sehn kriegt. Manchmal sitzt sie da und sagt stundenlang kein Wort. Deubels Donner! Und wenn sie richtig geladen ist, putzt sie sich ganz fein raus, so mit Puder und allem. Aber Junge, sie sieht auch wirklich hübsch aus, wenn sie gut angezogen is – obwohl ich ihr natürlich nich sage, daß ich das finde. Gibt nich mehr sehr viele junge Männer hier, die ihr den Hof machen könnten, aber die paar, die's tun, tun's gehörig."

Norry spürte einen eifersüchtigen Stich, so lächerlich das war, da man ihn schließlich kaum als Rivalen ansehen konnte. „Macht sie einem von ihnen Mut?"

„Keinem einzigen. Es is, wie wenn sie immer von jemand träumte, der besser is als alle hier. Was ich auch verstehn kann."

Gretas Summen hatte schon längst aufgehört. Nachdem die Hoffnung, sie an diesem Abend noch zu sehen, geschwunden war, begann die Aufmerksamkeit der jungen Männer nachzulassen. Vielleicht hatte der alte Mann es bemerkt und war nun verletzt, denn er stand auf und sagte: „Also dann, gut Nacht, die Herren. Ich geh jetzt. Sie sollten auch ins Bett, möcht ich sagen."

An der Tür seines Schlafzimmers sagte Norry: „Also dann, gut Nacht, der Herr, wie unser Gastgeber sagt. Morgen schlepp ich dich eine Felswand hoch."

„Bitte, bitte keine von den ‚sehr schwierigen'." Pug hob die Hand und ging den langen, schmalen Gang entlang, der dicke schwarze Balken an der Decke und dünnere an den Wänden hatte.

Norry war noch keine Minute in seinem Zimmer, als Greta mit zwei Wärmflaschen auf dem Arm an die offene Tür kam. „Möchten Sie eine Wärmflasche, Sir?"

„Wie lieb von Ihnen!" Er sah, daß diese Worte ihr das Blut in die Wangen trieben. „Pauncey hat uns nie Wärmflaschen gegeben. Sie sind ein Engel."

Ein zaghaftes Lächeln. „Ich bringe jetzt die andere zu Mr. Wallis, Sir."

„Nein, gehen Sie nicht weg – Pug braucht keine –, und hören Sie auf, mich ‚Sir' zu nennen. Pauncey nannte mich Norry und hatte noch eine Reihe weniger höfliche Namen für mich auf Lager. Was Mr. Wallis betrifft – Pug ist für Pug der einzig mögliche Name, das müssen Sie doch einsehen. Greta, Sie sind eine großartige Köchin."

„O nein, Sir – oh, verzeihen Sie." Eine Entschuldigung für das „Sir".

„Doch, das sind Sie. Wenn auch Ihr Bruder nicht allzu liebenswürdig serviert."

„Oh, der hat nicht alle Tassen im Schrank", erwiderte sie lachend. „Kann ich Ihnen etwas bringen? Milch? Oder eine Kanne Tee?"

„Sie sind ein Goldstück, aber ich brauche nichts, Schatz. Gehen Sie zu Bett und schlafen Sie." Es machte ihn nervös, von ihrem Bett zu sprechen.

Verwirrt über das „Goldstück" und den „Schatz" ging sie den Gang hinunter, um Pug seine Wärmflasche zu bringen. Norrys Blicke folgten ihrer schlanken, jugendlichen Gestalt. Sie war entzückend, aber sein Herz hatte sie so sehr in Unordnung gebracht, daß er Angst bekam, die Kontrolle zu verlieren.

DREI

Während der Nacht schlug der Wind um, und es fiel ein so starker, strömender Regen, wie nur diese Bergregionen ihn kennen. Am Morgen prasselte er immer noch nieder. Der kleine Fluß war drei Handbreit höher als gestern, und in jedem Einschnitt der Berge war ein schmaler, weißer Sturzbach zu sehen. Und was den Wasserfall von Rother's Gill mitten in den Idles betraf, der oft nicht mehr als ein sanftes Plätschern war, er stürzte jetzt lärmend die von Felsen eingeschlossenen und von Farnkräutern gesäumten Stufen hinab.

„Na und?“ sagte Norry, der am Wohnzimmerfenster Ausschau hielt. „Ich kenne dieses Tal; noch bevor es Nachmittag wird, ist die Sonne draußen.“ Und tatsächlich teilten sich die Wolken gegen Mittag, und die Sonne kam, jedesmal ein bißchen länger, jedesmal wie eine Segnung. Rasch kleideten sie sich für die Berge an, füllten ihre Rucksäcke und eilten hinaus. Norry befeuchtete einen Finger und hielt ihn hoch in den kühlen Wind. Der stand noch immer vom bedrohlichen Westen her. „Riskieren wir es“, sagte Norry.

Am Tor hielten sie noch einmal an, um eine Prozession zu beobachten, die lärmend die Straße heraufkam. Tam Godrigg brachte Mutterschafe mit ihren Lämmern zu den Hürden hinter dem Farmhaus, damit die Jungtiere gekennzeichnet werden konnten. Greta lief lachend und mit fliegenden Haaren hinter den Mutterschafen her, die vom Weg abschweiften. Matt tat sein Teil würdevoll, indem er jeden törichten Herumtreiber mit einem Stock berührte. Seltsamerweise machte Tam Godrigg, der fünfzig Jahre älter war, den größten Lärm, schlug ein ums andre Mal mit seinem Schäferstab auf den Boden und schrie seinen Hunden Befehle zu: „Geh nach hinten, Dummkopf“, was bedeuten sollte, hol die Nachzügler heran, oder: „Hol *bei!* Komm *rein* mit ihnen!“ Was die Hunde mit Freuden taten.

Greta winkte ihren lachenden Gästen zu und breitete in gespielter Erschöpfung und Atemlosigkeit verzweifelt die Hände aus.

Die jungen Männer befanden sich etwa auf halber Höhe des schmalen Pfades, als sie zwei Gestalten sahen, die von dem abschüssigen Tal, das Dore genannt, herunterkamen. Es waren Dr. Pater und Kanonikus Nickle – beide bis auf die Haut durchnäßt, beide zitternd vor Kälte; in ihrer Eile, nach Hause zu kommen, liefen sie stolpernd den Hang hinab, aber selbst das hinderte den Doktor nicht daran, eifrig zu reden.

„Nichts außer einem heißen Bad wird mich vorm sicheren Tod bewahren“, sagte er. „Zum Teufel auch, ich bin achtundsiebzig und erwarte jeden Tag irgendeinen schrecklichen Zusammenbruch. Sie sind ein Jüngling neben mir, Joseph, und ich bezweifle, daß Sie so durchnäßt sind wie ich.“ Der durchweichte Rand seines Hutes hing ihm jetzt tief über die Augen. „Aber Sie sollen auch ein heißes Bad bekommen. Wie gut, mein Spielzeugdorf dort unten zu sehen und mein Spielzeughaus in seiner Mitte. Nein, Joseph ... nicht jetzt. Wenn ich haltmache, hol ich mir den Tod.“ Der Pfarrer war stehengeblieben, um mit seinem Absatz ein paar Eier- und Apfelsinenschalen, die irgend jemand weggeworfen hatte, in die torfige Erde zu bohren.

„Bedaure, Hugo, aber ich bringe es nicht fertig, diese Greuel liegenzulassen. Wenn ich es tue, fühle ich mich im Stande der Sünde.“

„Ganz Ihrer Meinung. Mir ergeht es ebenso. Aber nicht, wenn ich bis auf die Haut durchnäßt bin. Beten Sie einfach nächsten Sonntag, daß der Frevler vor der Hölle bewahrt bleiben möge. Haben Sie sich jemals überlegt, Pastor, daß kein Mensch allein auf dem Gipfel eines Berges sündigen kann –“

„Außer ihm, der hingeht, sein Frühstück über die Berge zu verstreuen.“

„Genau das wollte ich sagen. Zweifellos wird solch ein Mensch der ewigen Verdammnis verfallen. Sind Sie jemals in Griechenland auf dem Olymp gewesen? Ich habe mir gerade eben überlegt, daß die zerklüfteten Felsen des Olymp unseren Upper Crags ähneln und daß unser Sledden Seat dem Zeus als Thron dienen könnte. Übrigens, wer sind diese Männer, die den Hang heraufkommen?“

Der Pfarrer kniff die Augen zusammen, um besser sehen zu können. „Ich vermute, es ist Ihr Norry Kingharber mit seinem Freund.“

„Das wäre leicht möglich. Aber ich bitte Sie, bleiben Sie nicht stehen, um mit ihnen zu schwatzen“, sagte der Doktor, während er grüßend mit dem nassen Arm winkte. „Vielleicht könnten wir einfach mit einem kurzen ‚Grüß Gott‘ vorbeigehen, wie wir es in den Alpen tun.“

Norry hatte sie jetzt erkannt und winkte ebenfalls.

„Guten Tag, Norry, mein lieber Junge. Wir haben gehört, daß Sie kommen würden. Und dies ist Ihr Freund?“ Weit davon entfernt, einfach vorbeizugehen, begann der Doktor, sich freundlich mit den beiden jungen Männern zu unterhalten. Er fragte, wie es ihnen auf der Farm erging, und wollte Neuigkeiten von Brentham hören. Der Pfarrer wartete zitternd vor Kälte, bis der Doktor schließlich von seinem eigenen Frösteln besiegt wurde. „Nun, viel Spaß, Norry . . . und Mr. Pug. Bleiben Sie hier nicht stehen, um zu schwatzen, Pfarrer. Wenn wir uns nicht in Bewegung halten, holen wir uns bestimmt den Tod“, und er lief mit halsbrecherischer Geschwindigkeit den Pfad hinunter. Als sie, einer hinter dem anderen, zur Dorfstraße kamen, hätten sie zwei Geher sein können, die sich nach einer Langstrecke atemlos dem Endspurt näherten.

Sie betraten eilig das Haus des Doktors.

„Schnell ins Caldarium, Joseph", drängte Dr. Pater. Der römische Name für sein Badezimmer änderte sich von Fall zu Fall; oft war es das Tepidarium, das Lauwarme. „Als Ihr Gastgeber muß ich es Ihnen zuerst überlassen. Sie wissen, wo das Necessarium ist, nicht wahr? Gott sei Dank habe ich es hereingebracht. Es stand vorher im Garten, mitten im Blickfeld von Mrs. Pauncey Fenster. Oh, Johnny Blenco ist da draußen."

Sie befanden sich am Ende eines Korridors, dessen Tür in den Garten führte. Dr. Pater ging hinaus, und der Pfarrer folgte ihm. Schließlich hatten sie völlig durchnäßt mehrere Kilometer zurückgelegt, und so kam es auf ein paar Minuten mehr oder weniger auch nicht mehr an – aber wolle Gott, dachte der Pfarrer im stillen, daß das Gespräch des Doktors mit seinem Nachbarn kurz sein würde.

Johnny Blenco, der mit dem Rücken zu ihnen bei der Arbeit war, bot einen seltsamen Anblick in diesem ummauerten, von Blumen übersäten Gartenquadrat. Er war ein schmächtiger Mensch, Anfang der Dreißig, bucklig und hinkend, mit einem Kopf, der zu groß für seinen Körper war. Sein Buckel und das zu kurze Bein waren vermutlich angeborene Mißbildungen, gegen die unwissende Eltern in einem einsamen Tal nichts unternommen hatten. Als der Doktor und der Pfarrer in den Garten kamen, blickte er von der Pflanze auf, die er gerade an einen Stock band, um sie gegen den Wind abzustützen.

Es gab dem Pfarrer wie immer einen schmerzlichen Stich, den Unterschied zwischen dem mißgestalten Körper und der bemerkenswerten Schönheit des Gesichts zu sehen. Er erinnerte sich, daß Greta einmal gesagt hatte, wenn nur dieses Gesicht mit der geraden, männlichen Nase, den großen, braunen Augen und dem kräftigen Mund zu einem hochgewachsenen, geraden Körper gehörte, wäre Johnny Blenco zu schön, um wahr zu sein.

Johnny lächelte, und dieses Lächeln, das plötzlich sein Gesicht erhellte, war wie die Morgensonne, die durch Wolken bricht. „Nach dem Sturm der letzten Nacht dachte ich mir, es wäre besser, ein paar Stöcke einzusetzen", sagte er. Seine Aussprache hatte ebensowenig vom kumbrischen Dialekt an sich wie Gretas, obwohl auch er in diesem Tal geboren war.

„Ein großartiger Bursche, finden Sie nicht auch?" sagte der Doktor. „Nicht nur einer der besten Gärtner der Welt, sondern er versteht sich auch auf alles andere. Er ist Pauncey Elektriker – Pauncey hat panische Angst vor der Elektrizität –, und er kann Wände verputzen;

er kann sogar eine Trockenmauer reparieren, eine Kunst, die mein Verständnis weit über–" Er hielt mit überraschender Plötzlichkeit inne, als er bemerkte, daß Johnny angesichts dieser Lobreden den Kopf schüttelte. „Haben Sie sich um das Hypocaustum gekümmert, Johnny?"

„Ja. Ich habe es angeheizt, als mir klarwurde, daß Sie und der Herr Pfarrer in den Regen gekommen sein mußten."

„Gut. Sehr schön." Die Stimme des Doktors klang verlegen, als ob er sich schämte, mit seinen Lobreden einen peinlichen Schnitzer gemacht zu haben. „Und würden Sie, mein lieber Freund, bitte so nett sein, uns rasch ein Feuer im Scriptorium zu machen? Kommen Sie, Pastor, wir können ein heißes Bad nehmen und möglicherweise dem Tod entgehen."

„Wollen Sie mir wirklich weismachen", fragte der Pfarrer, als sie wieder im Haus waren, „daß Johnny versteht, was Sie mit Hypocaustum und Scriptorium meinen?"

„Natürlich. Es gibt kaum ein Buch in meiner Bibliothek, das er nicht gelesen hat. Bitte gehen Sie jetzt ins Bad und trödeln Sie nicht. Mich friert." Als der Pfarrer in der Badewanne saß, hörte er die Stimme des Doktors. „Sie könnten jetzt nicht heiß baden, wenn Johnny sich nicht um meine Rohrleitung kümmern würde. Und mit Schafen kann er genausogut umgehen wie Tam."

„Und was Sie nicht erwähnt haben", sagte der Pfarrer planschend, „er betreut nicht nur meinen Kirchhof, sondern ist auch Küster und Sakristan."

„Hören Sie zu", sagte der Doktor. „Ich möchte Sie nicht drängen, aber abgesehen von einem Handtuch, das mich bedeckt wie die Cappa einen Bischof, bin ich im Adamskostüm. Eine Lungenentzündung ist nicht von der Hand zu weisen."

DAS Scriptorium oder Studierzimmer sah auf den Garten hinaus. Dort fanden sie sich weniger als zwölf Minuten später vor einem prasselnden Feuer wieder; der Doktor ging auf und ab, um besser reden zu können. Er wollte dem Pfarrer bei der Aufzählung von Johnnys Fähigkeiten nicht nachstehen.

„Sehen Sie ihn sich jetzt an. Er beschneidet meine Rosenstöcke und bedeckt sie mit Laub. Ich sage immer, der Junge hat Leben in den Fingern. Aber es gibt Dinge an ihm, die ich nicht verstehe. Man scheint allgemein zu glauben, daß er eine seltsame Heilkraft besitzt. Haben Sie die Geschichte von Tam Godrigg gehört? Nein?

Das war in dem Winter, ehe Sie kamen. Es hatte stark geschneit, und Tam mußte Heu zu seinen Schafen hinaufbringen. Eines Tages geriet er in einen eisigen Schneeregen und holte sich eine Lungenentzündung. Eine Zeitlang lag er im Delirium, und Johnny ging Tag und Nacht in seine Hütte, um ihn zu pflegen. Wir alle helfen einander hier im Tal, und Johnnys zahlreiche Arbeitgeber beurlaubten ihn, damit er sich Tam widmen konnte. Etwa am siebten Tag verschwand das Fieber – haben Sie bemerkt, daß es für gewöhnlich nach einer ungeraden Zahl von Tagen zurückgeht? –, es gibt viele sonderbare Dinge auf dieser Welt. Aber dann, als wir gerade dachten, daß der alte Tam außer Gefahr sei, stellten sich Komplikationen ein, und er fing wieder an zu phantasieren. Dr. Towney sagte, diese Art von Rückfall sei fast immer tödlich. Aber Johnny schüttelte nur den Kopf und blieb von da ab ständig bei Tam.

Eines Abends ging ich hin, um zu sehen, ob ich mich irgendwie nützlich machen konnte, und da sah ich, daß Johnny einen von Tams langen, mageren Armen zwischen den Händen hielt und ihn, die Augen fest auf Tams Gesicht geheftet, mit langsamen, regelmäßigen Bewegungen rieb. Er machte mir ein Zeichen, daß ich mich still verhalten sollte. Manchmal nickte Johnny, während er rieb, und manchmal schüttelte er den Kopf, wenn Tam stöhnte oder am Bettzeug zerrte, aber er hörte keinen Augenblick auf, den Arm zu reiben. Ich weiß nicht, wie lange ich dort wartete, aber ich schwöre Ihnen, ganz allmählich ließ die schreckliche Ruhelosigkeit nach, und die Hände, die ins Laken verkrampft waren, wurden still. Ich flüsterte: ‚Tot?', aber Johnny schüttelte lächelnd den Kopf. Später fragte ich ihn: ‚Wie bringen Sie es fertig, solch einen friedlichen Schlaf herbeizuführen?', und was glauben Sie, war seine Antwort?"

Der Pfarrer sagte: „Ich weiß es nicht."

„Genau. Das war seine Antwort. ‚Ich weiß es nicht, Sir. Ich versuche, an nichts zu denken – außer daß ich mir wünsche, ihn wieder gesund zu sehen.' Später setzte er hinzu: ‚Ich fühle, wie eine Art Vertrauen von mir ausströmt, daß die Schmerzen aufhören werden. Und sie scheinen aufzuhören.'

Towney sagte, er habe noch nie eine derartige Genesung erlebt. Aber niemand spricht je mit Johnny darüber, denn er macht immer ein Gesicht, als ob er es nicht ertragen könne. Und es ist nicht die einzige Geschichte, die man sich über seine Heilungen erzählt. Er –"
Der Doktor brach jäh ab und hustete.

Johnny kam hinkend herein. „Ich gehe jetzt, Sir. Aber vielleicht komme ich heute nachmittag wieder, um den Apfelbaum zu ringeln."

„Es freut mich, wenn Sie das tun, Johnny; aber was ist Ringeln?"

„Ich schneide an einer Seite des Stammes einen halben Ring aus der Rinde und dann auf der anderen Seite weiter unten die zweite Hälfte. Damit erreicht man, daß der Baum mehr Früchte und weniger Holz hervorbringt."

„Könnten Sie nicht beim jungen Matt Whinlake, Gretas Bruder, ein ähnliches Verfahren anwenden? Meinen Sie nicht auch, daß ihm etwas weniger Holz ganz guttäte?"

Johnny wandte nur mit einem nervösen Ruck seinen Kopf ab. Und der Pfarrer überlegte erstaunt, ob die Erwähnung von Gretas Namen das verursacht hatte. Mit einem leisen Lächeln ging Johnny hinaus.

„Was macht er so allein in seiner Hütte?" fragte der Pfarrer.

„Er liest. Meine ganzen Bücher." Der Doktor deutete mit einer ausladenden Handbewegung auf die vollgestopften Regale an den Wänden. „Klassische Werke. Philosophie. Aber vor allem Biographien bedeutender Männer. Manchmal frage ich mich, ob er dann vor der Wirklichkeit flüchtet und davon träumt, genauso zu sein."

„Ist er zur Schule gegangen?"

„Bis dreizehn oder so. Ich habe durchblicken lassen, daß ich ihm gerne helfen würde, aber er scheut jede Hilfe, ebenso wie er – das haben Sie ja vorhin erlebt – jedes Lob scheut. Ist fest entschlossen, auf seinen eigenen zwei Beinen zu stehen, selbst wenn sie nicht zueinander passen. Und er tut es. Er verdient als allgemeines Faktotum viel mehr, als er irgendwo als Landarbeiter bekommen könnte, obwohl er für kleine Hilfeleistungen gar keine Bezahlung annehmen will. Ich muß ihm oft das Geld regelrecht aufzwingen. Trotzdem wird gemunkelt, daß er ein ganz nettes Sümmchen auf der hohen Kante hat; er braucht ja nur für sich allein zu sorgen."

„Wie kommt es, daß er nie geheiratet hat?"

„*Geheiratet?* Dazu ist er zweifellos zu stolz. Er will keinem Mädchen einen buckeligen Rücken und ein verkrüppeltes Bein bieten. Zumindest nicht einem Mädchen, wie er es sich wünschen würde. Aber wer weiß im Grunde wirklich etwas über unseren Johnny, den Schweigsamen?"

Später ging der Pfarrer an Johnnys Kate nebenan vorbei. Sie lag hinter einer Mauer ein wenig abseits von der Straße, und in jedem Winkel des Vorgartens blühten Steinkraut und Zistrosen, Lavendel,

Steinbrech und Enziane. Der Anstrich des Hauses schimmerte wie Glasur auf Porzellan. Selbst die gewöhnliche Schwelle aus grünem vulkanischem Schiefer glänzte fast ebenso wie alles übrige. Eine Kamelie und eine Malve rankten sich über den Türbogen. Jede Einzelheit zeugte von dem Stolz des Besitzers auf sein Haus. Und der Pfarrer fragte sich, ob sich Johnny nicht in diesem schönen Haus und Garten vielleicht unbewußt eine Fortsetzung seines unschönen Körpers schuf.

VIER

DRINNEN in der Hütte saß Johnny Blenco, die Ellbogen auf einen kleinen, runden Tisch gestützt. Vor ihm lag ein offenes Buch: *Fridtjof Nansen – Forscher, Gesandter, Menschenfreund*. Solange er über Nansen las, hatte er sich selbst in der Rolle eines Forschungsreisenden gesehen. Aber jetzt dachte er nach, dachte an zwei geheime Dinge, über die er mit niemandem sprechen konnte. Und das erste war dies: Auch in seinem Körper regte sich das Verlangen nicht schwächer als in den starken jungen Arbeitern auf den Bauernhöfen oder den jungen Bergsteigern in Mrs. Pounceys Gästehaus. Und während dieser letzten Jahre war er außerstande gewesen, Greta Whinlake ohne Sehnsucht anzusehen, wenn er ihrem Vater half oder auf der Straße an ihr vorbeiging und sie ihn fröhlich grüßte. Genau wie Norry konnte er ihrer schlanken, sich entfernenden Gestalt nachblicken und sich daran erfreuen, aber für ihn wandelte sich die Freude sehr rasch in Schmerz. Es war unvernünftig, diese Sehnsucht zu einem Begehren werden zu lassen! Sie, das schönste Mädchen im Tal, und er – er, so wie er war. Er, der sich insgeheim auch noch so viel auf seine Intelligenz einbildete.

Und dennoch ... und dennoch war dieser Widersinn lebendiger denn je. Heute morgen hatte er sie lachend an der Tür ihres Hauses gesehen, zusammen mit diesem eindrucksvollen jungen Mann, von dem gesagt wurde, er sei der Sohn einer reichen Familie und berühmt unter den Bergsteigern. Er hatte das Funkeln ihrer Augen gesehen, als sie zu dem jungen Mann hinaufblickte, und es hatte ihm einen Stich ins Herz gegeben. Wenn er sie mit den Bauernsöhnen des Tals hatte reden sehen, hatte ihm auch das Schmerzen bereitet, aber weit weniger, denn er war sicher, daß sie sich nie mit einem von ihnen zufriedengeben würde. Es war aber ganz klar, daß sie sich leicht in diesen jungen Mann verlieben konnte. Und für jemanden in seiner Stellung war es nicht einmal unmöglich, die Tochter eines Farmers zu heiraten. Ungewöhnliche Schönheit hatte oft genug Reichtum und Rang ersetzt.

Oder – wenn man es sich recht überlegte – war es nicht noch viel eher möglich, daß ein gutaussehender junger Mann in einem einsamen Bauernhaus die schwärmerische Anbetung so eines Mädchens auskostete und dann verschwand? Der Gedanke stach ihn wie mit Messern. Nicht sein moralisches Empfinden, seine Liebe war verwundet. Moral war vergessen, versunken, verloren im Hunger nach Liebe.

Aber der Gedanke an Moral führte ihn zu seiner zweiten ganz persönlichen Angelegenheit. Wenn diese Hütte auch Dr. Paters Mauer berührte und auf der anderen Seite nur einen Meter vom kleinen Haus der Lehrerin entfernt lag, war sie für John doch manchmal wie die Zelle eines Einsiedlers: ein geheimer Ort, wo er darüber nachdenken konnte, wer oder was sein Gott war und wo seine Verantwortung Ihm gegenüber lag. Obgleich er dem Pfarrer nie etwas davon gesagt hatte, wußte er mittlerweile ziemlich sicher, was sein Glaube war. Zum Teil war er durch die Bücher, die er gelesen hatte, zu ihm gekommen, aber vor allem hatte ihn das ständige Gefühl des Körpers, den er mit sich herumtrug, dazu getrieben – seines menschenunwürdigen Körpers.

Er war zu der Überzeugung gekommen, daß die ganze vergängliche, materielle Welt, die ihm so wenig bot, von etwas Nichtmateriellem, sondern Ewigem, Zeitlosem durchdrungen war. Und von etwas *Gutem*. Er fühlte sich dem nahe, ja sogar als ein Bestandteil davon, wenn seine Gedanken sich wie jetzt in das versenkten, was er „das stille Ich“ nannte, das „Ich“ hinter der Flut von Gedanken, dem Lauf der Zeit, allem Vergänglichen. Was immer sich noch hinter diesem „stillen Ich“ befand, sein Ursprung oder seine Grundlage war – kein Wort konnte es umfassen –, das war sein Gott. Vermutlich war es eine viel verworrenere Gottheit als der Gott von Kanonikus Nickle, aber sie war dem Gott des Pfarrers dennoch so nah, daß Johnny bereit war, in der winzigen Kirche am Rande der Straße zu ministrieren.

Er hatte seinen eigenen Ausdruck für diesen Gott geprägt, drei Wörter, die jemandem zu offenbaren er sich gescheut hätte. Er nannte Ihn „die drei L“: Leben, Licht und Liebe. Wenn Er Leben war (wie Er es sein mußte, wenn es Ihn gab), dann mußte Sein vollkommener

Ausdruck in dieser Welt Gesundheit sein, und man konnte sich bemühen, diese für sich selbst und vielleicht auch für andere von Ihm zu erlangen. Wenn Er Licht war (dessen Verkörperung in dieser Welt Vernunft, Wahrnehmungsvermögen, Weisheit sein mußten), dann konnte man durch Ihn ein immer klareres Verständnis der Dinge gewinnen. Und wenn Er Liebe war (dies war für Johnny mehr eine Hoffnung als eine Schlußfolgerung), dann war ein mißgestalter Körper weniger wichtig, als man glaubte, und es war seine Aufgabe, diese Liebe an andere weiterzuleiten. Seine Aufgabe und sein Glück. Wann immer Johnny dies klar erkannte, nannte er seinen Wahlspruch: „Ich kenne meinen Weg."

Das also waren das unausgesprochene Glaubensbekenntnis und der selbstgewählte Weg von Johnny Blenco. Und an diesem Nachmittag bemühte er sich, aus all dem Kraft zu schöpfen, um den Schmerz einer aussichtslosen Liebe zu besänftigen und auch weiterhin auf seinem Pfad der Vernunft und der Selbstlosigkeit zu bleiben.

Vergebens ... Es mochte ihm zwar gelungen sein, die Schmerzen des alten Tam Godrigg zu stillen, doch sein eigenes Leid zu lindern, gelang ihm nicht. Es war weder durch Willenskraft noch durch Vertrauen oder Gebet zu beeinflussen. Nichts von alledem, was er wußte, konnte ihm helfen, wenn er an Greta dachte, die jetzt mit dem großen, gutgewachsenen jungen Mann in ihrem Farmhaus war.

Schließlich gab er sich geschlagen. Er blickte auf die Bücherregale an den Wänden, die geblümten Vorhänge an den Fenstern, das hohe steinerne Gesims über dem Kamin. Nichts wird sich jemals ändern, sagte er sich. Du wirst immer allein sein. Kein Mädchen, das dich liebt, wird in diesem Sessel sitzen, denn die einzige, die du begehrst, ist nicht für dich, alter Junge. Finde dich damit ab. Gib's auf und laß die lächerlichen, unmöglichen Wunschträume. Es gibt anderes Glück, woanders.

Nun ... es war zwei Uhr vorüber, und er hatte noch nichts gegessen. Er beschloß, richtig gut zu kochen. Der Doktor hatte in Johnny nämlich nicht nur die Liebe zu Büchern geweckt, er hatte ihn auch gelehrt, gute Speisen und Weine zu schätzen. Die Zelle dieses Einsiedlers beherbergte unter anderem auch einen Gourmet. Und da er gut verdiente, konnte er sich diesen tröstlichen Luxus gönnen.

Er legte sein Buch zur Seite und deckte den Tisch mit Messer, Gabel und einem Weinglas. Dann schmorte er in seiner kleinen Küche kleingeschnittene Mohrrüben, Zwiebeln und Sellerie in Butter. In eine andere Pfanne tat er wieder Butter und ein Heilbuttfilet. Als das Gemüse fertig war, gab er es mit etwas Brühe und einem Schuß Weißwein zu dem Heilbutt. Eine Viertelstunde später goß er noch eine weiße Soße über den Fisch und richtete ihn auf einem Teller an, auf den er bereits eine Kartoffel und Spinat getan hatte. Dann trug er das ganze köstliche Gericht ins Zimmer und setzte sich an den Tisch, um es sich bei einer ausgesuchten Flasche von gekühltem Riesling munden zu lassen.

Norry und Greta waren allein im Haus, er im Wohnzimmer, sie in der Küche. Ihr Vater war mit Tam Godrigg draußen auf dem Feld bei den lammenden Schafen; Pug, dessen Vater Pfarrer war und Kanonikus Nickle von früher her kannte, war zum Abendessen ins Pfarrhaus gegangen; Matt befand sich Gott weiß wo.

Norry war so still, daß Greta neugierig wurde und unter dem Vorwand, etwas vom Hof holen zu müssen, an der offenen Wohnzimmertür vorbeiging. Als sie einen kurzen Blick hineinwarf, bot sich ihr ein überraschendes Bild: Norry stand mit dem Rücken zum Feuer, und auf seinem Gesicht, das mit leeren Augen auf die Tür starrte, lag ein Ausdruck der absoluten Verzweiflung. Norry, der Unbekümmerte, stand mit schlaff herabhängenden Armen wie ein Bild des Trübsinns da. Greta hatte das Gefühl, etwas beobachtet zu haben, wovon sie eigentlich nichts wissen sollte, etwas, das nicht für ihre Augen bestimmt war.

Aber Norry, der jäh aus seiner Versunkenheit erwachte, wurde sich bewußt, daß Greta zweimal – auf dem Weg von der Küche zum Hof und zurück – an der Tür vorbeigekommen war. Sein Herz klopfte stürmisch. Endlich hatte er Gelegenheit, mit ihr statt mit ihrem Vater zu reden. Es blieb nur noch so wenig Zeit! Dies war sein vierter Tag, und in zwölf Tagen begann das Sommersemester. „Greta“, rief er von der Türschwelle her.

Er hörte, wie sie von einem Stuhl aufstand und herbeieilte. „Ja, Sir?“

„Greta, zum Teufel mit dem ‚Sir‘! Ich heiße Norry. Hören Sie, Gretchen, ich bin ganz allein. Haben Sie Erbarmen und kommen Sie ein Weilchen zu mir.“

„Mit Freuden, Sir.“ Ihre Augen blitzten mutwillig.

„Sagen Sie noch einmal ‚Sir‘, und Sie bekommen was hinten drauf.“ Worte, die sein Herz erschütterten. „Sagen Sie: ‚Mein lieber

Norry, ich komme, um Ihnen Gesellschaft zu leisten.'" Ein schüchternes Lächeln. „Los, sagen Sie es."

Sie warf den Kopf zurück. „Norry, ich komme, um Ihnen Gesellschaft zu leisten."

„Gut. Ein bißchen gezwungen, aber das gibt sich."

Er ging zu seinem gewohnten Sessel und ließ sich hineinfallen. Sie kam zögernd näher. Mein Gott, wie schön sie ist, dachte er im stillen und erinnerte sich an einen Vers aus dem „Verlorenen Paradies": *... ein Zeichen ihrer Unterwerfung, die ... als beste Gabe sie züchtiglich ergeben gibt, in demutsvollem Stolz und* – wie ging es weiter? – *und süßer Frist verliebten Widerstrebens.*

In demutsvollem Stolz und süßer Frist verliebten Widerstrebens – was für eine vollendete Beschreibung.

„Gut so. Jetzt setzen Sie sich in Pugs Sessel. Mögen Sie Pug?"

„Er ist sehr nett."

„Ich hab den alten Pug gern. Ein großartiger Sportler. Wir haben erst fünf oder sechs Touren gemacht, und er klettert schon wie ein Alter. Eines Tages werden *Sie* mitkommen, und dann mache ich *Sie* zur Expertin."

„Oh, nein. Mir wird schon schwindlig, wenn ich nur Kletterer an den Felsen sehe."

„Sie wären angeseilt, vergessen Sie das nicht, und selbst falls Sie abrutschen sollten, würde ich Sie nie fallen lassen. Ich wäre ja am Fels über Ihnen gesichert. Wenn ich fiele, müßte der ganze Berg mitkommen."

„Ich habe keine richtigen Stiefel."

„Das ist keine Entschuldigung. Am ersten schönen Tag können Sie es mit nackten Füßen tun." Allein der Gedanke an ihre nackten Füße! „Warten Sie ab, bis Sie zum erstenmal den blanken Fels unter Ihren Zehen fühlen. Es ist eine Wonne."

„Oh, soll ich's wirklich versuchen? Soll ich's wagen?"

„Sie sollen. Es gibt kaum ein befriedigenderes Gefühl, als wenn man sich auf Zehenspitzen auf einem zentimeterbreiten Vorsprung – nur mit Hilfe eines Gott sei Dank wundervollen Handgriffs – im Gleichgewicht hält. Da jauchzt es in den Fingern und in den Füßen. Und wenn man den Gipfel erreicht – kein Triumph kommt dem gleich."

Norry sprach von den Bergen mit der Begeisterung eines Menschen, der das Evangelium predigt, und seine Augen funkelten vor Glaubenseifer. Und er fand Worte für seinen Glauben, die Gretas Interesse gefangennahmen. Die Berge waren Erlösung, Erlösung! Man stieg hoch über die Welt der Menschen, löste sich von all ihren Konventionen, Sünden und Grausamkeiten, von der abscheulichen, vergifteten Zivilisation, die sie mit ihrer Wissenschaft geschaffen hatten. Aber er war zu schnell und für Greta zu weit vorangestürmt. Sie holte ihn zurück.

„Sünden?" Was wollte er damit sagen?

Er zündete einen Stumpen an, lehnte sich zurück und blies Rauchringe an die Decke. „Wenn man so hoch über seinen Mitmenschen steht, wie *kann* man dann irgend etwas anderes sein als mehr oder minder das, wozu der Schöpfer uns bestimmt hat? Ich sage Ihnen, man fühlt sich dort oben wie befreit." Ihre Augen blickten ihn mit gesteigerter Aufmerksamkeit und neuem Verstehen an, während er fortfuhr: „Gretchen, sind Sie jemals auf dem Scafell-Pik gewesen?"

„Das überlassen wir euch Touristen. Ich bin nur bis zum Dore hinaufgestiegen."

„Nun, oben auf den Gipfeln hat man das Gefühl, daß man entkommen ist – nicht nur der Welt der Menschen, sondern auch der Zeit selbst."

Das verwirrte sie. Sie wollte wissen, was in aller Welt er damit meinte.

„Nichts in der Welt, mein Liebes. Die Welt bleibt zurück. Die Gipfel der Berge sind einfach endlose Steinwüsten – so war das Chaos, ehe Gott sich dranmachte. Wenn dort oben plötzlich die Sonne hervorkommt, weiß ich, was Shelley sagen wollte, als er etwa schrieb: *Der große Morgen der Welt, als Gott zum erstenmal über dem Chaos heraufdämmerte.* Sie haben doch Shelley gelesen, nicht wahr?"

Sie blickte verlegen drein, als sie zögernd erwiderte: „Nein, aber ich habe Shakespeare, Tennyson und . . . und andere gelesen."

Er empfand liebevolles Mitleid mit ihr, denn offensichtlich wollte sie zeigen, daß auch sie gebildet war; fast so wie er. Um ihr die Verlegenheit zu nehmen, sagte er: „Sie haben doch noch soviel Zeit. Ich habe das meiste auch nur gelesen, weil ich es als Lehrer brauchte."

„Ja, aber ich lese wirklich gern", versicherte sie ihm und begann, die eingestürzte Mauer ihres Stolzes wieder aufzubauen. „Ich hole mir Bücher aus der Gemeindebücherei, und Kanonikus Nickle hat mir welche geliehen. Auch Johnny Blenco. Er ist unheimlich klug. Sie müssen ihn kennenlernen . . . Erzählen Sie weiter."

Traurig, dachte Norry bei sich, daß echtes Mitleid so schnell von seinem ständigen, unwiderstehlichen Verlangen, sich wichtig zu tun, verdrängt werden konnte. Er mußte einfach vor ihr glänzen: „Diese wilden, felsigen Gipfel kommen mir immer wie ein Abbild der Anarchie vor, und Anarchie hat für den rebellischen Sinn des Menschen etwas Faszinierendes."

Und da saß sie nun, wieder schweigsam und verwirrt. Reumütig begann er, ihr von seinen Klettereien mit Führern in den Alpen und mit Sherpas im Himalaja zu erzählen. Nur wenig davon war Angeberei; den größten Teil brachte er so ernst vor wie jeder inbrünstige Prediger seine christliche Lehre. Ihr Interesse – und ihr Schreck, als er den Gang über einem Abgrund beschrieb – bezauberte ihn, und plötzlich zitierte er wieder, aber diesmal nicht, um zu prahlen, sondern um seine aufmerksame Zuhörerin liebevoll zu necken: *„Das zu hören, war Desdemona eifrig stets geneigt."*

Gretas bescheidene Schau von klassischer Bildung brach zusammen wie das Bühnenbild, das sie war. Sie fragte: „Desdemona? Wer war das?"

„Haben Sie nicht –" Aber er besann sich sofort eines Besseren, erwähnte *Othello,* als ob es völlig normal wäre, ihn nicht zu kennen (womit er Greta in ihrer verletzten Betroffenheit nicht täuschen konnte), und wechselte rasch das Thema. „Nur noch ein paar Tage", sagte er bedauernd. „Aber ich komme im September wieder. Anfang August die Alpen, dann Sledden."

„Oh, Sie werden doch bestimmt wiederkommen? Und Sie werden *hierher* kommen?" bat sie inständig. Und gleich darauf errötete sie, denn sie fürchtete, durch ihren Eifer zuviel verraten zu haben.

„Ja, vier volle Wochen." Anscheinend hatte er nichts bemerkt.

„Wie schön." Aber sie sagte es kühl, wie um den Eindruck ihres vorausgegangenen Drängens zu verwischen. Ja, zum Ausgleich all ihrer Maßlosigkeit fragte sie sogar mit einem mutwilligen Blick, als wäre sie von sich aus bereit, uneigennützig zu sein: „Verbringen Sie Ihre Ferien denn *niemals* mit Ihren Eltern?"

Das brachte ihn dazu, von zu Hause zu sprechen. Er beschrieb das über zweihundert Jahre alte Haus seiner Eltern am Grosvenor Square, was für sie nichts zu bedeuten schien, bis er lachend sagte, daß es von den Botschaften fremder Nationen umgeben sei, woraufhin sie anfing, sich klein und armselig zu fühlen. Er habe zwei Schwestern, eine älter als er und verheiratet, die andere jünger und verlobt.

„Verheiratet mit was und wem?“ fragte sie sehr interessiert.

„Nun, Lucy ist mit einem Baronet verheiratet, der eine Art Anwalt ist. Wissen Sie, es gibt in unserer Familie eine ganze Menge Juristen.“

Baronet? Gretas Unbehagen wuchs. „Demnach ist sie eine Lady Soundso?“ Nun gut ... „Und Ihre andere Schwester?“

Marion, erklärte er, sei mit einem Leutnant des Walisischen Gardekorps verlobt, was Greta nicht so sehr erschreckte, aber auch nicht dazu beitrug, ihren Respekt zu mindern. Nach einer ängstlichen Pause sagte sie: „Sie haben mir nie erzählt, was Ihr Vater ist.“

„Oh, er ist Richter – ein von der Krone ernanntes Mitglied des Oberhauses für richterliche Entscheidungen.“

Ihr Herz schien einen Augenblick stillzustehen. „Soll das heißen, daß er ein Lord ist?“

„Erst, seit er dazu ernannt wurde. Die Mitglieder des Oberhauses mit richterlicher Funktion sind das oberste Berufungsgericht des Landes, aber sie sind nur Peers auf Lebenszeit.“

„Nichtsdestoweniger ist er doch Lord Kingharber, nicht wahr? Und Ihre Mutter ist Baronin?“ Das Herz, das stillgestanden und dann wild gepocht hatte, lag jetzt wie ein Stein in ihrer Brust.

„Ja, so etwas Ähnliches. Aber erst seit letztem Jahr.“

Nichts von alledem war Prahlerei, selbst wenn sein vorheriges Gespräch es zum Teil gewesen war. Das, womit er dreißig Jahre lang gelebt hatte, war für ihn etwas vollkommen Alltägliches, und er konnte sich nicht vorstellen, daß es für jemand anderen außergewöhnlich sein könnte. Er hatte keinen Grund zu bemerken, daß Greta von all dem Adel erschlagen dasaß. So waren seine nächsten Worte nicht als Entschuldigung, sondern nur als ein Beweis der Zuneigung gemeint. „Aber ich habe genug über mich selbst gesprochen“, sagte er. „Jetzt erzählen Sie mir alles über Greta. Sie sind viel interessanter als ich.“

GRETA stand in ihrem schmalen Schlafzimmer und hatte noch nicht begonnen, sich auszuziehen. Sie starrte blicklos vor sich hin und war selten so traurig und sorgenvoll gewesen. Schließlich lehnte sie, wie es ihre Gewohnheit war, wenn ein Kummer sie bedrückte, den Kopf an die Wand und schalt sich eine Närrin. Was für Wünsche und Träume sie hinsichtlich der jungen Gäste gehegt hatte, die auf ihre Farm kommen sollten, konnte sie nicht sagen, denn sie hatte diese

Gedanken nie in Worte gefaßt. Aber irgendeinen unklaren kleinen Traum hatte es bestimmt gegeben, und Norry hatte ihn dadurch genährt, daß er sich so offensichtlich über ihre Gesellschaft freute und sich keines Klassenunterschieds zwischen ihnen bewußt zu sein schien. Aber nach dem Gespräch über seine Familie war dieser geblähte Ballon jetzt leer zu Boden gesunken. Sie brauchte nur an seine herrschaftliche Mutter zu denken, und sie sah sofort ein abgelegenes Bauernhaus, das am Anfang von nirgendwo um seine Existenz kämpfte. Dumme, törichte Träume. Warum sah man das Leben nicht so, wie es war und immer sein würde? Schließlich war man ja erwachsen.

Dies war der Grund für ihre Traurigkeit. Die Sorge war weniger spürbar, aber nicht weniger quälend. Hatte sie nicht viel zuviel über sich selbst gesprochen? Hatte sie nicht mit ihrem Erfolg in der Schule geprahlt? Hatte sie sich nicht die größte Mühe gegeben, ihn wissen zu lassen, daß sie Großes hätte erreichen können, wenn sie nicht gezwungen gewesen wäre, mit siebzehn von der Schule abzugehen? Und daß es sehr selbstlos von ihr gewesen war, das alles aufzugeben, um ihrem alten Vater zu helfen? Schreckliche Prahlerei! Gewiß, es stimmte, daß sie ihren alten Vater liebte – leidenschaftlich, wie sie Norry recht theatralisch erklärt hatte – und daß es ihr ein Bedürfnis gewesen war, ihm beizustehen und zu helfen, aber sicherlich hätte sie einem Fremden nicht einmal in scherzhaftem Ton erzählen dürfen, daß ihr Vater gesagt hatte, es sei *ihre* Hilfe, die er brauchte, denn sie sei doppelt so tüchtig wie Matt. Hätte sie das doch bloß nicht gesagt!

Fast immer, wenn Greta mit anderen Leuten zusammen gewesen war – und vor allem, wenn sie diese als gesellschaftlich höherstehend ansah –, fragte sie sich hinterher besorgt, ob sie nicht lächerliche Dinge gesagt und sich töricht benommen habe. Diese vermeintlichen gesellschaftlichen Schnitzer konnten sie oft jahrelang quälen. Ebenso beklagte sie ihr eigenes Verlangen nach Lob und Bewunderung. Es gab ein christliches Gebot, das sie selten befolgen konnte: „Wenn du etwas Gutes tust, laß die rechte Hand nicht wissen, was die linke tut.“ Sie war dem einfach nicht gewachsen, zumindest nicht immer. Sie mochte versuchen, etwas zu verschweigen, was ihr Ehre machte, aber früher oder später wurde ihr Fleisch schwach, und ihre linke Hand erfuhr in allen Einzelheiten – wenn auch nicht ohne geziemende bescheidene Einschränkungen – von der bewundernswerten Tat ihrer rechten. Sie würde niemals all das sein, was ihre sehr wohl geliebte Kirche verlangte, und all das, was sie gern sein wollte.

„Nun gut, nun gut ...“ Sie hob die Stirn von der kalten Wand – überhaupt ein dummer Platz, um sich anzulehnen – und fing an, sich auszuziehen. Norry mochte sie offensichtlich gern, und das war schon etwas – oder zumindest hatte er sie bis zu diesem Abend gern gemocht; aber was war jetzt? Vielleicht würde er am Morgen ihr albernes Geschwätz vergessen haben, würde sie auch weiterhin mögen, und sie würden ein paar Tage lang Spaß miteinander haben. Danach – nun, nichts. Schluß mit den Träumen!

Nachdem sie ihr Nachthemd angezogen hatte, schob sie dieses neue, vernünftige Geschöpf, das sie nun sein wollte, grimmig in das schmale Bett – und dort lag es, ebenso beunruhigt wie zuvor.

FÜNF

Am Samstag abend brachte Pug, der Geistlicher werden wollte, Norry schonend die Nachricht bei, daß er am nächsten Morgen in die Kirche gehen wollte.

„O nein! Nein, Pug. Doch nicht an einem Sonntag“, rief Norry aus.

„Ich gehe nur zum Frühgottesdienst um acht. Wir haben noch den ganzen Tag vor uns.“

„Um *acht?* Gibt es denn in dieser winzigen Kirche überhaupt noch Gottesdienste?“

„Natürlich. Der Pfarrer liest an einem Sonntag die Messe in Goswater und am nächsten in Sledden.“

„Okay. Du kannst gehen. Aber erwarte nicht, daß ich mitkomme.“ Dann ahmte er Gretas Vater nach: „Bin selbst kein guter Kirchgänger nich.“

„Du brauchst natürlich nicht mitzukommen. Ich bin zum Frühstück wieder da.“

Aber das Wort Frühstück und die Nachahmung gerade eben hatten Norry an andere Worte von Mr. Whinlake erinnert: „Ein braves Mädel; geht in die Kirche und hält große Stücke von Herrn Kanonikus Nickle.“ Norry zog im großen und ganzen Mädchen vor, die „gute Kirchgängerinnen“ waren. Er fühlte sich bei ihnen sicherer. Es würde nett sein, in die Kirche zu gehen, wenn sie auch da war, und sie hinterher nach Hause zu begleiten. Er hatte so wenig Gelegenheit, mit ihr zu reden.

Und dann stand sie plötzlich im Türbogen, als ob seine Gedanken sie herbeigerufen hätten. „Entschuldigen Sie. Würde es Ihnen etwas ausmachen, morgen ein wenig später zu frühstücken? Ich versuche immer, in die Kirche zu gehen, wenn es einen Gottesdienst gibt."

„Mein liebes Mädchen, ich habe gerade gesagt, daß ich zum Frühgottesdienst gehe, und versucht, Pug zu überreden, daß er mitkommt."

„Was für eine gemeine Lüge!" – dies von Pug.

„Na schön, vielleicht war es umgekehrt. Auf jeden Fall gehen wir alle wie brave Kinder in die Kirche und dann zusammen nach Hause. Oder vielleicht wollen Sie nach der Kirche lieber allein sein, um nachzudenken oder sonstwas?"

„O nein. Ich fände es sehr nett, wenn wir zusammen nach Hause gehen würden."

„Gehen Sie wirklich *jeden* Sonntag?" fragte er, um sie zurückzuhalten.

„Wenn ich es irgend einrichten kann. Manchmal zweimal."

„Gretchen, du lieber Himmel!"

„Warum?" Sie lachte; es machte ihr Spaß, zu bleiben und sich von ihm necken zu lassen.

„Nun, nach so vielen frommen Predigten müssen Sie ja ein wahrer Engel sein. Obwohl das nicht immer der Fall ist. Pug tut das gleiche, und er ist keineswegs besser als ich. Vielleicht ein bißchen netter, aber nicht viel. Allerdings könnte er sehr viel schlimmer sein, wenn er's nicht täte. Aber warum kommen Sie nicht herein, statt dort auf der Türschwelle zu stehen?"

„Nein, ich kann nicht. Ich habe noch zu tun."

„Hören Sie zu, Pug und ich müssen in ein paar Tagen fort, und dann wird es Ihnen leid tun, daß Sie sich nicht zu uns gesetzt und mit uns geschwatzt haben. Wohlgemerkt, Gretchen, wenn Sie sich weigern, hin und wieder zu kommen und mit mir zu reden, gehe ich im September wieder zu Mrs. Pauncey. Die zumindest redet. Und hört nie mehr auf. Aber es wär doch viel schöner, Ihnen zuzuhören. Pauncey liebe ich nämlich nicht wirklich."

So gingen die schmeichelhaften Neckereien und versteckten Liebeserklärungen weiter, aber er konnte sie nicht lange damit festhalten, obwohl er sah, daß sie gerne geblieben wäre, wenn Zweifel und ihre Zurückhaltung sie nicht daran gehindert hätten.

Als sie fort war, sagte er: „Pug, ich komme natürlich mit. Auf keinen Fall laß ich dich allein mit Greta nach Hause gehen."

Feierlich von Eibenbäumen umstanden, scheint die Kirche von Sledden, wenn man hereinkommt, wenig mehr als ein quadratischer Kasten mit weißen Wänden. Ein paar Kirchenbänke aus dunklem Holz blicken auf ein kleines, durch ein Geländer abgetrenntes Sanktuarium, und über dem Altar befindet sich ein hohes, breites, spitz zulaufendes Fenster aus durchsichtigem Glas. Wenn das Innere einem Schafstall mit Hürden ähnelt, so ist dies vielleicht ganz angemessen, denn ein Schafstall ist für verirrte oder hilflose Lämmer so etwas wie eine geheiligte Zufluchtsstätte.

Auf einer gemalten Schriftrolle über dem Fenster stehen die Worte: *Ich hebe meine Augen auf zu den Bergen, von welchen mir Hilfe kommt.* Dieses Fenster war die Idee eines verschrobenen Pfarrers von Sledden, der drei alltägliche Kirchenfenster aus bemaltem Glas entfernen ließ, sie durch dieses eine große ersetzte und erklärte: „Kein Mensch kann ein Retabel machen, das einem Blick auf die von Gott geschaffenen Berge gleichkommt." Nun, wenn man, sich niederkniend, die höchsten Gipfel des kumbrischen Gebirgsmassivs sieht, oder – besser noch – wenn ein Nebelschleier über den Bergen liegt und der Nebel sich, wie es hier oft geschieht, für einen Augenblick teilt und einem Bergspitzen zeigt, die, von der Sonne beschienen, wie die Hügel und Klippen Gottes aussehen, dann fragt man sich, ob jener alte Pfarrer wirklich so verschroben war.

Es war klar und sonnig, als Greta sich auf den Weg zum Frühgottesdienst machte, ohne sich ein einziges Mal umzusehen, aber doch mit der stillen Hoffnung, daß ihre Gäste herausgelaufen kommen würden, um sich ihr anzuschließen.

Sie hatte es nicht an Anzeichen fehlen lassen, daß sie im Begriff war fortzugehen.

Aber sie erschienen nicht, und Greta ging allein zur Kirche.

Eine ganze Weile später kamen sie dann in großer Eile die Straße entlang; sie hatten mal wieder nicht rechtzeitig aus den Betten gefunden. Die kleine Kirchenglocke läutete noch, und wenn sie sich beeilten, würden sie hoffentlich pünktlich sein und keinen Anstoß erregen. Als sie leise die Kirche betraten, sahen sie Greta in der zweiten Bank von vorne, und so setzten sie sich bescheiden in die hinterste Reihe. Norry war überrascht, zu dieser frühen Stunde noch andere in der Kirche zu sehen, aber manche Frühjahrsurlauber waren da, und es gab ein paar junge Leute aus Mrs. Pauncey Pension; da war ja auch Pauncey selbst! – und Mädchen aus der Jugendherberge, bergfertig in ihren Jeans. Von den Dorfbewohnern war nur ein einziger Mann in seinem Sonntagsanzug zugegen. Wo war Matt Whinlake, der doch so fromm sein sollte?

Die Glocke verstummte. Einen Augenblick herrschte völlige Stille, und dann schritt Kanonikus Nickle im Meßgewand durch das Mittelschiff zum Altarraum; ihm voran ging Johnny Blenco, dessen Verunstaltung von Chorhemd und Soutane verdeckt wurde. Als Norry den schmächtigen jungen Mann beobachtete, der vom Kredenztisch zum Altar hinkte, war er erstaunt zu sehen, wie gut er seine Aufgabe als Ministrant beherrschte. Norry, der viel Sinn für Romantik hatte und diese Täler über alles liebte, war tief beeindruckt von dem Bild, das sich ihm bot: ein Zelebrant in schlichten, aber schönen Gewändern, ein eifriger Meßdiener, zwei Kerzen, die auf dem Altar brannten, und über ihnen, hinter dem Fenster, die von der Sonne beschienenen, lebendigen Berge.

Aber häufiger als auf den Bergen ruhten seine Blicke auf der schlanken Gestalt von Greta mit der Welle von blondem Haar, die über ihrem Rücken lag; und Zärtlichkeit überflutete ihn, als er sie hörte – die Entfernung zwischen ihnen war nur gering –, wie sie mit leiser, aber deutlicher Stimme irgendeine Antwortstrophe oder ein Gebet sprach.

Greta hatte ihn hereinkommen sehen, und sie ertappte sich dabei, daß ihre Gedanken noch öfter als sonst vom Gottesdienst abschweiften. Sie mußte ihre ganze Energie zusammennehmen, um bei der Sache zu bleiben. Immer hatte sie diese Schwierigkeit mit Gebeten. Wenn sie abends vor ihrem Bett kniete, mußte sie das Vaterunser ein ums andre Mal beginnen, weil ihre Gedanken sich zu weit von den allzu vertrauten Worten entfernten; und das durfte nicht sein. Manchmal kam sie erst beim dritten oder vierten Versuch bis zum Ende, ohne das Gebet durch abschweifende Gedanken entweiht zu haben.

Noch bedrückender für ihr Gewissen war ihre Neigung zu gähnen, wenn sie kniete. Wieder und wieder vor Gott zu gähnen – vor Ihm, der all die Millionen und Abermillionen von Sternen am Himmel über dem Tal von Sledden geschaffen hatte –, konnte es etwas Unhöflicheres, etwas Respektloseres geben? Sie bat jedesmal um Vergebung und suchte Trost in der Versicherung von Kanonikus Nickle, daß der Allmächtige zwar unendlich und unvorstellbar groß, aber zugleich auch unendlich und unvorstellbar klein sei. Was zweifellos irgend etwas zu bedeuten hatte, aber nichts, was sie begriff.

Und jetzt, ausgerechnet während des heiligen Abendmahls, hatte sie die Kirche um sich herum vergessen und dachte über das Rätsel nach, das ihr ein junger Mann aufgab. Gestern hatte sie zum zweitenmal jenen Ausdruck tiefer Melancholie auf Norrys Gesicht bemerkt. Sie war ins Wohnzimmer gekommen, um ihn etwas zu fragen, und hatte gesehen, wie er, anscheinend in trostlose Gedanken versunken, aus dem Fenster starrte. Als er sich ihrer Gegenwart bewußt wurde, wandte er sich mit seinem gewohnten heiteren Gesicht nach ihr um, aber in jener Sekunde war ihr abermals klargeworden, daß unter seinen munteren Reden, seiner leidenschaftlichen Begeisterung irgendein geheimer Kummer lag. Und während sie jetzt dort in der Kirche kniete, begann sie zu verstehen, daß sein Verlangen nach gefährlichen Klettereien und nach Einsamkeit eine Flucht vor dieser dunklen Verzweiflung oder eine Auflehnung dagegen war.

Aber genug! O Gott, verzeih mir, daß ich meine Gedanken so umherschweifen lasse. Hilf mir, sie auf den Gottesdienst zu richten. Ich will es ja, aber es ist so schwer. Wo sind wir jetzt? Oh ... Und sie sprach mit Inbrunst das Sündenbekenntnis – ohne es zu wissen gerade laut genug, daß Norry zuhören konnte und davon gerührt war.

Aber dann, bald nach dem *Erhebet eure Herzen,* schweiften ihre Gedanken wieder ab, und sie dachte an den armen Johnny Blenco, der eine Stufe unter dem Zelebranten kniete. Sie sah die Sohle seines orthopädischen Stiefels, die unter der Soutane hervorkam. Lieber Johnny! Er schien immer so einsam zu sein. Auch er lebte zweifellos mit einem geheimen Kummer und Wünschen, die in seinem Fall bestimmt nicht in Erfüllung gehen würden. Oft lag ein Lächeln auf seinem überraschend schönen Gesicht, aber wie bei Norry lag auch Traurigkeit darin, wenn er sich unbeobachtet glaubte. Es gab jedoch einen Unterschied, sagte sie sich, zwischen der schrecklichen Melancholie auf Norrys Zügen und der häufigen Trauer bei Johnny. Norrys Antlitz schien dann bar jeder Hoffnung, Johnnys war traurig, gewiß, aber – vielleicht war doch „weise“ das richtige Wort. Es lag so etwas wie eine traurige, weise Zuversicht in seinem Ausdruck.

Also nein – wirklich –, man war beim eucharistischen Hochgebet, dem heiligsten Augenblick der Messe, und sie war mit ihren Gedanken meilenweit entfernt. Um sich zur Aufmerksamkeit zu zwingen, ließ sie den Kopf auf ihre Arme sinken, die auf der Rückenlehne der Kirchenbank vor ihr lagen. Draußen brüllte eine Kuh ... sonst war alles still ..., und das Hochgebet wurde leise fortgesetzt.

Als der Gottesdienst vorüber war, führte Norry seinen Freund zu den Gräbern von zwei jungen Bergsteigern auf dem kleinen Kirchhof. Sie hatten wie alle anderen schlichte, schmucklose Grabsteine aus dem grünen Schiefer des Tals und standen mitten zwischen hohem, ungemähtem Gras, das ringsum mit wilden Blumen wie mit Konfetti übersät war.

Der erste Stein berichtete von einem jungen Kletterer, der „abstürzte, als er die Greater Peregrine Buttress ersteigen wollte, unbezwungen bis auf den heutigen Tag, und der jetzt zwischen den Bergen ruht, die er so liebte". Die Eltern hatten ein Wort von Robert Browning hinzugefügt: Der Mensch sollte über sich hinausgreifen. Wozu wäre ein Himmel da? „Das sind Eltern, die man lieben kann", sagte er. „Sieh dir diesen an."

Dieser berichtete von dem Tod eines jungen Mannes, der, im abschüssigen Tal unterhalb des Sledden Seat von einem Schneesturm überrascht, sich beim Abstieg den Knöchel gebrochen hatte. Norry kannte seine Geschichte. Seine beiden Begleiter hatten ihn unter einen großen Felsblock gebettet und mit allen Kleidungsstücken zugedeckt, die sie entbehren konnten, dann waren sie hinuntergeeilt, um Hilfe zu holen.

Aber bis sie zu ihm zurückkehrten, war er erfroren.

Pug und Norry wandten sich schweigend vom Grab ab und sahen, daß Greta aus der Kirche gekommen war und neben dem Tor auf sie wartete. In dem Augenblick, als sie sich ihr näherten und Norry sagte: „Guten Morgen, mein Liebling", kam Mrs. Pauncey durch die Tür. „Sie muß dem Pfarrer ein Loch in den Bauch geredet haben", flüsterte Norry.

Als Pauncey ihn sah, schrie sie: „Norry! Ich traue meinen Augen nicht! Wie oft habe ich Ihnen ins Gewissen geredet und Sie gebeten, mit in die Kirche zu kommen, aber Sie haben nur dagesessen und sich über mich lustig gemacht. Sind Sie plötzlich fromm geworden?" Auf dem kleinen Kirchhof schien ihr brüllendes Gelächter fehl am Platz. Bestimmt laut genug, dachte Norry bei sich, die Toten zu wecken. Man konnte sich vorstellen, daß die Vögel dabei vom Himmel fielen.

Diesmal kam ihm nicht gleich eine passende Antwort, aber Pauncey hatte ihre Aufmerksamkeit ohnedies bereits Greta zugewandt. „Aha! *Jetzt* verstehe ich, warum Sie gekommen sind. Ein einleuchtender Grund."

Norry wünschte bei Gott, daß die alte Kuh aufhören würde, ihre plumpen Andeutungen durch das ganze Tal zu schreien. So wahr sie auch sein mochten, sie konnten Greta kränken. „Seien Sie still, Pauncey", bat er. „Vergessen Sie nicht, Sie waren in der Kirche und sollten sich gut benehmen."

„So was hab ich gern! Norry macht mir Vorschriften, wie ich mich benehmen soll! Ha-ha-ha. Greta, liebes Kind, ich hoffe, du hältst diesen jungen Teufel in Schach. Ich muß mich beeilen. Auf Wiedersehn, Kinder."

Sie lächelte ihnen zu und ging fort. Sobald sie außer Hörweite war, klagte Norry: „Diese schreckliche alte Kuh! Es erstaunt mich immer wieder, daß jemand mit einer so boshaften Zunge so ruhig und zufrieden in die Kirche gehen kann. Wenn Pauncey gegen jemanden eine Abneigung faßt, ist er verloren. Vorläufig mag sie mich noch ein wenig, aber Gott schütze mich, wenn sie ihre Meinung ändert. Kommen Sie, Greta, mein Liebling, und machen Sie mir wieder Mut."

Als sie durch das Tor hinausgingen, kam Johnny Blenco hinkend aus der Sakristei auf den Kirchhof. Er sah die glücklichen drei die Straße entlanggehen, lachend und schwatzend – und einer von ihnen, der junge Bergsteiger, solch ein Muster von Mannsbild. Während seine Augen ihnen folgten, bemerkte er, daß dieser junge Mann den Arm um Gretas Schulter legte und sie in liebevollem Scherz an sich zog. Am Tor angelangt, wandte Johnny sich ab und ging zu seiner Hütte. Er drehte sich nicht noch einmal nach ihnen um, sondern sagte nur leise zu sich selbst: Ich kenne meinen Weg. Wenn ihm das Herz schwer wurde vor Hoffnungslosigkeit, pflegte er sich sein Motto ein ums andre Mal zu wiederholen, damit es Wurzeln in ihm schlug.

Aber jetzt hatte ihn eine seiner düsteren Stimmungen befallen – Stimmungen, die es ihm erschwerten, seinem Weg zu folgen; gereizte Stimmungen, die ganz und gar nicht mit seinem Vertrauen auf das Leben, das Licht und die Liebe übereinstimmten, das er seiner Mitwelt zu vermitteln wünschte. Wenn solch eine Stimmung ihn überkam, konnte er sich nur an dieses Vertrauen klammern wie an eine Rettungsboje in einem großen, dunklen Meer; er befahl sich – wie er es jetzt tat –: *Halt dich fest!* und rief hilfesuchend nach dem Gott, der nirgends zu sehen war.

Er war nicht sicher, ob diese Stimmungen, die bar jeder Liebe waren, in seinem einsamen Leben seltener wurden; er hoffte es. Aber er war sicher, daß sie ihn nie besiegen würden. Heute wußte er: Noch ehe er zu seiner Hütte kam – oder sehr bald danach –, würde er die jetzige Niedergeschlagenheit überwunden haben und wieder auf dem richtigen Wege sein.

Genau in dem Augenblick, als Johnny von seinem Kummer befallen wurde, sprach Greta mit ihren Begleitern über ihn. „Hat er nicht ein wundervolles Gesicht?“ sagte sie. „Alle Welt liebt unseren Johnny – aber stellen Sie sich vor, ein Gesicht wie dieses über solch einem Körper zu haben! In kleinerem Ausmaß ist es wahrscheinlich bei allen Menschen das gleiche. Wenn ein Mädchen ein hübsches Gesicht hat, wett ich zehn zu eins, daß ihre Beine zu dick sind. Oder wenn sie wunderschöne Beine hat, hat sie eine Nase wie ein Pferd. Warum kann bei niemandem alles vollkommen sein?“

„Ich kenne gewisse Leute, bei denen es doch so ist“, sagte Norry bedeutungsvoll. Er ließ Greta keine Zeit, irgendwelche Einwände zu erheben, sondern fuhr gleich fort und erklärte ihr, daß er sie auf eine Klettertour mitnehmen werde. Er habe an Lord's Trod gedacht – Schwierigkeitsstufe eins in den Upper Crags und wirklich kinderleicht für einen Neuling. „Bitte, Gretchen, seien Sie kein Frosch. Ich verspreche Ihnen, es wird Ihnen nichts passieren. Sie kommen doch, nicht wahr, mein Kleines?“ Dies war der Punkt, wo Johnny ihn liebevoll den Arm um ihre Schultern legen sah. „Der Lord's Trod ist wirklich leicht, stimmt's, Pug?“

„Nicht allzu schwer“, sagte Pug mit einer leichten Grimasse.

„Sehen Sie? Sie können sich auf Pug verlassen. Kommen Sie heute abend, dann erklären wir Ihnen alles.“

Aber als Norry und Pug an diesem Abend nach dem Essen auf Greta warteten, war es wieder ihr Vater, der, die brennende Pfeife zwischen den Lippen, statt ihrer im Wohnzimmer erschien. „Nun, meine jungen Freunde, ich hoffe, Sie fühln sich wohl bei uns?“

„Na und wie“, sagte Norry verzweifelt. „Wollen Sie sich nicht setzen, Sir?“

„Ja, ich werd mich ein Weilchen setzen.“ Er ließ sich auf seinem gewohnten Stuhl häuslich nieder, stützte den Ellbogen auf den Tisch und zog gemächlich an seiner Pfeife. „Marjy sagt, Sie wolln sie morgen zum Klettern mitnehmen. Ich hab nix dagegen, nur passen Sie bitte gut auf sie auf. Sie is das Beste, was ich auf der Welt hab, und ich will nich, daß ihr was passiert. Ein braves Mädel, meine Marjy, nur manchmal 'n bißchen starrköpfig.“

„Starrköpfig, Sir?“ Wenn alle Hoffnung auf einen Abend mit Greta geschwunden war, so war es doch ein gewisser Trost, wenigstens über sie sprechen zu können. „Doch nicht Ihnen gegenüber?“

„Mann, grade vorhin, wie ich ihr sagte, sie soll nich mit Ihnen klettern gehn, bei Gott, da hab ich was zu hörn bekommen. Hätt ebensogut zu meinem Mühlstein wie zu meiner Tochter sprechen können. Wenn Marjy in dieser Stimmung ist, geb ich am Ende einfach nach. O ja. Das is das beste. Ich sagte: ‚Schon gut, schon gut, geh mit ihnen, Mädchen, du hast meinen Segen, aber sei vorsichtig, denn ich hab nix außer dir‘, und daraufhin wirft sie mir die Arme um den Hals, drückt mich an sich und küßt mich.“

Die Zuhörer nahmen diese Mitteilung mit einem breiten, verständnisvollen Lächeln auf. Es war nicht die Art und Weise, wie Norry seine Antwort zu erhalten gehofft hatte, aber es genügte.

Sie standen am Fuß von Lord's Trod, einem hoch aufragenden Pfeiler der Upper Crags, so verwittert und zerklüftet von den Jahrmillionen, daß er trotz seines abweisenden Aussehens zahlreiche Tritte, Griffe und Standplätze bot. Norry wandte sich an Greta. „Jetzt wirst du sehen, wie wundervoll es ist, den nackten Fels unter deinen Füßen und Fingern zu fühlen. Das wird der Anfang einer Liebesgeschichte“, sagte er. Das bevorstehende gemeinsame Unternehmen bot ihm eine willkommene Gelegenheit, sie jetzt zu duzen.

Greta, die zu der steilen Felswand hinaufblickte, zog schaudernd die Schultern hoch. „Bis jetzt verspüre ich noch keine Liebe.“ Sie stand da, in Jeans, alten Kletterstiefeln aus Mrs. Paunceys Kollektion und einem viel zu großen Shetland-Pullover von Norry, den er ihr mit Genuß übergezogen hatte.

„Sag es ihr nicht, Pug, aber sie sieht wirklich bezaubernd aus. Jeder Zoll eine Bergsteigerin. Ein regelrechter ‚Tiger‘. Mein Liebes, du ahnst gar nicht, was für eine Freude dich erwartet.“ Er wickelte das 40-m-Seil ab, band sich in ein Ende mit einem Führerknoten und einigen Halbstichen ein, und dann legte er es auf etwa halber Länge mit einem einfachen Knoten – einfach für den Fall, daß sie es regulieren mußte – um ihre Taille. Unterdessen band sich Pug in das andere Ende des Seils ein.

„So, das hätten wir.“ Norry war jedem Neuling gegenüber ein ermutigender Lehrer, aber selten war er so sanft wie dieses Mal. „Du hast nichts zu fürchten. Ich lasse so wenig von dem Seil nach, daß es sich schon bei einem Zug von wenigen Zentimetern strafft und ich dich festhalten kann. Versteht du das, mein Liebes?"

„Ich verstehe" – mit zitternder Stimme.

„Wohlgemerkt, es dient auch dazu, mich zu sichern, denn in dem Augenblick, wo du dich in dieses Seil einbindest, erklärst du dich bereit, der Hüter deines Bruders zu sein. Man könnte sagen, es ist ein Symbol der Liebe (schön, das auszusprechen) – zwischen uns beiden und Pug weiter drunten. Ich weiß nicht, warum die Geistlichen das nicht für ihre Predigten benutzen. Wenn irgend etwas einen lehrt, über seinen Nächsten zu wachen, so ist es dieses Seil. Nun, es kommt lediglich aufs Gleichgewicht an. Körperkraft ist unwichtig. Man zerrt sich nicht eine Felswand hinauf. Man geht sie hinauf."

„Man *geht* sie hinauf?"

„Ja, du steigst einfach von einem Tritt zum anderen, während deine Finger sich in den Griffen festhalten, um das Gleichgewicht zu wahren. Im Edelfall sollten nur die Füße und Finger den Fels berühren, während man klettert. Jetzt gehe ich den ersten Abschnitt hinauf. Ein Abschnitt, Miß Whinlake, ist eine Trittfolge zwischen einem Standplatz – der Stelle, wo man sich sichert – und dem nächsten. Wenn ich auf dem ersten geeigneten Band bin, sichere ich mich am Fels. Wenn ich rufe: ‚Nachkommen', kommst du in ruhigem Tempo und suchst nach jedem Schritt die nächsten Tritte und Griffe. Unterdessen ziehe ich dein Seil ein. Jetzt los! ... Liebling, es wird dir soviel Spaß machen! Gott schütze dich, bis wir uns wieder treffen."

„Ich bete zum Himmel, daß Er es tun möge."

Norry von einem Tritt zum anderen steigen zu sehen, ließ es so mühelos erscheinen, daß ihre Angst sich ein wenig legte, aber ihr Herz hämmerte, und ihre Knie zitterten. Norry, der ahnte, wie ihr zumute war, sang unentwegt, während er immer weiter hinaufstieg, und sehr bald sicherte er sich auf einem schmalen Band etwa zwölf Meter über ihr. Das Seil lief jetzt unter seiner Achsel hindurch quer über den Rücken und über die entgegengesetzte Schulter, so daß er es mit beiden Händen nachführen konnte, während Greta stieg. „Komm, liebe Gretel. Ich habe dich."

Sie begann mit Angst und Schrecken, aber seine Stimme ermutigte sie die ganze Zeit. „Oh, gut, *gut!* Schau, dort ist ein großartiger Griff, links, ein wenig über dir – ja, richtig. Ist es nicht beinahe, als ob man zum Himmel emporstiege? Du bist *da!*"

Sie stand neben ihm auf dem Band, keuchend, erregt und stolz.

Dann brachte er ihr bei, sich an einem Felskopf zu sichern und Pug heraufzubringen. Er stieg zum nächsten Stand hinauf. Dann rief er: „Bring Pug herauf."

„Nachkommen, Pug", rief Greta fröhlich im Gefühl ihrer Sicherheit.

„Ich komme", antwortete Pug von unten.

Und so stiegen sie von einem Abschnitt zum anderen die fast senkrechte Felswand empor. Greta wurde mit jedem Mal geschickter, mit jedem Mal erregter. Und als Norry ihr sagte: „Du machst deine Sache großartig", entgegnete sie: „Ja, ich weiß. Aber ich darf nicht hinuntersehen, sonst sterbe ich vor Angst."

Er erwiderte nichts darauf. Aber einmal, als sie auf halber Höhe eines Abschnitts war, zog er das Seil fest an und sagte: „Jetzt blick hinunter. Du bist mit mir verbunden und ich mit einem Berg, der seit einer Million Jahren hier an derselben Stelle steht. Sieh hinunter. Nur einmal. Um etwas zu lernen. Du sollst lernen, daß du dich an jede Höhe gewöhnen kannst."

„Nein, ich sterbe." Aber sie blickte hinunter. „*Norry!* Laß nicht los!"

„Wie könnte ich, mein Liebling. Wir werden eine glänzende Alpinistin aus dir machen. Jetzt hast du ein neues Triumphgefühl."

„Ein Seilgefühl, willst du sagen. Oh, wie ich dieses Seil liebe!"

Immer höher stiegen sie hinauf, und mit jedem Tritt fiel es ihr leichter. Die spitzen Felsbrocken verschwanden unter Büscheln von Heidekraut, das sich gleich darauf in das moosige Gras des langgestreckten, welligen Kamms verwandelte. Jetzt hatte Norry den Grat erreicht. Sie brauchte nur noch den letzten Abschnitt zurückzulegen, während er strahlend über ihr stand, die Arme ausgestreckt, um sie willkommen zu heißen. „Du hast es geschafft! Nun, wie ist dir zumute? Hast du schon jemals solch eine Siegesfreude empfunden?"

„Noch nie, noch nie", erwiderte sie atemlos.

Woraufhin er sie an sich zog und sie auf die Lippen küßte. In ihrer Erregung wurde ihr kaum bewußt, wie leidenschaftlich sie seinen Kuß erwiderte. „Norry, ich fühle mich wie berauscht. Oh, ich danke dir, ich danke dir. Noch nie im Leben habe ich soviel Freude an etwas gehabt."

„Gretchen, ich habe gelogen. Der Aufstieg war nicht ‚unschwierig'. Er war ‚mäßig schwierig'. Eine Klettertour wird nach ihrem schwierigsten Abschnitt eingestuft. Ein Abschnitt war schwer. Schwer genug, um interessant zu sein."

„Norry, nie wieder werde ich dir vertrauen. Interessant!" spottete sie.

In diesem Augenblick erinnerten sie sich an Pug, oder zumindest Norry tat es; Pug, der auf einem fünf Zentimeter breiten Band zwölf Meter weiter unten wartete. „Gretchen! Ich schäme mich deiner. Bring sofort den armen Pug herauf. Du bist für ihn verantwortlich."

Sie gehorchte und holte mit dem Gebaren einer erfahrenen Alpinistin sein Seil ein. Aber als sie zu Pug hinuntersah, konnte sie nicht umhin zu sagen: „Oh, er kommt so abscheulich leicht herauf."

Er erreichte den mit Gras bewachsenen Grat, als wäre er das obere Ende der Treppe in seinem Haus in London. „So", sagte er, „und jetzt wollen wir erst einmal essen."

„Pug denkt immer nur ans Essen", erklärte Norry lachend, als sie zur eigentlichen Spitze des Sledden Seat gingen, wo sie die mitgebrachten Brote aßen, während ihr Blick über die endlosen Reihen von Bergketten schweifte, bis zum Helvellyn-Massiv, das sich in der Ferne vom blassen Himmel abhob.

„Du wirst doch nicht etwa von uns verlangen, daß wir die gleiche Route wieder absteigen?" sagte Pug.

„Es ist ganz leicht, wenn man sich nach außen wendet und hinunterschaut."

Ein Schrei von Greta. „O *nein!* Laß mir mein Triumphgefühl. Ich will keine Angst mit heimnehmen. Ich würde fallen, und wir wären alle tot."

„Du sollst mit dem Gedanken, was für ein wundervolles Mädchen du bist, nach Hause gehen. Auf einem leichten Weg. Von einem mit Gras bedeckten Gipfel führen immer Graswege hinunter. Ich kenne sie hier nicht, aber wir werden einen finden."

„Ich werde die Gegend sondieren", sagte Pug, stand auf und entfernte sich über das buschige Gras.

Norry, der, flach auf dem Rücken liegend, die Vögel beobachtet hatte, setzte sich auf und legte die Hand auf Gretas Arm. „Küß mich noch einmal. Es war so schön."

Sie erwiderte nichts, aber der Blick sagte nicht nein; ihre Augen hatten sich geweitet, als ob Zweifel in ihnen mit Verlangen stritten; die braunen Wimpern senkten sich, um diesen inneren Kampf zu verbergen; und ihr Körper neigte sich – oder war es eine Täuschung? – ein wenig dem seinen zu, als er sie in die Arme nahm; ihre Lippen waren passiv, aber nicht widerstrebend. Sein Herz weitete sich in einer Art Ekstase, als er beim ersten Kuß erkannte, daß er nicht mehr flirtete, sondern wirklich liebte. In dieser Erkenntnis lagen Bestürzung und Freude zugleich, denn er sah im Geist die Gestalt einer ehrfurchtgebietenden Mutter und stellte sie einem derb sprechenden kumbrischen Farmer gegenüber. Und er sah auch noch eine andere Gestalt.

Oh, was würde die Zukunft ihm bringen, wenn er so liebte? Er sah hinunter auf ihr entrücktes, aber lächelndes Gesicht und auf ihre verwirrende Schönheit. Mehr als verwirrend. Sie spannte das Herz zum Zerreißen. Und es schien die reinste Gemütsbewegung, die er je empfunden hatte – eine einzige, unendliche Zärtlichkeit, die alle Grenzen des Fühlens, des Seins sprengte. Noch nie zuvor hatte es für ihn etwas Ähnliches gegeben wie diese äußerste selbstlose Seligkeit.

„Greta ... Greta ... *Gretchen ... Gretel ...*"

Greta spürte, wie die Stärke seines Gefühls sich über sie ergoß, und auch sie wußte, daß sie in einen Abgrund hilfloser Liebe gestürzt war. Ihre Augen schlossen sich. „Weißt du, Prinzessin Greta, wie schön du bist?" hörte sie ihn flüstern.

Sie öffnete die Augen, und leise lächelnd leugnete sie, daß sie schön sei, und er nannte sie eine kleine Heuchlerin. Dann sahen sie Pug zurückkommen. Norry sprang auf, und Greta fing an, ihren Rucksack zu schließen. Als Pug bei ihnen eintraf, waren sie beide auf den Beinen und fertig. „Hast du einen guten Abstieg gefunden?" fragte Norry.

„Einen leichten. Ich habe einige von Mrs. Paunceys Jungen und Mädchen getroffen, die aus dem Sledden Dore kamen. Weißt du, was ein verstiegenes Schaf ist?"

„Natürlich. Es ist ein Schaf, das an einer Felswand steckengeblieben ist. Versuchen wir, es zu bergen. Wo ist es?"

„Auf einem Band unterhalb der Spitze der Idles, sagten die Jungen."

Da es kaum eine befriedigendere Rolle als die von Rettern gibt, liefen sie eilig Pugs Weg hinunter, wobei zwei von ihnen sich ängstlich bemühten, den Überschwang ihrer Gefühle vor dem dritten zu verbergen. Vom Rand des Dores aus sahen sie eine Gruppe von Männern und Hunden auf dem grünen Kamm über den Felsen und einen Mann weiter unten an der Felswand. Zwischen ihnen auf einem noch keinen Meter breiten Band stand, regungslos vor Angst, das Schaf. Es gab keinen Quergang an der steilen Wand: man mußte sich dem

Schaf von oben nähern. Norry, dem Pug folgte, nahm Greta bei der Hand und zog sie wieder den Hang hinauf zu der Gruppe auf dem Kamm. Greta rief: „Oh, meine lieben Siebziger – und der alte Tam."

„Und der Mann weiter unten ist dein Johnny Blenco", sagte Norry. „Er muß die Felsen hinaufgeklettert sein, aber wie hat er das fertiggebracht, ohne Seil und mit einem lahmen Bein?"

„Er vollbringt Wunder", sagte Greta. „Ich habe ihn schon öfter klettern sehen. Er benutzt seinen orthopädischen Stiefel als Hebel."

„Was für ein Kletterer könnte er sein – klein, leicht und kräftig."

Dr. Pater begrüßte sie mit dem „Grüß Gott" der Bergsteiger in den Alpen und übernahm wieder das Kommando. „Nun, hier haben wir zwei kräftige junge Männer und eine Schäferin. Diese beiden jungen Samsons können Tam abseilen und ihn wieder heraufziehen. Geben Sie uns Ihr Seil, Norry."

Mit der Geschicklichkeit des alten Bergsteigers band er das Seil um Tam, eine Schlinge um die Taille des Schäfers und je eine um die Beine, um eine Art Sitz zu schaffen. „Sehr gut. Aber ihr dürft ihn nicht direkt zu dem Tier hinunterlassen, sonst erschrickt es womöglich und springt. Langsam hinunter. So ist's gut. Schritt um Schritt. Brave Jungen!"

Als er bis zur gleichen Höhe mit dem Schaf abgeseilt und dann auf das Band geführt worden war, sagte Tam: „Gut so"; es waren die ersten Worte, die sie von ihm zu hören bekamen. Johnny, der sich jetzt unmittelbar unter dem Band befand, half ihm, das Tier auf die Seite zu legen; dann band Tam dem Schaf die Vorder- und Hinterbeine zusammen und legte es über seine Schultern. „Gut, ich hab's", rief er, und Norry und Pug zogen Schäfer und Schaf auf das Gras. „Ja. Dank auch", sagte Tam. „Ja."

„Jetzt bringen Sie Johnny herauf", rief der Doktor Norry zu. „Es wird Ihnen nicht schwerfallen; er wiegt so gut wie nichts." Greta sah, daß Johnny schmerzlich errötete.

Norry brachte ihn tatsächlich ohne Schwierigkeiten herauf. Johnny hatte für jeden ein Lächeln, aber er wollte nicht bleiben, um mit ihnen zu reden. Als er schweigend fortging, sagte Greta: „Doktor, Sie hätten nicht sagen sollen, daß er so wenig wiegt. Das hat ihn verletzt."

„Wie kann es ihn verletzen? Oh, ich verstehe. Ja, sehr sensibel. Ich habe wahrhaftig nicht mehr Verstand als dieses Schaf – wo ist es überhaupt? Und Tam? Wo ist Tam? Tam ist ebenfalls verschwunden. Aber Greta, liebes Kind, glaubst du wirklich, es macht Johnny sehr viel aus, so leicht gebaut zu sein?"

„Ja, bestimmt."

„Das sollte es nicht. Denn es besteht kein Zweifel, daß er ein Gnom ist. Gnome sind oft bucklig. Und Johnny ist ein hervorragender Koch. Er macht wundervolle Tränke und Suppen – ein sehr verdächtiges Zeichen –"

„Nein, nein. Unser Johnny ist kein Gnom." Der Pfarrer lächelte.

„Dann eben ein skandinavischer Troll", beharrte der Doktor. „Wir alle hier sind Nordmänner. Und vergeßt nicht, er flickt Schuhe, klettert wie eine Fliege –"

„Aber Trolle sind *häßlich*", widersprach Greta, „und Johnny ist nicht häßlich. Ich könnte mir ewig dieses Gesicht ansehen."

„Ein Buckel und ein lahmes Bein sind häßlich, mein Liebes, das ist nicht zu ändern. Aber ich wollte damit nur sagen, daß unser Johnny etwas Besonderes ist. Kommen Sie, Joseph. Wir können unseren Weg fortsetzen. Auf Wiedersehen, Kinder." Er winkte den jungen Leuten zu, und dann gingen die beiden alten Männer den schmalen Pfad hinunter in Richtung des Tals.

An diesem selben Abend befanden sich Greta und Norry wieder allein im Haus. Harry, Matt und Tam Godrigg waren im großen Stall, um die letzten Lämmer zu zeichnen, indem sie jedem Tier einen Stempel mit zwei roten Streifen auf das linke Hinterviertel drückten und einen kleinen Schlitz ins rechte Ohr schnitten. Norry, der sich die Gelegenheit nicht entgehen lassen wollte, Greta eine Weile für sich zu haben, hatte sich leise fortgeschlichen. Pug saß auf einem Heuhaufen und sah aus, als ob er dieser ländlichen Arbeit endlos zusehen könnte.

Es bestand wenig Gefahr, daß die anderen bald ins Haus zurückkehren würden. Weder Norry, der jetzt aus dem Wohnzimmerfenster starrte, noch Greta, die in der Küche beschäftigt war, wußten, wohin dieser jähe Sturm der wachsenden Liebe sie führen würde. Beide sahen nichts als endlose Hindernisse voraus, aber Norrys Verlangen, diese Stunde fortdauern zu lassen, war so stark, daß er zur Küchentür ging.

„Gretel", rief er leise.

Ihre Gedanken waren ganz und gar von jenem Augenblick auf dem Gipfel erfüllt gewesen, als durch die Gewißheit, geliebt zu werden, die ganze Welt plötzlich in einem neuen Glanz erschien. Es war eine von Hoffnungslosigkeit durchdrungene Ekstase, aber beim Klang seiner Stimme schien der Schmerz plötzlich vom Glück der Erinnerung verdrängt zu werden. Als sie zur Tür kam, sagte sie mit hochgezogenen Brauen „Ja?“, als hätte sie keine Ahnung, weshalb er sie gerufen hatte.

„Komm“, bat er. Und ging wieder ins Wohnzimmer.

Sie kam herein und sah ihn am Fenster stehen und auf den Hof blicken. Als er sich umwandte, streckte er einladend die Arme aus, sagte jedoch nichts. Ein kurzes Zögern, dann reagierte sie, nicht ohne eine leichte Angst in ihrem Blick, auf die Bitte in seinen Augen. Er ließ sich in seinen gewohnten Sessel sinken, zog sie auf seinen Schoß und hielt sie wortlos, besitzergreifend an die Brust gepreßt. Als er sprach, war es ein Flüstern: „Ich habe heute entdeckt, daß ich dich liebe. Hör zu, mein Liebling. Ich will ganz ehrlich sein. Ich hatte das nicht erwartet. Sag mir: Auf einmal hast du mich so zärtlich geküßt – ist es dir etwa ähnlich ergangen?“

„Ja ... ja ... sehr ähnlich, aber sprich nicht darüber.“

„Oh, mein Liebstes! Aber warum soll ich nicht darüber sprechen?“

„Weil ich dann darüber nachdenken – und vernünftig sein müßte. Und das will ich nicht. Denn dann wüßte ich, daß es nur ein wundervolles Etwas ist, das nicht von Dauer sein kann. Alles Weitere wäre unmöglich.“

„Warum? Warum unmöglich?“ Aber er leugnete nicht, daß es so war.

„Oh, warum willst du, daß ich es sage? Ich ... mein Zuhause ist anders als das deinige.“ Dies war die einzige Art, wie sie es ausdrücken konnte, ohne daß es sie zu sehr schmerzte. „Ich bin nicht gebildet genug für dich – obwohl ich es hätte sein können –, und was bin ich im Grunde anderes als eine Art Landarbeiterin? Was würden deine Eltern dazu sagen?“

„Mein Vater würde dich vergöttern.“ Er drückte sie beruhigend an sich. „Du kennst den gelehrten Richter nicht; er ist wirklich ein netter Kerl.“

„Und warum erwähnst du deine Mutter nicht? Das sagt sehr viel.“

„Ich weiß nicht, warum sie dich nicht auch lieben sollte.“

„Das klingt aber nicht sehr überzeugt. Und was ist mit deinen Schwestern?“ Es waren die Frauen seiner Familie, vor denen sie Angst hatte.

„Ich bin sicher, sie würden dich lieben lernen. Du bist viel schöner als sie. Ich glaube, ich wäre ungeheuer stolz auf dich."

„Mich lieben lernen! Und du *glaubst,* du wärst stolz auf mich?"

„Ich *weiß,* daß ich es wäre. Und nicht nur auf deine Schönheit. Alles, was du tust und sagst, zeigt mir, wie edel und gut du bist."

„Ich bin nicht gut. Ich bin schwach und egoistisch. Was kannst du in zehn Tagen über mich herausgefunden haben? Und in ein paar Tagen gehst du wieder fort."

„Um gottlob im Herbst wiederzukommen."

„In vier Monaten. In dieser Zeit können tausend Dinge passieren. Unerwartete, aufregende Dinge, die dich vergessen lassen, was an einem einzigen Frühlingstag geschehen ist." Sie schloß die Augen. „Bitte sprich nicht. Küß mich nur, Norry. Es macht mich so glücklich. Laß uns einfach eine Weile so bleiben, als ob es für alle Ewigkeit wäre. Laß mich ein Weilchen töricht sein."

Die Augen geschlossen, schien sie in eine Trance von Glück und Frieden zu sinken, während er sie wieder und wieder küßte. Einmal sprach er, aber nur, um zu flüstern: „Prinzessin Greta"; woraufhin sie ihn ansah und murmelte: „Sag nichts . . . kein Wort"; dann schloß sie wieder die Augen. Diese Stunde der Seligkeit sollte kein Ende nehmen.

SECHS

SIE verbrachten noch zwei Tage mit Norry als Führer an den Felswänden. Eine der Touren war „schwierig", und selbst bei dieser Tour war Greta dank Norrys liebevoller Fürsorge eher glücklich als verängstigt. Die fünfzehn Meter starken weißen Seils waren wie das greifbare Symbol seines Schutzes. Aber bei jeder Tour gab es auch die scharfe Würze der Angst, die das Erreichen des Gipfels so wundervoll machte.

Und dann war der letzte Tag gekommen. Sie hatte nur noch den einen sehnlichen Wunsch, ihm vor seiner Abfahrt in einer langen, innigen Umarmung die Überfülle ihrer Liebe zu zeigen; ihm eine Erinnerung mit auf den Weg zu geben, die mit anderen Mädchen, wohlhabenden und gebildeten Mädchen, Mädchen aus adeliger Familie konkurrieren konnte. Sicherlich würde das Schicksal ihr noch Zeit dafür geben.

Fünf Uhr. Norry und Pug waren früh von ihrer Tour zurückgekehrt, um sich auf die Abreise am nächsten Morgen vorzubereiten. Aber Pug saß mit Norry im Wohnzimmer, und ihr Vater und Matt saßen mit ihr in der Küche. Viertel vor sechs. In einer Stunde mußte sie anfangen, das Abendessen vorzubereiten. Es war zum Verzweifeln.

Dann eine Idee. Sie blickte aus dem Küchenfenster. Der Abend war so schön, wie ein Maiabend es nur sein konnte. Sie band die Schürze ab, glättete ihr gelbes Kleid und ging auf den Hof hinaus; als sie an der offenen Tür des Wohnzimmers vorbeikam, sah sie, daß Norry auf seinem Sessel am Fenster saß. Die Hände müßig in den Taschen, schlenderte sie über den Hof, blieb einmal stehen und bückte sich unter dem Vorwand, etwas aufzuheben, weil sie gesehen werden wollte, drehte sich aber nicht ein einziges Mal um. Mit vorgetäuschter Unbekümmertheit ging sie durchs Tor hinaus zu dem kleinen, gewundenen Pfad, dann quer über das Weideland. Ihre langsamen Schritte bewegten sich auf eine Baumreihe zu, die an dem kleinen Fluß entlang bis zu einer Stelle lief, wo er eine scharfe Biegung machte. Weiter und weiter, ohne auch nur einmal zurückzublicken.

Aber Norry hatte sie, wie geplant, gesehen. Er warf einen kurzen Blick auf Pug, der zum Glück in ein Buch vertieft war, dann war er draußen und folgte rasch dem Schimmer ihres leuchtend gelben Kleides. Es machte ihm Spaß, so leise zu gehen, daß sie ihn nicht hören konnte, aber vielleicht war es auch das Rauschen des Flusses, das seine Schritte übertönte. Wie dem auch sei, als er nah genug war, um zu sagen: „Wohin des Wegs, mein Fräulein?“, verriet ihr atemloses „Oh!“, als sie sich umwandte, ehrliche Überraschung.

In Übereinstimmung mit seinem „Fräulein“ erwiderte sie: „Ich gehe, Sir, zu meinem ganz privaten Wasserfall; meinem Zufluchtsort vor euch allen. Es ist der schönste Platz am Fluß, und niemand schenkt ihm Liebe außer mir. Er hat eine ganze Reihe von einzelnen Kaskaden und tiefe, unbewegte Stellen zwischen den Felsen, in denen man baden kann. Eigentlich ist es ein Jammer, daß du davon erfährst.“

Sie führte ihn zur Biegung des Flusses, und er sah, daß graue Felsbuckel unter den sich ausbreitenden Baumkronen den Fluß gezwungen hatten, sich tief in das Gestein zu graben, so daß es, wie Greta gesagt hatte, eine Reihe von Fällen gab, zwischen denen, von herabgestürzten Felsblöcken umgeben, tiefe, dunkle Tümpel lagen.

„Wahrhaftig!“ rief Norry aus, „ein bezaubernder Platz!“

„Ich sitze immer dort.“ Sie deutete auf die nackte Kuppe eines Felsblocks unter den überhängenden Zweigen einer Eiche. „Und lasse mich in diesen Tümpel gleiten. Oder unter eine Kaskade, wo das Wasser über mich hinwegströmt.“

„Aber Gretchen, du könntest fortgeschwemmt werden. Ich kann es nicht zulassen, daß du fortgeschwemmt wirst.“ Er nahm eine ihrer Hände, die immer noch in den Taschen steckten, und die zitterte in ihrer eigenen Sprache, als er sie zwischen die seinen nahm. Dann legte er die Arme um Greta, und wenn sie sich jemals in einer ihrer Umarmungen ihm ganz gegeben hatte, so war es jetzt. „Ich liebe dich, Gretchen“, sagte er. „Du bist das Schönste und Beste, das mir je begegnet ist.“

„Das glaubst du jetzt. Aber du wirst hundert anderen begegnen, die viel schöner und besser sind als ich.“

„Die gibt's doch gar nicht. Es kann gar keine geben. Mein Liebling, wirst du mir oft schreiben? Mindestens einmal in der Woche? Es wird ein Brief von den beiden Dingen sein, die ich am meisten auf der Welt liebe. Die Berge und Greta.“

„Die Berge kommen also zuerst!“

„Nur, weil ich sie zuerst kennengelernt habe. Gott sei Dank komme ich wieder.“

„Erst nach Monaten. Erst im September. Mußt du wirklich in diese abscheulichen Alpen fahren?“

„Wenn ich mich davor drücken könnte, würde ich es jetzt, glaube ich, tun.“

„Glaubst du? Du glaubst immer nur; du weißt es nie. Du willst mich nicht wirklich. Vielleicht jetzt, für ein Weilchen, aber nicht für lange.“

„Ich habe Zusagen gemacht, denen ich mich nicht entziehen kann. Komm, setzen wir uns. Ich möchte sitzen, wo du immer sitzt. Vielleicht denkst du dann manchmal hier an mich, bis ich wiederkomme.“

Sie saßen Seite an Seite auf der runden Felskuppe, und schließlich nahm Norry sie in die Arme und zog sie hinunter. Es war das härteste Lager der Welt, aber keiner von beiden war sich dessen bewußt. „Gretel ...“ murmelte er. „Liebe, *liebe* Gretel ...“ Und sie: „Ich kann es nicht glauben, Norry. Ich habe hier gesessen und genau hiervon geträumt. Es ist fast beängstigend ...“ Sie konnte nicht weiterreden, denn er schloß ihr die Lippen mit einem langen, regungslosen Kuß. Als sein Verlangen wuchs, glitt die Hand, die ihr nacktes Bein gestreichelt hatte, zu ihrem Schenkel hinauf, und er machte eine Bewegung, als ob er sich auf sie legen wollte. Sie rührte sich nicht, obwohl sie unter seiner Berührung zitterte. Er selbst war es, der plötzlich mit einem Kopfschütteln laut „Nein“ sagte und die Hand fortzog. Sie lagen unschuldig da und küßten sich nur. Für Greta gab es nichts mehr, außer dem Gewicht seines Körpers auf ihrer Brust. Sie drückte ihn fest an sich.

NACHT im Tal. Die Lichter längs der Hügel waren eines nach dem anderen erloschen.

Es war bereits nach Mitternacht. Aber es gab zwei, die noch nicht schliefen. Einer, der das ewigwährende Murmeln des Flüßchens hörte, hatte ständig den kleinen Niagara neben Gretas Lieblingsplatz vor Augen. Norry wurde von einer unbarmherzigen Versuchung gequält. Noch ein paar Stunden, dann mußte er sich von Greta trennen. Und seine Gedanken kamen nicht von dem Augenblick auf dem runden Felsblock los, wo er im Begriff gewesen war, sie zu nehmen, und sie, obgleich zitternd vor Angst, nichts getan hatte, um ihn zurückzuhalten. Er war derjenige gewesen, der sich zurückgehalten hatte. Daß er ihre ganze Liebe besaß, dessen war er sicher, und er war auch beinahe überzeugt, daß sie ihm alles geben würde. Aber das Beste an seiner Liebe, diese überwältigende Zärtlichkeit, zwang ihn beharrlich, sie sich immer wieder in jener kleinen Kirche zu vergegenwärtigen. Das war es, was ihn zu dem „Nein“ auf dem Felsblock veranlaßt hatte und ihn jetzt wieder „Nein“ stammeln ließ. Sie ist erst neunzehn. Wenn ich nur sicher wäre, daß wir heiraten könnten, aber – und jetzt war der andere Konflikt da.

Jetzt war es ein Kampf zwischen dieser neuen Zärtlichkeit und zahllosen gesellschaftlichen Schwierigkeiten, die vor ihm lagen. Die wirkliche Liebe war erst ein paar Tage alt und noch nicht bereit, sich über alle Hindernisse hinwegzusetzen. Und außerdem gab es noch jene alte Bindung: jene andere. Es ist nicht fair, sie jetzt zu nehmen. Oder die andere zu verletzen. Das alles sind riesige Hindernisse. Ich weiß noch nicht, ob ich den Mut haben werde, sie zu überwinden. Also sei kein Dummkopf. Versuch zu schlafen.

Ein Uhr. Immer noch von der Versuchung geplagt, und weil es ihm Spaß machte, einfach mit dem Gedanken zu spielen, stand er auf und öffnete die Tür, um den Gang entlang zu blicken. Er war erstaunt, einen Lichtstreifen über ihrer Tür zu sehen. Sollte dieses

Licht eine Aufforderung sein? Er tat einen Schritt – aber nein; er wandte sich um und schloß seine Tür.

Aber als er wieder im Bett lag, überlegte er: Wäre es nicht möglich, sie einfach in den Armen zu halten? Unschuldig wie auf dem Felsblock? Eine letzte Umarmung. Er schüttelte den Kopf. Ich liebe sie; wie kann ich sicher sein, daß es mir gelingen wird, mich zu beherrschen? Vielleicht, wenn sie zu mir käme ... aus freien Stücken ... Wenn sie Licht in meinem Zimmer sähe ...

So gab es zwei wartende Lichter. Gretas brannte, weil – sie konnte nicht in Worte fassen, was sie erwartete. Das Licht war da, um ihm zu sagen, ich bin wach, falls du zu mir kommen willst. Ebenso wie er, dachte auch sie: Vielleicht könnten wir nur ein Weilchen still beieinander liegen. Obwohl sie als Bauerntochter über alles Geschlechtliche Bescheid wußte, hatte sie selbst noch kein Verlangen danach. Aber wenn *er* es gerne wollte, würde sie ihm vielleicht alles geben, wenngleich sie wußte, daß ihre Religion es als ein Unrecht ansah. Aber recht oder unrecht, wenn er kam und sie brauchte, wäre diese Liebe nicht stärker als alle Religion? Es lag noch eine seltsame Unschuld in Gretas Liebe; es war mehr ein stürmisches Gefühl der Zärtlichkeit, eine ungeduldige Bereitschaft zur Selbstaufopferung als irgendein erotischer Instinkt. Ihr Verlangen galt mehr seiner Befriedigung als der ihren.

Sie lag da und wartete. Und er kam nicht. Einmal stand sie auf, wie er es getan hatte, um heimlich zu seiner Tür hinüberzublicken. Und siehe da, er hatte noch Licht! War das eine Aufforderung – wie bei ihr? Aber in sein Zimmer zu gehen, nein, das brachte sie nicht fertig.

Mit einem leicht resignierten Lächeln sagte sie: „Nun gut ...“, lag da und dachte an den Felsblock neben dem Wasserfall.

Bald schliefen sie beide, jeder mit einer Kerze, die langsam niederbrannte.

Der Morgen dämmerte über den Bergspitzen, aber noch nicht unten im Tal. Greta war bei Lampenlicht aufgestanden, um das Frühstück vorzubereiten. Es war eine eilige Mahlzeit, denn der kleine rote Wagen stand bereits wartend am Tor. Und jetzt stopften sie die Taschen hinein. Matt, der das Gepäck herausgebracht hatte, ging wortlos ins Haus zurück. Der Farmer und seine Tochter blieben, um sich von ihren Gästen zu verabschieden.

„Nun, meine Herrn“, sagte Harry. „Tut mir wirklich leid, daß Sie fortgehn. Ich wollte nie Gäste aufnehmen, aber ich fand’s doch recht nett, und das Mädel auch, nich wahr, Marjy?“ Sie nickte. „Ja, sie fand’s nett, wenn sie auch die ganze Arbeit hatte. Nun, wir wolln Sie nich länger aufhalten. Sag auf Wiedersehn zu den Herren, Marjy.“

Norry saß jetzt am Steuer, und Greta, statt ihm auf Wiedersehn zu sagen, schlug hastig seine Tür zu, als wollte sie ihrem Traum ein rasches Ende machen.

Pug sagte: „Auf Wiedersehn, Greta“; und Norry sagte: „Vier Wochen nächstesmal. Ich komme in der letzten Augustwoche.“

Ein seltsames leises Kopfschütteln war ihre einzige Antwort, und dann beschleunigte der Wagen die Straße hinunter auf Klein-Sledden zu.

Vier Sommermonate, die vorübergehen mußten. Juni brachte die erste Wäsche und das Schwefeln der Schafe. Im Juli wurden sie zum Scheren zusammengetrieben. Dabei mußte Greta helfen, und dann bei der Heuernte. Im August holte Tam die Schafe abermals zum Dippen herunter. Und während all dieser Zeit, im Wohnzimmer oder in der Küche, auf der Wiese oder im Stall, waren ihre Gedanken in weiter Ferne – zuerst in einer Schule, Brentham genannt, die sie sich gar nicht, und dann in den schneebedeckten Alpen, die sie sich nur allzugut vorstellen konnte. Sie hatte von dem verzückten Schmerz der Liebe geträumt und sich danach gesehnt, und jetzt erlebte sie ihn zwischen den Schafen, den Erntearbeitern und den Sommergästen.

Im Juni hatte es selbst bei Pauncey wenig Touristen gegeben. Aber der August brachte Teegäste, die in Scharen von den Hügeln kamen, und andere, die blieben und verpflegt werden mußten, aber Greta kam nie aus ihrer Küche heraus. „Die Zurückhaltung ihrer nordischen Vorfahren“, meinten einige, sei der Grund dafür.

In diesen arbeitsreichen Sommertagen sehnte sie sich nach der Schlafenszeit. Und wenn sie dann in der Dunkelheit in ihrem schmalen Bett lag, war sie im Geiste wieder mit ihm auf der Spitze des Lord’s Trod oder auf dem Felsblock am Wasserfall. Gewiß, die Erinnerung rief hin und wieder Augenblicke wach, in denen sie irgend etwas Törichtes gesagt hatte, und dann stieß sie ein lautes „Oh!“ hervor und legte erschreckt die Hand vor den Mund, weil das „Oh!“ im Nebenzimmer zu hören war. Einmal war die Erinnerung so qualvoll, daß aus dem hörbaren „Oh!“ ein „Oh, ich wünschte, ich wäre tot!“ wurde. Oft wiederholte sie in Gedanken die Worte aus seinen Briefen an sie: „Gott segne Dich, mein Liebstes ... Ich umarme Dich in inniger Liebe ... Dein Dich ewig liebender ...“ Wieviel bedeuteten diese zärtlichen, unbekümmerten Redensarten?

Sie konnte es immer noch kaum fassen, daß die Dinge, von denen sie so oft geträumt hatte, Wirklichkeit geworden waren – eine Wirklichkeit, die noch viel wundervoller war als ihre Träume ... mit einem Mann wie Norry, so gutaussehend, so klug, so berühmt ... Es war zweifellos zu schön, um wahr zu sein. Aber während sie noch versuchte, sich nüchtern zu sagen, daß solch eine Zukunft unmöglich sei, schlief sie nichtsdestoweniger von Glück erfüllt ein.

Dieser Sommer festigte ihre Freundschaft mit dem Pfarrer. Sie konnte ihm – und nur ihm – zumindest einige ihrer Gedanken anvertrauen. Im Juni hatte sie eines Morgens nach dem Frühgottesdienst auf ihn gewartet und ihn, als er herauskam, gefragt, ob sie ihn aufsuchen dürfe, um etwas mit ihm zu besprechen.

„Aber natürlich, liebes Kind“, sagte er lächelnd. „Dafür ist die Kirche da. Jedenfalls *meine* Kirche. Morgen früh bin ich wieder in Sledden. Wir können über alles sprechen, was du willst – unwichtige oder ernste Dinge.“

Und am nächsten Tag saßen sie kurz vor der Mittagszeit zusammen auf der vordersten Kirchenbank – er die Beine auf eine Kniebank gestützt, Greta ihm seitlich zugewandt. „Nun, Greta, sag, was du auf dem Herzen hast.“

Sie erklärte ihm, daß sie bekümmert sei, weil sie auf ihrem einsamen Bauernhof so selten Gelegenheit habe, mit wirklich gebildeten Menschen zusammenzukommen, und es so schwer sei, in der Gemeindebibliothek wirklich *lehrreiche* Bücher zu finden. Die Zeit gehe vorüber, sagte sie. Im August werde sie bereits zwanzig.

Der Pfarrer lachte. „Du lieber Himmel! Wir müssen wahrhaftig etwas tun, ehe es zu spät ist. Woran hast du gedacht? Was für Bücher möchtest du lesen?“

„Shelley zum Beispiel, und noch mehr von Shakespeare ... Ich habe mir einen Band Shakespeare von Mrs. Pauncey geliehen. *Othello* ist wundervoll.“

„Ah! Pauncey. Das erinnert mich an ihren Nachbarn. Wie kannst du sagen, liebes Kind, daß du nie mit gebildeten Menschen zusammenkommst? Geh zu Hugo Pater und sprich mit ihm.“

„Ich hätte schreckliche Angst, mit ihm zu reden.“

„Oh, keine Sorge, *er* ist derjenige, der redet. Aber das, was er sagt, ist oft sehr lehrreich und interessant. Er würde es herrlich finden, daß du ihm zuhörst."

„Ich könnte es nicht. Ich würde es niemals wagen."

„Und wie steht's mit Johnny Blenco? Ebenfalls ein Gelehrter."

„*Johnny* ein Gelehrter? Aber er hat doch nur die Schule von Caldmere besucht."

„Er hat fast sämtliche Bücher von Dr. Pater gelesen und sich selbst eine Menge gekauft. Das ist ziemlich das einzige, wofür er Geld ausgibt; abgesehen von gutem Essen und Wein, wovon er viel versteht."

„Ich wußte nicht, daß Johnny sich für diese Dinge interessiert. Aber dann ist er bestimmt auch viel zu klug für mich. Und er ist so schüchtern. Er sagt nie etwas."

„Nein, nicht über sich. Aber er würde mit dir über Bücher sprechen. Du würdest damit sowohl ihm als auch dir selbst einen Gefallen tun. Ich bin sicher, er ist der Richtige für dich."

So entstand in diesem Sommer auch die Freundschaft zwischen Greta und Johnny Blenco. Statt sich nur zu grüßen und weiterzugehen, wenn sie sich auf der Straße begegneten, blieben sie jetzt stehen und sprachen über Shakespeare, Shelley oder irgendein Buch, das Johnny ihr geliehen hatte. Wenn sie das Buch zurückbrachte, saß sie abends oft stundenlang in seinem mit Büchern angefüllten Arbeitszimmer und erörterte Themen mit ihm, die Norrys würdig gewesen wären.

Drei Menschen interessierten sich für diese Art von Erwachsenenbildung und hatten ihren Spaß daran: der Pfarrer, Johnny und Greta selbst. Aber zwei von diesen dreien ahnten nichts von Johnnys heimlicher Liebe und der Freude, aber auch den erhöhten Schmerzen, die diese plötzliche Verbindung in ihm weckte. Johnny sorgte dafür, daß diese Dinge verborgen blieben.

Auf Harry Whinlakes Farm war die sommerliche Schafschur auf ihre Art fast ebenso altmodisch wie der Besitzer selbst. Es gab keine Schertische, keine von oben herabhängende Schermaschine, nichts außer den Scherschemeln, Bänken und Handscheren. Wenn es ein sonniger Tag war, wurde die Arbeit im Freien gemacht; man brauchte soviel Licht wie möglich, damit man die Tiere nicht verletzte. Wahrscheinlich bestand kaum ein Unterschied zwischen der Schur auf Alt-Sledden und derjenigen in den Büchern Mose, Samuel und Jesaja.

In diesem Jahr fand die Schur am ersten Tag im Stall statt, denn es ging ein leichter Regen nieder. Man würde drei bis vier Tage für die tausend Schafe brauchen. Die Scherer waren Tam Godrigg, Harry, sogar Matt, der sich nicht vor dieser Arbeit hatte drücken können, und Johnny Blenco, der Mann für alles. Jeder von ihnen saß auf einem Schemel, ein Schaf über den Knien. Flink und gewandt mit der Schere, lösten sie das ganze Fell in einem Stück ab, als wäre es ein wetterfester Mantel auf dem Rücken des Tiers – was es ja tatsächlich war.

Gretas Aufgabe bestand darin, eilig von einem Scherer zum anderen zu laufen und die herabfallenden Felle aufzuheben, sie zusammenzulegen und zu bündeln.

Es herrschte Schweigen im Stall, während die Männer schoren und die entkleideten Schafe, in saubere und behende kleine Geschöpfe verwandelt, mit zierlichen Schritten davontrabten, um ihre Lämmer zu suchen.

So knapp waren die Arbeitskräfte auf Alt-Sledden, daß Greta auch beim Dippen der Schafe helfen mußte. Anfang August brachten Tam und seine Hunde wieder etwa siebenhundert Schafe von den Bergen herunter, schlossen sie in ein Gehege ein, und am nächsten Tag trieben Harry, Tam, Matt und Greta die zusammengepferchten, sich drängelnden Tiere in die Mulde mit dem karbolhaltigen Wasser. Während Greta das eine oder andere widerwillige Tier in die Mulde drängte oder einem anderen half, aus dem Bad in die Trockenhürde zu klettern, waren ihre Gedanken ebenso unfügsam wie die Schafe. Sie waren entweder in den Alpen oder suchten Trost in der Tatsache, daß der September mit jeder Stunde näherrückte.

Anfang August trug der Pfarrer mit einer neuen, mutwilligen Geschichte sehr zu Gretas Erheiterung bei. Er erzählte sie ihr im Wohnzimmer, wo er es sich in Norrys Sessel am Fenster bequem gemacht hatte, während sie auf dem Rand des anderen Sessels saß. Er war gekommen, um zu fragen, ob sie Anfang September zwei Freunde von ihm in ihrem Haus aufnehmen könne.

„O nein“, sagte sie hastig. „Wir erwarten Gäste. Mr. Kingharber kommt und – wahrscheinlich noch jemand mit ihm.“

„Schade. Meine Freunde sind nicht jung, und ich dachte mir, sie würden sich hier wohler fühlen als bei Pauncey. Hast du übrigens schon das Neueste über Pauncey gehört?“

„Nein." Gretas Interesse nahm zu.

„Nun, du weißt, daß sie Dr. Paters Nachbarin ist. Ich will sagen – Pauncey ist Witwe, und Pater ist Witwer –"

Greta quietschte vor Vergnügen. „Aber er ist doch über siebzig."

„Verdammt, Kind, das bin ich auch. Aber wir sind noch nicht tot."

„Oh, das habe ich nicht gemeint! Aber ... aber sie ist erst um die Fünfzig."

„Nichtsdestoweniger hat sie ein Auge auf Hugo geworfen. Und das seltsamste an der Sache ist, daß er, der sonst das Gras wachsen hört, überhaupt nichts davon gemerkt hatte. Bis ich ihn darauf aufmerksam machte."

„Oh, und was hat er gesagt?"

„*Er,* ausgerechnet er, brachte kein Wort hervor. Noch nie habe ich einen Menschen so überrascht gesehen. Als er die Sprache wiederfand, sagte er: ‚Joseph, das ist absolut lächerlich. Ich wäre lieber tot und ehrbar von Ihnen begraben als mit Pauncey verheiratet.' Und ob du's glaubst oder nicht, Greta, er fuhr fort: ‚Pauncey heiraten? Um Himmels willen, sie würde keinen Moment aufhören zu reden.'"

Greta lachte so laut, daß Matt neugierig aus der Küche kam. Als er jedoch den Pfarrer sah, machte er kehrt. Er war gerade zu dieser Zeit erbost über die sakramentalen Lehren des Pfarrers.

Der Pfarrer stimmte in ihr Lachen ein. „Hugo gibt zu, daß er ziemlich gesprächig ist, aber ich vermute, er ist der Meinung, seine Reden müßten für alle interessant sein, weil sie sich mit tiefgründigen Problemen befassen. Während die ihren, wie er sagt, von Dingen handeln, die überhaupt nicht komisch sind und dabei jenes brüllende Gelächter auslösen, das ihm das Mark in den Knochen erstarren läßt. Pauncey ist übrigens sehr böse auf Norry Kingharber. Sie wird verärgert sein, daß er wieder hierher zu euch kommt. Er habe euer Haus im vergangenen Frühling dem ihren vorgezogen, sagte sie und fügte hinzu, sie wisse sehr gut warum."

„Warum denn?" fragte Greta. Man hätte annehmen können, daß sie keine Ahnung hatte.

„Könnte es sein, mein liebes Kind, daß die Wirtin auf der Farm anziehender ist als die Besitzerin der Pension?" Die Augen des Pfarrers neckten sie lachend. „Sie hat ihn einen Sonntag mit dir vor der Kirche gesehen, und sie sagt, sie habe gehört, daß er dich Liebling nannte."

„Das ist einfach seine Art zu reden. Sie müßte das doch wissen."

„Und außerdem“, fuhr der Pfarrer fröhlich und erbarmungslos fort, „haben einige ihrer Gäste dich mit ihm in den Felsen klettern sehen.“

„Und sie hat sich mißbilligend darüber ausgelassen, nicht wahr? Wie kann sie es wagen? Warum soll er mich nicht mitnehmen? Ich vermute, sie hat mit jedem Menschen im Tal darüber gesprochen?“ fragte Greta.

„Zweifellos mit einigen. Sie ist im Grunde ein gutmütiges Geschöpf, Greta, nur kann sie wie die meisten lebhaften und robusten Frauen ihre Zunge nicht im Zaum halten.“

„Sie ist ein schreckliches altes Weib. Was hat sie Ihnen gesagt?“

„Nun ... die üblichen Dinge, über die man redet ... Daß es unrecht von ihm gewesen sei, dich auszunutzen.“

„Er *hat* mich nicht ausgenutzt. Wir mochten uns einfach gern. Und warum ist es unrecht von ihm, mir zu zeigen, daß er mich gern hat?“ Der Pfarrer antwortete nicht, und sie erkannte sofort, warum: Es war, weil die naheliegende Antwort sie verletzen würde. So antwortete sie statt seiner. „Sie wollen sagen – weil er damit bei einem törichten Mädchen von neunzehn womöglich falsche Hoffnungen erwecken könnte. Und daß es zwischen der halbgebildeten Tochter eines armen Schafzüchters und einem hochbegabten Akademiker, der in Oxford studiert hat und dessen Vater ein Lord oder so was Ähnliches ist, nichts Gemeinsames geben kann.“ Die aufsteigenden Tränen erstickten ihren Wortschwall.

„Nein, nein, mein Liebes, nichts dergleichen.“ Aber sein Widerspruch klang wenig überzeugend, und sie wußte, daß sie seine Gedanken erraten hatte.

„Nimm es dir nicht so zu Herzen“, schalt der Pfarrer. „Es ist doch nichts weiter als das Geschwätz einer klatschsüchtigen Frau.“ Da er erkannte, daß er jemanden verletzt hatte, den er gerne mochte, und sich vielleicht auch eingestehen mußte, daß er selbst nicht ganz schuldlos an dem Gerede war, sagte er hastig: „Nun, mein Kind, ich muß jetzt gehen. Mach dir keine Sorgen über Pauncey's törichte Reden. Das hat nichts zu bedeuten.“ Er stand auf und ging mit einem liebevollen Lächeln, aber ein wenig verlegen und schuldbewußt fort.

GRETA hatte instinktiv erkannt, daß es die absolute Sinnwidrigkeit einer Liebe zwischen Norry Kingharber und der Tochter von Harry Whinlake war, die die Zungen der Klatschbasen von Sledden in Bewegung hielt. Je sicherer sie war, daß alle diese Liebe für unmöglich hielten, um so unmöglicher erschien sie ihr selbst; und sie war wütend auf die Leute, haßte sie, weil ihr Gerede sie zu dieser Einsicht brachte – denn es war ein Gedanke wie der Tod; ihr Herz wollte stillstehen, und sein Lebensdrang war ihm genommen.

Sie versuchte, aus anderen Quellen zu erfahren, was Pauncey sagte. Matt, der schlechte Nachrichten den guten vorzog, sagte: „Oh, ja! Die alte Henne hat das ganze Tal in Aufruhr versetzt."

Johnny Blenco sagte: „Ja, sie hat mit mir gesprochen, natürlich, aber ich habe nichts davon hören wollen."

Was den Doktor betraf, er war, ohne sich dessen bewußt zu sein, einfach beleidigend. Er schien die Angelegenheit überhaupt nicht ernst zu nehmen und tat, als sähe er darin lediglich eine Schäferidylle. „Ich finde es ganz natürlich, daß Norry sich in dich verliebt hat. Wenn ich zwanzig Jahre jünger wäre, würde ich genau das gleiche tun. Und was dich betrifft, mein Liebes, wem willst du weismachen, daß er nicht auch ein Stück deines Herzens gewonnen hat?" Und er berührte zärtlich ihre Wange, ohne zu ahnen, daß seine Berührung für Greta wie Feuer war.

Wie konnte er es wagen, in leichtfertigem Ton über etwas zu reden, was ihr so zu Herzen ging? Sie hatte ihn immer als einen ihrer „lieben Siebziger" verehrt, aber jetzt haßte sie ihn.

Dann machte er mit fröhlicher Unschuld die Träume all ihrer Tage und Nächte zunichte, indem er fortfuhr: „Ich habe nie geglaubt, daß dein Norry überhaupt etwas außer seinen Felsen lieben könnte, obwohl ich einmal gehört habe, er sei halb und halb mit irgendeinem Mädchen in London verlobt." Das Messer unbewußt noch tiefer bohrend, setzte er hinzu: „Nun, da er normalerweise keine Augen für ein Mädchen hat, wenn eine Felswand in der Nähe ist, wäre es besser, wenn er jemanden in London heiratete und sie dort ließe."

Verlobt. Halb und halb verlobt. Nachdem Greta das erfahren hatte, lief sie zu ihrem Felsblock an den Wasserfällen und lag, vom sommerlichen Laub der Bäume verdeckt, lange Zeit regungslos da, die Stirn auf den kalten Stein gelegt, so wie sie sie manchmal traurig an die Wand ihres Zimmers legte. Noch nie hatte sie sich so einsam gefühlt wie jetzt, und dennoch war ihr die Qual beinahe willkommen, denn sie löschte jeden Gedanken aus.

SIEBEN

Der August ging seinem Ende zu; nur noch ein paar Tage, dann würde Norry wieder bei ihnen sein; und trotz der Verwüstung, die das unbekümmerte, scherzhafte Geschwätz des Doktors in Gretas Herzen angerichtet hatte, begann sie wieder, leise zu singen. So sang sie eines Morgens auf einem Haferfeld gegenüber dem Tor des Hofes, als sie einen eleganten grauen Wagen, so lang wie ein Torpedo, mit einem grau uniformierten Fahrer am Steuer und einer üppigen Dame auf dem Rücksitz herankommen sah. Es war der imposanteste Wagen, den sie je durch das Tal hatte fahren sehen. Als er vor dem Tor hielt, blickte die Dame aus dem Seitenfenster und musterte Greta aufmerksam, als wäre sie ein interessantes landwirtschaftliches Detail in diesem äußersten Randgebiet der bewohnbaren Welt – ein Wesen, das zu primitiv war, um für einen starren Blick empfindlich zu sein, jedenfalls erschien es Greta so. Der Fahrer stieg aus und ging zur Tür des Hauses.

Als nächstes kam Matt heraus, sah sich suchend nach seiner Schwester um, entdeckte sie auf dem Feld und eilte auf sie zu. „Da is eine Dame, die dich sprechen will. Ich führ sie ins Wohnzimmer."

Der Fahrer geleitete jetzt eine hochgewachsene, vollbusige, breithüftige Frau in geblümter Seide zum Haus.

Will sie bei uns absteigen? Sie sieht nicht aus, als ob sie hierher paßte. Während sie noch darüber nachdachte, lief Greta rasch über den Hof. Im schmalen Korridor des Hauses klopfte sie ihr Kleid aus und glättete es, strich mit den Händen übers Haar, dann ging sie ins Wohnzimmer.

Die Dame saß auf Norrys Sessel – und ihr Gesicht war *sein* Gesicht. Aber älter, als Greta erwartet hätte, bis ihr einfiel, daß Norry ja dreißig war. Dies war also seine Mutter. Anders als das Bild, das sie sich von ihr gemacht hatte, aber doch ähnlich, in Seide, Perlen und Autorität gekleidet. Ein leicht gebieterischer Zug lag in den Falten um ihre Lippen. Seine Mutter, hier!

„Sie sind Greta?" Die Dame lächelte huldvoll. „Ich bin Mr. Kingharbers Mutter."

„Ja..." Wie redete man die Frau eines Lords an? Sagte man „your Ladyship" oder „Milady"? „Madam"? Nein, sie würde nicht

„Madam“ zu der Mutter des Mannes sagen, in dessen Armen sie gelegen hatte. Das beste war, einfach jegliche Anrede zu vermeiden. „Ja ...“, sagte sie abermals.

„Haben Sie einen Augenblick Zeit? Ich habe Sie bei Ihrer Arbeit auf dem Feld gesehen.“

Dieses „bei Ihrer Arbeit“ gefiel Greta nicht. Wie leicht reiche Leute sich verrieten. Aber der Geruch des aufgehäuften Dungs drang durch das offene Fenster. Also war es vielleicht ganz natürlich. „Ich helfe meinem Vater nur hin und wieder, weil wir nicht genug Arbeitskräfte haben“, sagte sie. „Für gewöhnlich führe ich ihm den Haushalt.“

„Ich verstehe. Bitte setzen Sie sich, liebes Kind. Ich möchte sehr gern mit Ihnen reden.“

„Ja?“ Greta setzte sich nervös auf die Kante des anderen Sessels.

„Wird Mr. Kingharber wieder bei Ihnen wohnen?“

Greta nickte. Mr. Kingharber! Zweifellos war dies die Art, wie seine Mutter ihn Untergebenen gegenüber nannte. Trotz stieg in ihr auf. Sie sagte: „Ja, Norry kommt Montag.“ Und sah, daß Lady Kingharber den Stich gefühlt hatte.

„War das Ihr Bruder, der mich hereingeführt hat?“

„Ja, das war mein Bruder.“ Aber was geht das Sie an? Egal – Matt hatte in seinen schweren, schmutzigen Gummistiefeln und dem schlaffen Hut, der fast so schlimm wie der des Doktors war, richtig schlampig ausgesehen. Nicht zu vergleichen mit dieser kostbaren Besucherin.

„Ich will ganz offen mit Ihnen sein, liebes Kind. Norry ist nicht sehr ordentlich, und so habe ich, während er fort war – er war, wie Sie vielleicht wissen, in den Alpen –“

„Ja, ich weiß. Er hat mir aus Zermatt geschrieben.“

„Genau. Hat Ihnen geschrieben. So habe ich diese Woche sein Zimmer aufgeräumt, weil er einige Tage zu Hause sein wird, ehe er zu Ihnen kommt, und dabei habe ich – das müssen Sie mir verzeihen – einen Stoß Briefe von Ihnen gesehen. Auf einer Kommode.“

Einen Stoß! Er hatte sie alle aufbewahrt! Und sie alle mit nach Hause genommen. Als ob sie ihm wirklich etwas bedeuteten. Oh, gut. Aber wollte diese Frau etwa sagen, daß sie die Briefe gelesen hatte?

„Und da ich mich fragte, ob sie wichtig seien, habe ich sie mir flüchtig angesehen.“

„Sie *angesehen* oder *gelesen*?“ Greta fragte es drohend. Und es bestand kein Zweifel, Lady Kingharber war entrüstet über diesen schroffen Ton von seiten eines Mädchens ihres Standes.

„Als ich sah, worum es sich handelte, habe ich einen der Briefe gelesen, ja, und die anderen flüchtig angesehen – aber weiter nichts." (Und Sie erwarten, daß ich Ihnen das glaube, liebe Dame?) „Wenn Sie mir einen Augenblick zuhören wollen, werde ich Ihnen erklären, weshalb ich mich dazu berechtigt fühlte."

„Und wenn ich Ihnen ein ganzes Leben lang zuhöre, werde ich immer noch der Meinung sein, daß es unrecht von Ihnen war, sie zu lesen." Gesegnet sei der Zorn, der einem passende Worte eingab und den grimmigen Mut verlieh, sie auszusprechen. „Schändlich unrecht."

„Wahrhaftig! Ich ..." Empört über eine so anmaßende Erwiderung, aber außerstande, sich zu verteidigen, konnte Lady Kingharber sich nur im Wohnzimmer umsehen – das Greta jetzt mit einmal sehr klein, alltäglich und schäbig vorkam. „Sie müssen mich anhören und versuchen, nicht zornig zu sein." Die Augen auf Gretas Gesicht geheftet, schien sie ein wenig sanfter zu werden. „Vielleicht habe ich wirklich nicht ganz richtig gehandelt, aber ich bin seine Mutter, und sein Glück liegt mir am Herzen. Ich muß sagen, ich hatte schon beinahe so etwas geahnt, noch ehe ich diese Briefe sah. Er war plötzlich uns allen gegenüber so verändert, so fremd. Als ob er ein Geheimnis hätte. Unter den Briefen war einer an Sie in seiner Handschrift, den er aus irgendeinem Grund nicht abgeschickt hatte, und den glaubte ich lesen zu dürfen." Sie schüttelte den Kopf wie über irgend etwas, woran sie dachte. „Mein liebes Kind, es wundert mich nicht, daß er sich so von Ihnen angezogen fühlt. Sie sind sehr schön."

Das versöhnte Greta ein wenig, aber nur vorübergehend. Ihr Zorn befahl ihr, sich nicht von Schmeicheleien einlullen zu lassen, wenn sie nur die Einleitung zu harten, verletzenden Worten sein sollten. Was stand in diesem Brief von Norry? Und welche von *ihren* Briefen hatte sie gelesen? Oh, ich hoffe, es waren die langen, in denen es mir gelungen ist, etwas von den literarischen Dingen einzuflechten, die ich von Johnny gelernt habe. Das hätte sie sicherlich überrascht.

Lady Kingharber lächelte und fuhr in dem gleichen sanfteren Ton fort: „Sie werden verstehen, wie sehr ich mir gewünscht habe, Sie kennenzulernen. Aber ich hatte auch das Gefühl, daß ich ... zu Ihnen kommen und Sie fragen sollte, ob Sie von einer gewissen Tatsache unterrichtet sind." (Verlobt? Halb und halb verlobt? Die gleiche Todesangst im Herzen.) „Ich dachte mir, ich müßte Ihnen sagen, daß er praktisch verlobt ist."

(Ja, der erwartete Schlag ... aber ihr Herz klammerte sich an das Wort „praktisch".) „Was wollen Sie damit sagen? Wie ist man ‚praktisch' verlobt?"

„Nun, es ist noch nicht endgültig, obwohl wir eigentlich davon überzeugt waren. Wir alle lieben sie. Aber in letzter Zeit hat er sich ihr gegenüber verändert, vor allem, seit er im Mai von hier zurückgekommen ist. Sie ist sehr unglücklich."

„Das können andere auch sein."

Lady Kingharber überhörte diesen Einwurf. „Sie ist zu mir gekommen und hat mir alles erzählt. Er ist ja wirklich sehr attraktiv, und – nun, heutzutage geben sich Mädchen manchmal einem Mann hin, wenn sie glauben, daß er sie heiraten wird. Ich kann keinem von beiden einen Vorwurf machen, obwohl zu *meiner* Zeit alles ganz anders war. Die Mädchen heute sind anscheinend der Meinung, es hat nichts zu sagen, wenn es unautorisiert ist – falls Sie wissen, was das bedeutet."

„Natürlich weiß ich, was unautorisiert bedeutet. Schließlich habe ich ja eine Schule besucht."

„Oh, das habe ich nicht gemeint, mein Kind. Ich meinte lediglich, daß Sie noch so jung sind und vielleicht ein wenig weltfremd. Aber Sie verstehen doch, nicht wahr, was ich sagen will? Er hat eine Verpflichtung ihr gegenüber, finden Sie nicht?"

„Woher wissen Sie, daß er nicht genau die gleiche Verpflichtung mir gegenüber hat?"

„Das weiß ich nicht. Ich würde ihn nie danach fragen. Kinder müssen ihre eignen Wege gehen. Aber es täte mir leid zu denken, daß es bei Ihnen so ist."

„Aber nicht, daß es bei ihr so ist?"

„Sie ist viel älter als Sie. Und es hat immer die Aussicht auf eine Heirat bestanden."

Greta konnte nicht erwidern: Während bei mir niemals Aussicht auf eine Heirat bestehen könnte – was ihre Besucherin offensichtlich damit hatte andeuten wollen.

„Und wenn es so wäre, mein Kind", fuhr Lady Kingharber fort, „müßte ich Ihnen leider eine sehr deutliche Antwort geben. Es heißt, ‚Wer zuerst kommt, mahlt zuerst', und so wäre es wohl auch in diesem Fall, nicht wahr?"

Nach einer Weile sagte Greta leise: „Ich glaube nicht, daß das immer entscheidend ist. Es hängt von ... vielen Dingen ab."

„Er kennt sie seit Jahren. Ich bin der Meinung, daß seine Verpflichtung bei ihr liegt."

Furcht ließ Greta mit der Antwort zögern, bis schließlich ihr Zorn die Oberhand gewann. „Sie sind lediglich der Meinung, daß er ein Mädchen aus seinen eigenen Kreisen heiraten soll."

Lady Kingharber hob zwei reich beringte Hände von ihrem Schoß und ließ sie wieder fallen – als hielte sie es für aussichtslos, das zu leugnen.

Schweigen. Bis Greta stammelte: „Ist es meine Schuld, daß er mich liebt? Wollen Sie andeuten, daß ich mich ihm aufgedrängt habe? Sollte man nicht fragen, wer damit begonnen hat?"

„Ich glaube nicht, daß es lohnend wäre, das zu ergründen."

„Ich könnte mir denken, daß es äußerst lohnend wäre."

Eine leichte Kopfbewegung der Dame, als sei sie abermals verstimmt über die Art, wie dieses Mädchen mit ihr zu sprechen wagte; und gleichzeitig überrascht, daß eine Bauerntochter mit solch einer Entschlossenheit und so gebildet sprach.

„Sie zwingen mich, sehr offen zu sein. Sicherlich werden Sie doch einsehen, daß eine Ehe zwischen Norry und Ihnen wohl ... schwerlich das Richtige wäre."

„Schwerlich das Richtige" erklärte so vollständig den Zweck dieses Besuchs, daß Greta es zunächst nur wiederholen konnte: „Schwerlich das Richtige?"

„Ja ... Oh, ich möchte keine verletzenden Dinge sagen, aber ich fürchte, daß ich es muß."

„Ich verstehe nicht ganz, weshalb Sie es müssen." Gretas Herz bebte jetzt in ihrer Brust wie eine angeschlagene Saite. „Ich habe ihn nicht gebeten, mich zu heiraten. Das ist *seine* Sache, nicht wahr? Er wird mich darum bitten müssen, wenn er es jemals will. Ich bitte keinen Mann, mich zu heiraten."

„Ist das dort draußen Ihr Vater?"

Das war nicht grausam gemeint. Lady Kingharber fragte es nur aus Neugier. Aber natürlich war es Gretas Vater, der, in jeder Hand einen Eimer, mit einem alten braunen Hemd und Hosenträgern dort draußen über den Hof ging.

„Ja, das ist mein Vater", sagte Greta, und ihr Herz sank noch tiefer unter dem Gewicht einer zornigen, ungestümen Liebe. „Was waren das für verletzende Dinge, die Sie nicht sagen wollten? Oder nur halb und halb sagen wollten?"

„Nun, versuchen wir, vernünftig zu sein, mein Kind. Sie sind so jung und schön, und ich möchte Sie nicht kränken. Nein, werfen Sie nicht den Kopf zurück. Ich kann es nicht ertragen, ein junges Geschöpf verletzt zu sehen. Ich will Ihnen nur vor Norrys Ankunft zu verstehen geben, daß er in Wirklichkeit nicht frei ist. Und ich meine, es liegt an Ihnen, ihm zu helfen, treu zu bleiben. Sie sind offensichtlich ein verständiges Mädchen und wissen sehr gut, daß solch eine plötzliche Neigung, vor allem in Ihrem Alter, für gewöhnlich nichts weiter als eine vorübergehende Verblendung ist."

„Wie sollen wir wissen, ob irgend etwas wirklich Liebe ist? War *Ihre* Liebe zu Ihrem Mann eine vorübergehende Verblendung?"

Lady Kingharber warf angesichts dieser Unverschämtheit zornig den Kopf zurück, konnte jedoch nur erwidern: „Bleiben wir bei der Sache."

„Ich bin sehr dafür, vernünftig zu sein, Lady Kingharber." Endlich war die Anrede ausgesprochen; gebe Gott, daß sie richtig war. „Und sehr dafür, genau das zu sagen, was wir meinen. Was Sie *wirklich* meinen, ist nicht, daß Norry treu sein muß, sondern daß ich bei weitem nicht gut genug für ihn bin."

Da dies der Wahrheit entsprach, fand Lady Kingharber nicht gleich eine angemessene Erwiderung, und Greta behauptete für den Augenblick das Feld. „Ich *weiß,* daß ich es in mancher Hinsicht nicht bin", sagte sie. „Aber in anderer könnte ich es sein. Sie glauben, ich bin nichts als ein armes Mädchen auf einem kleinen Bauernhof, aber mein Vater hat über tausend Schafe oben in den Bergen. Und ich bin nicht ungebildet. Ich habe Auszeichnungen in der Schule bekommen, und ich lese jetzt, soviel ich kann. Unser Pfarrer, Kanonikus Nickle, und Dr. Pater, der Leiter einer bekannten Schule war, leihen mir Bücher und helfen mir."

„Nun, das macht Ihnen große Ehre, mein Kind." Lag in diesen Worten nicht eine gewisse Anerkennung, das Eingeständnis, daß sie Greta vielleicht unterschätzt habe, ja sogar der Anfang einer Art Zuneigung? Aber das Urteil „schwerlich das Richtige" blieb bestehen, dessen war Greta sicher. Nichtsdestoweniger, sagte sie sich, hat der Kampf gerade erst begonnen. Ich liebe Norry, und wenn er mich liebt, sehe ich nicht ein, warum ich nicht um ihn kämpfen sollte.

Etwas davon äußerte sie seiner Mutter gegenüber mit einer Würde und Gelassenheit, deren sie sich nicht bewußt war, obgleich sie das Gefühl hatte, seit Beginn dieser Unterhaltung zehn Jahre älter geworden zu sein. „Ich weiß, daß Sie der Meinung sind, dies alles sei sehr plötzlich gekommen. Und ich weiß auch, es ist unvermeidlich, daß Sie an den Klassenunterschied zwischen uns denken. Ich gehöre nicht zu seiner Klasse, aber ich liebe Norry von ganzem Herzen, und ich finde, das gibt mir das Recht, zu versuchen, ihn zu behalten."

Lady Kingharbers Lippen bewegten sich, als ob sie etwas sagen wollte, aber nichts konnte Greta jetzt aufhalten. „Und sollte tatsächlich das Wunder geschehen, daß er mich heiraten will – was ich allerdings nicht für wahrscheinlich halte –, so würde ich ganz gewiß ja sagen. Ich kann mir nicht vorstellen, daß ich seiner unwürdig wäre. Ich kann es mir einfach nicht vorstellen. Aber wenn sich herausstellt, daß er mich nicht *wirklich* liebt – nun, ich dränge mich keinem Mann auf." So wiederholte sie die stolze Erklärung, die ihr zuvor so gut gefallen hatte. Stolz auf ihr Selbstbewußtsein, auf diese Worte, die sie so natürlich einer großen Dame gegenüber geäußert hatte: „Ich bitte keinen Mann, mich zu heiraten." Die schönen Worte tanzten ihr vor den Augen.

Lady Kingharber stand entschlossen auf wie jemand, der wußte, daß er hier nichts mehr tun konnte, aber ganz gewiß die Absicht hatte, woanders sehr viel zu tun. „Nun, mein liebes Kind", sagte sie zu Greta, die ebenfalls aufgestanden war, „ich war offen mit Ihnen, und ich kann Ihnen nur danken, daß Sie auch offen mit mir waren. Sie sind ein nettes Mädchen, und Sie gefallen mir. Ich wünsche Ihnen sehr viel Glück, was auch immer in dieser Sache geschieht. Sie haben noch Ihr ganzes Leben vor sich. Ich hoffe, daß es Ihnen viele, viele gute Dinge, sogar wundervolle Dinge bringen wird."

„Ich danke Ihnen", sagte Greta aufrichtig, denn es lag Güte in den Augen der alten Dame; aber gleichzeitig dachte sie bei sich: Und jetzt wirst du als erstes nach besten Kräften dafür sorgen, daß es mir *ein* wundervolles Ding nicht bringen wird. Ich nehm es dir nicht übel. Aber du kannst sicher sein, daß du nicht die einzige bist, die kämpfen wird.

Sie ging mit ihr zu dem eleganten Wagen, der jetzt mit dem Kühler zum Tal, zur großen Welt stand. Als er sich mit dem grau uniformierten Fahrer am Steuer und seiner ehrfurchtgebietenden Herrin auf dem Rücksitz langsam in Bewegung setzte, sagte Greta sich im stillen: *Das* ist also Norrys Mutter. Und sie wurde wieder sorgenvoll und traurig. Diese ganze unbekannte Welt: seine Mutter, seine Schwestern, ihre adeligen Freunde.

Und sie, Greta, die hier am äußersten Rand der bewohnten Welt auf diesem mit Kopfsteinen gepflasterten, schmutzigen Hof neben einem dampfenden Dunghaufen stand. Es ist ganz schön und gut, zu sagen, daß man kämpfen wird, aber was für eine Hoffnung bleibt da, was für eine Hoffnung? Es hängt alles davon ab, ob er mich wirklich liebt... Vielleicht weiß ich es in wenigen Tagen... und *wenn* es so ist...

Und so bewirkte Lady Kingharbers Besuch genau das Gegenteil von dem, was sie beabsichtigt hatte, denn er brachte Greta neue Hoffnung auf Norrys Liebe, weckte in ihr einen Sturm der Empörung darüber, daß man sie einfach als gesellschaftlich unmöglich abtat, und zeigte ihr einen Weg, wie sie sich auf die gleiche Stufe mit den anderen Mädchen stellen konnte.

Aber wie stand es gerade damit? Wenn die einzige Waffe, mit der sie kämpfen konnte, ihr Körper war, sollte sie es dann nicht tun? Warum sollte *ihr* nicht erlaubt sein, was das andere Mädchen getan hatte? Wenn es wirklich aus Liebe geschah, konnte es doch sicherlich *manchmal* richtig sein? Aber sooft sie sich das fragte, sah sie die Kirche mit ihrem winzigen Glockenturm und den weißen Mauern wie ein kleines, unbewegliches „Nein" drunten zwischen den Feldern stehen.

Ich weiß nicht, was ich tun soll. Wenn es doch nur jemanden gäbe, den ich fragen könnte!

Aber wen? Ihren Vater? Du liebe Güte, wie konnte sie ihm so eine Frage stellen? Er wäre bestürzt, entsetzt, ratlos. Freunde? Sie hatte wenige Freunde im Tal; wo gab es einen, auf dessen Intelligenz, Liebe und Verschwiegenheit sie bauen konnte?

Johnny Blenco? Sie konnte ihn alles fragen – nur das nicht.

Dr. Pater? Daß ich nicht lache!

Den guten Kanonikus Nickle? Er würde verständnisvoll zuhören, aber es gab nur eine Antwort, die ein Geistlicher ihr geben konnte. Sie sah abermals die Kirche zwischen den Feldern. Sie war so klein, aber sie war gleichzeitig auch die große, weltweite Kirche, zweitausend Jahre alt, die allein das Recht hatte, die Gebote Gottes zu deuten. Aber wenn ihre Gebote auch streng waren, so würde ihr Priester sanft sein, und Greta sah sich gezwungen, ihm ihr Problem vorzutragen. Denn jetzt kämpften in ihrem Inneren mehr denn je ihr leidenschaftliches Verlangen nach Liebe und einem größeren Leben und jener schlichte, aber sehnliche Wunsch nach Tugend. Ihr Herz zitterte. Es würde sie eine qualvolle Überwindung kosten, mit dem Pfarrer zu sprechen.

Nichtsdestoweniger wartete sie am nächsten Sonntag nach dem Frühgottesdienst auf dem Kirchhof, bis er aus der Sakristei kam. „Herr Pfarrer, ich möchte Sie etwas fragen, bevor Norry Kingharber kommt."

Er lächelte verblüfft. „Nun, hier bin ich."

Panik. „Oh, nicht jetzt. Es wird sehr schwer sein."

„Komm nach dem Gottesdienst um elf. Dann können wir reden."

Wieder saßen sie zusammen auf der vordersten Kirchenbank. Greta neigte sich, ein Gebetbuch zwischen den Händen, verlegen vornüber. „Erinnern Sie sich, daß Sie mir erzählt haben, Pauncey hätte Andeutungen über einen – Flirt zwischen Norry und mir gemacht? Nun, es ist wahr, wir – wir haben einander – sehr liebgewonnen. Wir kannten uns noch nicht lange, aber muß es deshalb notgedrungen töricht sein?"

Er lächelte. „Ich glaube nicht, daß Liebe viel mit Zeit zu tun hat, aber ich bin der Meinung, daß man sich Zeit lassen muß, um zu wissen, ob es wirklich Liebe ist."

„Ich habe das Gefühl, daß ich das schon jetzt weiß; ist das sehr dumm von mir?"

„Nein, du magst recht haben. Empfindet er das gleiche für dich?"

Sie spielte nervös mit dem Gebetbuch. „Ich glaube, ich könnte ja sagen, wenn nicht dieser riesige Unterschied zwischen uns bestünde. Wundervoll für mich, wenn – aber ein Berg von Schwierigkeiten für ihn." Die Finger drehten das Gebetbuch unaufhörlich herum. „Seine Mutter ist gestern gekommen und hat mich ohne alle Umschweife ersucht, ihn aufzugeben."

„Ach, wirklich? Seine Mutter? Mein Kind, ich verstehe, was du meinst, wenn du von Schwierigkeiten sprichst." Er streckte die Hand aus und legte sie auf die ihre. „Ich weiß nicht, aber ich könnte mir vorstellen, daß es für jeden Mann wundervoll sein müßte, deine Liebe zu haben."

„Sie sagte, er sei praktisch verlobt. Wissen Sie, mit wem?"

„Eine Fiona Soundso, die Tochter eines pensionierten Fregattenkapitäns in Brentham, sagt Hugo."

Für jemanden, der mit der Rangordnung der Marine nicht vertraut war, klang Fregattenkapitän tatsächlich sehr eindrucksvoll, fast wie

Admiral. Der Gedanke weckte ihren Trotz, ihren verzweifelten Kampfgeist, so daß es ihr gleichgültig zu sein schien, ob ihre nächsten Worte den Pfarrer überraschten und bestürzten.

„Ich glaube, ich sollte Ihnen sagen, daß ich – ganz gleich, ob es sehr unrecht von mir gewesen wäre oder nicht – in der letzten Nacht vor seiner Abreise bereit war, ihm alles zu geben, was er wollte, wenn er ... in mein Zimmer gekommen wäre. Ich habe mich danach gesehnt, ihm zu sagen: Ich gehöre ganz dir." Der Pfarrer schüttelte den Kopf, und so fuhr sie eilig fort, ehe er sie unterbrechen konnte. „Oh, er ist nicht gekommen. Es war nur, daß ich das Gefühl hatte, ich bin für ihn da, wenn er mich will."

„Greta, das darfst du nicht tun. Du darfst es nicht."

„Das ist es, was ich Sie fragen wollte. Seine Mutter hat mir gesagt, daß das Mädchen, mit dem er praktisch verlobt ist, das getan hat und daß er deswegen eine Pflicht ihr gegenüber habe. Er kommt jetzt auf vier volle Wochen, und ich bin sicher, daß ich versucht sein werde, mir die gleichen Chancen zu verschaffen, die sie hat. Wäre das sehr unrecht von mir?"

„Ja, das wäre es." Er legte wieder die Hand über die ihre. „Es ist mir nicht möglich, liebes Kind, dir als Pfarrer etwas anderes zu sagen. Aber selbst wenn ich kein Pfarrer wäre, würde ich vermutlich nicht anders sprechen." Er blickte zu dem breiten Altarfenster hinauf, das die Berge umrahmte, und sprach den Gedanken aus, der ihr selbst schon undeutlich durch den Kopf gegangen war. „Diese Kirche schließt die Weisheit von zweitausend Jahren ein. Du bist ein geliebtes Kind der allumfassenden christlichen Kirche. Und diese große Mutter Kirche, deren Weisheit größer ist als die jedes einzelnen Menschen, verbietet, wie du weißt, ganz kategorisch das, was du andeutest; sie hat nur einen Namen dafür, und der heißt nicht Liebe. Nicht Liebe, ehe die beiden Menschen für alle Zeiten einander angetraut sind. Greta, ich bitte dich inständig, tu es nicht."

Sie blickte hinunter auf den Fußboden. „Ich habe gewußt, daß Sie mir das sagen mußten. Ich weiß nicht, wozu ich Sie belästigt habe."

„Greta, liebes Kind, du mußt beten, daß Gott dir Kraft geben möge. Ich werde ebenfalls beten. Wenn Gott will, daß ihr beide, Norry und du, zusammenkommen sollt, wird Er es zuwege bringen."

Greta stand auf. „Ich darf Sie nicht länger aufhalten. Es ist Sonntag, und Sie sind sehr beschäftigt. Ich danke Ihnen vielmals, daß Sie mir zugehört haben."

Er stand ebenfalls auf und küßte sie auf die Stirn; es war das erste Mal, daß er das tat; aber es gab nichts, was er ihr noch hätte sagen können. Sie verließ die Kirche und ging, die Hände in den Taschen ihres Kleides vergraben, die Straße entlang nach Hause, und ihr Haar wehte im starken Talwind hinter ihr wie eine zerflatternde Fahne. Einmal blickte sie zurück auf die Kirche und dachte traurig bei sich: Ich habe Hilfe gesucht, aber ich habe keine gefunden.

Und niemand war mehr übrig, zu dem sie sagen konnte: Ich weiß nicht, was ich tun soll. Ich weiß nicht *wirklich,* was richtig ist.

An einem schönen Abend in dieser letzten Augustwoche dinierte sie bei Johnny Blenco – kein anderes Wort wurde dem Mahl gerecht, das er ihr servierte. Es hatte sieben oder acht Stunden freudiger Arbeit für ihn bedeutet. Zuerst war er nach Caldmere geradelt, um alles einzukaufen, was er brauchte; und das war viel, denn er hatte folgendes Menü zusammengestellt:

Kammuschelfleisch à la Poulette
Perlhuhn Cumberland mit Brottunke
Pommes frites Johannisbeergelee gedünsteter Sellerie
Crêpes Suzette

Dann mußte er das Zimmer in Ordnung bringen, das Feuer anlegen, den Tisch mit Gläsern, Besteck und seinem besten Porzellan decken und aus dem Garten Blumen für das Wohnzimmer hereinbringen. Als es endlich Zeit zum Kochen war, begoß er das Perlhuhn mit zerlassener Butter und Wasser, legte das Muschelfleisch in Wein, brachte es mit kleinen Zwiebeln, Butter und Wiesenchampignons zum Sieden und fügte, nachdem die Flüssigkeit verkocht war, Sahne hinzu. Wenn es in diesen Speisen viele Zutaten gab, so waren mindestens drei weitere mit Johnnys Arbeit vermischt: ein reichliches Quantum Liebe, eine ganze Menge Spaß und ein kleines – aber nicht zu kleines – Quentchen Stolz.

Als Greta, sorgfältig gekleidet, ins Wohnzimmer trat und die Blumen, die Weingläser, die buntgemusterten Teller sah, stieß sie hervor: „Johnny, was für ein Aufwand? Sie hätten sich meinetwegen nicht soviel Mühe machen sollen! Sie sind wirklich ein Schatz."

Dies war das Lob, für das er den ganzen Tag schwer gearbeitet hatte und vor dem er jetzt zurückschreckte, obwohl es ihn glücklich machte. Er senkte den Kopf, um zu verbergen, daß ihm das Blut in die Wangen gestiegen war, und sagte nur: „Es ist das erste Mal, daß Sie zum Essen zu mir kommen, und da wollte ich es uns ein bißchen festlich machen. Vielleicht wollte ich auch ein klein wenig angeben. Nun, setzen Sie sich und trinken Sie einen Sherry.“ Er goß ihn ein. „Ich habe noch etwas in der Küche zu tun.“

„Johnny, Sie müssen mich kochen lehren, ebenso wie Sie mir beibringen, was ich lesen muß. Ich weiß wirklich nicht, warum unsere Gäste sich mit dem einfachen Essen zufriedengeben, das ich ihnen vorsetze.“

„Sie kochen ausgezeichnet, sagt Pauncey.“

„Das stimmt nicht. Wenn Sie zum Essen zu mir kommen, werden Sie sich meiner schämen, aber natürlich würden Sie mir das nie sagen, dazu sind Sie viel zu nett. Darf ich nicht helfen? Ich kann doch nicht einfach hier sitzen und trinken, während Sie arbeiten.“

„Doch, das können Sie und werden Sie. In meiner Küche ist nicht genügend Platz für zwei.“

„Johnny, Sie sind wirklich wundervoll.“

Tief errötend ging er, sein eigenes Glas in der Hand, hinaus.

Während sie, von Gretas Ausrufen der Bewunderung unterbrochen, ihre Mahlzeit zu sich nahmen, sprachen sie zufrieden über hunderterlei Dinge; aber erst als sie vor dem Feuer saßen und ihren Portwein tranken, tauchte ihr Gespräch in die schattenhaften Tiefen von Gretas religiösen Problemen und Johnnys Bestrebungen und Zuversicht. Die Tatsache, daß das Zimmer jetzt im Dämmerlicht lag und nur von den lodernden Flammen erhellt wurde, half ihnen bei diesem Abstieg in die Mysterien.

Es war erstaunlich, wohin sie gelangten. Johnny, der sich in seinem Sessel vornüberneigte, erzählte ihr von seiner Überzeugung, daß es für die Menschen zwei verschiedene Kategorien des Daseins gab – die eine ihre irdische und vergängliche Welt, die andere eine stille, ewige Welt, die nichts mit Zeit oder Tod gemein hatte. Er sagte, er glaube – oder vertraue darauf –, daß diese zweite Kategorie des Daseins die physische Welt des Menschen als eine Dimension durchdränge, die sich seinem Blick, aber nicht seiner Erkenntnis entzöge. Der Mensch erwache im Gefängnis eines Körpers, der sterben müsse, aber wenn er diese andere Dimension erfassen könne, werde er wissen, daß dies das einzige war, worauf es ankam.

Vieles von alledem war zu schwer, als daß Greta es hätte verstehen können, aber ihre Augen hingen wie gebannt an seinen Lippen. Einmal sagte sie: „Oh, Johnny, wie herrlich, solch einen Glauben wie den Ihren zu haben."

„Glauben?" wandte er ein. „Glaube ist ein zu starkes Wort. Nennen Sie es ein hinkendes Vertrauen –" Aber als er das Wort „hinkend" aussprach, errötete er. Dann begann er, von ihrer Begeisterung angespornt, ihr alles über seine Auffassung von Gott als Leben, Licht und Liebe zu erzählen. – Und wie war er dazu gekommen? Nun, ebenso wie die Flüsse, die auf den Gipfeln der Berge entsprangen, nie höher steigen konnten als ihre Quelle irgendwo in der Nähe des Himmels, so konnten auch körperlich schöne, intelligente oder liebende Menschen nur bis zur Höhe *ihrer* Quelle steigen, die Gott sein mußte.

„Ist es lächerlich", fragte er, „daß Blumen mir ähnliche Dinge über Gott zu sagen scheinen, wie sehr kluge oder tiefreligiöse Menschen es tun? Ich habe einmal mit dem alten Dr. Pater darüber diskutiert. Er sagte, ich hätte sehen sollen, wie sein Garten aussah, als er ihn einfach Gott überlassen hatte, ehe er sich einen Gärtner nahm. Aber ich habe ihn überzeugt – wohl das einzige Mal, daß mir das gelungen ist. Ich sagte ihm, daß Gärtner auch Gottes Geschöpfe seien, und die Tatsache, daß sie diejenigen seien, die die Rosen zum Blühen bringen, bedeute lediglich, daß Gott beschlossen habe, diese Schönheit durch die Hände Seiner Geschöpfe zu leiten. Der alte Knabe hat zugegeben, da sei etwas dran."

„Was für eine wundervolle Antwort."

Dann sprach Johnny, nicht ohne Humor und Selbstironie, von seiner Überzeugung, daß das einzige sichere Glück eines Menschen darin lag, jene drei Dinge – Leben, Licht und Liebe –, soweit er konnte, an andere weiterzuleiten. Ein wenig verlegen lächelnd sagte er: „Nur darauf zu vertrauen, daß Gott tief in unserem Inneren ist als die Quelle unseres Seins, kann einen schon glücklich machen. Endgültig davon überzeugt zu werden, muß, nehme ich an, eine fast grenzenlose Seligkeit bedeuten."

Jetzt konnte Greta ihn verstehen, und ihr Herz nahm gierig jedes seiner Worte auf. Sie sehnte sich danach, Leben, Licht und Liebe zu vermitteln, und sie machte eine überraschende Entdeckung: Während die Religion des Pfarrers ihr immer nur zu sagen schien, was sie tun *sollte,* klang Johnnys wie etwas, das sie gerne tun würde. Oder gern imstande wäre zu tun. Sie sagte: „Johnny, es tut mir so gut, mit Ihnen zu reden. Wenn ich Ihnen zuhöre, habe ich das Gefühl, viel lebendiger zu sein. Ist es das, was Sie meinen, wenn Sie sagen, man soll Licht und Leben an andere weiterleiten?“

Es war nicht ganz das, was er gemeint hatte, aber er lächelte nur, und Greta freute sich, sofort zu einer Jüngerin Johnny Blencos geworden zu sein.

Aber für den Augenblick nur theoretisch seine Jüngerin. Johnnys Gespräch lenkte ihr Herz nicht von seinem Weg ab. Ihr Verstand sagte ihr, daß sie eines Tages vielleicht Glück in der Selbstverleugnung finden würde. Aber noch nicht, noch nicht! Nicht, bis sie unter gleichen Bedingungen mit jener anderen, jenem weit entfernten Schatten, um Norry gekämpft hatte.

ACHT

Der kleine rote Wagen kam mit großer Geschwindigkeit, geradezu ungestümer Geschwindigkeit zu der Stelle, wo die Straße anzusteigen begann. Norry war diesmal allein, und statt all der Scherze und Albereien, als Pug vor vier Monaten neben ihm gesessen hatte, war jetzt Melancholie sein einziger Begleiter; und er fuhr um so schneller, als dies ein Begleiter war, den er so bald wie möglich loszuwerden und zu vergessen wünschte.

Es war die gleiche Melancholie, die Greta an ihm wahrgenommen hatte, als er sich unbeobachtet glaubte. Sie entsprang einer Nachdenklichkeit, die viel tiefer war, als seine übliche unbekümmerte Art vermuten ließ. Unter dem Deckmantel von Gelächter lag die Verzweiflung eines Nihilisten, der trotz aller Bemühungen keinen Zweck im Universum sah, weder einen elementaren Nutzen noch irgendeine Bedeutung für den Menschen. Er hätte gern an einen Gott, an eine Weiterentwicklung geglaubt, aber er konnte es nicht. Die Wissenschaft schien die Wurzeln eines solchen Glaubens und all die Werte, die aus ihm erwuchsen, endgültig zerstört zu haben. In früheren Jahren hatte er manchmal versucht, einfach blind zu vertrauen – ohne zu glauben oder zu zweifeln. Aber wenn man eingehender darüber nachdachte, schien dies willensschwach, eines stolzen, furchtlosen Geistes nicht würdig. Und er konnte auch jetzt im atomaren Zeitalter nicht mehr daran zweifeln, daß das streitsüchtige Menschengeschlecht, das so leicht in Barbarei zurückverfiel, sich eines Tages selbst vernichten würde.

Aber als Gewißheit hinzunehmen, daß alles von Leere umgeben war, bedeutete, in einer schwarzen Nacht des Geistes zu versinken. Wenn man wirklich zu diesem Bewußtsein eines planlosen Universums und einer verlorenen Menschheit gelangte, konnte man beschließen, daß vielleicht einmal die Zeit kommen würde, wo man mit Stolz sein Recht zu sterben geltend machte.

Aber „eines stolzen und furchtlosen Geistes nicht würdig“: die Anwendung derartiger Worte zeigte ihm, daß er offenbar doch an Werte glaubte – an Mut, Mitgefühl, Güte, Charakter. Dabei dachte er unwillkürlich mit einem Gefühl des Abscheus an die frommen Lügen seines Lebens. Eine davon war die scheinbare christliche Gläubigkeit, die er in Brentham zur Schau stellte, einfach, weil er den Ehrgeiz hatte, zum Schulleiter ernannt zu werden. Eine andere war, daß er immer noch vorgab, Fiona zu lieben. Nach allem, was sie ihm gegeben hatte, besaß er weder den Mut noch die Grausamkeit, ihr zu sagen, daß seine Liebe zu ihr schon seit langem nachgelassen hatte. Er hatte ursprünglich nur ein wenig mit Greta flirten wollen, aber im Vergleich zu der Liebe, die sie in ihm entfacht hatte, schien Fionas armselige kleine Flamme kaum mehr zu leuchten.

Ah, der Shap Fell! Der Shap, die Flucht aus der Verzweiflung! Fröhlichkeit, großartiger Sport, Sieg, Begeisterung – und Greta! Wenn die wirkliche Welt ein Alptraum ist, laßt uns die Fensterläden schließen, laßt uns schlafen und schönere Träume träumen.

Greta sah den Wagen nicht kommen, obwohl sie von Norrys Zimmer aus nach ihm Ausschau gehalten hatte. Erst als sie zurückkehrte, um noch ein letztes Mal die neue bunte Bettdecke zu glätten und die Blumen auf dem Fensterbrett zurechtzurücken, bemerkte sie, daß er bereits unten vor dem Tor stand und Norry seine Sachen herausholte. Sie schoß die schmale Treppe hinunter wie der Rother's Gill Fall nach einer Regennacht über die Felsen. Als sie die Vordertür aufriß, sah sie Norry über den Hof kommen, den bauchigen Rucksack in einer Hand, einen Kleidersack und ein aufgerolltes Seil in der anderen. Als er sie sah, stellte er die Sachen ab und öffnete weit die Arme – als ob er vorgehabt hätte, sie zu umarmen –, aber hier auf dem offenen Hof mußten sie es bei der Geste bewenden lassen. Er drückte mit seinem Lächeln alles übrige aus und nahm sein Gepäck wieder auf. „Guten Morgen, mein Engel.“

„Oh, du bist da“, sagte sie töricht.

„Es scheint so", erwiderte er. „Und diesmal für volle vier Wochen. Habt ihr noch andere widerliche Gäste im Haus?"

„Augenblicklich nicht."

„Oh, *gut.* Ich hatte schon Schreckensvorstellungen von irgendeiner riesigen alten Matrone, die das halbe Wohnzimmer einnimmt, so daß ich dich niemals dort allein haben würde."

Sie wich mit Blicken und Worten dieser Bemerkung aus und sagte: „Wir haben sehr wenig Gäste gehabt. Pauncey hat eher Leute nach Hause geschickt, als uns zu empfehlen. Und das ist einzig und allein deine Schuld. Sie ist böse auf dich, weil du jetzt, wo sie Platz hat, hierherkommst. Und sie hat sich auch ziemlich albern über unsere gemeinsamen Klettertouren geäußert."

„Eine gräßliche alte Kuh, aber ihr Argwohn ist gar nicht so albern. Möglich, daß sie da ins Schwarze trifft."

Greta errötete bei diesen Worten vor Verlegenheit und Freude. Er sah zu ihr hinunter und fuhr fort: „Weib, du bist herzzerreißend schön. Wo ist Papa, und wie geht's ihm? Und unserem Matt?"

„Matt lungert wahrscheinlich irgendwo herum. Er hat beschlossen, daß er Prediger werden will. Seine Hochwürden Matt, wenn ich bitten darf."

In diesem Augenblick kam ihr Vater aus der großen Scheune. „Oh, gut, Sie zu sehn. Gut, ihn wieder hierzuhaben, nich wahr, Marjy?"

„Ja", pflichtete sie ihm bei, als wäre sie lediglich die höfliche Wirtin.

„Nun, 's Mädel wird Sie auf Ihr Zimmer begleiten."

Und so führte sie ihn hinauf. Norry bemerkte sofort die Blumen, die neuen bunten Vorhänge und die Bettdecke, und er verstand das freudige Willkommen, das darin lag. „Mein Kleines, wie schön du alles gemacht hast. Und jetzt komm her, du dummes Kind, und tu nicht so schüchtern und verschämt. Komm sofort her."

„Warum?"

Er streckte die Hand aus und zog sie in einer stummen und rauhen Antwort auf dieses lächerliche „Warum?" an sich. Und jetzt wurde vollendet, was unten im Hof nur angedeutet werden konnte. Greta war beglückt, als sie sich lange und innig küßten; nur von Liebe oder Heirat sprach er kein Wort.

Da sie die Schwierigkeiten kannte, die ihn erwarteten, war sie nicht enttäuscht. Armer Junge, er ist immer noch erst am Fuß seines „äußerst schwierigen" Berges. Schließlich löste sie sich aus der langen

Umarmung und sagte lachend: „Ich muß hinunter und dir etwas zu essen machen.“ Aber während ihre Hände das Omelett machten, beschäftigten ihre Gedanken sich wieder mit dem alten Problem. Es ist nicht so einfach, wie der Pfarrer sagt. Norry liebt mich wirklich, aber er weiß nicht, was er tun soll. Und ich liebe ihn von ganzem Herzen. Ich kann mir einfach nicht vorstellen, daß es für Gott in jedem Fall eine Sünde ist, wenn zwei Menschen sich wirklich lieben und einander alles geben wollen. Es ist doch Liebe, es ist doch Geben. Ich weiß bestimmt, daß ich es nicht für mich, sondern um seinetwillen tun würde.

Aber dann, während sie die Pfanne mit dem Omelett hin und her bewegte, berichtigte ihr gesunder Menschenverstand ein wenig dieses edle, selbstlose Bild.

Natürlich würde ich es auch tun, um mit gleichen Waffen zu kämpfen, und – sie warf trotzig den Kopf zurück – wenn mein Glaube anders ist als die Lehren der Kirche, dann kann ich es nicht ändern. Ich empfinde wirklich so, und ich werde mir selbst treu bleiben.

Sie hörte eine Stimme: „Greta, ich bitte dich inständig, tu es nicht.“ Und sie erwiderte: Ja, um ihn zu verlieren und ewig hier hängenzubleiben.

So versuchte sie, sich einzureden, daß sie sowohl ihr leidenschaftliches Verlangen nach Liebe als auch den alten Wunsch nach Redlichkeit befriedigen konnte. Und das Glück schien zum Greifen nahe. Als sie Norry das Tablett ins Wohnzimmer brachte, konnte man ihr ihren inneren Konflikt deutlich anmerken.

IMMERHIN hatten sie vier Wochen vor sich, und das bot Zeit für kleine unbekümmerte und beglückende Fortschritte. Beglückend? Es waren die glücklichsten Tage, die Norry je erlebt hatte. Seine düsteren Kümmernisse waren vergessen; es gab für ihn jetzt nur noch diese ständig wachsende Liebe, die so offensichtlich erwidert wurde, und er fragte sich manchmal mit Staunen, ob solch ein vollkommenes Glück tatsächlich möglich sei. Noch nie hatte er einen Jubel empfunden, der gleichzeitig so still und so überschwenglich war, einen Zauber, so berauschend und trotzdem – so ruhig.

Obwohl er hierhergekommen war, um zu klettern, fesselte Greta ihn mehr, als die Berge es konnten, und er kam jedesmal eilig vom Fels zurück, um mit ihr spazierenzugehen. Sie wanderten, die Hände verschlungen und schwingend, durch die Wälder von Sledden. Es machte ihnen Spaß, zu fühlen, wie ihre Füße Eicheln, Haselnüsse und Beeren auf dem mit Kiefernnadeln bestreuten Pfad zerknackten. „Ist es für dich auch so schön?“ fragte Norry und bekam ein „Oh, ja, *ja!*“ zur Antwort. Einmal gingen sie, ohne zu klettern, auf sonnenbeschienene Kämme, wo die Berge große Kessel von weißem Nebel unter ihnen bildeten. Ein andermal fuhr er mit ihr nach Goswater, und sie wanderten am Rand des schimmernden Sees entlang, der von einem sanften Wind geriffelt wurde. Und so zogen sie weiter Hand in Hand, in einem Traum von Glück, zwischen Seewiesen und Bergen dahin.

In ihrem gemeinsamen Schweigen sagte sich Norry im stillen: Nie in meinem Leben habe ich dieses Glück gekannt.

Norry und ein Bekannter von ihm, der junge Steven Ware, ein dunkelhaariger Achtzehnjähriger, der bei Pauncey wohnte und ein erfahrener Alpinist war, nahmen Greta zwei Tage später mit auf eine Tour. Sie machten zu dritt eine „mäßig schwierige“ Tour in den Upper Crags; aber oben auf dem Gipfel verschwand der junge Steven nicht, wie Pug es getan hatte, und so gab es an diesem Tag dort keine Küsse. Am Abend gab es jedoch gestohlene Minuten im Wohnzimmer, aber es waren immer nur kurze Augenblicke, denn Gretas Vater und Bruder kamen und gingen.

Den ganzen nächsten Tag regnete es so heftig, wie es nur in diesen Tälern regnen kann; aber der frühe Abend enthüllte eine strahlende Sonne, die breite Schärpen von Licht um die Schultern der Berge legte. Und Norry ging hinaus, um mit Greta ihr kleines Spiel von früher zu wiederholen: Er schlenderte über den Hof, kam wie zufällig am Küchenfenster vorbei und stieg dann zu dem kleinen Pfad hinauf. Er brauchte nicht lange zu warten. Sie gingen zusammen zu Gretas Wasserfall und lagen wie zuvor auf dem nackten Fels. Später kehrten sie ohne jede Heimlichkeit Seite an Seite nach Hause zurück, und Harry, der sie kommen sah, war nicht beunruhigt und dachte bei sich: Er scheint sich gut mit dem Mädel zu verstehen. Ich bin froh darüber; sie kommt viel zu selten mit jungen Leuten zusammen.

Erst am vierzehnten Tag begannen die Dinge, eine endgültige Form anzunehmen. Sie hatten an diesem Tag drei Touren gemacht, zwei davon „sehr schwierig“, und Greta hatte jedesmal mit glühenden Wangen den Gipfel erreicht und laut ausgerufen: „Oh, ich bin glücklich, glücklich!“ Wenn Steven gegangen wäre, hätten sie seine Abwesenheit durchaus für eine Weile ertragen können. Statt dessen saß er bei ihnen auf dem letzten der drei Gipfel und erzählte lang und breit von Paunceys neuesten Anspielungen. Greta wollte alle Einzelheiten hören.

„Oh, sie sagte so etwas wie: ‚Ich würde viel darum geben, zu wissen, was tatsächlich zwischen den beiden vorgeht', und ich sollte euch nicht noch unterstützen."

„*Wen worin* unterstützen?"

Der naive Junge errötete. „Euch beide darin, daß ihr euch ... rumküßt und so, wollte sie wohl sagen, aber ich gebe zu, es geht sie nichts an."

Sowohl Greta als auch Norry dachten im stillen: Seltsam, daß dieser nette, ihnen offensichtlich so ergebene Junge trotz alledem keinen Grund sah, sie eine Weile sich selbst zu überlassen; aber abgesehen davon hatte Norry das Gefühl – obwohl er nicht hätte sagen können, warum –, daß diese giftigen Pfeile aus Paunceys Gasthaus nur dazu beitragen würden, die Dinge zu beschleunigen.

Als sie abends nach Hause kamen, erfuhren sie, daß Harry und Matt zur Geburtstagsfeier eines Nachbarn gehen und erst spät heimkommen würden. Das Haus würde ihnen allein gehören. Keiner von beiden sprach darüber, aber nachdem Greta das Abendessen abgeräumt und er ihr zum erstenmal unter Lachen und Scherzen in der Küche geholfen hatte, nahm er sie bei der Hand und führte sie ins leere Wohnzimmer. Ohne sie loszulassen, sank er in seinen großen Sessel und zog sie herunter, so daß sie auf seinem Schoß und in seinen Armen lag. Dann ruhten seine Lippen lange schweigend auf den ihren, bis er schließlich den Kopf hob und sagte: „Ich nehme an, jeder Bursche in ganz Cumberland ist in dich verliebt?"

Sie sagte nicht nein. Sie sagte nur: „Ich mag keinen von ihnen."

„Magst du mich ... ein wenig?"

Keine Antwort; nur ein unsicherer, zögernder Blick. Er packte sie in gespieltem Ernst an den Schultern. „Sag etwas. Und sei es auch nur, daß du mich verabscheust und am liebsten weglaufen würdest."

„Es macht mich sehr glücklich, hier bei dir zu sein."

„Findest du es *wundervoll?*"

„Ja, ich fürchte, ich finde es wundervoll."

Er fing an, ihren Hals zu streicheln. „Du hast den schönsten Hals, den ich je gesehen habe." Er fuhr mit der Hand unter das dichte, seidige Haar, dann seitlich herum bis zum Kinn und hinunter zu der Grube über dem Brustbein. „Und so weich wie Samt."

Ihre Augen schlossen sich, als seine liebkosende Hand andere Teile ihres Körpers suchte, aber sie schob sie sanft beiseite. „Nein, laß uns so bleiben, wie wir sind. Es ist so schön. Einfach Glück und Frieden.“ Aber dann ließ ihr Herz sie als Entschuldigung für die Zurückweisung zwei Worte sprechen, noch ehe ihr Kopf Zeit hatte, darüber nachzudenken. „Nicht hier.“

Er erkannte sofort die mögliche Bedeutung dieser Worte. „Liebling, würdest du mich – eines Tages – zu dir in dein Zimmer kommen lassen?“

Schweigen. Wenn es kein Ja war, so war es auch kein Nein. Sie sah ihm hilflos in die Augen. Und plötzlich hatte sie Angst. Denn jetzt, da der entscheidende Augenblick gekommen war, scheute die Kirchgängerin in ihr vor dem Entschluß zurück.

Seine Stimme war sehr sanft, als er abermals sprach. „Ich tue es nicht, wenn du es nicht willst.“

Unfähig, ja oder nein zu sagen, murmelte sie: „Ich liebe dich so sehr.“

Er wartete eine Weile, dann flüsterte er: „Heute nacht?“

„Oh, nein, nicht heute nacht.“ Sie mußte es hinausschieben. Vielleicht sogar verhindern.

„Morgen nacht?“

Unmöglich zu antworten. Aber dann erinnerte sie sich an das andere Mädchen. „Möchtest du wirklich zu mir kommen?“

„Wie kannst du das fragen, mein Liebling?“

Eine lange Pause, und dann kamen die Worte wie ein Seufzer von ihren Lippen. „Du kannst alles von mir haben, was du willst. Ich liebe dich; ich kann es nicht ändern. Ich liebe dich.“

In dieser Nacht brannte kein Licht in Gretas Zimmer. Was sie gesagt hatte, war genug. Sollte ruhig die wenig ermutigende Dunkelheit zwischen ihnen stehen.

Das Haus schlief. Ein Schritt auf dem Gang? Ja. Ihr Herz pochte ungestüm. „Bist du wach, mein Süßes?“ Ein kaum hörbares Ja, und dann empfing sie ihn in der Dunkelheit in ihren Armen. Als er an ihrer Seite lag, strich er ihr das Haar zurück, um ihre Stirn zu küssen; dann wanderten seine Lippen ihren Arm hinauf, zum Ellbogen, zur Schulter und suchten nach ihren Brüsten. Ein Flüstern: „Liebste Greta, bin ich der erste, der so zu dir kommt?“

„Ja. Ja, natürlich.“

Er sagte: „Oh, *Gretchen* ...", und später „Darf ich jetzt?"

„Was immer du willst."

„Ich möchte dir nicht weh tun."

Woraufhin sie ihn nur noch fester an sich preßte und wartete. Sie spürte einen stechenden Schmerz und zog scharf die Luft ein, so daß er ganz still blieb und ihr nur sanft übers Haar strich, um sie zu trösten. Dann brachte er sie langsam und allmählich zur wachsenden Ekstase ... „Oh, mein Schatz ... oh, Norry, mein Geliebter", während er atemlos flüsterte: „Gretchen, mein Liebstes, mein Glück ..."

Dann zurück in die Welt von Schweigen und Dunkelheit. Eine seltsam leere Welt. Was war es? Irgendeine tiefe Traurigkeit? Oder nichts weiter als Einsamkeit, jetzt, da er so still, ohne jedes Verlangen neben ihr lag? Plötzlich – und erschreckend – schien alles zu wenig bedeutet zu haben, um zu mehr zu führen.

„Glücklich?" fragte er.

„Oh, ja. Ja ..." Aber es war nicht die volle Wahrheit. War das alles? Dies? Und wieder dies? Und dann nichts weiter?

Eine Stunde später stand er auf, um fortzugehen. Er fragte: „Liebling, möchtest du, daß ich morgen wiederkomme?"

„O ja." Sie war zu sehr außer sich gewesen, als daß sie es ihm hätte abschlagen können.

„Also bis morgen, mein süßer Liebling." Er küßte sie dankbar. Sie blieb zurück, eine Zeitlang sehr glücklich, dann grübelnd. Hatte sie den geforderten Preis gezahlt und viel dafür erworben? Oder nichts?

Es WAR Morgen, und sie befanden sich wieder im Tageslicht inmitten der gewohnten Pflichten. Norry und Steven hatten beschlossen, Thor's Face in den Upper Crags anzugehen, eine Route, von der manche sagten, sie sei mehr als „äußerst schwierig"; schon beinahe das, was man jetzt als „extrem" bezeichnete.

Thor's Face – das Gesicht des Thor – war ein passender Name für diese glatte Felsplatte, etwa siebzig Meter hoch, die beinahe senkrecht aussah, in Wirklichkeit aber gerundet war wie eine geschwollene Backe. Ein mit Gras bewachsenes Gesims an ihrem oberen Ende, mit einer Zwergesche und einem Vogelbeerbaum, der trotz seines windigen Standorts mit leuchtendroten Beeren übersät war, konnte leicht als das Haar des großen Gottes dienen. Abgesehen von einem Riß, der wie eine Säbelwunde die Wand hinunterlief, schien es nirgends eine Falte oder Runse zu geben, die als Griff oder Tritt für einen Kletterer dienen konnte. Aber für diejenigen, die den einzigen möglichen Aufstieg kannten, gab es Schwielen und Geschwulste auf der unteren Hälfte und dann den Riß, in dem man die Hände und Füße verklemmen konnte.

Thor's Face überstieg bei weitem Gretas Fähigkeiten, aber Norry und Steven waren begierig darauf, ihn anzugehen. Doch plötzlich, während Norry noch über Toast und Marmelade träumte, verdunkelte sich das Zimmer. Er sprang auf und ging zum Fenster. Binnen weniger Minuten war der Himmel eine einzige riesige Gewitterwolke, deren Farbe den bedrohlichen Nordwänden der Berge glich. Das Grün des Tales verstärkte sich unter dem düsteren Licht.

Steven kam von Pounceys Gasthaus herauf. Er schnitt eine Grimasse. „Ich hoffe, wir müssen es nicht aufschieben."

Die Worte waren kaum ausgesprochen, als es zu donnern begann und das Farmhaus in einen wolkenbruchartigen Regen eingeschlossen wurde, der die Welt den Blicken entzog. Norry und Steven standen etwa eine halbe Stunde am Wohnzimmerfenster, ehe der Regen nachließ.

„Schau!" rief Steven. „Ein Stück blauer Himmel." Und sie gingen auf den Hof hinaus, um zu beobachten, wie das Gewitter das Tal hinunterzog.

„Es ist vorüber, Stevy. Ich zieh mich an", sagte Norry. Er stürmte ins Haus. Während er sich die Stiefel anzog, sagte er sich: Wir werden Thor nicht angehen, ehe der Fels trocken ist. Und nachdem er das beschlossen hatte, ließ er seine Gedanken dorthin zurückkehren, wo sie den ganzen Morgen gewesen waren: zur vergangenen Nacht. Er wurde von einem so tiefen Gefühl der Zärtlichkeit überwältigt, daß er jetzt davon träumte, ihr heute abend zuzuflüstern: Gretchen, mein Liebling, ich möchte dich heiraten. Willst du meine Frau werden? Er wußte, daß diese Worte sie unendlich glücklich machen würden. Und er sehnte sich danach, ihr dieses Glück zu geben.

Aber es gab so vieles, das ihm riet, die Worte ungesagt zu lassen, und sei es auch nur für eine Weile. Der Kontrast zwischen dem Haus am Grosvenor Square und Alt-Sledden schien ihm das kleinste der Hindernisse zu sein. Jetzt, da Greta so begierig las, sah er kaum noch einen Unterschied zwischen ihrer Bildung und der seiner Schwestern. Und zum Kuckuck, es konnte wohl schwerlich irgend jemand in Brentham eine Frau vorzeigen, die so schön war wie sie. Er würde ungeheuer stolz auf sie sein. Und besser noch als ihre Schönheit war ihre zärtliche Liebe, ihre fröhliche Unbekümmertheit und sogar – ein seltsamer Gedanke für einen erklärten Ungläubigen, oder vielleicht doch nicht so seltsam für einen Verzweifelnden – ihre Frömmigkeit. Sie gab ihm, wenn auch nicht den Glauben an ihre Religion, so doch den Glauben an sie. In demütigen Augenblicken hatte er das Gefühl, daß Gretas Liebe ein Lohn war, den er nicht verdiente.

Doch er mußte auch an Fiona denken. Das, was er für sie empfunden hatte, war nicht zu vergleichen mit seiner hingerissenen, jauchzenden Liebe für Greta. Und sie hatten von Anfang an vereinbart, daß keiner von beiden an den anderen gebunden war. Dennoch hatte es so viel zwischen ihnen gegeben, daß es ihm fast ebenso schrecklich war, ihr Schmerz zufügen zu müssen, wie es ihn freute, Greta glücklich zu machen.

Aber dort im Hof stand jetzt der gute Steve, gestiefelt und gespornt für Thor's Face – ahnungslos, daß sein Führer eine viel wichtigere Bergfahrt plante. Nun gut. Verschiebe die Debatte, auch wenn der Entschluß *beinahe* gefaßt ist – ein Entschluß, der seinen Pulsschlag beschleunigte, wenn er nur daran dachte. Geh hinaus in die Berge und sei glücklich mit Steve; um so mehr angesichts dieser ungeheuerlichen herzerweiternden Möglichkeit. Ich liebe sie. Ich liebe sie. Er nahm seinen Rucksack auf, lief hinaus, wäre um ein Haar mit Greta zusammengestoßen und nutzte die Gelegenheit, sie rasch zu umarmen – „Mein liebster, süßer Schatz" –, dann eilte er die Treppe hinunter, um sich Steve anzuschließen und einen herrlichen Tag zu beginnen.

NEUN

Um Viertel nach fünf kam nach einem strahlenden Nachmittag eine seltsame Wolkenbildung über das Tal, begleitet von einem heftigen Windstoß, der die Bäume schüttelte, jeden Grashalm krümmte und einen Hagel von Sand und Kies aufwirbelte, der Greta gegen die Wangen schlug, als sie, den Kopf dem Wind entgegengebeugt, vom Obstgarten her die Straße überquerte. Mehr als ein Windstoß! Gegen eine Luftströmung ankämpfend, die sie beinahe umwarf, erreichte Greta das Haus, gegen das der Wind regelrecht anstürmte.

Das ging etwa eine halbe Stunde so. Dann war alles wieder ruhig.

War das der „Haubenwind“? „Haubenwind“, so hieß dieser Fallwind, der eigentlich nur in den Tälern unter Cross Fell und den meilenweit entfernten Hügeln des Pennine anzutreffen war. Und nach allem, was Greta gehört hatte, war er nie von so kurzer Dauer, wie dieser erstaunliche, heftige Nordostwind es gewesen war. Außerdem kam er selten während der Sommermonate; für gewöhnlich zwischen September und Mai – aber es war ja jetzt September. War es also doch vielleicht, fragte sie sich, ein „Randwind“ gewesen – ein Ausläufer der „Haube“? Der Gedanke ließ sie leicht erschauern. Der „Haubenwind“, hieß es, konnte den Gänsen auf der Allmende die Schnäbel abblasen.

Auf jeden Fall war jetzt alles ruhig, und Greta begann mit den Vorbereitungen für ein Abendessen, das Norrys würdig war. Aber was auch immer ihre Hände taten, ihre Gedanken sangen bei der Erinnerung an seine mitternächtliche Stimme. „Gretchen, mein Liebstes, mein Glück“, und sie wagte es, sich zu fragen, ob ... *ob* diese Worte wohl die unvorstellbar vollkommene Erfüllung all ihrer Träume bedeuten könnten.

In den Minuten vor Beginn dieses eisigen, trockenen Sturms, der aus heiterem Himmel kam, war Norry den Grat unter dem Sledden Seat entlang auf dem Heimweg. Steven, müde nach einem langen Tag, folgte ein Stück weiter hinten. Am Rand des Grats gab es zwei parallellaufende schmale Pfade, von den Stiefeln der Bergsteiger und Schäfer ausgetreten, einer von ihnen etwa einen Meter näher am Rand als der andere. Norry pflegte den inneren den Pfad der Hasenfüße zu nennen, denn er stammte so offensichtlich von Leuten, denen der äußere zu dicht am Abhang des Berges lag. Er selbst ging stets auf dem äußeren und riet seinen Schülern, das gleiche zu tun, denn es machte einen, wie er ihnen erklärte, gleichgültig gegen die Höhe.

Tatsächlich war das Gefälle unter dem Pfad keineswegs steil, bis er um die Spitze von Wry Barrow Combe, dem Schauplatz vieler großartiger Aufstiege, bog. Wenn Norry hier entlangkam, blickte er in der Regel hinunter auf die Routen, die er früher so gerne gegangen war. Aber heute sah er nicht hinunter; heute waren all seine Gedanken bei Greta und seinem Entschluß, sie in dieser Nacht zu fragen, ob sie seine Frau werden wollte. Und in diesem Augenblick, als er froh und unbekümmert zu ihr nach Hause ging, als er, in Glück versunken, wie benommen war, traf ihn der Wind.

Als die Küchenuhr auf sechs zu tickte und weitertickte, spürte Greta das Bedürfnis, hinauszugehen, um zu sehen, ob zwei Gestalten den kleinen Pfad herunterkamen. Aber der Pfad lag bis oben hin verlassen da.

Bis es sieben schlug, wurde sie von Unruhe gepackt und ging abermals hinaus. Niemand ... Doch – eine ferne Gestalt. Schwer hinkend. In offensichtlicher Eile. Steve? Ja, Steve, allein und taumelnd vor Schmerz.

Erschrocken lief sie ihm entgegen. „Was ist geschehen?“ fragte sie keuchend. „Bist du schwer verletzt?“

„Nur ein verstauchtes Knie.“ Er holte tief Luft. „Ein Bänderriß, nehme ich an. Mach dir keine Sorgen. Nicht um *mich.* Aber ... Norry ... ist abgestürzt.“

„Ist er verletzt? War es an diesem grauenvollen Thor's Face?“

„O nein. Norry stürzt nicht beim Klettern. Er ist die Wand von Thor's Face hinaufgegangen, wie ein Specht einen Baumstamm hinaufgeht. Nein, er ist abgestürzt, als er ganz einfach am Rand der Upper Crags entlang nach Hause ging; er tut das so gern – diese Felsen bieten einen wundervollen Anblick. Aber diesmal hat er nicht hingesehen; er schien in irgendeinen Traum versunken. Und mit einmal kam dieser schreckliche Windstoß. Er muß ihn aus dem Gleichgewicht gebracht haben, denn er streckte plötzlich hilflos einen Arm aus ... und fiel hinunter.“

„Oh, Steve ... oh, *nein!* Ist er tief gestürzt?“

„Nicht sehr tief, Gott sei Dank. Er hat sich irgendwie auf einem Band abgefangen. Es gelang mir, mich zu sichern und zu ihm hinunterzukommen. Ich ... ich konnte ihn gut absichern, aber ich wagte nicht, ihn zu bewegen, falls die Wirbelsäule verletzt ist.“

„Oh, Steve ... Steve! Hatte er Schmerzen?“

„Keine starken, wenn er sich nicht bewegte. Ich habe ihn in seine und meine Pullover gewickelt und ihn mit meinem Anorak zugedeckt, für den Fall, daß es regnet. Dann bin ich nach Hause gerast. Blödsinnigerweise habe ich versucht, die Idles hinunter den Weg abzukürzen, und dabei bin ich gefallen.“

„Oh, Stevy, laß mich dir helfen. Was sollen wir tun, Stevy? *Was?*“

„Geh du voraus. Ich komme allein zurecht. Ruf die Polizei von Caldmere an, sie sollen die Bergwacht alarmieren. Sag ihnen, er liegt auf den Upper Crags über dem Wry Barrow Combe. Ich komme in einer Minute zum Telephon und gebe ihnen die Einzelheiten durch.“

So lief Greta nach Hause, um zu telephonieren. „Bitte schnell das Polizeirevier von Caldmere. Ich weiß die Nummer nicht; aber es eilt! Ich muß einen ... Unfall melden." Als sie die Verbindung bekam, gab sie mit brechender Stimme Stevens Bericht wieder.

Die Stimme des Mannes am anderen Ende der Leitung war tröstend. „Okay, liebes Kind. Die Jungen werden im Handumdrehen dort sein. Machen Sie sich keine Sorgen. Die Ambulanz ist mit allem Erdenklichen ausgestattet, und die Männer verstehen ihr Handwerk. Wir schicken die ersten in zwanzig Minuten los ... Alt-Sledden? Sie werden vermutlich Ihre Farm als Stützpunkt für die Ambulanz benutzen, und vielleicht können Sie ihnen ein wenig helfen."

„Ja, o ja! Vielen Dank, vielen Dank." Sie legte den Hörer auf und stand da, unfähig, ihrer Qual mit etwas anderem als einem zitternden „Oh ... Oh ..." Luft zu machen – wie ein Kind, das keine Tränen mehr hat. Dann fiel ihr Steven ein, der sich mühsam nach Hause schleppte, und sie lief hinaus, um ihm zu helfen. Seltsam, daß die einzige Erleichterung für einen großen seelischen Schmerz darin lag, jemand anderem zu helfen. „Vorsicht mit dem Knie, Stevy. Die Polizei alarmiert jetzt die Leute von der Bergwacht."

Dann stand sie neben dem Telephon und hörte ihm zu; das Bewußtsein, daß er über den Unfall berichtete, wie es von einem erfahrenen Alpinisten erwartet wurde, schien ihn ein wenig zu trösten. „Er liegt unweit der Stour Buttress. Ist mit jedem Kleidungsstück zugedeckt, das ich ihm umwickeln konnte. Ich habe dreimal mit seiner Trillerpfeife das Notsignal gegeben, aber da ich keine Antwort erhielt, nahm ich an, daß niemand in der Nähe war, und lief so rasch wie möglich zum Telephon. Ich habe mein 30-m-Seil gesichert und hinuntergelassen, damit die Jungs leichter raufkommen ... Mein Name? Steven Ware. Ja, in der Nähe vom Thor's Face. Was? Schon? Sir John Despencer auch? Oh, gut!" Er wandte sich an Greta. „Die Ambulanz ist da, und der erste Teil der Mannschaft macht sich sofort auf den Weg."

Die Ambulanz, ein bulliger grüner Landrover, stand vor den Stufen des Polizeireviers. Auf einem Schild über der Windschutzscheibe stand unübersehbar: Bergwacht; daneben blinkte ein Blaulicht, und eine Alarmglocke forderte Vorfahrt und freien Weg im Namen der Menschlichkeit. Drinnen gab es jede Art von Ausrüstung, die eine Rettungsmannschaft brauchen konnte. Alles Notwendige für die Erste Hilfe befand sich in zwei prallen Rucksäcken, die kräftige Schultern tragen sollten, wenn die Ambulanz zurückbleiben mußte.

Auf dem Gehsteig stand Sir John Despencer, ein großer, stämmiger, rotgesichtiger Mann, das Oberhaupt einer Familie, der ein oder zwei Täler mit den umliegenden Bergen gehörten. Er war ständiger Vorsitzender der Rettungsmannschaft von Caldmere, und er nahm seine Aufgabe sehr ernst. Ganz gleich, ob es darum ging, Bergpfade oder eine fast senkrechte Wand zu ersteigen, Sir John führte stets persönlich „seine Jungen" in den Kampf.

Sidney Olsen, Kommissar der Polizeimannschaft von Cumberland und Westmorland, stand neben Sir John, und eine Reihe von Männern jeglichen Alters zwischen achtzehn und fünfundvierzig versammelten sich jetzt am hinteren Ende der Ambulanz. Einige von ihnen trugen Anoraks in einem leuchtenden Orange, das leicht auf die Entfernung zu sehen war; andere trugen auf der Schulter das Abzeichen BERGWACHT – und man hatte das Gefühl, daß sie es mit Stolz trugen.

„Steig ein, Hamish", befahl Sir John. „Hinein mit euch, Colly, Pete, Hornly." Sir John war ebenfalls in den Landrover gestiegen, als er einen Mann erblickte, der mit einem Lächeln auf dem freundlichen, hageren Gesicht eilig auf sie zukam. „Gott sei Dank, da ist Dr. Bill", sagte er. „Ein Glück für den jungen Mann dort oben."

Dr. Bill Smythe war beinahe fünfzig, aber ein ebenso guter Kletterer wie der jüngste der Rettungsmannschaft, deren offizieller Arzt er war. Wann er nur konnte, folgte er ihrem Ruf, und wann er es auch tat, wurde er mit Jubel empfangen. „Steigen Sie ein, Bill." Irgendwie zog Sir John seinen umfangreichen Körper zusammen, um das möglich zu machen. Dann machte sich die Ambulanz unter dem aufmunternden Rufen und Winken der Umstehenden auf den Weg nach Alt-Sledden.

NACHDEM Greta in tiefster Verzweiflung Steven zugehört hatte, wie er am Telephon seinen Bericht durchgab, half sie ihm zu Paunceys Gasthaus, wo Mrs. Pauncey, sofort in ein ruhiges, mütterliches Wesen verwandelt, alles liegenließ, um ihm beizustehen. Ihre Gäste, die vorläufig kein Abendessen bekamen, versammelten sich draußen im letzten Tageslicht, und so hörte ganz Klein-Sledden binnen weniger Minuten Stevens Geschichte.

Ruhelos vor Sorge lief Greta nach Hause. Oh, warum kamen sie nicht? Sie stand am Tor, um Ausschau nach ihnen zu halten, und endlich, endlich sah sie den Landrover, der in hohem Tempo mit blinkendem Blaulicht die Straße heraufkam.

Er hielt, und Sir John kletterte heraus, während die anderen die übervollen Rucksäcke aus dem Inneren des Wagens und die mit Kufen versehene Bahre von seinem Dach holten. „Dreh jetzt gleich um, Ernie“ – dies zu dem jungen Fahrer –, „damit wir lossausen können, sobald wir ihn drinnen haben.“

Während die Ambulanz zurückstieß und ihre Vorderseite dem Kreiskrankenhaus von Caldmere zuwandte, trafen Mrs. Pauncey und ihr Haushalt in voller Zahl mit Krügen, Thermosflaschen, Bechern und Tassen ein.

„Wir dachten uns, Sie sollten alle lieber noch schnell eine Tasse Tee oder Kaffee trinken, ehe Sie sich auf den Weg machen“, sagte sie. „Und in den Thermosbehältern ist heiße Suppe für unterwegs. Greta und ich werden wieder welche bereit haben, wenn Sie herunterkommen.“

„Liebe Dame“, sagte Sir John, „Sie sind die Güte in Person. Trinkt, Jungens, aber macht schnell. Übrigens, sagen Sie dem anderen verletzten jungen Mann, daß Dr. Bill Smythe ihn untersuchen wird, sobald –“

Er hielt inne, denn ein hochgewachsener alter Herr, vermutlich aus Klein-Sledden, schien den Jungen Anweisungen zu geben. „Einen Augenblick!“ unterbrach ihn Sir John. „Vielen Dank für Ihre Hilfe, aber *ich* sage den Burschen, was sie zu tun haben. Ist dies Ihr Mann, Madam?“

Dr. Pater war nicht gewöhnt, daß man so zu ihm – oder von ihm – sprach. „Nein, ich bin *nicht* Mrs. Pauncys Mann. Ich bin ein lebenslänglicher Freund des Verletzten“ – eine haarsträubende Übertreibung –, „und ich möchte mich Ihnen anschließen. Ich bin mein Leben lang geklettert.“

„Sir, wir haben es uns zur Regel gemacht, keine Fremden mitzunehmen. Im übrigen – ich möchte nicht unhöflich sein, Sir – aber dies ist keine Angelegenheit für einen alten Mann.“

„Alt? Und wie, zum Teufel, steht's mit Ihnen?“

„Ich habe mindestens fünfundzwanzig Jahre weniger auf dem Buckel als Sie.“

Darauf wußte der Doktor keine Antwort. Und da es offensichtlich nichts gab, womit er sich hätte nützlich machen können, wandte er sich ab und ging traurig nach Hause.

Aber jetzt sah Sir John einen anderen alten Mann, hochgewachsen, mager und bärtig. „Sie, Sir? Sie sind –"

„Ich bin Mr. Whinlakes Schäfer", erklärte Tam Godrigg. „Dacht mir, vielleicht könnt ich helfen. Ich kenn mich sehr gut an der Stour Buttress aus."

Sir John war mehr beeindruckt von diesem Patriarchen als von dem anderen alten Herrn, der sich seiner Kletterkünste gerühmt hatte, und so sagte er nur: „Das ist sehr liebenswürdig von Ihnen, Sir, aber wir haben zwei junge Schäfer in unserer Mannschaft und brauchen Sie nicht zu bemühen."

„Nun gut. Hauptsache, Sie finden ihn und können ihm helfen", sagte Tam ruhig und machte sich auf den Heimweg.

„Das werden wir", versicherte Sir John jener hochgewachsenen, sich entfernenden Gestalt. „Los, Jungens. Kommt."

Greta war bereits weit oben auf dem kleinen Pfad. Sie wußte, daß die Männer, die alle geübte Felsgeher waren, sehr schnell über die Idle Crags zum Dore gelangen würden, und so lief sie mit der ganzen Geschwindigkeit, die Liebe ihren Füßen verlieh, den Hang hinauf. Vielleicht konnte sie Norry sehen, ihm etwas zurufen; vielleicht konnte sie neben ihm gehen, wenn man ihn auf der Bahre herunterbrachte. Was kümmert's mich, was die Leute sagen? Ich werde mir nie, nie wieder darüber Gedanken machen.

Es waren eineinhalb Kilometer bis zum Fuß der Idles, und es dauerte eine ganze Weile, bis sie in Sicht kamen. Plötzlich entdeckte sie im Zwielicht hoch oben an der schroffen Wand eine kleine Gestalt, die sich rasch weiter hinaufbewegte. Sie fing jetzt an zu rennen, und als sie näher herankam, erkannte sie Johnny Blenco. Er hatte Stevens Bericht gehört und sich, ohne Sir John um Erlaubnis zu fragen, allein auf den Weg gemacht. Es war unglaublich, wie er diese steile, rauhe Wand emporstieg. Seine Bewegungen waren von einer Geschicklichkeit, einer Anmut, die nicht geringer war als Norrys. Ein Rucksack schwang bei jeder Bewegung auf seinem Rücken hin und her.

„Johnny!" rief sie.

Den schweren Stiefel fest und sicher auf irgendeinem winzigen Gesims, drehte er sich um und rief ihr zu: „Ich gehe zu ihm. Will sehen, ob ich ihm helfen kann."

„O ja, Johnny, tun Sie das. Man sagt, Sie können so wundervoll Schmerzen lindern."

„Das weiß ich nicht, aber ich kann ihm Gesellschaft leisten, bis die wirkliche Hilfe kommt. Es muß schrecklich sein, allein dort zu liegen."

„Die anderen müssen gleich da sein, und Dr. Smythe kommt mit ihnen."

„Gut, gut. Ich beeile mich und sag es ihm."

„Sagen Sie ihm, ich bin im Dore", rief sie. Und Tränen schnürten ihr die Kehle zu. Da war Norry in verzweifelter Bedrängnis, und da war Johnny, der seitlich diese steile Felswand emporstieg, um ihm beizustehen – ein klarer Beweis, daß Menschen sich füreinander verantwortlich fühlen. Ein Schluchzen schüttelte sie, dann riß sie sich zusammen und fing wieder an zu laufen.

Es gab wenig Platz auf dem unterbrochenen Band, auf dem Norry angeseilt und regungslos lag, und so legte sich Johnny, mit einem Fuß unten auf einen winzigen Vorsprung gestützt und an einer Reihe von Schlingen hängend, die oben gesichert waren, halb neben ihn. Zuerst hatte er alte Pullover aus seinem Rucksack gezogen und sie Norry als Kissen unter den Kopf und die Knie geschoben, wobei er sich hütete, seinen Rumpf zu bewegen, für den Fall, daß die Wirbelsäule verletzt war. Als nächstes holte er Norrys linken Arm unter den Hüllen hervor, mit denen Steven ihn zugedeckt hatte, rollte den Ärmel auf und rieb den Arm sanft von unten nach oben, zum Herzen zu. Norry war bei Bewußtsein, aber der Schock hatte barmherzigerweise die Welt für ihn in einen Schleier gehüllt. Sein Arm war sehr kalt, der Puls am Handgelenk schwach und schnell. Manchmal kniff er die Augen zusammen, wenn ein jäher Schmerz ihn durchzuckte.

„Ist der Schmerz sehr schlimm?" fragte Johnny, immer noch reibend.

„Spielt Katz und Maus ... läßt mich in Ruhe, und dann schlägt er zu. Kann meine Beine nicht fühlen. Fürchte, ich weiß, was das zu bedeuten hat ... O Gott, wenn es *das* ist ... Das Reiben ... hilft ... Was ist es? Hypnose?"

„Ich bemühe mich, den Schmerz durch Willenskraft zu vertreiben. Das ist alles, was ich weiß."

Norry versuchte zu lächeln und fragte: „Beten Sie?"

Johnny lachte. „Wohl nur insoweit, als dies das gleiche ist. Aber das Morphium wird das alles viel besser hinkriegen als ich. Dr. Bill Smythe ist auf dem Weg hierher. Haben Sie Durst?"

„Ja ... ja, komischerweise."

„Das hat man immer nach einem Schock." Er zog eine Thermosflasche aus dem Rucksack und füllte den Becher mit heißem, süßem Tee; dann hob er behutsam Norrys Kopf und hielt ihm den Becher an die Lippen.

„Danke", sagte Norry. „Und das Reiben ist wirklich eine Wohltat. *Oh!*"

Offenbar wieder dieser stechende Schmerz. Johnnys Hand schloß sich wie eine Stahlklammer um den Arm. Es war, als wollte er dem Schmerz jede weitere Kraft verweigern oder Norry gewaltsam die Kraft geben, ihn loszuwerden. Und wie es manchmal geschah, wenn er dies tat, schien sich jetzt sein eigener straff angespannter Arm mit Schmerz zu füllen. Johnny hatte sich das nie erklären können; vielleicht kam es einfach von der unnachgiebigen Festigkeit, mit der er den Arm des Leidenden hielt, aber es fühlte sich immer an, als ob sein Arm wie eine Saugpumpe einen Teil des Schmerzes herausgezogen hätte.

„Vorbei?" fragte er.

„Ja ..." Ein Warten auf Luft. „Mein Gott, es ist wundervoll, jemanden hier zu haben. Ich bin Ihnen so dankbar, daß Sie gekommen sind ..." Wieder ein atemloser Seufzer. Und dann, kaum hörbar: „Aber mein Gott, o Gott, wenn es *das* ist."

Sofort legte sich die Stahlklammer wieder fest um den nackten Arm, diesmal, um wenn möglich einen großen seelischen Schmerz zu lindern. Dann öffnete sie sich langsam und wurde wieder zu einer massierenden Hand. „Greta ist da." Das drang zuerst nicht durch. So sagte Johnny noch einmal: „Greta ist da."

„Wo? Was meinen Sie damit?"

„Ich habe sie noch vor der Rettungsmannschaft heraufkommen sehen. Sie liebt Sie sehr, das wissen Sie doch, nicht wahr?"

Norry konnte nicht ahnen, was diese Worte seinen Gefährten kosteten. Aber Johnny Blencos Heilinstinkt hatte ihn gelehrt, einem Patienten frohe, hoffnungsvolle Gedanken einzugeben. Johnny, der Zurückhaltende, wurde regelrecht gesprächig, wenn es zur Heilung notwendig war. „Sie hat mich gebeten, Ihnen zu sagen, daß sie unten im Dore warten wird. Die anderen kommen dicht hinter ihr."

Wie auf ein Stichwort wurden in diesem Augenblick das ganze abschüssige Tal und die Steilwand, an der sie sich befanden, von Licht überflutet. „Da sind sie! Eine Leuchtkugel, um Ihnen zu sagen, daß sie da sind, und damit man Sie sehen kann. Nein, versuchen Sie nicht, hinunterzublicken. Ich werde es Ihnen beschreiben. Hinter dem Führer kommt ein Mann mit einem Rucksack. Dann – ja, Dr. Smythe. Sie klettern alle sehr geschickt und werden gleich zu dem Seil kommen, das Ihr Freund dort zurückgelassen hat. Unten scheint Sir John Despencer anderen Leuten irgendwelche Befehle zu geben . . . Oh, ich weiß: Er schickt sie mit der Bahre auf die andere Seite, damit sie zum Sledden Seat über uns gelangen. Ja, Sir John führt diese Gruppe an. Ich vermute, sie werden sich von dort oben zu Ihnen abseilen. Aber was sie auch tun mögen, Greta ist im Dore und wartet auf Sie."

Als der erste eintraf, befreite sich Johnny, während er höher an dem Felsvorsprung hinaufkletterte, aus seinen Schlingen und gab sie dem Führer. „Vielen Dank, alter Junge", sagte der Mann. „Stimmt's bei dir? Du scheinst eine gute Sicherung zu haben."

„Nimm sie. Ich such mir weiter oben eine andere."

Eine weitere Leuchtkugel, die von unten abgefeuert wurde, erhellte den Schauplatz.

Der Arzt mit seiner großen Brille kam herauf wie eine Katze, die sich einem appetitlichen Vogel nähert. Ohne sich um Stevens Seil zu kümmern, suchte er sich ohne jede Sicherung direkt unterhalb von Norry einen relativ festen Standplatz. Dann stemmte er sich auf einen kantigen Sitz neben Norry, während der Führer sich daranmachte, ihn mit Schlingen zu sichern.

„Jetzt werden wir Ihnen gleich Erleichterung schaffen", sagte Dr. Smythe, der sich selbst am steilen Felshang immer noch wie am Krankenbett benahm. „Ist er sehr kalt?" fragte er Johnny und befühlte gleichzeitig Norrys Arm. „Nicht allzu schlimm nach fast drei Stunden. Ihr Freund hat seine Sache mit den Pullovern und allem sehr gut gemacht. Colly, gib mir die Spritze."

Wenige Sekunden später hatte der Arzt die lockere Haut an Norrys Arm zusammengepreßt und das Morphium injiziert. „Da haben Sie eine Portion Ruhe und Frieden", sagte er. „Und wenn eine nicht genügt, verdammt, dann bekommen Sie eine zweite. Irgendwelche Rippen gebrochen? Nun, war auch nicht so wichtig. Wie ich sehe, haben Sie ein paar Hautabschürfungen und Zerreißungen." Eine Leuchtkugel ließ ihn zu den Männern hinaufblicken, die jetzt auf dem grünen Gipfel über den Felsen standen. „Sie lassen jetzt die Bahre herunter."

Oben legten Sir John und die anderen feste Seile um eine verkümmerte Birke und einen der zahlreichen verstreuten Findlingsblöcke. Während sie die Bahre aufklappten und feststellten, erklärte einer von ihnen: „Der Chef sagt, es ist bei weitem das leichteste, ihn zur Spitze vom Thor's Face zu bringen und von dort hinunterzulassen. Diese Wand ist glatter als alles andre ringsum und hat oben Bäume für Sicherungen, so daß wir ihn mit einem einzigen Mann wie auf einer Karre zur Schutthalde abseilen können."

Alle waren jetzt gut gesichert oder wurden von oben mit den Seilen gehalten, und es gelang ihnen ohne große Schwierigkeiten, die Bahre zu Norry herunterzubringen. Der Doktor, der vermutete, daß die Wirbelsäule gebrochen war, sagte zu den Männern: „Legt den Daunensack dicht neben ihn und rollt ihn sanft, ganz sanft mit dem Gesicht nach unten auf den Sack. Langsam – ich will nicht, daß er Schmerzen hat ... Laßt euch Zeit. Legt ihm Decken unter Kopf und Arme ..."

Sie schnallten und banden ihn, das Gesicht nach unten, auf der Bahre fest, so daß er, abgesehen von Kopf und Armen, bewegungslos war. Auf ein Signal vom Arzt zogen die Männer oben unter Sir Johns Anweisungen langsam die Bahre hinauf. Dr. Smythe, Johnny Blenco und Colly folgten der Bahre mit Hilfe eines befestigten Seils.

Von Sir John angeführt, trugen vier Männer, zwei auf jeder Seite, die Bahre zur Spitze der Felsen oberhalb vom Thor's Face. Dr. Smythe gab Norry, der immer noch Schmerzen hatte, eine zweite Morphiumspritze. Er wartete eine Weile, dann hob er eines von Norrys Lidern und berührte den Augapfel. „Nicht mehr bei Bewußtsein."

Zwei Männer seilten sich zu dem Grashang über der Wand ab, und diejenigen, die oben standen, ließen die Bahre behutsam auf diesen bewachsenen Felsvorsprung herab; dann stiegen alle, abgesehen von den zweien, die die Seile bedienten, hinunter und trafen Vorbereitungen für das Abseilen der Bahre.

„Von hier aus ist es kinderleicht", sagte Sir John mit einem Blick auf die Wand, die in diesem Augenblick von einer Leuchtkugel erhellt wurde. „Hamish, du wiegst am wenigsten. Bring ihn hinunter."

Die Bahre hochkant über die Wand hinunterzulassen, bedeutete keine Gefahr für den bewußtlosen Norry, denn er war an den Füßen, Oberschenkeln und Schultern festgeschnallt und angebunden. Der Arzt prüfte die Riemen und Stricke. Dann wurden drei lange Seile an der oberen Querstange des Stahlrahmens der Bahre befestigt. Sie waren mit Karabinerhaken an Baumstümpfen und den Körpern der

Haltemänner gesichert. Schließlich wurde Hamish, der leichteste der Männer, an die untere Querstange der Bahre gebunden. Er faßte nach den langen Stahlgriffen, die, wenn sie ganz ausgezogen waren, es ihm ermöglichen würden, während des ganzen Abstiegs seine Beinarbeit mit den Augen zu kontrollieren, und trat behutsam rückwärts über den jäh abfallenden Rand der Felswand. Dann ging er die Wand hinunter und zog die Bahre hinter sich her, wie ein Hausierer seine Karre zieht; mit dem Unterschied, daß er, statt aufrecht zu gehen, sich beinahe waagerecht von der Wand abstemmte. Und so ließen sich Hausierer und Patient zusammen die Wand des Thor's Face, des „äußerst Schwierigen", des „Extremen", hinunter. Es gab einige Probleme wegen der losen Steine unter der Wand, aber die Männer schlugen Haken ein, von denen aus Seile die Bahre über das Geröll zum abschüssigen Tal, dem leichten Gelände des Dore führten.

Greta, die die ganze Rettungsaktion im Licht der Leuchtkugeln verfolgt hatte, lief auf sie zu. „Norry, oh, Norry!" Sie stand da und blickte auf ihn hinunter. Keine Antwort. Bleich und bewußtlos. „Ist er ...? Er ist doch nicht ...?"

„Nein, Miß", sagte Hamish. „Nur bewußtlos. Es ist das Morphium."

Dann fiel ihr ein, daß diese Männer sich fragen würden, was sie hier zu suchen hatte. „Er war unser Gast. Ich habe seinen Absturz der Polizei gemeldet", sagte sie, um ihre Gegenwart zu rechtfertigen; aber gleichzeitig dachte sie bei sich: Was kümmert's mich überhaupt?

Sir John sagte freundlich: „Sie hätten nicht zu kommen brauchen."

Nicht zu kommen brauchen! „Ich bin nur über den kleinen Pfad heraufgekommen", entschuldigte sie sich, „um zu sehen, ob ich irgendwie helfen kann." Dabei fielen ihr Mrs. Pounceys Worte ein: „Greta und ich werden für Sie alle Suppe bereithalten, wenn Sie zurückkommen" – und sie war einfach fortgelaufen, hatte nur an ihren Kummer gedacht. Aber Pauncey wird es schon machen, sagte sie sich, und plötzlich hatte sie den Wunsch, den Kopf an den Busen der alten Pauncey zu pressen und sich auszuweinen.

Während sie den kleinen Pfad hinuntergingen, blieb Greta die ganze Zeit dicht neben der Bahre, auf der Norry mit dem Gesicht nach unten lag. Er sollte sie sofort sehen, wenn er das Bewußtsein wiedererlangte. Die Männer schienen nichts dagegen zu haben, daß sie dort ging, aber einer von ihnen sagte, ohne etwas von ihren Gefühlen zu ahnen, mit der unbewußten Befriedigung, die selbst unter barmherzigen Menschen mit schlechten Nachrichten verbunden ist: „Dr. Smythe ist ziemlich sicher, daß er sich die Wirbelsäule gebrochen hat. Er glaubt, daß beide Beine gelähmt sind. Schlimme Aussichten für ihn, wenn's wirklich so ist."

Ein anderer pflichtete ihm unüberlegt bei. „Ja. Lieber tot als das."

„Oh, bitte –" begann sie. Nein. Sag nichts und geh weiter. Geh weiter, allein, und kümmere dich nicht um die anderen.

So lief sie, in ihre eigenen Gedanken versunken, weiter und hörte nicht mehr: „Der kommt nicht durch. Besser für ihn, möcht ich meinen."

Und sie hörte auch nicht das zornige *„Halt den Mund!"*, das von einer Stimme weiter hinten kam.

Johnnys Stimme. Den ganzen Weg ging Johnny unbemerkt ein paar Schritte hinter ihr. Er näherte sich ihr nicht ein einziges Mal, denn er wollte sie nicht in ihrem Kummer stören oder andeuten, daß er irgendein besonderes Recht hatte, ihr beizustehen; und zumindest an diesem Abend hatte er auch keine heilenden Worte für sie.

ZEHN

Zwei Tage, drei Tage nichts als Gerüchte – gewöhnlich schlimme. Und Greta betete unentwegt, wo sie sich auch befand, in ihrer Küche, auf den Feldern, in ihrem Schlafzimmer. Sie war zu der Überzeugung gelangt, daß sie ihn am Leben halten konnte, ähnlich wie er sie am Fels mit seinem straffen Seil gehalten hatte, wenn sie nur inbrünstig genug betete; und daß sie ihn in den Tod hinuntergleiten lassen würde, wenn ihre Gebete nachließen. So betete und betete sie und wagte kaum zu schlafen.

Eines Morgens ging sie zum Beten in die Kirche, weil sie halb und halb glaubte, daß ihr Gebet von hier aus leichter zum Himmel durchdringen würde. Sie kniete in der vordersten Bank und sah durch das große Fenster einige von den Felsen, die Norry mit ihr erstiegen hatte. Und sie sah auch im Geist Lord's Trod und den See von Goswater vor sich. Mit Tränen in den Augen zwang sie ihre Gedanken wieder zu ihrer einzigen Pflicht an diesem Morgen. Nach einer halben Stunde in der Stille der Kirche trat sie auf den Friedhof hinaus, die Augen entschlossen von den Gräbern derjenigen abgewandt, die in den Bergen verunglückt waren.

Johnny Blenco hatte sie hineingehen sehen. Da er ahnte, wozu sie gekommen war, hatte er draußen, am Rand einer Wiese sitzend, auf sie gewartet. Er hoffte, ihr ein paar tröstende Worte sagen zu können, aber als sie herauskam, hielt sie den Kopf gesenkt, und er, von Schüchternheit und Zweifeln gepackt, ließ sie vorbeigehen. Wahrscheinlich wären die einzigen Worte, die er ihr hätte sagen können, kein Trost gewesen. Denn er hatte Norry im Krankenhaus gesehen und hatte Angst um ihn.

Als sie aus seinem Blickfeld verschwunden war, ging er nach Hause. Es war nicht leicht, das Mädchen, das man liebte, aus verzweifelter Liebe zu einem anderen leiden zu sehen, aber so war das Leben. Seine unausgesprochene Liebe mußte alles tun, was sie konnte, um Greta zu helfen, ihr vielleicht durch Telepathie einen Halt in ihrer Leidenschaft für diesen anderen zu geben – so sehr er selbst auch dabei leiden mochte. Auch so war das Leben. Man kannte seinen Weg.

Am dritten Tag nach dem Absturz kam Dr. Pater zum Tor der Farm – nicht zu Fuß, sondern mit seinem alten Wagen. Als Harry ihn begrüßte, fragte er: „Kann ich Ihre Greta sprechen, Harry?"

„Marjy? Sind's schlechte Nachrichten über den armen Jungen?"

„Ich würde sagen, sie sind ernst. Infolge der Lähmung scheinen sich Infektionsherde gebildet zu haben. Aber sagen Sie ihr nichts davon."

„Nein, nein. Sie is oben und macht sein Zimmer für jemand andern zurecht, was nich leicht für sie ist, das kann ich Ihnen sagen."

Denn Greta, außerstande, ihren Kummer allein zu tragen, war schließlich zu ihrem Vater gekommen, hatte ihm die Arme um den Hals geworfen, um an seiner Brust zu weinen, und hatte ihm alles erzählt – außer von Norrys Besuch in ihrem Zimmer. „Daddy ... ich weiß, daß er stirbt", hatte sie schluchzend gestammelt.

Und er, der manchmal soviel sprach, hatte zuerst keine Worte gefunden, denn er hatte nichts geahnt und war verblüfft. Er konnte nur sagen: „Mein Mädel, mein Mädel!" während sie in seinen Armen weinte; und zu sich selbst: Ich werd scheinbar nich nur alt, sondern auch blind und taub, daß ich nix davon gemerkt hab. Ich hab einfach geglaubt, sie verstehn sich gut, wie junge Leute es tun. Nach besseren Worten suchend, flüsterte er: „Nun, wenn er sterben würde, hätt er's wahrscheinlich gleich getan, denk ich mir."

Jetzt sagte er zum Doktor: „Ich hol sie Ihnen runter."

„Ja bitte, Harry. Er möchte sie sehen. Ich nehme sie mit."

„Oh, das wär sehr freundlich von Ihnen. Ich hol sie runter."

Dr. Pater war direkt aus Norrys Krankenzimmer gekommen. Als alter Bekannter – wenn auch nicht „lebenslänglicher Freund" – hatte er ohne Schwierigkeiten die Erlaubnis erhalten, ihn zu besuchen, und als Norry sagte: „Glauben Sie, daß Sie Greta herbringen könnten?", war es in Wirklichkeit keine große Überraschung gewesen – und er wünschte jetzt, daß er all das, womit er Greta so wohlmeinend geneckt hatte, ungesagt machen könnte.

Im Kreiskrankenhaus von Caldmere war er in ein glänzendweißes Zimmer geführt worden, das so funktional war, daß es ihm menschlich und unmenschlich zugleich erschien. Norry lag unbeweglich in einem sehr hohen Bett, auf dem ein Schutzgestell das Bettzeug von der unteren Hälfte seines Körpers abhielt. Seine Augen wandten sich von der Zimmerdecke ab, als Dr. Pater eintrat. Auf seinem Gesicht erschien ein höfliches, trauriges Lächeln. „Man hat mir gesagt, daß Sie kommen würden. Sehr nett von Ihnen."

Der Doktor, sonst so gesprächig, wußte nicht recht, was er sagen sollte. „Nun –" begann er, ziemlich wirkungslos, wie ihm schien, „was können wir alle für Sie tun?"

„Nichts." In der Antwort lag ein Ton von Bitterkeit, der jedoch rasch verwischt wurde. „Man sagt es mir nicht, aber ich weiß es. Ich habe Freunde gehabt, die sich das Rückgrat gebrochen haben."

„Ich auch, Norry, und sie sind wieder gesund geworden."

„Manche; als hilflose Last. Hat es sich da gelohnt, gesund zu werden?"

„Ja", erklärte der alte Doktor mit Nachdruck. „Man gewöhnt sich an alles. Blindheit, Lahmheit." Aber das Wort „Paralyse" sprach er nicht aus.

„Ich kann mir nicht vorstellen, daß ich mich je daran gewöhnen würde, als völlig hilfloser und ziemlich unangenehmer Invalide zu leben. Darf ich Ihnen einmal ganz offen sagen, wie mir zumute ist?"

„Mein lieber Junge, dafür bin ich ja hier – wenn es Sie erleichtert."

„Vielen Dank. Es würde mir guttun, mit Ihnen zu reden." Er lächelte. „Sie sind so schrecklich gelehrt und weise."

„Gelehrt ist nicht das gleiche wie weise. Ich zweifle sehr an meiner Weisheit. Aber sagen Sie alles, was Sie sagen wollen, und ich werde sagen, was ich kann."

Zuerst sagte Norry, daß er sich bitterlich schämte, überhaupt abgestürzt zu sein, und als der Doktor ihn unterbrach und erklärte:

„Das ist kein Grund, sich zu schämen. Dieser plötzliche Wind war etwas absolut Außergewöhnliches“, ließ Norry die Entschuldigung nicht gelten. „Ein guter Bergsteiger muß auf alles vorbereitet sein. Es gibt schlimmere Winde am Eiger, aber ich – ich habe an andere Dinge gedacht.“

Und dann brach es aus ihm hervor, als ob ein Wasserhahn aufgedreht worden wäre, und er sprach mit der ganzen Inbrunst des Kranken über seine Gemütsverfassung, während der sonst so redselige Doktor sich damit zufriedengab, ihm schweigend zuzuhören. „Weiß Gott, ich bereue nicht, daß ich geklettert bin. Ich habe immer gesagt: ‚Das Leben ist am schönsten, wenn man es aufs Spiel setzt.‘ Nun, vielleicht habe ich dieses Spiel verloren, aber ich denke immer noch genauso. Trotzdem ist es schwer, hier zu liegen und zu wissen, daß man nie das bekommen wird, an was man sein Herz gehängt hat – nie, nie, nie. Der Gedanke läßt mich einfach nicht los. Ich liege hier und sage mir immer wieder: Keine Hoffnung, keine Hoffnung. Lachen Sie nicht, aber mit meinem Oxford-Diplom und meinem guten Ruf als Bergsteiger hatte ich davon geträumt, ein hervorragender Schulleiter wie Sie zu werden.“

„Weshalb sollte ich darüber lachen? Schließlich war ich ja auch einmal so alt wie Sie.“

„Und außerdem träumte ich von einer wundervollen Liebe, fidelen Kindern und allem, was dazugehört. Nun, das ist – wie Sie zweifellos wissen – jetzt ein für allemal unmöglich.“

Der Doktor wußte es, und so beeilte er sich, das einzige hervorzuheben, was nicht stimmte. „Eine Frau zu haben, ist nicht unmöglich.“

„Für mich ja. Ich will für niemanden eine lebenslängliche Bürde sein. Wissen Sie, daß ich gerade an jenem Abend Greta bitten wollte, meine Frau zu werden?“

„Ich wußte, daß Sie sie gern hatten.“

„Sie gern hatte! Sie ist immer noch das einzige auf der Welt, was mich veranlassen könnte, weiterleben zu wollen; aber es wäre nicht fair, sie an mich zu binden. Sie ist für einen Mann geschaffen, der ihr ein – wirklicher Ehemann sein kann.“

„Sie liebt *Sie,* dessen bin ich sicher“, sagte der Doktor.

„Ich auch. Aber ich stelle mir vor, daß meine Frau ein eigenes Leben haben sollte. Ich habe mir, während ich hier lag, überlegt, daß es vielleicht eine Lösung wäre, Greta vor meinem Tod zu heiraten – es wäre nicht das erste Mal, daß so etwas geschieht –, aber ich muß ja auch an Fiona denken. Es würde sie verletzen. Vielleicht sollte ich gehen, ohne das zu tun. Oder wenn ich wider Erwarten am Leben bliebe, hätte Greta mich auf dem Hals. Nein, es wäre das beste für beide, wenn ich stürbe. Sie würden sich letztlich damit abfinden."

„Sprechen Sie nicht vom Sterben. Bitte tun Sie das nicht."

„Aber ich muß mich damit auseinandersetzen. Ein ganzes Leben der Hilflosigkeit – ich glaube nicht, daß ich dem gewachsen bin. Oder gewillt wäre, es hinzunehmen. Ich bin schon immer der Meinung gewesen, daß es sich nicht lohnt, viel über das Leben nachzudenken, und daß es das beste ist, durch Klettern, Flirten und so weiter den Gedanken zu entfliehen. Und das einzige, was diese Flucht mir eingebracht hat, ist *dies!* Ich habe mein Leben genossen – aber es ist komisch, hier zu liegen und sich zu überlegen, wie schnell es vorüber sein kann. So schnell . . . Man hört einfach auf zu existieren."

Der Doktor hatte ohne viel Erfolg nach Worten gesucht, aber einige hatte er doch gefunden. „Norry, Sie müssen kämpfen. Es sieht Ihnen nicht ähnlich, sich einfach geschlagen zu geben. Ich erinnere mich, daß ein Bergsteiger mir einmal sagte: ‚Norry Kingharber hat sich noch nie gedrückt.'"

Norry lächelte. „Mein ganzes Leben lang habe ich mir gesagt, daß ich mich von nichts unterkriegen lassen werde, aber jetzt bringe ich einfach nicht mehr den nötigen Willen dazu auf."

„Nur, weil Sie sich noch nicht von dem Schock erholt haben."

Aber Norry hatte die Augen abgewandt und starrte wieder zur Decke. Er erwiderte nur: „Könnten Sie Greta zu mir bringen? Ich möchte ihr etwas sagen."

„Oh, Dr. Pater, stirbt er?"

„Nein, nein, mein Liebes." Er ließ sich seine Zweifel nicht anmerken. „Natürlich ist er sehr krank, aber er ist jung und kräftig; die Ärzte tun alles, was sie können, und seine Mutter war bei ihm."

„Seine Mutter! Werde ich mit ihr sprechen müssen?"

„Ich glaube nicht. Sie ist wahrscheinlich in ihr Hotel zurückgegangen. Aber wie dem auch sei, du brauchst keine Angst vor ihr zu haben. Sie macht auf mich den Eindruck einer sehr netten, gütigen Frau." Was wußte er von dem Grund ihrer Angst? „Kannst du gleich mitkommen?"

„O ja.“ Sie fuhr sich mit der Hand übers Haar. „Wenn ich so gehen kann, wie ich bin.“

„Natürlich.“ Er war im Begriff gewesen zu sagen: Du siehst besonders reizend aus, aber er kam zu dem Schluß, daß dies nicht der geeignete Augenblick für Komplimente sei.

Während sie in raschem Tempo nach Caldmere fuhren, sah Dr. Pater sich zum zweitenmal an diesem Tag außerstande, die richtigen Worte zu finden. Greta war diejenige, die das Schweigen brach. „Seine Mutter hat mich aufgesucht. Sie hat mich mehr oder weniger gebeten, mich nicht mehr mit ihm abzugeben. Sie fand wohl, daß ich nicht gut genug für ihn sei, und ich konnte verstehen, wie ihr zumute war.“

„Unsinn“, sagte der Doktor. „Du bist gut genug für jeden.“

Er stellte seinen schäbigen, alten Wagen ab, half ihr heraus und führte sie durch den Korridor des Krankenhauses. Der Geruch nach gewissenhaft desinfizierten Fußböden und Wänden, nach Medikamenten und Blumen erfüllte Gretas Herz mit Angst und Traurigkeit. Für jemanden, der sonst so selbstsicher war, klopfte der Doktor sehr nervös an eine Tür, und eine weibliche Stimme rief: „Herein.“

Er ging hinein und kam wieder heraus, um Greta zuzuflüstern: „Seine Mutter ist bei ihm. Aber du brauchst keine Angst zu haben.“ Und er nahm sie bei der Hand.

Lady Kingharber saß würdevoll und beängstigend auf dem einzigen Stuhl neben dem hohen Bett. Greta kam nur ein paar Schritte ins Zimmer, dann blieb sie mit schüchtern gefalteten Händen stehen. Norry sagte schwach: „Hallo, Greta, mein Liebes. Dies ist meine Mutter. Ich glaube, ihr kennt euch schon.“ Offenbar war alles zwischen ihnen gebeichtet worden.

Lady Kingharber stand auf, als Dr. Pater leise hinausging. Sie legte Greta die Hand auf die Schulter. „Ich lasse euch beide allein“, sagte sie. „Gott segne Sie, mein Kind.“

Greta stand an das Bett gepreßt da. „Oh, Norry, Norry!“ Sein Gesicht war so blaß; seine Augen so tief umschattet.

Er versuchte zu lächeln. „Gretchen, mein Süßes. Schön, daß du da bist.“

Sie umklammerte seine schlaffe Hand. „Oh, mein Liebster!“ Ihr leidenschaftliches Mitgefühl durchbrach seine Selbstbeherrschung, so daß ihm die Tränen aus den Augen stürzten.

„Dürfen wir reden?“ fragte sie. „Darfst du sprechen?“

Ein Lächeln besiegte seine Tränen. „Erlaubt oder nicht, ich werde es tun. Setz dich aufs Bett, mein Schatz. Es gibt nicht viel Platz mit diesem komischen Gestell, aber so habe ich dich wenigstens in meiner Nähe."

Seitlich auf dem Bettrand sitzend, hielt sie immer noch seine Hand tröstend zwischen den ihren, aber sie wußte nicht, was sie sagen sollte. Zu lieben, das Ende zu fürchten und doch keine Worte zu finden! Schließlich fragte sie: „War es *sehr* schlimm?"

Ebenfalls froh, etwas zu haben, worüber er sprechen konnte, erwiderte er: „Komischerweise war es nicht allzu schlimm. Der Schock tut Wunder. Stevy hat mich sehr gut versorgt zurückgelassen. Mein Gott, diese Jungen sind fabelhaft, wenn's drauf ankommt. Auch dein buckliger Freund. Seine Methode, die Schmerzen zu lindern – sie hat wirklich geholfen." Norry machte eine Pause, um Atem zu schöpfen. „Er hat mich gestern besucht. Hat den alten Dr. Pater gebeten, ihn hierherzubringen."

„Wollte er wieder versuchen, dir zu helfen? Wie denn?"

Eine lange Pause. Dann sagte Norry: „Wieviel weißt du, mein Kleines? Über das, was geschieht, wenn ich am Leben bleibe?"

„Du wirst am Leben bleiben. Natürlich wirst du am Leben bleiben. Wie kannst du daran zweifeln?"

„Wenn ich am Leben bleibe, werde ich gelähmt sein. Ein hoffnungsloser Krüppel."

„Mein Liebster! Man hat es mir gesagt, aber ich kann und will es nicht glauben."

„Es ist wahr. Dein Johnny ist gekommen, um mir zu sagen, daß es nicht allzu schlimm ist, ein Krüppel zu sein. Er sagte, er habe immer eine Art Befriedigung darin gefunden, sich nicht davon unterkriegen zu lassen. Ich habe eine Weile dagelegen und mich gefragt, ob ich wohl auch Befriedigung darin finden könnte, ähnlich zu leben. Aber weißt du, meine Verkrüppelung wird sehr viel schlimmer sein als die seine."

Sie konnte nur töricht erwidern: „Nein. Es wird alles gut werden."

Er schüttelte den Kopf. „Ich weiß alles, was man mir nicht sagen will. Ich weiß. Ich weiß. Von jetzt ab bin ich eine nutzlose Bürde, unfähig, Ehemann oder Vater zu sein. Gretchen, mein Liebstes, ich möchte, daß du eines weißt. Ich habe meine Mutter gefragt, ob es richtig sei, es dir zu sagen. Sie meinte, du solltest es wissen. Es könnte" – er atmete schwer – „gut für dich sein, dich daran zu erinnern. Ich hatte beschlossen, dich an jenem Abend zu fragen, ob du meine Frau werden willst."

„Norry, Norry, mein *Liebling.*"

„Vielleicht hättest du mich gar nicht gewollt – es ist jetzt zu spät, zu fragen –"

„Nein, nein, nein. Sag das nicht. Ich –"

„Ich wäre zu nichts nütze – eine viel grauenvollere Last für dich, als du ahnst."

In leidenschaftlichem Mitgefühl griff sie mit beiden Händen ungestüm nach seinem Arm. Irgendwo in ihrem Gehirn war sie sich bewußt, daß ein Traum zerbrach, und die Wunde, die dieser Bruch hinterließ, war tief. Aber ihre Liebe war ganz da, und sie erkannte, daß sie jetzt die volle Kraft dieser Liebe aufbieten mußte. Der andere, weniger egoistische Traum, der alte Wunsch nach Gutsein kam ihr zu Hilfe und befahl ihr, sich selbst, ihr ganzes Sein für ihre Liebe einzusetzen. Auch sie konnte helfen und heilen; *sie* konnte in ihm wieder den Wunsch zu leben wecken. „Aber verstehst du denn nicht, ich liebe dich, ich liebe dich. Ich werde dir mein ganzes Leben geben. Ich würde mit Freuden –"

„Nein, mein Liebstes, das werde ich dir nicht antun. Und im übrigen habe ich ohnedies das Gefühl, daß es zu Ende geht ... und so, wie die Dinge liegen, wünsche ich mir nichts anderes."

Ihre Hände schlossen sich noch fester um seinen Arm. „Nein, nein, das darfst du nicht sagen!" rief sie. „Wir alle lieben dich. Ich liebe dich so sehr. Wir werden –"

Der Türknopf drehte sich. Greta fuhr zusammen und ließ den Arm los, als die Schwester hereinkam. „Vielleicht sollte er sich jetzt lieber ausruhen."

„Oh, nein", bat Greta. „Noch nicht."

„Also gut, noch fünf Minuten. Wir dürfen einen Kranken doch nicht ermüden, nicht wahr?" Sie lächelte ihnen freundlich und ahnungslos zu, ehe sie wieder hinausging.

Fünf Minuten, um über Fragen von Leben und Tod zu sprechen! Es hemmte Gedanken und Worte. Sie konnte nur wieder nach seinem Arm greifen und sagen: „Du hast mich mit dem, was du mir gesagt hast, so glücklich gemacht. Ich werde *alles* für dich tun. Bitte glaub es mir."

Er streichelte ihre Hand, und ein großer Zweifel, einer Ablehnung gleich, lag in seinen Augen. Dann sagte er leise, wie um sie an die bittere Wirklichkeit zu erinnern: „Vielleicht liegt die Entscheidung nicht bei uns, Gretchen."

Die fünf Minuten mußten längst vorüber sein. „Ich glaube, ich muß gehen."

Und er: „Ja, mein Liebling ... Gott segne dich für alle Zeiten", was wie ein Lebewohl klang. Offenbar erriet er ihre Gedanken, denn er lächelte und setzte hinzu: „Liebstes Gretchen ...", fast, als ob er ihr das zur Erinnerung mitgeben wollte.

Sie ging rückwärts zur Tür und sah, daß seine Augen sie verfolgten, als wenn hinter ihnen nur ein Gedanke läge: So geht sie fort. So endet es. Das ist alles.

Ein Lächeln trauriger Liebe, und sie war draußen.

Als die Tür sich schloß, erhob sich Lady Kingharber von einem Stuhl im Korridor. Greta warf sich ihr schluchzend an die Brust und weinte bitterlich. „Er *will* nicht leben", stammelte sie. „Warum nicht?"

Lady Kingharber zog sie fest an sich, erwiderte jedoch nichts, außer ein paar Worten, die offensichtlich nur als Trost gedacht waren. „Vielleicht ist er sehr müde, weiter nichts." Mit einem leichten Kuß auf Gretas Wange murmelte sie: „Ich danke dir, daß du ihn liebst", und hielt sie in den Armen, damit sie sich ausweinen konnte. Aber später sprach sie weiter, den Arm immer noch tröstend um Greta gelegt und ihren gesenkten Kopf streichelnd. „Hör zu: Er hat mir gesagt, du hättest ihm die glücklichsten Stunden seines Lebens beschert. Erinnere dich immer daran. Und ich möchte, daß du dich auch an folgendes erinnerst: Wenn ich jemals irgend etwas tun kann, um dir zu helfen, bitte, bitte, laß es mich tun. Ich habe das Gefühl, daß du zu uns gehörst. Und was auch immer geschehen mag, ich weiß ganz bestimmt, mein Liebes, daß es für dich eines Tages irgendwo ein gutes und schönes Leben geben wird."

Dr. Pater saß in seinem Wagen, als Greta die Stufen des Krankenhauses herunterkam. Er stieg rasch aus und half ihr, ohne ein Wort zu sagen, auf den Sitz neben dem seinen. Vielleicht war es das beste, nichts zu sagen. Das beste, sich nicht einzumischen. Man träumt allein. Und man ist so allein mit seinem Traum, wenn er zerbricht. Er erinnerte sich an seine eigenen sehnsüchtigen Träume, die jetzt fünfzig lange Jahre zurücklagen. Die meisten von ihnen haben zu nichts geführt, aber es gibt nicht einen unter ihnen, den ich missen möchte.

Sie haben mir vielleicht ebensoviel Schmerzen wie Glück gebracht, ehe sie vorüber waren, aber – o ja – sie sind nach wie vor die schönsten Erinnerungen meines Lebens. Erinnerungen, die nur die Jugend uns schenken kann, denn solange wir jung sind, fühlen wir – oder manche von uns – tiefer als jemals hinterher. Das Leben wird für Greta wieder heller werden. Aber was wird mit Norry? Lieber Gott, steh ihm bei, was ihn auch erwartet.

ELF

Zwei Tage später wartete Dr. Pater wieder vor dem Krankenhaus, diesmal auf den Pfarrer, der Patienten besuchte. Sie hatten vereinbart, anschließend einen Spaziergang um den See zu machen. Er sah ihn herauskommen und ging auf ihn zu. „Wie geht es dem Jungen?"

Der Pfarrer erwiderte schlicht: „Der Arzt sagt, es kann nur noch Stunden dauern, bis das Ende eintritt. Man hat seinen Vater und seine Schwestern gerufen."

„Ach, wer weiß, vielleicht ist's besser so. Aber warum ist es auf einmal tödlich?"

„Durch den Verlust sämtlicher Kontrollen hatten sich von Anfang an Infektionsherde gebildet, und er war durch den Schock zu sehr geschwächt, um auf irgendeine Behandlung anzusprechen. Das sagen zumindest die Ärzte. Aber ich glaube, es liegt nicht allein daran. Ich habe das Gefühl, daß er sich den Tod gewünscht hat. Mit all seiner Vitalität und Lebensfreude und mit seinem wundervollen Mut am Fels hätte er besser kämpfen können, als er es getan hat. Sein Mut scheint ihn verlassen zu haben."

Der Doktor schüttelte zweifelnd den Kopf und fing an, schneller zu gehen. „Joseph, er *hatte* Mut, wenigstens zu Anfang. Und ich glaube nicht, daß es ein Zeichen von Schwäche ist, vor einem Leben der völligen Entbehrung und Abhängigkeit zurückzuschrecken – vierzig oder fünfzig Jahre, während derer man ein Bild des Schreckens für jeden ist, der einen betreut. Ein ganzes langes Leben ohne Träume!"

Der Pfarrer nickte wortlos.

„Und abgesehen von alledem hat wohl auch noch etwas anderes dazu beigetragen, ihm den Lebenswillen zu nehmen: Er hat es nie fertiggebracht, zu glauben, daß die menschliche Existenz irgendeinen entscheidenden Wert hat oder daß man die Menschheit jemals ändern oder bessern kann. Eine weit trostlosere Lebensanschauung, als ich sie mir vorstellen könnte. Aber eine durchaus ehrenwerte. Und sie zeugt von einem gewissen Mut. Nun, für immer hilflos und gelähmt zu sein, heißt wohl, bis zum Tode krank zu sein. Und ich glaube, zwei gesunde und rüstige alte Männer wie wir haben nicht das Recht, ein Urteil darüber zu fällen."

Dr. Pater war nicht dazu geschaffen, Neuigkeiten für sich zu behalten, und so sprach ganz Klein-Sledden an diesem Abend von Norry. Greta hörte es ebenfalls, aber sie weigerte sich, es zu glauben. So jung, so kräftig; der Schock würde nachlassen; er würde am Leben bleiben. So betete und betete sie, manchmal zu Hause, manchmal in der Kirche. Johnny Blenco, der sie vorbeigehen sah, fing ebenfalls an zu beten – für sie. Wie um Gott gnädig zu stimmen, erzählte sie niemandem von der stolzen Tatsache, daß Norry sie hatte bitten wollen, seine Frau zu werden; sie hegte halb unbewußt die Hoffnung, daß dieses kleine Opfer Gott bewegen könnte, ihn am Leben zu lassen.

Zwei Tage nach seinem Gespräch mit dem Pfarrer nahm Dr. Pater, der Greta in die Kirche hatte gehen sehen, die Gelegenheit wahr, ihren Vater allein anzutreffen, um ihm zu sagen, daß Norry in der Nacht gestorben war. „Möchten Sie, daß ich es Greta beibringe, Harry?"

„Nein. Sie is mein Mädel."

„Sagen Sie ihr, er war bewußtlos und hat nicht gelitten."

„Ja. Überlassen Sie's mir. Ich muß ihr da durchhelfen, wenn ich kann."

„Ich fürchte, es wird ihr großen Kummer bereiten."

„Ja, sie wird leiden, armes Kind. Aber sie wird's durchstehn. Überlassen Sie's mir, und vielen Dank, daß Sie gekommen sind."

So ließ Dr. Pater ihn auf seinem Hof zurück, und Harry ging in Gedanken versunken auf den Kopfsteinen hin und her, während er darauf wartete, daß seine Marjy aus der Kirche zurückkam. Aber als er sie die Straße heraufkommen sah, entzog er sich ihren Blicken wie ein Kind, das seiner Mutter ausweicht, weil es ein Unrecht zu beichten hat, und schlich sich schuldbewußt in die Küche. „Marjy", rief er, als sie das Haus betrat.

Überrascht, ihn dort zu sehen, sagte sie: „Ja, Vater?"

„Ich muß dir was sagen, Kind. Dr. Pater is eben hier gewesen ... Ja. Er is eben hier gewesen."

Ihre Augen ruhten auf ihm; es waren Augen, die wußten, was kommen würde. „Ja, Vater . . .? Wegen Norry?"

„Wegen Norry; ja." Er griff nach ihren Fingern und spielte liebevoll mit ihnen, während ein wiederholtes leichtes Kopfschütteln sein Mitgefühl ausdrückte. „Norry, ja. Er is . . . er is jetzt fort."

„Tot?"

„Ja. Fort." Greta sagte nichts, ließ aber ihre Hand in der seinen. „Es is grausam schwer für dich, Mädel. Er war ein guter Junge, und du hast recht gehabt, ihn zu lieben. Ja, und der Doktor sagt, er is ohne Schmerzen gestorben. Er hat nich gelitten."

Sie senkte den Kopf. „Vielen Dank, Vater", war alles, was sie sagte. Und: „Ich verstehe."

„Du mußt tapfer sein, Marjy, mein Mädel. Dein Kummer wird vorübergehn. Wird alles besser mit der Zeit."

„Vater", sagte sie, „ich fühle überhaupt nichts. Kommt das, weil ich nicht zu denken wage? Werde ich bald imstande sein, es zu fühlen?"

„Ja, du wirst's fühlen, ganz bestimmt. Aber wenn du's tust, komm zu mir und erzähl mir alles. Du bist nie allein, mein Mädel."

Greta floh in ein tagelanges Schweigen. Statt zu sprechen, stürzte sie sich ungestüm in schwere Arbeit jeder Art. Nur nicht die Hände müßig werden lassen, sich keine Zeit zum Nachdenken gönnen! Sie putzte das Haus von oben bis unten, half ihrem Vater, den Hafer und die Gerste hereinzubringen, half, die Schafböcke unter die Mutterschafe zu treiben, damit diese im Frühling ihre Lämmer warfen. Sie sang jetzt nicht bei ihrer Arbeit, aber manchmal summte sie, und Harry hörte mit wortlosem Mitleid den Kummer und die Ergebenheit in dieser leise summenden Stimme.

Der Herbst hatte sie schon von jeher durch seine Schönheit verwirrt, aber jetzt war es keine süße Verwirrung; es tat ihr weh, die flammenden Eichen, Linden und Platanen, den rostroten und goldenen Adlerfarn auf den Hügeln zu sehen. Eines Nachmittags, als es keine Arbeit gab und sie allein mit ihren kummervollen Gedanken war, ging sie zu ihrem Wasserfall, um sich dort ganz ihrem Schmerz hinzugeben. Sie warf sich, das Gesicht nach unten, über den Felsblock, und während das Wasser lärmend an ihr vorüberströmte, fragte sie Norry: „Wo du auch sein magst, kannst du meine Liebe fühlen? Oder bist du nirgends mehr . . . nirgends mehr?"

Da sie annahm oder fürchtete, daß dieses letztere der Wahrheit entsprach, gab sie sich, ausgestreckt auf dem Felsen liegend, einer Auflehnung gegen den Glauben und die trügerischen Träume der Jugend hin. Es bereitete ihr eine bittere Genugtuung, ihre eigenen zwei Träume verächtlich zu machen, den einen von einer wundervollen Liebe und den anderen von Frömmigkeit und Tugend. Ha! Frömmigkeit und Tugend! Der Gedanke an die kleine Kirche weckte in ihr nur Feindseligkeit gegen alles, was sie verkörperte.

In früheren Zeiten hatte sie sich abends vor dem Einschlafen immer wieder ihre Ziele vor Augen gehalten: einen gesunden Verstand, großartige Charakterstärke und eine ungeheure Liebesfähigkeit zu besitzen. Unmöglich, diesen Worten Bedeutung zu verleihen, wenn das Herz tot war. Wenn das Leben seinen Sinn verloren hatte, wenn man nicht mehr an seine tiefere Bedeutung glauben konnte, warum sollte man dann nicht beschließen, den Tod zu wählen – wo doch alle behaupten, daß Norry das getan habe? Auf dem nackten Felsblock liegend, fand sie Trost in dem Gedanken an den Frieden des Todes. Und als sie aufstand, sagte sie nur: „Ich liebe dich noch, wo du auch bist – oder nicht bist.“ Sie fühlte sich wohler – und auch ein wenig stolz – in dem Bewußtsein, diesen Weg der Auflehnung und Hoffnungslosigkeit gewählt zu haben.

Als sie am nächsten Morgen an der Kirche vorbeiging, wandte sie den Kopf ab, als ob sie einen Nachbarn schneiden wollte; aber eine Bewegung auf dem Kirchhof zog ihre Blicke an. Johnny Blenco fegte gemähtes Gras von dem Rasen zwischen den Gräbern. Er sah sie nicht, aber sein Anblick erinnerte sie daran, wie er Norry zu trösten versucht hatte. Nachdem sie tagelang mit niemandem gesprochen hatte, verspürte sie jetzt den fast unwiderstehlichen Wunsch, mit Johnny zu sprechen.

So geschah es, daß die kleine Kirche, die sie links liegenlassen wollte, es fertigbrachte, ihre Aufmerksamkeit auf sich zu lenken, als sie an ihr vorbeiging.

Aber wo konnte sie mit Johnny reden? Wenn sie ihm doch einfach zufällig auf der Straße begegnen und sagen könnte: Darf ich einmal zu Ihnen kommen, um Sie etwas über Norry zu fragen? Während der nächsten Tage ging sie mehrmals an Gärten vorbei, wo er, wie sie wußte, arbeitete. Aber zuletzt sah sie ihn dann in seinem eigenen Vorgarten. Er kniete mit dem Rücken zu ihr auf dem Boden und setzte Knollen für den Frühling ein. Und als sie über die Mauer blickte, war sie wieder einmal überrascht über die Blumen, die er dieser harten Erde zu entlocken verstand.

„Johnny."

Er stand auf, drehte sich um und ließ seinen Hohlspatel fallen. Sein Gesicht strahlte vor Freude, aber „Hallo, Greta" war alles, was er zunächst sagen konnte. Und einen peinlichen Augenblick lang stand die grobgefügte Mauer wie ein Symbol ihrer unbeholfenen Verlegenheit zwischen ihnen.

Greta war diejenige, die als erste sprach. „Könnte ich – ich meine, dürfte ich wohl an einem dieser Tage einmal zu Ihnen kommen?"

Die großen Augen weiteten sich vor Überraschung. „Oh, natürlich."

„Norry hat mir erzählt, Sie hätten Dinge gesagt, die ihn getröstet haben."

„Es gab leider nicht viel, was ich ihm sagen konnte."

„Wenn irgend jemand es gekonnt hätte, wären Sie es gewesen. Ich nehme an, Sie wissen, daß wir sehr verliebt waren? Er sagte, er habe mich bitten wollen, seine Frau zu werden." Das erfüllte sie immer noch mit Stolz und Freude. Aber sie hatte mit niemandem außer ihrem Vater darüber gesprochen.

„Das wußte ich nicht", sagte er.

„Ich möchte so gerne mit Ihnen über ... ihn und ... alles reden. Dürfte ich wohl irgendwann einmal abends zu Ihnen kommen? Wenn es Sie nicht stört?"

„Sie meinen *hierher?* Oh, ich möchte nichts lieber als das."

Diese Worte waren überschwenglicher als alles, was er bisher hatte über seine Lippen kommen lassen, aber sie waren ausgesprochen, noch ehe er etwas daran ändern oder sie ganz und gar zurückhalten konnte.

Für Greta waren die Worte nicht weiter bemerkenswert. Sie sagte nur: „Ich auch. Ich möchte mich richtig aussprechen."

„Gut! Wozu warten? Wie wär's mit morgen?"

„O ja, vielen Dank, Johnny. Morgen abend."

So GING sie am nächsten Abend durch diese Blütenpracht von einem Garten, und die Tür öffnete sich ihr, noch ehe sie klingeln konnte.

„Kommen Sie herein, mein Liebes." Wieder war ihm in seiner Freude ein Wort entwischt, aber warum sollte er es nicht sagen, da sie es ja doch nicht bemerken würde?

Er hatte ein Feuer im Kamin angezündet, und auf dem Tisch standen eine seltsam geformte Flasche, zwei winzige Gläser, eine offene Schachtel mit Pralinen und ein Schälchen mit Walnüssen, Rosinen und Mandeln.

„Oh, hoffentlich haben Sie nicht eigens für mich eingekauft?"

„Nein, den Likör hab ich schon eine ganze Weile. Ich hab ihn sehr gern. Dr. Pater hat mich auf den Geschmack gebracht." Aber er sagte nicht, daß er nach Caldmere geeilt war, um Pralinen und Nüsse zu kaufen, weil er annahm, daß Mädchen so etwas mochten.

Sie saßen zusammen vor dem Feuer und fingen an zu reden. Es war eine lange Unterhaltung, und als die Nacht hereinbrach, zündete Johnny die Kerzen in den Messingleuchtern auf dem Kaminsims an, die zusammen mit dem Feuer den Raum erhellten. Wie immer fühlte sich Greta bald ganz unbefangen ihm gegenüber. Fast überschwenglich vor Erleichterung schilderte sie ihre Empörung gegen alles, woran sie einst geglaubt hatte.

Sie sprach ganz allein. Johnny, der Schweigsame, hörte zu und nickte, wenn er konnte, oder schüttelte in lächelndem Widerspruch den Kopf und warf eine kurze Bemerkung ein. Einmal füllte er ihr Glas, das sie, ohne es zu merken, geleert hatte. Von den Süßigkeiten aß sie mit etwas mehr Aufmerksamkeit.

Sie wollte ihm sagen, wie sehr Norry seine Überzeugung bewundert hatte, daß es glücklich machen konnte, wenn man sich bewußt weigerte, sich von einer Verkrüppelung unterkriegen zu lassen, aber sie wußte, wie unsicher ihn manchmal die Erinnerung an seine eigene Mißbildung machte. So versuchte sie, es zu umschreiben: „Er hat davon gesprochen, daß Sie ihm gesagt haben, wie beglückend es sein kann, Schmerzen und Mißgeschick zu überwinden."

Er nickte nachdrücklich. „Ja, o ja. Aber fahren Sie fort."

Sie fuhr fort. Und das seltsame war, nachdem sie erst einmal Worte für diesen Gedanken gefunden hatte, ließen die Worte eine blitzartige Vision in ihrem Inneren erstehen. Es war eine vorübergehende Einsicht, weiter nichts, unterdrückt von der Empörung, die Greta bewahren wollte. Sonderbar, daß es ihre eigenen Worte waren, die diese heilende Vision hervorgebracht hatten. Und während sie weiter zu diesem angenehmsten aller Zuhörer sprach, kam ihr noch einmal die Einsicht – es ist beglückend, Schmerz zu überwinden –, und (sehr gegen ihren Willen) verlangte es sie, dieser Einsicht nachzugeben. Sie erkannte, was diese Kapitulation bedeuten würde: eine bereitwillige, ja sogar freudige Rückkehr zu ihrem zweiten Traum. Aber vorläufig war ihr Kummer noch zu groß, als daß sie ihn hätte besiegen können.

Obgleich Johnnys Rolle heute abend in dieser dämmernden Vision nur indirekt war – durch das, was er für Norry zu tun versucht hatte –, hatten seine spürbare Anteilnahme und das zuversichtliche, bestätigende Kopfnicken Greta ein inneres Wohlgefühl gegeben, wie sie es seit Wochen nicht mehr gekannt hatte. Sie sah, daß er glücklich war, sie bei sich zu Gast zu haben. Die hoffnungslose, wortlose Liebe, die ihr entgegenströmte, bemerkte sie nicht. Sie hörte an diesem Abend nicht ihm, sondern sich selber zu. Wie konnte man – nicht die Liebe, nein, niemals die Liebe, aber den Schmerz hinter sich bringen? Wie konnte man sein Leben vom Schmerz befreien? Eines Tages vielleicht. Noch nicht. Noch lange nicht. Aber eines Tages?

DER Schnee war in diesem Winter nur eine leichte Puderschicht auf den Gipfeln der Berge, bis das neue Jahr begann. Dann schneite es stärker, aber nicht stark genug, um die Schafe auf dem Weideland zu gefährden. Bis zum Schneesturm im Januar. Es war der schlimmste seit Jahren, und er war da, noch ehe sie Zeit hatten, die Schafe in die Gehege zu bringen. Sie versuchten, sie von den Gipfeln herunterzuholen, aber ein plötzlich hereinbrechender Schneesturm trübt den Instinkt des Herdwick-Schafes. Hartnäckig, verblödet weigert es sich hinunterzugehen. Man muß es zwingen, zerren oder tragen – und es gab viele Schafe, aber wenig Leute, sie zusammenzutreiben, und die Januartage sind kurz. Tam Godrigg, Harry, Matt und Johnny Blenco arbeiteten vom ersten Schimmer des Tageslichts bis zur Abenddämmerung.

An einem dieser Tage schürte Greta, die allein zu Hause war, wie gewöhnlich nachmittags das Feuer im Herd, um die Männer willkommen zu heißen und zu wärmen. Harry und Matt kamen bei Einbruch der Dunkelheit herein. Tam war mit zwei von den Hunden auf den Gipfeln geblieben, um nach einigen fehlenden Mutterschafen zu suchen. Als die Nacht hereinbrach und weder Tam noch die Hunde zurückgekehrt waren, wurde Harry unruhig. „Wo is unser Tam?" sagte er ein paarmal, dann verließ er das Haus, um sich durch das Schneetreiben einen Weg zu Tams Hütte in Klein-Sledden zu bahnen. Die Hütte war dunkel. Er ging weiter zu Johnny.

„Johnny. Wo is unser Tam?" fragte er an der Türschwelle.

„Hat wahrscheinlich irgendwo mit den Schafen und den Hunden Schutz gesucht."

Das war möglich. Tam kannte jeden Zoll seiner Berge.

Als sie am Morgen aufstanden, verhieß der klare Himmel einen strahlenden Tag. Harry ging auf den Hof hinaus, dann kam er wieder herein. „Die Hunde sind nich da. Wenn die Hunde nich zu Hause sind, is Tam auch nich zurück."

Greta beruhigte ihn. „Es ist noch früh. Wenn Tam sich irgendeinen Unterschlupf für diese schreckliche Nacht gesucht hat, kann er jetzt jeden Augenblick zurückkommen."

Als die Sonne über dem Bergkamm stand, erschien Johnny. „Tam ist noch nicht zu Hause", sagte er. „Ich geh ihn suchen."

Harry ließ sich nicht anmerken, wie besorgt er war. „Gut. Gehn wir – mit den Hunden."

„Ich komme auch", sagte Greta. „Und ich nehme Tee mit. Wenn Tam die Nacht im Freien verbracht hat, ist er sicherlich halb erfroren."

So machten sich Harry, Johnny, Greta und sogar Matt, von zwei Hunden begleitet, auf den Weg den kleinen Pfad hinauf. Bei diesem milden Sonnenschein war es schwer, nicht für Tam zu hoffen, aber unter der Hoffnung lag immer noch Sorge; und da Greta den alten Schäfer liebte, lenkte diese schmerzliche Sorge um ihn ihre Gedanken ein wenig von Norrys Tod ab.

Als sie das abschüssige Tal erreichten, schweiften Gretas Blicke über die Upper Crags und die hohe, steile Wand von Thor's Face. Sie hörte, daß Johnny sagte, es sei nicht anzunehmen, daß Tam sich hier irgendwo in der Nähe befand, da die Hunde keinerlei Erregung zeigten. Johnny wollte auf der kürzesten Route, über die Felsen, zum Sledden Seat hinaufsteigen, während die übrigen mit den Hunden auf der anderen Seite über den Berghang gingen.

Als Harry und seine beiden Kinder nach einem atemlosen Aufstieg auf dem Sledden Seat ankamen, sahen sie Johnny weiter vorne den Kamm entlanggehen, und auf dem frischen Schnee waren keine menschlichen Fußspuren außer seinen eigenen zu sehen. Von dieser Stelle aus konnten sie unten den ganzen Weg bis zu ihrer Farm und die Straße nach Klein-Sledden überblicken. Wenn Tam sich auf dem Heimweg befand, konnten sie ihn nicht verfehlen.

Nirgends bewegte sich eine Gestalt. Die ganze Gegend war eine einzige weiße Einöde, bis Johnny plötzlich stehenblieb, ihnen etwas zurief und nach unten deutete. Etwa zweihundert Meter unter ihnen hatte sich etwas bewegt: Ein Hund war aufgesprungen. „Das is unser Gyp", sagte Harry. Ein anderer Hund stand auf. „Ja, und Fan." Die beiden Hunde rührten sich nicht vom Fleck, aber sie bellten. Und bellten. „Wenn's Gyp und Fan sind", sagte Harry, „wo is Tam?"

Sie waren jetzt bei Johnny angelangt und standen in grimmigem Schweigen da. Dann sagte Harry: „Johnny – sieh mal da." Er deutete auf eine Stelle, an der offenbar ein Schneebrett abgebrochen und die dann wieder zugeschneit war. „Könnt sein, daß jemand da runtergefallen is, während er den Hang hinuntergesehn hat, genau wie wir's jetzt tun."

Weder Johnny noch Matt erwiderten etwas, aber Greta war außerstande, ihre Bestürzung zu verbergen. „Daddy, wenn Tam hinuntergefallen ist, wo *ist* er?"

„Ja, wo? Kann sehr weit gerutscht sein."

Johnny sagte: „Ich komm schon zu ihm runter, wenn er da ist."

„*Ich* geh runter", erwiderte Harry. „Er war mein Schäfer." Und während Greta, Johnny und Matt noch lebhaft widersprachen, setzte er sich auf den Rand des steilen Abhangs und streckte seine langen, dünnen Beine aus, um unter dem Schnee einen Halt zu finden. „Ich hab zu meiner Zeit Schlimmres als das hier gemacht." Woraufhin er sich selbst befahl: „Los, Harry Whinlake. Reiß dich zusammen." Dann ließ er sich, mit den Füßen nach Tritten tastend, langsam den Hang hinunter. Er legte den ganzen Weg auf dem Hosenboden zurück: ein wenig eleganter Abstieg, bar jeder Würde – bis auf die Würde der Treue.

Johnny und Matt stiegen langsam, aber mehr oder weniger aufrecht ab, während Greta oben am Rand des Abhangs stand und sich fürchtete, ihnen zu folgen. Oh, wenn sie doch jetzt Norrys Seil um ihre Taille hätte! Ich trau mich nicht, sagte sie sich, den fast senkrechten Hang hinunterblickend. Ich kann es nicht.

Aber bei Greta, der Bewunderung so wichtig war, konnte die Angst, für feige gehalten zu werden, größer sein als die Angst vor dem Tode; und diese Angst ihrerseits verband sich jetzt mit der Erinnerung, daß sie als einzige dieser Gruppe unter den Anweisungen eines Experten im Fels geklettert war. Und am Ende gewann ihre Zuneigung zum alten Tam die Oberhand.

So setzte sie sich mit zitterndem Herzen auf den Rand, wie ihr Vater es getan hatte, und suchte nach den ersten Tritten. In der gleichen kindlichen Stellung wie ihr Vater rutschte sie furchtsam und manchmal in panischem Schrecken von einem Abschnitt zum nächsten. Nach einer Weile kam es ihr leichter vor. Fast begeistert glitt sie an ihrem Vater vorbei; sie hörte ihn sagen: „Na, mein Mädel?" Dann vergaß sie einen Augenblick vollkommen den Grund für diesen Abstieg und wurde von dem schulmädchenhaften Verlangen gepackt, die Männer zu überholen und als erste unten anzukommen.

Aber Matt und Johnny knieten bereits neben den erregt schnüffelnden, keuchenden Hunden und schaufelten mit den Händen den Schnee von einer bestimmten Stelle fort. Greta hörte Johnny sagen: *„Schnell!"* Sie war knapp über ihnen, als sie Tams marmorgraues Gesicht freilegten; und Tränen traten ihr in die Augen, als sie Fan sofort nach vorne stürzen und dieses Gesicht lecken sah.

„Tot?" fragte sie, da keiner der beiden Männer etwas sagte. Sie nickten.

Harry war unterdessen bei ihnen angekommen. Er richtete sich auf, stand da und blickte auf das tote Gesicht seines Schäfers. „Er is fort. Ja. Fort." Mit einem Seufzer steckte er die erstarrten Hände in die Taschen und fragte das tote Gesicht: „Hast dich auf der Suche nach deinen verirrten Schafen selbst verirrt? Bist auf die schwere Art aus dieser Welt gegangen, alter Freund. Aber vielleicht hättst du's gar nich anders gewollt. Greta, mein Mädel, wenn du's bis hierher geschafft hast, kannst du's auch bis nach Hause schaffen. Geh und schick nach den Jungen von Sir John Despencer, während wir bei unserm Tam bleiben."

DIESES Ereignis trug ein wenig dazu bei, den Schmerz zu lindern, der sich in Gretas Herzen festgesetzt hatte. Ein weiterer Todesfall nach so kurzer Zeit schien den Gedanken an Norrys Tod zu mildern. In der Lebendigkeit der Jugend hatte sie nie viel über das Geheimnis von Leben und Tod nachgedacht. Aber jetzt sprach sie oft mit Johnny Blenco darüber, denn er war ihr vertrauter geworden als jeder andere. Allmählich begann sie sogar zu verstehen, was er meinte, wenn er sagte, daß es einem eine Art Vergnügen bereiten könne, sich mit einem Mißgeschick abzufinden, und beinahe eine Freude, es zu überwinden. So schmolz, als der Schnee aus den Tälern verschwand, gleichzeitig mit ihm auch ein Teil ihres Schmerzes, und sie konnte ohne allzu großen Kummer die Plätze aufsuchen, an denen sie mit Norry gewesen war, oder die Felsspitzen betrachten, die er so sehr geliebt hatte. Aber als es wieder April wurde und die Lämmer mit ihren

schwarz behosten Beinen auf den Wiesen herumhüpften; als in ihrem kleinen Garten der blaue Rosmarin und andere Blumen blühten, die sie für seinen Tisch gepflückt hatte und jetzt für andere junge Gäste pflücken mußte – da kehrte der Schmerz zurück, und der Frühling mit seiner erbarmungslosen Schönheit stürzte sie wieder in den alten Abgrund.

Der Juni war Zeuge eines bemerkenswerten Ereignisses in der Familie Whinlake. Matt verließ die Farm. Schon immer ein verschwiegener junger Mann, hatte er seinem Vater und seiner Schwester nicht gesagt, daß er seit einiger Zeit im Briefwechsel mit einer Sekte, den *„Christlichen Bibelbrüdern"*, stand. Jetzt unterrichtete er sie, nicht ohne Stolz, daß die Brüder ihn als einen Führer, wie sie es nannten, aufgenommen hatten, dessen Aufgabe darin bestand, an Wochentagen ihr Andachtshaus zu beaufsichtigen und am Sabbat zu predigen. Matt bezeichnete dies gewichtig als seine Berufung. „Na schön, kein großer Verlust", sagte Harry. „War ohnedies nix wie ein Dummkopf."

So zog Matt, sehr zufrieden mit sich, nach London. Einen Monat später spottete Harry nicht mehr über diese Berufung; er war verbittert.

Im Juli, gerade als sein neuer junger Schäfer, Ed Kirby, Hilfe beim Scheren brauchte und das Gras gemäht werden mußte, kam er eines Morgens mitten unter der Arbeit zu Greta und gestand beschämt: „Ich fühl mich ziemlich schlecht, könnt man sagen, und dein Bruder hat sich aus dem Staub gemacht, um was Beßres zu tun, als seinem alten Vater zu helfen."

Dieses Selbstmitleid sah ihm so wenig ähnlich, daß sie erschrocken ausrief: „Daddy, was ist mit dir? Oh, du siehst nicht gut aus."

„Nein, mach dir keine Sorgen. Es is hauptsächlich so ein Ziehen in den Beinen und ein Schmerz wie eine Tonne Kohlen in meinem Kopf. Morgen is alles vorbei."

Sie befühlte seine Stirn. „Du legst dich sofort ins Bett. Deine Stirn ist ganz heiß. Wir werden schon jemanden finden, der uns hilft – Johnny oder sonst wen."

In den nächsten zwei Nächten wurde er vom Fieber geschüttelt, und als sie am zweiten Morgen neben dem großen Messingbett stand, in dem sie gezeugt und geboren worden war, erklärte sie: „Ich lasse den Arzt kommen."

„Nein, nein", protestierte er. „Die Whinlakes brauchen keine Ärzte."

Aber sie beschloß nichtsdestoweniger, Dr. Bill Smythe zu rufen, dem sie sich seit Norrys Tod irgendwie verbunden fühlte. Er kam am gleichen Nachmittag. Greta führte ihn zu seinem Patienten und ging hinunter, um Teewasser aufzusetzen. Als Dr. Smythe wieder herunterkam, führte sie ihn ins leere Wohnzimmer, wo er seine lange, hagere Gestalt in dem großen Sessel ausstreckte, den sie im stillen immer noch als Norrys bezeichnete.

„Greta, mein liebes Kind", sagte er. „Ihr Vater macht mir Kummer; er will einfach nicht einsehen, daß er jetzt ein alter Mann ist."

„Er wird in ein paar Wochen neunundsechzig."

„Dafür hat er sich recht gut gehalten. Aber wenn man so lange schwer gearbeitet hat – nun, das macht sich mit der Zeit bemerkbar. Wir müssen dafür sorgen, daß er jetzt viel Ruhe hat. Als ich ihm das sagte, wurde er bitterböse. Ist er ein starker Esser und Trinker?"

„Ein sehr starker Esser und Raucher, aber kein Trinker."

„Nun, eine Verhärtung der Arterien, vielleicht eine etwas zu reichliche Ernährung und das Rauchen haben, wie ich vermute, ein Nierenleiden verursacht. Mit guter Pflege kann er sich langsam erholen, aber wenn es nicht schlimmer werden soll, müssen wir ihn erst einmal warm im Bett halten, und zwar lange. Leichte Nahrung. Keine Erkältung..." Er begann, kräftig seine Brillengläser zu putzen. „Sie müssen verstehen, Greta, wenn ein Zustand wie der Ihres Vaters von akut auf chronisch übergeht, besteht immer eine gewisse Gefahr. Ich fürchte, seine Tage als aktiver Farmer sind vorüber. Ist es möglich, die Farm ohne ihn zu bewirtschaften?"

„Wir müssen es einfach. Ich kann eine Menge tun. Und wir haben Ed Kirby."

„Nun, vielleicht läßt sich das Problem irgendwie lösen. Aber, Greta, Sie *müssen* erreichen, daß er sich vernünftig verhält. Und das, mein liebes Kind – lassen Sie uns offen reden –, ist ungefähr gleichbedeutend damit, ihn am Leben zu halten."

„Ich verstehe", sagte Greta. „Ich werde dafür sorgen."

Wie sich herausstellte, hatte Dr. Smythe nur allzu recht mit seiner Diagnose gehabt. Und in seiner bettlägerigen Schwäche fand sich Harry viel leichter mit seinem Schicksal ab, als Greta erwartet hatte. Zwei Wochen nach dem Besuch des Arztes sagte er: „Nun gut, mein Mädel, wir müssen uns damit abfinden – dein alter Vater is jetzt ausgedient und zu nix mehr nütze. Ich sag dir, was wir machen: Wir geben die Farm auf, und ich geh in irgendein Heim für Tattergreise. Die Schafe werden einen guten Preis bringen. Du mußt dein eignes Leben haben."

„Red keinen Unsinn, Daddy. Du bleibst in diesem Haus. Vergiß nicht, wir haben nicht nur eine Farm, sondern auch eine Pension. Und jetzt, wo Matt nicht mehr da ist, können wir sechs Gäste aufnehmen." Bei diesen Worten wurde ihr schwer ums Herz. „Oh, ich werde Geld mit den Gästen und dem Nachmittagstee verdienen, damit wir Leute anstellen können, die Ed bei der Arbeit helfen. Du sagst uns, was wir tun sollen, und ich bewirtschafte die Farm. Du bist der Kapitän auf der Brücke, der die Befehle gibt."

„Das is keine Aufgabe für ein junges Mädchen."

„Es ist *die* Aufgabe für deine Tochter", sagte sie.

ZWÖLF

UNTEN in der Küche ging Greta hin und her, hin und her. Das Gasthaus *und* die Farm weiterführen? Warum nicht? Ein Mädchen, das bald einundzwanzig wurde? Natürlich kann ich es schaffen.

Das Ende ihres Traums von der großen Flucht, ihrer Sehnsucht nach einem aufregenden Leben? Vielleicht. Selbstaufopferung? Gut, dann war es eben Selbstaufopferung, und sie würde sich mit Freuden dazu bereit finden. Sie erinnerte sich, wie ihr Vater zu Norry gesagt hatte: „Sie is das Beste, was ich auf der Welt habe ..." Nun, gelobte sie, das Beste, was er hatte, würde für ihn da sein.

Plötzlich drang Sonnenschein durch das breite Fenster, und sieh da, nach einem Tag mit düsteren Wolken und unberechenbaren Regenschauern war der Himmel jetzt ein leuchtendblauer Baldachin. Es war noch zu früh, um mit den Vorbereitungen fürs Abendessen zu beginnen, und so nahm sie ihren Mantel vom Haken und ging hinaus, um den Duft der feuchten Erde einzuatmen. Und als sie den kleinen Pfad emporstieg, bemerkte sie, daß sie ohne Kummer auf die Schönheit des Tals – Norrys Tal – hinunterblicken konnte. Dort waren die Idles, über deren schroffe Wände Johnny allein zu Norry hinaufgeklettert war, und auch all das konnte sie jetzt gelassen betrachten.

Und dort kamen die Siebziger – der Doktor und der Pfarrer – von ihrem Spaziergang zurück. Greta ging lächelnd auf sie zu; der Doktor sah sie und winkte eifrig mit seinem Stock. Da bereits mehrere Monate seit dem Tod ihres Geliebten vergangen waren, hatte er in letzter Zeit angenommen, daß er getrost wieder mit ihr scherzen könne. Bis zu eben diesem Augenblick war seine Annahme falsch gewesen.

„Du kannst zu dieser späten Stunde keine Klettertour beginnen", rief er. „Komm mit uns zurück."

„Gern", sagte sie. „Ich muß sowieso nach Hause und kochen."

Sie fragten nach ihrem Vater, und Greta erzählte ihnen alles, während sie den Pfad hinunterstiegen.

„Ach du liebe Güte", sagte der Pfarrer. „Du brauchst unbedingt eine ständige Hilfskraft."

Der Doktor dachte eine Weile über das Problem nach, und dann kam ihm eine Erleuchtung. „Greta, du mußt ein Abkommen mit Johnny treffen. Es gibt nichts, was er nicht kann. Tatsächlich hat er hundert andere Interessen, aber für dich würde er sie alle über Bord werfen."

„Warum für mich?"

„Sie ist blind, Joseph. Es sei denn, sie spielt die Ahnungslose."

„Hugo will sagen, daß Johnny den Boden anbetet, über den du läufst."

„Was?" rief Greta in ehrlicher Überraschung aus. „Aber er hat niemals –"

„Natürlich nicht. Er hat auch mir nie ein Wort davon gesagt." Der Doktor nahm wieder das Gespräch auf. „Er spricht mit mir nur über Bücher und Gartenbau – und gelegentlich über Kochrezepte; aber als er mich bat, ihn zu Norry ins Krankenhaus mitzunehmen, redete er auffällig lange über *dich,* und – Gott verzeih mir – erst da erkannte ich, was ich schon vor Monaten hätte bemerken müssen. Und ich dachte zum erstenmal im stillen, Johnny, mein Junge, dir starrt die Liebe förmlich aus den Augen. Nun, als taktloser alter Narr, der ich bin, neckte ich ihn ein paar Tage später damit. Er war so verblüfft über diese Ungehörigkeit, daß er mehr denn je errötete und nur stammeln konnte: ‚Bitte, das ist etwas, worüber ich lieber nicht reden möchte.' Aber er konnte es nicht ändern: Die Katze war aus dem Sack. Also, Greta, schlag Johnny vor, dein Verwalter zu werden, und sein Herz wird hüpfen wie ein junger Schafbock auf den Bergen – oder wie das Zitat heißen mag. Und mach dir keine Sorgen, daß er dich mit seiner Liebe belästigen wird. Nicht unser Johnny! Nun, du siehst, dein Problem habe ich gelöst, und wir können über etwas anderes sprechen."

Greta schwieg, aber ein unerwartetes Glücksgefühl kam über sie. Sie hatte tatsächlich nie etwas von Johnny Blencos Liebe geahnt – doch jetzt empfand sie plötzlich Zuneigung und Dankbarkeit für diese schmächtige, schüchterne Gestalt.

„Nun ...", wollte der Doktor wissen, „was hältst du von meiner Idee?"

„Oh, ich fände es wundervoll, wenn das möglich wäre."

„Und ich glaube, der Doktor hat wirklich die ideale Lösung gefunden", sagte der Pfarrer.

Nachdem sie sich am Tor von Alt-Sledden von ihr verabschiedet hatten, sagte der Doktor im Weitergehen zu seinem Begleiter: „Ich bin froh, daß ich das getan habe. Der Junge wird sich um sie kümmern. Im Augenblick findet sie wahrscheinlich eine ungeheure seelische Befriedigung in der Entsagung. Das mag ganz schön und gut sein, aber wir dürfen nicht zulassen, daß sie es übertreibt."

Zurück in ihrer Küche, war Greta erstaunt über die Freude, die diese ungeahnte Neuigkeit ihr bereitete. Sie hatte Johnny schon immer gern gemocht, eine Mischung von Mitleid und Bewunderung, und in letzter Zeit war das Mitleid durch Bewunderung verdrängt worden. Und jetzt kam zu der Bewunderung eine Welle von dankbarer Zuneigung hinzu. Erstaunlich, daß weniger als eine Stunde, nachdem sie ihrem Vater gelobt hatte, die Farm mit ihm und für ihn weiterzuführen, die beiden klügsten Männer des Tals ihr, von den Bergen kommend, auf dem kleinen Pfad begegnet waren und ihr diesen Vorschlag gemacht hatten. Höhere Gewalt? Engel vom Himmel mit einer Botschaft?

Nachdem sie ihren Gästen – zwei Lehrerinnen auf Sommerurlaub – das Essen serviert hatte, ging sie zu ihrem Vater und erzählte ihm von der Idee des Doktors, aber ohne etwas von Johnnys Liebe zu erwähnen. Mit anderen Worten, sie baute ein schönes Haus vor ihm auf, unterließ es jedoch, das Fundament anzudeuten.

„Ich würd mir nie Sorgen um eine Arbeit machen, um die *er* sich kümmert", sagte ihr Vater. „Aber ich bezweifle, daß er uns seine Zeit opfern würde."

„Ich glaube, er würde kommen", erwiderte Greta.

„Nun, du kannst ihn ja fragen. Aber 's is schrecklich viel verlangt. Er verdient gutes Geld, und wir könnten ihm nur wenig bieten."

„Vielleicht frag ich ihn morgen früh."

Sie ging am nächsten Morgen zu seiner Hütte, sah durchs Fenster seinen Kopf und verlor den Mut. Diese Unentschlossenheit hielt tagelang an. Bei der Frühmesse am Sonntag beobachtete sie ihn mit neuer Anteilnahme und Zuneigung, während er ministrierte. Sollte sie ihn nach dem Gottesdienst auf dem Kirchhof fragen? Aber vielleicht hatten die beiden romantischen alten Männer übertrieben, was seine Liebe betraf. Die Enttäuschung, die sie bei diesem Gedanken empfand, erschütterte sie zutiefst. Als der Gottesdienst vorüber war, zögerte sie nur ein paar Sekunden, dann ging sie nach Hause.

Es war am Morgen darauf, daß ein neuer Gedanke wie ein Raubvogel über sie herfiel und sie den ganzen Tag gefangenhielt. Er kam so unvermutet und schien zunächst so unwahrscheinlich; aber mit jeder Stunde, die verging, verlor er mehr von seiner Unwahrscheinlichkeit, und bis zum Ende des Tages war er mit einer seltsamen Freude verbunden. Ein stiller Friede, die Verheißung eines ungeahnten Glücks, selbst die Erwartung von innerem Wachstum und Bereicherung – all dies schien in ihm enthalten. Mit dem durch ein langes Jahr des Kummers geschärften Wahrnehmungsvermögen sah Greta, wie der erste ihrer alten Träume sich vor ihren Augen verwandelte: Es war ein Traum von einem großen Leben fern von Sledden gewesen; jetzt, in dieser neuen Form, verhieß er ihr etwas Frohes und Abenteuerliches hier innerhalb des Tals. Und das Glück, das sie *geben* würde! Als ihre beiden Träume zu einem einzigen zu verschmelzen schienen, war es wie eine plötzliche Erleuchtung – jene innere Erleuchtung, die immer eins mit Freude ist.

Sie war verliebt in diesen Gedanken. Und sie war begierig, mit jemandem darüber zu sprechen, zu fragen, ob er vernünftig sei. Nicht mit ihrem kranken Vater. Und der Pfarrer würde voraussichtlich auf Tage hinaus nicht in Sledden sein. So kam nur der Doktor in Frage. Er ist immer sehr nett zu mir gewesen, sagte sie sich, nach Gründen suchend, die ihren Entschluß rechtfertigten. Und es würde ihn glücklich machen, um Rat gefragt zu werden.

An diesem Abend ging sie zum Haus des Doktors – und ging daran vorbei. Dann machte sie kehrt, und diesmal berührte sie mit klopfendem Herzen die Klingel, als ob sie ein heißes Eisen wäre.

Der Doktor öffnete ihr die Tür in einem wattierten Hausrock aus flaschengrünem Samt, eine Pfeife in der Hand. „Na so was, *Greta!*" Er hieß sie mit ausgebreiteten Händen willkommen. „Wie nett."

„Darf ich ... nur einen Augenblick ... um Sie etwas zu fragen –"

„Es ist mir eine Ehre. Komm herein, liebes Kind. Komm ins Scriptorium. Ein wenig stickig und muffig von all den Büchern. Soll ich ein Fenster öffnen? Nein, es könnte zu kalt werden. Wir zünden ein Feuer an und machen es uns gemütlich."

Nachdem der Doktor die Scheite im Kamin angezündet hatte, ließ er sich schwerfällig in einen umfangreichen Ledersessel sinken und fuhr fort zu reden: „Erschreckend die Selbstlosigkeit, mit der ich dir Johnny Blenco als Vollzeit-Verwalter angeboten habe. Wer wird mir jetzt den Garten pflegen, wie Johnny es getan hat?"

„Ich wollte gerade mit Ihnen über Johnny –"

„Und wer wird dort im Sessel sitzen und mit mir reden? Es gibt niemanden sonst, der weiß, wer Herodot war, es sei denn Kanonikus Nickle, und der gute Kanonikus ist nicht so gut über diese Dinge unterrichtet wie Johnny. Wolltest du etwas über Johnny sagen?"

„Haben Sie – haben Sie es wirklich im Ernst gemeint, als Sie sagten, er sei – sozusagen, nun, in mich verliebt?"

„Ganz im Ernst. Warum?"

„Nun, Sie werden wahrscheinlich denken, es ist eine komische Idee, aber ich mag ihn sehr, sehr gern, und ich habe mir überlegt, ob wir vielleicht heiraten könnten."

„Was?" Der Doktor setzte sich ruckartig in seinem Sessel auf. Er erhob sich, ging ein paar Schritt auf und ab, dann blieb er vor ihr stehen und sah sie an. „Mein liebes Mädchen! Ich habe nie ... Du könntest bestimmt ... Nein, das werde ich nicht sagen. Ich glaube nicht, daß es irgendwo auf der Welt einen besseren Mann als Johnny gibt. Aber ... du mußt bedenken, daß er – nun, du weißt ..."

„Was hat das alles zu bedeuten, wenn ich ihn für einen wundervollen Menschen halte? Und das tue ich. Mein Herz ist übervoll, wenn ich daran denke, daß er mich liebt. Ich habe mich entschlossen, bei Vater zu bleiben und unsere Farm zu retten; Dr. Smythe sagt, er kann noch jahrelang leben, wenn wir gut für ihn sorgen; und so habe ich mir gedacht, es wäre herrlich, wenn Johnny und ich zusammen die Farm bewirtschaften könnten."

„Aber mein liebes Kind, das will doch nicht heißen, daß du ihn heiraten mußt. Es besteht keine Verpflichtung, seinen Verwalter zu heiraten."

„Aber ich *möchte* es." Sie lachte, als sie sagte: „Ich glaube, er wäre ein wunderbarer Ehemann."

„Weiß Gott! Das wäre er ... Aber, Greta, wirst du einem alten Kauz verzeihen, daß er sich in deine Angelegenheiten mischt?"

„Ich möchte sehr gern Ihren Rat hören. Dazu bin ich ja gekommen."

„Du bist jung und schön. Du könntest haben, wen du willst."

Das Kopfschütteln, mit dem sie diese Bemerkung abtat, war so heftig, daß ihr die Haare um die Schultern flogen. „Es ist vorbei mit den Träumen. Ich wünsche mir nicht mehr irgendeinen reichen jungen Mann, dessen Leben völlig anders gewesen ist als das meine. Ich möchte viel lieber zu Hause bleiben und mit Johnny glücklich werden. Und ich liebe ihn; das weiß ich ganz bestimmt."

„Du lieber Himmel, wenn er dich nur hören könnte! Aber sag mir, Greta, wie soll dieser interessante Plan zur Wirklichkeit werden? Er würde nie, nie irgendeiner Frau seinen – verkrüppelten Körper anbieten."

„Vermutlich nicht", gab Greta mit einem traurigen Lächeln zu.

„Nein. Ganz gewiß nicht. Und ich nehme an, du würdest mir nicht erlauben, ihm anzudeuten, daß du, weit davon entfernt, es für absurd zu halten, bereit wärst –"

„Oh, nein, nein. Sie dürfen ihm nichts davon sagen."

„Nun, mein liebes Kind, dann sehe ich keine andre Möglichkeit, als daß du ihn selber fragst. Und warum auch nicht? Du würdest ihn unsagbar glücklich damit machen. Denk an die gute Königin Viktoria. Sie war diejenige, die bei Prinz Albert den Anfang machen mußte."

„Ich glaube nicht, daß ich es fertigbringen würde, ihn zu fragen. Sehen Sie, ich weiß genau, daß ich in vieler Hinsicht weit weniger bin als Johnny."

„Und *er* wird *dich* nicht fragen. Wie sollen wir da weiterkommen? Mein liebes Kind, es wäre so viel leichter für dich als für ihn. Weißt du, ich glaube, du wirst zu ihm gehen. Und ich wünschte, daß ich dabeisein könnte, wenn du ihm etwas von dem sagst, was du gerade eben mir gesagt hast!"

LETZTLICH trug der Doktor mit Gretas Einwilligung doch ein wenig dazu bei, ihr den Weg zu ebnen. Er sollte Johnny lediglich sagen, daß sie mit ihm über einen Plan sprechen wolle, den er, der Doktor, angeregt habe. „Sie hält große Stücke von Ihnen –" fing er an.

„Greta? Wissen Sie, was sie mir sagen will?"

„Allerdings. Ich habe mich zwar erboten, es Ihnen in ihrem Namen zu übermitteln, aber sie möchte Sie lieber selber fragen."

Aber würde sie es fertigbringen? Ihr Herz zitterte, als sie eines Abends durch Johnnys Septembergarten zu seiner Haustür ging. Sie war, obwohl sie das nicht wissen konnte, von der gleichen Freude durchdrungen, die Norry empfunden hatte, als er wußte, daß er sie an jenem Abend bitten würde, seine Frau zu werden. Ängstlich hörte sie Johnnys rhythmisches Hinken auf den alten Eichendielen, als er zur Tür kam.

Mit einem herzlichen Lächeln, als ob er nach ihr Ausschau gehalten hätte, sagte er: „Ich habe mich auf Ihr Kommen gefreut, seit der Doktor es mir angekündigt hat. Mögen Sie ein Glas Wein? Ich habe einen guten Château Carbonnieux. Oder würden Sie einen süßen Wein vorziehen?"

Greta hatte irgendwo gehört, daß „Kenner" trockene Weine bevorzugten. „Vielen Dank, ich möchte lieber den trockenen."

Er reichte ihr ein Glas und bot ihr Kekse an; sie nippte am Wein und aß einen Keks, konnte aber nicht sprechen. Dieses Schweigen ist schrecklich, dachte sie bei sich.

Er half ihr, nachdem er selbst einen Schluck Wein getrunken hatte. „Sie wollten mich etwas fragen?"

„Ja." Sie saß mit angezogenen Beinen auf dem großen, breiten Sessel, und er saß ihr gegenüber in einem ebenso geräumigen Sessel, der ihn sehr klein erscheinen ließ. „Ja, das ... wollte ich; und ich weiß nicht, wie ich anfangen soll."

„Lassen Sie sich Zeit. Ich kann warten."

„Ich – Sie wissen, daß ich die Farm für Vater weiterführen möchte –"

„Ja ... ja. Und wir werden Ihnen alle dabei helfen."

„Und der Doktor – hat vorgeschlagen, daß ich – mir einen Verwalter suchen soll."

„Ja?" Ein Licht leuchtete in Johnnys Augen, als hätte er erraten, was kommen würde – es mit Überraschung und Freude erraten.

„Er – erschrecken Sie nicht – er schlug vor, daß vielleicht Sie –"

„Greta, noch nie hat mich etwas so glücklich gemacht wie dieser Vorschlag. Ich würde es mit Freuden tun. Ich habe mir überlegt, wie ich Ihnen am besten helfen könnte, aber daran habe ich nicht gedacht. Was für eine Beförderung! Vom Gelegenheitsarbeiter zu einem regelrechten Farmer."

„Er meinte, Sie könnten alles. Und als ich mit Daddy darüber sprach, sagte er, daß er Ihnen mehr als jedem anderen vertrauen würde."

„Wenn es Ihnen ernst damit ist, Greta, meine Antwort ist ja. Ja, hundertmal ja."

„Aber das ist nicht alles, was ich Ihnen sagen wollte."

„Nein? Nun, fahren Sie fort."

„Ich kann nicht. Es ist zu schwer."

„Trinken Sie noch einen Schluck Wein. Das hilft."

Sie trank den Wein, aber das half ihr auch nicht weiter. „Es nützt nichts. Ich kann es nicht sagen."

„Wovor fürchten Sie sich?"

„Vor Ihnen natürlich. Sie werden vielleicht denken, ich sei – oh, es ist so schwer."

„Wollen Sie sagen, daß es mir weh tun würde?"

„Nein, ich glaube nicht, daß es Ihnen weh tun würde. Aber – Sie wissen, wie geschwätzig der alte Doktor ist – er ... er sagte, Sie hätten mich recht gern."

„Er hätte das ‚recht' auslassen können." Und er sah alles, nur nicht sie an, als er hinzusetzte: „Er hätte sogar ein stärkeres Wort gebrauchen können."

„Nun, er hat tatsächlich ein sehr viel stärkeres Wort gebraucht."

„Liebe? Damit hat er wahrhaftig recht gehabt! Aber woher er das wußte ... Natürlich habe ich nie irgend jemandem gegenüber ein Wort erwähnt."

„Warum nicht? Warum natürlich?"

„Weil manche Dinge so absolut widersinnig klingen."

„Hat er wirklich recht gehabt?" Mit ihrem nie erstorbenen Wunsch nach Liebe und Bewunderung sehnte sie sich danach, ihn eindeutiger ja sagen zu hören.

Er stand auf, ging zum Fenster und sagte mehr zu den Blumen als zu ihr: „Ja, Greta. Ich liebe dich mehr als alles andere auf der Welt. Schon seit Jahren."

„Seit Jahren? Dann, Johnny –" Aber sie konnte nicht fortfahren.

„Es wird dunkel", sagte er. Er zündete die Kerzen auf dem Kaminsims an und setzte sich wieder in seinen großen Sessel. „Was wolltest du sagen? Du hast angefangen: ‚Dann, Johnny –'"

„Ich habe mich gefragt, ob wir dann ... vielleicht heiraten könnten."

„Greta!"

Das Staunen in seinen Augen, die unvorstellbare Freude. Welche Freude konnte schöner sein als die, Freude zu geben? Johnny starrte sie an. Sprachlos. Bis er fragte: „Greta, meinst du das, was du eben gesagt hast, wirklich im Ernst? *Heiraten? Mich?"*

„Vielleicht war es ein bißchen dreist von mir."

„Aber ... aber ich dachte, du hast doch Norry geliebt."

„Ja, das stimmt. Ich habe ihn sehr geliebt und unsagbar gelitten, als er starb. Aber man kann wieder lieben. Ich tue es jetzt. Ich liebe dich."

„Nicht so, wie du ihn geliebt hast."

Nur für einen Augenblick stand der Geist von Norry zwischen ihm und ihr. Dann: „Johnny, ich *liebe* dich. Ebenso wie ich Norry geliebt habe. Ich gebe ja zu, es war auch für mich eine Überraschung, als ich mir plötzlich darüber klarwurde; aber ich habe es tagelang mit mir herumgetragen. Ich möchte *dich* zum Mann. Nur dich. Willst du mich heiraten? Bitte?"

„Oh, mein Gott, Greta, würde ich nicht die Welt darum geben, dich zu heiraten? Aber es wäre nicht fair, denn ..." Selbst jetzt konnte er es nicht über sich bringen, von dem buckligen Rücken zu sprechen, dessen er sich schämte. Statt dessen brachte er eine Begründung hervor, die ausgesprochen werden konnte. „Du bist schön. Du könntest jemanden heiraten, der besser ist als ich."

Sie drückte das, was er nicht sagen konnte, mit Worten aus, die es einschlossen, aber auch verbargen. „Ich liebe alles an dir. Ich glaube, ich bin nie glücklicher gewesen als manchmal, wenn wir beide zusammen waren. Es ist komisch, ich hatte dabei das Gefühl, intensiver zu leben als je zuvor. Du bist so. Das empfinden andere Menschen auch. Johnny, du weißt einfach nicht, was du bist." Sie kam zu ihm herüber, setzte sich auf den Boden zu seinen Füßen und legte die Hand auf sein Knie. „Ich weiß, was du denkst, Johnny; aber *verstehst* du denn nicht, wenn es überhaupt etwas ausmachen würde – und das tut es nicht –, so könnte es mich nur veranlassen, dich *mehr,* statt weniger zu lieben und dich noch viel mehr zu umsorgen. Oh, Männer sind so dumm, und du gehörst eindeutig zu den dümmsten!" Sie griff nach seiner Hand. „Mr. Blenco, wollen Sie mich bitte heiraten?"

Jetzt endlich sah er in ihren Augen, daß sie es ehrlich meinte. Er beugte sich hinunter, nahm ihr Gesicht zwischen seine Hände und küßte es – Stirn, Wangen und Lippen. Aber die alte schreckliche Schüchternheit war immer noch spürbar. Sie warf ihm die Arme um den Hals. „Johnny, in vieler Hinsicht bist du soviel größer als die meisten Menschen. Wenn du das doch nur erkennen könntest.“ Sie wußte sofort, daß sie die richtigen Worte gefunden hatte, um ihm Mut zu machen. „*Lieber* Johnny. Wir werden so wunderbar glücklich sein.“ Ein Kuß besiegelte diese Verheißung.

Und als sie die Lippen von den seinen nahm, schüttelte er den Kopf, sah ihr in die Augen und sagte: „Es kann nicht wahr sein.“

DIE Leute im Tal erzählen sich noch heute, daß ihre kleine Kirche zwischen den Eiben niemals eine Hochzeit wie die von Harry Whinlakes Mädel und Johnny Blenco erlebt hat. Jeder, der kommen konnte, war gekommen. Harry hatte für den Nachmittag aus seinem Krankenbett aufstehen dürfen, um der Trauung beizuwohnen, und sein Anblick rührte die Herzen aller, denn er mußte, hager, gebeugt und schwach, auf einem hölzernen Stuhl sitzen, während er seine Tochter dem Bräutigam übergab. Die Mannschaft der Bergwacht war als Ehrenwache zugegen, denn der Bräutigam war nach jenem Abend, da man ihn allein auf dem schmalen Felsband neben dem verletzten Norry angetroffen hatte, zum Mitglied gewählt worden. Sir John Despencer und Dr. Smythe waren, feierlich in gestreifte Hosen und Cutaway gekleidet, zusammen mit den Leuten der Bergwacht gekommen.

Kanonikus Nickle hielt eine kurze Ansprache auf den Stufen des Altars. In seiner ganzen langen Laufbahn, sagte er, könne er sich an keine Trauung erinnern, die ihn glücklicher gemacht habe als diese, und an keine, bei der er, da er die beiden Brautleute so gut kenne, mit mehr Zuversicht in die Zukunft habe blicken können. (Manche Leute sagen, Dr. Pater habe sich einen Augenblick vergessen und an dieser Stelle „Hört, hört“ gemurmelt.)

Der Doktor, der Johnny und Greta einen großzügigen Scheck übergab, hatte außerdem die gute Idee gehabt, an Lady Kingharber zu schreiben: „Ich bin sicher, es wird Sie interessieren zu erfahren, daß usw.“, woraufhin ein schönes Eßservice „von Lord und Lady Kingharber mit ihren allerbesten Wünschen“ eintraf. Offensichtlich hatte die liebenswürdige und feinfühlige Dame dabei an das Gästehaus des jungen Paares gedacht.

Dank Gottes Gnade – die, was Sonnenschein oder Regen betrifft, in den Bergen von Cumberland dringender gebraucht wird als irgendwo sonst in England – war es ein schöner Tag, so daß das Hochzeitsmahl, größtenteils von Pauncey bereitet, in Gretas Blumengarten serviert werden konnte. Ist es notwendig zu sagen, wer den Trinkspruch auf die Braut und den Bräutigam ausbrachte? Es genügt zu erwähnen, daß die Rede Geist hatte, ein paar klassische Anspielungen enthielt und zu lang war.

„Die kleine Farmerin oben in Alt-Sledden" – so nennt man Greta im ganzen Tal, und das aus verschiedenen Gründen: Weil Gretas Vater weniger lange am Leben blieb, als alle gehofft hatten; weil die Farm nach seinem Tod Greta und ihrem Mann gehörte und Greta sich intensiv um ihre Bewirtschaftung kümmerte; aber hauptsächlich, weil es so malerisch klingt. Die Farm blühte und gedieh wie fast alles, womit Johnny sich befaßte; und auch die Pension blühte und wurde bekannt für außergewöhnlich gutes Essen. Die Gäste waren überrascht, wenn sie erfuhren, daß die ausgefallenen Gerichte oft vom Ehemann zubereitet wurden. Aber das war nicht die einzige Überraschung. Bei ihrer Ankunft waren sie womöglich erstaunt, eine so reizvolle Wirtin mit einem mißgestalten Ehemann zu sehen, aber sie wunderten sich nicht mehr darüber, sobald sie entdeckten, daß er sich wie ein hochgebildeter Mann zu unterhalten verstand, daß seine Frau ihn offensichtlich liebte und bewunderte und daß sie beide glücklich waren über ihre schönen, kräftigen und gutgewachsenen Kinder.

Ernest Raymond

„Unter den Gebirgstälern von Cumberland gibt es kein „Sleddental“, aber ein wenig von jedem Tal, das ich in so vielen Jahren geliebt und erwandert habe, ist darin enthalten.“ So beschreibt Ernest Raymond das englische Seengebiet, vor dessen Hintergrund die „Farm in den Bergen“ spielt.

Mit seinen 84 Jahren unternimmt er noch jedes Jahr Wanderungen in Cumberland, die jeder andere „handfeste Klettertouren“ nennen würde. Und es ist offensichtlich, daß die Berge, die seine Phantasie beflügeln, ihn auch dazu anregen, seine erstklassige körperliche Form zu bewahren. Als ich ihn anrief, um mich mit ihm zum Mittagessen zu verabreden, erklärte er mir, daß sein Notizbuch ein Stockwerk höher läge. „Bleiben Sie eine Sekunde dran; ich sause eben rauf und hole es.“

Ihn in einem Restaurant – oder überhaupt irgendwo zu übersehen, würde schwerfallen. Hager, wie er ist, und bei einer Größe von fast 1,90 m wirkt er in seinem fülligen Tweedanzug kolossal eindrucksvoll. In seiner abwechslungsreichen Laufbahn ist er auch Lehrer und Geistlicher gewesen, und so nimmt es nicht wunder, wenn er im Gespräch etwas von den beiden „Alten“ aus Sledden hat.

Mit den beiden Bänden seiner Autobiographie hat Mr. Raymond eine bezaubernde Beschreibung seines Lebens gegeben. Der erste, „Die Geschichte meiner Tage“, schildert seine Kindheit und das Internatsleben in England, seine Jahre als anglikanischer Priester (der er jetzt nicht mehr ist) und seine Zeit als Militärgeistlicher an vielen Fronten des 1. Weltkrieges. Das Buch endet mit dem außerordentlichen Erfolg seines Kriegsromans „Sag es England“, der 1922 erschien und seitdem immer wieder neu aufgelegt wurde. Nach diesem Erfolg kamen mehr als 50 Romane und zahlreiche Biographien, Essays und Dramen. Der zweite autobiographische Band, „Wenn es Ihnen gefällt, kommen Sie näher“, handelt hauptsächlich von diesem letzten „halben Jahrhundert, das der Kunst des Schreibens gewidmet war“.

Ich fragte ihn, was denn die Königin bei der Verleihung des britischen Verdienstordens zu ihm gesagt habe. Er antwortete: „Sie fragte nach meiner Arbeit, und ich sagte ihr, daß ich ein paar Bücher geschrieben hätte.“

Mit so tiefer Bescheidenheit faßte Ernest Raymond seine bemerkenswerte Karriere für Ihre Majestät – und für all seine Leser zusammen.

N. D. B., London

Dr. Castell

EINE KURZFASSUNG DES BUCHES VON

PIERRE ROUANET

INS DEUTSCHE ÜBERTRAGEN VON
CHRISTIANE KASHIN

ILLUSTRATIONEN VON TIBOR CSERNUS

Französische Originalausgabe: „Castell"

Hinter diesem Namen, der trocken wie ein Peitschenschlag klingt, steht eine Frau, die sich versteckt, ein junges Mädchen, klug, begabt. Sie hat ihre Existenz auf ihrer Berufung zur Medizin aufgebaut. Und sie glaubt, es verdient zu haben, daß sich ihr Schicksal nach der üblichen Norm entwickelt, in einem banalen Gleichgewicht zwischen Genugtuung und normalen Lebensschwierigkeiten. Doch das Schicksal hat mit ihr anderes vor. Es läßt sie zum Opfer eines jener Verkehrsunfälle werden, von denen man immer glaubt, sie stießen nur anderen zu. Mit zerbrochenen Gliedern und verunstaltetem Gesicht entrinnt die junge Frau dem Tode, der in den ersten kritischen Stunden auf sie lauert. Ein unbeugsamer Lebenswille ist der Quell all der Kraft, die sie braucht, um im Kampf mit dem Tod zu siegen. Aber nach diesem Sieg muß sie Bilanz ziehen und fragt sich, ob die Zukunft, die sie erwartet, die ungeheure Anstrengung wert ist, die sie fürs Überleben aufgebracht hat. Welcher Mann wird jetzt noch bereit sein, ihr das Kind zu schenken, ohne das ihr Leben, wie sie glaubt, unvollkommen ist?

In einer strengen Form – jedes Wort zählt in seinem Gehalt an Wahrheit und Gefühl – schildert der Autor, Pierre Rouanet, gleichzeitig die inneren Erlebnisse einer außerordentlichen Frau und das sich tausendmal wiederholende tägliche Drama all derer, die sterben müssen, weil sie, wie vom Licht angelockte Nachtfalter, in die tödliche Falle der Straße und der Geschwindigkeit geraten.

Die graue Tragbahre des Sanitätswagens. Großmutters Tischtuch. Großmutter hatte die Schrulle, das Tischtuch an den vier Enden zusammenzufassen und in der Mitte die Brotkrumen für die Spatzen zu sammeln. Noch dreißig Jahre später überfiel Dr. Blan jedesmal dieses Bild vom Ende der Mittagstafel bei Großmutter, wenn die Tragbahre in die Notaufnahme gebracht wurde – von zwei Trägern, die gleichsam vier Enden über den Trümmern eines menschlichen Körpers zusammengeschlagen hatten. Das Ganze eingewickelt in die vorschriftsmäßige Decke.

„Eine Frau", sagt der Polizist, „ein Autozusammenstoß. Eben hat sie noch gelebt. Es hat fast eine halbe Stunde gedauert, sie freizubekommen."

Nach Dienstschluß war Dr. Blan gerade dabei, das Kreiskrankenhaus zu verlassen, um in die Klinik von Craponne zu fahren. Er lüftet die Decke. Ein zerquetschtes Gesicht unter Haarsträhnen, eine aufgeplatzte Wange, die Oberlippe verdreht. Wo ein Auge sein sollte, nichts als Blut und eine zermalmte Augenhöhle. Und ein ständiges schwaches Stöhnen, ein Zischen wie von einem nicht ganz zugedrehten Gashahn.

„Passen Sie auf, daß sie nicht friert", sagt Blan zum Träger und legt die Decke wieder über die Verletzte.

Er hebt ein anderes Deckenende hoch. Blut auf den Strümpfen, Blut auf dem Rock, Blut auf den Ärmeln.

„Sofort zum OP. Erst mal etwas gegen den Schock", befiehlt er dem Assistenzarzt. Und zur diensttuenden Schwester: „Setzen Sie sich mit Dr. Cuq in Verbindung. Ich bin auf jeden Fall in der Klinik von Craponne zu erreichen."

Der Polizist, der sich auskennt, begibt sich mit der Handtasche zur Aufnahme.

Das Knirschen der Schere im Mantelstoff, im Krepp des Kleides. Die Schwester flucht über die doppelte Naht des Ärmellochs, die ihr beim Durchschneiden Schwierigkeiten macht. Der Assistenzarzt prüft die Gliedmaßen; er sucht eine Vene, die für die Bluttransfusion geeignet ist.

„Nur nicht den Kopf zerbrechen“, sagt er.

Die Medizinalpraktikantin fährt bei diesem unpassenden Satz hoch. Der Assistenzarzt bepinselt die linke Ellenbeuge innen mit Jod, injiziert ein Betäubungsmittel und macht einen Einschnitt. Er legt die Vene frei und schlingt sie mit Catgut an.

„B positiv?“

„Ich hab's nachgeprüft“, sagt der Anästhesist.

Mit der Spitze der Schere schneidet der Assistenzarzt die Vene auf und schiebt den Katheter, den er zwischen Daumen und Zeigefinger hält, langsam hinein. Er vergewissert sich, daß das Blut zurückfließt.

„Sie können es schnell laufen lassen.“

Die Sprechanlage kündigt an: „Dr. Cuq wird in fünf Minuten dasein.“

Der Assistenzarzt erhöht die Tropfenzahl aus der Flasche mit Blut ein wenig. Dann untersucht er methodisch die Verletzungen. Brüche offensichtlich an beiden Beinen und am Brustkorb. Rechtes Knie zerschmettert. Die Armknochen scheinen heil geblieben zu sein. Er legt die Hände auf beide Hüften und drückt sie zusammen; als Reaktion ertönt unter der Sauerstoffmaske ein Schrei: Beckenbruch.

„Ein richtiger Brei. Muß geröntgt werden.“

Aber es sind Lebenszeichen unter der Maske. Die Transfusion tut ihre Wirkung, denkt der Assistenzarzt. Nun sogar Worte. Die ersten der üblichen Litanei:

„Oh! Tut das weh, oooooh ...“

Dann ein Gestammel, die Zunge gegen die zersplitterten Zähne gedrückt, und wieder dieses Zischen.

Der Anästhesist schiebt die Maske leicht beiseite. Sie beugen sich über die Verletzte. Sie keucht.

„Oh! Tut das weh ... geben Sie mir Splamalgyl ... schnell ... oder auch Doloril ... oooooh, diese Schmerzen ...“

„Sie sagt, wir sollen ihr Splamalgyl oder Doloril geben ...“

„Was weiß die denn davon?“ brummt der Assistenzarzt.

Ein plötzlicher Gedanke: vielleicht ist sie drogensüchtig? Der Anästhesist wird Schwierigkeiten haben, der Blutdruck macht bestimmt Sprünge. Und außerdem müßte man noch den Zustand von Herz und Leber kennen.

Die Schwester schaut sich die Oberschenkel auf Einstichspuren an. Nichts zu sehen. Die Finger sind weder knotig noch abgemagert. Große, gutgeformte, saubere Hände. Gepflegte Fingernägel, ziemlich kurzgeschnitten, mit farblosem Nagellack. Sie prüft die Haare: schwere, glänzende dunkelblonde Wellen. Sie quellen aus einem aufgelösten Knoten, der mit Haarnadeln gespickt ist, auf die Decke. Diesen Knoten hat ein Friseur gemacht. Die Verletzte war eine gepflegte Frau, vielleicht sogar schön. Beim Aufschneiden des Kleides hatte die Schwester schon festgestellt, daß der hellviolette Stoff des Kleides von guter Qualität war. Vom Kleid sind nur zerschlitzte, gezackte Fetzen übriggeblieben, die zusammen mit beigefarbenen Wäschestücken auf dem Fliesenfußboden liegen. Heute morgen hat die Frau die beige Wäsche und das hellviolette Kleid angezogen, den glatten, glänzenden, dunkelblonden Knoten zurechtgeschoben, und um Viertel vor zwölf mittags ist von ihr nur ein zerfetzter und zerbrochener Körper übriggeblieben, den der Assistenzarzt nun geschäftig betastet.

„Kann man ihr vielleicht den Kopf etwas heben?" fragt der Anästhesist. „Er liegt für die Maske zu sehr auf der Seite."

„Vorsicht mit Nacken und Wirbelsäule", antwortet Dr. Cuq.

Die Praktikantin hatte gar nicht gemerkt, daß er bereits da war. Mit den Fingerspitzen nimmt er den Kopf an den Schläfen und hebt ihn ein wenig hoch. Der Assistenzarzt schiebt die Hand unter das Ohr der Verletzten und hebt etwas an. Das Gesicht, zuerst nur im Profil, ist nun von vorne zu sehen.

„Von dieser Seite ist sie nicht so kaputt", kommentiert der Assistenzarzt in sachlich-ruhigem Ton.

Er zieht die Hand noch nicht zurück und betrachtet den Kopf, den er hält.

„Du meine Güte!" ruft er aus, in einem entschieden unpassenden Ton.

Dr. Cuq zieht die Brauen hoch: „Was bitte?"

„Ach, du meine Güte!" wiederholt der Assistenzarzt noch aufgeregter. „Du meine Güte, das ist ja die Castell!"

Dieser Ausruf „Das ist ja die Castell!" plumpst ihm regelrecht aus dem Munde.

Sein Blick streift Dr. Cuq, den Anästhesisten, die Schwester und die Praktikantin, die wie erstarrt dastehen, durch diese Unterbrechung beim chirurgischen Eingriff ganz verwirrt.

„Wer?" fragt der Chirurg verständnislos.

Sie stehen alle immer noch wie erstarrt da.

„Das ist die Castell! Jetzt erkenne ich sie, ich habe in ihrer Klinik Dienst gemacht ..."

Der Assistenzarzt merkt, daß seine Erklärung für die anderen nichts bedeutet. Nur er kennt die Klinik von Craponne. Er wird wieder offiziell: „Das ist Dr. Andrée Castell-Mauroux. Sie ist Blans Fachärztin für Anästhesie und Reanimation."

„Donnerwetter noch mal!" sagt Cuq.

„Ja, stimmt", näselt die Schwester durch die Sprechanlage, „die Aufnahme meldet, daß ihre Papiere auf den Namen von Dr. Castell-Mauroux lauten."

„Rufen Sie die Klinik von Craponne an", sagt Dr. Cuq ins Leere, ohne sich von der Verletzten abzuwenden.

„Oh! Diese Schmerzen! Oh! ... schnell ..."

„Alles fertig zum Röntgen?" fährt der Chirurg fort und bittet den Assistenzarzt, die Beine in die Schienen zu legen.

Er legt einen Finger auf die Stirn der Verletzten: „Frau ..."

„Fräulein ..." verbessert ihn der Assistenzarzt, der am anderen Ende des Bettes über die Beine gebeugt ist.

Ihm und der Praktikantin schießt gleichzeitig der Gedanke durch den Kopf, daß diese Richtigstellung in einem solchen Augenblick eigentlich albern ist.

„Fräulein Castell-Mauroux ..." sagt Dr. Cuq leise und legt wieder den Finger auf ihre Stirn.

Eine schöne, hohe Stirn, die in gerader Linie von der Nase aufsteigt. Sie ist beim Aufprall verschont geblieben. Nur ein wenig geronnenes Blut beschmutzt sie. Eine glatte, gesunde Haut, eine einzige waagerechte Falte in der Mitte. Die Haut, die Stirn, alles harmonisch, denkt Dr. Cuq. Die Falte weist eher auf Studium oder Willenskraft hin als auf das Alter.

„Wie alt war sie denn?"

„Dreißig, fünfunddreißig, ich weiß es nicht genau. Die andere Schiene, bitte."

Intelligente Stirn. Vielleicht auch eigensinnig. Eine Stirn, die nicht ausweicht. Eine Stirn, die die Stirn bietet. Dr. Cuq merkt, daß er sich zuviel Gedanken macht, und konzentriert sich wieder auf seine Arbeit.

„Fräulein Castell-Mauroux ..."

„Oh, schnell ..."

„Fräulein Castell-Mauroux, schauen Sie mich an ..."

Dr. Cuq beißt sich auf die Lippen. Dummer Ausdruck. Woher weiß er, ob hinter dieser verklebten Augenhöhle überhaupt ein Auge ist, das ihn anschauen, ihn sehen kann ...

„Fräulein Castell ..."

Das Zischen fängt wieder an, etwas moduliert, und man weiß nicht, ob die Verletzte auf die Anrede reagiert.

„Sie muß wachgehalten werden", belehrt Dr. Cuq die Praktikantin, „wir dürfen sie nicht einschlafen lassen."

„Es geht abwärts mit ihr", sagt der Anästhesist.

Das Zischen hat aufgehört.

Dr. Cuq am linken Handgelenk, der Assistenzarzt am rechten, suchen nach dem Pulsschlag. Er wird immer schwächer und schwächer.

„Kollaps. Blutdruck?" fragt Dr. Cuq.

„Fünfundfünfzig."

„Nun aber los", sagt Dr. Cuq. „Plasmaexpander. Tausend Kubik. Fräulein: schauen Sie mich an ..."

Die Haut der Stirn ist durchscheinend und bläulich geworden. Die Augenbraue über dem verletzten Auge reagiert nicht auf die Ansprache. Die Nase ist ganz spitz.

Der Assistenzarzt, das Stethoskop in den Ohren, hört sich den fortschreitenden Zusammenbruch an. Das Herz schlägt wild und unregelmäßig. Die in Not geratenen Organe verkrampfen sich und funktionieren jedes für sich allein, in ihren letzten Anstrengungen hindern sie sich eher, statt einander zu unterstützen.

„Jetzt schlägt's ein bißchen an", kommentiert der Assistenzarzt wie ein Reporter bei einem aufregenden Finale.

„Mehrmals wird's nicht anschlagen", sagt Dr. Cuq. „Also, nicht zu ändern. Pnotendyne, zwei Ampullen, sofort."

„KALT", sagt sie, „zu kalt. Kalt."

Bei dem Wort „kalt" erschauern die Zuhörer innerlich, angesichts des blutigen Mosaiks ihrer Wange, die Dr. Poudis, einer der vier Chirurgen der Klinik von Craponne und eine der ganz großen Hoffnungen der plastischen Chirurgie, zwei Stunden lang zusammengeflickt hat.

Bin zu arg geschlagen worden. Totgeschlagen. Als tot liegengelassen. Erbrechen. Sterben. Vor Kälte sterben.

„Kalt", sagt sie, „zu kalt. Kalt."

„Dreißig", sagt die Praktikantin.

Dr. Blan macht ihr ein deutliches Zeichen, daß sie schweigen soll. *Totgeschlagen, mit dem Tod bestraft. Der Bauch tut weh.*

„Geben Sie mir Splamalgyl, schnell ... Es tut so weh."

„Schon geschehen, meine liebe Castell", sagt Blan.

„Ach! Danke ..."

Françoise nützt diesen lichten Augenblick aus und versucht, zu ihrer Freundin zu sprechen.

Françoise Puylaurens, die Frau eines Chirurgen der Klinik von Craponne, war mittags mit Andrée Castell-Mauroux in deren Wohnung am Quai de Bondy in Lyon verabredet gewesen.

„Andrée, erkennen Sie mich ...?"

„Françoise ... Ach ja ... Unser Treffen ..."

„Sie erkennt mich ... Sie ist bei Bewußtsein, sehen Sie ... Andrée, man wird Sie hier gut pflegen ..."

Mir tut alles weh, innen und außen ... Zu kalt, zu zerschlagen. Als tot liegengelassen. Sie ist bei Bewußtsein. Ich bin bei Bewußtsein.

Sie ist sich nur noch ihres Körpers bewußt. Ihr Bewußtsein bewegt sich ganz im Inneren ihres zerschmetterten Körpers wie ein Maulwurf in den Gängen seines Baus. Um sie herum das Gesicht von Françoise, das Gesicht von Blan, sie reden zuviel, und was sie reden, ist ohne Bedeutung.

„Andrée, erinnern Sie sich an die Adresse Ihrer Mutter?"

„Ja, Françoise. Nicht beunruhigen ..."

Wie der Maulwurf in seinen Gängen schleichen sich ihre Gedanken in ihr Knie, kehren zurück in die Arme und dann in den Kopf. Der Kopf tut so weh.

„Françoise ..."

„Ja, Andrée, ich bin hier ..."

„Hören Sie, Françoise, ich werde sterben ..."

„Ach, Unsinn, alle sind hier, alle arbeiten für Sie."

„Ich werde bestimmt heute abend sterben, Françoise, aber ich beschwöre Sie, tun Sie, worum ich Sie bitte."

„Ja, Andrée, ich werde alles tun ..."

„Lassen Sie mich nicht an dieser Kälte sterben. Decken Sie mich zu, Françoise. Ich will gerne sterben, aber nicht an dieser Kälte."

Zu kalt. Zuviel Schmerzen. Françoise tut nichts. Andrée kehrt in Gedanken wieder in ihren Körper zurück.

„Blutdruck?" fragt Blan.

Andrée bleibt stumpf. Sie haßt es, keine Antwort parat zu haben. Es ist das erste Mal, daß ihr das im Operationssaal passiert.

„Sechzig, und er geht nicht höher“, antwortet eine Stimme, die nicht die von Andrée ist.

Andrée ist ärgerlich. Sie weiß, was das bedeutet; ganz unbeteiligt beurteilt sie ihren eigenen Fall: *Sechzig. Und er geht nicht höher. Meine Liebe, das geht nicht gut. Gar nicht.*

Sie will schon sagen, daß man ihr noch eine Flasche Blut geben soll.

„Geben Sie ihr noch eine Flasche“, sagt Blan.

Sie wußte genau, was sie selbst dachte, wenn sie einen Kranken bei sechzig nicht hochkriegen konnte. Das Kreislaufsystem ist wie ein durchlöcherter Gießschlauch, innen und außen bei jeder Wunde ein Bluterguß. Auch eine Konserve Blut mehr konnte den Blutdruck nicht wiederherstellen; das Blut ging in den Blutergüssen gleich wieder verloren; überall strömte es wieder heraus.

Dich hat's zerrissen, sagt sich Andrée, in Gedanken am Operationstisch über sich selbst gebeugt.

„Wir müssen sie aufmachen ...“

Blans Stimme ist ganz nah und gleichzeitig in einem anderen Saal.

„Wird sie es verkraften?“ fragt Poudis.

Andrée will antworten. Die Frage ist dringend. Andrée hat das Gefühl, daß sie ihre Dienstpflicht verletzt, wenn sie nicht antwortet. Es ist noch nie vorgekommen, daß Poudis oder Blan im Operationssaal eine Frage gestellt haben, ohne daß Andrées Stimme diese Lücke gefüllt hätte. Sie war immer tüchtig.

Heute füllt sie die Lücke nicht. Eine andere Stimme als die ihre antwortet – mit welchem Recht? –, daß er immer noch auf sechzig steht.

Blan sagt, es sei zu riskant, man solle ihr noch zwei Flaschen geben, und dann werde man sehen.

Aus dichtem Nebel Blans Stimme: „Wir wollen ihr noch eine Chance geben.“

Zwei Flaschen? Ich habe lieber eine in Reserve. Aber nicht Andrée läßt die Flaschen holen. Heute ist sie nicht im Dienst. Und es ist auch nicht ihre Station. *Sie haben die Station gewechselt. Poudis und Blan haben das Personal gewechselt. Und Puylaurens? Er ist auch hier und sagt kein Wort. Und Soraise. Die vier Chirurgen der Klinik sind hier, endlich! Einmal alle zusammen. Es ist schwierig, sie alle zusammenzubekommen ... Und jetzt sind sie alle da, und dabei ist es nicht die*

Klinik, ich weiß genau, es ist Charbonnières, das Kreiskrankenhaus. Endlich sind alle beisammen, und ich auch. Tut weh, furchtbar weh. Weh zum Sterben. Sie sind alle hier, sogar Françoise Puylaurens.

Andrée kehrt wieder in ihr Inneres zurück. Wieder existiert nichts als der Schmerz, der klebrige Verband, in dem sie versinkt, ohne sich wehren zu können. Die anderen rufen? Sie sind ja auf der anderen Seite, sie ist wie ein Taucher, der die Oberfläche des Wassers nicht sehen kann. Es gibt Augenblicke, in denen sie fast die Oberfläche berührt. Sie sind da, um sie herum, aber so weit, so weit weg. Vier Köpfe, weiß verhüllt. Der Kopf von Poudis, der Kopf von Puylaurens. *Ich kann kaum sehen, ist das eine Wunde oder das Koma?*

Und von neuem gleitet sie in den Abgrund des Todes hinab.

„Achtung!" sagt Blan. „He, Fräulein Castell, aufpassen, bleiben Sie wach."

Er geht mir ständig auf die Nerven, dieser Blan. Warum muß gerade er heute dauernd reden? Er hat heute gar keinen Dienst in der Klinik. Blan ist doch morgen dran, zwei Operationen, die erste um acht Uhr dreißig.

„Herr Kollege, entschuldigen Sie, ich bin nicht sicher, ob ich morgen imstande sein werde, Ihre Kranke zu anästhesieren ..."

„Das ist in der Tat die Frage", sagt Blan.

„Sie können Frau Soual anrufen, Nummer 54 35 02, zwischen zwanzig und zweiundzwanzig Uhr."

Die Worte taumeln aus dem zusammengenähten, bepinselten Gesicht. Und trotzdem glaubt man, den Klang der Stimme von Andrée Castell noch zu erkennen. Dr. Blan hat Angst, daß ihm übel wird. Er stottert beruhigende Banalitäten.

Andrée wiederholt langsam, so gut sie noch artikulieren kann: „54 35 02."

Das ist kein Delirium: was an Biochemischem in diesem zerfleischten Körper noch übriggeblieben ist, funktioniert exakt. Es ist ein Fetzen ihres bisherigen Lebens, der diese Reaktion auslöst. Andrée besitzt ein methodisches Gedächtnis.

Und wieder bittet sie Dr. Blan, sie zu entschuldigen, aber sie ist sich gar nicht sicher, ob sie morgen früh in die Klinik kommen kann. Oder man müßte sie hintragen. Ja, schlimmstenfalls im Taxi oder im Krankenwagen. Andrée ist nicht sicher, ob sie vom Tod diesen Urlaub bekommt, um ihrem Dienst nachzugehen. Doch nun ist sie gepackt und aufgerichtet von der Illusion, daß das Leben wieder beginnen wird, das bisherige Leben. Heraus aus dem Bett, heraus aus dem Schmerz, heraus aus ihrem Körper, wie man einen Morgenrock abstreift, und den Patienten mit der Bauchfellentzündung in Zimmer 115 anschauen, der nochmals operiert werden muß.

Man muß sie verstehen. Das ist alles noch zu frisch, als wäre jemand eben erst gestorben. Man begreift eine Katastrophe nicht so schnell, man sieht zuerst nur den kleinen Ärger. Diejenigen, die in die Hölle hinabgestiegen sind, wissen, daß man sie Stufe um Stufe kennenlernt.

Françoise, wie immer praktisch: „Haben Sie einen Freund, den ich anrufen soll?"

Andrée ist wieder untergegangen. Diesmal ist der Fall eher wie ein Schlaf. Der Blutdruck ist nicht besser, aber das Herz nicht mehr so schlecht. Die Injektionen und Transfusionen haben so etwas wie ein Gleichgewicht hergestellt, das sie an der Lebensgrenze hält.

Die vier Chirurgen haben sich zurückgezogen, um Bilanz zu ziehen: Bruch des Schädels, des linken Kiefers, eines Halswirbels, eines Lendenwirbels, der Rippen, des Beckens, eines Schienbeins und eines Knies. Die Praktikantin hat gewagt, den Assistenzarzt zu fragen, ob die Prognose negativ ist.

Dr. Puylaurens hat sich umgedreht und professoral geantwortet: „Keine der einzelnen Verletzungen ist tödlich. Aber es ist wie bei Verbrennungen: über dreiunddreißig Prozent der Gesamtkörperoberfläche ... Sie ist kräftig ..." Und als er seinen Mantel zuknöpft, fügt er hinzu: „Sie war ein nettes Mädchen. Ein sehr ..."

Er beendet seinen Satz nicht, um nicht vor den Kollegen weinen zu müssen. Nun stehen mehrere auf dem Gang: den ganzen Nachmittag über hat sich die Nachricht durch das Telephon verbreitet.

Die Nacht ist kalt. Bei jeder roten Ampel nimmt Dr. Puylaurens das Anhalten zur Kenntnis und zuckt mit den Schultern, weil er jedesmal an die feierliche Formel denkt, die ihm in den Sinn kommt: „Zu Ehren von Fräulein Doktor Andrée Castell-Mauroux."

Als er nach Lyon hineinfährt, flackern auf manchen Fensterbrettern hinter dem Glas Reihen von Kerzen: 8. Dezember, das Fest der Unbefleckten Empfängnis.

„Es gibt also doch noch Menschen, die die Tradition aufrechterhalten", stellt der Chirurg fest, „dabei heißt es immer, das wäre vorbei."

Françoise Puylaurens gibt ihrem Mann zu verstehen, daß er dieses Thema des Katholizismus und der Rituale in Gesellschaft zu oft anschneidet. Puylaurens geht im Geiste die Eingeladenen dieses Abends durch: welche von ihnen haben wohl seinen Lieblingswitz bereits gehört? Bestimmt Fräulein Castell. Aber sie wird nicht kommen.

Eine Krankenschwester zu Dr. de Péchaudier, einem alten Studienkameraden von Andrée: „Sie ist wieder unruhig ...“

Jetzt ist es der Durst. Andrée weiß, daß das normal und unvermeidlich ist: der Blutverlust, Ödeme um die Wunden, die die Flüssigkeit aufsaugen wie Schwämme; alle Flüssigkeitsreserven schwinden aus Muskeln, Geweben und Schleimhäuten mit einer solchen Geschwindigkeit, daß die Transfusion das nicht ausgleichen kann. Andrée hat selbst schon oft ähnliche Fälle gesehen, schon oft einem Kranken in einem ähnlichen Kampf beigestanden, so daß sie in dieser Nacht das, was sich in ihr abspielt, ohne Überraschung zur Kenntnis nehmen kann. Mit klarem Blick sieht sie die chemischen und biologischen Gründe des Durstes, der sie zur Verzweiflung bringt. Aber trotzdem hat sie Durst, einen Durst, der ihr Mund und Eingeweide zusammenzieht. Einen Durst, den sie nicht ertragen kann.

Sie verlangt etwas zu trinken. Das hat aber keinen Sinn. Selbst wenn sie trinken könnte, würde das die verlorene Flüssigkeit nicht ersetzen. Doch das sind nur medizinische Überlegungen. Es bleibt das Bedürfnis zu trinken. Trinken in großen Schlucken. Sie bittet flehentlich darum, daß man ihr zu trinken gibt. Péchaudier versucht ihr einen Löffel Wasser in den Mund zu gießen. Nein. Péchaudier schlägt vor, ihr Kräutertee mit einer Pipette zu geben. In ihrem augenblicklichen Zustand kann ihr ein wenig Kräutertee nicht schaden. Man kann ihr diese letzte Freude ruhig gönnen. Péchaudier macht sich Vorwürfe, daß er das Wort „letzte“ überhaupt gedacht hat.

Nein, kein Kräutertee. Sie möchte Coca-Cola. Gerade das, was sie nicht darf. Ergriffen sieht Andrée die Zeitschriftenreklame vor sich, eine kalte, beschlagene Flasche.

„Péchaudier, mein lieber Jacques, um unserer Freundschaft willen, gib mir Coca-Cola. Hab doch Mitleid!“

Péchaudier widersteht nicht länger als die anderen: wenn der Kranke einem zu nahesteht, dann behandelt man ihn immer mehr wie einen Nahestehenden und nicht wie einen Kranken.

Die Nachtschwester sagt, daß es im Krankenhaus keine Coca-Cola gibt. Um diese Zeit sind alle Läden geschlossen.

„Bitte, bitte, geben Sie mir Coca-Cola. In den Cafés beim Bahnhof Perrache gibt es Coca-Cola, ich bin ganz sicher.“

Péchaudier geht zu seinem Wagen. Eine Stunde später schleicht er sich mit einem kleinen Kasten Coca-Cola-Flaschen an das Bett, wo einer seiner Kollegen und die Krankenschwester wachen.

Mit den ersten Tropfen aus der Pipette schwindet das magische Bild der Zeitschriftenreklame. Es verschwindet auch die beschlagene Flasche der Plakate. Andrée, noch ganz in der Vorstellung dieser herrlichen Empfindung, merkt plötzlich, daß ihr Mund nur nach Fleisch und Antiseptika schmeckt.

Sie bewegt die Lippen, denken die anderen, obwohl sie wissen, daß keine Lippen da sind. Dann sagt sie mit der etwas pedantischen Höflichkeit einer Junggesellin: „Danke, mein lieber Péchaudier.“

Sie wird still, dann seufzt sie: „Ich habe Durst“ und wird von neuem still. Immer wenn sie still daliegt, kontrollieren die anderen ihren Puls.

Der frühe Morgen bricht an, alles ordnet sich langsam, regelmäßige Geräusche. Andrée hat Schmerzen. In einem unbewegten Augenblick überdenkt sie diese Schmerzen. Dämmerung, Stunde des Bilanzziehens. Sie ist zerschlagen, gebrochene Beine, Schädelbruch, verletzter Bauch. Das Bewußtsein des Unwiderruflichen hat sich nun in ihr festgesetzt. Andrée weiß, daß sie zum Tode oder zu lebenslänglich verurteilt ist. Es gibt keine Berufung. Die Strafe ist verhängt. Sie hat eine übermäßige Strafe erhalten und weint, weil sie so schrecklich geschlagen worden ist. Andrée fühlt sich an der Grenze der Existenz, zu Boden gedrückt, dünn wie ein Tortenboden.

Warum?

Es muß doch einen Grund geben für die furchtbare Strafe, die sie getroffen hat. Sie ist bereit, das Urteil anzunehmen. Sie ist ja eigentlich gezwungen, es anzunehmen. Doch bevor sie stirbt, möchte sie verstehen, warum. Vor ihren Augen läßt sie die Lebensabschnitte methodisch vorüberziehen, den Dienst, das Studium, die jungen Männer, die Kindheit. Nichts, was sie je gewarnt hätte. Nichts, weshalb ihr ein solcher ungeheuerlicher Prozeß hätte gemacht werden können.

Dennoch ist Gottes Hand durch die Wolken gekommen, um mich mit einem glühenden Eisen zu durchbohren, ausgerechnet mich unter all den Menschen in all den Jahrhunderten. Ich habe zahlen müssen, ich zahle. Aber warum?

Als Dr. Blan kommt, um das Krankenblatt am Fuß des Bettes zu studieren, bietet Andrée ihm nicht mehr an, ihm in der Klinik zu assistieren. Zwischen zwei Anfällen qualvoller Schmerzen überlegt sie sich, was angesichts ihres Todes alles unternommen werden muß, und sagt der Schwester, einer Nonne, daß ihre Mutter nicht erfahren darf, wie schlimm ihr Zustand ist. Damit ihre Mutter sich nicht sofort auf die Reise macht.

Mit der aufsteigenden Sonne steigt auch das Fieber. Eine Dünung, Welle um Welle, wirft den armen zerfleischten Körper immer wieder auf die Felsenklippen der Schmerzen. Zwischen zwei solchen Wellen sieht sie Hände, einmal die der Nonne, dann die von Blan, die eine Wunde in ihrem Gesicht behandeln oder die Transfusion regulieren. Der Blutdruck? Nicht besonders. Der Puls? Auch nicht besonders.

Ich habe viele Kranke gesehen und habe niemals aufgegeben. Auf mich würde ich jetzt allerdings nicht viel setzen. Ich habe noch nie einen Patienten in so einem Zustand wie meinem gesehen.

„Herr Blan, ich fürchte, daß Sie sich zuviel Mühe geben."

„Halten Sie sich gut, Fräulein Castell, ich rechne mit Ihnen."

Wieviel Uhr ist es? Welcher Tag ist es? Der zweite oder der dritte? Ganz spontan, wie bei allen Verletzten und bei Witwen, entsteht für sie eine neue Zeitrechnung: von diesem neuen Zeitabschnitt an zählt sie die Tage.

Ein Kreuz an einer langen Kette: der Krankenhausgeistliche tritt in ihr Gesichtsfeld über ihrer Bettdecke. Keine affektierte Jovialität. Keine Aufdringlichkeit.

„Fräulein Castell-Mauroux, wenn Sie die Sakramente empfangen möchten, denken Sie daran, daß ich da bin. Ich merke, daß Sie genügend klarsehen, um darüber zu entscheiden. Wenn Sie das Bedürfnis haben, mit mir zu sprechen ..."

Andrée merkt – und ist froh darüber –, daß er sie nicht „mein Kind" nennt.

Der Arm Gottes durch die Wolken? Wie soll sie das dem Geistlichen erklären? Das wäre zu lang, zu anstrengend.

„... wenn Sie die Hilfe des Gebets wünschen, denken Sie daran, daß ich da bin ..."

Andrée denkt: *Dieser Priester ist in Ordnung ...* Dann, gleich darauf: *Er macht auf mich keinen Eindruck.*

Sie hört sich antworten. Sie denkt: *Bei mir hast du es noch nicht geschafft.* Und in ihrem Inneren hört sie ihren Vater diesen Satz sagen.

Sie müßte dem Geistlichen von der Beerdigung ihres Vaters erzählen, von allem, was Tante Martha beim Pfarrer unternommen hat, der hartnäckig die kirchliche Beerdigung verweigerte. Aber all das hatte sich ganz woanders abgespielt, und der Geistliche konnte nicht wissen, wie tief man miteinander verbunden war, von einer Generation zur anderen. Die Stimme ihres Vaters sagte, daß ein klardenkender Mensch mit den Dingen aus eigener Kraft fertigwerden muß und daß er sich nicht von der Verzweiflung überwältigen lassen solle.

Andrée stellt fest, daß der Geistliche sie noch nicht eingefangen hat. Kein Trotz, keine Abwehrreaktion: Fräulein Doktor Castell-Mauroux macht eine medizinische Feststellung.

Sie paßt auf, daß sie nicht hereingelegt wird: Dieser Widerstand gegen den Pfarrer zeigt vielleicht nur das Maß ihrer Lebenskraft. Zum erstenmal sagt sich Andrée Castell-Mauroux, daß sie nicht sicher ist, ob sie am Ende der Woche sterben wird.

Der dritte Tag ...

Morgendämmerung. Andrée wird sich der ständigen Anwesenheit der diensttuenden Schwester bewußt – anscheinend ist dieses Krankenhaus eins der letzten, wo noch Ordensschwestern tätig sind. Diese hier überschreitet die Grenzen äußerster Pflichterfüllung. Es gibt doch noch andere Kranke. Andrée kennt den Preis, den die Beine der Schwester für diese Selbstaufopferung zahlen müssen. Sie hat das Bedürfnis, höflich zu sein. Sie entschuldigt sich, daß sie so viele Sorgen bereitet. Sie fragt nach dem Namen der Schwester, erkundigt sich nach ihrer Arbeit.

All das mit einer kaum vernehmbaren Stimme. Die Bewegungen ihrer genähten und angeschwollenen Lippen verleihen all diesen Höflichkeitsfloskeln einen lächerlichen Anstrich.

Dann, indem sie das Gespräch fortsetzt und über den Kummer, den sie den anderen bereitet hat, spricht, kommt sie endlich zu ihrer Hauptfrage:

„Und die andern?"

„Welche andern?"

„Die andern Verletzten? Hat es ... Tote gegeben?"

„Nein, Sie sind die einzige Verletzte."

Andrée denkt, daß man oft Schwerverletzten, die man schonen muß, so antwortet. Sie kommt immer wieder auf die Frage zurück.

„Schwester, wenn es Tote gegeben hat, sagen Sie es mir bitte."

„Sie sind die einzige Verletzte, Sie sind das Opfer des Unfalls. Schuld am Unfall ist der andere Verkehrsteilnehmer."

Sie denkt konzentriert und versucht sich zu erinnern. Dann, nach langer Überlegung, meldet sie sich wieder, um Schwester Jean-Baptiste über ihren Schlachtplan zu informieren.

„Schwester, Jacqueline Auriol hat es geschafft. Und Janine Charrat auch. Ich glaube, ich könnte es auch schaffen."

Sie beschwört diese beiden Namen den ganzen Vormittag, als wären sie ihre beiden heiligen Schutzpatroninnen. Sie setzt ihre Gedanken in der gleichen Richtung fort. Sie hat einen Weg gefunden.

Die *Presse médicale* hat das Ringen Hunderter von Menschen mit dem Tod geschildert. Für ihre Spezialdiplomarbeit hatte Andrée eine detaillierte Dokumentation über die akrobatische Wiederbelebung von Landau, dem sowjetischen Nobelpreisträger für Physik, gesammelt. Viermal starb er nach einem Verkehrsunfall. Und seine Nobelpreiskollegen aus aller Welt kamen angereist, um sein Gehirn aus dem Nichts wieder zurückzuholen; das dauerte ein ganzes Jahr lang. Aber bei Landau war es der Sieg der anderen. Man hatte nicht den Eindruck, daß Landau den Willen dazu gehabt hatte. Jacqueline Auriol dagegen hatte es gewollt. Janine Charrat hatte es auch gewollt. Und gewußt. Andrée klammert sich an diese Parallelen.

Schwester Jean-Baptiste fühlt den Puls, hauptsächlich, um die Hand der Sterbenden zu halten. Sie bietet der Kranken eine Zusammenarbeit an.

„Ja, Fräulein Castell, ich glaube auch, daß Sie es schaffen werden. Und aus den gleichen Gründen wie die beiden."

Ja, wenn es irgend jemandem gelingen sollte, aus einem solchen Abgrund wieder hochzukommen, dann wird es dieses Mädchen sein. Sie konzentriert ihren Willen zum Überleben gerade dort, wo es am wichtigsten ist. Das wenige, was ihr bleibt, wird nicht verschwendet. Irgend etwas in ihr klingt richtig. Sie schlägt nicht um sich, um gegen den Tod zu kämpfen, sie versucht zu leben.

Schwester Jean-Baptiste hat bei ähnlichem Ringen um die letzte Chance schon oft erlebt, daß die Gerechten im Vorteil sind, daß ihnen eine Art letzte Belohnung gewährt wird. Die Gerechten oder, besser gesagt, die Aufrechten, Menschen wie aus einem Guß, diejenigen, die in ihrem Leben eine Idee verfolgten. Derjenige, der glaubte, auf dieser Erde eine Aufgabe zu haben, und aufrichtig an ihrer Erfüllung gearbeitet hat, kommt in der entscheidenden Minute zurück zur Erde.

„Ja, so ist es“, sagte die Schwester und prüfte, ob in der Spritze auch keine Luft war.

Zwischen Schwester Jean-Baptiste und der Kranken war eine Art Freundschaft entstanden: eine Dienstkameradschaft. So gelang es der Schwester, Andrée ein wenig Nährpaste einzugeben, was als großer Erfolg betrachtet wurde. Der Organismus hatte bereits die Schwelle erreicht, wo der Mangel an Nahrung keinen Hunger mehr hervorruft: er wollte den Assimilierungsprozeß nicht wieder beginnen. Andrée Castell-Mauroux' Intellekt war darüber zornig und tadelte den eigenen Magen.

Die Schwester erlebte diesen Kampf, als wäre es ihr eigener. Wenn Sie wissen wollen, ob eine Schwester oder ein Arzt intuitiv die Schmerzen ihrer Patienten miterleben, schauen Sie sich ihren Mund an, wenn sie versuchen, den Kranken zum Trinken zu bewegen: ihr Mund ahmt langsam die Saugbewegung nach, die sie beim Kranken sehen möchten. Wessen Mund dabei unbewegt bleibt, der taugt nicht für diesen Beruf.

Am sechsten Tag stellte Schwester Jean-Baptiste die Frage, ob die Stunde eines kleinen Festmahls nicht geschlagen habe. Und Andrée Castell-Mauroux willigte ein, wobei sie mit Befriedigung feststellte, daß die Schwester die psychologische Wirkung eines Menüs in Betracht zog. Für die Schwester gehörten zum Luxus eines Festmahls Austern und Hammelbraten. Versuchen Sie, Austern und Hammelkeule an einem Sonntagnachmittag in einem Kreiskrankenhaus zu finden. Die Schwester zauberte es aber herbei, und Andrée rechnete ihr dafür noch einen Pluspunkt an. Sie konnte jedoch weder Austern noch Hammelbraten hinunterschlucken.

Die Chirurgen der Klinik von Craponne beendeten die Idylle am achten Tag, als sie durchsetzten, daß Fräulein Castell-Mauroux in ihre Klinik übergeführt wurde.

„Natürlich, Schwester, sie konnte nirgends besser behandelt werden als hier im Kreiskrankenhaus, aber bei uns wird sie wie zu Hause sein.“

Andrée litt immer noch genauso wie vorher. Sie war immer noch zutiefst erschöpft, so daß die Entscheidung, sie überzuführen, an der Grenze der beruflichen Verantwortung zu liegen schien.

Dr. Andrée Castell-Mauroux hat davon geträumt, in die eigene Klinik zurückzukehren. Und nun ist sie eine Kranke, die in Zimmer 12 liegt. Und als solche wird sie von der Stationsschwester Revel betrachtet, die sie unter ihre Fittiche nimmt. Ein seltsames, ungekanntes Gefühl, unter Aufsicht von Schwester Revel zu sein. Die Klinik ist als eine große Familie bekannt. Aber ihre soziale Struktur ist seit dem Unfall umgeworfen worden.

Schwester Revel kommt mit der Bettschüssel. Eine demütigende Erniedrigung für Andrée, die diesen Ritus nie beachtet hat, solange er sich nicht auf sie bezog.

Schwester Revel, die entschieden hat, daß die ganze Klinik sich für Andrée selbst übertreffen wird, stellt fest, daß es notwendig ist, Andrée so bald wie möglich die Haare abzuschneiden. Seit acht Tagen stellt ein verschmutztes Blutgerinnsel eine Infektionsgefahr dar, dazu kommen die Haarverfilzungen, die sich da gebildet haben, wo der Kopf auf den Kissen liegt.

„Oh! Aber die Haare sind so schön!“ rutscht es einer der Schwestern, Schwester Lacroisille, heraus.

Andrée vernimmt diesen Protest so, wie er gemeint war: *Sie werden ihr doch nicht das einzige, was noch schön an ihr ist, wegnehmen!*

„Aber liebe Schwester Lacroisille, in meinem Zustand ...“

Das hindert Schwester Lacroisille nicht, eine bestimmte Erlaubnis von der Stationsschwester Revel einzuholen. Und sie fängt an, zu bürsten und das Haar nicht Strähne um Strähne, sondern Härchen um Härchen auseinanderzufilzen. Schwester Lacroisille war bei weitem keine Heilige. Sie genoß das Leben in allen Bereichen. Drei Nächte lang schlich sie nach Dienstschluß ins Zimmer 12, um die Haarbürste wieder in Gang zu setzen. Dieser Zwang war stärker als sie. Sie versetzte sich in Fräulein Castells Lage. Und sie wäre gar nicht gern in ihrem Zustand gewesen.

Für Andrée in Zimmer 12 geraten Tag und Nacht durcheinander. Keine Anhaltspunkte mehr, sie taucht aus dem Schlaf auf, aus dem Koma, aus dem Betäubungszustand. Je nachdem, ob es besser oder schlechter geht, rücken die Grenzen ihrer Welt näher heran oder weiter fort. Manchmal reicht die Welt nur bis zur Wand gegenüber, manchmal reicht sie bis zum Flur, ein andermal nur bis zum Bettrand. In besseren Augenblicken haben die Menschen, die sich zwischen ihrem Bett und der Wand bewegen, eine Bedeutung. In anderen Augenblicken ruft bei ihr allein der Gedanke, daß sie sich die Mühe machen muß zu trinken, Tränen der Verzweiflung hervor.

Eine Flut von Azaleen auf dem Gang. Die Anzahl der Blumentöpfe an der Schwelle des Krankenzimmers ist für den Besucher ein Zeichen der Popularität des betreffenden Kranken. Wie eine Sekretärin dem Chef die Bilanz überreicht, so bringt Schwester Lacroisille die Azaleen ins Zimmer 12, alle auf einmal, für fünf Minuten, und stellt sie auf die Seite, zu der Andrée ihren Kopf gedreht hat. Ein ganzer Wald von Azaleen nickt der Kranken mit purpurnen Köpfen zu.

Andrée kommt zu Bewußtsein, was sie für ihre Kranken bedeutet hat. Die Azaleen jubeln ihr zu. Sie wird sich auch der über alles Maß hinausgehenden Pflege der Schwestern bewußt und auch der verstärkten Aufmerksamkeit ihrer Kollegen. Und plötzlich erkennt sie wie durch eine Erleuchtung, daß sie, um zu dieser Apotheose zu kommen, fünfzehn Jahre lang alles, was zu tun war, getan hat. Sie hat es ihr ganzes Leben lang richtig getan. Nein, es stimmt nicht, daß sie gegen ihre Existenz gesündigt hat. *Ich lehne das Urteil ab, ich bin zu Unrecht geschlagen worden. Du hast mich zugrunde gerichtet, aber Du kannst nichts dagegen tun, daß ich damit zufrieden bin, mich mein Leben lang so benommen zu haben, wie ich mich benommen habe. Wenn ich wieder von vorn anfangen sollte, so würde ich dasselbe Studium aufnehmen, so würde ich denselben Beruf wählen, alles, alles genau so wie früher.*

„Aber ich muß doch wieder beginnen ..."

Es bleibt nur ein einziger Anspruch an das Schicksal: eines Tages wieder senkrecht auf den Beinen zu stehen. *Dann werde ich wieder Ärztin.*

Zu dieser Zeit fuhr die alte Frau Castell-Mauroux nach Lyon, nachdem Andrée ihr Einverständnis gegeben hatte.

„Du siehst, du hast eine starke Tochter in die Welt gesetzt, das hat mir genützt."

Frau Castell-Mauroux nahm das Kompliment wörtlich und straffte sich in ihrem Sessel.

Mutter und Tochter schätzten einander, sprachen sich aber kaum aus. Es war in der Familie nie üblich gewesen, Gefühle zur Schau zu stellen. Die arme alte Dame sah sich zweier Mittel, ihre Zuneigung

auszudrücken, beraubt: ihre Tochter zu umarmen und ihr eine gute Mahlzeit vorzusetzen. Doch bei ihr in ihrer Wohnküche war das Wachstuch für alle Ewigkeit Symbol des Hafens – und würde es immer bleiben –, wo ihr Kind bei seiner Ankunft eine Tasse Kaffee vorfinden würde, ganz gleich, wie alt es war, welchen Beruf es ausübte oder wie es aussah.

Frau Castell-Mauroux blieb anderthalb Tage in Craponne, doch man hatte sie gebeten, sich nicht länger als eine halbe Stunde morgens und abends bei ihrer Tochter aufzuhalten. Trotz der Kürze dieser Besuche verbrauchten sie doch die ganze Energie, die Andrées Körper zur Verfügung stand; der Erfolg ihrer gymnastischen Übungen verzögerte sich entsprechend.

Der Heilgymnastiker, der Chirurg und die Schwester drehten zu dritt die Verletzte auf den Bauch, wobei sie sich leise miteinander verständigten, um die Bewegung synchron durchzuführen. Andrée wurde aufgefordert, den Kopf und die Schultern im Bett zu heben, zweimal, dreimal, noch einmal. Dann wurde sie wieder mit dem gleichen vorsichtigen Umstand auf den Rücken gelegt, und der Heilgymnastiker schob ein kleines Kissen unter die Hauptbruchstelle. Nach dem Schmerz zu urteilen, der durch eine solche Übung entstand, war die Vorsichtsmaßnahme nicht übertrieben.

Das waren furchtbare Anstrengungen. Doch Andrée hatte sich anhand der Röntgenaufnahmen von Dr. Blan bestätigen lassen, daß der gebrochene Lendenwirbel durch eine solche Übung nicht gefährdet war. Der Heilgymnastiker massierte sie zweimal täglich: ihr Muskelschwund verschlimmerte sich zusehends.

Die Erschöpfung war so groß, daß Andrée sogar die Haut weh tat, und die Berührung der Finger des Masseurs war für sie wie Keulenschläge.

Die Chirurgen ließen neue Röntgenaufnahmen machen, aus denen sich ergab, daß man Andrée noch einmal operieren mußte. Das geschah am Morgen des 1. Januar: durch den Feiertag war der OP der Klinik frei, und die Chirurgen konnten sich ihrer plastischen und orthopädischen Arbeit in Ruhe widmen. Drei Stunden lang richtete der virtuose Dr. Poudis ihre Nase und stellte die Augenhöhle wieder her, indem er ihr ein kleines Stück Knochen einpflanzte.

Auf der anderen Seite assistierte Dr. Puylaurens dem berühmten Professor Julia, der es keinem seiner Kollegen hatte überlassen wollen, ihre Kniescheibe perfekt wiederherzustellen.

Am Tag nach der Operation machte man Andrée eine Kopfstütze – ein genau angepaßtes Korsett aus Stahl und Leder, das den Hals und die Kinnpartie umfaßte und unbeweglich machte, um der Patientin trotz des gebrochenen Wirbels das Sitzen zu ermöglichen.

Der Prothesenspezialist regulierte das Korsett aufs genaueste mit den Bändern und Gurten. Er war Raucher. Immer wenn seine linke Hand sich Andrées Gesicht näherte, wurde ihr übel. Durch die Erschöpfung nahm auch der leiseste Geruch gewaltige Ausmaße an und wurde unerträglich. Wenn eine Schwester sich über sie beugte, um ihr zu trinken zu geben oder ihr das Bett zu richten, wurde ihr von einem Parfüm oder einem Schweißgeruch sofort schwindlig. Andrée sagte sich immer wieder, daß sie recht hatte, wenn sie nie einen Tropfen Kölnisch Wasser auf ihre Arbeitskleidung tat. Bei der bloßen Vorstellung, daß sie Kölnisch Wasser benutzte, mußte sie sich übergeben. An diesem Vormittag wurde nur das Korsett angepaßt.

Am Nachmittag legte man es ihr abermals an, und der Heilgymnastiker trug sie mit zwei Gehilfen zum Sessel, unter persönlicher Aufsicht des berühmten Professors Julia. Der Sessel war gleich neben dem Bett. Dennoch nahm diese Reise kein Ende. Sie wurde gerollt, geschaukelt, gebeugt. Das Schwindelgefühl war unerträglich. Andrée wagte nicht zu schreien, so blieb als Erlösung nur die Ohnmacht. Und sie war nicht weit davon entfernt.

Als man sie hinsetzte, brach im Inneren des Korsetts alles zusammen wie aufgestapelte Münzen, die in einen Haufen zusammenfallen; jeder Muskel drückte auf den darunterliegenden, die Lunge drückte auf den Magen, die Knochen mit ihrer Schwere zogen nach unten. Das starre Korsett zog ihr Kinn und Nacken nach oben, als wollte es sie abreißen. Die Erschöpfung überschritt jedes Maß. Andrée, das heile Auge voller Tränen, schrie um Erbarmen, es hatte keinen Sinn, sie so sitzen zu lassen, lieber wollte sie für den Rest ihres Lebens im Bett liegend vermodern. *Ins Bett, ins Bett, um Gottes willen, hören Sie? Ich befehle es Ihnen.*

Professor Julia ließ sie erst nach zehn Minuten wieder ins Bett legen. Er hatte Erfahrung.

Am folgenden Morgen wartete Andrée sehnsüchtig auf ihre zweite Übung. Der Grund: eines Tages wieder auf ihren zwei Beinen zu stehen. Professor Julia war für sie Bruder und Vater zugleich. Er würde sie schon wieder in die Waagerechte bringen.

Ein guter Heilgymnastiker verlangt jeden Tag mehr, als man leisten kann. Er bringt seinen Patienten bis zu der Grenze, wo die Anstrengung zum Schmerz wird. Die Orthopäden stellen Programme auf, obwohl sie wissen, daß sie nicht eingehalten werden. Die Mehrzahl der Verletzten, die einen Straßen- oder Arbeitsunfall erlitten haben, zeigen keinen großen Eifer, wieder auf die Beine zu kommen. Sie vergraben sich in ihrer Invalidität und glauben, daß sie so lange wie möglich so arbeitsunfähig wie möglich bleiben müssen, wegen der Kranken- oder der Sozialversicherung; in Wirklichkeit wollen sie hauptsächlich sich selbst ihre eigene Schwäche beweisen und wollen sich davon befreien, reagieren zu müssen. Die Heilprogramme werden dadurch nur noch strenger. Diejenigen, die einen Heilprozeß anstreben, werden ohnehin an die Grenze des Menschlichen gebracht.

Andrée gehörte zu diesen letzteren. Die Aufgabe beim Heilprozeß, die Professor Julia ihr stellte, tat ihr – rein physisch – furchtbar weh. Immer wenn sie glaubte, eine Schwierigkeit überwunden zu haben, wartete der Professor schon mit einem neuen Problem auf sie. Also wozu das alles? Nach jeder neuen Etappe hatte sie zwei verzweifelte Tage und teilte Professor Julia telephonisch mit, daß sie bei ihrer Wiederherstellung nicht mehr mitmachen könne.

Am 3. Februar, also acht Wochen nach ihrem Unfall, brachte sie es zum erstenmal fertig, sich allein in ihrem Bett aufzusetzen. Sie ließ Dr. Puylaurens rufen, der in der Klinik war, um ihm diese Heldentat vorzuführen: sie brauchte einen Zeugen, damit ihr Erfolg gebührend gewürdigt wurde. Ihre Devise, eines Tages wieder auf den Beinen zu stehen, war ihr einziger Gedanke geworden, eine fixe Idee.

Geschenke und Besucher mehrten sich. Erdbeeren und grüne Bohnen außerhalb der Saison, Champagner, und zwar der beste. Man versucht, mit dem Unglück des anderen fertigzuwerden, indem man das Teuerste kauft. Liebes und kindisches Bedürfnis, die unerträgliche Wirklichkeit aus der Welt zu schaffen. Fast rituelles Schenken von Orangen im Krankenhaus: man glaubt, im Winter den Sommer zu bringen.

Man erzählt dem Kranken, er sei gar nicht krank. Die Kranken – nun ja! Sie müssen ihre Krankheit ertragen.

Man sagte Andrée:

„Es geht ganz phantastisch. Was für ein Fortschritt!“

Sie machte ein zweifelndes Gesicht.

„Sie haben sich selbst vor fünf Wochen nicht gesehen", fügte man in aufmunterndem Ton hinzu.

Ja, sie hat sich im Spiegel gesehen. Schön. Endlich eingerichtet. Endlich nicht mehr in finanzieller Not. Befreit – vom Studium, von der Familie, von der Armut. Es waren kaum fünf Jahre gewesen, die sie wirklich gelebt hatte, in denen sie sich zu leben erlaubt hatte.

Ja, sie hat sich selbst vorher gesehen. Und diejenigen, die von Fortschritt sprachen ...

Mit einem Schlag war alles plötzlich wieder weggenommen. Anfang wieder bei Null, bei minus hundert, bei minus hunderttausend. Das Leben schenkt einem nicht die Zeit, zweimal zu leben. Sie würde nie mehr das werden, was sie vor ihrem Spiegel gewesen war.

„Was würde Ihnen Spaß machen?" fragte man sie leicht verzweifelt.

„Was ich möchte?" antwortete sie Jacques de Péchaudier, ohne lange zu überlegen, „weißt du, mein lieber Jacques, ich möchte in meine Badewanne gelegt werden, damit ich die Decke meines Badezimmers betrachten kann."

Sie hat die Decke mit einer Tapete mit Vogelornamenten bekleben lassen, zwei Monate vor ihrem Unfall. Erst nach unbestimmten Gewissensbissen und langem Zögern hatte sie sich diesen zweifelhaften Luxus erlaubt: im Badezimmer tat sie so, als hielte sie sich für eine Kokotte. Herr Chaput-Malar – „die Gegenpartei" – hat ihr mit seinem Auto nicht die Zeit gelassen, dieses Vergnügen auszuschöpfen.

Wie sollte sie das Jacques erklären, der trotzdem der einzige war, dem sie gesagt hatte, was sie gern wollte, vielleicht, weil er mit leeren Händen zu ihr gekommen war. Wie sollte sie ihm erklären, daß die Ansicht der Zimmerdecke ihre einzige Perspektive war? Sie lebte auf dem Rücken liegend. Die Decke der Klinik bestand aus schalldämpfenden Platten, deren Quadrate wie ein Schachbrett aussahen. Jedes Quadrat bestand aus siebenundzwanzig Reihen von siebenundzwanzig Feldern. Die Gedanken verloren sich dabei in unzähligen mathematischen Kombinationen.

In den Augenblicken, wo sie sich am besten fühlte, am frühen Morgen, dachte Andrée Castell-Mauroux, daß man doch Dr. Poudis fragen sollte, ob eine so aufdringliche Anordnung von Quadraten nicht schädlich für die Patienten war.

Außer den kurzen und ruhigen Momenten der Meditation im Morgengrauen ist sie von der Außenwelt völlig isoliert. Sie denkt nur an ihre Muskeln. Schlafen für die Muskeln. Essen für die Muskeln. Ein dunkler Enthusiasmus zwingt sie, sich zu erheben, nur um Muskeln zu bekommen.

Kein einziger Spiegel im Zimmer. Schwester Lacroisille hat sie alle weggeräumt. Das ist ein Zeichen, daß sie eine gute Schwester ist. Und Andrée weiß, warum. Sie hat ihr Gesicht mit den Händen betastet, sobald sie die Arme bewegen konnte. Heimlich, in einer einsamen Stunde, zwischen dem Mittagessen und der Behandlung, zieht sie die Dose mit den Karamelbonbons zu sich heran, öffnet sie mit großer Mühe und erlaubt sich, als sie wieder Kräfte gesammelt hat, sich im Inneren des Deckels zu betrachten. Das Metall ist gelblichweiß und kaum poliert, außerdem ist die Fläche gewölbt. Das Bild ist verzerrt, gedunsen. Sie erlaubt sich das – aber weiß sie es? –, weil das Bild undeutlich bleibt. Man kann hineinschauen und immer noch hoffen, daß es in Wirklichkeit anders aussieht.

Krankengymnastik von 9 Uhr 30 bis 10 Uhr. Am Nachmittag eine halbe Stunde Korsett. Dann jeden Tag etwas länger. Als man sie in den Sessel setzte, hatte sie noch Schwung, als man sie ins Bett zurücklegte, war sie völlig zermürbt, und der Schmerz, der ihren ganzen Körper erfaßte, führte täglich zu einem Weinkrampf. Ein Geräusch, eine Störung, die Aussicht, auf eine Frage antworten zu müssen, riefen in ihr eine Verzweiflung hervor, die nie ein Ende zu haben schien.

Mit einer kreischenden und überschrillen Stimme, die sie bei sich selbst nie gehört hat, schreit sie ihre liebe Susanne an, sie solle sofort das Zimmer verlassen. Die arme Putzfrau ging im Zimmer 12 herum und räumte mal hier, mal da etwas auf, einzig weil sie den Gedanken nicht ertragen konnte, daß Fräulein Castell-Mauroux etwas brauchen und niemand dasein könnte, der es ihr gab.

Ich muß Susanne zurückrufen und mich entschuldigen. Sie bringt es nicht fertig und nickt ein, wird wieder wach von dem Gefühl, Susanne trösten zu müssen, findet dazu aber keine Kraft. *Ach, warum, warum hat Chaput-Malar nicht besser getroffen, ein für allemal?*

ANDERTHALB Monate sind vergangen. Ihre Nägel waren gewachsen. Sie nahm die Nagelfeile aus ihrer Handtasche, die auf dem Nachttisch lag. Sie mußte beide Arme hochhalten. Nach dem dritten Zug mit der Nagelfeile fielen sie wieder herunter. Ausruhen. Dann wieder hoch. Wieder anfangen. Die Müdigkeit, mehr noch als die Unfähigkeit, rief neue Tränen hervor.

Die Handtasche war ganz in Unordnung. Die Polizisten hatten den Inhalt wieder hineingestopft, der in dem Augenblick, wo das frühere Leben zu Ende ging, herausgefallen war. Der Lack der Handtasche war durch einen langen Kratzer beschädigt, die einzige wahrnehmbare Spur von dem, was passiert war. Diese Handtasche und ihr Körper. Sie hat es nicht kommen sehen und hat überhaupt keine Erinnerung daran.

Andrée fängt an, diesen typisch weiblichen Inhalt der Handtasche zu ordnen. Auf ihrer Bettdecke beginnt sie, Stück um Stück, Schlüssel, Lippenstift, Taschentuch, Papiere, Quittungen, Aspirin auszubreiten. Ganz langsam. Sie hat sich auf verbotene Wege begeben. Sie weiß schon seit langem, daß sie eines Tages ihre Handtasche zu sich ziehen und daß es falsch sein wird. Sie verzögert den Zeitpunkt dieses Fehlers, indem sie aus ihrer Tasche lauter unwichtige Sachen herausnimmt. Bis zu dem Augenblick – man muß ihn so lange wie möglich aufschieben –, wo sie sich die Finger verbrennt bei der Berührung des allerletzten Gegenstandes ganz unten in der leeren Handtasche, der verhängnisvolle Augenblick, da Eva den Apfel nimmt.

Die Handtasche ist leer. Es bleibt nur die Puderdose. Sie öffnet sie mit einem Fingernagel. Auf der Bettdecke, in den Fingerspitzen eine geöffnete Puderdose.

Stille in ihr, Unbeweglichkeit in ihr. Sie weiß, wie man nach einem Unfall aussehen kann.

Der Arm hebt sich langsam zum Gesicht und hält den runden Spiegel davor.

Ein Bildnis im Spiegel, das Augenlid, das nicht aufgehen will. *Dieses Gesicht, das das Auge nicht aufmacht, wenn ich will, daß es mich so anschaut, wie ich es anschaue.*

Der Arm senkt sich.

Bis fünf Uhr nachmittags macht sie nichts anderes als diese Bewegung, ganz langsam, mechanisch. Dann klappt sie die Puderdose zu und legt die Handtasche auf den Nachttisch zurück.

„Sie haben sich die Augenbrauen ausgezupft“, bemerkt Schwester Lacroisille.

Die Schwester wußte, daß Andrée Bescheid wußte. Andrée hatte sich nichts anmerken lassen. Nur Schwester Lacroisille spürte drei Tage lang, daß mit ihr etwas los war. Drei Tage lang hat sie bei der Gymnastik keinen Fortschritt gemacht.

Arme heben, Beine biegen, wozu das alles? Das Augenlid heben, ja, aber.

Ptosis des oberen Augenlids. Oder noch schlimmer.

Sie bemerkte wohl, daß die Chirurgen miteinander flüsterten. Sie brachten Augenärzte mit, öfter als vorgesehen. Sie sprachen von einem großen Bluterguß – „was nach dem Eingriff von Poudis nur natürlich ist" –, der das Lid blockieren mußte. Dann verschwanden die Chirurgen im Gang.

Mein Gesicht ist verunstaltet.

Am achtzigsten Tag stützte Professor Julia sie auf Krücken. Es ging nicht darum, das Gehen im wahren Sinne des Wortes wieder richtig zu lernen: Die untere Gelenkfläche für das Kniegelenk war, nach den Röntgenaufnahmen zu urteilen, noch nicht genug gefestigt, daß Andrée sich auf ihr linkes Bein hätte stellen dürfen. Doch wenigstens der übrige Körper mußte sich an eine merkwürdige Art der Fortbewegung gewöhnen. Das ganze Gewicht auf eine Krücke. Die andere hochheben und nach vorne schieben. Das Körpergewicht auf die vordere Krücke verlegen, die hintere Krücke nachschieben und so weiter. Das ist nichts Selbstverständliches. Die Achselhöhlen, die Schultern, der Rücken müssen sich Anstrengungen anpassen, für die sie nicht geschaffen sind.

Die Furcht, auf Krücken gesehen zu werden. Jeden Tag erfand Andrée einen neuen Grund, um den Besuch von Professor Saint-Joux und seiner Familie aufzuschieben, freundliche Gesichter früherer Sonntage.

Nun sind sie da.

Zum erstenmal seit dem Unfall ist ihr der Hals wie zugeschnürt. Jean-Louis, neunzehn Jahre alt, wird aschgrau. Der Professor schiebt ihn am Ellbogen auf den Gang hinaus.

Der Verletzten ist ihre Verunstaltung weniger unangenehm als das Unbehagen, das sie bei anderen Leuten hervorruft.

Sollte sie verunstaltet, häßlich bleiben, so würde sie sich auf die Behandlung von Leprakranken spezialisieren. Sie würde als Ärztin zu ihnen gehen, in eine Welt, wo alle verkrüppelt und verunstaltet sind. Sie wären die einzigen, mit denen sie in der gleichen Welt leben würde. Bei ihnen würde es nicht jenen Sekundenbruchteil geben, jene Pause, die ein Fremder braucht, bis er sie ohne Stocken ansprechen kann.

Sie war eine Frau, die das alles schaffen würde, ohne große Worte: zwei Jahre Spezialstudium, dann Afrika.

Sie entschloß sich, Informationen einzuholen, verlangte Material über Lambarene.

Sie stellt fest: „Das Schwierigste ist, Geduld zu haben. Unbequem, wenn man ganz am Ende ist."

Der Besucher wiederholt immer wieder: „Als ich im Sanatorium war, war es auch . . ."

Als er geht, wiederholt er: „Ich bin ein ganzes Jahr im Sanatorium gewesen. Ich weiß, wie das ist. Jedenfalls sollst du wissen, daß es jemanden gibt, der dich versteht, der dir bei deinen Leiden zur Seite steht."

Andrée macht sich nicht die Mühe zu diskutieren. Der Besucher kann es nicht verstehen, er sieht nicht den grundsätzlichen Unterschied. Darüber muß sie mit sich selbst diskutieren.

Nachdem sich die Tür hinter all den Höflichkeitsbekundungen geschlossen hat, analysiert Andrée diese Zeichen der Sympathie. Als sie alles gut überdacht hat, antwortet sie im Geiste, ohne sich etwas vorzumachen: *Nein, du kannst es nicht verstehen; als du aus dem Sanatorium herauskamst, wußte es niemand.*

Bedächtig, ganz laut, sagt sie im Zimmer 12, wo sie allein ist: „Ja, mein Lieber, es ist auf mein Gesicht gezeichnet, und so werde ich es tragen."

Sie wiederholt es, wieder und wieder, zum zwanzigsten Mal bohrt sich dieser Satz wie eine Stricknadel in ihr Nervengeflecht. Glauben Sie nicht, daß der einundzwanzigste Schnitt mit dem Stilett weniger schmerzhaft ist als die vorherigen, man kann sich nicht daran gewöhnen. Es tut weh, und sie weint. Sie weint weder aus Rührung noch aus Verzweiflung; sie weint genau so, wie Sie weinen würden, wenn man Ihnen die Arme ausrenkt. Man hat ihr Gesicht zerschlagen, man hat ihr das ganze Leben zerschlagen. Sie ist sie, und sie ist nicht mehr sie selbst. Ihr Inneres fordert sie dazu auf, ihr früheres Leben fortzusetzen, das, was sie durch ihr Studium und ihre Lebenserfahrung erworben hat. Auch all ihre Wünsche. Sie ist ganz darauf ausgerichtet.

Aber auf ihrem Gesicht trägt sie etwas, was sie in eine ganz andere Richtung drängt.

Drei Monate blieb das Auge zu. Das andere öffnete sich, wenn sie beiden Augen den Befehl gab, sich zu öffnen. Das linke Auge blieb zu. Drei Monate, in denen sie nicht wußte, ob das Auge sich öffnen würde, noch, was sie sehen würde, wenn es sich öffnen sollte. Die Angst, die in der Magengrube sitzt bei dem Gedanken, daß sie sich nach ihrer Genesung morgens im Spiegel betrachten muß.

Tagsüber bewahrt man den Besuchern gegenüber Haltung. Aber in der Nacht? Dann ist sie ganz allein, sich selbst überlassen, und blickt der Zukunft, der Wahrheit ins Auge. Wer zählt die Tränen, die um zwei Uhr nachts in Krankenhauszimmern vergossen werden?

Wer hat ihr davon erzählt? Sie erinnerte sich an ihre Patienten. Sie war gütig, sanft, geschickt gewesen. Hatte sie aber ihre Einsamkeit um zwei Uhr nachts geteilt? Manchmal führte sie eine dunkle Vorahnung ganz verwirrt spät in der Nacht zu ihren Betten. Doch es kam dann immer der Augenblick, wo man einschlief und den Patienten wieder im Schweigen versinken ließ.

Allein. Das Wort allein gibt es nur in der Einzahl.

Die Nacht in Zimmer 12 der Klinik von Craponne. Die Stunde der Einsamkeit schlägt immer, wenn die Tür zugeschlagen wird. Siebenundneunzig Nächte, alle gleich, alle zum Verzweifeln, zum Wahnsinnigwerden, lang andauernde Wogen, hoch und nieder schlagend, ohne Ende, selten durch einen Tränenanfall geglättet.

Um dem zu entkommen, nahm Andrée jeden Abend ein Schlafmittel. Plötzlich ist sie in Versuchung, beide Augen zu schließen, für immer. Dieser dumme Chaput-Malar, hätte er den Auftrag des Schicksals nicht ohne Umschweife ausführen können?

TRIUMPH der frühen klaren Morgenstunden, in Erwartung der Krankengymnastik. Professor Julia kam jeden Dienstag und Donnerstag vorbei, um sich von den Fortschritten zu überzeugen. Sie tat ihr möglichstes, um seinen steigenden Anforderungen zu entsprechen. Schmerzen im Oberarm beim Armheben; Schmerzen in den Knien beim Beinebiegen; Unterleibsschmerzen beim Versuch, sich hinzusetzen; Schmerzen überall beim Versuch zu stehen. Sie hatte sich schon immer mehr Mühe gegeben als nötig, um gute Noten zu bekommen, die sie zwar immer bekam, deren sie aber nie sicher war.

Schon in der Volksschule hatte Andrée die Berufung zur Medizin gespürt – zuerst wollte sie allerdings Krankenschwester werden –, und niemand wußte, wie dieses schöne kleine Wesen auf die Idee kam, sich ausgerechnet der Behandlung von Krankheiten zu widmen. Jedenfalls war diese Berufung eine Realität, Andrée hatte da nie

Zweifel gehabt. Und im Gymnasium hatte für sie festgestanden, daß sie nichts anderes als Ärztin werden wollte. Als nach und nach Klassenarbeiten, die Reifeprüfung, die Aufnahmeprüfungen für die Universität auf sie zukamen, wurde das alles zu natürlichen Etappen auf dem Weg zur Ausübung des Arztberufes.

Andrée stammte aus dem Volk. Sie verbrachte ihre harmonische Kindheit in einem Viertel, wo die Note „genügend" für eine wirkliche Zukunft nicht ausreichte. Mittelmäßigkeit genügt nur für denjenigen, der sich damit begnügt, sich gerade über Wasser zu halten. Für Andrée galt es, mehr zu leisten, ständig die Aufmerksamkeit der Lehrer und Professoren auf sich zu lenken. Das geringste Nachlassen, und sie vergaßen dich, du warst versunken in der Masse der Menschen ohne Beziehungen. Eine von ihren Vorfahren ererbte Unsicherheit hinderte sie, jemals mit sich selbst zufrieden zu sein. Keine der Stufen, die sie hinter sich brachte, war für sie ausreichend: Gymnasium, Universität, Externat, Assistenzarztzeit.

Professor Julia legte jetzt neue Etappen für sie fest. Sie überwand sie mit dem gleichen guten Willen wie die vorherigen und mit den gleichen Zweifeln und der gleichen Freude.

Vorsicht! Es genügt ja nicht, sich die Knochen im Auto zu brechen, um das Wesen der Krankengymnastik zu begreifen. Gleich nach dem Unfall hatte es Andrée richtig erraten: Es galt, zu einer Schwester von Janine Charrat oder von Jacqueline Auriol zu werden, damit der Berufungswille den Tod besiegte. Es kam vor, daß sie ganz bleich vor Angst wurde, wenn sie die Schritte von Professor Julia hörte. Welche neuen raffinierten Torturen hatte er wieder mit ihr vor?

Innerhalb einer Stunde verbrauchte ihr Enthusiasmus alle Kräfte, die sie einen ganzen Tag lang gesammelt hatte. Die übrigen dreiundzwanzig Stunden hatte sie Schmerzen und keine Kräfte. Trotzdem fing sie am nächsten Morgen von neuem an.

Das frühere Leben ist in das Zimmer 12 eingebrochen: Fräulein Castell-Mauroux hat am 1. März vor dem Fernsehapparat, als sie sich einen Film mit Evelyne Toulza anschaute, das Gefühl der Eifersucht wiederentdeckt. Die Schauspielerin war sehr schön. Immer wieder kamen Großaufnahmen. Zwei Augen. Zwei Augen, die gleichzeitig auf- und zugingen.

Als Andrée merkte, wie lächerlich dieses Gefühl war, schaltete sie den Apparat aus, war böse mit sich. Dennoch kam sie von dem Bild nicht los – nach drei Monaten Krankenbett in der Klinik kreisen und kreisen die Gedanken um jedes Ereignis. Zufällig hatten gerade im vorhergehenden Sommer die Ärzte beim Mittagessen öfter über den Selbstmord von Evelyne Toulza gesprochen. Man sprach von der Magenspülung. Es war mehr als ein spektakulärer Selbstmord gewesen.

Andrée kommt zu der Überzeugung, daß hinter dem schönen Gesicht, hinter dem schönen ungeflickten Mund, hinter den beiden Augenbrauen, die gleichzeitig funktionieren, sich auch für Evelyne Toulza schwerwiegende Probleme verborgen haben. Andrée lernt die Weisheit verstehen, die uns lehrt, sich nicht von Äußerlichkeiten beeindrucken zu lassen. Danach bittet sie den Krankenhausgehilfen Alonso, den Fernsehapparat wegzuschaffen.

Jacques de Péchaudier, gerade aus Paris zurück, wo er einen Antrag zur Gründung einer eigenen Klinik in Oullins gestellt hat, sitzt auf dem Bettrand (verboten für die Angehörigen, bei den Ärzten üblich).

„Das wahre Problem“, sagt er, „ist jetzt dieses Auge.“

Ach! Jacques, mein lieber Jacques, mein guter Doktor Péchaudier! Plötzlich ist Andrée von Dankbarkeit erfüllt. Mit einem einzigen Satz hat Péchaudier die Mauer all der gutgemeinten Ermutigungen, der optimistischen Ausweichphrasen, der Erklärungen um jeden Preis durchbrochen. Einige Sekunden lang ergießt sich durch diese Bresche das in der Einsamkeit entstandene Angstgefühl. So gibt es doch hier auf Erden jemanden, der das wahre Problem – das Auge – erfaßt hat. Es war, als hätte Péchaudier ihr für einen Augenblick das Gewehr aus den Händen genommen, um selbst Wache zu stehen bei ihrer Angst, damit Andrée wieder atmen kann.

Andere Besucher sprachen mit ihr über das Wrack ihres Wagens. Und natürlich kam dann die Rede auf die hohen Reparaturrechnungen, die irgendein Bekannter zu bezahlen hatte. Alle diese unglücklichen Menschen besaßen jedoch ihre Arme und ihre Beine. Sie kamen aus einer anderen Welt, wo sie anscheinend ihre Sorgen hatten. Andrée aber gehörte nicht mehr zu dieser Welt.

Mit der Zeit werden die Besucher selten. Man wird nicht mehr zweimal in der Woche von ihnen gestört. Andrée stellt es fest, ohne es zu bedauern. Sie lebt nur, um im nächsten Sommer das Abenteuer des Gehens zu wagen.

Als Professor Julia aus dem Osterurlaub zurückkam, wollte er, daß sie sich auf das linke Bein stellte.

Am hundertneunzehnten Tag fing sie an zu gehen.

Man muß es so nennen, weil die Krankengymnastiker es so bezeichnen; man nennt es Gehen, dieses angestrengte und künstliche Sichfortbewegen von einem Bein auf das andere, die Beine am Boden schleppend, die Achselhöhlen auf der Krückenpolsterung verkrampft.

Es kommt aber ein Morgen, an dem das Zimmer nicht mehr geräumig genug ist. Das Ziel dieser Woche: eine Runde im Gang. Fünf Meter weiter – das kommt dann später – eine Flügeltür, die den Zugang zum großen Flur verbarg. Dort kreuzten sich alle Dienstwege der Klinik. Jahrelang hatten dort eilige Stimmen gefragt, ob man Dr. Castell nicht gesehen habe.

Tag für Tag schaute Andrée gierig in die Richtung des Korridors, konnte an nichts anderes denken als an dieses Gelobte Land. Jedoch ging in ihr am hundertsiebenundzwanzigsten Tag mittags die Welt unter, als sie durch das Radio vom Schiffbruch der drei Astronauten von Apollo dreizehn erfuhr.

„Es ist erstaunlich", sagte Professor Julia am nächsten Tag, „kein einziger Journalist hat darauf hingewiesen, daß wir Zeugen des Ikarussturzes sind."

Nein, nicht gerade Ikarus. Andrée mochte Ikarus nicht. Er hatte sich selbst fallenlassen.

Andrée ist mit den Astronauten in der Kapsel.

„Sie können noch durchkommen", sagte sie mit ernster Stimme.

Sie waren außerhalb der Existenzgrenzen, vage konnte sie die Nebel jenseits der Welt erkennen, durch die sie selbst gegangen war. Sie hätte ihnen gern gesagt, daß man sich auch in diesem Nebel richtig verhalten kann. Janine Charrat ist durchgekommen. Jacqueline Auriol ist auch durchgekommen. Andrée Castell-Mauroux war dabei durchzukommen. Sie hatte ihnen gegenüber hundertsiebenundzwanzig Tage Vorsprung.

Mit Stolz erkannte Andrée, daß der Kommandant, James Lovell, Haltung zeigte. Zu weit nach rechts gelenkt – in der Atmosphäre verbrennen; zu weit nach links – in der Leere der kosmischen Weiten verschwinden. Zwischen den beiden Möglichkeiten ein ganz schmaler Pfad, und es gibt keine andere Lösung, als genau auf diesen Pfad zu gelangen. Mit großer Bescheidenheit half Lovell dem Bodenpersonal in Houston bei den Berechnungen, so wie Andrée die Transfusionen über sich hatte ergehen lassen. Genau wie sie besaß Lovell eine Gabe, die sie nicht beschreiben konnte. Er war entschlossen, sein Leben weiterzuführen, solange noch etwas von ihm übrig war. Das Letzte, der Tod, war nicht mehr seine Sache, und für diese Angelegenheit verlor er weder Zeit noch Kräfte, die ohnehin nur knapp bemessen waren. Er gehörte zu denen, die instinktiv wissen, daß das wichtigste ist, auf die richtige Spur zu kommen. Andrée sah, daß er mit Genauigkeit das Ziel Leben ansteuerte.

Sie schaltete ihr Radio von einer Welle zur anderen. Sie bat sogar wieder um ihren Fernsehapparat. Doch ihre mittägliche Ruhepause hielt sie ein, genau wie Lovell dort oben; sie beide wußten doch, daß man, wenn man den Stundenplan nicht einhält, im falschen Augenblick kostbare Tröpfchen Energie verbrennt.

Sie erlebte gemeinsam mit den drei Astronauten das banale Glück, daß die Rückkehr in die Atmosphäre nicht tödlich verlief, dann die seltsame Banalität, die Kapsel auf dem Wasser schaukeln zu fühlen: das Leben war etwas so Normales. Sie führten Andrée mit zur Erde zurück; als sich die Luke in ihrer Kapsel über den Wasserwogen öffnete, platzte auch der Kokon, in dem sie vier Monate lang eingeschlossen war: sie wird nun wieder Zeitung lesen.

Nach dem Erlebnis dieser drei Tage fühlte sie sich auch auf der richtigen Bahn. Die Bewegungen auf den Krücken waren nicht leicht, aber jede lohnte sich. Es kam das Bewußtsein eines unaufhörlichen, schnellen Fortschritts. Ohne ein einziges Mal zur Wand auszuweichen, erreicht sie endlich die Flügeltür. Sie schafft es, einen der Flügel zu öffnen. Ihre Krücke landet endlich im großen Flur.

Am anderen Ende kommt ihr Dr. Puylaurens entgegen.

„Sehen Sie, wie es geht“, sagt sie zu ihm in einem humorigen Ton, der ihren Stolz tarnen soll.

Puylaurens, Kollege und brüderlicher Zeuge bei den Berufserfolgen. Über die Krücken gebeugt, mit vor Anstrengung zusammengepreßten Lippen, sucht sie nach dem Blick eines Meisters, eines Freundes. Ihres Vaters. Sie richtet einen strahlenden Blick auf Puylaurens. Sie erwartet Bewunderung. Sie sieht aber Mitleid.

Als er Andrées Stimme hört, hebt er den Kopf, und statt Fräulein Castell sieht er einen mageren Hampelmann, auf Chromgestellen hin- und herschaukelnd, den der Krankengymnastiker eigentlich jeden Augenblick vor dem Umfallen bewahren müßte.

In fünf Jahren Tätigkeit in der Klinik hat Andrée gelernt, Puylaurens' Diagnose intuitiv zu erfassen. Sie liest von seinem Gesicht ab, daß er sich zwingt, sie anzuschauen. Sie sieht sich mit seinen Augen: eine Apparatur aus Stoff und Chrom, abstoßend, Beine ohne Muskeln, herunterhängender Morgenmantel. Und dazu noch ein blindes Auge. Sie wird sich bewußt, daß sie bei dieser Prüfung durchgefallen ist.

Was für einen Blick hatte sie erwartet? Den Blick eines Freundes? Den Blick eines Arztes? Den Blick eines Mannes auf eine Frau? Ein Blitz schießt ihr durch den Kopf, und er erhellt das Panorama so vieler Nächte, in denen sie schlaflos herumtastete, zur Gewißheit: *niemand wird mir mehr ein Kind schenken.*

Ein Kind! Jetzt merkt sie, daß auch das auf ihrer Lebensbahn geplant war. In der Rolle, die sie hier auf Erden zu spielen hatte, sollte ganz selbstverständlich der Höhepunkt ein Kind sein. Ihr Leben war eine gut aufgebaute Mehrstufenrakete: jede Stufe brachte sie dem Kind näher.

Warum? Sie wußte es nicht. Sie spürte nur, daß sie, wenn sie sich dieser uralten Berufung hingab, keinen Fehler beging. Für ihren Vater, das war offensichtlich, war es eine Selbstverständlichkeit gewesen, daß sie ein Kind haben würde. Es war nie notwendig gewesen, dieses Thema zwischen ihnen anzuschneiden. Diese stillschweigende Übereinkunft mit ihrem Vater, die sich auch über seinen Tod hinauszog, verschmolz mit der Gewißheit, die beide miteinander teilten, daß die von Andrée eingeschlagene Lebensbahn ganz genau und einfach sein würde. *Ich werde kein Kind haben und werde meinen Vater verraten.*

Zum erstenmal in ihrem Leben begreift Andrée, daß sie nicht mehr auf ihrem Weg ist. Sie ist von ihm abgewichen. Wenn sie nicht mehr gefallen kann, wird sie auch kein Kind haben. Die Rakete, bei der die Steuerung versagt, fliegt einer ungewissen, unbedeutenden Zukunft entgegen: Leere. Die Angst vor der Leere.

Warum hat sich bis jetzt kein Mann fest an mich gebunden? Diese Frage nagt nun an Andrée. Ein Gedanke muß nicht unbedingt präzise sein, um einen schmerzlich zu treffen. Und dieser ätzt wie eine Säure.

Natürlich, man kann sagen: ein außergewöhnlich langes Studium ... Dann noch der Milieuwechsel als Folge ihres Studiums. Am Schauplatz ihrer Kindheit war sie zur Ente unter Küken geworden. Und welcher von den Jungen, die sie dort kannte, würde daran denken, sich an sie zu binden? Später dann, die Zeit als Assistenzärztin in den Krankenhäusern, eine geschlossene Gesellschaft, die sich völlig auf Arbeit und Ehrgeiz konzentrierte: Man heiratet nicht, man schläft miteinander, oder wenn schon, dann heiratet man nur die Tochter des Chefs.

Andrée, die ein solider und einfacher Mensch war, ahnte, daß so viele Erklärungen nur Ausflüchte waren. Sie war ein Mensch der Instinkte, und ihr Instinkt sprach ihr vom Kind. Sie trug dieses Kind in sich vom Anbeginn ihres eigenen Lebens, wie ihre Eltern sie in sich getragen hatten, und vor ihnen wieder deren Eltern. So viele Menschen um sie herum erwarteten von ihr, daß sie ein Kind zum Aufblühen brachte, das die Krönung ihres Daseins darstellen sollte. Sie brauchte nur noch einen Schritt zu tun, um das Kind, das diese Krönung sein sollte, hervorzubringen, und Andrée brauchte sich nur noch den Menschen, mit denen sie in einer Reihe stand, zuzuwenden und zu sagen: „Hier ist es."

Sie trug dieses Kind schon vom Anbeginn ihrer beruflichen Karriere in sich. Sie hatte immer gerade gelebt, und sie war geradewegs auf dieses Kind zugegangen, und wenn der Weg lang gewesen war, dann deshalb, weil das Kind so schön wie möglich hatte werden sollen.

Herr Chaput-Malar, der von links aufgetaucht war, hatte die unendliche Gerade im Schicksal der Castells durchkreuzt.

Nicht wiedergutzumachen.

Zu dieser Zeit erhielt Andrée eine Vorladung vom Untersuchungsrichter und beschloß, ihr Folge zu leisten. Man flieht, wann immer man kann. Die Sanitäter der Klinik brachten also diesen Hampelmann in ihrem Ambulanzwagen unter, luden ihn dann vor dem Justizpalast aus und stellten ihn auf seine Krücken.

Der Anwalt ihrer Versicherungsgesellschaft kam eigens mit dem Mistral-Zug angereist. Die Kosten für den Anwalt, Herrn Alby, wurden von der Versicherungsgesellschaft bestritten, die die Führung des Prozesses übernommen hatte, so daß der Anwalt sich über die Zahlungsfähigkeit seiner Klientin keine Gedanken zu machen brauchte: ein zusätzlicher Beweggrund, sich um ihre Akte nicht zu kümmern. Fräulein Castell-Mauroux interessierte ihn also nicht. Sie schenkte ihm kaum Aufmerksamkeit.

Sie sollte Herrn Chaput-Malar treffen, den man für den Zusammenstoß für verantwortlich hielt. Bis dahin hatte sie sich selbst verboten, an ihn zu denken. Jetzt verstand sie, warum. Indem sie sich Schritt für Schritt die Treppe zum Zimmer des Richters hinaufmühte, wurde ihr bewußt, daß dieser Herr Chaput-Malar, den sie nicht zu kennen glaubte, in ihrem Leben eine ungewöhnliche Bedeutung zu erlangen begann. Nie hatte irgend jemand, irgendein Mann den Verlauf ihres Lebens so radikal geändert. Es war unwichtig, daß das durch einen solchen Einbruch geschehen war. Es war nun mal geschehen.

Herr Chaput-Malar war seit fünf Monaten so mit seinen bevorstehenden Aussagen beschäftigt gewesen, daß er nicht darauf vorbereitet war, mit Fräulein Dr. Castell-Mauroux zu sprechen. Er berührte flüchtig ihre Fingerspitzen und stammelte einen langen Satz, von dem sie kein Wort verstand. Es ist ein Fehler der Versicherungsgesellschaften, daß sie es versäumen, für solche Fälle Anweisungen zu erteilen.

Natürlich hatte Andrée weder Entschuldigungen noch geheucheltes Mitleid erwartet. Also was dann? Ihrer Erwartung entsprach nichts, was im Bereich des Möglichen lag. Wenn man sie gezwungen hätte, diese Erwartung zu formulieren, so hätte sie geantwortet: „Sympathie." Sie hatte den Eindruck, daß der Kontakt ihrer beider Existenzen, so schrecklich er gewesen war, doch nach einer Fortsetzung verlangte. Fräulein Castell-Mauroux hatte kindischerweise geglaubt, daß sie wenigstens eine Andeutung von freundlicher Zuneigung zu spüren bekommen werde. Als Herr Chaput-Malar ihre Fingerspitzen berührt hatte, wurde ihr endgültig ihre Einsamkeit bewußt.

Herr Chaput-Malar bestritt sofort seine Schuld. Der Richter machte ihn darauf aufmerksam, daß er, laut Protokoll, seine Schuld anerkannt hatte.

Chaput-Malar schob sein voreiliges Geständnis auf den Schock, den er erlitten hatte. Der Anblick der blutigen Andrée Castell-Mauroux habe ihn völlig verwirrt.

„Das war kein schöner Anblick, Herr Richter."

Der Richter, der Verteidiger der Gegenpartei und der Rechtsanwalt Alby richteten auf Fräulein Castell-Mauroux einen vorwurfsvollen Blick. Andrée mochte nicht mehr angeschaut werden. Sie krümmte sich unter den Blicken, in deren Schnittpunkt sie saß. Das verstärkte noch ihr schuldvolles Aussehen.

Es gelang Rechtsanwalt Alby, die Situation zu meistern, indem er einen Ton galanter Nachsicht anschlug, der alle wieder ins Gleichgewicht brachte. Sowie er das Wort ergriff, interessierte sich Andrée nicht mehr für die Auseinandersetzung.

Als der Rechtsanwalt und seine Mandantin sich im Gang wieder trafen, befragte er sie in einer Weise über die Höhe des Schadenersatzes, daß Andrée beschloß, die große Dame zu spielen: sie war nicht mehr eine Studentin am Ende ihres Studiums, sondern eine diplomierte Ärztin in guter Position, der man ein ganzes Jahr ihres Lebens und ihres Berufslebens genommen hatte. Er fragte sie, ob sie viel Geld verdient hätte, nahm aber von ihrer Antwort keine Notiz. Ihn interessierte hauptsächlich das *pretium doloris*. Der Gedanke allein ließ sie verstummen. Wie sollte sie diesem Schwätzer die Dschungel beschreiben, die sich hinter diesen zwei lateinischen Worten verbargen? Dies ließ die Unterhaltung versiegen, und Rechtsanwalt Alby verabschiedete sich.

Zurück in der Klinik, nahm Dr. Castell-Mauroux, die immer schnell die Diagnose stellte und über die notwendige Behandlung entschied, sofort ihr Briefpapier und schrieb an die Versicherungsgesellschaft, daß sie ihren eigenen Rechtsanwalt mit der Wahrung ihrer Interessen beauftrage. Später, als Schwester Lacroisille ihr ins Bett geholfen hatte, fragte sie sich, die Augen gegen die Decke gerichtet, welcher Freund ihr jemanden empfehlen könnte, dem der Titel „mein Anwalt“ zukam. Aber bevor sie sich noch entscheiden konnte, überwältigte sie die Müdigkeit.

EINSAMKEIT lief über das Schachbrettmuster der schalldichten Decke und bewirkte bei Andrée ein Schwindel- und Übelkeitsgefühl, ohne daß eine Ohnmacht ihr Erleichterung verschafft hätte. Ihre Nerven waren zu sehr strapaziert worden.

Ich werde kein Kind haben. Die Gier nach Leben mündete in die Gier nach einem Kind, die nicht mehr gestillt werden konnte. Die Ziele der Gier änderten sich, sie war sich dessen bewußt. Die Gier nach Kleidern hatte sich nach dem ersten Gehalt gelegt. Ihr folgte die Gier nach Schmuck. Dann folgte ein Reisejahr. Dann kamen die Bücher.

Als sie sich die Reihe ihrer Begierden durch den Kopf gehen ließ, erlaubte sich Andrée Castell-Mauroux eine für den Psychiater interessante Auslassung. Zwischen der Periode des Schmucks und der Periode der Reisen hatte es nämlich einen Tag des Autos gegeben. Aber im Gegensatz zum Schmuck, der eine Dummheit war, erlaubte sich Andrée – ein bezeichnender Rest von Angst vor dem Was-wird-die-Familie-sagen – lediglich den Erwerb eines Kleinwagens. Die kleinen Maße des Fahrzeugs waren nicht unschuldig an der Schwere des Unfalls.

Wem wird sie es jetzt erklären – was? Alles und nichts, wie es der Zufall wollte – wie es ihr Vater erklärt hatte, als die Reihe an ihn kam. Diesem Kind wird sie nie die medizinische Wissenschaft beibringen, aber seine Existenz wird in Andrées Leben zum Zentralpunkt, zum Ausgangspunkt, der die Bücher, die Reisen, Studien, die Freude, Kranke zu pflegen, rechtfertigen und sie im rechten Maß halten wird.

Sein Vorhandensein wird ... sein Vorhandensein wäre ... starke Kontraktion des Plexus.

Warum ich, warum ich, warum ich? Sie wirft sich in ihrem Bett von einer Seite auf die andere, ohne ihr Gesicht entspannen zu können, das vom Gefühl der maßlosen Ungerechtigkeit, die ihr widerfahren ist, ganz verkrampft ist. *Warum ich?* Sie dreht sich in ihrem Bett herum, ihre Zehen verkrallen sich in den Matratzenrand. *Warum ich?*

Sie versinkt in eine neue Nacht, sie versinkt in eine Schläfrigkeit, in der alle die Träume und Projekte, die sie sich seit ihrer Jugend eingeprägt hat, wieder möglich werden. Alle fünf Minuten wird ihre Beruhigung wie durch einen Elektroschock unterbrochen, um sie daran zu erinnern, daß alle Träume, alle Hoffnungen durchgestrichen sind, weggekratzt, aufgehoben. *Warum ich?*

Andrée Castell-Mauroux wird ganz allein, ertrinkend, in Ebbe und Flut ihre hundertdreiundvierzigste Nacht durchschwimmen müssen.

Die Vorstellung, Schadenersatz und Schmerzensgeld zu verlangen, wurde Andrée unerträglich. Wenn es wenigstens dem Kind zugute kommen könnte. Unerträglich wurden auch die Klinik, die Freunde. Ausgenommen blieben nur der Heilgymnastiker und Professor Julia: sie unterwirft sich dem Ruf der Disziplin, und jeden Morgen erwacht in ihr der Schwung, die steifen Gelenke weiter zu trainieren. Andrée hat den schmalen Pfad gefunden und ihn eingeschlagen, ohne Rücksicht auf die Dornen, mit dieser düsteren und strengen weiblichen Besessenheit, die die Männer in Unruhe versetzt und verwirrt.

So wird ihr eines Tages angekündigt, daß sie bald ins Institut für Meerwassertherapie in Concarneau überwiesen wird.

Sie mußte unbedingt in ihre Wohnung.

Ihre Hand legte die Schlüssel auf das Garderobetischchen, und die Wohnung mit ihren geschlossenen Fensterläden antwortete mit einem Echo wie aus einer leeren Muschelschale. Alle Gerüche, alle Gegenstände waren da, wo sie hingehörten, bedeuteten aber nichts mehr. Andrée, auf zwei Stöcke gestützt, erwartete, daß eine andere Andrée aus dem Zimmer herauskam, um den Raum wieder zu beleben, aber diese Andrée war tot.

Durch die Zentralheizung waren alle Schuhe etwas hart geworden. Trotzdem schlüpften Andrées Füße leicht hinein, und es war ein merkwürdiges Gefühl, in diesen Schuhen stehend, die Laute der unverstandenen Sprachen früherer Zeiten zu vernehmen, Sportschuhe, Straßenschuhe, Schuhe zum weißen Kleid und Schuhe zum cremefarbenen Jackenkleid – hatte es eine Welt gegeben, wo Andrée abends vorhatte, ins Theater zu gehen, sich fragte, welche Schuhe am besten passen würden? Sie spürte in ihren Fingerspitzen die Erinnerung an die Handtasche, die zu ihren Tanzschuhen paßte, sie stand da im Halbschatten, als sei sie im Begriff, in den Grabkammern einer Pyramide Privatgegenstände einer vor viertausend Jahren einbalsamierten Pharaonin aufzulesen.

Puylaurens behauptet, es sei zu dunkel in der Wohnung. Es tut ihm leid, daß er das nicht natürlicher gesagt hat. Mit zu flotten Schritten geht er zu den Fensterläden. Fast schreit Andrée auf, er solle es nicht tun. Er öffnet die Läden. Ein schmerzlicher, aber notwendiger Schock. Andrée befreit sich von ihrer Vergangenheit.

Wenn Puylaurens geht, wird sie weinen, vielleicht sich umbringen. Wenn er aber nicht weggeht, wird sie mit diesem Knoten im Hals weiterleben können? Er kommt zu ihr und küßt sie auf die Stirn. Seine Frau Françoise fragt, wo die Koffer sind. Andrée weint.

Die Fagets, ein junges Ehepaar und Freunde von Andrée, warteten auf sie vor dem Schlafwagen in Quimper. Ohne die Gewißheit, daß sie von ihnen abgeholt wird, wäre diese Reise über ihre Kräfte gegangen.

In Concarneau nahm sie Meerwasserbäder. Die Gehstöcke blieben am Rande des Schwimmbeckens, und so mußte sie die Stufen hinabsteigen, wobei sie sich am Rohr des Treppengeländers festhielt. Die Stufen zum Schwimmbecken, eine Reaktion wie vor der Kamera, welches gesunde Mädchen würde da nicht die Pose einnehmen, wie man sie auf den Titelblättern der Illustrierten sieht? Den Blick in die Ferne gerichtet, Brust nach vorn, ein Knie hochgezogen, die Finger lässig auf das magische Treppengeländer gelegt. Du liebe Güte! Statt dessen mit Hilfe der beiden Hände rückwärts, mit eingefallener Brust und spitzen, abgemagerten Knien.

Der Schwimmlehrer setzte sich neben sie auf den Rand des Beckens. Beide hatten die Beine im Meerwasser. Sie mußte jede seiner Bewegungen nachmachen, mal das Bein waagerecht ausstrecken, ein anderes Mal wieder mußte sie mit der Ferse an der Wasseroberfläche das Bein beugen. Andrée spürte am oberen Ende ihres Schienbeins einen Schmerz, den sie bis jetzt noch nicht erlebt hatte.

Dann schickte man sie ins Schlammbad, dann kam sie zurück zur Massage, und anschließend ging sie ins Dampfbad. Zwischen zwei Runden wurde ihr erlaubt, für fünf Minuten in einen Liegestuhl zu sinken, kaum Zeit genug, um dem Herzen eine Schnaufpause zu gönnen.

Bereits am zweiten Tag kam noch die Behandlung in der Halle dazu. Ausgestreckt entdeckte Andrée über sich eine neue Art Decke: ein breitmaschiges Metallnetz, an dem nach Gutdünken ihrer Peiniger verschiedene Rollen mit Gewichten angebracht waren, die sie in den abnormsten Positionen zu bewegen hatte. Wenn wenigstens Professor Julia hier wäre, so hätte sie so tun können, als diskutiere sie mit ihm über die ganze Technik, und Andrée hätte sich sogar noch gut unterhalten in der Illusion, daß der berühmte Professor ihr einen zusätzlichen Unterricht erteilte. Jetzt, wo sie nicht mehr in der Klinik war, schwand das Sicherheitsgefühl, und damit schwanden auch die Möglichkeiten, die Müdigkeit zu kompensieren.

Dumpfes Läuten des Telephons am Kopfende des Bettes. Eine mühsame Armbewegung, um den Hörer abzuheben. Es ist Puylaurens.

„Es geht mir sehr gut, ja. Wie nett, daß Sie anrufen! Die lassen mich hier nicht arbeitslos, wissen Sie. Von wo rufen Sie denn an?“

Von der Klinik ... Dort, in ihrer Hand, mit ihr durch den Draht verbunden, ist die Klinik. So nah und so unerreichbar. Ein erstickendes Gefühl, daß man durch diesen Draht nicht in die mütterliche Wärme der Klinik zurückkehren kann. *Ich habe versucht, sie zu verlassen. Resultat des Experiments: ich bin keine Erwachsene mehr. Allein werde ich es nicht schaffen, das sehe ich jetzt.*

„Ich danke Ihnen, lieber Puylaurens, ich danke Ihnen von ganzem Herzen für alles, was Sie getan haben. Es war den Versuch wert. Aber das Experiment ist zu Ende."

Die Worte Puylaurens' am anderen Ende der Leitung sind undeutlich. Die Vergangenheitsform hat ihn aus der Fassung gebracht. *Nun ja, er wird antworten, daß nach zwei Tagen der Versuch ...* genau das, was sie auch gesagt hätte. Aber sie sagt sich das selbst nicht, und das verwirrt sie.

Professionelle Fragen von Puylaurens: Proteste, Ermahnungen, Ratschläge. Andrée spürt, daß ihre Stimme in der Kehle ganz dünn und gepreßt wird. Sie ist nicht imstande, ihre Antworten in medizinische Redewendungen zu kleiden. Sie wird nichts mehr erklären können. Niemandem.

Puylaurens wird die Taktik seines Angriffs ändern. Es ist besser, ihm die einzig vernünftige Entscheidung zu überlassen, nachdem das Experiment zu Ende ist.

„Machen Sie sich keine Sorgen. Ich würde mir ein Kurzwarengeschäft kaufen."

Eine Vision: Dr. Andrée Castell-Mauroux, die sich am Stock hinschleppt, um eine Rolle Baumwollstoff zu erreichen. *Ich habe so viel getan, und jetzt lande ich hier als Kurzwarenhändlerin in Concarneau.*

Das Faß lief über. Andrée fängt laut zu weinen an, es hat keinen Sinn mehr, sich zusammenzunehmen, Puylaurens hat es nun wohl oder übel verstanden. Was Andrée ärgert, ist, daß sie sich nach keiner Änderung sehnt. Sie leidet nicht mehr wegen der ihr zugestoßenen Ungerechtigkeit, sie rebelliert nicht mehr gegen ihre Invalidität. Das ist gefährlich. Puylaurens denkt bestimmt das gleiche, dort am anderen Ende der Leitung. Er rümpft immer die Nase, zweimal nacheinander, wenn er ein Krankenzimmer verläßt, wo die Wunden schlecht heilen. Andrée ist, wie man sagt, am Ende. Sie hat selbst oft Kranke gesehen, die am Ende waren. Jetzt entdeckt sie an sich selbst, was der Ausdruck bedeutet. Es ist das erste Mal.

Drei Tage nach ihrer Ankunft hatte sie einen freien Sonntag, um auszuschlafen. Man servierte ihr das Mittagessen auf der Terrasse ihres Zimmers mit Ausblick aufs Meer. Sie hätte nicht den Mut gehabt, sich auf ihren zwei Stöcken und mit ihrem Gesicht voller Narben zum ungemütlichsten Tisch zu schleppen, jenem Pranger, zu dem in den besten französischen Hotels alleinstehende Damen verurteilt werden. Im ersten Stock blieb Andrée in ihr Selbstgespräch vertieft und fragte sich, wie sie hier sechs Wochen aushalten sollte.

Sie schaute ungeduldig auf die Käseplatte, gequält wie sie war von dem Bedürfnis, den Kalkgehalt in ihrem Organismus wiederherzustellen, so wie andere von Durst gequält sind. Der Ober hatte ihr zusätzlich einen Bleu de Bresse auf die Platte gelegt, und sie dankte ihm dafür.

Vom Schlaf erholt und von Käse gesättigt, begab sie sich am Montagmorgen zum Arzt des Instituts. Andrée wußte nun wieder, was sie wollte.

Man mußte es wissen und wollen, um sich solchen Strapazen zu unterziehen. Von der Rudermaschine bis zum Standfahrrad und der Wassermassage aus dem Druckschlauch haben sich die Geräte und ihr Aussehen seit den Folterkammern des Mittelalters nicht geändert. Sie fragte sich manchmal, wozu das alles dienen sollte. Daß das, was sie über sich ergehen lassen mußte, keinen Sinn haben und keinen Nutzen bringen sollte, konnte sie nicht akzeptieren.

Nicht alle Patienten von Concarneau hielten das Programm bis zum Schluß durch. Die gesunden Autofahrer bilden sich zu Unrecht ein, daß ein Verletzter auf ein Fließband der Pflege gerät, das ihn bis zur völligen Genesung fortträgt. Brechen Sie sich die Knochen, das Krankenhaus wird sich schon um die Folgen kümmern? Keineswegs! Es wird Ihnen anheimgestellt, sich, diesmal freiwillig, zusätzlichen Schmerzen zu unterziehen. Es kommt ein Augenblick, wo viele Kranke auf halbem Weg einen Kompromiß schließen zwischen Invalidität und dem übermenschlichen Preis der völligen Heilung.

Am 25. Juli, der siebten Woche von Concarneau, der dreiunddreißigsten Woche nach dem Zusammenstoß mit Chaput-Malar, kam Andrée ohne Stöcke ins Hotel zurück.

Um ihre Rückkehr in die konformistische Kirche der Menschen auf zwei Beinen zu feiern, luden sie ihre Freunde von Quimper, die Fagets, in das Restaurant „Bei Melanie“ in Riec-sur-Belon ein: zwei Sternchen im Michelin-Reiseführer.

Seit sechs Monaten war für Andrée die gestreckte Lage beim Transport im Krankenwagen eine natürliche Haltung geworden; dreißig Kilometer Sitzen auf den weichen Polstern eines Autos erschütterten ihre Eingeweide bis zur Grenze des Erträglichen.

Nachdem sie die Kopfstütze abgelegt hatte, behielt sie trotz der sommerlichen Wärme das eiserne Korsett unter ihrem Kleid an. Jedesmal, wenn sie aufstand, kam ihr das Märchen von der kleinen Seejungfrau in den Sinn: „Du behältst deinen schwebenden Gang, aber bei jedem Schritt ist dir, als ob du auf scharfe Messer trätest."

Aber es ist kein Prinz da, so lachte sie sich selbst innerlich aus. Also für wen? Für die Leprakranken, für die Kranken von Craponne? Nichts als Ausreden! In Wirklichkeit ist es für das Kind. Anders gesagt, für gar nichts.

Bei ihrem zögernden Eintritt in den Speisesaal, an den Armen der beiden Fagets, zog sie die Blicke auf sich, und der Lärm der Unterhaltung wurde etwas gedämpfter. Das war ihr peinlich.

Andrée zog wie jede Frau, die die Schwelle eines Restaurants überschreitet, die Aufmerksamkeit auf sich. Jetzt jedoch glaubte sie Mitleid zu spüren, und sie hätte am liebsten den Männern, deren Gefühle ihr gegenüber viel banaler waren, ins Gesicht geschlagen.

Für diesen Ausflug hatte sie sich einen Knoten machen lassen, stolz wie eine Fregatte. Ihre dunkelblonden Haare, die Schwester Revels Schere nicht zum Opfer gefallen waren, waren ihr einziger Stolz. Sie waren unversehrt geblieben, wie vor dem Unfall. Sie stellte sie fast herausfordernd zur Schau. Starke Schminke verdeckte das noch rötlich schimmernde Netz der Narben, und wenn Andrée das rechte Auge niederschlug, sah man sie mit zwei gesenkten Augen. Außerdem war es in diesem Sommer Mode, große, runde Sonnenbrillen zu tragen, und Andrée hielt mit der ihren schon fast einen Rekord.

Sie stürzte sich auf den mit Estragon zubereiteten Hummer und äußerte den Wunsch, als zweiten Gang noch einen zu essen. Sie widerstand den sanften Protesten der Wirtin: der einzige Vorteil ihres Zustandes bestand in dem Recht, kreuz und quer zu essen, Hauptsache, es war viel. Mit einer Handbewegung wies Faget Frau Rouat an, sich zu fügen.

Andrée hatte den Fehler gemacht, nicht darüber nachzudenken, daß die Wirtin aus dem Grunde zunächst nicht auf ihren Wunsch eingegangen war, weil sie ihr als Gast nicht anders vorkam als alle anderen. Von vorne gesehen, verliehen Schminke und Brille dem Kopf etwas Hochstaplerisches, das, wenn man den Kopf von hinten betrachtete, im Kontrast zu der vornehmen, aristokratischen Linie ihres Knotens stand; dieses Mißverhältnis hatte die Wirtin vielleicht gegen ihren Gast voreingenommen.

„Ich habe zuviel gegessen ...“ seufzte Andrée nach dem Dessert. Sie merkte, daß sie zum erstenmal seit ihrem Unfall über den Genuß eines vollen Magens sprach. Die Genußsucht, die sie früher in allen Lebensbereichen gezeigt hatte, war, wenigstens was Hummer betraf, wieder erwacht: die Ärztin Castell-Mauroux war sichtlich zufrieden mit der Rekonvaleszentin Andrée.

Vor der Rückkehr in die Klinik von Craponne mußte Andrée noch ihre Mutter besuchen. Traditionelle Endstation aller Rekonvaleszenten. Für Andrée war es unvorstellbar, daß sie darin eine Ausnahme machen konnte. Sie mußte die neugierigen Blicke der Nachbarinnen über sich ergehen lassen, die sich beeilten, zu Besuch zu kommen. Kaum waren sie eingetreten, wußten sie nicht mehr, wie sie sich benehmen sollten. Was war richtig – zu kondolieren oder zu beglückwünschen? Genesungswünsche wären zu spät gekommen, und die Klatschtanten hatten Angst, daß sie damit zum Ausdruck brächten, es seien noch viele Schäden zu beheben.

In der Familie vermied man peinlichst, über das einzige Thema zu sprechen, das alle im Kopf hatten. Da man sich darüber nicht unterhalten konnte, kam auch kein anderes Thema auf.

Andrée vermied es, zum Einkaufen zu gehen. Solange sie noch in der Klinik gewesen war, hatte sie nie unter den brennenden Blicken, die sich auf ihre Wunden hefteten, gelitten. Alle kannten ihr neues Aussehen, bevor sie selbst sich dessen bewußt wurde. Sie sehnte sich danach, sich wieder in der Klinikatmosphäre zu verbergen; dort gehörten Wunden, Blut und Schmerz so zum Alltag, daß man sich nicht mehr mit ihnen befaßte als in einem Lagerhaus mit der Ware.

Dr. Castell-Mauroux nahm ihren Dienst am Montag, dem 14. September, wieder auf, so wie sie es mit den Chirurgen vereinbart hatte. Das war der Tag, wo nach Urlaubsschluß die Liste der Diensthabenden wieder komplett war. Sie hatte schon festgestellt, daß der Obus sie direkt zu ihrer Arbeit bringen würde. Sie hatte geglaubt, in Lambarene zu landen, und war nun doch wieder in Craponne.

Als sie wieder die große Halle betrat, stürmte zum erstenmal in ihrer beruflichen Laufbahn das Bild der Morgenröcke auf sie ein, die sich auf weichen Pantoffeln zwischen den Zimmern und den Toiletten hin- und herbewegten. Die blauen oder dunkelroten Morgenröcke waren eine Art Uniform, genauso wie die rosa Schürzen der Zimmermädchen und die weißen Häubchen der Krankenschwestern. Die Kranken und das Personal begegneten einander mit dem gleichen Ausdruck liturgischer Ernsthaftigkeit: sie alle waren Teilnehmer dieses liturgischen Dienstes.

Die Chirurgen hatten Sorge getragen, Andrée die Übergangszeit zu erleichtern. Seit fast neun Monaten war sie in den Augen von Schwester Revel eine besondere Kranke geworden, die von Rücksichtnahme umgeben war. Die Schwester würde sie nun weiterhin mit der gleichen aufmerksamen Überlegenheit behandeln, ihr Ratschläge geben.

Früher hatte Andrée sich instinktiv Autorität zu verschaffen gewußt, ohne daß es Konflikte gab. Gleich am ersten Morgen fühlte sie, daß es über ihre Kräfte ging, diese Autorität wiederzuerlangen.

Als sie am Schwesternzimmer vorbeiging, war sie erschüttert: eine Neue fragte am Telephon den zweiten Anästhesisten, ob es richtig sei, eine Injektion zu geben, die Dr. Castell-Mauroux gerade angeordnet hatte. Unter diesem Schock erlebte Andrée das gleiche wieder, was sie empfunden hatte, als sie im Krankenhaus von Charbonnières zu Bewußtsein gekommen war. Sie bemühte sich, bis zum Ende des Ganges gerade zu gehen, weil ihr klar wurde, daß die Chirurgen, wenn sie ihre Blässe bemerkten, einstimmig der Meinung wären, daß man ihr keine Kranken anvertrauen solle.

Von diesem Augenblick an fühlt Andrée sich so gedemütigt, daß sie ihre Stimme beim Erteilen von Anweisungen dämpft, weil diese vielleicht gar nicht befolgt werden.

Abgemagert wie sie ist, mag sie es nicht, daß man sie anschaut. Die Last der Blicke empfindet sie als physischen Schmerz. Sie geht nun mit zusammengelegten Händen und geneigtem Kopf, um zu sehen, wohin sie ihre Füße setzt, und seit ihrer Wiederherstellung bleibt ihr die Furcht vor einem falschen Tritt. Da Haltung und Gang sich auf die Mentalität auswirken, betrachtet sie nun das Leben voller Schüchternheit.

Im Obus, den sie vor ihrem Unfall nie benutzt hatte, zermürbte sie diese Schüchternheit vor den anderen Fahrgästen. Sie hatte kein neues Auto kaufen wollen, weniger aus Furcht als wegen ihrer Augen. Die visuelle Anpassung ging nicht mehr reflexhaft vor sich. Sie gelang ihr jedesmal – zum Beispiel, wenn sie die Vene eines Kranken suchen mußte – nur auf Kosten einer Willensanstrengung, deren ständige Wiederholung sie zum Verzweifeln brachte.

Was ihr Auge betrifft, so hat ihr ein bedeutender Spezialist gesagt, daß ein Verletzter nie genug Vertrauen in die natürliche Wiederherstellung setzt und nie geduldig genug auf die Stunde eines neuen chirurgischen Eingriffs wartet, der den Schlußpunkt hinter das Werk der Natur setzt. Andrée kennt die Berechtigung einer solchen Predigt, gerade weil sie selbst sie seit fast zehn Jahren den Operierten hält. Ebenso weiß sie, daß die Operierten nie die nötige Geduld aufbringen; heute, selbst in der Rolle einer Kranken, macht auch sie da keine Ausnahme.

Was Andrée fast umbrachte, war die Tatsache, daß man so etwas nicht bekennen und sich damit erleichtern kann. Wer hat sich im übrigen je davon überzeugen können, daß auch andere das Leben in steilen Stufen bewältigen müssen? Wer mag zugeben, daß auch bei anderen das Leben zerbricht, unter der Last einer Trauer oder durch

einen Unfall, und daß sogar das erste weiße Haar mit einem hormonellen Schock einhergeht, der innerhalb weniger Wochen das menschliche Wesen auf eine neue Stufe stellt? Jeder ist allein auf seiner Treppe. Andrée fand, daß die ihre ungewöhnlich steil war.

Dennoch kommt alles in ihr wieder in Ordnung, zunächst ihre Stimme und ihr Lächeln, wenn sie ein Krankenzimmer betritt. Sie ist ganz für ihre Kranken da. Noch vor vier Monaten hat sie sich, die Augen auf die gleiche Decke gerichtet, die die andern Kranken nun ihrerseits anstarren, gefragt: müßte sie ihnen nicht manchmal, um sie zum Kämpfen zu bewegen, erzählen, was sie selbst durchgemacht hat?

Die Vorstellung, daraus einen Beruf und ein Geschäft zu machen, war ihr zutiefst zuwider. Andrée merkt nicht einmal, daß das unnötig ist: was sie ihnen geben kann, fühlen die Kranken ohnehin, wenn sie es brauchen.

Haben ihre Leiden sie verändert? Sie wird es nie sagen können. Zweifellos sehnte sie sich beim Anblick eines Kranken sofort danach, ihn von dieser Ungerechtigkeit zu befreien. Wozu wäre sie sonst Ärztin geworden?

Morgens, wenn sie ihren weißen Kittel anzieht, ist sie ganz außer Atem von der Fahrt im Obus. Sie verausgabt sich bei ihren Kranken mit der Leidenschaft eines Menschen, der den Augenblick seines eigenen Versagens nahen fühlt.

Die Morgenstunden im Operationssaal, das geht noch; alles ist gespannt, auf die Minute berechnet. Alles wird vom Kranken bestimmt. Sie paßt sich den Funktionsschwankungen verbrauchter Lungen an und improvisiert nach eigenem Gutdünken bei kranken Herzen, den Blick auf das EKG-Gerät gerichtet und auf den Atem des Kranken horchend. Sie fühlt sich wohl, wenn sie spürt, daß ihre Diagnosen genauso gewandt, ihre Entscheidungen genauso exakt sind wie früher.

Aber die Visiten in den Stationen ... Jeden Tag die Angst, daß sie nicht genug Kräfte hat, um bis zum Abend durchzuhalten, daß sie nicht alles tun kann, was sie eigentlich sollte, für jeden Kranken. In der Gegend der Lendenwirbel spürt sie immer noch einen Schmerz.

Gewöhnlich betrat sie das Krankenzimmer hinter dem Chirurgen vom Dienst, dem auch Schwester Revel folgte. Wenn der Kranke nicht entblößt werden mußte, ließ der Chirurg während der Visite die Tür des Krankenzimmers offen. Dr. Blan bemerkte, daß Andrée einen Tick hatte: sie drehte sich immer um und schloß die Tür. Sie erinnerte sich dabei an ähnliche Visiten, als sie noch im Bett lag und die Tür hinter dem Chirurgen offen blieb: durch diese Öffnung schwand aus dem Zimmer jegliches Mitgefühl. Schon an der Schwelle dachte der Chirurg bereits an den nächsten Kranken; für ihn ging sozusagen alles gut, wenn die Operation gelungen war. Aber der Operierte, der wie ein Sack aus schlaffer Haut dalag, blieb mit seinem Hunger nach ein wenig Wärme allein. Andrée empfand diesen Hunger zusammen mit den Kranken und ging instinktiv die Tür zumachen.

Während der Abendvisite, die sie allein machte, sprach Andrée wenig mit den Kranken. Aber an diesem Abend, an dem Herr Cerveira-Ruiz, ein portugiesischer Arbeiter, sich von der Exstirpation seiner linken Niere erholte, hatte die Schwester nach einem Blick auf die Medikamentenliste zwei Tabletten auf den Nachttisch fallen lassen: „Eine sofort zum Schlafen, die andere in der Nacht, falls Sie wach werden sollten." Kleiner, doppelter und dumpfer Aufschlag der Tabletten auf dem Nachttisch, doppeltes Echo in Andrées rechtem Ohr, als liege ihr Kopf auf den Kissen anstelle des Kopfes von Herrn Cerveira-Ruiz.

„Schwester, ich brauche ein Schälchen."

Frau Cerveira-Ruiz mischt sich ein, um freundliche Behandlung ihres Mannes durch die Schwester besorgt: „Es ist schon gut so, Fräulein Doktor."

„Hier gibt's keine Schälchen", sagt die Schwester, die ihre Kompetenz zeigen will.

Andrée, ihr Kopf auf dem Kissen, zu einer Klinikware herabgesetzt, an dem Tag, als eine Hilfsschwester zwei Tabletten auf den Nachttisch fallen ließ.

Andrée hat plötzlich das verzweifelte Bedürfnis, die Würde des Kranken zu retten. Sicher hat auch dieser Mensch eine Stunde der Ehre gehabt, wie sie jeder Mensch hat; sie wußte nicht, wo, sie wußte auch nicht, wann, wahrscheinlich an dem Tag, als er sich entschied, illegal nach Frankreich zu gehen, um dort Arbeit zu suchen. Und wenn jetzt Cerveira-Ruiz auch aus diesem abgemagerten Körper besteht, aus dem die tuberkulöse Niere entfernt wurde, so bleibt doch in seinem Inneren ein kleines funkelndes Feuer – die Ehre, das zu sein, was er war. Man darf die Selbstachtung nicht unterschätzen.

Ist es ihm egal, hört er es nicht? Die Stimme von Blan, der durch den Nebel der Klinik in Charbonnières sagte: „Geben wir ihr noch eine Chance."

Die Pillen für Herrn Cerveira-Ruiz auf einem silbernen Tablett! Was mir damals in meinen Leiden geholfen hätte, wäre das Wagnis gewesen, meine verrücktesten Ideen zu ertrotzen.

„Schwester, die Teeküche rückt bestimmt gern ein Schälchen heraus ..."

Andrée hütet sich, selbst hinzugehen; ein Arzt hat nur vorzuschreiben. Sie vertieft sich in die Untersuchung der Fieberkurve. Mindestens fünf Minuten sind vergangen. Die Schwester kommt zurück; stellt ein Schälchen hin, legt die Tabletten hinein und verläßt den Raum mit dem Gesicht einer Schwester, die eben Schwester Revel erklärt hat, daß Fräulein Dr. Castell-Mauroux ganz unnötig den Dienst noch schwerer macht, der ohnehin ...

Andrée verläßt das Zimmer, und mit hängenden Armen lehnt sie ihre Stirn gegen die mit Ölfarbe gestrichene Wand des Ganges. Schmerzen in den Lendenwirbeln.

Schwester Revel kommt. *Natürlich muß sie mich in dieser Haltung überraschen.* Sie findet, Andrée brauche nicht unbedingt zu warten, bis der Kardiologe kommt.

„Ich muß morgen der alten Dame auf Zimmer 65 die Narkose geben.“ Unvorstellbar für Andrée, daß sie sich morgen früh lediglich mit den Aufzeichnungen des Kardiologen begnügen könnte.

Es ist einundzwanzig Uhr fünfundvierzig, als der Kardiologe kommt, vor ihm ein großartiger Rolltisch, das Schallen seiner lauten

Fragen an die Nachtschwestern. Andrée reißt die Geduld: „Das ist unmöglich, Herr Kollege! Sie strapazieren die Kranken zu sehr. Es geht nicht, daß wir uns angewöhnen, sie so spät noch zu wecken; ich bin dafür verantwortlich, daß sie in bester Kondition zur Operation kommen."

„Zwei Pflaster auf der Brust ... davon wachen sie nicht auf. Sie bleiben doch in ihrem Bett. Ich – ich bin schon seit sechs Uhr früh auf den Beinen, konnte mich keine Minute hinsetzen."

Das Auf- und Niederzucken des Registriergerätes auf dem Rolltisch, plötzliches Licht durch die Türöffnung zerschneiden den Halbschatten, in dem die alte Dame von Zimmer 65, unbeweglich, versucht, ihres Fiebers und ihrer Angst Herr zu werden.

Was hat es schon für einen Sinn, dem Kardiologen etwas zu erzählen? Er wird weggehen, ohne zu erfahren, daß Andrée in ihren Armen, in ihrem Rücken die Müdigkeit und den Schock des Aufwachens in diesem Zimmer 65 spürt. Und in den Augen Tränen der Erschöpfung und der Machtlosigkeit.

Bei der alten Dame von Zimmer 65 konnte man den Ausgang nicht im voraus wissen. Puylaurens brauchte sich keine Vorwürfe zu machen. Seine Technik war tadellos. Die arme alte Dame konnte sich von der Operation nicht wieder erholen.

In solchen Fällen werden zwischen den Chirurgen und den anderen Ärzten wenig Worte gewechselt; Andrée brauchte gar nicht durch das Fenster zu schauen, um zu wissen, wie Puylaurens zu seinem Wagen ging, mit hängenden Schultern. An den Tod gewöhnte man sich nie. An solchen Tagen war Andrée eigentlich auf der Seite der Chirurgen.

Sie wechselte den Kittel und ging wieder auf die Station.

„Wie steht's mit dem Patienten auf 117?"

„Alles in bester Ordnung, Fräulein Doktor."

Es ist ein Anstreicher, zweiundzwanzig Jahre alt, ein gutaussehender, leicht eingebildeter Bursche. Knochenkarzinom im Knie. Das Bein soll am Oberschenkel amputiert werden. Der Hausarzt hatte ihn darauf schon seit drei Tagen vorbereitet. Angeberisch wie er war, diskutierte er bereits die Prothese. Aber jetzt, am Vorabend der Operation, ist er plötzlich mürrisch und gereizt. Er sieht aus, als hätte er Fieber.

Sie fragt: „Irgendwas nicht in Ordnung?"

Er antwortet: „Doch, alles in Ordnung."

Sie kontrolliert die Tabletten und will gehen. Er hält sie aber fest, versteckt sein Gesicht in ihren Armen und fängt an zu schluchzen.

Sein jüngerer Bruder, der auf der anderen Seite des Bettes steht und die Hand auf die Schulter des Älteren gelegt hat, weint still vor sich hin.

Sie ist genauso hilflos wie die beiden. Nichts kann ihn vor der Amputation des Beines bewahren, und draußen werden andere Burschen Fußball spielen.

„Versuchen Sie über die Zukunft nachzudenken“, sagt sie.

Der Kopf in ihren Armen nickt ein Ja.

Sie fährt fort: „Ein Spaß ist es natürlich nicht.“

Der Kopf in ihren Armen antwortet Nein.

Flache Worte, die sie sich da abzwingt. Vor Andrées Augen: von neuem Monate im Bett, Verbände, Krücken, unendliche Krankengymnastik. Man wird uns das Bein amputieren, das wird scheußlich sein, und es wird für immer sein. Wir haben dann nur ein Bein, und die anderen haben zwei, es tut uns weh und den anderen nicht, und in der Nacht weinen wir. Wieder und wieder rebellieren wir gegen diese erstickende Ungerechtigkeit, wir krümmen uns auf unserem Bett wie in epileptischen Anfällen, und dann brechen wir keuchend zusammen. *Du weißt noch nichts davon, mein Junge, ich aber kenne es. Ich werde nicht die Kraft haben, jeden Abend wieder den Weg zu diesem Golgatha zu gehen, mit offenen Augen, für euch alle.*

Auch für ihn, der Jesus hieß, war es kein Spaß, auf dem Geröll des Pfades, der zum Kalvarienberg führte. *Neunte Station des Kreuzweges, den Tante Marthe, begeistert von meinem guten Gedächtnis, mich vortragen ließ, ohne daß Vater es wußte, wenigstens glaubten wir beide das. Jesus fällt zum drittenmal. Und er denkt dabei an unsere endlosen Stürze und wie nutzlos das Vergießen seines Blutes ist. Dieser Gedanke stürzt seine Seele in so tiefe Mutlosigkeit, daß ihn seine Kräfte verlassen und er sich mit dem Gesicht zu Boden fallen läßt.*

Er hatte bestimmt keine Zeit, eine segnende Haltung anzunehmen, dieser Jesus, auf dessen Rücken die Qualen der Menschen fielen. Hat er die Last auf sich genommen? Ach! Das ist leicht gesagt! *Sie bringen den jungen Maler in die Klinik; nehmen Sie nun die Last auf sich, Doktor Castell! Wir, wir werden uns Schokolade kaufen.*

Vor Jesus der leere Himmel und die Nutzlosigkeit seiner Heilkunst, wie die Puylaurens' angesichts des Todes der alten Dame von Zimmer 65. *Mein Gott, mein Gott, warum hast du mich verlassen?* Der Jesus, von dem die Rede ist, dachte sie flüchtig, hat mehr als einmal stehenbleiben und sich umsehen müssen, ob es keine Fluchtmöglichkeit gebe. Warum sollte Andrée nicht auch daran denken?

Was sich mit dem Burschen von Zimmer 117 ereignet, läßt sich nicht erzählen, läßt sich nicht teilen. Niemand, auf den man diese Last abwälzen könnte. Schmerz im Rücken. Und bald, wenn sie zu Hause ist, wenn für die anderen der Arbeitstag zu Ende gegangen ist, wird sich Fräulein Castell-Mauroux mit ihrer Gymnastik auf dem Teppich beschäftigen müssen, Knie zum Kinn – ausatmen, ausstrecken, einatmen. Wieder von neuem.

Ach! Warum habe ich ihm nur gesagt, daß er über die Zukunft nachdenken soll? Etwa weil ich den Weg kenne? Sehen Sie nicht, daß ich auf diesem Weg alle meine Federn gelassen habe?

Aber er denkt jetzt über die Zukunft nach, weil er glaubt, daß er sie wirklich kennt. *Es wird kein Spaß sein, aber es gibt eine Zukunft, das hat sie doch gesagt.*

Die warme und beruhigende Hand von Andrée. Eine vor Furcht eiskalte Hand. Die Gabe, die sie von nun an haben wird, die Menschen wieder auf ihre Bahn zurückzuführen – sie erschrickt, als ihr klar wird, welchen Preis sie dafür wird zahlen müssen. Wie soll sie es der Menschheit sagen, allen, die sie am Arm fassen werden, daß man mit Dr. Castell-Mauroux nicht mehr rechnen kann? Die Kranken werden sie verzehren. Sie werden sie leer saugen, sie, die bereits leer ist. Sie wird dafür keine Kraft mehr haben. So oder so – vor ihr die Leere, grau, tödlich, früher oder später, wahrscheinlich früher, die Leere direkt vor ihren Füßen. Nur ein Schritt, und die Flucht ist vollzogen.

Dr. Andrée Castell-Mauroux braucht nur nach beendigter Krankenvisite die ruhigste Stunde zu wählen und zur Apotheke des Operationsblocks zu gehen. Dort wird sie sich die richtige Dosis überlegen – mit der Kompetenz, auf die sie so stolz ist, und der Sorgfalt, mit der sie bei jeder Handlung als Ärztin vorgeht – für die Spritze, die sie in das Nichts bringen wird, und zwar ohne all die Verzierungen, die Herr Chaput-Malar an ihrem Körper angebracht hat.

Dort, links, die Apotheke und gegenüber die Telephonzelle.

Dr. Andrée Castell-Mauroux ist ohne Furcht. Sie muß sich nur noch vorstellen, wie ihre Mutter diese Entscheidung aufnehmen wird. Und Andrée läßt sich gerade von den Vorwürfen zurückhalten, die das Diesseits machen wird; so beschränkt ist der menschliche Geist.

Sie wendet sich nach rechts. Sie telephoniert, um ein neues Auto zu bestellen, das stabilste, das sie sich leisten kann.

Professor Julia der Herrliche rief eines Tages aus – und Schwester Lacroisille hat es weitererzählt –, daß dieses Mädchen, selbst wenn es unter eine Walze käme, doch noch in jedem Chromosom ein Körnchen Leben behalten würde. Die Chirurgen zeigten bei jeder Gelegenheit demonstrativ, daß sie, was Andrée anbelangt, ganz beruhigt waren. Nichts konnte Andrée mehr ärgern.

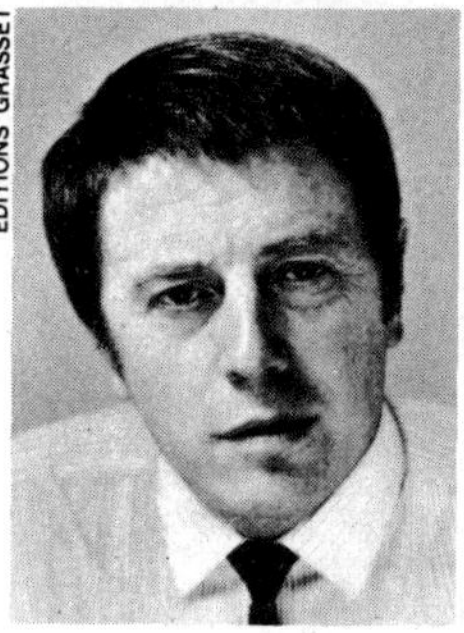

ÉDITIONS GRASSET

Pierre Rouanet

Pierre Rouanet, 1921 in Fontenay-sous-Bois geboren, gehört zu einer Familie von Beamten, die aus der Languedoc und der Gascogne stammen. Er besuchte in Poitiers und Lyon das Gymnasium und studierte dann Philologie in Toulouse. Doch das besetzte Frankreich ist für ihn unerträglich: Er geht nach Nordafrika, wo er bis zum Ende des Krieges im Militärdienst bleibt. Erst im Herbst 1945, in Österreich aus der Armee entlassen, kehrt er in das bürgerliche Leben zurück.

Er war zunächst Redakteur, dann Chef der politischen Redaktion der *Dépêche du Midi,* die er erst 1962 verließ. In den Spalten des *Berry républicain* schuf er sich einen Namen als Theaterkritiker und politischer Kommentator, gleichzeitig war er Mitarbeiter verschiedener Publikationen im In- und Ausland und bei verschiedenen Rundfunk- und Fernsehsendern. Schließlich trat er 1969 der Redaktion des *Nouvel Observateur* bei, wo er Leiter der Abteilung für Innenpolitik ist.

Doch Pierre Rouanet ist nicht nur Journalist, sondern auch Schriftsteller. Sein erstes Buch, eine 1965 erschienene Chronik mit dem Titel *Mendès France an der Macht, 1954–1955,* erhielt den *Prix Aujourd'hui.* Das zweite, *Pompidou,* ist ein lebensgroßes Porträt, das ein klassisches Genre erneuert und sofort zu den Bestsellern zählt. Das bisher letzte Buch, *Castell,* brachte seinem Autor 1971 den *Prix Interallié* ein und weist ihn als einen begabten Romanautor aus.

Deutsche Buchausgabe: „Der Salamander"
(The Salamander)
Droemersche Verlagsanstalt Th. Knaur Nac
München/Zürich, 1974
ISBN 3 426 08873 8

Der Salamander

EINE KURZFASSUNG DES BUCHES VON

MORRIS WEST

INS DEUTSCHE ÜBERTRAGEN VON OTTO BAYER

ILLUSTRATIONEN VON GUY DEEL

Ein hoher italienischer General wird tot aufgefunden. Selbstmord? Oder Mord?

Eine kunstvoll gearbeitete Karte mit einem Salamander darauf – dem Fabeltier, das in der Feuersglut lebt und als Symbol des Überlebens gilt – wird neben dem Toten gefunden.

Oberst Dante Matucci vom Abwehrdienst setzt eine atemberaubende Jagd in Gang – eine Jagd durch Italiens finstere Unterwelt, durch die noble Gesellschaft, durch Politik und Hochfinanz. Indem er ein gefährliches Komplott, mit dem die Demokratie durch eine Diktatur abgelöst werden soll, enthüllt, muß Matucci den Preis bestimmen, um den er selbst als Mensch mit Selbstachtung und *zugleich als Diener eines modernen Staats überleben kann. Wie der Salamander wird er die Flammen überstehen.*

Morris West sagte zu seinem Roman: „Vom Geheimdienst ist der Lack längst ab. Wer kann sich heute noch im Ernst mit Witzblattfiguren wie James Bond identifizieren? Gefragt ist das Normale, gefragt ist der Mann von der Straße. Wenn er zufällig im Geheimdienst oder bei der Kripo tätig ist, bitte. Gefragt ist – auch im Krimi oder Polit-Thriller – eine Art neuer Sachlichkeit. Durch die Vorgänge um CIA und FBI, durch Gehlen-Memoiren und Illustriertenserien wissen die Leute Bescheid.

Gefragt ist nicht zuletzt Information, wenn auch im Roman verpackt.“

Dem ist wirklich nichts hinzuzufügen.

EINS

ZWISCHEN Mitternacht und Morgengrauen, während seine römischen Mitbürger das Ende des Karnevals feierten, starb Graf Pantaleone, General des Heeresstabes, in seinem Bett. Als Junggeselle Anfang der Sechziger und als Soldat von spartanischer Lebensweise starb er allein.

Morgens um sieben fand ihn sein Diener, ein ausgedienter Kavalleriesergeant, vollständig angezogen, auf dem Rücken liegend, den Mund geöffnet, den starren Blick auf die getäfelte Decke gerichtet. Der Diener bekreuzigte sich, schloß die toten Augen mit zwei Fünfzigliremünzen und telephonierte mit Hauptmann Girolamo Carpi, dem Adjutanten des Generals.

Carpi verständigte den Direktor. Der Direktor verständigte mich, Dante Matucci, Oberst der Carabinieri – der nationalen Polizei – und für besondere Aufgaben dem Staatsschutz zugeteilt.

Der Staatsschutz wird gewöhnlich nach seinen italienischen Anfangsbuchstaben SID (Servizio Informazione Difesa) genannt. Wie jeder Geheimdienst gibt er riesige Summen vom Geld des Steuerzahlers dafür aus, sich selbst zu verewigen, und etwas weniger, um Informationen zusammenzutragen und den Staat vor Verrätern, Spionen und Saboteuren zu schützen. Sie sehen, ich betrachte seinen Wert mit Skepsis, was bei Leuten, die für ihn arbeiten, öfter vorkommt. Aber das ist eine Abschweifung ...

Graf Pantaleone war tot. Ich bekam den Auftrag, der Leiche einen glatten Abgang zu verschaffen. Die Armee stellte mir zu diesem Zweck einen höheren Militärarzt nebst einem Militäranwalt. Wir fuhren zusammen zur Wohnung des Generals. Hauptmann Carpi empfing uns. So weit, so gut. Keine Nachbarn im Treppenhaus. Noch keine Verwandten benachrichtigt. Ich hatte ja sonst nicht viel für Carpi übrig, aber seine Diskretion mußte ich loben.

Der Arzt nahm eine oberflächliche Untersuchung vor und kam zu dem Schluß, der General sei an einer selbst eingenommenen Überdosis Schlaftabletten gestorben. Er schrieb einen Totenschein aus, der von dem Anwalt gegengezeichnet und in dem als Todesursache Herzstillstand festgestellt wurde. Das war keine Falschbeurkundung. Das Herz des Generals *war* stehengeblieben.

Während ein Sanitätswagen der Armee die Leiche abtransportierte, blieb ich noch mit Carpi und dem Diener, der uns Kaffee machte, in der Wohnung. Beim Kaffee fragte ich den Diener aus. Seine Antworten ergaben eine Reihe simpler Tatsachen.

Der General hatte außer Haus zu Abend gegessen. Er war zwanzig Minuten vor Mitternacht nach Hause gekommen und hatte sich sofort zurückgezogen. Der Diener hatte Türen und Fenster gesichert, die Alarmanlage eingeschaltet und war zu Bett gegangen. Besucher oder Störungen? Keine. Die Alarmanlage war nicht ausgelöst worden. Anrufe? Schwer zu sagen. Der General habe einen Privatanschluß in seinem Schlafzimmer gehabt. Das Verhalten des Generals? Normal. Er sei ein wortkarger Mensch gewesen. Immer schwer zu sagen, was er dachte. Das war alles.

Ich entließ den Diener in die Küche. Carpi goß uns dann zwei Gläser vom Whisky des Generals ein.

„Was sagen wir seinen Freunden – und der Presse?“ fragte er.

„Sie haben doch den Totenschein gesehen: Herzstillstand.“

„Und der Obduktionsbefund?“

„Mein lieber Hauptmann, für einen Mann von Ihrem Ehrgeiz sind Sie reichlich naiv. Es gibt keine Obduktion. Der Tote ist in eine Leichenhalle gebracht worden und wird dort für eine kurze Aufbahrung hergerichtet. Man soll ihn sehen und betrauern wie einen großen Diener der Republik. Dann soll man ihn vergessen. Dabei können Sie uns helfen.“

„Wie?“

„Ihr Herr und Meister ist tot. Sie haben uns gute Dienste geleistet. Sie verdienen einen besseren Posten. Ich schlage vor, irgendwo weit weg von Rom – vielleicht auf Sardinien. Dort können Sie viel schneller mit einer Beförderung rechnen.“

„Ich möchte es mir überlegen.“

„Keine Zeit, Hauptmann Carpi! Sie holen noch heute morgen Ihre Versetzungspapiere ab und reichen sie bis fünf Uhr nachmittags unterschrieben wieder ein. Sie werden unmittelbar nach der Beisetzung Ihren neuen Posten antreten. Vergessen Sie nicht, daß Sie in einer heiklen Lage sind. Sie haben sich bereit erklärt, einen vorgesetzten

Offizier zu bespitzeln. Der SID ist Ihnen dafür dankbar, aber Ihre Offizierskameraden würden Sie verachten. Jede Indiskretion würde daher Ihrer Karriere schaden und Sie selbst in größte Gefahr bringen."

„Ich verstehe."

„Gut. Sie können jetzt gehen. Lassen Sie mir Ihren Schlüssel hier. *Ciao!*"

Carpi war einer von diesen schwachen, gutaussehenden Typen, die immer einen Beschützer brauchen und ihn stets für einen noch Mächtigeren verraten werden. Ich hatte ihn dazu benutzt, mir über Pantaleones politische Aktivitäten zu berichten. Jetzt war er Ballast. Er ging, und ich saß allein bei meinem Whisky und versuchte, Ordnung in meine Gedanken zu bringen.

Die Affäre Pantaleone hatte alles Zeug zu einer politischen Zeitbombe – obgleich von tausend Bürgern höchstens einer seinen Namen gekannt hätte; und von denen, die ihn kannten, würde nicht einmal jeder zehnte die Größe des Komplotts begreifen, das sich um ihn rankte. Der Direktor begriff sie; und ich auch. Ich besaß Akten über alle Hauptbeteiligten, und ich kochte vor Wut über meine Ohnmacht, weil ich nichts gegen sie unternehmen konnte. Sie waren keine Verbrecher – wenigstens noch nicht. Es waren lauter hochstehende Persönlichkeiten – Minister, Abgeordnete, Industrielle, Offiziere und Beamte –, die auf den Tag warteten, da die Krankheiten Italiens – unstabile Regierung, Unruhe in den Betrieben, unsichere Wirtschaftslage und ein total frustriertes Volk – das Land an den Rand einer Revolution bringen würden. An diesem Tag, der näher war, als manche es sich träumen ließen, hofften die Verschwörer, die Macht an sich reißen und sich selbst als Retter der Republik aufspielen zu können. Wenn eine Handvoll griechischer Obristen das geschafft hatte, warum, so meinten sie, sollte eine noch größere und mächtigere Gruppe von Italienern das nicht besser können?

Ihre Galionsfigur war ebendieser leidenschaftliche Patriot, General Massimo Pantaleone, gewesen. Nun hatte der General sich selbst aus dem Spiel genommen. Warum? Wartete schon ein anderer in den Kulissen? Wenn ja, wann käme er zum Vorschein? Diese Fragen würde ich beantworten müssen, und der Spielraum für Irrtümer war sehr schmal. Schon die Andeutung einer im Gange befindlichen Untersuchung, geschweige die Beglaubigung einer zweifelhaften Urkunde durch die Armee, würde Schlagzeilen machen und das Land in zwei

Lager spalten. Konspiration ist seit Romulus und Remus eine Volkskrankheit in Italien; wenn aber die Ausmaße dieses Komplotts in die Öffentlichkeit drängen, würde Blut auf den Straßen fließen, und vielleicht käme es sogar zu einer Meuterei in den Streitkräften, deren politische Loyalitäten zwischen Links und Rechts zutiefst geteilt waren! Ich hatte Hauptmann Carpi nicht leer gedroht. Sollte er seine Informationen verkaufen wollen, wäre schnell ein Unfall für ihn arrangiert.

Indessen hatte ich meine eigenen Aufgaben. Ich machte mich daran, die Wohnung nach Papieren durchzukämmen. Ich suchte in Schubladen, Schränken und Taschen. Ich schüttelte jedes einzelne Buch in der Bibliothek aus. Ich nahm das Löschpapier von der Schreibunterlage. Überall suchte ich nach Geheimverstecken. Ich hob Ziergegenstände hoch und sah in Blumenvasen. Dennoch hätte ich die Karte um ein Haar übersehen. Sie lehnte hochkant an der Wandleiste hinter dem Nachttischchen. Auf der einen Seite trug sie eine Zeichnung in Tusche – einen Salamander mit einem Krönchen auf dem Kopf, in einem Flammenbett kauernd; die andere Seite trug eine Inschrift, so sauber wie gestochen – *Un bel domani, fratello.*

„Eines schönen Morgens, Bruder." Eine sehr italienische Wendung. Bedeutete sie eine eitle Hoffnung, ein Belohnungsversprechen, eine Rachedrohung, einen Kampfruf? Auch das Wort Bruder war zweideutig, und mit dem Salamander konnte ich überhaupt nichts anfangen. Sollten die Spezialisten sich darum kümmern. Ich nahm einen sauberen Umschlag aus dem Schreibtisch, tat die Karte hinein und steckte ihn in die Tasche.

Es war jetzt an der Zeit, unter vier Augen mit dem Diener zu sprechen. Ich fand ihn in der Küche, einen niedergeschlagenen alten Mann, der sich den Kopf über eine ungesicherte Zukunft zerbrach. Ich tröstete ihn damit, daß der General ihn doch sicher in seinem Testament bedacht hatte und er ja zumindest Anspruch auf eine Ausgleichszahlung habe. Seine Stimmung wurde besser, und er bot mir Wein und Käse an. Auch er trank ein Glas und wurde dabei gesprächig, und ich ließ ihn nur zu gern erzählen. „Wissen Sie, er hatte es gar nicht nötig, Soldat zu werden. Die Pantaleones haben schon immer Geld gehabt. Grundbesitz in der Romagna, Mietshäuser in der Stadt, das Anwesen in Frascati, die Villa auf Ponza. Natürlich gehört die Villa jetzt ihr."

„Wem?"

„Sie wissen doch – dieser Polin. Die, mit der er gestern abend zum Essen war. Anders heißt sie und ist schon seit Jahren seine Freundin. Hierher hat er sie allerdings nie mitgebracht. Die Leute sollten nicht meinen, er amüsiere sich. Ich hab natürlich Bescheid gewußt. Eine schöne Frau ... Jemand müßte ihr sagen, was passiert ist."

„Das mache ich. Wo wohnt sie denn?" Es war nur eine Scheinfrage. Ich kannte nicht nur die Antwort, sondern wußte noch so einiges mehr über Lili Anders.

„In Parioli. Die genaue Adresse steht im Notizbuch des Herrn Generals."

„Ich finde sie schon."

„Moment! Sie werden doch nichts von den Sachen des Generals mitnehmen, wie? Ich bin dafür verantwortlich. Ich möchte keine Unannehmlichkeiten bekommen."

„Ich nehme seine Papiere mit. Wir können doch keine vertraulichen Dokumente hier herumliegen lassen. Alles, was nicht der Armee gehört, werden wir seinem Anwalt aushändigen. Sie bekommen eine amtliche Quittung. In Ordnung?"

„Wenn Sie es sagen. Aber Augenblick mal! Wer sind Sie denn?"

„Matucci. Carabiniere."

„Carabiniere! Es ist doch nicht irgendwo was faul, oder?"

„Nicht das mindeste. Bei wichtigen Leuten ist das ganz normal."

„Wer wird die Formalitäten erledigen und seinen Freunden Bescheid geben?"

„Die Armee."

„Und was soll ich tun? Einfach hier herumsitzen?"

„Es werden Anrufe kommen. Schreiben Sie die Namen und Telephonnummern auf, wir sorgen dann dafür, daß die Leute zurückgerufen werden. Sie bekommen weiter Ihr Geld, sorgen Sie sich darum nicht. Sagen Sie, wo hat der General gestern abend gegessen?"

„Im Schachklub."

„Danke. Ich muß jetzt fort." Ich schrieb eine Quittung aus, tat die Dokumente in einen Handkoffer des Generals und trat in den Sonnenschein hinaus. Es war zehn nach eins. Die Gassen waren voll von Römern auf dem Heimweg zu Mittagessen und Siesta.

Ehrlich gesagt, ich mag die Römer nicht. Ich bin Toskaner, und die Leute hier sind leibliche Vettern der Hottentotten. Sie sind die schlechtesten Köche Italiens und bar der elementarsten Umgangsformen. Sie haben schon alles gesehen und nichts daraus gelernt. Sie haben kaiserliche Pracht und päpstlichen Prunk, Krieg, Hunger und Pest erlebt; und dennoch werden sie das Knie vor jedem Tyrannen beugen, der ihnen einen Extralaib Brot und eine Freikarte für den Zirkus bietet. Gestern war es Benito Mussolini, der ihnen redetrunken vom Balkon auf der Piazza Venezia lange Tiraden hielt. Morgen könnte es ein andrer sein – und ich hatte die Aufgabe, herauszufinden, wo dieser andere jetzt steckte.

Ich riß mich mit Gewalt aus meinem Tagtraum und ging einen halben Häuserblock weit zu meinem Wagen, um zur Dienststelle zurückzufahren. Die Mühe hätte ich mir sparen können. Meine beiden ersten Assistenten waren zum Mittagessen gegangen, Nummer drei flirtete mit der Sekretärin, und die Datenbank war außer Betrieb, da ein zweistündiger Streik die Stromversorgung lahmgelegt hatte. Ich fand eine Nachricht aus dem Innenministerium vor, dem der SID untersteht; ich solle mich „sofort in einer dringenden Angelegenheit melden". Als ich anrief, wurde mir gesagt, mein Gesprächspartner sei mit ein paar ausländischen Gästen unterwegs und komme vielleicht um vier Uhr wieder zurück. „Dringend" – diese Römer!

Ich knallte die Tasche mit den Dokumenten auf meinen Schreibtisch und rief den dritten Assistenten, er solle sie aussortieren und kollationieren. Dann ging ich, da der Streik auch den Fahrstuhl außer Betrieb gesetzt hatte, zu Fuß die drei Treppen zum kriminaltechnischen Labor hinauf, wo auf jeden Fall noch jemand am Leben sein mußte. Wie gewöhnlich war es der alte Stefanelli, der, wie man sich hier erzählte, nachts in einer Flasche Formaldehyd schlief und ihr jeden Morgen bei Sonnenaufgang frisch wie ein Krallenäffchen entstieg. Er war ein kleines, runzliges Männchen und hatte das Pensionsalter schon um mindestens zehn Jahre überschritten, aber durch eine Kombination von Beziehungen und Können hatte er es geschafft, seinen Posten zu behalten. Denn was andere Techniker erst mit Müh und Not lernen mußten, das wußte Stefanelli. Man brauchte ihm nur ein Staubkörnchen in die Hand zu streuen, und schon nannte er einem die Gegend und ungefähr sogar den Ort, woher es stammte. Man gab ihm einen Tropfen Blut, zwei abgeschnittene Fingernägel und eine Haarlocke, und er baute einem das Mädchen drumherum, von dem sie stammten. Er war ein genialer, aber empfindlicher und schwieriger Mensch, der einem ins Gesicht sprang, wenn man sich mit ihm anlegte, aber wem er traute, für den schuftete er auch vierundzwanzig Stunden am Tag. Als ich keuchend und verdrießlich eintrat, begrüßte er mich überschwenglich.

„He, Oberst! Was haben Sie denn heute wieder für Steffi?"

„Sorgen, Steffi." Ich reichte ihm die Salamanderkarte. „Ich muß auf dem schnellsten Wege alles darüber wissen: Papier, Handschrift, die Bedeutung der Zeichnung und alle eventuellen Fingerabdrücke."

Steffi sah sich die Karte ein paar Sekunden aufmerksam an. „Das Papier ist japanisch – allerbestes Reispapier. Bis morgen kann ich Ihnen sagen, wer es importiert. Die Schrift ist phantastisch! So schön, daß man weinen möchte. So etwas habe ich seit Aldo dem Kalligraphen, der 1935 gestorben ist, nicht mehr gesehen. Die Zeichnung stellt offenbar einen Salamander dar, das Tier, das im Feuer lebt. Was es aber hier bedeutet, weiß ich nicht. Könnte ein Firmenzeichen sein, vielleicht auch eine Mitgliedskarte für einen Klub. Oder es könnte von einem Wappen stammen. Ich werd's mal meinem alten Freund Solimbene zeigen. Der kennt sämtliche Wappen Europas."

„Gut. Wie wär's mit ein paar Photokopien davon, bevor die andern vom Essen zurück sind? Ich brauche eine für meine eigenen Ermittlungen."

„Wo haben Sie das Ding denn her, Oberst?"

„Aus General Pantaleones Schlafzimmer. Er ist heute nacht gestorben."

„Pantaleone? Dieser alte *fascista?* Wie ist denn das passiert?"

„Natürliche Todesursache. Wir haben eine amtliche Bescheinigung dafür."

„Sehr praktisch! Selbstmord oder Mord?"

„Selbstmord."

„Oha! Das stinkt."

„Also, Steffi, das bleibt zwischen Ihnen und mir und dem Direktor. Kein Sterbenswörtchen, bevor ich's Ihnen sage."

Stefanelli grinste. „Ich liebe die Faschisten sowenig wie Sie, Oberst. Und wenn wir nicht bald eine stabile Regierung haben, gibt's einen *colpo di stato,* das Militär übernimmt die Macht und hebt einen Faschisten in den Sattel. Dann haben wir Bürgerkrieg – die Linke gegen die Rechte, der Norden gegen den Süden. Ich rieche es förmlich und habe Angst. Ich will nicht, daß meine Kinder so leiden wie wir."

„Ich auch nicht, Steffi. Darum müssen wir rauskriegen, wer jetzt in die Stiefel des Generals steigt. Rufen Sie mich an, sobald Sie etwas haben. *Ciao.*"

Ich hing in der Luft. Aus Pantaleones Papieren war nichts zu ersehen, solange sie nicht mit seiner Akte verglichen waren. Der Direktor, der einzige Mensch, zu dem ich offen reden konnte, war nicht in seinem Zimmer. Ich entschloß mich, Lili Anders aufzusuchen.

Ihre Wohnung lag im dritten Stock eines neuen Eigentumswohnhauses aus Aluminium und Glas, mit livriertem Portier und einem nußbaumgetäfelten Aufzug. Lili Anders' Lebensstandard mußte doppelt so hoch sein, wie sie veranlagt wurde. Ich war einigermaßen sauer, als eine ältliche Haushälterin in schwarzem Kleid die Tür öffnete. Sie trat mir entgegen wie eine echte Römerin, wortkarg und feindselig: „Ja?"

„Matucci. Carabiniere. Ich möchte Signora Anders sprechen."

„Sind Sie angemeldet?"

„Nein."

„Dann müssen Sie später wiederkommen. Die Signora schläft."

„Dann muß ich Sie leider bitten, sie zu wecken. Ich komme in einer dringenden Angelegenheit."

„Können Sie sich ausweisen?"

Sie sah sich meinen Ausweis an, dann fegte sie mich in die Diele wie einen Haufen Kehricht und ließ mich allein.

Ich wartete ärgerlich und mißgelaunt. Dann erschien Lili Anders. Für eine Frau, die eben noch geschlafen hatte, war sie sehr gut zurechtgemacht; jedes blonde Haar an seinem Platz, kein Knitterfältchen im Kleid. Sie war höflich, aber kühl. „Sie wollten mich sprechen?"

„Ungestört, wenn es geht."

Sie führte mich ins Wohnzimmer und schloß die Tür. Sie bat mich, Platz zu nehmen, dann stellte sie sich ans Kaminsims, über dem ein Reiterporträt Pantaleones hing. „Sie sind von den Carabinieri?"

„Ich bin Oberst Matucci."

„Und welchen Grund hat Ihr Besuch?"

„Eine schmerzliche Angelegenheit, leider. Ich muß Ihnen mitteilen, daß General Pantaleone heute am frühen Morgen gestorben ist."

Sie sah mich mit aufgerissenen Augen an und hielt sich zitternd am Kaminsims fest. Ich ging zu ihr, um ihr eine Stütze zu bieten, aber sie schickte mich mit einer Handbewegung fort. Dann ging ich ans Büfett, goß einen Kognak in einen Schwenker und reichte ihn ihr. „Wenn Ihnen nach Weinen ist, tun Sie's nur."

„Er war gut und freundlich zu mir, aber ich habe keine Tränen für ihn."

„Noch etwas – er ist von eigener Hand gestorben."

Sie breitete mit einer resignierten Gebärde die Hände aus. „Es gab zu viele dunkle Flecke in seinem Leben; zu viele Geheimnisse, zu viele Menschen, die ihm auflauerten."

„Hat er Ihnen das gesagt?"

„Nein. Ich hab's gewußt."

„Dann wissen Sie vielleicht auch, warum er letzte Nacht den Entschluß gefaßt hat, sich umzubringen. Warum nicht vorige Woche, oder nächsten Monat?"

„Das weiß ich nicht. Er war seit einiger Zeit bedrückt, aber wenn ich ihn fragte, was ihn so bedrückte, hat er mich immer abgewiesen."

„Und gestern nacht?"

„Da war nur eines. Beim Essen im Schachklub hat ein Kellner ihm eine Nachricht überbracht. Er war ungefähr fünf Minuten draußen. Mir hat er gesagt, es sei ein Anruf von einem Kollegen gewesen. Mehr haben wir nicht darüber gesprochen. Als er mich nach Hause brachte, habe ich ihn noch zu mir heraufgebeten. Manchmal ist er geblieben, manchmal nicht. Gestern hat er gesagt, er müsse zu Hause noch etwas fertig machen."

Ich gab ihr eine Kopie der Salamanderkarte. „Haben Sie das schon einmal gesehen? Oder so etwas Ähnliches? Oder haben Sie diese Worte schon einmal gehört?"

Sie sah sich die Karte an. „Nicht daß ich wüßte. Tut mir leid."

„Sie brauchen sich in keiner Weise Vorwürfe zu machen. Sie haben einen schweren Verlust erlitten. Und jetzt muß ich Sie noch mehr quälen. Ich muß Sie warnen, daß Sie sich in großer persönlicher Gefahr befinden."

„Ich verstehe nicht."

„Sie sind lange die Geliebte eines wichtigen Mannes gewesen. Selbst wenn der General Ihnen nichts anvertraut hat, werden andere das doch annehmen. Es bleibt daher nicht aus, daß Sie beobachtet, unter Druck gesetzt, vielleicht sogar bedroht werden."

„Von wem?"

„Von Extremisten der Rechten wie der Linken, von ausländischen Agenten, die in Italien arbeiten, sogar von Beamten unserer eigenen Sicherheitsdienste. Als Ausländerin, die hier nur mit Aufenthaltsgenehmigung wohnt, sind Sie besonders angreifbar."

„Aber ich habe doch nichts zu verraten! Ich habe als Frau das Leben eines Mannes geteilt, der Zuspruch und Zärtlichkeit brauchte.

Mit allem anderen, was es auch war, habe ich nichts zu tun gehabt. Das müssen Sie mir glauben.“ Sie war jetzt aus dem Lot. Ihr Gesicht schien auseinanderzubröckeln, ihre Hände spielten nervös herum.

Ich lehnte mich im Sessel zurück und belehrte sie. „Ich würde Ihnen ja gern glauben. Aber ich kenne Sie, Lili Anders, in- und auswendig. Ich kenne Sie von Ihrer Geburt in Warschau an bis zu Ihrem letzten Telegramm an einen gewissen Colomba, Buchbinder in Mailand, in dem Sie sich Falcone nennen. Sie haben doch alle Vogelnamen, nicht wahr? Bezahlt werden Sie von Canarino über ein Konto auf einer Züricher Bank. Sie sehen, Lili, wir Italiener sind nicht so untüchtig, wie wir aussehen. Wir sind selbst gute Verschwörer. Ich weiß einen guten Profi zu schätzen. Aber Sie sind ein Problem für mich. Noch einen Kognak? Ich nehme mir selbst noch einen, wenn Sie gestatten. *Salute!*“

Sie trank, wobei sie ihr Glas mit beiden Händen umfaßt hielt wie eine Säule, an der sie sich festhalten könnte. „Was geschieht jetzt mit mir?“

„Ach ja! Das ist die Frage, Lili. Ich könnte Sie unter Spionageverdacht in Gewahrsam nehmen. Das bedeutet lange Verhöre und eine saftige Gefängnisstrafe. Oder ich könnte Sie unter gewissen Bedingungen freilassen. Was wäre Ihnen lieber?“

„Ich habe das Spiel satt, Herr Oberst. Ich will aussteigen.“

„Das können Sie nicht, Lili. Sie können höchstens die Fronten wechseln.“

„Und das heißt?“

„Ausführliche Informationen über Ihr Netz und ein Vertrag mit uns.“

„Als Doppelagentin, meinen Sie. Können Sie mich schützen?“

„Solange Sie uns nützlich sind, ja. Versuchen wir's mit noch ein paar anderen Fragen. Wer hat Ihr erstes Zusammentreffen mit dem General arrangiert?“

„Die Marchesa Friuli. Ihr Deckname ist Papagallo.“

„Papagei! So sieht die Alte auch aus. Welche Anweisungen hatten Sie?“

„Rechtzeitig vor einem Staatsstreich durch neofaschistische Gruppen zu warnen, sowie vor Aktionen, die ihn provozieren sollten.“

„Zum Beispiel?“

„Gewaltakte gegen Polizei oder Carabinieri im Verlaufe von Streikdemonstrationen, Bombenanschläge, die man maoistischen oder marxistischen Gruppen in die Schuhe schieben könnte, Anzeichen von Unzufriedenheit in den Streitkräften, jeden Wechsel der politischen Machtverhältnisse im Führungskommando."

„Hat es solche Veränderungen in letzter Zeit gegeben?"

„Nein – meines Wissens jedenfalls nicht."

„Woher dann die Depressionen des Generals?"

„Das wollte ich gerade herausbekommen. Ich hatte den Eindruck, es war eher persönlich als politisch. Er hatte die Angewohnheit, verschlüsselte Bemerkungen von sich zu geben und sich dann wie eine Auster zu verschließen. Letzte Nacht hat er zum Beispiel gesagt: ‚Für mich gibt es keine einfache Zukunft, Lili, weil meine Vergangenheit zu kompliziert war', und dann hat er aus der Bibel zitiert: *Des Menschen Feinde sind sein eigenes Hausgesinde.* Aber erklärt hat er das nicht."

„Sonst noch etwas?"

„Ich versuche mich zu erinnern – Ach ja, als wir in Venedig waren, haben wir im Phoenix-Theater eine Oper besucht. Da hat er von dem Sagenvogel Phoenix erzählt, der lebend der eigenen Asche entstieg; und dann hat er gemeint, es gebe noch so ein Fabeltier, noch erstaunlicher und noch gefährlicher – den Salamander, der im Feuer leben und die heißesten Flammen überstehen könne. Moment! Das ist doch Ihre Karte."

„Eben, Lili. Hat er sonst noch etwas über den Salamander gesagt?"

„Dann sind Freunde zu uns gekommen, und das Thema war zu Ende."

„Nun, es wird noch andere Gelegenheiten und andere Fragen geben. Sie stehen jetzt ständig unter Beobachtung. Hier ist meine Karte mit meinen Telephonnummern für Tag und Nacht. Ich möchte, daß Sie zur Beisetzung kommen."

„Bitte nein!"

„Bitte doch! Ich brauche Tränen, Leid und tiefe Trauer. Sie werden sich nicht wieder in der Gesellschaft sehen lassen, bevor ich es Ihnen sage. Keine neuen Freunde, bevor Sie die Trauer abgelegt haben. Wenn Sie dann einen finden, möchte ich ihn überprüfen."

Sie brachte ein schwaches Lächeln zustande. „Ihn oder mich, Herr Oberst?"

„Sie kann ich mir nicht leisten, Lili. Aber der Gedanke wäre im Auge zu behalten. Eines schönen Morgens ...? Und jetzt seien Sie artig. Jede Träne beim Requiem ist Gold wert."

Eine halbe Stunde später saß ich bei Sandwich und *cappuccino* in der Via Veneto und blätterte die Nachmittagszeitungen durch. Über den Tod des Generals wurde nur in den letzten Meldungen berichtet, alle im gleichen Wortlaut, der die Erklärung der Armee wiedergab. Die Bluthunde würden nicht vor morgen früh ihr Geheul anstimmen. Inzwischen lag der General sicher aufgebahrt in der Familienkapelle in Frascati.

Die Trauerfeier für Massimo Graf Pantaleone war eine glänzende Theateraufführung. Das Requiem sang Kardinalbischof Dadone von Frascati. Den Nachruf deklamierte mit melodischer Stimme der Generalsekretär der Gesellschaft Jesu. In der Messe waren der Staatspräsident, mehrere Kabinettsmitglieder, Abgeordnete beider Kammern, Prälaten der römischen Kurie, Vertreter der NATO und des diplomatischen Korps, Verwandte und Freunde. Sechs Stabsoffiziere trugen den Sarg in die Gruft, die vom Präsidenten persönlich verschlossen und versiegelt wurde, eine Geste der Hochachtung, Dankbarkeit und nationalen Solidarität, die ihre Wirkung auf die Herren der Presse nicht verfehlte.

Auch Lili Anders war da, gestützt auf den Arm von Hauptmann Girolamo Carpi, der vom Dahinscheiden seines geliebten Herrn und Meisters sichtlich bewegt war.

Auch ich befand mich unter den Trauernden; aber meine Sorge war, daß meine Kameramannschaft auch ja jeden Anwesenden photographierte, vom Kardinal bis zum Blumenhändler. Ich hasse Begräbnisse und war froh, als die Zeremonie überstanden war.

Um halb vier war ich wieder bei Stefanelli im Labor. Der alte Kerl sprang herum wie ein Grashüpfer. „Ich hab's Ihnen ja gesagt, daß Solimbene die Karte erkennt. Der gekrönte Salamander ist das Wappentier Franz' des Ersten. Er taucht immer wieder in Wappen auf, die sich vom Hause Orleans, dem Herzogtum Angoulême und der Familie Farmer in England ableiten. Solimbene besorgt uns eine Liste der italienischen Familien, die das Wappen benutzen. Die Schrift? Geht auf Aldo den Kalligraphen zurück, wie ich gedacht habe, wahrscheinlich ausgeführt von Carlo Metaponte, der im Krieg Papiere für die Partisanen gefälscht hat und seitdem ehrlich lebt. Das Papier kommt nicht aus Japan – da habe ich mich geirrt –, sondern ist eine brauchbare Imitation aus dem Hause Casaroli. Wir bekommen von dort eine Liste mit den Hauptkunden. Die Bedeutung der Inschrift ist noch völlig unklar, aber darauf kommen wir schon noch. Na, wie ist das für achtundvierzig Stunden?"

„Großartig, Steffi. Aber wir brauchen mehr. Wie steht's mit Fingerabdrücken?"

„Die einzigen, die wir finden konnten, gehören dem jüngst beweinten General. Sie haben doch wohl nichts anderes erwartet?"

„Versuchen Sie's noch mal, Steffi. Ich brauche Wunder, und zwar möglichst gestern."

„Alles braucht Zeit, Oberst. Wie war's beim Begräbnis?"

„Wunderschön, Steffi. Ich habe gar nicht mehr zu heulen aufhören können!"

„Requiescat in aeternum." Stefanelli kreuzte die Hände über der knochigen Brust und verdrehte die Augen. „Haben Sie die Nachrufe gelesen?"

„Wann hätte ich jemals Zeit zum Lesen gehabt, Steffi!"

„Ich hab sie hier. Lohnt sich, einen Blick darauf zu werfen."

Das stimmte. Die Rechte war einfach geschmacklos. Das Zentrum war respektvoll und äußerte sich nur leicht kritisch zur faschistischen Vergangenheit des Generals. Die Linke gefiel sich in literarischer Beschimpfung, die in einem Spottgedicht gipfelte, das mich ein bißchen besorgt stimmte:

Heute ausgemerzt,
Der letzte seines Schlages
Pantaleone,
Der Lump.

Das konnte schlicht bedeuten, daß die Linke bei seiner Ausmerzung die Hand im Spiel gehabt hatte und glücklicherweise kein Nachfolger in Sicht war. Es konnte auch die Eröffnung einer Schmähkampagne gegen den General sein. Aber dagegen konnte ich nichts machen. Jedenfalls stellte keiner der Nachrufe die amtliche Version über den Tod des Generals in Zweifel, was nicht etwa bedeutete, daß man sie glaubte, sondern nur, daß sie allen Seiten in den Kram paßte.

Während ich die Zeitungen durchblätterte, gab Steffi prickelnde Kommentare dazu. „Na also, da haben wir was Hübsches: ‚Die Principessa Faubiani stellt ihre Sommerkollektion vor!' Über die wissen Sie doch Bescheid, nicht? Kommt aus Argentinien, heiratet den jungen Prinzen Faubiani, versorgt ihn mit einem Freund und beantragt wegen seiner Impotenz die Auflösung der Ehe. So behält sie ihre Freiheit, den Titel und ein Anrecht auf Unterhalt. Seitdem hat sie alle paar Jahre einen neuen Beschützer – alle alt und reich. Sie finanzieren ihre Modenschauen. Der letzte war ein Bankier. Ich höre, sie hat einen neuen – möchte nur wissen, wer das ist."

„Und woher Ihr Interesse an der Mode, Steffi?"

„Meine Frau besitzt eine Boutique an der Via Sistina. Haute Couture für reiche Touristen, dekoratives Personal, interessanter Klatsch. Und so weiter."

„Sie raffinierter alter Gauner!"

„Glück gehabt, Oberst. Ich habe aus Liebe geheiratet und das Geld als Zugabe bekommen. Apropos Klatsch, eine der Kundinnen meiner Frau behauptet steif und fest, Pantaleone habe irgendwo einen Bruder herumschwirren gehabt."

„Laut Personenstandsregister aber nicht. Der alte Massimo hatte zwei Töchter und einen Sohn. Eine Tochter ist im Kindbett gestorben; die andere hat einen spanischen Diplomaten geheiratet und lebt heute in Bolivien. Unser General, der den Titel geerbt hat, ist der einzige männliche Nachkomme."

„Also, ich gebe ja zu, daß die alte Baronin Schwarzburg nicht das Personenstandsregister ist, aber sie hat den alten Grafen gekannt und behauptet, er habe der Gouvernante der Mädchen einen Bastard angehängt. Er hat sie ausbezahlt, und sie hat jemanden geheiratet, der dem Jungen einen Namen gegeben hat, aber an den kann die Baronin sich nicht erinnern. Sie wird ja schon ein bißchen senil, aber ... es ist eine Bemerkung am Rande, falls Sie interessiert sind."

„Ich wäre interessiert, wenn Sie mir sagen könnten, warum Pantaleone sich umgebracht hat ... Es ist fast fünf. Die Photos von der Beisetzung müßten fertig sein. Wenn nicht, schicke ich Ihnen drei Köpfe zum Einpökeln. Halten Sie mich auf dem laufenden, Steffi."

Die Photos waren nicht fertig. Nach zehnminütigem giftigem Dialog mit dem Chef der photographischen Abteilung gab ich angewidert auf und ging wieder in mein Zimmer. Hier war wenigstens inzwischen etwas geschehen. Die Papiere des Generals waren katalogisiert, und Assistent Nummer eins hatte ein paar Entdeckungen gemacht.

„Maklermitteilungen, Herr Oberst. Der General hat in den letzten vier Wochen erstklassige Aktien für achtzig Millionen Lire abgestoßen. Frage: Wohin ist der Erlös geflossen? Nicht auf seine Bank – hier ist der letzte Auszug, ausgestellt vor einer Woche. Dann ist hier ein Brief von einem Immobilienbüro, aus dem hervorgeht, daß der Pantaleone-Besitz über zwei Monate zum Verkauf gestanden hat, aber bei dem geforderten Preis hat sich kein ernsthafter Interessent gefunden. Das Büro empfiehlt ihm, das Angebot zurückzuziehen, bis die Kreditsituation in Europa sich gebessert hat ... Dann dieses kleine Ding hier – eine handschriftliche Nachricht von del Giudice, Kunsthändler in Florenz: ‚Rate Ihnen dringend von Transaktionen ab, die Sie persönlich mit dem Export von Werken aus der Sammlung Pantaleone in Verbindung bringen. Sie bieten die Werke unter den Bedingungen der bestehenden Gesetze zum Verkauf an. Danach liegt die ganze Verantwortung beim Käufer.'"

„Er hat demnach mit einem Ausverkauf begonnen. Gibt es Hinweise, warum?"

„Nicht in diesen Papieren, auch sonst keine Überraschungen mehr. Aber hier ist ein Schlüssel zu einem Schließfach in der Banco di Roma. Das würde ich mir gern mal von innen besehen."

„Machen wir – sobald am Morgen die Banken aufmachen."

„Sein Anwalt schreit schon, wir sollen die Papiere herausgeben."

„Um den kümmere ich mich später. Und dann werde ich mich auch mal mit den Maklern über die Aktienverkäufe des Generals unterhalten. Falls Sie mich in der nächsten Stunde brauchen, ich bin im Schachklub. Anschließend zu Hause."

DER SCHACHKLUB von Rom ist eine geheiligte Einrichtung. Man tritt ein, wie man dereinst in den Himmel einzutreten hofft, durch einen ehrwürdigen Portikus und befindet sich in einem Hof von klassischen Dimensionen. Über eine Treppenflucht erreicht man eine Reihe von Vestibülen, wo livrierte Diener einen mit zurückhaltender Ehrerbietung empfangen. Man tritt leise auf, wie um die Geister der Könige und Edelleute nicht zu stören, die immer noch diese Gemächer bewohnen. Tief beeindruckt, vernimmt man im Speisesaal das Flüstern von Männern, die sich mit wichtigen Angelegenheiten befassen, und erschrickt vor den kalten Blicken alter Damen, die von der Tugend des Alters angesäuert sind. Vergebens sucht man nach Schachspielern, obwohl es dem Vernehmen nach welche geben soll.

Ich war nicht gekommen, um Schach zu spielen. Ich war hier, um mich – falls die Sterne günstig standen – mit denen in Verbindung zu setzen, die Pantaleone am Abend vor seinem Tod bedient hatten.

Es war erst halb neun, und es waren nur wenige Gäste da. Der Geschäftsführer war ungewöhnlich liebenswürdig und stellte mich dem Oberkellner vor. Dieser war ebenfalls hilfsbereit und gestattete mir, mein Anliegen dem Butler vorzutragen. Irgendwann während seines letzten Essens, sagte ich, sei der General ans Telephon gerufen worden, und aus Gründen der militärischen Sicherheit wolle ich den Anruf zurückverfolgen und mich mit dem Anrufer in Verbindung setzen. Dann erlebte ich meine erste Überraschung.

„Nein, Herr Oberst." Der Oberkellner war seiner Sache sicher. „Der Herr General ist zwar aus dem Speisesaal gerufen worden, aber nicht ans Telephon. Ein altes Klubmitglied hatte darum gebeten, ihn unter vier Augen sprechen zu dürfen. Der Butler hat den Herrn General hingeführt. Sie haben sich kurz unterhalten, dann ist der Herr General an seinen Tisch zurückgekehrt, und das Klubmitglied ist gegangen. Ich habe ihn fortgehen sehen."

„Und wer war dieses Klubmitglied?"

„Der Cavaliere di Gran Croce Bruno Manzini aus Bologna. Er ist jetzt im Klub. Vor ungefähr zwanzig Minuten ist er mit der Principessa Faubiani angekommen."

„La Faubiani, ja?" Ich gestattete mir ein kleines Grinsen der Befriedigung – ich war dem alten Steffi um eine Nasenlänge voraus! „Würden Sie dem Herrn meine Karte bringen und ihn fragen, ob er einen Augenblick für mich erübrigen kann?"

Manzini war eine eindrucksvolle Figur. Er mußte an die siebzig Jahre alt sein; sein Haar war schneeweiß und zu einer Löwenmähne nach hinten über den Rockkragen gekämmt; aber sein Rücken war gerade wie eine Fichte, seine Haut rein, die Augen klar und humorvoll. Er hatte das Auftreten eines Mannes, der Ehrerbietung gewöhnt ist. Er stellte sich mit ruhiger Förmlichkeit vor. „Ich heiße Manzini. Wie ich höre, möchten Sie mich sprechen. Darf ich Ihren Dienstausweis sehen?"

Ich reichte ihm das Papier, das er sorgfältig studierte. „Danke, Herr Oberst. Nun Ihre Frage."

„Sie waren, glaube ich, ein Freund von General Pantaleone?"

„Kein Freund, Herr Oberst. Ein Bekannter. Ich hatte nicht viel für ihn übrig, schon gar nicht für seine politische Einstellung."

„Wie würden Sie seine politische Einstellung definieren?"

„Faschistisch und opportunistisch."

„Und Ihre eigene?"

„Das ist meine Privatsache, Herr Oberst."

„Wie ich höre, hatten Sie hier am Abend, bevor er starb, eine Unterredung mit dem General. Darf ich den Inhalt erfahren?"

„Gewiß. Del Giudice, ein Kunsthändler aus Florenz, hatte mich wissen lassen, Pantaleone sei dabei, die Familiensammlung zu verkaufen. Ich war an bestimmten Stücken interessiert und wollte mit Pantaleone direkt verhandeln. Das hätte uns beiden Geld gespart. Er sagte, er wolle es sich überlegen und mir demnächst schreiben."

„Die Pantaleone-Sammlung ist alt und bedeutend. Warum wollte der General sie wohl auflösen?"

„Keine Ahnung. Darf ich den Grund für diese Nachforschungen erfahren?"

„Im Augenblick bin ich nicht befugt, darüber zu sprechen, Signore. Und dürfte ich auch Sie bitten, diese Unterredung für sich zu behalten?"

„Nein! Ich habe um diese Unterredung nicht gebeten. Ich bestehe auf meinem Recht, darüber zu reden, wie und mit wem es mir beliebt."

„Signore, Sie kennen die Organisation, die ich vertrete?"

„Den Staatsschutz? Ich weiß von seiner Existenz. Über seine Tätigkeit ist mir nichts bekannt."

„Sie wissen aber immerhin, daß wir es mit äußerst delikaten Dingen zu tun haben, politischen wie militärischen."

„Bitte, lieber Oberst! Ich bin ein alter Mann. Ich habe für Spione und Provokateure sowenig übrig wie für die Leute, die sich mit ihnen befassen. Ich weiß, daß Geheimdienste zu Instrumenten der Tyrannei werden können. Ich weiß, daß sie oft die Menschen korrumpieren, die in ihnen arbeiten. Wenn Sie keine Fragen mehr haben, nehme ich an, Sie werden mich entschuldigen. Guten Abend!"

Er stolzierte aus dem Raum, und ich stieß einen langen Seufzer der Erleichterung aus. Das war ein harter Brocken. Er sah einem geradewegs in die Augen und antwortete geradeheraus, weil er wußte, daß man es nicht wagen würde, seine Antworten anzuzweifeln. Aber die wichtigsten Fragen waren noch offen. Wieso hatte Pantaleone, wenn er an Selbstmord dachte, sich noch auf das langwierige Geschäft eines Verkaufs seines Anwesens eingelassen? Und warum hatte er einen Brief versprochen, von dem er wußte, daß er ihn nie schreiben würde?

Es war genug für einen Tag, mehr als genug. Mein Kopf war wie mit Watte ausgestopft und mein Herz von Neid erfüllt auf einen siebzigjährigen alten Mann, der sich teure Spielzeuge wie La Faubiani leisten konnte. Ich fuhr widerstrebend nach Hause, um ein warmes Mahl zu essen, eine lauwarme Stunde vor dem Fernseher zu sitzen und in ein kaltes Bett zu steigen.

Ich hatte eine sehr unruhige Nacht. Kurz nach zehn rief mich ein Kollege aus Mailand an, um mir zu sagen, daß ein junger Maoist während des Verhörs in einer Bombengeschichte aus dem Fenster des Vernehmungszimmers gestürzt war. Das würde in allen Morgenzeitungen Schlagzeilen machen. Die Linken würden schwören, er sei von der Polizei hinausgestoßen worden. Die Rechten würden versichern, er sei gesprungen. Eine Woche lang würden Soldaten an allen Straßenecken stehen, was die Spannungen noch vergrößern und die Parteien noch tiefer spalten würde. Was für eine scheußliche Geschichte!

Um halb zwölf rief Lili Anders in heller Aufregung an. Ihr Kontaktmann habe sie zu einem Treff um Mitternacht in der Osteria dell'Orso aufgefordert. Was sie tun solle? Ich sagte, sie solle den Treff wahrnehmen, hörte sie noch einmal ihre Geschichte ab und hatte dann eine Viertelstunde lang alle Hände voll zu tun, die Beschattungstrupps an ihre Fersen zu heften.

Gerade wollte ich wieder ins Bett kriechen, als erneut das Telephon klingelte. Diesmal war es Hauptmann Carpis Schatten. Der Capitano sei betrunken und schwatze mit einem Barmädchen. Was man da machen solle? Warten, bis er sinnlos betrunken ist, und ihn dann nach Hause schaffen.

Am nächsten Morgen saß ich um halb zehn bei einem leitenden Angestellten der Banco di Roma. Er war höflich, aber bestimmt. Ein Zugang zum Schließfach des verstorbenen Generals sei ausgeschlossen. Das Gesetz verlange die strikte Einhaltung von Verträgen zwischen Bank und Kunden. Außerdem – er stockte – sei das Schließfach leer. Der Anwalt des Generals habe den Inhalt gemäß einer bestehenden Vollmacht an sich genommen.

Die Makler waren entgegenkommender. Sie hatten in der Tat dicke Pakete aus dem Aktienbestand des Generals verkauft und den Erlös an seinen Anwalt, Sergio Bandinelli, weitergeleitet. Damit waren die Transaktionen für sie erledigt.

Wieder in meinem Dienstzimmer, schrieb ich eine Vorladung an Bandinelli, er möge innerhalb achtundvierzig Stunden bei mir vor-

sprechen. Dann setzte ich mich hin, um die Photos von der Beisetzung zu studieren. Nach einer Stunde erlebte ich eine kleine Überraschung. Auf drei Bildern war Bruno Manzini zu sehen, einmal mit Kardinalbischof Dadone, einmal mit dem Finanzminister und einmal mit einem älteren Bauern, der in der Villa Pantaleone beschäftigt war. Für jemanden, der Pantaleone als Faschisten und Opportunisten betrachtete, war die Anwesenheit bei der Beisetzung eine einzigartige Geste. Ich fragte mich, was ihn dazu wohl bewogen hatte. Ich rief einen Kollegen an und bat um ein Duplikat der Akte Manzini. Dann rief ich Stefanelli zu mir.

Der alte Steffi barst vor Neuigkeiten. Erstens hatte seine Frau ihm erzählt, der neue Beschützer der Faubiani sei ein gewisser Bruno Manzini, ein Bologneser und reicher, als es erlaubt sein dürfte – groß im Geschäft mit Textilien, Elektroartikeln, Stahl, sogar in der Lebensmittelverarbeitung.

„Das weiß ich alles schon, Steffi."

„Einen Dreck wissen Sie! Woher denn?"

Ich erzählte es ihm. Dann zeigte ich ihm die Photos. „Na, Steffi, und was hat er bei der Beisetzung eines Mannes verloren, den er verachtet hat?"

„Ganz einfach. Sie brauchen mich nicht zu lieben, um auf meiner Beerdigung zu erscheinen. Wie sollen Sie sonst sicher sein, daß ich auch wirklich tot bin?"

„Kann sein ... kann sein. Was haben Sie sonst noch?"

„Die Casarolis verkaufen ihr Reispapier nur an Großhändler. Hier ist die Liste. Aber Tausende von Einzelhändlern verhökern das Zeug."

„Heiliger Bimbam! Haben Sie denn überhaupt keine guten Nachrichten, Steffi?"

„Solimbene hat angerufen. Bisher hat er fünfzehn Familien in Italien gefunden, die einen Salamander im Wappen führen. Wieder ein Schlag ins Wasser, fürchte ich ... Haben Sie heute morgen die Schlagzeilen gelesen?"

„Ja."

„Mir ist angst und bange, Oberst. Gestern nacht ist ein Verdächtiger beim Verhör aus dem Fenster gesprungen oder gestoßen worden. Warum? Unter was für Umständen? Heute morgen sind zweitausend Carabinieri in den Straßen von Mailand. Weitere tausend stehen in Rom im Sondereinsatz. Schüchtern die Leute ein. Unterdrücken Fragen. Wir – die Carabinieri und unsere Kollegen von der

Polizei – sind im Augenblick die eigentlichen Herren in Mailand. Eine ungeheuer verlockende Vorstellung, mein Freund. Wir brauchen schon nicht mehr Brot und Spiele anzubieten, nur noch öffentliche Ordnung, Ruhe auf den Straßen und pünktliche Omnibusse. Weil wir keine Regierung haben; wir haben Parteien, Fraktionen, widersprüchliche Interessen. Und wenn sich das nicht bald ändert, fängt der kleine Mann auf der Straße an, nach einem Führer zu rufen, einem neuen Duce!"

„Ich versuche gerade herauszufinden, wer das wohl sein könnte, Steffi."

„Und wenn Sie es wissen?"

„Sprechen Sie sich nur aus, Steffi."

„Sie haben gestern eine unbequeme Leiche begraben – auf Befehl. Angenommen, Sie stolpern über ein anderes Ärgernis, ein lebendiges diesmal – zum Beispiel einen Mann aus unseren Reihen. Angenommen, Sie bekommen den Befehl, die Akte zu schließen und die Klappe zu halten. Was machen Sie dann?"

„Ich habe keinen blassen Schimmer, Steffi. Der alte Manzini hat doch recht. Dieses Gewerbe korrumpiert. Ich weiß nicht, inwieweit es mich schon korrumpiert hat."

„Vielleicht werden Sie es schon sehr bald wissen müssen. Ich bin Jude, Oberst. Das wußten Sie nicht? Nun, ich wohne im alten Getto. In der Synagoge haben wir ein Namensverzeichnis von elfhundert Menschen, die am Schwarzen Sabbat 1943 nach Auschwitz verschleppt wurden. Vierzehn Männer und eine Frau sind zurückgekommen. Wissen Sie, warum ich beim Geheimdienst bin? Um im voraus zu wissen, wann so etwas je wieder passieren könnte ... Wie alt sind Sie, Oberst?"

„Zweiundvierzig. Warum?".

„Dann waren Sie damals noch ein Junge. Aber jedesmal, wenn ich heute ein Wahlplakat sehe, bekomme ich Alpträume. Tut mir leid, wenn ich Sie gekränkt habe."

„Das haben Sie nicht, Steffi. Ich bin froh, daß Sie mir das gesagt haben. So, und jetzt gehen Sie mal ein bißchen mit Ihrem Mikroskop spielen, ja?"

Aber nachdem der Alte fort war, erschien mir das ganze Gewirr von Photos und Notizen auf meinem Schreibtisch plötzlich unbedeutend. Worauf es ankam, war nicht dieses schmutzige politische Spiel um die Macht, sondern ich, Dante Matucci: Wer war ich, und welchen

Preis würde ich für meine Seele annehmen – falls ich wirklich eine hatte? Diener des Staates zu sein ist leicht. Der Staat ist wie Gott – man kann ihn nicht definieren. Man braucht keine Fragen über ihn zu stellen.

Aber ich, Dante, bin – oder hoffe es zu sein – ein Mensch. Wieviel von mir gehört dem Staat? Was kann er mir noch mit Fug und Recht befehlen? Einen lebendigen Menschen aus dem Fenster zu stoßen? Einen Aufrührer zu erschießen? Oder einen Bürger so in Papieren zu ersticken, daß er ohne Genehmigung nicht einmal mehr morgens aufstehen kann?

Und dann ist da noch die andere Seite der Medaille: Fünfzig Millionen temperamentgeladene Menschen, eingepfercht auf einer schmalen Halbinsel, arm an Gütern, reich nur an Lebenskraft und Energie, eine leichte Beute für Agitatoren. Wie sollte man sie daran hindern, sich gegenseitig in Stücke zu reißen, ohne hin und wieder ein paar Schädel einzuschlagen?

Ich kaute noch an diesen trüben Gedanken herum, als mein Beschattungsteam kam, um mir über Lili Anders zu berichten. Ihre Tonbänder von dem Treff im Nachtklub waren so gut wie unverständlich. Ich wollte wissen, warum.

„Keine Zeit, etwas Anständiges einzubauen, Herr Oberst. Sie sind auch sowieso nur eine halbe Stunde geblieben. Wir sind ihnen bis zur Wohnung der Anders gefolgt. Der Kontaktmann hat sie da abgesetzt und ist weitergefahren. Giorgio ist ihm gefolgt. Ich bin geblieben, um von der Dame einen Bericht zu bekommen."

„Wer war ihr Verbindungsmann?"

„Picchio – der Specht."

„Und was hatte die süße Lili zu erzählen?"

„Picchio wollte wissen, woran der General gestorben ist. Herzanfall, hat sie gesagt. Ob sie gewußt habe, daß er krank war? Nein, aber er habe gelegentlich Schmerzen in der Brust gehabt, die er als Verdauungsstörungen bezeichnet habe."

„Bravo, Lili. Weiter."

„Wer ihr die Nachricht überbracht habe? Ein Oberst der Carabinieri namens Matucci. Ob er bestimmte Fragen gestellt habe? Nur über Pantaleones Verhalten in der Nacht vor seinem Tod. Sie habe ihm die Wahrheit gesagt. Wer die Erben des Generals seien, habe Picchio gefragt. Das wisse sie nicht. Ob sie den Anwalt des Generals kenne? Ja. Sie habe die Anweisung bekommen, ihn zu hofieren und soviel wie möglich über den Besitz in Erfahrung zu bringen. Ob sie jemals einem Generalmajor Leporello begegnet sei?"

„Unmöglich! Das ist doch einer von uns."

„Mich hat das auch erschüttert, Herr Oberst."

„Was hat Lili geantwortet?"

„Sie sei ihm nie begegnet. Ob der General je von ihm gesprochen habe? Ihres Wissens nicht. Was sie als nächstes tun solle? Stillsitzen, sich auf den Anwalt konzentrieren und weitere Anweisungen abwarten. Das war's, Herr Oberst."

„Ist bei der Überwachung ihres Telephons etwas herausgekommen?"

„Seit ihrem Anruf bei Ihnen nichts mehr, Herr Oberst."

„Gut. Dann wollen wir jetzt mal hören, was unser kleiner Hauptmann Carpi macht."

„Gegen drei Uhr morgens war er restlos betrunken, und ich habe ihn nach Hause gebracht. Er ist ein übler Trinker, Herr Oberst."

„Das ist ja ganz was Neues. Nun ja, er wird morgen auf Sardinien schon wieder nüchtern werden. Danke, meine Herren. Sehen Sie zu, daß Sie heute abend um acht wieder frisch und munter auf dem Posten sind. Sie haben noch immer Nachtdienst."

Ich mußte über ihre langen Gesichter grinsen, als sie hinausschlichen. Das ist der Witz an diesem Spiel. Man läuft sich die Hacken krumm, klopft an Türen, watet durch Stöße nutzloser Informationen, bis man ein Steinchen findet, das der Beginn oder die Vollendung eines Mosaiks ist. So eines hatte ich jetzt: Was interessierte Picchio, einen polnischen Agenten, an Marcantonio Leporello, Generalmajor der Carabinieri?

ALS ERMITTLER habe ich viele Mängel und zwei besondere Begabungen. Ich habe ein photographisches Gedächtnis. Und ich kann warten. Bei jeder Ermittlung kommt der Augenblick, da man nichts mehr tun kann, als die Dinge reifen zu lassen. Versucht man die Entwicklung voranzutreiben, macht man Fehler. Die Italiener lieben das Trara. Man entwerfe ihnen eine Szene, und in einer Stunde bauen sie einem eine ganze Oper drumherum. Ich bin mit meinen zweiundvierzig Jahren Oberst, weil ich gelernt habe, aus den Fehlern meiner Landsleute eine Tugend zu machen.

Wenn aber eine große Sache im Anzug war, kam es darauf an, eine Zone des Schweigens zu schaffen und dazusitzen, sichtbar, doch rätselhaft. Es war eine Taktik, die meine Mitarbeiter verwirrte.

In diesem Augenblick schwebte die Pantaleone-Affäre noch im Raum. Die Bedeutung der Salamanderkarte war nicht entschlüsselt. Der Anwalt des Generals hatte den Inhalt seines Schließfachs im Besitz. Manzinis Anwesenheit bei der Beisetzung mußte nichts zu bedeuten haben. Er war nur ein Käufer teurer Kunstwerke. Es gab keinen Anhaltspunkt, nichts – außer daß ein polnischer Agent sich für Generalmajor Leporello interessierte. Es war wohl an der Zeit für ein Plauderstündchen mit dem Direktor.

Der Direktor war eine Type für sich. Im SID nannten sie ihn Volpone – den alten Fuchs. Für mich war er ein Chamäleon. Einen Augenblick sah man ihn noch, im nächsten war er schon unsichtbar vor dem politischen Unterholz. Er hatte die Manieren eines Prinzen und den Verstand eines Schachspielers. Er hatte Sinn für Geschichte und war überzeugt, daß sie sich stets wiederholte. Er war ungeheuer reich, großzügig gegenüber Leuten, die er mochte, und skrupellos gegen solche, die er nicht mochte. Er behauptete, daß ich zu denen gehörte, die er mochte. Wir gerieten oft aneinander. Wiederholt hatte er mich schon in Versuchung führen wollen, aber jedesmal hatte ich mich grinsend und achselzuckend abgewandt. Ich machte aus meinen Schwächen kein Geheimnis, aber um keinen Preis würde ich mich von ihm erpressen lassen. Und wenn dem Direktor nach einem Spielchen zumute war, so hatte ich selbst ein paar auf Lager.

So eines spielte ich gerade. Generalmajor Leporello war bei den Carabinieri ein großer Mann. Ich wollte wissen, ob der Direktor groß genug war, mit ihm fertigzuwerden. „Picchio interessiert sich für Leporello", sagte ich unvermittelt. „Warum?"

Der alte Fuchs schnupperte in die Luft. „Wäre es nicht Ihre Aufgabe, mir das zu beantworten?"

„Auf Leporellos Akte steht: Nur dem Direktor zur Kenntnis."

„Verzeihung, das hatte ich vergessen. Lassen Sie mich mal überlegen. General Leporello hat die letzten fünf Monate im Ausland verbracht. Dienstlich, zum Studium von Aufruhrbekämpfung und Gegenrevolte."

„Kennen Sie den General persönlich, Herr Direktor?"

„Ja. Er ist ein vernünftiger Mann."

„Irgendwelche schwachen Punkte?"

„Er ist ein Patriot, überzeugter Katholik, Christdemokrat und finanziell unabhängig. Ich glaube kaum, daß man ihn kaufen oder einschüchtern könnte."

„Vielleicht verführen?"

„Womit, Oberst?"

„Mit der größten aller menschlichen Schwächen – Ehrgeiz. Könnte der Schüler der Gegenrevolte nicht seine Kenntnisse praktisch anwenden wollen?"

„Sie lassen Ihre Phantasie durchgehen, Matucci. Was haben Sie für Beweise?"

„Nur Vermutungen. Der Specht und sein Netz haben eine Aufgabe, die ich zitiere: ‚Rechtzeitig vor dem Versuch eines *colpo di stato* durch neofaschistische Gruppen zu warnen sowie vor Aktionen, die ihn provozieren sollen.' Wenn der Specht sich für Leporello interessiert, müssen wir es auch."

„Ich glaube nicht. Aber lassen Sie mich darüber nachdenken. Noch etwas?"

„Nein."

„Dann erlauben Sie mir, Ihnen ein Kompliment auszusprechen. Mir gefällt die Gewissenhaftigkeit und Aufgeschlossenheit, mit der Sie arbeiten. So etwas ist heutzutage selten, müssen Sie wissen."

„Sehr freundlich von Ihnen. Danke." Ich war beim Hinausgehen sehr nachdenklich. Ich hatte nicht den Wunsch, meine Tage in den Verliesen öffentlicher Ungnade zu beschließen. Und trotzdem ... ein militärisch geschulter Mann, der sich auf die Bekämpfung von Aufrührern und Stadtguerillas verstand, könnte eines schönen Morgens das Land kontrollieren, besonders wenn er ein Patriot, ein guter Christ und finanziell unabhängig war.

Ich war kaum wieder in meinem Dienstzimmer, als meine Sekretärin meldete, Sergio Bandinelli warte auf mich.

Der Anwalt war ein kleiner, aufgeregter und sehr reizbarer Mensch. „Ich bin gekommen, um gegen die ungesetzliche Beschlagnahme von Papieren aus der Wohnung meines Klienten zu protestieren und ihre sofortige Auslieferung an mich zu verlangen."

„Kein Problem. Sie können sie haben. Was den Protest angeht, was haben Sie davon? Sie wissen, daß der SID nach Richtlinien des Präsidenten handelt und nach recht eigenen Gesetzen arbeitet. Wenn Sie es natürlich auf eine Beschwerde ankommen lassen wollen ..."

„Nun ja, unter diesen Umständen ..."

„Gut! Das ermutigt mich, Sie um Ihre Mithilfe zu bitten."

„Gern, Herr Oberst, aber unter Vorbehalten für den Fall, daß ich in einen Interessenkonflikt gerate."

„Natürlich. Der Tod des Generals hat politische Konsequenzen, die ich zu ergründen beauftragt bin. Alles, was er getan hat, ist dabei von Interesse. Zunächst, warum wollte er seinen Besitz auflösen?“

„Ich bin nicht befugt, darüber Auskunft zu geben.“

„Seine Makler haben uns informiert, daß der Erlös aus seinen Aktienverkäufen an Sie weitergeleitet wurde. Was sollten Sie mit dem Geld machen?“

„Auch das kann ich Ihnen nicht sagen. Berufsgeheimnis.“

„Bevor Sie sich darauf berufen, lassen Sie mich Ihnen mitteilen, daß Ihr verstorbener Klient Beziehungen zu einem Mitglied eines ausländischen Spionagenetzes unterhielt. Sie selbst werden von demselben Netz überwacht.“

„Ist das eine Drohung, Herr Oberst?“

„Keine Drohung – nur eine Tatsache. Wenn Sie sich weigern, uns zu sagen, was aus großen Summen Geldes geworden ist, bringen Sie sich selbst in Gefahr. Die Sicherheit unseres Staates ist bedroht. Sie werden sich für Ihre eigene Rolle in den Geschäften Ihres Klienten verantworten müssen. Ich frage Sie nochmals – was ist mit dem Geld geschehen?“

„Ich habe es in der Schweiz und in Brasilien wieder angelegt.“

„Und wenn die Kunstsammlung verkauft worden wäre und der Grundbesitz?“

„Ich hatte den Auftrag, mit dem Erlös dasselbe zu tun.“

„Haben Sie für den Kapitalexport eine Genehmigung des Finanzministeriums?“

„Hm, nein . . . aber die Art der Transaktionen –“

„Erfordert Mittelsmänner, die über sichere Kanäle für den Währungsexport verfügen. Sie verlangen fünf Prozent und garantieren dem Klienten dafür Immunität. Die können sie natürlich gar nicht garantieren, das wissen Sie genau. Sie könnten wegen Verabredung zur Umgehung der Gesetze vor Gericht gestellt werden. Also – warum hat Pantaleone sein Geld ins Ausland geschafft?“

„Er hatte Angst. Er hatte sich den Neofaschisten als militärischer Berater und Oberkommandierender im Falle eines Umsturzes verschrieben. Deren provokative Taktik hat ihn beunruhigt. Nach seiner Meinung waren sie nicht stark genug, um einen *colpo di stato* zu riskieren, so daß ein solcher Versuch in den Bürgerkrieg geführt hätte. Das minderte ihr Vertrauen in Pantaleone. Sie wollten ihn zugunsten eines Wagemutigeren abschieben.“

„Wußte Pantaleone, wer das war?"

„Nein. Nur, daß es sich um einen Militär handelt, der zur Zeit der Bewegung nicht angehört, aber zu einem geeigneten Zeitpunkt dafür gewonnen werden könnte."

„Fürchtete der General sich vor einem Rivalen? Oder vor etwas anderem?"

„Vor Aktionen gegen ihn selbst. Enthüllungen über seine Vergangenheit. Er hatte eine schillernde Karriere und viele Feinde."

„Also Erpressung. Sind direkte Drohungen gegen ihn ausgesprochen worden?"

„Ungefähr vor einer Woche wurde ihm von einem Kurier ein Dossier überbracht mit einer sehr vollständigen Biographie, die im Falle einer Veröffentlichung seinen Ruf unwiederbringlich ruiniert und ihn für alle Zeiten von öffentlichen Ämtern ferngehalten hätte."

„Wurde mit einer Veröffentlichung gedroht?"

„So habe ich es verstanden."

„Was verstanden?"

„Eine Karte, die an das Manuskript geheftet war."

Ich legte die Salamanderkarte auf den Tisch. „Diese?"

„Ja, das ist sie. Woher haben Sie die?"

„Aus dem Schlafzimmer des Generals. Was ist aus der Biographie geworden?"

„Er hat sie in seinem Bankschließfach deponiert."

„Das Sie gestern geleert haben. Ich möchte sie haben."

„Nur mit richterlicher Verfügung. Sonst nicht."

„Und was hat diese Karte zu bedeuten?"

„Ich weiß es nicht. Der General hat etwas von einem St.-Martins-Tag gesagt, aber nicht erklärt, was er damit meinte. Ich weiß nur, daß am Tag des heiligen Martin in Spanien Schweine geschlachtet werden."

„Wenn Sie sich Ihren eigenen St.-Martins-Tag ersparen wollen, mache ich ein Geschäft mit Ihnen. Ich will die Devisengeschichte vergessen. Jetzt schicke ich Ihnen einen Mann mit in Ihr Büro, der jedes in Ihrem Besitz befindliche Schriftstück, das sich auf die Familie Pantaleone bezieht, in einer Liste erfaßt. Er wird sie dann in Ihrem Safe einschließen, und morgen gehe ich sie mit Ihnen zusammen durch. Einverstanden?"

„Mir scheint, ich habe keine andere Wahl. Einverstanden."

„Gut. Mein Mann wird die Nacht in Ihrem Büro verbringen."

„Warum denn das?"

„Aus Sicherheitsgründen. Politik ist heutzutage ein gefährliches Geschäft."

Ich meinte es ironisch. Ich fühlte mich als der erfahrene Profi, der einem Zivilisten leutselig auf die Schulter klopfte. Ich hätte es besser wissen müssen. In diesem Gewerbe und in diesem Land steht man dauernd mit der Schlinge um den Hals auf einer Falltür.

Nachdem ich das gesagt habe, ist eine Erklärung fällig. Diese Republik namens Italien ist alles andere als eine Nation. Wir Italiener teilen uns auf in Provinzen, Städte, Regionen, Familien und Individuen – alles andere als eine Einheit. Fragen Sie einmal den Mann dort, den Straßenfeger, was er ist. Er wird Ihnen antworten: „Ich bin Sarde, Kalabrier, Neapolitaner." Er wird niemals sagen, er sei Italiener. Ich selbst bin Toskaner. Ich werde dafür bezahlt, daß ich diesem nebulösen Gebilde, das sich Staat nennt, diene, aber ich gehöre woandershin – nach Florenz, zu den Medici, dem Arno und den Pinien auf den Gräbern meiner Ahnen.

Daher dieses Anarchische, das Ausländer so schwer verstehen. Ich kann niemals sagen: „Der da ist der Feind, vernichtet ihn!" Ich muß sagen: „Das ist der Feind des Augenblicks, aber er kommt aus meiner Heimat, seine Schwester ist mit meinem Vetter verheiratet, und morgen müssen wir vielleicht Freunde sein." Ich muß mich immer so verhalten, daß die Glieder nie zerreißen, auch wenn die Kette bis zum äußersten angespannt wird.

Daher aber auch eine Art von Ordnung, welche Ausländer ebensowenig verstehen. Wir haben nur ein Leben, nur eine Chance, uns mit ihm zu arrangieren. Wir müssen überleben. Also versuchen wir zu verhandeln. Und wenn wir gezwungen sind, uns auf ein schlechtes Geschäft einzulassen, warten wir auf das Morgen, an dem der Vertrag annulliert oder in gegenseitigem Einvernehmen verbessert werden kann. Sie sehen, ich kenne mich aus. Es gibt also für die Dummheiten, die ich von diesem Nachmittag an beging, keinerlei Entschuldigung.

Die erste Dummheit war mein schmählicher Handel mit Sergio Bandinelli, den ich für einen fügsamen, verängstigten Mann hielt. Ich gab ihm als Bewacher einen gewissen Giampiero Calvi mit, einen vielversprechenden, aber noch jungen Mann, der jede volle Stunde in der Zentrale anrufen sollte, bis ich ihn am nächsten Morgen erlöste. Dann rief ich Lili Anders an und sagte, ich würde sie dienstlich um halb neun zu einem Cocktail aufsuchen und anschließend zum Essen ausführen. Und da ich arroganter war – und bin –, als es mir guttut, beschloß ich zuletzt, mein Spielchen gegen den Direktor zu beginnen.

Ich hatte erfahren, daß Generalmajor Leporello sich zu einer Besprechung mit höheren Offizieren in Rom aufhielt und im Hassler abgestiegen war. Ich rief ihn an. Unser Gespräch war kurz. „Herr General, hier spricht Oberst Matucci vom SID."

„Ja?"

„Es ist etwas Wichtiges. Ich möchte Sie sprechen."

„Ich habe bis sechs Uhr zu tun. Danach kann ich eine halbe Stunde für Sie erübrigen. Rufen Sie mich von der Halle aus an. Suite Nummer zehn."

„Vielen Dank, Herr General."

„Noch einmal Ihren Namen?"

„Matucci. Abteilung E."

Ich legte den Hörer auf und wartete. Wenn ich den Mann richtig einschätzte, würde er zur Kontrolle zurückrufen. Drei Minuten später klingelte mein Telephon.

„Wer ist dort, bitte?" fragte Leporellos Stimme.

„Matucci. Abteilung E."

„Hier Leporello. Wir haben eine Verabredung, glaube ich."

„Jawohl, Herr General. Achtzehn Uhr, Suite zehn."

„Seien Sie bitte pünktlich. Wiederhören."

Nach der halben Stunde mit diesem Dickschädel würde ich eine Erholung bei Lili brauchen. Ich führte noch ein Telephongespräch, diesmal mit einem merkwürdigen kleinen Büro, das Informationen über das Kommen und Gehen berühmter Leute liefert. Meine Gesprächspartnerin war eine üppige Dänin. Ihr bürgerlicher Status war recht dubios, aber ihre Informationen stimmten immer.

„Faubiani? Also, der alte Manzini ist in der Stadt, also macht sie mit ihm die Runde. Mal sehen ... Heute abend stellt Fosco Schmuck aus, da werden sie dann vermutlich sein. Fosco stellt ein kaltes Büfett, von halb neun etwa, bis der Sekt ausgeht. Wenn Sie eine Einladung haben wollen, ich kann Ihnen meine überlassen. Ich werde nur neidisch, wenn ich all den teuren Firlefanz sehe."

„Sie sind ein Engel, Inger."

„Wann sehe ich Sie mal wieder, Dante?"

„Wenn ich um halb acht die Karte holen komme. *Ciao,* Bambina."

Nachdem ich dem Offizier vom Dienst meine Telephonnummern für die Nacht hinterlassen hatte – Lili Anders' Nummer und meine –, konnte ich mich aufputzen gehen: Umziehen, waschen, rasieren und eine kleine Massage für meine schlaffen Gesichtsmuskeln.

Pünktlich um sechs rief ich vom Empfang des Hassler bei Generalmajor Leporello an. Er ließ mich von seinem Adjutanten – einem muskulösen jungen Kerl mit rotem Haar und Sommersprossen – heraufholen. Ich hatte den Verdacht, daß er vor der Tür Aufstellung bezog, nachdem er mich mit dem General allein gelassen hatte. Leporello war eine Überraschung. Ein großer Mann, blond, mit rötlichem Gesicht, mehr ein germanischer als ein romanischer Typ. Seine Brust war breit, sein Bauch straff. Er war kurz angebunden und hatte überhaupt keinen Sinn für Humor. „Ihren Ausweis, bitte." Ich reichte ihn ihm. „Worüber möchten Sie mit mir sprechen, Oberst?"

„Über Dinge, die sich aus General Pantaleones Tod ergeben."

„Zum Beispiel?"

„Diese Karte. Man hat sie im Zimmer des Generals gefunden. Sie war an ein Schriftstück geheftet, das ihm kürzlich übergeben wurde."

„Was für ein Schriftstück?"

„Inkriminierende Dokumente über das Vorleben des Generals."

„Erpressung?"

„Wir glauben, ja."

„Wo sind diese Dokumente jetzt?"

„Im Büro seines Anwalts, bewacht von einem Beamten des SID."

„Was ist das hier auf der Zeichnung?"

„Ein Salamander."

„Merkwürdig. Im Krieg wurde eine der bedeutendsten Partisanengruppen von einem Mann geführt, den sie den Salamander nannten."

„Wie hieß er richtig? Hat er eine solche Karte benutzt?"

„Ich weiß nicht, wer er war. Aber ich erinnere mich an Erzählungen, daß jedem Opfer der Bande eine Visitenkarte an die Brust geheftet wurde."

„Hatte diese Gruppe Verbindungen zu Kommunisten?"

„Die meisten Gruppen im Norden sollen welche gehabt haben."

„Haben Sie je mit solchen Gruppen gearbeitet, Herr General?"

„Ich? Nie. Meine Treue galt der Krone. Die Faschisten konnte ich nicht leiden, und die Deutschen habe ich verabscheut; aber nicht einmal unter diesen Voraussetzungen konnte ich zum Verräter werden. Heute kann ich sowohl ehrlich wie stolz sein."

„Das können Sie gewiß, Herr General. Aber Sie sind auch ein natürliches Angriffsziel für die Terroristen der Linken. Und damit komme ich auf den eigentlichen Zweck meines Besuchs – Herr General, Sie werden von mindestens einem ausländischen Agentennetz beschattet."

Er bedachte mich mit einem dünnen Lächeln. „Das überrascht mich nicht, Oberst. Mit Beschattung habe ich immer gerechnet – durch ausländische wie eigene Geheimdienste."

„Überraschend daran ist, daß die betreffende Gruppe Sie, Herr General, für den möglichen Nachfolger General Pantaleones hält."

„In welcher Eigenschaft?"

„Als Führer im Falle eines Putsches von rechts."

„Was natürlich Unsinn ist."

„Natürlich. Aber es macht Sie zu einem Ziel für Erpressungen und Attentate."

Ich hatte ihn zu erschüttern geglaubt, aber er war so hart und glatt wie ein Grabstein aus Granit. „Erpressung, Oberst? Unmöglich. Mein Leben ist ein offenes Buch. Und Anschläge auf mein Leben sind einkalkuliert und die entsprechenden Sicherheitsmaßnahmen getroffen. Mich beunruhigt viel mehr die Annahme, ich könnte politische Ambitionen haben. Ich habe keine. Ich glaube an Hierarchie und Ordnung. Ich sehe mich nur als Diener einer rechtmäßig gebildeten Regierung. Haben Sie über diese Angelegenheit schon mit Ihrem Direktor gesprochen?"

„Jawohl."

„Seine Meinung?"

„Daß ein Eingreifen des SID nicht nötig sei. Ich habe also meine Kompetenzen überschritten, als ich um dieses Gespräch mit Ihnen nachgesucht habe."

„Warum haben Sie es dann getan?"

„Wir gehören beide zur selben Truppe, Herr General. Ich war der Meinung, hier gehe es um die Ehre der Carabinieri. Darum habe ich mich entschlossen, auf eigene Initiative und eigenes Risiko zu handeln. Ich bin bereit, alle Konsequenzen zu tragen."

Leporello wurde ruhiger. Er lehnte sich zurück und musterte mich mit zögerndem Wohlgefallen. „Sie beeindrucken mich, Oberst. Wenn Sie einen Freund brauchen, Sie haben ihn in mir. Ich werde meine Mitarbeiter anweisen, daß Sie jederzeit zu mir vorgelassen werden."

„Das ist sehr großzügig, Herr General."

„Überhaupt nicht. Sicherheit und Stabilität unserer Republik sind meine und Ihre Aufgabe. Pantaleone war ein gefährlicher Narr. Wir brauchen heute starke Männer, die bereit sind, sich im Dienste der Öffentlichkeit auch selbst in Gefahr zu bringen. Wenn Sie je Lust verspüren sollten, in meinem persönlichen Stab zu arbeiten, würde ich mich freuen. Und – ach ja, Oberst – ich habe nicht vor, über dieses Treffen mit Ihrem Direktor zu sprechen."

„Ich danke Ihnen, Herr General", sagte ich, als er mir die Hand schüttelte und mich hinausführte, um mich seinem Adjutanten anzuvertrauen, der mich nach unten begleitete und salutierte, als ich davonfuhr.

Auf dem Pincio hielt ich den Wagen an und versuchte zwanzig Minuten lang, aus Generalmajor Leporello schlau zu werden. Ich habe instinktiv Angst vor Leuten, die sich aufführen, als ob sie leibliche Vettern Gottes des Allmächtigen wären. Ihre Gewißheit, stets das Rechte zu tun, erstaunt mich immer wieder von neuem. Sie sind Dogmatiker und haben allesamt keine Hemmungen, den Moralkodex in ihrem Sinne umzuschreiben. Ihre Leidenschaft für Ordnung erhebt sie über jede Vernunft und jedes Mitleid. Kurz, ich fürchte mich vor ihnen mehr als vor all den Gaunern, denen ich in meinem Beruf schon begegnet bin. Sie machen mir aber auch angst vor mir selbst, da sie mich in Wut bringen und zu Fehlurteilen und voreiligen Reaktionen hinreißen.

Dennoch hatte das Gespräch auch einen bescheidenen Gewinn gebracht. Leporello versuchte mich mit einem Freundschaftsversprechen in eine Allianz zu locken; eine Allianz, das bedeutete eine Strategie – mit welchem Ziel? Wohin würde der Ehrgeiz einen Mann als nächstes treiben, dessen augenblickliche Aufgabe es war, Ameisenhaufen von Städten und ihre Millionen launische Menschen in Ordnung zu halten? Ach was! Es war für Dante Matucci zu spät und zu früh, die Zukunft zu lesen. Ich startete den Wagen und fuhr am Park entlang zum Cocktail bei Lili Anders.

Ihre Wohnung hatte sich seit meinem letzten Besuch verändert. Pantaleones Bild hing nicht mehr da. Andere Dinge waren so umgruppiert worden, daß sie eine weibliche Atmosphäre erzeugten. Auch Lili hatte sich verändert; ihr Haar fiel weicher, ihre Kleidung war modischer, ihr Auftreten zuversichtlicher. Als ich dazu eine Bemerkung machte, lächelte sie und zuckte die Schultern. „Vielleicht bin ich jetzt mehr ich selbst. Was möchten Sie trinken?"

„Whisky, bitte."

„Sie haben sich auch verändert. Menschlicher, weniger dienstlich. Wie soll ich Sie anreden, Herr Oberst?"

„Dante. Ich möchte, daß wir den heutigen Abend als Freunde genießen."

„Das dürfte kaum möglich sein, oder? Denn im Grunde bin ich Ihr Eigentum, Dante. Sie führen mich wie eine Marionette. Ihr Whisky, mein Gebieter."

„Auf Ihr Wohl, Lili."

„Wohin gehen wir essen?"

„Wir sind Gäste einer Ausstellung mit kaltem Büfett. Fosco zeigt den neuen Schmuck der Saison."

„Das müßte interessant werden. Lieben Sie Schmuck, Dante?"

„Ja – obwohl ich ihn mir nicht leisten kann."

„Wenn Sie meinen gern sehen möchten, zeige ich ihn Ihnen, wenn wir zurückkommen. Ich nehme doch an, daß Sie mich nach dem Abend nach Hause bringen?"

„Sie geben's mir aber tüchtig, Lili."

„Nein. Sie sollen nur wissen, daß ich unsere Beziehung verstehe. Ich habe eine Gegenleistung für Geld und Protektion versprochen."

„Ich bin kein Zuhälter, Lili."

„Was sind Sie denn?"

„Ich bin nachgiebig gegen mich selbst, und ich liebe schöne Frauen. Außerdem bin ich müde, und ich möchte lachen. Ich bin verwirrt und möchte nicht mehr denken. Ich habe Angst und möchte mich nicht fragen müssen, warum."

„Sie und Angst?"

„Ja. Wir leben in einer Zeit der Attentäter, Lili – Fanatiker, die eine neue Welt wollen. Sie werden zwanzig Jahrhunderte Zivilisation niederreißen, um sie zu bekommen. Sie sehen nicht, daß dann, wenn sie zwischen den Trümmern sitzen, die alte Bande wiederkehren wird – die Technokraten, die neue Fabriken bauen, die Polizei, die den Leuten Ordnung einbleut, sogar die städtischen Rattenfänger wie ich. Es ist eine verrückte Welt, und ich sitze mittendrin. Sie auch. Es gibt kein Entrinnen. Kann ich jetzt bitte noch einen Whisky haben?"

Sie gab ihn mir. Dann legte sie mir ihre kalte Hand an die Wange. „Selbst wenn Sie nur die Hälfte davon meinen, ich will Ihnen glauben."

Ich wußte nicht genau, ob ich mir selbst glaubte. Aber ich wollte mich nicht mehr so als Zuhälter fühlen, sondern als ein Mann, der sich in die Sonne wagen konnte, ohne sich zu schämen. Ich küßte flüchtig ihre Hand. „Also, fangen wir noch einmal von vorn an."

Zwanzig Minuten später fuhren wir zu Fosco und mischten uns, Hand in Hand wie ein Liebespaar, unter die Gesellschaft.

Es war ein Gala-Ereignis. Was in Rom Rang und Namen hatte, stolzierte in langsamer Pavane um die Ausstellungsvitrinen mit Foscos Werken. Ein Chefkoch herrschte über das kalte Büfett. Ein Heer von Kellnern servierte Sekt und Appetithäppchen. Es war ein ausgeklügeltes gesellschaftliches Ballett, das Fosco mit Charme und einer kaum erkennbaren Verachtung für die Mitwirkenden dirigierte. Er empfing uns mit nichtssagender Höflichkeit und wies uns in den Vorhof. Wir schnappten uns zwei Gläser Sekt und zwei Kataloge und begannen unsere Runde durch die Ausstellung. Es war auf einen Blick zu sehen, daß Fosco das Geschäft seines Lebens machte. Die Hälfte der ausgestellten Stücke waren Auftragsarbeiten oder von großen Häusern vorbestellt – Bulgari, Cartier, Buccellati, Tiffany. Seine Entwürfe waren originell, seine Handwerkskunst unübertroffen. Er hatte jedes ausgestellte Stück beschildert wie im Museum und, wann immer es ging, Namen und Titel dessen hinzugefügt, der es in Auftrag gegeben hatte. Wir waren halb durch den Raum, als Lili mich am Ärmel zupfte und auf die Nummer 63 im Katalog zeigte. Die Beschreibung lautete:

> SALAMANDER. Brosche in Gestalt eines Wappentiers. Dicht gesetzte Smaragde. Krone aus Brillanten, verziert mit Rubinen aus Birma. Nach der Zeichnung eines Kalligraphen. In Auftrag gegeben von Cavaliere di Gran Croce Bruno Manzini, Bologna.

Es war kein protziges Schmuckstück, der Goldschmied hatte Charakter und Stil der Salamanderkarte gewahrt. Kein Zweifel, das Design war beidemal dasselbe. Ich zog Lili von der Vitrine fort in das Gedränge am Büfett. In diesem Augenblick betrat Manzini die Galerie, an seiner Seite die Principessa Faubiani. Fosco begrüßte sie überschwenglich und führte sie persönlich durch die Ausstellung seiner Meisterwerke.

Irgendwie mußte ich es schaffen, Manzini zu sprechen, bevor er die Galerie wieder verließ. Ich entschuldigte mich bei Lili und drängte mich zum Eingang durch, wo ein junger Mann jetzt für Fosco den Empfangschef spielte. Ich zeigte ihm meinen Ausweis. „Carabiniere. Wer ist hier für die Sicherheit zuständig?"

„Dort drüben der große Herr mit den grauen Haaren. Gibt es Schwierigkeiten?"

„Nein, nein. Nur Routine."

Ich zog den großen Mann in den Schatten und wies mich aus. „Etwas Wichtiges. Bringen Sie mich in Foscos Privatbüro und führen Sie den Herrn dorthin, für den ich Ihnen jetzt eine Nachricht gebe. Bleiben Sie dann bitte vor der Tür stehen und lassen niemanden hinein, solange wir reden – klar?"

„Klar. Es gibt doch hoffentlich keine Unannehmlichkeiten?"

„Nein. Ich habe übrigens Ihre Sicherheitsvorkehrungen bemerkt. Erstklassig."

Nun war er glücklich. In Foscos Büro kritzelte ich eine Nachricht:

> Bedaure die Störung, habe aber dringende amtliche Mitteilung für Sie. Folgen Sie bitte dem Überbringer ins Büro.
>
> Matucci, SID

Drei Minuten später kam Manzini, kühl und herablassend. Er forderte mich auf, mein Anliegen vorzubringen und die Sache rasch zu erledigen.

„Immer noch General Pantaleone. Kurz vor seinem Tod wurde ihm etwas überbracht – genauer gesagt, eine Akte über sein Vorleben."

„Und was hat das mit mir zu tun?"

„An die Akte war diese Karte geheftet. Die Zeichnung darauf gleicht aufs Haar der Nummer 63 in Foscos Katalog."

„Und was wünschen Sie jetzt von mir, Herr Oberst?"

„In diesem Stadium nur ein unverbindliches Gespräch. Jetzt gleich, wenn möglich."

„Völlig unmöglich. Das ist eine lange Geschichte, und ich bin noch mit Freunden verabredet. Aber morgen früh um neun im Grand Hotel, lieber Oberst, werde ich Sie nach besten Kräften erleuchten. Darf ich mich jetzt entschuldigen?"

„Noch eine Frage. Was bedeutet der Salamander?"

„Überleben. Es war mein Deckname während des Krieges."

„Und die Inschrift?"

„Pantaleone war mein Halbbruder. Nur daß er zufällig Kind und nicht Kegel war."

Ich starrte ihn mit offenem Mund an wie ein Idiot. Er mußte über meine Verlegenheit lächeln. „Bitte! Ich mache hier kein Theater.

Ich möchte Ihnen nur beweisen, daß wir wirklich Zeit brauchen, um miteinander klarzukommen. Und nun, Oberst, beantworten Sie mir auch eine Frage?“

„Wenn ich kann, ja.“

„Wer hat Pantaleone umgebracht?“

„Der Totenschein nennt Herzstillstand als Todesursache.“

„Daran sterben wir alle. Sonst kein Kommentar, Oberst?“

„Nicht vor morgen.“ Warum hielt ich ihn nicht fest? Wieso bombardierte ich ihn nicht mit Fragen, solange ich ihn aus dem Gleichgewicht hatte? Weil dieser Mann eine Sorte für sich war, und zwar die allerbeste. Der und aus dem Gleichgewicht? Keine Sekunde. Im Vergleich zu ihm war ich der unsichere Neuling, der in einer nackten Felswand nach Halt tastete.

Froh, daß ich wegkam, fuhr ich mit Lili zum Abendessen zu einem Restaurant in Trastevere, das ich kannte, weil das Essen echt toskanisch war, der Wein ehrlich und die Kellner stolz darauf, einen bedienen zu dürfen. Ich habe dort Freunde: den Koch, den ich hochschätze, und die anderen, deren Unterhaltung – im Winter am offenen Feuer oder im Sommer unter Weinranken – so gut war wie das Essen und Trinken. Es war ein Ort, an dem ich sein konnte, der ich war – wer das auch sein mochte. Ich nahm dort jeden so, wie er war. Ich benutzte niemanden. Ich bezahlte die Rechnung und war in diesem Hause gern gesehen. Jeder Mensch braucht eine Zuflucht. Dies war meine.

Ich versuchte das alles Lili zu erklären, während wir die letzten hundert Meter durch die mit Wäsche zugehängten Gassen zu Fuß gingen. Sie schien mir gern zuzuhören und hielt sich dicht an meiner Seite, während wir über weggeworfenen Unrat stiegen und die Katzen sich ins Dunkel verzogen. Manchmal, wenn das spärliche Licht auf ihr Gesicht fiel, wirkte sie wie ein junges Mädchen. Aber ich war jetzt nicht auf der Jagd. Ich war einfach froh, nicht allein zu sein.

Als wir am Tisch saßen, legte sie ihre Hände auf meine. „Sie sehen jetzt so anders aus, Dante Matucci. Bei Fosco waren Sie angespannt, wachsam, wie ein Fuchs. Jetzt sind Sie gelöst und frei. Sie grüßen Menschen wie Menschen. Und sie freuen sich anscheinend auch, Sie zu sehen.“

„Das ist eben Trastevere, meine Liebe. Über dem Fluß. Diese Menschen wehren sich dagegen, jemand anderem als sich selbst zu gehören.“

„Das gefällt mir. Für heute abend könnten wir das auch tun. Bitte, kann ich etwas Wein haben?“

„Ich werde mich vielleicht betrinken und singen.“

„Dann singe ich mit Ihnen.“

„Und wer fährt uns wieder zurück über den Fluß?“

„Vielleicht fahren wir nicht mehr zurück – nie mehr.“

Es war ein schöner Gedanke, und wir spannen ihn fort, von der Vorspeise bis zum Dessert, begleitet von der Gitarrenmusik eines melancholischen jungen Burschen, der dort singt, singt, bis er einem mit seinen Liedern aus dem Süden die Seele aus dem Leib gesungen hat. Gegen halb zwei Uhr morgens waren wir beschwipst. Die Kellner ließen allmählich schon die Köpfe sinken, und so gingen wir zum Wagen zurück. Lili sagte weinselig: „Weißt du, eigentlich möchte ich gar nicht nach Hause. Zu Hause ist Gestern. Und das will ich vergessen.“

„Dann laß uns irgendwohin fahren, wo ich mich auskenne ... Aber zuerst muß ich meinen Offizier vom Dienst anrufen. Ich habe ihm deine Nummer gegeben.“

„Und da ist gar nichts zu machen? Du mußt anrufen –“

„Bitte, Lili.“

„Bitte küß mich ...“

Der Abend der Freiheit endete mit diesem Kuß. Von der Zentrale erfuhr ich, daß unser Agent Calvi seinen stündlichen Anruf aus dem Büro des Anwalts nicht gemacht hatte; es war jetzt zehn Minuten nach zwei. Ich ordnete an, ein Wagen der Einsatzgruppe solle Steffi abholen, ein zweiter mich bei Bandinelli treffen. Ich setzte Lili in ein Taxi. Dann fuhr ich wie ein Verrückter durch die schlafende Stadt.

Als ich vor dem Büro des Anwalts in der Via Sicilia ankam, war schon ein Einsatzwagen da. Der zweite mit Steffi kam Sekunden später um die Ecke gejagt. Ich gab den Truppführern ein paar knappe Anweisungen: Es handle sich um eine Angelegenheit von höchstem Geheimhaltungsgrad; keine Polizei, keine Presse; zwei Mann sollten bei den Wagen bleiben, einer beim Pförtner, drei sollten Steffi und mich begleiten. Dann klingelten wir.

Der Pförtner kam mit verquollenen Augen öffnen. Wir zückten unsere Ausweise, dann ließen wir ihn brummend stehen und fuhren mit dem Aufzug in den fünften Stock. Bandinellis Büro war dunkel, als ich die Tür öffnete. Ich knipste das Licht an – und es erhellte eine sonderbar friedliche Szene. Der Anwalt lag auf einer Ledercouch. Unser Agent Calvi saß auf einem Stuhl hinter dem Schreibtisch, den Kopf auf die Arme gelegt. Der alte Steffi schnupperte kurz und untersuchte die beiden Männer. „Tot. Blausäuregas. Pistole oder Zerstäuber."

Ich untersuchte den Safe. Die Siegel waren erbrochen, die Tür war offen – die Pantaleone-Papiere waren fort.

Ich griff zum Telephon und wählte die Privatnummer des Direktors. Er meldete sich überraschend prompt. Ich sagte: „Es gibt Ärger. Die Dokumente fehlen, und zwei Bündel schmutzige Wäsche müssen sofort abgeholt werden – eines von uns. Sobald die Situation geklärt ist, erstatte ich persönlich Meldung."

„Ich erwarte Sie zum Frühstück – je früher, desto besser."

Steffi gackerte mir nach wie ein uralter Papagei: „Wenn die Situation geklärt ist! Wir sind wohl unter die Zauberer gegangen, wie?"

Steffi hatte wie immer recht. Wenn ich die Polizei verständigte, kam die Presse angeschwirrt. Wenn die erfuhr, daß die Pantaleone-Papiere im Spiel waren, würde sie sich mit der eiligen Bestattung des Generals befassen und unsere Suche nach den Dokumenten behindern. Wir mußten also die Leichen beseitigen. Ich schickte Steffi los, damit er den Pförtner in seiner Loge ausfragte. Steffis Redeschwall konnte einen Kampfhahn hypnotisieren.

Die Männer und ich leerten Bandinellis und Calvis Taschen, dann schafften wir die beiden Leichen in den Aufzug und in die Einsatzwagen. Der eine brachte Bandinelli in die Notaufnahme der Poliklinik; der andere lud Calvi im Krankenhaus der Blauen Schwestern ab. In beiden Fällen sollten sie die gleiche Geschichte erzählen: sie hätten in einer Gasse einen offenbar bewußtlosen Mann gefunden. Man wolle ihn erst mal ins Krankenhaus bringen und inzwischen seine Identität feststellen. Was? Bei der Einlieferung schon tot? Du meine Güte! Dann legen Sie ihn in die Leichenhalle, während wir uns darum kümmern, wer es ist.

Inzwischen sah ich mir die letzten Eintragungen in Calvis Notizen an:

24.00 Uhr: Anruf beim Offizier vom Dienst.

00.37 Uhr: Anruf von Bandinelli. Möchte im Büro vorbeikommen, um mit zwei Klienten etwas zu besprechen. Angeblich in polizeilicher Angelegenheit. Will Vorzim-

mer benutzen, um mich nicht zu stören. Konnte ihm Zutritt zu eigenem Büro nicht verwehren, da nur Auftrag zur Sicherung des Safes. Habe zugestimmt.

01.00 Uhr: Anruf beim Offizier vom Dienst, mit Meldung von Bandinellis Bitte und meiner Entscheidung.

Ich rief den Offizier vom Dienst an. Er bestätigte die Eintragungen, und somit stand ich vor einer entscheidenden Frage: War Bandinelli unter Zwang in sein Büro gekommen oder als Komplize, der dann liquidiert wurde, nachdem er nicht mehr nützlich war? Steffi, der in diesem Augenblick zurückkam, konnte mir auch nicht helfen. Der Pförtner beende seinen Dienst immer um Mitternacht; die Mieter hätten Schlüssel und könnten jederzeit kommen und gehen. „Eigentlich kann jeder, der einen Schlüssel hat, nach Mitternacht mit einer ganzen Armee hier anrücken, ohne daß einer was merkt", sagte Steffi.

„Na schön. Wo war Bandinelli also, als er hier anrief? Fragen wir mal bei ihm zu Hause an."

Endlich meldete sich ein verdrießlicher Diener. Nein, der Anwalt sei nicht da. Er sei zum Abendessen nicht nach Hause gekommen. Die Signora? Die sei in Neapel.

Steffi grinste. „Was gut in unser kleines Märchen von der unidentifizierten Leiche paßt."

„Aber mir sagt es nicht, wer ihn umgebracht und die Papiere an sich genommen hat."

„Ist das wichtig, Oberst?"

„Steffi! Was ist denn das für eine Frage?"

„Sehen Sie mal! Das hier war glatte, saubere Professionellenarbeit. Wollen Sie nun die Mörder oder die Leute, die sie bezahlt haben? Das ist keine Polizeiaufgabe, mein Freund; das ist eine geheimdienstliche Untersuchung. Fangen Sie oben an, und Sie halbieren die Arbeit und verdoppeln Ihre Chancen, das Rätsel zu lösen – glauben Sie mir!"

„Ich glaube Ihnen ja, Steffi. Aber irgendwann in den nächsten drei Stunden muß ich vor dem Direktor erscheinen. Was soll ich ihm anbieten?"

„Menschenopfer!" Steffi schenkte mir ein Galgenlächeln. „Also, machen wir uns einen Kaffee und sprechen mal die Kandidaten durch."

Die Wohnung des Direktors lag im obersten Stock eines Palastes aus dem sechzehnten Jahrhundert, etwas abseits der Via della Scrofa. Die Einnahmen aus den übrigen Räumen – Wohnungen und vornehme Geschäftslokale – sicherten ihm ein fürstliches Leben bis ans Ende seiner Tage. Seine Bilder und Plastiken stellten allein schon ein Vermögen dar; seine Bibliothek war eine kleine Schatzkammer. Der Direktor war in einen prächtigen brokatenen Morgenmantel gehüllt und wurde von einem drahtigen Sizilianer bedient, der zugleich Butler und Leibwächter war. Um sechs Uhr in der Frühe, schmuddelig, unrasiert und meiner selbst nicht ganz sicher, war ich nicht in der Stimmung, den theatralischen Auftritt zu würdigen. Er bot mir ein kühles Willkommen und ein englisches Frühstück – Tee, Toast, Rührei und Marmelade. Ich bat um Kaffee und Hörnchen. Er akzeptierte die Pointe und landete dann selber einige.

„Sie wußten, daß die Pantaleone-Papiere wichtig waren, Oberst. Warum haben Sie sie nicht sofort sichergestellt?"

„Ich brauchte eine richterliche Verfügung. Dazu hätte ich vor einem Richter gegen Bandinelli auftreten müssen, was ich für unklug hielt."

„Und da haben Sie eine Regelung getroffen, die den Tod Bandinellis und eines unserer Agenten zur Folge hatte. Entschuldigungsgründe?"

„Keine. Ich wollte Bandinelli so einschüchtern, daß er uns noch mehr verriet. Das Risiko habe ich für gering gehalten. Das war ein Irrtum."

„Wer weiß im Augenblick darüber sonst noch Bescheid?"

„Nur der SID. Um vier Uhr früh waren wir mit Aufräumen fertig."

„Und wer hat jetzt die Pantaleone-Papiere? Die Rechte oder die Linke?"

„Die Rechte, nehme ich an."

„Warum?"

„Die Linke hat einen Haufen Unrat, den sie noch nicht veröffentlicht hat. Die Rechte hat einen Haufen Unrat, den sie gern begraben wüßte – ich glaube, das war eine Begräbnisfeier heute nacht."

„Das überzeugt mich nicht, Oberst."

„Ich will Sie auch nicht überzeugen. Ich sage Ihnen nur, was ich vermute. Wenn Sie den Specht im Verdacht haben, vergessen Sie's. Den habe ich heute früh um vier aus dem Verkehr gezogen. Ich habe mich fast zwei Stunden mit ihm beschäftigt. Ich kenne sein Register.

Attentate gehören nicht dazu. Betrachten wir die andere Seite der Medaille. Bandinelli war ein extremer Rechter. Er hat Pantaleone gedient. Er hätte sein Wissen einem Nachfolger verkaufen können –"

„Um dann für seine Mühe umgebracht zu werden?"

„Das auch."

„Nennen Sie mir einen eventuellen Nachfolger."

„Generalmajor Marcantonio Leporello."

Der Direktor stellte seine Teetasse mit lautem Klappern hin und starrte mich aus kalten Augen feindselig an. Schließlich sagte er ruhig: „Ich nehme an, Sie können das mit Beweisen stützen, Oberst?"

„Mit einigen schon. Ich habe gestern mit dem General in seinem Hotel gesprochen."

„Sie haben was?"

„Ich habe mit Leporello gesprochen."

„Entgegen meinem Befehl, in dieser Angelegenheit nichts zu unternehmen?"

„Jawohl."

„Und was haben Sie zu ihm gesagt?"

„Daß er von einem ausländischen Agentennetz beschattet wird, von dem er als politischer Kandidat der Rechten angesehen wird. Wo sich die Pantaleone-Papiere befanden. Und daß ich entgegen Ihrem Befehl handelte."

„Ach! Und wie hat er darauf reagiert?"

„Er hat mir versprochen, das Gespräch vertraulich zu behandeln, und mir einen Posten in seinem Stab angeboten."

„Ich hätte Lust, Sie unverzüglich zur Disposition zu stellen, Matucci. Sie mißachten Befehle, das ist gefährlich."

„Es war ein Risiko. Ich glaube, es hat sich bezahlt gemacht. Ich weiß, wer die Karte an Pantaleone geschickt hat. Ich habe den Salamander identifiziert."

Das riß ihn unvermittelt hoch. Sein Stück Toast hielt auf halbem Weg zu seinen Lippen inne. „Und hätten Sie die Güte, mir zu sagen, wer es ist?"

„Ja. Es ist der Cavaliere di Gran Croce Bruno Manzini. Er sagt, er sei der uneheliche Bruder General Pantaleones. Ich bin für heute früh um neun mit ihm verabredet."

„Leporello, Ihr militärischer Vorgesetzter. Manzini, einer der mächtigsten Finanzleute Italiens. Sie fliegen hoch, mein Lieber."

„Und Sie können mich jederzeit abschießen, wenn Sie wollen."

„Wenn ich Sie nun aber gewähren lasse?"

„Dann möchte ich freie Hand und Zugang zur Akte Leporello haben."

„Kann ich Ihnen trauen, Matucci?"

„Sie können, werden es aber gewiß lieber bleiben lassen."

„Trauen Sie mir?"

„Mit Einschränkungen. Ich weiß, welche Aufgabe Sie als Direktor des SID haben. Ich weiß aber nicht, wie Sie Ihre Aufgabe interpretieren und welchen geheimen Zwecken Sie die Tätigkeit des SID unterordnen."

„Haben Sie ein Recht, das zu wissen?"

„Gesetzlich wohl nicht. Aber persönlich? Wenn Sie mich das vor einer Woche gefragt hätten, ich hätte Ihnen eine höfliche, gefällige Antwort darauf gegeben. Heute morgen ist das anders. Ich bin müde, ich habe einen guten Mann verloren, weil ich nicht logisch gedacht habe, und ich möchte mich nicht mehr manipulieren lassen. Ich möchte wissen, was mit mir gespielt wird und warum. Wenn es mir dann nicht gefällt, kehre ich wieder auf meinen Posten bei der Polizei zurück."

Der Direktor ging zum Fenster, wo er lange stehenblieb und auf das Dächergewirr Roms hinausschaute, das im Morgenlicht in allen Gold-, Braun- und Rottönen schillerte. Als er sich wieder umdrehte, stand er mit dem Rücken zum Licht, so daß die Konturen seines Gesichts im Schatten lagen.

Dann begann er zu reden, ruhig zuerst, dann immer leidenschaftlicher und ausdrucksvoller.

„Sie sind anmaßend, Oberst. Aber ich kann es Ihnen verzeihen, weil ich mir selbst vieles anmaße – auf Grund von Wohlstand, Familie und meiner selbst als Produkt unserer ganzen Geschichte. In gewisser Weise bin ich von gestern; aber schließlich ist auch Italien ein Land von gestern ebenso wie von heute. Wir bauen unsern Wohlstand auf den Ruinen und dem Genie unserer toten Vorfahren. Unser Recht ist eine Mischung aus Justinian, Kirche, Napoleon und den amerikanischen Gründervätern. Wir rufen nach einer bundesrepublikanischen Demokratie – aber die Heimat eines jeden ist das Dorf, in dem er geboren ist, und sei es noch so schäbig. Wir befinden uns in einem empfindlichen Gleichgewicht, beim geringsten Wackeln stürzen wir in einen Bürgerkrieg und flehen um Erlösung. Wir haben es schon mit einem Diktator versucht, und aus der Demokratie haben wir einen Scherbenhaufen gemacht. Jetzt weiß das Volk nicht mehr, was es will. Und ich weiß nicht einmal, was es noch hinzunehmen bereit ist.

Darum manipuliere ich, um das Gleichgewicht so lange wie möglich zu erhalten. Ich will keine Diktatur. Ich will auch keinen Kommunismus. Aber ich glaube, daß die Demokratie, die wir haben, zu unstabil ist, um zu halten. Sollte also das eine oder andere kommen, werde ich versuchen, es so erträglich wie möglich zu gestalten. Politik sei die Kunst des Möglichen, heißt es. Mediterrane Politik ist die Kunst des Unmöglichen, und das verstehe ich besser als die meisten. Sie zerbrechen sich den Kopf über Leporello, aber Sie haben keinerlei Beweise gegen ihn, und ich habe keine Lust, ihn vor den Kopf zu stoßen, wo wir ihn gerade jetzt vielleicht brauchen. Ich gebe zu, daß ich mir auf Ihren Salamander im Augenblick keinen Reim machen kann. Sie sollen freie Hand bei den Ermittlungen haben, aber – damit wir uns richtig verstehen, Matucci – wenn ich ziehe, bin ich der König auf dem Brett und Sie nur ein Bauer. Das können Sie jetzt akzeptieren oder nicht."

Ich gab ihm die Antwort, ohne eine Sekunde zu zögern. „Ich akzeptiere. Und ich werde Sie ehrlich auf dem laufenden halten. Wenn wir uns nicht einig sind, werde ich gegen Sie kämpfen, aber das tue ich offen."

„Wenn Sie je gegen mich kämpfen, Matucci, werden Sie lügen müssen wie eine Hure und betrügen wie ein Taschenspieler, nur um Ihre Haut zu retten. Übrigens, Sie können so, wie Sie aussehen, nicht zu Manzini gehen. Mein Diener wird Sie ins Gästezimmer führen und Ihnen einen Rasierapparat und ein sauberes Hemd bringen."

AN DIESEM Morgen um acht traf ich Stefanelli, wie er pfeifend über die Spanische Treppe schlenderte, und schloß mich ihm an. Die Sonne strahlte, die Luft war frisch; jede Stufe der Treppe blühte von jungen Mädchen. Ich war die ganze Nacht auf den Beinen gewesen, fühlte mich aber wunderbar erfrischt, und sogar in Steffis welkem Stamm sah ich die Säfte steigen. Unten am Fuß der Treppe kauften wir ihm eine Nelke fürs Knopfloch, dann gingen wir in Babingtons Teestube, wo er sich mit Solimbene zum Tee mit englischem Gebäck verabredet hatte. Solimbene war ein liebenswerter Pedant mit einer Schwäche für kleine Exzentrizitäten, zu denen Samtjacken und eine

Vorliebe für englische Lebensart gehörten. Er thronte in einer Ecke der Teestube und hielt die Hand einer Kellnerin, die er nur widerstrebend zugunsten Steffis gehen ließ.

„Mein lieber Kollege! Ich habe Offenbarungen für Sie!“ Er legte die Salamanderkarte auf den Tisch. „Das ist gar keine Heraldik, sondern Kalligraphie, eine mönchische Kunst. Zuerst habe ich heraldischen Ursprung vermutet und auf sämtlichen Wappen Europas Salamander gejagt. Welche Dummheit! Schließlich habe ich dieses Photo gefunden, das in unserem Archiv unter ‚Kuriosa und Exotika‘ abgelegt war. Da haben wir Ihren Salamander. Nur daß es sich überhaupt nicht um ein Wappen handelt, sondern um den Einfall eines Künstlers. Es hat mit keiner bekannten Familie zu tun.“

„Wenn es nichts bedeutet, warum zeigen Sie's uns dann?“ fragte Stefanelli.

„Oh, es bedeutet eine Menge – Betrug, Fälschung und Skandal. Im Jahre 1910, lieber Kollege, wohnte keinen Steinwurf von hier eine angesehene Dame von Welt, die sich Contessa Salamandra nannte. Sie verkehrte nur mit Adligen und Reichen – unter ihnen ein gewisser Opernsänger, der eines Morgens beim Verlassen ihres Hauses erschossen wurde, wahrscheinlich von einem Rivalen. Die Dame flüchtete nach Nizza. Bei den polizeilichen Ermittlungen kam heraus, daß die Contessa Salamandra eine junge Schottin namens Anne Mackenzie war, die in einem adligen Bett in Ungnade gefallen war und daraufhin beschlossen hatte, auf adlige Weise reich zu werden. Zu diesem Zweck hat sie sich das Wappen fälschen lassen.“

„Ist das alles?“

„Alles?“ Solimbene war außer sich. „Aber Herr Oberst. Die Signorina Mackenzie war früher die Gouvernante von Graf Pantaleones Töchtern. Als sie von ihm ein Kind erwartete, hat sie im August 1900 einen gewissen Luca Salamandra geheiratet, einen Zirkusartisten, der zwei Tage nach der Hochzeit vom Hochseil stürzte und sich das Genick brach. Das Kind wurde eine Woche darauf geboren und auf den Namen Massimo Salamandra getauft. Ich kann Ihnen die Heirats-, Geburts- und Taufurkunde bringen, alle datiert aus dem Jahre 1900. Im Oktober desselben Jahres hat dann die Contessa Salamandra begonnen, ihren Einzug in die römische Gesellschaft vorzubereiten. Man darf wohl annehmen, daß sie vom alten Grafen Pantaleone finanziert wurde.“

„Was ist aus dem Jungen geworden?“

„Seine Mutter hat ihn mit nach Nizza genommen. Gestern habe ich nun im Personenstandsregister von Rom festgestellt, daß 1923 ein junger Mann namens Massimo Salamandra seinen Namen in Bruno Manzini geändert hat. Also, meine Herren, bekomme ich jetzt mein Geld?"

Er hätte sein Honorar verdreifachen können. Wenn man gegen die Bank spielt, ist es gut, ein As im Ärmel zu haben. Aber das nützt einem natürlich auch nichts, wenn die Karten gegen einen gemischt sind.

DER Cavaliere di Gran Croce Bruno Manzini empfing mich in einer Suite, in der eine ganze Infanteriedivision Platz gefunden hätte. Sein Morgengesicht war die Güte selbst. „Sie sehen angegriffen aus, Oberst. War's ein später Abend?"

„Ein langer. Ich war bis jetzt noch nicht im Bett."

„Lieber Freund, dann wollen wir keine Zeit verlieren. Was wissen Sie?"

„Daß Ihre Mutter eine Anne Mackenzie war. Daß Sie, wie Sie mir gestern abend gesagt haben, der Sohn des alten Grafen Pantaleone sind. Daß Sie 1900 in Rom auf den Namen Massimo Salamandra getauft wurden. Daß Ihre Mutter sich einen falschen Titel und ein ebenso falsches Wappen zugelegt hat. 1923 haben Sie Ihren Namen geändert –"

„Wie kommen Sie an alle diese Informationen?"

„Mit etwas Glück, ein bißchen Heraldik und über das Personenstandsregister."

„Was können Sie mir sonst noch sagen?"

„Das hängt davon ab, Signore, wieviel Sie mir zu sagen bereit sind."

„Alles, was Sie wissen wollen."

„Warum haben Sie Ihren Bruder erpreßt?"

„Erpreßt? Mein lieber Matucci, ich hätte ihn zwanzigmal aufkaufen können. Ich habe ihm mit öffentlicher Schande gedroht, falls er seine verrückte Politik weiterverfolgte."

„Und damit haben Sie ihn in den Tod getrieben."

„Wie bitte?"

„Er starb an einer Überdosis Schlaftabletten – von eigener Hand."

„Ein Umstand, der nicht publik gemacht wurde. Warum?"

„Aus Angst vor einem Skandal, der zu Unruhen in der Bevölkerung hätte führen können."

„Den Skandal könnte ich jetzt machen."

„Werden Sie es tun?"

„Nein. Das würde meine Absichten durchkreuzen, die auch die Ihren sind, wenn ich es richtig sehe. Nämlich, politischen Umbruch und Gewaltakte zu vermeiden."

„Dann die nächste Frage. Wenn die Akte, die Sie Ihrem Bruder geschickt haben, in die Hände Dritter fiele, wozu könnte sie mißbraucht werden?"

„Jetzt, wo er tot ist, zu kaum etwas. Warum fragen Sie?"

„Weil seine sämtlichen Papiere gestern aus dem Büro seines Anwalts gestohlen wurden. Bandinelli und einer unserer Agenten sind dabei ermordet worden."

„Davon hat in den Zeitungen nichts gestanden."

„Wird es auch nicht, sofern Sie es nicht an die Presse geben."

In seinem Blick stand der blanke Unglaube. „Das ist doch nicht zu fassen! Welcher auch nur halbwegs intelligente Mensch käme auf die Idee, eine solche Bombe in die Hände eines Fremden zu legen! Ich könnte doch damit das ganze Land in die Luft jagen. Sie, ein aktiver Offizier, haben soeben zugegeben, die Urkunde über einen Selbstmord gefälscht und zwei Morde vertuscht zu haben! Welche Garantie haben Sie denn, daß ich damit nicht hausieren gehe?"

„In dieser schlechten Welt gibt es keine Garantien. Aber jemandem muß ich vertrauen. Sagen wir, ich vertraue Ihnen, weil Sie mein Gewerbe verachten und kein Hehl daraus machen. Können wir jetzt fortfahren?"

„Sie werden meine Antworten natürlich nachprüfen?"

„Als ob ich der Großinquisitor persönlich wäre."

„Schon besser. Bitte, fangen Sie an."

„Was steht in den Pantaleone-Papieren, das zwei Menschenleben wert sein könnte?"

Er dachte nach. „In den Familiendokumenten sehr wenig. In den persönlichen Papieren meines Bruders? Nun, als Soldat mit Ambitionen im politischen Machtspiel wird er wohl Akten über Freunde und Feinde geführt haben, und die sollten den Betroffenen – oder den politischen Gegnern – wohl einen Diebstahl wert sein. Aber Mord? Das verstehe ich nicht recht. Da muß noch etwas im Spiel sein."

„Zum Beispiel?"

„Wahrscheinlicher schon Pläne. Die Strategie eines Putsches. Die politische und militärische Organisation, die von einem Augenblick zum andern die Macht übernehmen können muß. Eine Liste der Beteiligten, ein Verzeichnis der Waffenlager, Einsatzpläne für die mit den Putschisten sympathisierenden Truppen. Für derlei Dinge würde auch Ihre Organisation einen Mord begehen."

„Diesmal war sie's aber nicht."

„Und somit wären wir beim Kern der Sache, Matucci. Wir müssen uns entscheiden, ob wir einander trauen können. Wer ist am Zug?"

„Sie, Cavaliere."

„Bevor Sie kamen, hat Ihr Direktor bei mir angerufen."

Ich hatte dieses merkwürdige Gefühl der Körperlosigkeit, wie es einen im Augenblick des Schreckens überkommt, und ich sah die Falle unter meinen unvorsichtigen Füßen aufgehen. Dann steckte ich wieder in meiner Haut und machte mir verzweifelt die Ironie meiner Lage klar. Manzini beobachtete mich mit ernstem Gesicht. „Sie sind wütend. Und Sie haben ein Recht dazu. Ihr Direktor ist schlauer, als ihm selbst guttut, dazu so eitel wie Luzifer. Er wollte mir zeigen, wie schlau er ist, und Ihnen, glaube ich, eine Lehre für irgendeine Missetat erteilen."

„Das wenigstens stimmt. Und was jetzt weiter?"

„Jetzt vertraue ich Ihnen etwas an, was Ihr Direktor noch nicht weiß. Gestern abend um acht habe ich namens einer meiner Firmen einen Vertrag mit der Regierung unterschrieben. Dieser Vertrag sieht die eilige Lieferung von Straßenkampfausrüstungen in großen Mengen vor. Die Liste wurde von Generalmajor Leporello zusammengestellt, und die Ausrüstungen sollen von Truppen unter seinem Kommando benutzt werden. Vielleicht möchten Sie hören, welche Schlüsse ich daraus ziehe."

„Ich bitte darum!"

„Wenn ich Faschist wäre und nach einem Führer suchte, wäre ich gern bereit, mit Marcantonio Leporello zu verhandeln."

„Vielleicht ist dieser Handel schon abgeschlossen."

„Nein, Oberst. Leporello würde sich nicht festlegen, bevor Pantaleones Papiere sicher in seinen Händen wären."

„Hat er sie jetzt?"

„Das nehme ich an."

„Mir scheint, Sie sind doch mehr als nur Geschäftsmann."

„Ich bin ein Salamander, Oberst – der ewig überlebt. Und Sie?"

„Ein Diener des Staates. Nur weiß ich nicht recht, was der Staat heute ist, und ich fürchte mich vor dem, was er morgen sein könnte."

„Das macht uns zu Verbündeten."

„In einem ungleichen Bündnis."

„Haben Sie davor Angst?"

„Ja, davor habe ich Angst."

„Dann will ich Ihnen eine kleine Beruhigung anbieten. Ich gebe Ihnen einen Namen und eine Adresse. Wenn Sie dahin gehen, werden Sie einen Teil der Wahrheit über mich erfahren. Wenn Sie damit zufrieden sind, kommen Sie mich in Bologna besuchen."

Er schrieb den Namen – Raquela Rabin – auf die Rückseite einer Visitenkarte; die Adresse war eine Straße in der Nähe des Marcellus-Theaters. Wir gaben uns die Hand, und er brachte mich an die Tür. „Noch ein Rat von einem alten Hasen, Oberst. Gehen Sie immer dicht an der Wand entlang. Ich hoffe, wir sehen uns bald wieder."

Als ich auf die Straße trat, läuteten die Kirchenglocken zehn Uhr. Mit einemmal war ich zum Heulen müde und konnte mich kaum noch auf den Beinen halten. In diesem gefährlichen Dämmerzustand fuhr ich zu Lili und fiel ihr fast in die Arme, als sie die Wohnungstür öffnete. Sie stellte keine Fragen, sondern führte mich ins Schlafzimmer, wo ich sofort in Schlaf versank.

Dieser Schlaf war eine Reise in die Unterwelt. Ich erwachte schwitzend und zitternd, das Laken um mich geknotet wie ein Leichentuch. Mein eigener Körpergeruch widerte mich an. Es war der Geruch gestauter Angst. Ich war jetzt gezeichnet – vom Direktor als unnachgiebig, von Leporello als jemand, den er kaufen oder verführen mußte, von Manzini als Kollaborateur, heute nützlich, morgen auf ein Augenzwinkern hin entbehrlich. Ich war in Gefahr, weil ich zuviel wußte und zuwenig tun konnte.

Auch Lili war nicht mehr sicher. Seit das Netz des Spechts zerrissen war, stand sie auf der Abschußliste. Wenn ihre eigenen Leute sie nicht liquidierten, würde der Direktor sie verhaften, und sei es nur, um mir eine Lektion zu erteilen. Ich sah auf die Uhr. Siesta. Ich nahm den Hörer vom Telephon neben dem Bett und wählte Stefanellis Privatnummer.

„Steffi? Hier Matucci."

„Schlafen Sie eigentlich nie?"

„Steffi, das Dach stürzt ein. Haben Sie ein freies Zimmer? Ich hätte ein empfindliches Gepäckstück in Aufbewahrung zu geben."

„Sie Schuft! Ich habe zwei Stunden schlecht geschlafen und bin noch im Pyjama. Nein, so was! Wo soll ich es abholen?"

„Ich bringe es zu Ihnen. Legen Sie sich nur wieder hin."

„Allerheißesten Dank, lieber Freund."

Ich hatte kaum aufgelegt, als Lili mit gerunzelter Stirn und bekümmertem Gesicht hereinkam. „Ich dachte, du hättest im Schlaf gesprochen. Vorhin hast du geschrien und gestöhnt."

„Ich habe schlecht geträumt. Hör mal, Lili. Für dich ist Alarmstufe eins. Ich will dich in die Schweiz schaffen, aber das erfordert Zeit und Vorbereitung. Ich bringe dich an einem sicheren Ort unter. Dort bleibst du, bis ich dich weiterbefördern kann. Ja oder nein?"

Ich sah den Argwohn in ihrem Blick. „Wenn ich nein sage ..."

„Wirst du von deinen eigenen Leuten umgebracht oder von den meinen eingesperrt."

„Das glaube ich nicht. Heute nacht –"

„Das ist tausend Jahre her. Während wir beide zusammen gesungen haben, sind zwei Männer ermordet worden – einer von meinen Leuten und Pantaleones Anwalt. Heute früh um vier habe ich Picchio ausgehoben. Du bist kompromittiert. Ich kann dich nicht länger als ein paar Tage schützen."

„Wozu solltest du das Risiko überhaupt eingehen?"

„Um mir selbst zu beweisen, daß ich kein Zuhälter bin. Reicht das? Du hast fünfzehn Minuten Zeit, während ich mich anziehe. Dann kannst du tun, was du willst."

„Bitte! Halt mich fest. Ich habe Angst."

„Ich will, daß du Angst hast, Lili. Damit du genau das tust, was ich dir sage. Verstanden?" Sie nickte. „Pack einen Handkoffer. Nimm deinen Schmuck mit, dein Scheckbuch, Geld –"

In diesem Augenblick klingelte es an der Tür. Ich legte einen Finger auf Lilis Lippen und flüsterte: „Die Haushälterin?"

„Nicht da. Ihr freier Tag."

Ich schlich in den Flur. Durch den Briefschlitz war ein Brief hereingeschoben worden. Ich bückte mich, um ihn aufzuheben, und zog schnell die Hand zurück. Kein Postbote, der etwas auf sich hielt, würde zur Siesta-Zeit auf der Straße sein. Ich ging zurück ins Schlafzimmer.

„Lili, hast du eine Kehrschaufel oder so etwas Ähnliches für mich?"

Während sie in der Küche suchte, zog ich mich an. Dann hob ich, entsprechend bewaffnet, den Brief vom Boden auf, indem ich die Kehrschaufel darunterschob, und legte ihn behutsam im Wohnzimmer auf den Kaffeetisch. Die Adresse war mit der Maschine geschrieben. Die Briefmarke war italienisch. Aber sie war von keinem Postamt abgestempelt. Ich fuhr Lili an, sie solle packen gehen, und rief einen Freund in der Sicherheitsabteilung der Postdirektion an.

Er klärte mich seelenruhig darüber auf, daß eine normale Briefbombe genug Sprengstoff enthalte, um den, der sie öffne, zu töten und jeden anderen im Raum Anwesenden zum Krüppel zu machen. Er versprach mir, in einer halben Stunde einen Experten vorbeizuschicken.

Ich sagte, so lange könne ich nicht warten. Daraufhin meinte er, ich solle die Polizei anrufen und eine Wache hinstellen, bis der Experte da sei.

Lili schloß die Wohnung hinter uns ab, dann gingen wir, auf den Fahrstuhl verzichtend, zu Fuß die vier Treppen hinunter. Die Straße war beiderseits mit geparkten Autos vollgepackt. Mein Wagen stand wunderschön zwischen einem Mercedes und einem Fiat 600 eingeklemmt. Ich ging in die Eingangshalle zurück und rief das Überfallkommando an.

Nach fünf Minuten fuhr der Überfallwagen vor, und die Besatzung kam im Laufschritt angerannt. Der Brigadiere war kühl und sachlich. Das Sprengstoffdezernat werde sich um den Brief kümmern und auch meinen Wagen nach einer versteckten Ladung untersuchen. Ob ich inzwischen meine Aussage zu Protokoll geben könne ...? Mein Dienstausweis überzeugte ihn, daß er damit warten konnte. Ich sagte, ich brauchte seinen Wagen und seinen Fahrer für die Dame und mich selbst – zum Hotel Excelsior.

Ein paar Minuten später wurden wir gegenüber dem Hotel abgesetzt. Wir warteten fünf Minuten vor dem Schaufenster der Buchhandlung Rizzoli, dann fuhren wir mit einem Taxi zum Marcellus-Theater, und nachdem ich mich überzeugt hatte, daß wir nicht verfolgt wurden, gingen wir durch das Gewirr der Gassen zu Steffis Haus.

Steffi empfing uns mit seinem typischen Getue. Er sprang um Lili herum und bestand darauf, ihr persönlich ihr Zimmer zu zeigen, dann kam er heruntergerannt, um mir die Meinung zu sagen. „Matucci, Sie sind ja irre! Dieses Paket da oben ist gefährlich! Wenn das der Direktor erfährt – und früher oder später wird er das –, werden Sie bei lebendigem Leibe gekocht, wie ein Hummer."

„Haben Sie einen Whisky für mich, Steffi?"

„Für Sie höchstens Schierling mit Soda."

„Gießen Sie mir davon einen großen ein. Und nun, wer ist Raquela Rabin?“

„Warum wollen Sie das wissen?“

„Man hat sie mir empfohlen.“

Er setzte sich schwerfällig hin, legte die Hände ums Glas und starrte hinein, ein alter Mann, zerfurcht von Zeit und Geschehen. „Fünfzehn sind aus Auschwitz zurückgekommen, Oberst. Raquela Rabin war die einzige Frau. Wenn dieser Name im Getto fällt, spricht man ihn mit Ehrfurcht aus. Sie hätte nicht ins KZ gemußt; sie hatte mächtige Beschützer. Aber als die Lastwagen vorfuhren, stand sie da, mitten auf der Piazza, und wartete wie eine echte Tochter Davids. Ihr ist alles widerfahren, was einer Frau nicht widerfahren sollte, aber sie ist immer noch bei Verstand und leuchtet wie der Abendstern. Sie werden behutsam mit ihr umgehen. Sie werden sie nicht in unser schmutziges Geschäft hineinziehen, verstanden? Und was sie sagt, werden Sie glauben, ohne zu fragen. Ich bringe Sie hin, aber ich möchte Sie demütig zu ihr gehen sehen, denn sie ist eine große Frau. Sagen Sie, wer hat Ihnen diese Empfehlung gegeben?“

„Bruno Manzini.“

„Warum?“

„Er meint, wenn Raquela Rabin gut von ihm spricht, bin ich vielleicht eher bereit, ihm zu vertrauen. Ich bin zur Versteigerung freigegeben, Steffi. Die Angebote werden hoch und verführerisch sein, und ich bin nicht sicher, ob ich widerstehen kann. Ein starker Freund könnte mir Mut geben. Ich brauche das, Steffi. Ich weiß nicht mehr, was ich glauben soll. Ich weiß nicht einmal, wer ich bin.“

Jetzt hellte sein Gesicht sich auf, als hätte ich ihm das Schönste auf der Welt mitgeteilt. „So, Sie wissen also nicht, wer Sie sind? Wer weiß das schon? Aber eines sollten Sie unbedingt tun: sehen Sie sich an, was mit Ihnen gespielt wird.“

„Ich sehe es ja. Aber ich verstehe es nicht.“

„Weil Sie sich weigern, mit sich selbst ins reine zu kommen. Sie wollen sich nicht entscheiden, was Sie sind – ein Patriot oder ein Söldner.“

„Harte Worte von einem Freund!“

„Wahre Worte, weil ich Ihr Freund bin. Sie hätten heute ermordet werden können. Morgen ist die Gefahr noch größer. Wenn Sie derart Ihr Leben aufs Spiel setzen, wofür setzen Sie es aufs Spiel – oder wogegen?“

„Vielleicht für einen Traum, Steffi. Ich weiß es nicht. Vielleicht gegen einen Wahnsinn, den ich auf den Straßen rieche. Aber es dreht sich immer um unser Land. Grünende Weinstöcke auf den Terrassen, weiße Hügel und der Fluß mit dem Nebel darauf. Auch die Menschen gehören zu diesem Traum; ich sehe eine Frau, berstend vor Liebe wie eine Traube; ich werde von einem Bauern bedient, der mich begrüßt und mir Wein und Brot und Salz anbietet, als wäre ich sein Bruder. Das sind die guten Dinge, und sie bedeuten Heimat, Steffi. Ich will nicht, daß sie von Knobelbechern niedergetrampelt oder von unverständigen Massen entweiht wird ... So, und jetzt lassen wir das Thema, ja?"

„Ich kann es lassen, mein Freund. Sie nicht. Sie sind derjenige, der die Kehrseite der Politik kennt, die Zahnräder im Getriebe der Macht. Sie müssen entscheiden, wie Sie diese Kenntnisse gebrauchen wollen."

„Ich werde nicht dafür bezahlt, sie zu gebrauchen – nur sie zu sammeln."

„Aber Sie filtern auch. Sie unterdrücken, Sie heben hervor, Sie sammeln. Mit welchem Ziel?"

„Himmel, was wir alle wollen! Ein ruhiges Leben. Ein bißchen Würde in unserm Leben und Sterben."

„Das genügt nicht! Nicht einmal halb! Sehen Sie –"

„Seien Sie still, Alter!" rief Lili ihn kalt und zornig von der Tür her an. „Lassen Sie ihn doch seine Antworten zu gegebener Zeit selbst finden."

„Er hat keine Zeit mehr." Steffi war schroff und brutal. „Die hat er sich selbst gestohlen, als er sie Ihnen gab."

„Ich bin hier, um sie ihm zurückzugeben. Darf ich mich bitte setzen?" Sie setzte sich in aufrechter Haltung zwischen uns. „Sie beide sind Freunde. Ich bin eine Außenseiterin. Ich bin einverstanden, hierzubleiben, weil ich Angst habe. Aber ich bin keine Bettlerin, Dante. Ich kann bezahlen."

„Darum hat dich niemand gebeten."

„Heute morgen hattest du mein Leben in der Hand. Du hast nicht darum gefeilscht. Auch dein Freund nicht. Darum will ich dir sagen, was ich dir gestern abend nicht gesagt habe. Massimo Pantaleone hatte nicht alle seine Dokumente in der Bank hinterlegt. Er hat Mikrofilme und Karten in der Villa auf Ponza gelassen. Bei unserem letzten Besuch hat er sie hingebracht – vor einer Woche."

„Aber du hast das weder dem Specht noch einem seiner Leute gesagt?"

„Nein. Denn wenn der Specht die Sachen gestohlen hätte, wäre ich erledigt gewesen. Nur Massimo und ich kannten das Versteck."

„Kannst du es mir beschreiben?"

„Nein. Ich müßte dich schon hinführen."

„Das werde ich arrangieren. Warte hier, Lili. Wenn das Telephon klingelt, geh nicht ran. Steffi und ich müssen einen Besuch machen. In etwa einer Stunde sind wir wieder da."

„Ich komme vielleicht überhaupt nie mehr wieder", sagte Steffi düster. „Vielleicht ertränke ich mich im Tiber. Ich mag nicht mehr am Leben sein, wenn Sie diesen Wahnsinn dem Direktor zu erklären versuchen."

STEFFI ertränkte sich nicht. Er zog sich, ganz aus eigenen Stücken, in sein Gestern zurück und zwang mich mitzugehen, als ob es ein Ritus wäre, dem ich mich unterziehen müßte, bevor ich Raquela Rabin begegnete. Während wir durch die Gassen des alten Gettos gingen, beschwor er aus jedem Torweg Geister, von denen viele freundlich waren, manche aber auch Verräter und manche furchtbare Feinde.

„Ich würde sie alle gern vergessen", sagte Steffi schwermütig. „Aber Gott hält den Schlüssel zur Erinnerung in seinen Händen. Ich werde Sie jetzt Raquela Rabin vorstellen und dann gehen. Kommen Sie gleich zur Sache und bleiben Sie nicht zu lange. Sie ist sehr gebrechlich."

O ja, gebrechlich war sie; weißhaarig und fast durchsichtig. Nur ihre Augen waren lebendig, dunkel und leuchtend und sonderbar mitleidsvoll. Sie saß da und hörte mich schweigend an, als ich ihr erklärte, warum ich gekommen war. Ich fühlte mich demütig und klein – ein unwissender Novize im Angesicht einer Frau, die alles gesehen und gelitten hatte. Und als sie sprach – sie war sehr freundlich zu mir –, lag in ihrem Ton eine alterslose Weisheit, die mich noch demütiger machte.

„Wissen Sie, warum Bruno Sie zu mir geschickt hat?"

„Nein, Signora."

„Wir haben uns lange geliebt. Die Liebe ist noch da. Und er kämpft noch immer gegen die, die mich nach Auschwitz gebracht haben. Er glaubt an Vergebung, aber nicht an Vergessen. Seltsam ..."

„Kann ich Bruno Manzini vertrauen, Signora?"

„Daß er ist, was er ist, ja. Das heißt, ein Mann, der sich aus dem Nichts heraus Zelle für Zelle selbst erschaffen hat. Er ist sehr stark, sehr treu. Jedes Jahr, zum Jahrestag des Schwarzen Sabbat, schickt er mir eine Karte. Holen Sie mir doch bitte die Ledermappe dort aus der Schreibtischschublade."

Ich gab sie ihr, und sie schlug sie auf den Knien auf und reichte mir zwei Karten – Salamanderkarten, wie die in Pantaleones Schlafzimmer. Nur die Texte waren anders.

HANS HELMUT ZIEGLER
São Paulo – 3. Januar 1968

EMANUELE SALATRI
London – 18. August 1971

„Was bedeutet das, Signora?"

„Es sind die Namen von Männern, die jeder auf seine Art etwas mit dem zu tun hatten, was mit mir und den anderen 1943 geschehen ist. Ich habe bisher fünfzehn davon. Neun sollen noch kommen. Bruno Manzini hat sie alle aufgespürt und jedem eine solche Karte und eine Akte über seine Vergangenheit geschickt."

„Was bedeuten die Daten?"

„Die Tage, an denen sie gestorben sind."

„Wer hat sie umgebracht?"

„Sie haben sich selbst umgebracht."

„Sind Sie glücklich über Bruno Manzini – einen Mann, der den lieben Gott spielt?"

„Er richtet nicht. Er sagt, jeder Mensch muß das Recht haben, sich selbst zu richten, aber er darf nicht das Recht haben, seine Spuren zu verwischen."

„Und Sie teilen diese Meinung, Signora?"

„Ja, Herr Oberst. Ich hasse jetzt niemanden mehr. Aber der Terror ist wiedergekehrt – in Vietnam, Brasilien, Afrika, hier in Europa. Ist das nicht der Grund, warum Sie zu mir gekommen sind – weil auch Sie Angst haben?"

„Ja, Signora, ich habe große Angst."

„Dann vertrauen Sie meinem Bruno, aber nicht blind, sonst würde er keine Achtung vor Ihnen haben. Streiten Sie mit ihm, kämpfen Sie gegen ihn. Vielleicht gehen Sie als Gegner auseinander, aber er wird Sie niemals, nie verraten."

„Ich danke Ihnen, Signora."

„Ich danke Ihnen für Ihr Kommen. Ich wünsche Ihnen Frieden in Ihrem Haus und Ihrem Herzen." Ich war ihr dankbar für den Segenswunsch, doch als ich ins Sonnenlicht hinaustrat, war ich sehr nachdenklich.

Ich konnte Manzini und seine Überzeugung verstehen, daß man Tyrannen nicht gedeihen lassen darf; ich verstand den Direktor, der bereit war, sich mit einem bloßen Gleichgewicht, so labil es auch sei, zufriedenzugeben; ich verstand sogar Leporello mit seinem fanatischen Glauben, daß Ordnung um jeden Preis billiger sei als das Chaos. Aber ich verstand mich selbst nicht.

Auf dem Weg zurück zu Steffi ging ich in eine Bar und rief Manzini an, um ihm zu sagen, ich sei bei Raquela Rabin gewesen und wolle ihn sprechen. Wir vereinbarten, daß ich so schnell wie möglich nach Bologna käme.

Dann rief ich beim Direktor an und unterdrückte einen Seufzer der Erleichterung, als sein Adjutant mir sagte, er sei zu einer dringenden Besprechung ins Ministerium gerufen worden. Nein, ich hätte keine Nachricht für ihn, die ich telephonisch durchgeben könne, nur daß ich auf Grund neuer Entwicklungen für die nächsten achtundvierzig Stunden nicht erreichbar sei. Ich wußte, daß ich den gefürchteten Augenblick nur hinauszögerte; aber wenn ich diese Dokumente auf Ponza in die Finger bekäme, könnte ich dem Scharfrichter vielleicht doch noch ein Schnippchen schlagen.

Ich hatte jetzt ein räumliches und zeitliches Problem zu lösen. Um von Rom zur Insel Ponza zu gelangen, mußte ich zuerst über Land nach Süden, dann von Anzio, Formia oder Neapel aus mit der Fähre drei bis vier Stunden übers Meer. Aber ich mußte öffentliche Verkehrsmittel um jeden Preis meiden. Sollte der Direktor nämlich einen Anlaß haben, einen Notruf nach mir auszusenden, wäre ich dort so auffällig wie eine Warze auf der Mona Lisa. Außerdem hatte der Besitzer der gestohlenen Papiere wohl inzwischen gemerkt, daß sie unvollständig waren, und vielleicht würde er kommen und Lili Anders in der Villa suchen, die sie mit Pantaleone geteilt hatte. Ich brauchte Hilfe, und zwar schnell.

Es war schon halb sechs, als ich wieder bei Steffi ankam. Ich meldete ein Blitzgespräch mit Oberst Carl Malinowski im NATO-Hauptquartier in Neapel an. Malinowski ist ein recht netter Amerikaner, dem ich einmal aus einer peinlichen Klemme hatte helfen können, in die seine Freundin und ein sowjetischer Agent verwickelt waren. Er schuldete mir einen Gefallen. Jetzt brauchte ich diesen Gefallen in Gestalt des Baglietto, eines großen Motorboots, das ihm für Trinkgelage und Liebesabenteuer diente und bei halbwegs ruhiger See fünfundzwanzig Knoten machte.

Malinowski war mir gern zu Diensten. Er habe eine neue Freundin, die sich über den Ausflug freuen werde. Wenn wir heute abend nach Neapel kämen, würden ein Essen und ein Bett auf uns warten. Zwei Stunden später waren Lili und ich in einem unauffälligen Mietwagen auf dem Weg nach Süden.

Oberst Carl Malinowski von der US-Marineinfanterie war ein Muskelmensch mit Riesenfäusten und einem unbändigen Lachen. Er war ein Jungbrunnen für unsere Lebensgeister. Seine Wohnung war ein Junggesellenparadies mit Blick über die Bucht von Neapel, einer überwältigenden Bar und Lautsprechermusik in jedem Zimmer. Seine neue Freundin war eine Schwedin, aus der Touristenernte herausgepflückt und nach der Verpflanzung zu voller Pracht erblüht. Er warf nur einen einzigen Blick auf Lili und tat der ganzen Nachbarschaft seine Zustimmung kund.

„*Bella! Bellissima!* Dante, mein Junge, dein Geschmack wird immer besser. Helga, kümmere du dich mal um Lili, während Dante und ich was zu trinken machen." Er packte mich mit eiserner Faust bei der Schulter. „Nun sag mal, Oberst, ist das jetzt Dienst oder Vergnügen?"

„Dienst, Carl. Wir müssen schnellstens nach Ponza und zurück."

„Bei dem Wetter sind das zweimal drei Stunden – wenn der Wind auffrischt, sogar mehr. Wie lange wollt ihr dort bleiben?"

„Zwei Stunden müßten reichen."

„In Ordnung. Wir legen früh um sechs Uhr ab. Rechnest du mit Schwierigkeiten?"

„Eigentlich kaum."

„Wie steht's mit dir und Lili-belle?"

„Teils Dienst, teils Vergnügen. Zuviel von dem einen, nicht genug von dem andern."

„Verstehe. Dann werden wir jetzt was trinken und uns einen fröhlichen Abend machen."

So machten wir's. Wir speisten wie die Könige mit Kaviar, Steaks und neapolitanischer Eiscreme. Wir tranken Wein und Kognak. Wir erzählten schlüpfrige Geschichten. Und irgendwann nach Mitternacht zogen wir uns paarweise in die Betten zurück.

Es war eine schöne Nacht für Lili und mich. Wir hatten unsere Freude miteinander. Wir waren froh, wir waren dankbar und für kurze Zeit nicht einsam. Wir schliefen tief und träumten gar nichts.

Ich habe das schlecht ausgedrückt. Ich hätte mit denselben Worten ein Dutzend Begegnungen beschreiben können, denn ich bin ein Mann, der mit seinen Frauen immer Glück hatte. Aber diesmal war etwas anderes dabei, ein Gefühl der tieferen Bedeutung, wenn auch noch nicht der Bindung. Und noch etwas war anders. Ich zeigte hinterher eine Anwandlung von Sentimentalität, während Lili davon nichts wissen wollte.

Sie sagte mir das unumwunden, als wir an Deck des Baglietto standen und den grünen Kegel von Ischia vor dem heraufziehenden Morgen verblassen sahen. „*Caro,* manchmal behandelst du mich, als hätte ich überhaupt keinen Verstand. Ich weiß sehr wohl, worum es geht. Wenn das Material bei der Villa wichtig ist, gibt es dir Macht in die Hände. Du meinst, es wird mir außerdem freies Geleit aus Italien verschaffen."

„Das hoffe ich."

„Ich brauche dich nicht, um aus Italien hinauszukommen, Dante. Ich könnte mir auf Ponza einen Fischer nehmen, der mich morgen nach Korsika bringt."

„Was willst du damit sagen, Lili?"

„Du brauchst mich so sehr, wie du Pantaleones Aufzeichnungen brauchst, als Trumpfkarte nämlich. Laß mich gehen, und du nimmst dir selbst das As im Ärmel. Ich verstehe das. Aber du kränkst mich, wenn du der Sache ein anderes Etikett zu geben versuchst. Dein Freund Steffi hatte recht. Du weigerst dich, mit dir selbst ins reine zu kommen. Könnten wir jetzt bitte hineingehen? Mir ist kalt."

Es war auch kalt. Der Wind frischte von Nordwesten her auf, bescherte uns eine rauhe See, und Malinowski mußte das letzte aus dem Boot herausholen. Wir setzten uns in die Kajüte, und ich versuchte einigermaßen verzweifelt, den Streit doch noch für mich zu entscheiden.

„Damit das klar ist, Lili. Ich habe mit dir einen Vertrag geschlossen. Bisher habe ich ihn eingehalten. Du bist frei und stehst unter Schutz. Jetzt willst du es auf einmal anders haben. Ich soll ein Auge zudrücken, während du dich nach Korsika absetzt."

„Aber nein! Ich will nur, daß du genau weißt, was für Verträge du abschließt und wohin dich das am Ende führen wird."

„Und wieso zum Kuckuck interessiert dich das?"

„Armer Dante! So viele Frauen, und so wenig gelernt!"

„Ich mache mir wenigstens keine Illusionen."

„Wir wollen nicht streiten. Du schreibst das Stück, du sprichst den Text, du ziehst die Fäden, und wenn das Spiel vorbei ist, wandert Lili, die Marionette, wieder in die Kiste. Das nur zur Klärung, mein Lieber."

„So siehst du das also. Komm, wir gehen auf die Brücke."

„Ich möchte gern eine Weile allein sein."

„Das ist dienstlich, Lili."

„Stets zu Ihrer Verfügung, Herr Oberst."

Malinowski begrüßte uns und breitete eine Karte von Ponza aus. Die Villa lag an der Ostküste der Insel und war im *Pilot* als [illegible] marke für die Seefahrt ausgewiesen: „... großes viereckiges [illegible] aus grauem Stein, genau östlich davon deutlich zu sehen die [illegible] und Bögen einer römischen Ruine. Bei West- und Nordwestw[illegible] bietet die südliche Bucht kleinen Schiffen recht guten Schutz."

Ich fragte Lili: „Wenn wir dort anlegen, können wir vom Strand aus die Villa erreichen?"

„Ja. Es führt ein holpriger Pfad zur Ruine hinauf."

„Was ist mit der Villa selbst? Personal?"

„Nein. Außerhalb der Saison ist die Villa geschlossen. Aber wir brauchen gar nicht bis zur Villa. Was wir suchen, ist in der Ruine."

„Kann man die Ruine vom Haus aus sehen?"

„Nur den oberen Teil. Das Anwesen hat eine Mauer ringsum. Die Ruine liegt vor der Mauer auf staatseigenem Grund."

„Um so besser. Wie nah kannst du vor Anker gehen, Carl?"

„Mal sehen ... sicherheitshalber knapp zweihundert Meter."

„Also vom Haus aus zu sehen?"

„Bei der Anfahrt ja. Wenn wir erst vor Anker liegen, wahrscheinlich nicht mehr. Aber ich verstehe deine Sorgen nicht. Die Küste ist öffentliches Gelände. Da kann jeder an Land gehen."

„Hier geht's nicht ums Dürfen, Carl. Die Villa gehört sowieso Lili. Sagen wir, ich denke an böswillige Störer."

„Die können wir bedienen, Oberst." Er öffnete einen Schrank und holte ein automatisches Gewehr heraus. „Solange du mit Lili-belle an Land bist, habe ich ein Auge auf böswillige Störer. Recht so?"

„Nein. Ich darf einen amerikanischen Offizier nicht in eine inneritalienische Angelegenheit verwickeln. Wenn du nichts dagegen hast, nehme ich das Gewehr."

„Wie du willst. Schaltest du bitte mal das Radio ein? Ich möchte Nachrichten und Wetter hören."

Die Nachrichten brachten das übliche Gemisch – bis auf eine Kurzmeldung: Ein Araber war vor der libyschen Botschaft erschossen worden. Es war der Vertreter der palästinensischen Guerilla-Organisation Al-Fatah in Rom. Die Polizei vermutete ein politisches Verbrechen, wahrscheinlich von israelischen Agenten organisiert. Die Meldung ließ mir die Haare zu Berge stehen; das war eine persönliche Katastrophe. Ich war im SID der Experte für arabisch-israelische Angelegenheiten. Der Direktor drückte jetzt ganz bestimmt Alarmknöpfe und kämmte das Land nach mir ab. Wenn ich ihm die Pan- [illegible]piere und Lili Anders übergeben konnte, bevor er mich [illegible] ich vielleicht noch einmal um Folterbank und Daumen- [illegible] herum. Kehrte ich jedoch mit leeren Händen zurück, so [illegible] er mich in kleine Stückchen reißen und den Löwen im Zoo zum Fraß vorwerfen.

Wir erreichten Ponza bei peitschendem Regen und miserabler Sicht. Dadurch würden eventuelle Beobachter in der Villa aber wenigstens auch nichts sehen. Lili und ich legten Ölzeug an. Carl gab mir das Gewehr, und wir fuhren mit dem Beiboot an Land.

Der Pfad zur Ruine war steil. Wir kletterten auf Händen und Knien hinauf. Atemlos und gereizt, wie ich war, glaubte ich fest, daß entweder Pantaleone verrückt gewesen sein mußte, die Dokumente an so einem Ort zu verstecken, oder daß Lili mich bewußt in die Irre geführt hatte. Ich machte eine entsprechende Bemerkung. Sie nahm mich bei der Hand und führte mich durch einen zerfallenden Torbogen in ein Gewölbe, das dem Zahn der Jahrhunderte getrotzt hatte. Die Außenmauern waren aus Naturstein, die Innenwände jedoch aus Ziegeln. Der Fußboden aus Marmorfliesen war rissig und hatte sich gesenkt, aber im großen und ganzen war er noch intakt. Lili warf die Kapuze ihres Ölanzugs zurück und sah sich im düstern Inneren um.

Die Ziegel in den Wänden verrieten nichts. Ich prüfte den Fußboden nach hohlen Stellen. Wieder nichts. Lili grinste. Sie ging zu einer eingesunkenen Stelle im Boden, wo der durch den Bogengang hereingewehte Regen eine kleine Pfütze gebildet hatte. Sie kniete nieder und hob mit bloßen Händen ein Stück Marmor hoch, etwa so groß wie meine Handfläche. „Wie ein Badewannenstöpsel, nicht wahr, Dante? Du bist nicht durch die Pfütze gegangen, aber selbst dann hätte der Fußboden ganz fest geklungen. Massimo war nicht so dumm, wie er aussah."

Sie fuhr mit den Fingern in die Öffnung und zog eine lange Aluminiumröhre heraus, die an beiden Enden mit schwarzem Klebeband verschlossen war. „Alles noch genauso, wie wir's hineingetan haben. Hier drin sind die Karten und Mikrofilme."

„Sonst ist da nichts mehr?"

„Nein." Sie tat das Stück Marmor wieder an seinen Platz.

„Gehen wir. Du trägst die Röhre."

„Und nicht einmal ein Dankeschön für Puppe Lili?"

„Danke, Puppe Lili. Bleib hinter mir, bis wir draußen sind. Auf dem Weg zum Strand gehst du dann voran."

Ich entsicherte das Gewehr und blieb stehen, um den von dem Bogengang begrenzten schmalen Geländeausschnitt zu überblicken. Ich sah nichts als ansteigendes Terrain und den Fuß der Mauer um die Villa herum. So weit, so gut. Ich ging näher auf den Torbogen zu, so daß mein Sichtfeld sich erweiterte und die Oberkante der Mauer sichtbar wurde.

Da ertönte ein Ruf, verstärkt und verzerrt durch ein Megaphon. „Sie da drinnen! Kommen Sie mit erhobenen Händen heraus. Carabinieri."

Ich riß Lili die Röhre aus der Hand. „Bleib dicht bei mir. Sag nichts." Dann trat ich, Gewehr und Röhre hoch über den Kopf gehoben, durch den Bogen hinaus, Lili mir auf den Fersen. Zwanzig Meter vor uns, gerade außerhalb meines letzten Sichtfelds, standen fünf Mann. Vier trugen Uniform und Maschinenpistolen. Der fünfte, der mit dem Megaphon, trug Zivil. Ich erkannte ihn sofort: Es war der sommersprossige Rotschopf, den ich im Hassler gesehen hatte, General Leporellos Adjutant. Er erkannte mich ebenfalls, und sein Gesicht war einmalig köstlich.

Der Trupp kam näher, die Maschinenpistolen im Anschlag. Ich ließ ihn bis auf fünf Meter herankommen, dann befahl ich in meinem schönsten Kasernenhofton Halt. Ich sagte: „Ich werde mich jetzt in aller Form legitimieren. Ich bin Dante Matucci, Oberst im *Servizio Informazione Difesa.* Die Dame in meiner Begleitung ist Lili Anders, die unter meinem Schutz steht und mir bei streng geheimen Nach-

forschungen hilft. Wir nehmen jetzt die Hände herunter, und Ihr Kommandoführer wird herkommen, um meine Papiere zu prüfen und die Situation zu klären."

Der verdatterte junge Mann fand seine Stimme wieder und salutierte zögernd. „Hauptmann Matteo Roditi, Adjutant von Generalmajor Leporello. Ihre Papiere bitte, Herr Oberst." Er studierte sie ausgiebig, dann reichte er sie mir zurück. „Danke, Herr Oberst. Die Situation ist folgende. Ich habe von General Leporello den Befehl, die Villa Pantaleone und ihre Umgebung im Auge zu behalten und jeden Versuch, irgendwelche Gegenstände von dem Anwesen zu entfernen, zu verhindern. In Ausführung dieses Befehls bin ich befugt, auf die Hilfe der hiesigen Carabinieri zurückzugreifen."

„Kann ich diesen Befehl einmal sehen, Hauptmann?"

„Gewiß, Herr Oberst."

Ich nahm mir zum Durchlesen mehr Zeit, als ich brauchte. Dann sagte ich laut genug, daß die Carabinieri es hören konnten: „Mir scheint, Hauptmann, Sie haben diesen Befehl mißverstanden."

„Herr Oberst?"

„Der Befehl bezieht sich ausschließlich auf – ich zitiere: ‚die Villa und das dazugehörige Grundstück, genannt Villa Pantaleone'. Sie werden bemerkt haben, daß das Gelände, auf dem wir hier stehen, sowie die Ruinen hinter uns außerhalb der Grundstücksgrenze liegen und öffentliches Eigentum sind. Sie haben also Ihre Befugnisse überschritten. Sie haben einen vorgesetzten Offizier des SID und eine in seinem Gewahrsam befindliche Person in erhebliche Gefahr gebracht. Eine Unvorsichtigkeit eines Ihrer Leute hätte ein tödliches Ende nehmen können. Sehen Sie das ein?"

„Mit Verlaub möchte ich einwenden, daß diese Gefahr minimal war."

„Der Einwand wird zu gegebener Zeit an gegebenem Ort zweifellos berücksichtigt werden. Sonst noch etwas, Hauptmann?"

„Nein, Herr Oberst."

„Meine Empfehlung an General Leporello. Ich werde ihn anrufen, wenn ich wieder in Rom bin. Wegtreten! Kommen Sie bitte, Signorina Anders."

Es ist nicht so einfach, mit einem Gewehr und einer langen Röhre voller Dokumente in den Händen bei Regen einen steilen Pfad hinunterzugehen. Die letzten zehn Meter schlitterten wir eigentlich nur noch, dann glitten wir wie die Seehunde ins Beiboot.

Als wir den Baglietto erreichten, schwitzte ich aus allen Poren, und Lili keuchte. Helga half uns an Bord. Carl hatte schon den Anker gelichtet und jagte seewärts, noch bevor ich uns den ersten Kognak eingegossen hatte. Lili lag auf der Couch, während ich ihr den Kognak durch die klappernden Zähne einflößte. Sie starrte mich an, als ob ich ein Fremder wäre. „Die hätten uns umgebracht!"

„Haben sie aber nicht. Und jetzt können sie uns nichts mehr wollen."

„Jetzt nicht. Aber morgen, übermorgen ..."

„Trink aus und entspanne dich ... sei ganz ruhig."

„Ich kenne dich überhaupt nicht, Dante. Immerzu verändert sich dein Gesicht. Ich kann nicht sagen, welches deines ist."

„Ich bin nur ein schlechter Schauspieler. Hab Vertrauen zu mir, Bambina."

„Das muß ich wohl. Ich habe sonst niemanden."

Sie lag jetzt ganz ruhig da, und das Wogen des Meeres machte sie schläfrig. Ich streifte die Verschlüsse von der Metallröhre. Drinnen fand ich einen Satz durchsichtiger Kartenfolien, jede mit dem Namen einer Stadt und dem Hinweis auf ein normales Meßtischblatt gekennzeichnet, ferner ein halbes Dutzend Metallkapseln mit je einem aufgerollten Mikrofilm darin. Die Kartenfolien zeigten die Lage von Polizeiposten, militärischen Anlagen, Funkeinrichtungen, Verkehrskontrollpunkten, militärischen und zivilen Flugplätzen. Die Mikrofilme waren ohne Projektionsgerät nicht zu lesen, aber mit dem an Bord befindlichen Kartenvergrößerer konnte ich immerhin feststellen, daß es sich um Dokumente, Briefe sowie Zahlen- und Namenslisten handelte. Ich bezweifelte nicht, daß sie ein ausreichendes Motiv für die Morde in der Via Sicilia boten. Sie stellten nämlich die Pläne für einen Staatsstreich dar. Es bedurfte eines Experten, sie zu deuten – und eines sehr weisen Staatsmannes, um über ihre Verwendung zu entscheiden. Ich ging auf die Brücke, um mit Carl zu reden.

„Wieviel Sprit hast du im Tank? Reicht es bis Ostia?"

„Ostia! Das stand aber nicht auf dem Programm. Wieso?"

„Weil ich eben einen Mörder identifiziert habe und wir beinahe selbst ermordet worden wären. Ich muß schnellstens nach Rom."

„Also nach Ostia. Moment, ich rechne den Kurs aus."

Während er mit dem Rechenschieber spielte, schickte ich einen verschlüsselten Funkspruch an den Direktor. Ich brauchte ab Ostia einen Wagen und bewaffnete Begleiter, eine Eilkonferenz sogleich nach unserer Ankunft in Rom und eine Wache für Lili Anders. Vierzig Minuten später bekam ich seine Antwort. „Meldung bestätigt. Maßnahmen genehmigt."

Wir haben auch Kodeworte für Dank und Lob. Er benutzte sie nicht. Unter den Umständen konnte ich es ihm kaum verdenken.

Der Direktor war überaus höflich, wenn auch anfangs etwas frostig, aber als ich ihm die Karten und Mikrofilme übergab, taute er auf wie Eis im Whisky. Er brachte Lili Anders unter Bewachung im Grand Hotel unter und nahm mich zum Abendessen mit in seine Wohnung. Er lobte mich für meinen Einfallsreichtum, meine Schläue und den Mut, mit dem ich meine Karriere und vielleicht sogar mein Leben riskiert hatte, um eine wichtige Ermittlung abzuschließen. Er sah ein, daß an meinem Verdacht gegen Leporello etwas dran war, wenn er auch noch nicht bereit war, abschließend zu urteilen. Zusammen mit mir sah er die Mikrofilme und Karten durch.

Am Ende der Sitzung, die bis Mitternacht dauerte, bestellte er frischen Kaffee, holte seinen besten Kognak hervor und bot mir den Lohn der Tugend.

„Was Lili Anders betrifft, so teile ich Ihre Meinung", sagte er. „Sie hat uns einen Dienst erwiesen. Ein Sicherheitsrisiko ist sie nicht mehr. Aber lästig könnte sie werden. Schaffen wir sie aus dem Land – morgen."

„Sehr gut, Herr Direktor."

„Was Ihre eigene Zukunft betrifft, Matucci, wieviel Urlaub haben Sie noch zu bekommen?"

„Alles in allem vier Monate."

„Ich möchte, daß Sie ihn jetzt nehmen. Nach Ihrer Rückkehr gedenke ich Sie zu weitergehenden Studien an eine Dienststelle im Ausland abzukommandieren. Sie werden die bestmöglichen Empfehlungen haben, einen flexiblen Dienst, und Gehalt und Spesen werden durch einen großzügigen Zuschuß aus dem Etat des SID ergänzt werden. Wie hört sich das an?"

„Wie eine Todesanzeige."

Der Direktor lächelte und breitete mit einer bittenden Geste seine gepflegten Hände aus. „Mein lieber Matucci! Sie werden nicht tot sein, nur eine Zeitlang begraben, und Sie werden sich bis zu Ihrer Auferstehung gut amüsieren."

„Keine Alternative?"

„Alternativen gibt es immer. Ich kann Sie weiter mit den Ermittlungen gegen Leporello beauftragen, in welchem Falle Sie ein vortreffliches Ziel für ein Attentat wären. Ich kann Sie auch wieder zu den Carabinieri versetzen, wo Sie General Leporello direkt unterstellt wären. Sie sind ihm jetzt nur lästig. Er könnte Sie aber auch für gefährlich halten."

„Ich verstehe, was Sie meinen."

„Sie verstehen alles, nur nicht das, worauf es ankommt."

„Und das wäre?"

„Sie wissen zuviel. Ihnen fehlt die Autorität und – verzeihen Sie – auch die Erfahrung, um Ihr Wissen richtig einzusetzen."

„Und ...?"

„Und Sie wären wohl kaum bereit, mit politischen Verschwörern, ganz gleich, wie hoch sie stehen, Kompromisse zu schließen."

„Genau."

„Und da ich Sie respektiere und Sie gern zu einem geeigneten Zeitpunkt zurückrufen können möchte, lege ich Sie jetzt auf Eis. Ich bringe Sie mächtigen Leuten als Sühneopfer dar – und erkaufe mir so die Zeit, mich mit ihnen zu befassen."

„Ich könnte kein stilvolleres Begräbnis verlangen."

„Ausgezeichnet. Noch einen Kognak? Denn von diesem Augenblick an sind Sie auf Urlaub. Sie begleiten Lili Anders morgen früh nach Zürich. Der SID hat kein Interesse mehr an ihr, solange sie nicht versucht, wieder ins Land zu kommen. Ihr Flug ist gebucht. Im Hotel Baur au Lac sind Zimmer für Sie reserviert. Sie selbst bleiben mindestens einen Monat außerhalb Italiens. Das geht zwar alles ein bißchen schnell, aber ich bin sicher, Sie werden die finanziellen Regelungen mehr als großzügig finden ... Noch Fragen?"

„Nein. Nur eine Kleinigkeit. Ich möchte einen langen Urlaub nicht gern damit vertun, auf eine Kugel von hinten zu warten. Da möchte ich doch lieber im Dienst bleiben, wo ich wenigstens einen gewissen Schutz genieße."

„Der ganze Sinn der Übung ist es doch, zu zeigen, daß Sie für Leporello oder sonst jemanden keine Gefahr mehr sind und daß Aktionen gegen Sie nur Ihre überaus nützliche Neutralität beenden würden ... Eine Zeitlang sind Sie allerdings noch in Gefahr, und zwar vom Verlassen dieses Hauses an bis zum Start Ihres Flugzeugs nach Zürich. Ich habe darum zwei Mann für Ihren Schutz abgestellt, die bereits Ihre Koffer gepackt und ins Grand Hotel gebracht haben, wo Sie ein Zimmer gleich neben Signorina Anders haben werden. Sie werden das Hotel um acht Uhr dreißig zusammen verlassen. Hier – zwei Flugtickets, zehntausend Schweizer Franken und eine Anweisung an die Unionbank in Zürich über weitere zwanzigtausend. Das ist ein Bonus, verbunden mit meinem persönlichen Dank. Ihr Gehalt wird weiter wie üblich auf Ihr Konto gezahlt . . . Das ist alles, glaube ich. Mein Wagen wartet auf Sie. Ich wünsche Ihnen einen angenehmen Urlaub. *Sogni d'oro,* Matucci – goldene Träume."

Wir schieden mit einem festen, kollegialen Händedruck. Ich wurde von seiner Haustür zum Grand Hotel eskortiert wie ein Potentat auf Staatsbesuch.

Es war Mitternacht vorbei. Das Foyer war leer. Zwei sizilianische Leibwächter führten mich in mein Zimmer, durchsuchten die Schränke, sahen unter die Betten und wiesen mich darauf hin, daß der Schlüssel zum Zimmer der Signora auf meiner Seite der Verbindungstür steckte. Dann wünschten sie mir gute Nacht und entfernten sich wie Lakaien aus der Gegenwart eines Prinzen.

Vielleicht hatten sie recht. Ich war des Direktors Vasall, gekauft und bezahlt. Sein Brandzeichen war auf meiner Stirn, sein Geld in meiner Tasche, sein Geschenk schlief im Zimmer nebenan. Aber alles, was recht ist, er war schon ein seltenes Exemplar. Nicht ein einziges Mal hatte er anklingen lassen, daß ich mich auf einen schmählichen Handel einließ. Er wußte es natürlich. Genau wie ich. Aus diesem Grunde konnte ich auch nicht gleich zu Lili gehen, sondern lag angezogen und wach da und sann auf Revolte.

Im Morgengrauen gab ich meine fruchtlosen Bemühungen auf und ging zu Lili Anders. Der Direktor hatte ihr nichts gesagt, und so war ich um sechs Uhr in der Frühe gezwungen, ihr das ganze komplizierte Spiel zu erklären. Sie war so glücklich, in die Schweiz zu kommen und dort frei zu sein – und zusammen mit mir –, daß ich nicht das Herz hatte, ihr den Preis zu nennen. Von dem Augenblick an, da ich Italien verließ, war ich so gut wie im Exil.

Unser Auszug aus Italien war eindrucksvoll. Limousine, VIP-Halle auf dem Flughafen Fiumicino, Eskorten bis zu unseren Plätzen in der ersten Klasse. Als wir uns dann in der Luft und der Obhut der Schweizer befanden, hielten wir uns bei den Händen, machten alberne Scherze und tranken uns mit Champagner zu.

Im Baur au Lac bekamen wir eine Dreizimmersuite, komplett mit Blumen, Obst, Getränken, einem Willkommensgruß von der Geschäftsleitung und einem Telegramm vom Direktor. Es lautete: ZWEITES SAMUEL SIEBEN EINS. Ich dechiffrierte den Witz mit Hilfe der Bibel auf meinem Nachttisch: „Der Herr gab ihm Ruhe vor allen seinen Feinden umher."

Bis es Abend war, stieß der Scherz mir allzu bitter auf. Ich mußte ein Ende machen und Lili die Wahrheit sagen.

Der Augenblick der Wahrheit hatte etwas Merkwürdiges. Wir hatten uns entschlossen, in unserer Suite zu Abend zu essen. Ich mixte Getränke und kam mir sehr häuslich vor, irgendwie entrückt, als erholte ich mich von einer langen Krankheit. Ich hörte mich reden, als ob ich einem andern zuhörte.

„Alles, was der Direktor sagt, ist wahr, und trotzdem läuft alles auf eine Lüge hinaus. Er beschwört eine Welt um einen herum, die gar nicht existiert, macht einen daran glauben – zeigt einem ein anderes Ich und läßt einen glauben, man sei es selbst. ‚Ihnen fehlt die Autorität, Matucci. Ihnen fehlt die Erfahrung. Sie sind nicht tot. Nur eine Zeitlang begraben.' Aber von dem Augenblick, als ich ins Flugzeug stieg, habe ich gewußt, daß ich tot war; denn jetzt hat er alle meine Unterlagen und kann den Ablauf der Geschichte in jeder beliebigen Weise umgestalten. Angenommen, er ist auf Eroberung aus, er möchte gegenüber Napoleon Leporello den Fouché spielen und wie dieser opportunistische Polizeichef seinen Herrn verraten, um seine Nachfolge anzutreten? Ich habe ihm alle Waffen dazu in die Hand gegeben, und er hat mich dafür bezahlt – mit diesem langen Urlaub."

„Warum hast du das angenommen, Dante? Weil es mit um mich ging?"

„Nein, ich glaube, er hätte dich sowieso laufenlassen, vielleicht hätte er auch versucht, dich gegen mich ins Spiel zu bringen – er spinnt ja seine Netze so fein. Ich weiß es nicht ... aber gestern abend, als ich mit ihm an den Dokumenten arbeitete, hat es mir Spaß gemacht, und ich habe ihn respektiert – weil er mich respektiert hat. Und als er mir die Gründe für meinen Abgang auseinandersetzte, habe ich auch diese respektieren müssen. Aber nachdem ich zugestimmt hatte, mußte er mir zeigen, wie schlau er war; wie sicher er meiner Zustimmung gewesen war, daß er sogar schon alles im voraus arrangiert hatte – bis zu den Rosen in deinem Schlafzimmer. Plötzlich war ich kein Mann mehr, ich war –"

„Eine Marionette, Liebster. Das ist eine bittere Erfahrung, nicht wahr?"

„Es ist der Witz des Jahrhunderts! Dante Matucci, der Clown am Faden! Das ist sein endgültiger Triumph, verstehst du? Wahrscheinlich hat er es schon dem ganzen SID verkündet."

„Ich möchte wissen, wie das endet."

„Das *ist* das Ende, Lili. Verstehst du denn nicht?"

„Es ist das Ende nach seiner Fassung. Ich glaube, es gibt eine bessere."

„Dann würde ich sie gern hören."

„Die Marionette wird zum Mann, kratzt die Clownsfarbe von sich ab und zieht aus, sich dem Feind zu stellen."

„Ein Märchen, Lili."

„Nein! Das ist die Wahrheit. Erinnerst du dich an die Salamanderkarte? ‚Eines schönen Morgens, Bruder.' Telephoniere mit Bruno Manzini, Liebster. Jetzt."

Die Idee war verführerisch. Aber ich war immer noch schußscheu und mißtrauisch. Gewiß war da Raquela Rabin, die Garantin seiner Vertrauenswürdigkeit. Manzini hatte um mein Vertrauen geworben. Aber wenn er mich verriet, dann war ich wirklich rettungslos verloren. Die Rechtsprechung des Geldes ist universell.

Ich sprach darüber mit Lili – der neuen Lili, die über Nacht zu einer anderen Frau erblüht war, heiter, gereift und voller Zuversicht.

„Was hast du zu verlieren?" fragte sie. „Nichts. Was hast du zu gewinnen? Im günstigen Falle einen mächtigen Freund; zumindest aber ein Interessenbündnis, das du nach Belieben wieder lösen kannst. Vor allem aber wirst du endlich angefangen haben zu kämpfen."

Die Verbindung mit Bologna war leicht hergestellt. Manzini an den Apparat zu bekommen war nicht viel leichter als ein Sonntagsplausch mit dem Papst. Schließlich wagte ich das Risiko und nannte das Zauberwort SID. Das wirkte. Ich berichtete ihm von dem Vorfall auf Ponza, von den Unterlagen, die ich dem Direktor ausgehändigt hatte, von meiner augenblicklichen Lage.

Es war einen Augenblick still, dann folgte eine Reihe barscher Fragen.

„Haben Sie die Unterlagen selbst geprüft?" begann Manzini.

„Ja."

„Wichtig?"

„Wie Sie in Rom vermutet haben."

„Wissen Sie, was damit geschehen soll?"

„Nur, was geschehen könnte. Es gibt mehrere Möglichkeiten."

„Auf die Sie keinen Einfluß mehr haben?"

„So ist es."

„Brauchen Sie Hilfe, finanziell oder sonstwie?"

„Ich brauche den Mann, den Raquela Rabin mir empfohlen hat, vorausgesetzt natürlich, er ist noch zu haben."

„Er ist. Er wird morgen abend im Dolder Grand in Zürich sein. Sind Sie bei guter Gesundheit?"

„Unser gemeinsamer Freund versichert mir, ich hätte nichts zu fürchten."

„Er muß es natürlich wissen."

„Ja, aber er sagt nicht immer alles, was er weiß."

„Nicht vergessen, mein Freund – gehen Sie immer dicht an der Wand entlang."

„Danke, Cavaliere ... Gute Nacht."

Als ich den Hörer auflegte, zitterte ich. Jetzt war mir wirklich bange. Die Abschiedsworte des Alten hatten die letzte schwache Illusion von Sicherheit zerstört. Ich war ein Fremder im fremden Land, ein Angehöriger der legalen Unterwelt, überall verdächtig, nirgends geliebt. Ich konnte an jeder Straßenecke ohne Aufhebens erschossen werden. In diesem Augenblick kostete ich voll das feine florentinische Aroma der Rache des Direktors. Lili hielt mich fest an sich gedrückt und flüsterte wieder und wieder: „Eines schönen Morgens, Bruder ..."

Der Morgen war ein Geschenk Gottes: kein Wind, keine Wolke, ein glitzernder See unter der Frühlingssonne, Schnee auf den Bergen, knöchelhohes Gras auf den tieferliegenden Weiden. Ich mietete ein Auto, und wir fuhren nach Graubünden, ziellos und glücklich wie ein Pärchen auf Hochzeitsreise. Lili sang und alberte, erfand Wortspiele und Liebesspiele und baute Luftschlösser. Und zum erstenmal sah ich sie wirklich: die Honigfarbe ihres Haars, die hochgezogenen slawischen Wangenknochen von Wind und Aufregung gerötet, die kleinen Goldflecken in ihren Augen, das leise Lächeln, das um ihre Mundwinkel spielte, sogar die ersten dünnen Spuren der Zeit in ihrem Teint. Diese Lili war kein Mädchen mehr. Sie hatte zu lange auf zu merkwürdige Weise gelebt. Aber ich war auch kein kleiner Junge mehr; und ich war des kindischen Geplappers und der Liebeslügen müde.

Zu Mittag aßen wir in einem Berggasthof Käseauflauf zu schäumendem Wein. Wir sprachen über die Zukunft, und Lili beurteilte die ihre ohne Bitterkeit.

„Ich bin jetzt erfaßt. Jeder Polizist kann mich schikanieren wie ein Straßenmädchen. Ich muß mich also vorsehen. Wenn ich bescheiden und ordentlich lebe, kann ich vielleicht lange hier in der Schweiz in Frieden leben. Wenn ich heiratete, wäre es anders. Ich hätte einen neuen bürgerlichen Status und ein neues Leben. Daran muß ich also denken ... aber noch nicht. Ich habe Geld genug, um zwei Jahre ein bescheidenes Dasein zu fristen. Und ich kann die Villa auf Ponza verkaufen. Massimo hat gesagt, er habe für mich vorgesorgt, aber selbst wenn sein Testament gefunden würde, könnte ich keine Ansprüche geltend machen, da ich ja nicht mehr zurück nach Italien kann. Trotzdem kann ich sehr von Glück reden. Auch was dich betrifft, Liebster. Ich hätte nicht gedacht, daß dir soviel an mir läge."

„Ich hätte nie geglaubt, daß ich je eine Frau in dieser Weise brauchen würde. Die Ruhe zu genießen, nichts beweisen zu müssen, einfach froh zu sein, daß sie im Zimmer ist. Was würdest du sagen, wenn ich dich bäte, diesen Monat bei mir zu bleiben?"

„Ich würde ja sagen, aber ich würde auch sagen, laß es so bleiben, wie es ist – von einer Stunde, einem Tag zum andern."

„Von einem Tag zum andern. Gut."

„Und wenn du fortgehst, wie du mußt, und dich einsam fühlst, dann komm zurück. Du mußt jetzt ganz frei sein. Du mußt anfangen, den Mann kennenzulernen, der in deiner Haut steckt."

„Ich fürchte mich vor ihm, Lili."

„Dann wirst du ihm eines Tages im Spiegel gegenübertreten müssen. Danach wirst du, so Gott will, glücklich sein können."

„Hoffentlich. Aber es muß noch etwas gesagt werden. Sollte der Tag kommen, an dem du zwischen mir und dir selbst wählen müßtest, dann denke an dein eigenes Interesse. Ich würde es so wollen."

„Das verstehe ich nicht."

„Hör zu, *bambina!* Wir sind nicht von Leuten hier einquartiert worden, die uns glücklich sehen möchten. Wir sollen so aneinander gebunden werden, daß eine Drohung gegen einen von uns als Druckmittel gegen den andern verwendet werden kann. Der Direktor mag überzeugt sein, mich gekauft zu haben, aber er wird sich auch gegen einen Vertragsbruch meinerseits versichern. Verstehst du?"

„Ja. Und ich möchte, daß du ihn brichst. Sag mal – du nennst diesen Direktor nie beim Namen. Warum?"

„Eine Spielregel, die zur zweiten Natur geworden ist. Aber es gibt noch einen Grund. Er ist ein sehr gewinnender Mensch. Er verführt dich mit einem Lächeln, einem Händedruck, mit seiner selbstbewußten Art und unendlich viel gesundem Menschenverstand. Diese Talente sind ihm in zwanzig Generationen angezüchtet worden. Ich beneide ihn darum und fürchte ihn deswegen. Darum zwinge ich mich, ihn nicht als Menschen zu betrachten, sondern als ein Amt, wie den Papst oder den Staatspräsidenten. Nur so kann ich es mit ihm aufnehmen."

„Vielleicht kommt einmal der Tag, an dem du beide in einem Atemzug nennen kannst – den Mann, der in deiner Haut steckt, und den anderen, vor dem du noch immer Angst hast."

„Bin ich solch ein Feigling, Lili?"

„Es gibt eine Angst, die uns alle zu Feiglingen macht."

„Was ist es bei dir?"

„Das kleine Zimmer, das Licht, das mir in die Augen scheint, die Fragen und Schläge, die aus dem Nichts kommen. Du hast mich davor bewahrt, und es gibt nichts, das ich nicht tun würde, um dir das zurückzuzahlen."

„Wir haben beide unsern Lohn, *cara.* Das Heute genügt. Aber jetzt sollten wir zurück. Es sind anderthalb Stunden bis Zürich."

Am Abend empfing mich Bruno Manzini in seiner Luxussuite im Dolder Grand. Seine Begrüßung war herzlich, aber vom Augenblick meines Eintretens an durchschaute er mich anhand meiner Haltung, meines Auftretens, meines Tonfalls. „Sie sind verändert, Oberst."

„Inwiefern, Cavaliere?"

„Sie sind gelöster, offener. Ich würde meinen, Sie haben sich eine gute Frau und eine Portion frischen Mut zugelegt."

„Stimmt beides."

„Möchten Sie etwas trinken?"

„Einen Whisky, bitte."

Er bediente mich persönlich, und ich bemerkte, daß er selbst sehr wenig trank. Er hob prostend sein Glas. „Gesundheit, Geld und Liebe –"

„Und die Zeit, das alles zu genießen, Cavaliere."

„Das vor allem, Oberst. Und jetzt erzählen Sie mir alles, was seit unserem Treffen in Rom passiert ist."

Ich erzählte es ihm – bis hin zu meiner Ankunft mit Lili Anders in Zürich und der Beziehung, die sich zwischen uns entwickelt hatte. Währenddessen wich sein Blick nie von meinem Gesicht. Dann trat eine lange Stille ein, bevor er zu fragen begann. „Sie sind überzeugt, daß Generalmajor Leporello sich mit den Neofaschisten verbündet hat?"

„Ich bin überzeugt, daß er ein Kandidat für ein solches Bündnis ist."

„Dann vermuten Sie also, daß er die Ermordung des Anwalts Bandinelli und Ihres Agenten Calvi und den Diebstahl der Pantaleone-Papiere veranlaßt hat."

„Der Fall wäre zu untersuchen. Leporello wußte durch mich, wo die Papiere waren. Wer sie auch bekommen hat, er muß sofort gesehen haben, daß sie unvollständig waren, weshalb er Schritte unternommen haben wird, den Rest ausfindig zu machen. Der Mann auf Ponza war Leporellos Adjutant."

„Welche Meinungsverschiedenheiten bestehen zwischen Ihnen und dem Direktor?"

„Ich habe um eine Ermittlung gegen Leporello nachgesucht. Er hat sie verweigert. Ich habe seinen direkten Befehl mißachtet und mit Leporello Kontakt aufgenommen."

„Dann wären womöglich Sie für zwei Morde und den Diebstahl wichtiger Dokumente verantwortlich?"

„Ich glaube, ich bin dafür verantwortlich."

„Und der Direktor hätte eine Rechtfertigung gehabt, Sie von dem Fall abzuziehen."

„Wenn er es aus disziplinären Gründen getan hätte, ja."

„Sie wollen andeuten, daß er andere Gründe hatte?"

„Er hat sie deutlich genannt: Mir fehle es an Autorität und Erfahrung, mit einer komplizierten politischen Situation fertigzuwerden, und ich sei ein bequemes Opfer, das ihm Zeit einbringen werde."

„Sind das gute oder schlechte Gründe?"

„Überaus vernünftige."

„Was haben Sie dann gegen ihn?"

„Ich habe nichts gegen ihn, nichts Greifbares. Aber ich habe es ihm ins Gesicht gesagt, und ich wiederhole es jetzt: Ich traue ihm nicht. Er hat zu mir gesagt: ‚Ich will keine Diktatur. Ich will auch keinen Kommunismus. Aber ich glaube, daß die Demokratie, die wir haben, zu unstabil ist, um zu halten. Sollte also das eine oder andere kommen, werde ich versuchen, es so erträglich wie möglich zu gestalten.'"

„Gewiß eine löbliche Absicht?"

„Das kommt auf die Interpretation an. Er hat hinzugefügt: ‚Ich bin der König auf dem Schachbrett und Sie nur ein Bauer.'"

„Zweifellos wären Sie lieber der König?"

„Ich möchte Diener einer offenen Gesellschaft sein."

„Aber Sie sind in einen geschlossenen Dienst eingetreten, der mehr als jeder andere für die Korruption der Geheimhaltung anfällig ist. Warum?"

„Weil ich glaube, ein Talent für Ermittlungen zu besitzen."

„Und Geschmack an Einfluß ohne Verantwortung?"

„Nein. Ich trage gern Verantwortung."

„Und Sie sind verbittert, weil Sie keine mehr haben?"

„Ja. Aber noch mehr erbittert es mich, daß der Mann, der mich nach Lust und Laune kleiner machen kann, als ich bin, ebensogut nach Belieben Informationen unterdrücken, manipulieren oder verkaufen kann, die über die politische Zukunft dieses Landes entscheiden. Meines Landes und Ihres."

„Sind Sie käuflich, Oberst?"

„Ich war es vor achtundvierzig Stunden."

„Sind Sie einzuschüchtern?"

„Ich bin es jetzt. Ich weiß zuviel. Und ich bin isoliert."

„Und wer würde Sie aus dem Weg räumen wollen?"

„Zum einen der Direktor. Zum andern Leporello. Oder – und das ist mein eigentlicher Alptraum – beide zusammen. Durch gemeinsames Vorgehen könnten sie in Kürze ungemein gefährlich sein."

„Und was kann ich Ihrer Meinung nach dagegen tun?"

„Mir raten, wie ich mein Wissen dazu verwenden kann, einen *colpo di stato* zu verhindern."

„Was wissen Sie denn, Matucci?"

„Ich kenne jeden Namen auf Pantaleones Mikrofilmen. Ich könnte jedes Dokument, jede Karte reproduzieren. Ich habe ein photographisches Gedächtnis, Cavaliere."

„Weiß das der Direktor?"

„Ja."

„Dann hat er Ihnen die Wahrheit gesagt. Sie sind ein natürliches Opfer."

„Und Sie, Cavaliere?"

„Ich habe Ihnen auch die Wahrheit gesagt. Wir sind natürliche Verbündete. Aber Sie werden sich damit abfinden müssen, daß es – wie haben Sie noch gesagt? – ein ungleiches Bündnis ist. Ich habe alles, was Ihnen fehlt – Einfluß, Geld, Freunde. Außerdem bin ich alt und störrisch. Ich bin im Vorteil."

„Das verstehe und akzeptiere ich."

„Noch eine Bedingung. Diese Lili Anders ist eine Gefahr für Sie und peinlich für mich, da sie die Mätresse meines Bruders war. Sie müssen sie auszahlen und vergessen."

„Das kann ich nicht, Cavaliere."

„Ich bestehe darauf, wenn wir zusammenarbeiten sollen."

„Sie bieten mir den gleichen schäbigen Handel an wie der Direktor. Füge dich, und du bist sicher. Die Börse ist geschlossen." Ich stand auf. „Wenn Sie mich bitte entschuldigen –"

„Setzen Sie sich, Mann! Schluß mit der Spielerei."

„Wie bitte?"

„Ich habe Ihnen einen schäbigen Handel angeboten, mein Freund. Wenn Sie einverstanden gewesen wären, hätte ich Sie eigenhändig Ihren Mördern ausgeliefert. Jetzt drücken Sie mal bitte auf die Klingel. Ich glaube, wir können zu Abend essen."

DER MANN, der an diesem Abend mit mir beim Essen saß, war ein Phänomen. Er war in den Siebzigern, doch er sprudelte wie Champagner. Er sprach über Bücher, Frauen, Malerei, Geld, Mode, Religion, Wein und Rosenzüchten. Er genoß. Er schwelgte. Zwischen Obst und Käse eröffnete er ein neues Gesprächsthema.

„Wir sind alle Erben, Matucci, und wir können unsere Vergangenheit sowenig abstreifen wie unsere Haut. Sie und ich zum Beispiel haben eine Freundschaft begonnen. Aber Sie werden mich nie verstehen, solange Sie sich nicht bewußt bleiben, daß ich in einer Mansarde über Zia Rosas Bordell geboren bin, am Fest Mariä Himmelfahrt, dem Tag, an dem die Gaukler in die Stadt kamen. Sind Sie neugierig? ... Freut mich. Ich will Ihnen vom Tag meiner Geburt erzählen.

An jenem Festtag im Jahre 1900, Matucci, da lag meine Mutter in besagter Mansardenstube in den Wehen, und Zia Rosas Schwester Angela – die später mein Kindermädchen war – spielte die Hebamme. Unten auf der Piazza – das weiß ich, weil Angela zugeschaut hat – machte Luca Salamandra, der Seiltänzer, sich für seine Wanderung über den Himmel fertig. Ganz in Schwarz gekleidet, mit pomadisiertem Haar und gezwirbeltem Schnurrbart, stieg er auf die kleine Plattform oben auf dem Mast und grüßte die jubelnde Menge. Dann trat er aufs Seil. Die Menge verstummte. Er ging langsam, um die Seilspannung zu prüfen. Dann vollführte er in der Mitte einen Salto und landete aufrecht auf dem schwankenden Seil. Er war vielleicht fünf Meter vom Ende des Seils entfernt, als er stehenblieb und geradewegs in Angelas Augen sah. Sie erinnerte sich, daß er sie anlächelte, auf sie zukam ... Und genau in diesem Augenblick war es, Matucci, daß meine Mutter aufschrie, ich meinen Kopf widerstrebend in die Welt streckte und Luca Salamandra in die Ewigkeit stürzte.

Zehn Tage später meldete sich eine Frau in Trauer mit einer älteren Begleiterin beim Standesamt und legte eine Reihe beglaubigter Dokumente vor. Das erste war eine Heiratsurkunde zwischen einer Anne Mary Mackenzie und einem Luca Salamandra. Das zweite war der ärztliche Totenschein für Luca Salamandra. Das dritte war die Geburtsurkunde eines Massimo Luca Salamandra. Diese ungewöhnliche Dokumentensammlung war das Ergebnis einer langen Diskussion zwischen Anne Mary Mackenzie und Zia Rosa gewesen und einem harten Feilschen zwischen Angela, Zia Rosa und Aldo dem Kalligraphen, einem alten Urkundenfälscher von legendärer Kunstfertigkeit. Der Standesbeamte akzeptierte die Dokumente ohne Fragen, mit dem Ergebnis, daß Anne Mary Mackenzie eine respektable römische Witwe wurde und ich eine gefälschte Legitimität bekam.

Das ist meine Geschichte, Matucci. Es ist auch eine Parabel. Ich wurde von einem Edelmann gezeugt und von einem toten Gaukler zum Sohn genommen. Ich bin und war immer ein Widerspruch. Und jetzt sind Sie der Mann auf dem Drahtseil. Sie wollen sich selbst retten und zugleich einem sehr gespaltenen Land und einem sehr gegensätzlichen Volk dienen. Sie werden starke Nerven brauchen, denn auch Sie werden die Geburt von Monstren mit ansehen – und wenn Sie nur einmal ausrutschen, sind Sie tot. Ich hoffe, Sie haben das verstanden."

„Ja. Aber wo fangen wir an?"

„Sie haben den Befehl, einen Monat nicht nach Italien zurückzukehren. Wir benutzen diesen Monat, um unsererseits ein paar Sicherheitsvorkehrungen zu treffen. Morgen früh um neun ziehen Sie mit Lili Anders aus dem Baur au Lac aus. Ein Wagen wird Sie zu einem Haus in Liechtenstein bringen, das einer meiner Firmen gehört. Es ist eine umgebaute Jagdhütte und recht komfortabel. Dort werden Sie alles zu Papier bringen, was Sie über die Pantaleone-Affäre wissen, Mikrofilme, Karten – alles. Dieses Material wird vervielfältigt und in

Banken innerhalb und außerhalb Italiens deponiert. Während dieses Monats bekommen Sie von mir noch anderes Material, das Ihre Rückkehr nach Italien vorbereitet. Wir werden natürlich in engem persönlichen Kontakt stehen. Sie werden zwei von meinen Leuten ständig als Leibwächter und Kuriere zur Verfügung haben."

„Und wenn ich nach Italien zurückkehre?"

„Ich werde Ihnen ein ansehnliches Gehalt als Berater in Fragen von Wirtschaftsspionage anbieten. Natürlich werde ich es mir angelegen sein lassen, dazu die Genehmigung Ihres Direktors einzuholen."

„Sind Sie sicher, daß er sie geben wird?"

„Warum nicht? Damit hat er noch eine Möglichkeit, Sie zu kompromittieren. Er wird annehmen, daß Sie bestechlich sind, genau wie er es hofft – leicht gekauft und zum Schweigen gebracht. Unter dieser Tarnung werden Sie fortfahren, Leporellos Verbindungen zur neofaschistischen Bewegung auszukundschaften. Leuchtet Ihnen das ein?"

„Mit einer Einschränkung. Ich habe den Direktor schon ähnliche Drehbücher schreiben sehen und glaube kaum, daß er uns das abkauft."

„Das glaube ich auch nicht. Aber er wird uns vorspielen, daß er es uns abkauft. Unser eigentliches Problem ist ein anderes: Wir müssen Sie am Leben halten."

DAS JAGDHAUS stand am Paß zu einem Hochtal und war nur über eine einzige Straße zu erreichen, die vor einem wuchtigen Balkentor zwischen zwei Säulen aus gehauenem Stein endete. Hinter dem Tor wand sich eine geteerte Zufahrt durch hohe Bäume zum Haus selbst, einem langgestreckten Sandsteingebäude mit einem Dachstuhl aus Baumstämmen und blechgedecktem Dach.

Von außen sah es ungastlich aus, als ob es einer Invasion oder Lawine trotzen wolle. Drinnen war es warm, und das Feuer warf seinen Schein auf getäfelte Wände und poliertes Kupfer- und Keramikgeschirr. Den Haushalt führten ein ältlicher Tiroler und seine Frau, aber zum Personal gehörten noch zwei weitere: Heinz, ein wortkarger Bursche aus Graubünden, der mit tödlichem Geschick mit einem Gewehr umzugehen verstand, und Domenico, ein dunkelhäutiger junger Vareser, perfekt in Pistolenschießen und Karate. Einer von beiden war immer im Dienst. Jeden Abend wurden die Tore verschlossen und eine komplizierte Alarmanlage eingeschaltet. Im Haus war ein Telephon, aber wir wurden ausdrücklich vor seiner

Benutzung gewarnt. Wir konnten uns innerhalb des Geländes frei bewegen, jedoch nur mit Heinz oder Domenico als Begleitung.

Die ersten Tage fühlte ich mich eingesperrt und ruhelos; aber Lili schalt mich, bis ich ruhiger wurde und mich an einen einfachen Arbeitsplan hielt. Jeden Morgen setzte ich mich hin, um aus dem Gedächtnis das Material auf den Mikrofilmen zu rekonstruieren. Das war eine ermüdende Arbeit, auf die ich mich nur etwa vier Stunden täglich konzentrieren konnte. In der übrigen Zeit bearbeitete ich die Sendungen von Bruno Manzini, die täglich mit der Post eintrafen.

Alle diese Sendungen waren in Chiasso aufgegeben, der Grenzstadt des Schweizer Kantons Tessin. Die Informationen waren verschlüsselt und enthielten von der Organisation und Kontrolle der Gewerkschaften bis zur Finanzstruktur und den führenden Direktoren großer Unternehmen einfach alles; von Investmentanteilen ausländischer Organisationen bis zur privaten Vergangenheit prominenter Funktionäre und zum Programm ihrer Besuche in Griechenland und Spanien; vom Aufbau marxistischer Zellen bis zu den Finanzen des Vatikans. Ich war schon lange in diesem Gewerbe tätig, aber vieles davon war sogar mir neu. Ich war beeindruckt von der Organisation, die das alles gesammelt haben mußte, und je länger ich las, desto mehr Respekt bekam ich vor der Komplexität des Lebens in Italien. Die Spannungen waren so stark, das Gleichgewicht der Kräfte war so prekär, daß niemand die täglich drohende Gefahr einer Katastrophe ignorieren konnte.

Ich konnte mir lebhaft die Frustration der Revolutionäre vorstellen, die am liebsten den ganzen Laden ausgemistet und noch einmal von vorn begonnen hätten. Ich verstand die Verzweiflung der Jungen, die sich dem allem nur noch entziehen wollten. Ich verstand die verführerische Illusion eines Diktators, der mit einem Wink seines Zepters für Ordnung und Einheit sorgen konnte.

Etwas langsamer begriff ich auch die Bedeutung von Bruno Manzinis Glauben, daß wir alle Gefangene unsrer Erbanlagen und unsrer Geschichte seien und daß unsere Zukunft schon von längst verstorbenen Autoren geschrieben worden sei. Und das bedrückte mich. Welches Recht hatte ich, auch nur in eine einzige Zeile dieser Zukunft hineinzupfuschen?

In diesen Wüstentagen war Lili mir eine Oase des Trostes. Sie lehnte es einfach ab, sich von meiner Gereiztheit abschrecken zu lassen. Sie überhäufte mich so lange mit Zärtlichkeit, bis ich mich schämte und wieder Vernunft annahm. „Ich weiß, wie dir zumute ist, Lieber. Du und ich, wir werden vergehen, und die Schrecken dieser Welt werden dann immer noch dasein. Aber denk daran – solange wir kämpfen, können wir sie aufhalten, wenn auch nur für eine kleine Weile. Wenn jeder den Kampf aufgeben wollte, würden die Barbaren für weitere tausend Jahre die Macht ergreifen. Und wären wir noch so unwissend und irregeleitet, unsere Sache bliebe dennoch gut. Vergiß das nie!"

Und unsere Liebe war schön; doch sie war auch überschattet von dem Gedanken, daß sie allzubald enden mußte. Ich war der Strick, der sie an die Vergangenheit fesselte; er mußte zerrissen werden, eher war sie nicht völlig frei. Für keinen von uns beiden gab es die Hoffnung auf eine erträumte Zukunft, und der Gedanke an ein einsames Morgen drückte uns beide nieder. Unsere Tage und Nächte waren uns um so kostbarer.

Wir waren ungefähr zwei Wochen in dem Haus, als Bruno Manzini uns besuchte. Er zog sich gleich mit meinen Aufzeichnungen zurück und leistete uns erst zum Aperitif vor dem Essen Gesellschaft.

„Ich habe mir Ihre Aufzeichnungen angesehen, Matucci. Hervorragend! Aber sehr besorgniserregend. Haben Sie mit den Sachen, die ich Ihnen geschickt habe, etwas anfangen können?"

„So einiges. Ich würde nach dem Essen gern mit Ihnen darüber sprechen."

„Darum bin ich ja hier. Wir werden Sie davon ausschließen müssen, junge Frau, aber Sie verzeihen es mir sicher schon im voraus; je mehr Sie nämlich wissen, in desto größerer Gefahr sind Sie." Er legte den Arm um Lili und trank ihr mit altmodischer Galanterie zu, dann ließ er sich von einem Strom alter Erinnerungen fortreißen, der uns von der Suppe bis zum Kaffee nicht mehr losließ.

Hinterher, als wir allein waren und den Kognak in unseren Händen wärmten, sagte er: „Es steht schlecht, Matucci. Nehmen wir den Fall Bessarione von voriger Woche. Die Polizei sagt, er hat sich selbst bei einem Anschlag auf eine Hochspannungsleitung in die Luft gesprengt. Die Linke sagt, er ist von der Rechten in eine Falle gelockt und ermordet worden. Ich habe ihn gekannt – ein wohlhabender Romantiker und sehr guter Verleger. Was ist die Wahrheit? Wer kennt sie? Wenigstens sollte öffentlich darüber diskutiert werden dürfen. Statt dessen verhaften wir Journalisten und Studenten nach der alten Faschistentour: ‚Verbreitung von Nachrichten, die geeignet sind, die öffentliche Ordnung zu stören.' Die Folge: Noch mehr Spaltung. Noch mehr Unruhe. Die Faschisten geben den Marxisten die Schuld, die Marxisten den Faschisten. Dazwischen steht das Volk – es bekommt keine Ausbildung, weil wir zuwenig Schulen bauen, und wenn die Leute krank sind, werden sie zu dritt übereinander in die Krankenhäuser gepfercht. Sie kommen nicht zur Arbeitsstelle und zurück, weil die Omnibusse streiken, und bei einem Streik der Müllmänner leben sie in einem einzigen Misthaufen.

Sogar der Markt gerät schon in Panik. Wenn ich Ihnen erzählte, wieviel Geld vorige Woche aus dem Land geflossen ist, würden Sie heulen, Matucci. Und nun sagt man mir, ich soll die Lieferung der Straßenkampfausrüstungen beschleunigen. Was ich nicht herstellen kann, soll ich kaufen, borgen oder stehlen. Worauf läuft es also hinaus? Die Marxisten können – und werden vielleicht – das Land in Unruhe stürzen, sie sind aber nicht in der Lage, einen Militärputsch zu inszenieren. Die Rechte könnte das, sofern sie von der Mitte und der Kirche hinreichend unterstützt wird. Ihre Aufzeichnungen bestätigen das alles, Matucci. Aber sie sagen noch mehr. Mein Halbbruder hat besser geplant, als ich wußte. Seine Strategie ist überzeugend, und – das habe ich mir bis zuletzt aufgespart – Leporello hat sich auf den Handel eingelassen. Er hat Pantaleones Nachfolge angetreten."

„Und der Direktor?"

„Hat sich auf seine Seite geschlagen. Sie haben sich am vergangenen Wochenende in Prinz Baldassares Villa getroffen."

„Woher wissen Sie das?"

„Weil ich dabei war. Der Direktor hatte mich eingeladen, weil sie auch mich in den Klub haben wollten. Ich habe selbstverständlich zugesagt. Eine natürliche Allianz, bei Licht besehen. Schwerindustrie, Textil, Zeitungen, Bankgewerbe und eine stabile, auf Recht und Ordnung eingeschworene Regierung."

„Warum hat man Sie nicht schon früher aufgefordert?"

„Damals hat Pantaleone nichts davon wissen wollen. Und sie brauchten ihn nötiger als mich. Aber als sie alles über meine Beziehungen zu meinem Bruder wußten, war die Zeit reif für ein Arrangement unter zivilisierten Menschen. Finden Sie nicht?"

„Bruno Manzini, ich habe das Gefühl, daß ich ganz allmählich den Verstand verliere."

„Bitte noch nicht, Matucci. Ich brauche Sie bei sehr gesundem Verstand. Ich habe ja gesagt, um das Komplott von innen zu kennen.

Ich will, daß diese feine Junta zerschlagen und vernichtet wird. Ich glaube, daß wir es gemeinsam schaffen können, indem wir Leporello als Mörder und den Direktor als Mittäter überführen. Kriegen Sie das hin?"

„Ich will's gern versuchen. Aber ich glaube, wir brauchen ein neues Drehbuch."

„Darüber unterhalten wir uns gleich. Haben Sie Bedingungen?"

„Nur, daß ich den Fall auf meine Weise durchziehen kann, ohne Einmischung. Und mit Hilfe von Ihrer Seite, wenn ich sie brauche. Aber ich habe noch eine Bitte."

„Ja?"

„Sobald wir diesen Ort hier verlassen, soll Lili Anders unter Schutz stehen. Wenn ich meine Aufgabe erfolgreich abschließe, soll sie vom Staatspräsidenten eine Amnestie bekommen, damit sie nach Italien zurückkehren kann, wenn sie will. Können Sie dafür garantieren?"

„Nein. Aber ich werde alles daransetzen."

„Das wäre alles. Reden wir jetzt übers Drehbuch."

„Mein lieber Oberst, haben wir uns darüber nicht schon in Zürich geeinigt?"

„Haben wir. Aber die Umstände haben sich geändert. Daß Sie jetzt zu dem Verein gehören, färbt auf meine offiziellen Beziehungen zu Ihnen ab."

„Darf ich darauf aufmerksam machen, daß diese Farbe der besseren Tarnung dient?"

„Sie können sagen, was Sie wollen. Ich brauche Beweise."

„Lassen Sie mich versuchen, Ihnen die zu geben. Übers Wochenende in der Villa Baldassare ist mehrmals Ihr Name gefallen. Der Direktor in seiner bekannt taktvollen Art nannte Sie einen Ballast. Leporello wählte den Ausdruck ‚großes Risiko'. Der Direktor meinte, Sie wären kaltgestellt. Leporello hielt es für erforderlich, das Risiko zu beseitigen."

„Woraufhin Sie was geantwortet haben?"

„Daß Sie als ein überaus intelligenter höherer Offizier sicherlich gewisse Vorkehrungen getroffen hätten, zum Beispiel Dokumente bei einer Bank deponiert, die im Falle Ihres Todes veröffentlicht werden sollen. Ich habe gesagt, ein unzeitgemäßer Unfall könne Ihre Kollegen im SID demoralisieren. Dann habe ich eine kleine Finte gewagt und erzählt, Sie hätten mich nach Ihrer Ankunft in der Schweiz angerufen und gefragt, ob ich Ihnen nicht einen Posten bei mir beschaffen könne, denn Sie fühlten sich schlecht behandelt und spielten mit dem Gedanken, den Dienst zu quittieren. Ich habe zum Direktor gesagt, ich hätte Sie hierher eingeladen, um die Angelegenheit zu besprechen, und es sei vielleicht eine gute Idee, wenn ich Sie vorübergehend beschäftigte, während Sie andererseits noch seiner Befehlsgewalt unterstünden. Alles in allem habe ich ihn überzeugt, daß Sie im Augenblick lebend weniger gefährlich sein können als tot. Leporello war anderer Meinung. Der Direktor hat ihn überstimmt – für wie lange, weiß ich nicht. Jedenfalls hängt diese Regelung von Ihrer Zustimmung ab. Vielleicht wollen Sie die Aktion lieber im geheimen durchführen, ohne offen mit mir Verbindung zu haben."

„Wenn ich im Untergrund arbeite, bin ich ständig auf der Flucht. Lieber will ich offen als Ihr Angestellter arbeiten, aber ich könnte Sie damit in Gefahr bringen."

„Damit habe ich mich schon abgefunden. Ich werde also morgen den Direktor anrufen und ihm sagen, daß ich Sie auf Probe einstellen möchte und um seine Erlaubnis bitte, Sie nach Italien zurückzuholen."

„So bald schon?"

„Die Antwort steht in Ihren eigenen Aufzeichnungen. Uns bleibt sehr wenig Zeit."

„Ich habe die Aufzeichnungen noch nicht fertig."

„Sie können sie in meinem Haus bei Bologna fertigmachen. Ich werde Sie bei mir unterbringen."

„Was sage ich Lili?"

„Irgend etwas, was sie glücklich macht. Ich erkläre ihr die Sicherheitsvorkehrungen, die Liebe überlasse ich Ihnen."

„Da wir von Liebe sprechen, Cavaliere – welche Beziehungen unterhalten Sie zur Principessa Faubiani?"

„Und was geht das Sie an, in drei Teufels Namen?"

„Ich muß das fragen, Cavaliere. Schon mancher gute Mann hat sich im Bett um den Kopf geredet."

Er sah mich einen langen Augenblick feindselig an. Dann lächelte er. „Sagen wir so, ich bin ein wohlhabender Gönner mit Besuchsprivileg. Aber ich verstehe, was Sie meinen, Matucci. Es stimmt, die Dame klatscht. Vielleicht sollte ich Sie ihr mal vorstellen, damit Sie selbst urteilen können. Ich unterhalte auch noch andere Beziehungen. Wollen Sie sich da überall einmischen?"

„Wenn es um mein Leben geht, ja."

„Wir geraten uns ja ganz schön in die Wolle! Nun ja, ich brauche hin und wieder einen Streit, damit ich ehrlich bleibe. Gute Nacht, mein Freund!"

Später, als wir im Dunkeln lagen, erzählte ich Lili, welche Zugeständnisse ich zu ihrem Schutz ausgehandelt hatte und daß ich Amnestie für sie fordern wolle.

„Nein!" rief sie zu meiner Überraschung. „Verstehst du denn nicht? Du bindest mich an meine Vergangenheit. Und auch an dich in einer Weise, die ich nicht will. Wenn du wieder einmal zu mir kommst – falls du kommst –, wirst du mich in meinem Haus besuchen, meinen Wein trinken, an meinem Tisch essen. Ich werde nicht mit leeren Händen dastehen wie jetzt. Ich brauche das, Liebster. Und auch du mußt die Freiheit haben, dir andere Frauen zu nehmen. Du mußt eine Arbeit tun, die du nicht mit geteilten Gedanken tun kannst. Und jetzt laß uns nicht so finster und verzweifelt sein."

IRGENDWANN in den frühen Morgenstunden ging die Alarmanlage los – ein ohrenbetäubendes Läuten und Sirenengeheul. Ich lief ans Fenster. Das Gelände war von Flutlicht erhellt, und ich sah Heinz und Domenico auf das Wäldchen zu rennen. Wir warfen uns die Morgenmäntel über und eilten nach unten, wo wir Manzini trafen, der aufrecht und ruhig in die Nacht hinausblickte. Es war unmöglich, bei dem Lärm zu sprechen, bis Domenico nach etwa zwanzig Minuten zurückkam, den Alarm abstellte und die Anlage neu einschaltete.

„Wir haben ihn, Cavaliere", berichtete er. „Oben an der Nordgrenze. Heinz hat ihn mit dem ersten Schuß erledigt."

„Wer war's?"

„Ein Italiener, glaube ich. Keine Papiere, keine Kennzeichen. Er hatte Handgranaten, Plastikbomben, Zündschnur und eine Walther-Pistole bei sich."

„Wie ist er hereingekommen?"

„Er muß zu Fuß über den Berg gekommen sein. Vielleicht können wir den Weg zurückverfolgen, wenn die Sonne aufgeht."

„Nicht der Mühe wert. Begrabt ihn."

Als Domenico fort war, goß Manzini drei Gläser Kognak ein und reichte jedem von uns eines. Seine Hand war ganz ruhig, als er prostend sein Glas erhob. „Wie in den alten Partisanentagen, Matucci, an die Sie sich nicht erinnern, weil Sie zu jung sind."

Es sollte ein Kampfruf sein. Für mich klang es wie ein Nachruf.

ZWEI

Wir fuhren nicht direkt nach Italien, sondern machten einen Umweg über Salzburg, wo Manzini mit einem österreichischen Sägewerk über eine Holzlieferung verhandeln wollte, und von dort weiter über den Brenner nach Mestre, wo eine seiner Firmen ein Trockendock für kleine Tanker baute. Es war eine strapaziöse Reise. Infolge schwerer Schneefälle nördlich und südlich der Alpen waren die Straßen voller Schneematsch und gefährlich vereist.

Manzini kam zur Sache. „Sie bleiben ein paar Tage auf meinem Anwesen in Bologna, Matucci. Dann sollten Sie sich in meiner Mailänder Wohnung einnisten. Sie brauchen ein Bankkonto, eine Kreditkarte und eine Scheintätigkeit in meinen Diensten."

„Ich brauche auch ein Verzeichnis sicherer Unterkünfte und drei Ausstattungen mit falschen Papieren. Die besten Fälschungen."

„Ich kenne den besten Fälscher auf diesem Gebiet."

„Ja. Carlo Metaponte, der Ihnen den Salamander gemalt hat. Er ist bei uns registriert. Er ist zu gebrauchen, wenn Sie ihn unter Kontrolle halten können."

„Das kann ich. Matucci, wollen Sie versuchen, mir gegenüber großmütig zu sein? Ihr Vater war ein Sozialist vom alten Schlag, der nach Lipari verbannt wurde. Meiner war ein alter Aristokrat, der die Armen ausgebeutet hat. Aber als Sie dreizehn Jahre alt waren, habe ich in einer Scheune Brandsätze fabriziert. Als Sie vierzehn waren, hat mich die Gestapo in einer Zelle in Mailand an den Daumen aufgehängt. Wofür ich damals gekämpft habe, das versuchen Sie heute zu bewahren – eine gewisse Freiheit, so unsicher und unvollkommen sie auch sei. Ich kann nicht riskieren, was Sie riskieren, weil mir nur noch ein Zipfelchen von meinem Leben bleibt. Aber ich genieße jede Sekunde. Das soll – wie kann ich es ausdrücken? – eine Bitte sein, daß wir diesen Kampf genießen. Daß wir, wenn es sein muß, untergehen oder, wenn wir können, überleben – aber beides aus vollem Halse singend. Können Sie das verstehen?"

„Ja. Ich verstehe das. Und ich bin dankbar, Cavaliere."

„Bitte! Ich bin von jetzt an Bruno. Und Sie sind Dante. *Bene?*"

„*Bene, grazie!*"

„Und ich möchte, daß Sie sich einen gewissen Stil zulegen, Dante *mio*. Neue Uniformen. Auch neue Anzüge, nach der besten Mode. Seien Sie nicht knauserig mit Geld; teilen Sie's aus wie Soße über die Spaghetti. Gut so! Jetzt habe ich Sie zum erstenmal lachen hören wie einen glücklichen Menschen!"

Aber er mußte immer noch den Hexenmeister spielen. Heute abend würden wir nicht in Mestre bleiben, sagte er, sondern nach Venedig übersetzen und im Gritti-Palast wohnen – und dort würde der Direktor mit uns zu Abend essen. Nachdem er soviel Charme an mich verschwendet hatte, mußte ich mir diesen Streich jetzt mit Anstand gefallen lassen.

„Irgendwann müssen Sie ihm begegnen. Besser mit mir als allein. Besser auch in seiner eigenen Stadt, wo er sich noch am meisten als Prinz fühlt. Sie werden höflich und reserviert sein, aber nicht unempfänglich für seine Großmut. Er wird Sie zu reizen versuchen, aber Sie werden sich wehren. Er wird Sie nach Lili Anders fragen. Sie werden sie mit einem Achselzucken abtun – ein reifer Pfirsich, den Sie gekostet und weggeworfen haben. Wenn Sie gehen wollen, sagen Sie, Sie seien mit einer Frau in Harrys Bar verabredet. Das sind Sie tatsächlich. Fragen Sie den Barkellner nach Gisela Pestalozzi. Sie wird in Ihrem Verzeichnis sicherer Adressen stehen. Sagen Sie, daß der Salamander Sie geschickt hat. Klar?"

„Alles klar. Nur nicht, wie Sie das alles machen."

„Es ist ein Spiel, Dante. Eines von den wenigen, auf die ich mich noch recht gut verstehe."

Domenico fuhr uns bei Anbruch der Dunkelheit nach Venedig. Er parkte den Wagen, und wir nahmen eine Gondel zum Gritti, wo man uns wie mittelalterliche Kardinäle empfing und in zwei nebeneinanderliegenden Suiten unterbrachte.

Beim Essen begrüßte mich der Direktor wie einen verlorenen Sohn. „Mein lieber Matucci! Wie mich das freut! Ekliges Wetter, nicht wahr?"

Ich gab ihm recht; aber Venedig sei nun mal Venedig.

Manzini erkundigte sich, ob er in das kleine Projekt investiert habe, das er ihm empfohlen habe, und schnaubte verächtlich, als der Direktor antwortete, er habe statt dessen einen Picasso gekauft. „Sie hätten warten sollen, bis die Pantaleone-Sammlung auf den Markt kommt", meinte er.

„Wenn Sie sich für Malerei interessieren, Matucci", sagte der Direktor, „hören Sie auf meinen Rat. Sammeln Sie junge Maler.

Wenn Sie einen Blick dafür haben, erwischen Sie auf jeden Fall unter zehn einen, der sich lohnt, und haben immer noch ein gutes Geschäft gemacht. Meinen Sie nicht auch, Bruno?"

„Ich möchte, daß er sich in erster Linie für meine Geschäfte interessiert. Das ist für ihn der schnellste Weg, selbst zu etwas zu kommen. Er hat schon gescheite Vorschläge gemacht. Wenn er sie auch in die Tat umsetzen kann, bin ich bereit, sehr viel für ihn zu bieten."

„Vorausgesetzt, mein lieber Bruno, der SID ist bereit, auf seine wertvollen Talente zu verzichten. Aber es freut mich, daß er diese Chance bekommt. Ich schulde Ihnen Dank, Matucci. Sie haben sich in einer schwierigen Situation gut verhalten. Übrigens haben wir in der Zentrale ein paar Umbesetzungen vorgenommen, seit Sie fort sind."

„So?"

„Gonzaga übernimmt den Nahen Osten. Stefanelli von der Kriminaltechnik haben wir pensioniert. Er wurde zu alt und verschroben ... Ah, die Speisekarte! ... Was empfehlen Sie, Bruno?"

„Mein lieber Freund, ich empfehle niemals Speisen, Pferde oder Frauen. Übrigens, haben Sie Pantaleones Testament gefunden?"

„Nein. Da fällt mir ein, Matucci, wir haben mit diesem Bandinelli, dem Anwalt, Glück gehabt. Seine Frau hatte anscheinend eine Affäre mit einem Sänger. Sie hat nur allzugern einem stillen Begräbnis zugestimmt."

„Ich fürchte, ich habe in dieser Geschichte keine gute Figur gemacht, Herr Direktor."

„Sie standen unter großer Belastung. Wollen wir bestellen?"

Ich war froh über die Pause und die belanglosen Gespräche beim Essen. Wie gut diese beiden doch zueinander paßten! Der Direktor, der so in der Vergangenheit verwurzelt war, daß man nur sein Kostüm hätte wechseln müssen, um ihn wieder in den Rat der Zehn zu versetzen – die Herren des mittelalterlichen Venedig; und Manzini, der Technokrat, der in Vergangenheit, Gegenwart und Zukunft zugleich zu stehen schien. Ich begnügte mich mit Zuhören. Auf einmal, ohne Vorwarnung, richtete der Direktor eine Frage an mich. „Matucci, was ist eigentlich aus dieser Anders geworden?"

„Ich habe Ihren Rat befolgt, Herr Direktor."

„Wo steckt sie jetzt?"

„Sie hat davon gesprochen, für eine Weile nach Klosters zu ziehen. Und ich glaube, sie hat Heiratspläne."

„Auch schon Kandidaten?"

„Mich jedenfalls nicht, das kann ich Ihnen versichern. Wenn die Herren mich übrigens entschuldigen wollten, mir fällt da gerade ein, daß ich mit einer anderen Dame verabredet bin."

„Bevor Sie gehen, Matucci ... was Ihre Doppelbeschäftigung angeht. Ich bin meinem Freund Bruno gern gefällig. Aber Sie werden das gegenüber Ihren Kollegen vom SID für sich behalten, ja? Sie verstehen?"

„Vollkommen, Herr Direktor. Vielen Dank. Gute Nacht, meine Herren."

„Es ist eine häßliche Nacht", sagte Manzini. „Fallen Sie nicht in den Kanal."

Ich nahm die Warnung ernst. Ich ging nach oben in mein Zimmer, zog einen Regenmantel über und steckte mir eine Pistole in die Tasche. Ich hielt mich noch einen Augenblick in der Halle auf, um Briefmarken zu kaufen, dann trat ich in die Gasse hinaus. Die Gasse öffnet sich auf eine Piazza. Wenn man zu Harrys Bar will, wendet man sich nach rechts, über eine Brücke und in die Calle Larga 22 Marzo, die einen unmittelbar an die Fassade der Kirche San Moisè führt. Das ist selbst bei Tag ein einsamer Weg. An diesem Abend, bei Nebel und geschlossenen Fensterläden, kam man sich vor wie in einer Totenstadt.

Als ich stehenblieb, hörte ich links von mir Stimmen flüstern; wahrscheinlich Bootsleute. Ich ging weiter, immer dicht an der Wand entlang, um in der Richtung zu bleiben, und lauschte nach Schritten. Nichts als das Plätschern des Kanals und heulende Nebelhörner. Als ich von der Piazza abbog, glaubte ich das leise Schlapp-schlapp von Gummisohlen auf Kopfsteinpflaster zu hören, aber das Geräusch war so schwach, daß ich mir nicht sicher war. Jedenfalls ging ich schneller auf die Brücke zu. Dann hörte ich hinter mir einen langen, hohen Pfiff. Ich drückte mich platt an die Wand, zog die Pistole heraus und entsicherte sie. Hinter mir war ein Mann. Vor mir, wo der Kanal die Gasse kreuzte, würden zwei sein. Bevor ich die Brücke erreichte, würden sie die Falle schließen und mich darin umbringen.

Während ich mich langsam an der Wand weiterschob, tastete ich nach einem Toreingang. Ich hörte jemanden eilig ein paar Schritte laufen. Bei der Brücke sah ich eine schwache Bewegung, die ein Mann sein konnte, aber ebensogut eine Nebelschwade. Dann glitten meine Finger von der Mauer ab und faßten ins Leere. Es war ein offener

Durchgang zu einem Hof. Gott sei Dank! Jetzt mußten sie zu mir kommen. Ich ließ mich auf ein Knie hinunter und sah vorsichtig hinaus. Es dauerte etwa zehn Sekunden, bis sie sich in Bewegung setzten. Zwei drückten sich auf meiner Seite dicht an der Wand entlang, der dritte näherte sich auf der gegenüberliegenden Seite der Gasse. Den mußte ich mir zuerst vorknöpfen. Zum Glück lief er jetzt ein paar Schritte, die ihn in Schußweite brachten, aber ich konnte ihn nicht deutlich sehen. Ich mußte schätzen, daß er sich zwischen einem vergitterten Fenster und dem dunkleren Schatten eines Toreingangs befand. Ich schoß. Er schoß nicht zurück. Er drehte sich um und lief davon. Die andern liefen auch. Ich feuerte noch zweimal ziellos in den Nebel hinein. Inzwischen gingen schon Fensterläden auf, weshalb ich mich beeilte, mich in Harrys Bar in Sicherheit zu bringen.

In der Bar war zum Glück viel Betrieb. Mein atemloses Eintreten fiel niemandem auf. Ich bestellte mir einen großen Drink, ging damit in die Telephonzelle und rief Manzini im Gritti an. „Vielen Dank für die Warnung“, sagte ich. „Beinahe wäre ich in den Kanal gefallen.“

„Was ist passiert?“

„Eine gut gestellte Falle. Drei Mann. Ich habe geschossen. Sie sind entkommen.“

„Wo sind Sie jetzt?“

„Wohin Sie mich geschickt haben. Die Dame habe ich noch nicht getroffen.“

„Kommen Sie auf mein Zimmer, wenn Sie zurück sind.“

„Was macht unser gemeinsamer Freund?“

„Selbstgefällig wie eine Katze. Ich glaube, ich werde ihm mal etwas einheizen.“

Als ich den Barkellner nach Gisela Pestalozzi fragte, grinste er. „Die ist teuer, aber sie hat die besten Mädchen in der Stadt.“

„Wie erkenne ich sie?“

„Sie sitzt immer drüben in der Ecke. Groß, rothaarig, Mitte Vierzig. Trägt ’ne Menge Geklimper; große Ohrringe. Nicht zu übersehen.“

Ich trug mein Glas in Giselas Ecke und trank langsam. Nach ein paar Minuten kam sie herein, nach allen Seiten grüßend und Parfüm verbreitend, und setzte sich neben mich. Sie hatte so viele Ketten um den Hals, daß man damit die *Galileo* hätte vor Anker legen können. Ihr Haar war tizianrot, ihre Lippen wie Geranien, und ihre Stimme hörte sich an wie ein Betonmischer. Sie ignorierte mich eine volle halbe Minute, dann tönte sie: „Das ist mein Platz, junger Mann. Sie sind wohl neu hier."

„Und Sie müssen Gisela sein. Der Salamander schickt mich."

„Oh!" Sie fiel zusammen wie ein großer Ballon. „Was brauchen Sie?"

„Einen Unterschlupf."

„Für wie lange?"

„Weiß ich noch nicht. Wochen, Monate."

„Mit oder ohne?"

„Mit oder ohne was?"

„Frau natürlich, was sonst?"

„Ohne."

„Zwei Zimmer, Küche, Bad. Voll möbliert, Licht, Heizung und Telephon. Nähe Markusplatz. Zweihunderttausend Lire im Monat. Recht so?"

„Das ist aber ein gesalzener Preis!"

„Dafür ist die Wohnung sicher. Privateingang. Kein Pförtner und zwei Nebenausgänge."

„Woher bekomme ich den Schlüssel?"

„Von mir. Eine Monatsmiete im voraus und eine als Kaution."

„Ich werd's mir überlegen. Wo finde ich Sie?"

„Der Salamander hat meine Nummer. Jetzt mach mal Platz, Süßer! Arbeitszeit."

„*Ciao,* Gisela. Wir sehen uns noch."

Und das war's – sinnlos und unwirklich wie alles, was mit mir geschah. Ich ließ mein Glas auf dem Tisch stehen und zahlte einem schläfrigen Gondoliere tausend Lire, damit er mich zweihundert Meter den Kanal hinunterfuhr. Vom Gritti aus rief ich Stefanelli an. „Steffi, hier ist Matucci." Nach zehn Sekunden war mir klar, daß mein Anruf unwillkommen war.

„Ich erinnere mich an den Namen. Bitte?"

„Ich bin in Venedig, Steffi."

„Wie schön für Sie und für Venedig."

„Steffi, hören Sie auf herumzualbern. Es ist ernst. Hören Sie bitte zu!"

„Nein, Sie werden mir zuhören! Sie haben sich verkauft, kleiner Bruder! Sie haben einen langen Urlaub genommen, und jetzt stehen Sie im Sold der Privatindustrie."

„Wo haben Sie denn das alles her?"

„Von Meister Großkotz persönlich an dem Tag, als er mich in Pension geschickt hat. Ich zitiere: ‚Machen Sie's doch wie Ihr Kollege Matucci, richten Sie Ihre Talente auf ein ziviles Betätigungsfeld! Ich möchte behaupten, daß Matucci einmal als sehr reicher Mann enden wird.' Wollen Sie mehr hören?"

„Nein, danke. Aber tun Sie mir den Gefallen, Steffi. Gehen Sie zu Raquela Rabin und fragen Sie, worüber wir gesprochen haben, als ich bei ihr war. Wenn ich Sie dann wieder anrufe, dürfen Sie mir alle Schimpfnamen an den Kopf werfen, die Ihnen einfallen – wenn Sie wollen. Gute Nacht, Steffi."

Danach ging ich nach oben in Manzinis Suite. Ich war überrascht, den Direktor noch bei ihm anzutreffen. Die Atmosphäre war gespannt. Manzini ging gleich aufs Ziel los. „Was ist passiert, Matucci?"

Ich erklärte, daß jemand mich zur Schießscheibe hatte machen wollen und ich darüber gar nicht erfreut war. Manzini unterbrach mich. „Ich habe Ihrem Direktor von dem Vorfall im Jagdhaus erzählt. Und von unserm Verdacht, daß beide Anschläge von offizieller Seite angeregt wurden."

„Und ich bin über diesen Verdacht schockiert." So sah der Direktor auch aus. Unter seiner sarkastischen Maske entdeckte ich einen Anflug echter Beunruhigung.

„Es müssen Sie oder Leporello gewesen sein", sagte ich. „Sie wußten beide, wo ich war. Und da Sie beide dieses Geschäft verstehen, ist das doch nicht unlogisch, oder?"

„Von meinem Standpunkt, Matucci, ist das Wahnsinn. Ich habe ein berechtigtes Interesse daran, daß Sie am Leben bleiben."

„Ich arbeite nicht mit Idioten zusammen", sagte Manzini nüchtern. „Bringen Sie diesen Emporkömmling Leporello zur Vernunft."

„Bitte, Bruno", sagte der Direktor sanft. „Kein Beleidigtspielen. Ich mache das schon." Er stand auf. „Schlafen Sie wohl, Matucci."

Als er fort war, musterte Manzini mich mit ironischer Belustigung. „Nun, mein Dante, was halten Sie davon?"

„Ich glaube, er sagt die Wahrheit."

„Ich weiß, daß er die Wahrheit sagt. Er macht sich Sorgen. Wenn er Leporello jetzt nicht an der Kandare halten kann, hinterher wird er's nie mehr können. Alles zu unserem Nutzen, Dante! Wenn Diebe sich streiten, füllen die Taschen der Gottgefälligen sich mit Gold." Und er saß da und lachte in sich hinein wie eine Spinne, die sich eben eine dicke Fliege hat schmecken lassen.

Es WAREN Löwen am Tor, die ein unleserliches Wappen hielten. Das Tor selbst war aus schwarzem Schmiedeeisen und doppelt mannshoch. Ein Kiesweg wand sich durch eine Zypressenallee und endete in einer Anlage herrlicher Blumenbeete, hinter der eine Treppe aus weißem Marmor zu einem kleinen Juwel von einer Villa hinaufführte, die selbst im unablässig rauschenden Regen licht und schön war.

Es war Pedognana, der Landsitz des Cavaliere di Gran Croce Bruno Manzini, und er führte ihn mir voll Stolz vor.

„Zu Hause, Dante *mio!* Der einzige Ort, an dem ich wirklich ich selbst bin. Meine Mutter hat das Anwesen in guten Zeiten gekauft und in schlechten wieder verkauft. Nachdem ich mein erstes großes Geld verdient hatte, habe ich es zurückgekauft. Das beschädigte Wappen über dem Tor ist die Erfindung meiner Mutter. Den Salamander habe ich in der Partisanenzeit daraus entfernt, weil das hier mein Hauptquartier war, bis die Deutschen mich verhafteten. Kommen Sie herein."

Im Säulengang war unter einem prächtigen Gewölbe der ganze Haushalt angetreten, um den Herrn zu begrüßen. Manzini nannte sie alle beim Namen, und ich mußte jeden Gruß wiederholen. Bevor die Zeremonie beendet war, fühlte ich mich ins neunzehnte Jahrhundert zurückversetzt.

Die Haushälterin führte mich diensteifrig nach oben in ein Zimmer, dessen Pracht mich überwältigte – ein loderndes Feuer, ein Bücherschrank voller alter Lederbände. Mit einemmal war das alles zuviel für mich, und ich fragte mich völlig vernunftwidrig, ob das wohl eine Taktik von Manzini war – mich mit Grandeur zu blenden, um mich wie einen Leibeigenen in seine Dienste zu binden. Oder war es noch ein Versuch von ihm, mich auf die Probe zu stellen?

Später am Abend saßen wir über Karten und Dokumenten und entwarfen unseren ersten Schlachtplan. Und ich bewunderte wieder die Präzision und Unbarmherzigkeit so eines alten Herrn.

„Nennen Sie das Ziel des Unternehmens, Oberst."

„Generalmajor Leporello der Anstiftung zum Mord an dem Anwalt Bandinelli und dem Agenten Calvi zu überführen. Ferner den Direktor durch Aufdecken seiner Beteiligung an der Konspiration zu diskreditieren."

„Und womit fangen wir an?"

„Mit drei Fakten: Leporello kannte den Aufbewahrungsort der Pantaleone-Papiere und meine Absicht, sie durch Calvi bewachen zu lassen; sein Adjutant, Hauptmann Roditi, erschien auf Ponza mit dem Befehl, die anderen Dokumente sicherzustellen; später hat der Direktor zusammen mit Leporello den Plan gefaßt, eine Militärregierung einzusetzen."

„Wo setzen Sie auf Grund dieser Fakten zuerst an?"

„Am schwächsten Punkt. Hauptmann Roditi."

„Dann?"

„Leporello. Wir können mit Leichtigkeit ein Dossier gegen ihn anlegen, aber das erfordert Zeit. Welchen Eindruck haben Sie selbst von ihm?"

„Kalt, ehrgeizig und nicht nur ein bißchen paranoid. Aber stellen Sie ihn auf jenen Balkon auf der Piazza Venezia, und viele Leute werden vor ihm auf die Knie fallen. Nehmen Sie ihn einmal in gesellschaftlicher Hinsicht unter die Lupe. Er ist in Mailand zu Hause, weshalb wir Sie am besten so schnell wie möglich dort in die Wohnung ziehen lassen. Und somit erhebt sich eine andere Frage, Dante *mio*. Frauen!"

„Wie bitte?"

„Ich schlage vor, Sie begeben sich auf den Heiratsmarkt."

„Sie scherzen!"

„Ganz und gar nicht. Sie sind ein guter Kandidat für die Gästeliste einer jeden Frau. Nutzen Sie das aus. Nun zu Ihrer Tarnung. Sie sind mein persönlicher Berater in allen Fragen von Wirtschaftsspionage. Sie haben freien Zugang zu allen Betrieben und Büros. Sie bekommen eine Kreditkarte der Firma und einen Geschäftswagen. Wenn ich außer Landes bin, berichten Sie mir in einem Kode, den ich Ihnen noch geben werde. Mein Sekretär wird Sie über meinen jeweiligen Aufenthaltsort auf dem laufenden halten. Mein Bankier kommt morgen früh um zehn, um Ihnen ein Konto zu eröffnen und ein Guthaben darauf bereitzustellen, für das ich geradestehe. So, was haben wir sonst noch auf der Liste?"

„Personal."

„Engagieren Sie, wen Sie wollen, aber fragen Sie mich, bevor Sie einen von meinen Leuten nehmen. Weiter?"

„Sie haben hier ‚Kirche' notiert."

„Ach ja, das ist eine Sache für sich, Matucci. Mutter Kirche steckt bis zum Hals in der Politik Italiens drin. Sie ist eine sehr alte und sehr raffinierte Dame mit Freunden auf der linken wie auf der rechten Seite und in der Mitte obendrein. Manchmal kann man sie nur schwer unterscheiden. Wenn Sie einmal irgendwo auf eine Soutane treten, treten Sie vorsichtig auf, bis Sie wissen, wer drinsteckt. Übrigens, sind Sie religiös?"

„Ich bin getauft, zur Kommunion gegangen und gefirmt worden. Warum?"

„Es ist gut, zu wissen, wie einer übers Sterben denkt –"

„Ich denke so wenig wie möglich daran. Ich finde, das hilft."

„In meinem Alter ist das anders. Ich habe eine Dissonanz gelebt, aber jetzt glaube ich eine Harmonie zu hören. Am deutlichsten höre ich sie in den alten Worten und den alten Gnadensymbolen. Mag sein, daß es eine Illusion ist, aber ich möchte lieber mit ihr als ohne sie sterben ... Ich muß Sie wirklich mal zu einem guten Schneider bringen! Diesen Anzug hat ein Schweinemetzger zugeschnitten."

Am Morgen kam der Bankier; am Nachmittag kam ein Schneider, der mir mehr Anzüge anmaß, als mein Vater in seinem ganzen Leben getragen hat. Am Abend rief ich Steffi an.

„Also gut, ich entschuldige mich", sagte er.

„Keine Ursache. Wie wär's, wenn Sie für mich arbeiteten? Gutes Gehalt, Spesen, ein bißchen Herumreisen."

„Da muß ich erst meine Frau fragen."

„Die kann's doch nicht erwarten, Sie aus dem Haus zu haben."

„Na, wenn das kein wahres Wort ist, kleiner Bruder! Wie bald?"

„In einer Woche. Höchstens in zehn Tagen."

„Wieviel?"

„Gleiches Gehalt wie im SID."

„Sie haben mich gekauft."

„Gut. Noch etwas. Habe ich noch Freunde dort?"

„Ein paar schon noch. Brauchen Sie was?"

„Ja. Alles erreichbare Material über Matteo Roditi, Hauptmann der Carabinieri, Adjutant General Leporellos."

„Das dürfte nicht schwer sein."

„Danke, Steffi. Auf bald, ja?"

„Schalom."

Danach war mir wohler, und ich tippte eine kurze Mitteilung an Lili, die sich in einem kleinen Hotel im Berner Oberland aufhielt. Die Mitteilung würde von einem Kurier über die Grenze gebracht und in der Schweiz aufgegeben. Es gibt keine offizielle Postzensur in Italien, aber es werden Briefe geöffnet. Viel konnte ich Lili nicht mitteilen, weil sie vielleicht noch überwacht wurde und vielleicht jemand ihre Sachen durchwühlte. Und man kann nicht besonders leidenschaftlich schreiben, wenn man den Brief mit Onkel Pavel unterschreibt. Aber jedenfalls würde sie wissen, daß ich wohlauf war, und sie konnte mir über Manzinis Privatadresse in Chiasso antworten.

Die nächste Woche arbeitete ich wie ein Galeerensklave an Aufzeichnungen und Gedächtnisprotokollen und hatte täglich eine Besprechung mit Manzini. Er war ein rauhbeiniger alter Pirat, aber ich fing an, ihn gern zu haben. Er besaß soviel Talent, soviel Schwung, daß ich mir neben ihm vorkam wie ein Bauerntölpel. Kein Detail war seiner Aufmerksamkeit zu gering: die Namen, die ich in meinen falschen Papieren benutzen sollte, die Einrichtung der Mailänder Wohnung, die Klubs, in denen er mich vorstellen könnte, ob ich Tennis spielen oder ein paar Lektionen Golf nehmen sollte, sogar an die Marke meines Wagens hatte er gedacht. Er unterwies mich in der Arbeitsweise der Aktienbörse, in der Geschichte der großen Familien und den Karrieren moderner Abenteurer. Er machte mir klar, wo das Geld steckte – amerikanisches, deutsches, schweizerisches – und wie der Ölkrieg geführt wurde. „Denken Sie immer im geschichtlichen Rahmen, Dante", sagte er dann wieder und wieder.

Dann konnte er abrupt das Thema wechseln und mich auf seinem Anwesen herumführen, wobei er über seine Jugend und seinen Vater plauderte. „Er hat von der Politik gern profitiert, sich aber nie daran beteiligen wollen und sich damit begnügt, öffentliche Loyalität zur Krone zu bekunden und privat die widerstreitenden Parteien im alleinigen Interesse Pantaleones zu manipulieren . . . Ich sehe Sie lächeln, mein Freund. Sie haben recht. Ich bin ihm sehr ähnlich. Er war auch ein guter Geschäftsmann. Meine Mutter hat ihm ein Vermächtnis für mich abgekämpft, das der Grundstein zu dem war, was ich heute besitze. Haben Sie keinen eigenen Grundbesitz, Dante?"

„Nein."

„Kaufen Sie sich ein Fleckchen, und sei es noch so klein. Pflügen und bestellen und lieben Sie es. Jeder Mensch braucht ein Stück Erde, das er sein eigen nennen kann."

„Vielleicht, wenn das hier vorbei ist . . ."

Das Ende des Gedankens blieb unausgesprochen, aber wir verstanden beide das große *Vielleicht.* Wenn die Sache schiefging, hatte ich alle Erde, die ich brauchte: zwei Meter lang, anderthalb Meter tief – ein Grab auf dem Friedhof.

Die Mailänder Wohnung lag auf dem Dach eines von Manzini gebauten neuen Wohnblocks. Die Terrasse auf den drei Außenseiten war mit Büschen bepflanzt. Den einzigen Zugang bildete ein privater Aufzug, dessen Eingang und Inneres über eine Fernsehanlage von der Wohnung aus überwacht werden konnten. Die Diener hatten den einen Schlüssel zu diesem Aufzug, ich den anderen. Die Türen der Wohnung waren mit Doppelschlössern und Sicherheitsketten versehen, die Fenster mit stählernen Läden. Zwei voneinander unabhängige Alarmanlagen waren jeweils übers Telephon mit der Zentrale des Überfallkommandos verbunden.

Alles hier war neu und für einen reichen, kontaktfreudigen Junggesellen gedacht: tiefe Ledersessel, eine wohlbestückte Bar, Stereoanlage und Fernsehen, alte und neue Bücher. Ferner waren da eine Schreibmaschine, Kopierapparat, Tonbandgerät, Schreibpapier mit meinem Namen und Visitenkarten. Hinter Bücherregalen versteckt, war ein Safe mit elektronischem Schloß und Alarmanlage. Das Telephonverzeichnis auf meinem Schreibtisch enthielt nicht nur Geschäftsleute, Ärzte und Zahnärzte, sondern auch alle Nummern innerhalb Manzinis Organisation, die ich vielleicht brauchen würde. Er übergab mir das alles mit zufriedenem Lächeln. „So, mein lieber Dante. Jetzt haben Sie nichts mehr zu tun, als zu arbeiten und sich auf nutzbringende Art zu zerstreuen. Lassen Sie mich Ihnen nun die Diener vorstellen."

Es waren zwei. Zwillingsbrüder aus Sardinien mit Namen Pietro und Paolo. Sie hatten wegen Straßenraubes im Gefängnis gesessen. Manzini hatte sie für eine Saison auf seiner Jacht angeheuert und dann fest angestellt. Sie waren unbedingt loyal und diskret.

Wir tranken auf unser Vorhaben und weihten das Haus mit einem Glas Champagner ein. Dann tat Manzini etwas Rührendes. Er legte mir die Hände auf die Schultern und umarmte mich, seine Wange an meiner, als ob wir Brüder wären. Dann nahm er von seinem Hals eine dünne Goldkette und streifte sie mir über den Kopf. „Das ist der heilige Christophorus, den ich den ganzen Krieg über getragen habe. Du brauchst nicht daran zu glauben, aber trag ihn mir zuliebe, ja?" Augenblicke später ging er, wieder die Ironie selbst, zur Tür. „Viel Glück!"

Der Kampfgeist des Alten verlieh mir den Willen, mich unverzüglich in die Arbeit zu stürzen. Ich rief Steffi an, er solle auf dem schnellsten Wege nach Mailand kommen. Er sagte, er habe die Personalakte von Hauptmann Matteo Roditi an Land gezogen, aber da sei nichts drin. Ich mußte also selbst zu graben anfangen.

Es gibt in Mailand einen Klub mit Namen Duca di Gallodoro, in den ich immer ging, wenn ich in die Stadt kam. Er war eines der wenigen Lokale, wo das Essen einigermaßen gut und die Getränke ehrlich waren, und er lag so nah beim Hauptquartier, daß die Carabinieri-Offiziere hin und wieder auf ein Gläschen hereinschneiten. Es war etwa halb elf, als ich ankam. Ich setzte mich in meine Lieblingsecke und unterhielt mich mit Gianni, dem Barkellner, der so liebenswürdig war, meinen neuen Anzug zu bemerken, und mir ein Kompliment machen zu müssen glaubte.

„Ei wie schön! Englischer Stoff, Lammwolle. Und der Schnitt – tadellos! Was hat das zu bedeuten, Herr Oberst – Erbschaft oder reiche Witwe?"

„Die Ersparnisse meines Lebens, Gianni. Ich bin auf Urlaub. Da habe ich gedacht, ich bin mir ein Geschenk schuldig. Was tut sich in der Stadt?"

„Immer dasselbe, nur noch mehr. Streiks, Studentendemonstrationen, Polizei an allen Straßenecken. Die Leute haben Angst. Sie knöpfen ihre Taschen zu und bleiben zu Hause. Immer diese Gewalt! Vielleicht brauchen wir mal wieder einen Duce, der für Ordnung sorgt."

„Vielleicht."

„Aber dieser neue Kerl macht ja ganz schönen Wirbel. Wie heißt er noch? Lepo-Dingsbums. Ach ja – Leporello. Ich höre, wenn Ihre Leute über ihn reden. Sie sagen, ihm ist es egal, wie viele Schädel in die Brüche gehen, solange wir Ruhe in der Stadt haben. Es heißt, er bildet neue Straßenkampfeinheiten aus. Sie müssen ihn wohl kennen. Ein großer Mann. Die Leute nennen ihn das Eisengebiß."

„Hübscher Name. Kennen Sie einen von seinen Leuten?"

„Aber ja. Manche kommen hierher. Aber nie in der Dienstzeit. Dem hat er einen Riegel vorgeschoben. Hallo, ist das nicht ein Freund von Ihnen?"

Er kam an die Bar geschlurft, fast zwei Meter groß und zweieinhalb Zentner schwer: Giorgione, der Große Georg, Major Marinello. Als er mich sah, hellten seine traurigen Spanielaugen sich ein wenig auf. „Matucci! Wie schön, Sie zu sehen. Was machen Sie denn hier in der Stadt?"

„Ich habe Urlaub. Kommen Sie, ich lade Sie zu einem Gläschen ein."

„Danke, ich kann's brauchen. Das Eisengebiß schnappt nach meinen Fersen."

„Hier verändert sich einiges, was?"

„Verändert? Ich sage Ihnen, Matucci, dieser Leporello ist ein hundertprozentiger Drecksack. Köpfe holt er sich herein, sagt er, Computerfachleute, Statistiker, sogar Psychiater! Aber das ist nicht alles. Er baut sich eine Privatarmee von Muskelmännern auf. Irgendwas Komisches ist da im Gange. Möchte wissen, was. Haben Sie schon mal diesen Roditi hier herumrennen sehen?"

„Ich bin ihm einmal begegnet, kenne ihn aber nicht."

„Also, der Kerl ist mir unheimlich. Großes Getue, große Geheimniskrämerei. Keine Freunde, außer in dem neuen Haufen. Ich würde ihm nicht über den Weg trauen."

„Kommt er manchmal hierher?"

„Nicht doch! Hier ist Mädchenrevier. Da ist nichts drin für unsern Roditi."

„Ein *finocchio,* was? Ist Leporello auch so einer?"

„Würde ich nicht sagen. Er ist verheiratet, zwei Kinder. Ißt mit dem Kardinalbischof zu Mittag. Sehr respektierlich. Aber sagen Sie mal, wieso interessiert Sie das denn so?" Er stellte sein Glas hin und drehte sich zu mir her, um mir ins Gesicht zu sehen. „Los, Matucci, sagen Sie schon!"

„Hätten Sie Lust auf einen Spaziergang, Giorgione? Kommen Sie mit zu mir; es ist nicht weit. Da ist es ruhig, und der Kognak kostet nichts."

„Na schön. Aber loskaufen können Sie sich damit nicht. Ich möchte –"

„Mund halten, sonst lasse ich Sie hier die Rechnung zahlen."

Der Spaziergang gab mir Zeit zum Nachdenken. Trotz Körperumfang und unbeholfenem Getue war Giorgione schlau wie ein Dachs. Er war eine der Hauptsäulen in der Abteilung für Betrugs- und Korruptionsfälle. Wenn ich seine Hilfe haben wollte, mußte ich ihm von der Wahrheit immerhin so viel erzählen, daß er zufrieden war und den Mund hielt. Dabei half die Wohnung. Hier roch er Geld und Macht, und er hatte einen gesunden Respekt vor beidem. Sowie ich Giorgione also entspannt und aufnahmebereit sah, erzählte ich ihm die Geschichte.

„Zunächst, Giorgione, offiziell bin ich auf Urlaub. Vier Monate. Ich arbeite für ein großes Unternehmen als Sicherheitsberater. Die Wohnung hier gehört dazu. Alles andere ist inoffiziell."

„Hören Sie, Matucci, ich wollte nicht –"

„Das weiß ich. Aber Sie können mir vielleicht helfen. Ich bin immer noch aktiv im SID. Das hier ist alles nur Tarnung für einen Auftrag, der streng geheim und äußerst gefährlich ist. Ich bin auch gebeten worden, mir Roditi anzusehen, wenn ich schon hier bin, aber ohne General Leporello vor den Kopf zu stoßen. Wenn Roditi nämlich ein Homo ist, wollen wir ihn nicht auf so einem heiklen Posten haben. Wenn er einen zersetzenden Einfluß ausübt, ist das ein weiterer Grund, ihn abzuservieren. Ich muß also vorsichtig zu Werke gehen, aber wegen dieser anderen Geschichte kann ich keine Zeit verlieren. Wenn Sie mir helfen können, schön! Wenn nicht, ist es auch kein Beinbruch, solange Sie sich nichts anmerken lassen, aber das ist ja selbstverständlich. Das wär's also, Giorgione ... Alles klar?"

„Alles klar. Was möchten Sie über den Kerl wissen?"

„Einfach alles, Giorgione. In welcher Beziehung steht er zu Leporello, und was hat er – gegebenenfalls – mit den Muskelmännern zu tun? Fällt Ihnen dazu gleich was ein?"

„O ja, so einiges. Roditi ist selbst eine Art Muskelmann. Trainiert jeden Tag eifrig in der Turnhalle – Gewichtheben, Judo, Karate. Dann betreibt er im ganzen Land, das heißt bei den Carabinieri, so etwas wie Rekrutierungsarbeit. Es scheint, die bauen da so etwas wie Rollkommandos auf – richtige Schlägertypen, wie ich höre."

„Wo trainieren die?"

„Das ist eines der ganz großen Geheimnisse. Ich werde mal ein wenig herumhorchen."

„Wo wohnt Roditi?"

„Das weiß ich auch nicht, aber es muß ja irgendwo stehen. Rita soll das mal rauskriegen. Sie erinnern sich an Rita, mit der Sie –"

„Bitte, Giorgione, sagen Sie ihr nicht, daß ich in der Stadt bin! Also, Sie meinen, Roditi ist ein *finocchio*. Beweise?"

„Nicht direkt. Aber keine Freundinnen, der ganze Bodybuildingkram – das zeigt doch in die Richtung, oder?"

„Wie behandelt Leporello ihn?"

„Oh, sehr förmlich, aber wie einen Mann seines Vertrauens. Sie kennen dergleichen: ‚Wenn Sie weitere Informationen brauchen, wird

Hauptmann Roditi Ihnen zur Verfügung stehen... Hauptmann Roditi wird Sie anrufen und eine Konferenz ansetzen...' Ich weiß, daß er bei den Leporellos verkehrt."

„Wo ist das?"

„Auf dem Weg zum Flughafen Linate. Große Villa mit hoher Mauer."

„Beschäftigt Leporello Frauen in seiner Dienststelle?"

„Drei. Aber nichts für Sie dabei, Matucci. Die Sekretärin ist ein Drachen, und die beiden Stenotypistinnen kommen anscheinend direkt aus dem Kloster."

„Was ist mit Leporellos Frau?"

„Hab sie nie gesehen."

„Geht sie mit ihm auf Reisen?"

„Nein. Aber mein Gott, Roditi! Der hat ihn schon auf Reisen begleitet!"

„Das beweist nichts, Giorgione. Wie steht denn die Truppe ganz allgemein zu Leporello?"

„Mit gemischten Gefühlen. Außer denen oben, den Übereifrigen, den Paragraphenreitern – die lieben Leporello. Er ist ja auch sehr gut, wirklich. Vieles, was er gemacht hat, bringt wirkliche Verbesserungen."

„Aber Sie selbst mögen ihn nicht besonders, glaube ich?"

„Ich hasse ihn wie die Pest. Aber das ist nur natürlich. Ich bin zwar gut genug auf meinem Posten, aber keine große Zierde für die Truppe. Und das läßt Leporello mich immerzu spüren. He! Es ist schon spät! Meine Frau bringt mich um! Wie kann ich Ihnen Bescheid geben?"

„Rufen Sie mich hier an. Wenn ich nicht da bin, hinterlassen Sie eine Nachricht beim Personal. Name, Ort und Uhrzeit, dann suche ich Sie auf oder rufe Sie an."

Als er ging, war ich froh und besorgt zugleich. Roditi war unbeliebt und stand in einem zweifelhaften Ruf. Leporello war ein Hundertprozentiger mit unzufriedenen Mitarbeitern. Beim Dreckaufrühren würde ich zahlreiche begeisterte Helfer haben. Aber die Nachricht von den Rollkommandos war beunruhigend. Es war eine neue Gefahr für Privatsphäre und Persönlichkeitsrechte. Das italienische Recht war schon jetzt sehr einseitig zugunsten des Staates und gegen das Individuum angelegt. Ein Mensch konnte unter falscher Beschuldigung praktisch unbefristet festgehalten werden. Unsere Verhörmethoden waren brutal, unser Strafvollzugssystem eine öffentliche Schande. Ich verstand Manzinis angstvolle Überzeugung, daß die dreiundzwanzigste Stunde schon vorbei war und der Minutenzeiger auf Mitternacht ging.

Ich war jetzt voll Unruhe, und da ich auf Taten brannte, blätterte ich in meinem Notizbuch, ob ich nicht noch eine Nachteule fand, die ich anrufen konnte. Ich verfiel auf Patrizia Pompa, eine Dame von einzigartiger Schönheit, die recht gut davon lebte, daß sie reichen Mailändern die Wohnungen einrichtete. Meines Wissens ging sie nie vor drei Uhr morgens ins Bett.

Ich rief sie an. Ihre Stimme klang leicht böse. „Wer ist denn das, zum Kuckuck?"

„Dante Matucci, mein Schatz. Hab ich dich bei etwas gestört?"

„Bei nichts Wichtigem. Was willst du um diese Zeit?"

„Informationen – und ein bißchen Gesellschaft."

„Was für Informationen?"

„Schwulenlokale. Kennst du welche?"

„Ein paar. Warum?"

„Ich suche einen Mann."

„Daß du dort kein Mädchen suchst, kann ich mir denken, mein Süßer."

„Ein unangenehmer Mensch. Ich glaube, er hat einen Freund von mir umgebracht."

„Aha! Dann versuch's mal im Alcibiade. Die haben bis vier Uhr auf."

„Hast du Lust, mitzukommen und mir das Händchen zu halten?"

„Warum nicht? Ich bin in zwanzig Minuten fertig."

Ich holte sie in dem roten Mercedes ab, den Manzini mir zur Verfügung gestellt hatte. Als sie mich in meiner neuen Ausstaffierung sah, kicherte sie. „Das hast du dir doch nicht alles von deinem Gehalt als Oberst leisten können, Matucci. Wer hält dich aus?"

„Schatz, du bringst mich in Verlegenheit."

„Wo du jetzt hingehst, wirst du wohl noch mehr in Verlegenheit geraten."

„Übrigens, wo wir hingehen – hör mal zu, mein Schatz, und merke dir's gut. Ich bin ein alter Freund von dir, dem du die Stadt zeigst. Die Sache ist ernst. Wenn du hinterher irgendwelche Anrufe bekommst, bleib bei dieser Version und mach keinen Unsinn. Das könnte gefährlich sein."

„Bei einem Freund wie dir, Matucci, brauchte ich noch eine Lebensversicherung extra."

Das Alcibiade war pompös und teuer eingerichtet. Es bildete einen Kreis mit einer Bar an der einen Seite einer kleinen, runden Tanzfläche und einer gerundeten Bühne gegenüber. Bei unserm Eintreten wurde die Bühne gerade von drei jungen Burschen in weiten, goldenen Hosen und Schnabelschuhen eingenommen, von denen einer Sitar spielte, ein anderer seelenvoll auf einer Flöte blies und der dritte so etwas wie einen langsamen Tanz vollführte. Die Getränke kosteten ein Vermögen, dafür wurden sie in kristallenen Kelchen und mit Kanapees serviert.

Patrizia schnurrte: „Schatz, ich bin so froh, daß du mich mitgebracht hast. Siehst du deinen Mann?"

„Noch nicht. Warte, bis der Auftritt vorbei ist und das Licht angeht."

Wir warteten eine kleine Ewigkeit. Als dann das Licht anging, war es bei aller Schummrigkeit doch hell genug, mir Hauptmann Roditi zu zeigen, der mit zwei jungen Männern an einem Tisch gleich bei der Tanzfläche saß. Ich flüsterte Patrizia zu: „Ich habe ihn gesehen."

„Was willst du jetzt tun?"

„Mit ihm reden. Allein. Du wirst besser nicht mit mir gesehen. Auch wenn's nicht so aussieht, die Sache ist gefährlich. Bestell dir noch etwas zu trinken und sorg für dich selbst."

Ich drückte ihr ein paar Geldscheine in die Hand und ging dann an Roditis Tisch. Sie bemerkten mich erst, als ich vor ihnen stand. „Hauptmann Roditi, nicht wahr?"

Er erkannte mich zuerst nicht gleich, dann aber sprang er auf. „Oberst Matucci! Verzeihung, ich habe Sie nicht sofort erkannt."

„Kein Beinbruch, Hauptmann, wir sind nicht auf dem Exerzierplatz."

„Was machen Sie in Mailand, Herr Oberst?"

„Ich genieße meinen Urlaub."

„Verzeihung, aber ich habe gehört, Sie wären aus dem aktiven Dienst ausgeschieden."

„Es ist im Gespräch. Aber noch bin ich da. Wollen Sie mich nicht Ihren Freunden vorstellen?"

„Verzeihung, Herr Oberst. Franco Gozzoli, Giuseppe Balbo – Oberst Matucci."

„Sind die Herren auch von den Carabinieri?"

Er war schnell, aber nicht schnell genug, um ihren fragenden Blikken zuvorzukommen. „Nein, Herr Oberst, nein. Die beiden sind geschäftlich hier."

„Um was für Geschäfte handelt sich's?"

„Hm – äh – Architektur."

„Wie interessant! Aber nehmen Sie doch bitte wieder Platz, meine Herren. Sind Sie oft hier, Hauptmann?"

„Ab und zu. Ist mal was anderes. Und Sie, Herr Oberst?"

„Ich bin nur hier hereingeschneit, um etwas zu trinken – auf einem Bummel sozusagen."

„Wirklich?" Er sprang augenblicklich darauf an, und ein Anflug von Verständnisinnigkeit schlich sich in sein Lächeln. „Wie lange werden Sie in der Stadt sein?"

„Ein paar Wochen. Schauen Sie doch mal abends auf ein Gläschen zu mir rein."

„Gern, Herr Oberst."

„Gut. Ich rufe Sie im Hauptquartier an. Bitte, grüßen Sie General Leporello. Sagen Sie ihm, ich hoffe ihn bald einmal besuchen zu können."

„Ich werde es ausrichten, Herr Oberst. Mit Vergnügen."

„Gute Nacht, Roditi. Viel Spaß noch."

Ich sah Patrizia Pompa in eine Unterhaltung vertieft, als ich an der Bar vorbeikam. Sie schnippte zum Abschied mit den Fingern und gab mir zu verstehen, daß es ihr noch zu früh zum Gehen sei.

Es war drei Uhr morgens, als ich in meine Wohnung zurückkam. Ich war hundemüde, schlief aber trotzdem unruhig.

Am Mittag kam Steffi, aufgekratzt wie eine Grille. Er überbrachte mir die Segenswünsche seiner Frau, die, wie er sagte, glücklich war, ihn los zu sein. Er hörte schweigend zu, als ich ihm erklärte, was seit unserm letzten Zusammensein alles mit mir geschehen war. Dann erzählte er mir mit einfachen, klaren Worten seine Version von den Ereignissen in Rom.

„Sehen Sie, ein ganz simpler Vorfall! Als ich heute morgen zum Flugplatz kam, war die Computeranlage ausgefallen. Das Personal der Fluggesellschaften hatte sich verdrückt, und fünftausend Passagiere wußten nicht, ob sie starteten oder landeten. Wir stellen uns nicht in die Reihe wie die Engländer. Wir brüllen und toben einfach um des Tobens willen. Aber es hätte einen Aufstand geben können. Warum? Wegen einer durchgebrannten Sicherung, vielleicht hundert Lire wert. Das ist das Erschreckende daran, Matucci. Keiner gibt der Sicherung die Schuld. Jeder sucht einen Sündenbock, den er für die Flugverspätung in den Hintern treten kann. Jetzt schmieren sie Parolen an die Brücken von Rom: TOD DEN FASCHISTEN und NIEDER MIT DEN MARXISTEN. Und wo ich wohne, heißt es ZIONISTENSCHWEINE ... Ich frage mich, ob Sie wissen, wogegen Sie kämpfen."

„Ich wollte, ich wüßte es nicht, Steffi. Es ist ein gefährliches Vorhaben. Ich möchte Sie nicht zu sehr in meiner Nähe haben. Sie arbeiten vom Europa-Hotel aus. Im Augenblick untersuchen wir einen Mord, es ist also ganz gewöhnliche Detektivarbeit, die ich von Ihnen will. Zuerst Leporello und Roditi. Ich will wissen, was sie zum Frühstück essen und welche Zahnpasta sie benutzen. Wenn Sie hier in der Mailänder Zentrale noch freundlich gesinnte Kollegen haben, benutzen Sie sie; aber seien Sie vorsichtig."

„Ich sollte Ihnen den gleichen Rat geben, kleiner Bruder. Der Direktor hat eigens einen Mann dafür abgestellt, ein Schwarzbuch über Sie zu verfassen."

„Ich schreibe selber eines, Steffi."

„Die große Preisfrage – welches geht zuerst in Druck? Noch etwas. Der Specht hat sein ganzes Netz verraten. Lili Anders hat einen hervorragenden Platz im Drehbuch."

„Die Schweiz liefert nicht wegen politischer Vergehen aus."

„Aber für kriminelle Delikte."

„In ihrer Akte steht nichts Kriminelles."

„Als Sie sie zuletzt in der Hand hatten, nein. Vielleicht aber jetzt."

„Steffi, ich komme mir bald vor wie Hiob."

„Dann danken Sie dem Herrn für Ihre Leiden und beten Sie zu ihm um Barmherzigkeit. Und unterschätzen Sie den Direktor nicht. Er will Sie lebend – aber bis zum Hals im Dreck. Wenn Sie mir was zu trinken geben, erzähle ich Ihnen zur Abwechslung auch etwas Erfreuliches."

„Zuerst das Erfreuliche, alter Geier."

„Erinnern Sie sich an die Briefbombe, die in Lili Anders' Wohnung abgeliefert wurde? Also, die Polizei teilt mit, daß die Fingerabdrücke darauf einem gewissen Marco Vitucci gehören, achtundzwanzig Jahre alt und wegen Diebstahls und Raubüberfalls gesucht. Er benutzt auch den Namen Giuseppe Balbo –"

„Sagen Sie den noch einmal!"

„Giuseppe Balbo."

„Ein Giuseppe Balbo war gestern abend mit Roditi im Alcibiade! Wenn es derselbe ist, was für ein guter Anfang! Steffi, die Suppe fängt an zu kochen!"

„Kann ich jetzt bitte meinen Whisky haben?"

Wir besprachen alles von vorn und hinten. Wir vereinbarten Kodes, Treffpunkte und ein Anrufschema; dann verließ mich Steffi, um seine alten Knochen auszuruhen und eine Strategie für seine Ermittlungen auszuhecken. Und mich ließ er in tiefer Unruhe zurück, trotz der Spur zu Roditi.

Denn wieder einmal war mir eine gefährliche Unaufmerksamkeit passiert, weil ich mich nur auf eine Sache konzentriert und den ganzen Gefahrenkomplex dahinter vergessen hatte. Das Schwarzbuch war eine Infamie sondergleichen. Der Trick bestand darin, daß man sich die Akte eines Menschen vornahm und durch Bearbeitung, Schwerpunktbildung und Interpretation eine kriminelle Karikatur daraus machte. Für „Junggeselle" las man dann: „Nicht an Frauen interessiert", für „spielt gern Karten" steht: „Als Spieler bekannt", um es kurz zu beschreiben. Es ist ein schmutziges Spiel, aber es erfüllt seinen Zweck.

Ich kannte das Spiel, weil ich es selbst schon gespielt hatte, und ich wußte, daß ein Geheimagent wie ich, der sowieso ständig hart am Rande der Legalität arbeitete, ein leichtes Opfer war. Ebenso Lili Anders. Ein Anruf vom Direktor bei seinem Schweizer Gegenstück, und sie war hilflos wie ein Blatt in einem Wintersturm.

Ich hatte gerade Steffis Informationen auf Band übertragen, als das Telephon klingelte. Es meldete sich Generalmajor Leporello, gutgelaunt und voll Herzlichkeit. „Willkommen in Mailand, Oberst. Hauptmann Roditi hat mir Ihre Grüße bestellt. Ich würde mich freuen, Sie zu sehen."

„Ich wollte Ihnen nur kurz meine Aufwartung machen, Herr General", sagte ich. „Ich weiß ja, wie beschäftigt Sie sind."

„Abendessen am Donnerstag, wie wäre das?"

„Sehr schön, Herr General. An diesem Abend bin ich frei."

„Halb neun bei mir zu Hause. Ich schicke Ihnen eine Wegskizze. Ganz zwanglos – zu viert im Familienkreis. Möchten Sie irgend jemanden mitbringen?"

„Nein, Herr General."

„Dann überlassen Sie es meiner Frau – sie organisiert den Abend. Sie und ich können uns dann beim Kaffee privat unterhalten. Haben Sie übrigens einmal über mein Angebot nachgedacht?"

„Jawohl, Herr General."

„Sprechen wir noch einmal darüber. Also, bis Donnerstag."

Ich hatte ja mit einem Annäherungsversuch gerechnet, aber das überstieg alle Erwartungen. Vor zwei Wochen hatte er mich noch tot sehen wollen; jetzt lud er mich zum Abendessen ein. Das mußte kein Widerspruch sein. Ich grübelte noch über diesem unerfreulichen Gedanken, als ein Kurier mit Nachrichten von Manzini eintraf.

Die eine war eine Einladung, heute abend mit ihm im Bankiersklub zu essen, um, wie er es ausdrückte, „Geld kennenzulernen und zu sehen, ob es stinkt". Das andere war ein Brief von Lili:

Mein Lieber,
ich sitze auf meinem Balkon, in Sonne gebadet, mit herrlichem Blick auf schneebedeckte Gipfel und die Gehöfte im Tal, die wie Puppenhäuser wirken. Liebster, ich genieße das alles auf eine Weise, die ich nie für möglich gehalten hätte. Ich gehe spazieren. Ich lese. Ich plaudere mit den anderen Gästen, netten Leuten. Hier wohnt ein Flitterwöchnerpaar, das mich ab und zu eifersüchtig macht, ein älterer amerikanischer Professor, der ein Buch schreibt, und ein sehr fescher Bursche aus Lugano, der hier als Ingenieur auf Montage arbeitet und mich immer zu einer Rennfahrt in seinem Maserati einlädt.

Manchmal mache ich mir Sorgen, weil ich noch immer so vogelfrei und ungesichert bin, aber Herr Neumann, mein Anwalt, tröstet mich. Er sagt, ich könne vielleicht um politisches Asyl nachsuchen. Er hat mir eine Unzahl eidesstattlicher Versicherungen abgenommen und läßt sich von Züricher Kollegen beraten.

Und Du, mein Dante, wie geht es Dir? Ich liebe Dich und vermisse Dich, aber ich wage nicht, mich auf die Liebe zu verlassen, und muß mich wohl an das Vermissen gewöhnen. Ich bin eifersüchtig auf jede Frau, die Du kennenlernst. Ob Du auch eifersüchtig auf meinen Ingenieur bist? Ich würde es so gern glauben. Paß auf Dich auf, mein Lieber. Denk in Liebe an mich.

Eines schönen Morgens bin ich dann vielleicht

Deine Lili

Ich las den Brief dreimal, dann zerriß ich ihn und verbrannte die Fetzen im Aschenbecher. Ich war eifersüchtig und hatte kein Recht dazu. Wenn ich schon nicht verliebt war, so war ich doch näher daran als je zuvor in meinem Leben. Solch eine Ablenkung konnte ich nicht riskieren. Es gab noch zu viele gefährliche Morgen zu überleben, und Lilis strahlender Tag kam vielleicht nie.

DER BANKIERSKLUB von Mailand ist kaum einen Deut weniger ehrwürdig als der Schachklub von Rom. Er ist jedoch noch viel eindrucksvoller, weil der Dreh- und Angelpunkt seiner Macht deutlicher erkennbar ist und alle seine Mitglieder sich fließend in einer internationalen Sprache verständigen – Geld. Es ist eine religiöse Sprache, den Priestern und Akoluthen vorbehalten – und als solche präzis, wendig, voller Feinheiten und für die profane Öffentlichkeit vollkommen unverständlich. Ich war neugierig, zu erfahren, warum Manzini so einen hochheiligen Ort ausgesucht hatte, um mich seiner Welt zu präsentieren. Ich fragte ihn beim Cocktail.

„Hier hat ein jeder Geld, Dante. Geld macht Diskretion erforderlich. Diskretion fördert die freie Rede. Hier wird infolgedessen frei gesprochen – und zwar recht viel. Sechs von uns treffen sich hier einmal im Monat zum Abendessen. Wir reden über Gott und die Welt. Jeder von uns darf einen Gast mitbringen, sofern er für seine Zuverlässigkeit und Verschwiegenheit garantiert. Besonders zwei von diesen Männern sollen Sie kennenlernen. Der eine ist Ludovisi von der Banca Centrale. Der andere ist Monsignore Frantisek vom Vatikan, einer der gerissensten Bankiers, die es gibt. Beide können Ihnen sehr nützlich sein."

„Inwiefern?"

„Sie können Ihnen schneller als jeder andere sagen, wohin das große Geld geht und warum. Und es gibt noch einen Grund. Ludovisi ist der Schwager Ihres Direktors." Er lachte leise und hob abwehrend die Hand. „Nein, erschrecken Sie nicht. Die beiden lieben sich wie Katze und Hund. Ludovisi klagt auf Scheidung. Er gibt der Familie seiner Frau die Schuld für das Scheitern seiner Ehe. Die übrigen? Nun, recht nett und gut informiert. Einer ist ein Liberaler, die andern sind Christdemokraten verschiedener Schattierungen. Paolini ist ein hundertprozentiger Faschist, aber persönlich ein derart liebenswerter Mensch, daß man es ihm beinahe verzeihen kann."

„Und was soll ich tun?"

„Was Sie wollen. Reden, zuhören, diskutieren. Jetzt erzählen Sie mir mal, was Sie die ganze Zeit gemacht haben."

Er hörte mir schweigend zu, dann stieß er leise einen langen, zufriedenen Pfiff aus. „Gut! Gut! Und was schlagen Sie jetzt vor?"

„Zu warten, bis ich mehr Beweise habe. Vielleicht verliere ich Balbo, aber wenn ich ihn jetzt der Polizei übergebe, könnte ich Roditi und Leporello verlieren."

Er dachte stirnrunzelnd darüber nach. „Ich verliere höchst ungern einen so wichtigen Zeugen. Aber vorzeitiges Handeln wäre ein Risiko. Diese Rollkommandos machen mir Sorgen – und ich möchte allzugern wissen, warum Leporello Sie zum Abendessen eingeladen hat. In der Geschäftswelt steht er zur Zeit hoch im Ansehen. Vorige Woche hat er hier einen Vortrag über Ordnung und Fortschritt gehalten – der sehr gut ankam. Wollen wir hineingehen? Die andern müßten inzwischen da sein. Wir werden die Ohren spitzen und horchen, ob es Neuigkeiten gibt."

Wir saßen zu acht an einem runden Tisch, so daß es keine Fragen der Sitzordnung gab. Dem Protokoll wurde durch ein einleitendes Gebet von Monsignore Frantisek genügt. Ludovisi war der Spaßmacher in der Gruppe, ein hagerer, grauäugiger Stutzer. Die andern waren, mit Ausnahme Paolinis, typische Vertreter ihrer Sorte – bewandert in allem, was mit Geld zu tun hatte, und entsprechend zynisch in allen anderen menschlichen Belangen. Paolini war für mich ein Rätsel. Er strahlte Charme aus, aber sein Verstand war jeder Logik außer seiner eigenen verschlossen.

„Sehen Sie doch, wie es in Griechenland gegangen ist", sagte er. „Vor ein paar Jahren war dort kaum ein Dollar zum Investieren aufzutreiben. Aber kaum herrscht da so etwas wie Recht und Ordnung, schon kommt auch das Geld herein. Und die Regierung kontrolliert die Bedingungen. Diese Situation ist viel besser als die unsere."

„Berichtigung, alter Freund", warf der Monsignore spitz dazwischen. „Die Obristen haben das Recht aufgehoben und Ordnung erzwungen."

„Eine treffende Unterscheidung", sagte Manzini nachsichtig, „aber ich frage mich, ob es für den Mann auf der Straße ein Unterschied ist. Wir haben so viele Gesetze, die wir nicht durchsetzen können, daß schließlich doch auf dem Verordnungswege regiert werden muß. Hat jemand vorige Woche Leporellos Vortrag gehört?"

„Ich", sagte Paolini. „Ausgezeichnet, das hatte Hand und Fuß."

Von allen Seiten kam halbherzige Zustimmung, nur Ludovisi stöhnte: „Das war doch eine einzige Platitüde. ‚Freiheit bedeutet nicht Zügellosigkeit; provozierende Elemente; starke Sicherheitsvorkehrungen.' Paolini, kennen Sie diesen Menschen persönlich?"

„Ja. Und ich glaube, er ist ein Mann, wie wir ihn brauchen, entschlossen, klardenkend, absolut unbestechlich."

„Kennt sonst noch jemand diesen Tugendbold näher?"

Ich empfing ein kaum merkliches Zeichen von Manzini. „Ja, ich", sagte ich.

Der Monsignore zog die Brauen hoch. „Und Ihre Meinung über ihn?"

„Ich will ihn nicht als Menschen beurteilen. Ich möchte nur sagen, daß er einen höchst gefährlichen politischen Kurs eingeschlagen hat."

„Um was für eine Politik handelt es sich?"

„Es ist Ihnen sicher bekannt, meine Herren. Er stellt spezielle Rollkommandos auf. Die Aktion ist geheim, und das macht mir Sorgen. Und woher die Rekruten kommen, das bereitet mir noch mehr Sorgen."

„Woher kommen sie denn, Matucci?"

„Aus bekannten kriminellen und asozialen Kreisen."

„Das ist eine schwerwiegende Behauptung." Paolini war sichtlich schockiert.

„Ich weiß. Und ich äußere sie nur hier unter uns. Am Donnerstag werde ich General Leporello persönlich die Beweise vorlegen."

„Das hört sich ja an wie die Todesschwadron in Brasilien", sagte Ludovisi bitter. „Das Verfahren kennt man: Man holt die Schläger von der Straße und läßt sie unter dem Deckmantel der Legalität anderen die Köpfe einschlagen. Wenn Sie recht haben, würde ich sagen, uns stehen blutige Zeiten bevor."

„Und ich glaube, wir sind da vorschnell pessimistisch." Paolini war zu höflich, um aufrichtig zu sein. „Wechseln wir lieber das Thema. Nichts für ungut, Matucci, aber Sie kennen meine Kollegen nicht. Wenn Sie hier Panik verbreiten, bringen Sie für einen Monat die Börse ins Wackeln. Stimmt's, Bruno?"

„Ich hoffe nicht." Manzini lachte in sich hinein wie ein fröhliches Kind. „Ich gehe nämlich morgen selbst auf die Börse. Die Engländer haben soeben ein Schweißgerät herausgebracht, das zwei Stahlplatten von zwanzig Zentimeter Dicke in einem einzigen Arbeitsgang zusammenschweißt. Ich möchte die Lizenz kaufen und einen einheimischen

Hersteller finanzieren. Ist jemand von Ihnen interessiert? Sie machen doch bestimmt mit, Monsignore. Das ist nämlich genau, was Seine Heiligkeit braucht, um die Risse im Dach der Kirche zu flicken."

Darüber lachten alle, und die Spannung löste sich.

Als wir den Speisesaal verließen, um im Salon den Kaffee einzunehmen, legte Ludovisi mir eine Hand auf den Arm. „Das waren schlechte Nachrichten, Matucci. Wissen Sie, worauf das hinauslaufen soll?"

„Ja."

„Woher wissen Sie das?"

„Ich arbeite sowohl für den SID wie für Manzini."

„Dann kennen Sie ja meinen Schwager."

„Ja."

„Welche Rolle spielt er in der Sache? Bevor Sie antworten – ich kann ihn nicht riechen. Ich halte ihn für ebenso hinterhältig wie gefährlich."

„Als aktiver Offizier kann ich dazu nichts sagen. Als Gast in Ihrem Klub würde ich sagen, Sie haben recht."

„Danke. Hier ist meine Karte. Wenn ich Ihnen je behilflich sein kann, rufen Sie mich an."

„Danke, aber ich glaube kaum, daß Sie mir in dieser Zwickmühle helfen können."

„Behalten Sie Ihren offenen Geist. Ich halte Ihnen meine Tür offen. Einverstanden?"

Um halb zwölf gingen die Gäste auseinander, doch Manzini hielt mich noch auf einen Kaffee zurück. Er hatte dunkle Ringe um die Augen. „Dieser Abend heute ... Wirklich, ich könnte hingehen und mir in der Badewanne die Pulsadern aufschneiden! Sie halten denen eine scharfe Granate unter die Nase, und nur zwei haben Verstand genug, sie zu sehen. Die andern wollten sie nicht sehen. Haben Sie sich schon einmal überlegt, mein Freund, daß Sie, wenn Sie eines Nachts in einer finsteren Gasse sterben, für solche Leute Ihr Leben lassen?"

„Darüber müssen Sie sich doch auch schon Gedanken gemacht haben."

„Das habe ich, und zwar viele Male. Als die Gestapo mich im Kerker hatte, Dante, da ist mein Halbbruder mich besuchen gekommen. Er war damals Hauptmann Pantaleone, sehr schick, ganz Generalstab. Er bot mir einen Handel an. Wenn ich ihm eine Liste der Salamander-

Organisation gäbe, würde die Gestapo mich freilassen, und ich könne das Kriegsende in Frascati in der Villa Pantaleone abwarten. Ich war krank und müde und habe ihm nicht ins Gesicht gespuckt wie ein Romanheld. Ich habe ihm nur die Geschichte meiner Geburt erzählt und noch eine Geschichte – wie sein und mein Vater einen Liebhaber meiner Mutter ermorden ließ, weil er der Welt zu erzählen drohte, wessen Sohn ich war. Ich hatte geglaubt, mein Todesurteil zu unterschreiben, was mir damals nur recht gewesen wäre. Statt dessen wurde ich wieder den Fragern übergeben, die mich noch einen Monat lang bearbeiteten. Dann wurde ich ohne Vorankündigung in ein Auto gesetzt und nach Frascati gefahren – Hausarrest in der Villa. Eines Tages erzählte mir mein Bruder, warum er für meine Freilassung gesorgt habe: er habe die Schuld seines Vaters mir gegenüber einlösen wollen. Leider habe ich ihm da ins Gesicht gespuckt; dabei glaube ich im Zurückblicken, daß er es zumindest zur Hälfte so gemeint hat. Das war die Hälfte, die mich zu seinem Begräbnis geführt hat. Die andere Hälfte? Nun, Sie wissen, was er getan hat – wegen der anderen Hälfte habe ich ihm die Salamanderkarte geschickt. Sie sehen, was ich meine, Dante – die Motive fürs Märtyrertum sind manchmal klar und einfach, und manchmal sind sie sehr kompliziert.“

ANDERN MORGENS in aller Frühe weckte mich Giorgione mit guten Nachrichten. Er hatte die Lage eines Camps ausfindig gemacht, das als Ausbildungsstätte für die Rollkommandos dienen konnte. Es war in Camerata, einem kleinen Städtchen in den Bergen nördlich Bergamos, etwa eine Autostunde von Mailand entfernt. Er hatte auch noch andere Neuigkeiten. Hauptmann Roditi wohnte in einem neuen Appartementhaus, dessen Mieten über dem lagen, was er sich von einem Hauptmannsgehalt leisten konnte. Demnach hatte er entweder Nebeneinkünfte, oder jemand unterstützte ihn.

Nach dem Frühstück rief ich Roditi im Büro an, um einen Termin für die versprochene Einladung auszumachen. Sein Sergeant sagte mir, Roditi werde bis Donnerstag mit General Leporello in Turin sein. Um zehn waren Steffi und ich auf der Schnellstraße nach Bergamo.

Ich erklärte Steffi meinen Plan. Ich hatte noch meinen SID-Ausweis, mit dem ich Zutritt zu jedem noch so geheimen Projekt hatte. Das einzige Risiko war, daß der Kommandant auf seinem Recht bestehen könnte, bei der Ausgabestelle des Ausweises rückzufragen, bevor er mich einließ. Aber ich hoffte da mit Bluff durchzukommen.

Dennoch hielt ich es für ratsam, Steffi mit der Anweisung in Bergamo abzusetzen, sofort Manzini anzurufen, wenn ich unverhältnismäßig lange fortblieb.

Steffi war gar nicht begeistert. „Sie sind verrückt, Matucci. Wenn die zurückfragen, sitzen Sie bis zum Hals in der Tinte. Womit wollen Sie diesen Besuch eigentlich begründen?"

„Mit den allerbesten Gründen. Ich bin hinter einem Mann her namens Marco Vitucci, gesucht wegen Subversion und Mord. Wir haben den Verdacht, er könnte durch das Sieb in eine hochempfindliche Organisation geschlüpft sein. Natürlich werde ich Vitucci nicht finden. Aber wenn ich Balbo finde, sind wir ein großes Stück weiter."

„So weit, daß wir Ihnen einen schönen Grabstein kaufen können, kleiner Bruder."

„Immer mit der Ruhe, Steffi. Ich bin in ein paar Stunden zurück. *Ciao.*"

Die Straße von Bergamo nach Camerata windet sich an den Flanken der lombardischen Voralpenkette entlang aufwärts. Ich hielt ein paarmal an, um nach dem Weg zu fragen. Niemand wußte, wo das Lager war. Die Geheimhaltung funktionierte offenbar. Schließlich fuhr ich zur Polizeiwache von Camerata und zeigte dem Brigadiere meinen Ausweis, worauf er mir eine Skizze auf ein Blatt Papier malte. Aber selbst dann hätte ich beinahe die Stelle verpaßt, wo ein Weg in einen schmalen Paß hineinführte, an dessen Ende ich auf einen Palisadenzaun und einen Wachturm mit Suchscheinwerfer und Maschinengewehr traf.

Zwei stämmige Posten hielten mich an. Ich sagte, ich wolle den Lagerkommandanten sprechen. Einer von ihnen nahm meinen Ausweis und ging ins Wachhäuschen, um zu telephonieren. Ich wartete fünf Minuten, dann wurde ich hindurchgewinkt.

Es war ein trostloser Ort: Holzbaracken in Doppelreihen, dazwischen ein großer Exerzierplatz, dahinter eine riesige Mulde, die offenbar als Übungsgelände diente. Ich parkte meinen Wagen vor der Dienstbaracke des Kommandanten und ging hinein. Ein Schreibstubenunteroffizier nahm meinen Ausweis, und es dauerte wieder fünf Minuten, bis ich einem rundköpfigen Major vorgestellt wurde, der aussah, als ob er ein Hufeisen mit bloßen Händen auseinanderbiegen könnte. Seinen Schreibtisch zierte ein Salat von Papieren, was ihm sichtlich peinlich war, denn er fummelte mal an dem, mal an jenem Schriftstück herum, als sei er nicht sicher, was darauf geschrieben stand.

Seine Begrüßung war unangenehm kühl. „Major Zenobio, zu Ihren Diensten, Herr Oberst. Leider wurde Ihr Besuch mir nicht angekündigt."

„Das hat gute Gründe, Major. General Leporello ist heute früh nach Turin gefahren. Ich habe noch auf Informationen aus Rom gewartet und bin aufgebrochen, sowie sie eintrafen. Ich muß dem General bei der Rückkehr Bericht erstatten. Das heißt, wir essen morgen abend zusammen. Wenn Sie es für nötig halten, das zu überprüfen, rufen Sie bitte sofort seine Sekretärin an. Ich möchte gern zur Sache kommen."

„Um was für eine Sache handelt es sich denn?" Sein Ton war eine Spur weniger frostig.

„Ich suche einen Mann. Die Polizei verfolgt ihn wegen versuchten Mordes. Wir suchen ihn, weil er als ein subversives Element bekannt ist."

„Und Sie hoffen ihn hier zu finden, Herr Oberst?"

„In dem Gedanken steckt eine gewisse Logik. Ihre Rekrutierungsmethoden sind, sagen wir, unorthodox. Sogar Asoziale werden genommen, sofern man ihnen nur gewisse notwendige Fertigkeiten beibringen kann. Stimmt's? Und das Projekt ist geheim. Einer, der untertauchen will, könnte sich durchaus dafür bewerben."

„Das Projekt ist allerdings geheim. Woher sollte Ihr Mann also davon wissen?"

„Ach ja, das ist einer der Punkte, über die ich mit dem General sprechen muß. Es geht um einen Offizier, der nicht den Mund halten konnte. Gehen Sie davon aus, daß der Mann Bescheid wissen und sich bewerben konnte. Nun, die polizeiliche Seite der Angelegenheit interessiert uns nicht, aber ein aktiver kommunistischer Agent innerhalb einer solchen Truppe – na! Sie verstehen, was ich meine?"

„Allzu deutlich, Herr Oberst. Wie heißt Ihr Mann?"

„Marco Vitucci."

„Sehen wir uns mal die Dienstliste an."

„Sofort. Was für Akten führen Sie sonst noch über Ihre Leute?"

„Von jedem ein Personalblatt, das seine persönlichen Daten trägt, mit Photo, Daumenabdruck und besonderen Kennzeichen."

„Gut. Dann sehen wir uns jetzt mal die Dienstliste an."

Er brauchte drei Minuten, sie auf seinem Schreibtisch zu finden. Es dauerte nur eine Minute, festzustellen, daß unter den vierhundert Namen auf der Liste kein Marco Vitucci vorkam.

„Nun, wir haben hier noch einen Decknamen von ihm.“ Ich blätterte in meinem Notizbuch. „Hier – Barone, Turi.“ Damit kamen wir zum Buchstaben B. Es gab auch keinen Barone; aber ich fand den Namen Balbo, Giuseppe, und machte den Major darauf aufmerksam. „Balbo? Hat mit dem Fall natürlich nichts zu tun. Ich frage mich nur, ob er wohl mit General Balbo verwandt ist, der mit dem Duce marschierte.“

Der Major lächelte zum erstenmal. „Das glaube ich nicht. Aber sehen wir mal nach.“ Er öffnete einen Aktenschrank und gab mir eine Karte. Die Identität war eindeutig. Das war der Mann, den ich mit Roditi im Alcibiade gesehen hatte. Wenn der Daumenabdruck zu dem in den Polizeiakten paßte, hatte ich alles, was ich brauchte. Ich gab die Karte dem Major zurück, der sie auf den überladenen Schreibtisch warf.

„Leider keine Verbindung. Der alte General war aus Ferrara. Der hier ist aus Gaeta. Ob ich Sie wohl um einen Gefallen bitten kann? Könnte ich eine Tasse Kaffee haben?“

„Gewiß doch.“ Er brüllte nach dem Sergeanten, und als keine Antwort kam, stürmte er zur Tür hinaus, und ich hörte ihn über den Exerzierplatz schreien. Ich steckte Balbos Karte ein und ging ihm nach. „Machen Sie sich bitte keine Umstände, Major. Ich muß sowieso weg. Nebenbei bemerkt – dieser Besuch ist streng vertraulich.“

„Natürlich, Herr Oberst. Gute Fahrt.“

Er war froh, mich scheiden zu sehen, aber sicher nicht halb so froh wie ich, als ich am Palisadenzaun das Tor hinter mir zuschlagen hörte. Ich fuhr wie der Teufel zurück nach Bergamo, holte den unkenden Steffi ab und jagte nach Mailand. Der Abdruck auf Balbos Karte entsprach tatsächlich dem aus Rom. Wir machten vier Kopien davon und schlossen das Original im Safe ein. Dann ließen wir uns von Pietro Champagner bringen, um unseren ersten richtigen Erfolg gegen die Gottlosen zu feiern. Es war eine Stunde des Triumphs. Aber um vier Uhr nachmittags, zwar nüchtern, doch schläfrig, wußten wir immer noch nicht, was wir mit unserm Beweisstück anfangen sollten.

Steffi zog mürrisch Bilanz. „Also! Wir könnten einen gewissen Giuseppe Balbo lebenslänglich ins Gefängnis bringen. Das wollen Sie nicht. Sie wollen ihn hier haben, damit er singt wie ein Kanarienvogel und Ihnen alles erzählt, was er über Roditi, die Briefbombe und die Morde an Bandinelli und Calvi weiß. Dann wollen Sie Roditi haben, damit er Ihnen ein Liedchen über General Leporello singt.

Und wenn Sie das alles haben, wer wird's Ihnen glauben wollen? Und was noch wichtiger ist, wer wird etwas dagegen unternehmen wollen? Matucci, kleiner Bruder, großer Holzkopf, diese Fragen müssen Sie noch alle beantworten!"

„Ich weiß, Steffi, ich weiß! Ich muß unter ihnen Zweifel, Verwirrung und Panik stiften. Wie weit ist es nach Chiasso?"

„Keine fünfzig Kilometer. Warum?"

Ich schnappte mir das Telephon und wählte Bruno Manzinis Privatnummer. Als ich ihn am Apparat hatte, sagte ich: „Ich brauche einen Kurier. Er muß nach Chiasso fahren und ein paar Briefe aufgeben. Sie müssen morgen in Mailand mit der Post zugestellt werden. Und ich muß Sie sprechen, hier in der Wohnung. Es ist dringend."

Man konnte sich immer auf ihn verlassen. Der Kurier würde in fünfzehn Minuten bei mir sein. Er selbst werde um sechs kommen. Steffi sah mich an wie einen Irren, als ich den Safe öffnete, Balbos Karteikarte herausnahm, sie mit einem frischen Taschentuch abwischte und auf den Tisch legte. Dann läutete ich nach Paolo und bat ihn um ein Paar von seinen sauberen weißen Handschuhen.

„Also, jetzt erklären Sie mal, Matucci!" platzte Steffi schließlich heraus. „Oder soll ich hier herumstehen und zusehen, wie Sie den Sherlock Holmes spielen?"

„Schritt eins: Wir machen zwei neue Kopien von dieser Karte, diesmal ohne unsere Fingerabdrücke auf dem Kopierpapier. Schritt zwei: Wir schneiden von beiden Kopien Balbos Fingerabdruck ab. Schritt drei: Ich lege zu den Daumenabdrücken zwei gleichlautende Zettel. Schritt vier: Besagte Zettel und Daumenabdrücke werden in Chiasso aufgegeben."

„Und was wird auf den Zetteln stehen?"

„Zwei Namen: Bandinelli, Calvi. Eine Adresse: Via Sicilia, Rom. Und das Datum, an dem sie gestorben sind."

„Und wer bekommt sie?"

„General Leporello und Hauptmann Roditi – jeweils zu Hause."

„Wie lange werden sie brauchen, um die Abdrücke zu identifizieren?"

„Mindestens achtundvierzig Stunden."

„Und wie lange, um das Ganze über eine gestohlene Karteikarte mit Ihnen in Verbindung zu bringen?"

„Noch einmal einen Tag. Vielleicht etwas länger."

„Was dann, kleiner Bruder?"

„Dann haben wir eine wunderschöne Szene, Steffi. Ich denke, wir holen uns Fellini, um sie zu filmen. Ich, Dante, stehe einsam und edel mitten im Olympiastadion. Die Ränge sind voll. Alle Zuschauer sehen genau wie der Direktor aus. Alle haben ein Gewehr und zielen auf mich. Was dann passiert, weiß ich nicht genau."

„Aber ich weiß es, Matucci. Und ich gehe heim zu Muttern."

„Noch nicht heute abend. Um zehn Uhr werden wir einen Besuch in Hauptmann Roditis Wohnung machen. Wie klingt das?"

„Wie heller Wahnsinn. Der größte Wahnsinn aller Zeiten!"

ALS MANZINI von meinen Heldentaten erfuhr, gab er kalt und wortreich seiner Verärgerung Ausdruck. „Matucci, Sie schockieren mich! Sie haben doch ein bißchen Sinn für Politik. Dann ist aber dieses Kinderspielchen, das Sie heute getrieben haben, eine unglaubliche und unverzeihliche Dummheit."

„Hören Sie mal –"

„Nein! Hören Sie zuerst mich an! Sie haben eine ganze Kette von Ereignissen in Gang gesetzt, auf die wir nicht vorbereitet sind. Haben Sie denn nichts gelernt? Das ist hohe Politik. Wir sprechen über Revolution, Barrikaden auf den Straßen, Schießereien und Bomben! Und Sie benehmen sich wie so ein hirnloser Agent aus einem Comic-Heftchen! Ich könnte wirklich verzweifeln!"

„Sie verzweifeln zu früh. Punkt eins: Dort in meinem Safe befindet sich ein Dokument, das die Verbindung von Roditi und Leporello zu einem Mordkomplott herstellen kann. Punkt zwei: Wir haben uns auf eine Strategie der Verunsicherung und Verwirrung geeinigt. Ich habe mit dem Verunsichern angefangen."

„Aber zu früh. Ohne jeden Vorausblick!"

„Wir haben es mit Zauberkünstlern zu tun, Cavaliere. Mit Leuten, die Akten verschwinden lassen, Politiker zum Schweigen bringen und Meineide kaufen können – wenn wir ihnen Zeit lassen. Ich versuche, ihnen diese Zeit nicht zu lassen. Sie können ja mit ihnen zusammen in der Bewegung und im Bankiersklub sitzen und Pläne schmieden. Ich muß den Kampf auf der Straße führen. Ich nütze die Gelegenheit, weil ich muß ... Ach, das ist ja Wahnsinn! Lassen wir das."

Er sah mich lange kalt und feindselig an; dann nickte er langsam. „Sie haben recht, und ich habe recht. Und wir haben beide unrecht. Sehen wir zu, was zu retten ist."

„Nein. Sehen wir zu, was wir daraus machen können."

Ein zögerndes Lächeln zuckte um seine Mundwinkel. „Sie sind wirklich ein Dickschädel, Matucci. Was soll ich nur mit Ihnen machen?"

„Tragen Sie mich wie ein härenes Hemd und geben Sie mir Ratschläge. Wir bauen einen Fall auf, in den Balbo als Meuchelmörder und Roditi und Leporello als Anstifter verwickelt sind. Aber wie ziehen wir den Fall durch? Und wie bringen wir den Direktor mit hinein? Er ist in einer unangreifbaren Position. Er kann alles, was er getan hat, damit entschuldigen, daß er eine Verschwörung gegen die Sicherheit des Staates unterwandert habe. Er kennt so viele Geheimnisse, daß alle Welt Angst vor ihm hat."

„Ich habe keine Angst vor ihm, Dante."

„Nein. Aber Sie haben auch den Hebel nicht, der ihn aus dem Sattel hebt."

„Sie, mein Dante, haben mir vielleicht unwissentlich Hebel und Stütze beschafft."

„Das verstehe ich nicht."

„Ich weiß, daß Sie das nicht verstehen. Und das macht mich so böse auf Sie. In der Hitze einer neuen Situation geraten Sie aus dem Takt. Sie verlieren den Blick für die Hauptsache. Sie jagen das Irrlicht und vergessen die Feuer, die auf den Hügeln hinter Ihnen brennen. Wissen Sie noch, was im Jagdhaus passiert ist? Und in Venedig? Das gleiche passiert zur Zeit. Und darum sind Sie einem Mann wie dem Direktor auf Gnade und Barmherzigkeit ausgeliefert. Sie haben alle Talente, die er hat, und einige dazu, die er nicht hat, aber Sie können oder wollen sie nicht sehen. So sind Sie immer, bis jetzt, das Werkzeug für die Pläne anderer gewesen. Tut mir leid, wenn ich Sie kränke, aber meine Achtung vor Ihnen ist so groß, daß ich es nicht mit ansehen kann, was Sie sich selbst antun ... Lassen Sie mich erklären, was ich meine. Zwei Dinge, die Sie übersehen haben, mitsamt den Konsequenzen für Sie. Zuerst haben Sie, als Sie das Haus meines Bruders am Morgen nach seinem Tod verließen, den alten Diener weinend zurückgelassen und ihn gebeten, Anrufe für Sie zu notieren. Das hat er getan, aber Sie sind nie mehr hingegangen, haben nie mehr mit ihm gesprochen. Aber ich, ich bin hingegangen und habe mich um die Bedürfnisse eines alten Mannes gekümmert, der meinen Vater noch gekannt hatte. Aus Angst, sagt er, hat er Sie belogen. Er war gar nicht wach, als mein Bruder aus dem Schachklub zurückkam; er war betrunken und schlief. Er hat gelogen, weil er fürchtete, Vorwürfe dafür gemacht zu bekommen, daß er die Alarmanlage nicht eingeschaltet hatte; sie war ausgeschaltet, als er am Morgen erwachte ...

Nein, unterbrechen Sie mich jetzt bitte nicht. Ich will Sie noch einen Augenblick länger in Verlegenheit bringen. In der Nacht nach dem Begräbnis meines Bruders habe ich seine Leiche aus der Gruft holen lassen. In einer Privatklinik wurde dann eine Autopsie durchgeführt. Mein Bruder hatte tatsächlich Schlaftabletten genommen, aber nicht genug, um sich umzubringen. Umgebracht hat ihn eine Luftinjektion in die Oberschenkelarterie. Der Einstich war deutlich zu sehen. Verstehen Sie, was passiert ist, Dante? Sie haben mit dem Direktor paktiert, um einen Selbstmord zu vertuschen; aber nach seinem Willen und durch Ihre eigene Blindheit wurden Sie dadurch zum Komplizen für einen Mord."

„Warum haben Sie mir das nicht eher gesagt?"

Eine ganze Minute lang sagte er überhaupt nichts. Als er dann sprach, war seine Stimme eisig, fremd, wie der erste kalte Herbstwind. „Um Ihnen eine Lehre zu erteilen, Matucci. Trauen Sie niemandem. Nicht einmal mir. Glauben Sie nicht an den Tod des alten Adam, bevor Sie den Sarg zugeschraubt und den Totengräber die letzte Grassode über ihm haben festtreten sehen."

Er hatte natürlich recht. Wir sind ein unlogisches Volk, das manchmal den eigenen Müttern mißtraut, aber unbekümmert an die unbeweisbarsten Behauptungen glaubt. Er hatte immer recht, der Alte.

Unser Besuch in Roditis Wohnung begann vielversprechend. Im sechsten Stock war eine Party im Gange; so herrschte in der Eingangshalle ein ständiges Kommen und Gehen von Gästen, und der Pförtner hatte keinen Überblick mehr über die Zahl der Ankommenden. Steffi und ich fuhren mit den Partygästen bis in den fünften Stock, wo wir auf einen leeren Flur traten. Wir klingelten an Roditis Tür. Nichts rührte sich, also öffnete ich die Tür mit einem Dietrich.

Die Wohnung selbst war eine Überraschung. Sie war so unpersönlich und makellos wie ein Hotelzimmer. Die modernen dänischen Möbel glänzten frisch poliert. Die in peinlicher Symmetrie aufgehängten Bilder zeigten Soldaten in historischen Uniformen. Es fanden sich ein Getränkeschrank und ein Stereogerät mit ein paar populären Platten. Der Schreibtisch war leer, die Löschunterlage darauf unbenutzt, ein lederner Becher war voll mit Kugelschreibern und gespitzten Bleistiften. Küche, Eß- und Wohnzimmer enthielten nichts von Interesse. Wir gingen weiter ins Schlafzimmer. Roditi hatte zehn Anzüge und vier Uniformen, alle von einem teuren Schneider. Seine Hemden waren handgenäht und mit Monogrammen bestickt. Er besaß eine reichliche Ausstattung an Schuhen, Krawatten, Schals und teurem Zubehör.

Alles war unnatürlich ordentlich – und wie die übrige Wohnung so neutral wie ein Ausstellungsraum.

Dann aber fand ich in der rechten Schublade des Frisiertischs, das Gesicht nach unten, ein Porträtphoto in silbernem Rahmen. Es zeigte eine Frau Anfang Dreißig. In kühn geschwungenen Buchstaben trug es die Widmung: „Meinem liebsten Matteo als Erinnerung und Versprechen, Elena." Neben dem Photo lag ein Bündel Briefe, im ganzen über dreißig, alle in derselben Handschrift geschrieben und mit demselben Namen unterzeichnet. Ich gab sie einen nach dem anderen Steffi. Es waren Liebesbriefe, lyrisch, zärtlich und unverblümt in der Lobpreisung leidenschaftlicher Nächte und Tage. Ich hatte im Dienst schon viele solche Briefe gelesen, aber diese rührten mich zutiefst, und ich schämte mich meines Eindringens in die Intimsphäre dieser unbekannten Frau. Die Briefe waren nicht datiert, aber aus dem Text ging hervor, daß der letzte erst vor einer Woche geschrieben worden war. Elena war unglücklich mit einem älteren Mann verheiratet. Was immer Roditi sonst war, offenbar war er ein zärtlicher und rücksichtsvoller Liebhaber. Keinerlei Vorwürfe klangen aus den Briefen, nur Sehnsucht und Dankbarkeit und eine lebendige, sinnliche Poesie.

Sogar der alte Steffi war beeindruckt. „Mann, Matucci! Wenn Sie und ich eine Frau so einwickeln könnten . . ."

„Irgendwo reimt sich das nicht, Steffi. Ein Kerl wie Roditi –"

„Nun mal langsam, Matucci. Vielleicht müssen Sie sich ein neues Bild von dem Burschen machen. Sie haben ihn einmal im Alcibiade gesehen, und Sie haben gehört, daß er's mit Körperkultur haben soll. Mehr nicht. Geben Sie mir das Photo noch einmal einen Augenblick." Er nahm es aus dem Rahmen und notierte von der Rückseite die Adresse des Photographen: A. Donati, Bologna, 6731 25. „Morgen gehe ich diesem Bild auf den Grund. Nehmen wir jetzt einen der Briefe aus der Mitte des Bündels und machen wir, daß wir fortkommen. Ich komme mir vor wie ein Verbrecher."

„Sind Sie auch, Steffi. Aber wenn Sie mir morgen den Namen der Dame bringen, verleihe ich Ihnen einen Orden."

Wir hinterließen die Wohnung, wie wir sie vorgefunden hatten. Unten saß der Pförtner vor dem Fernseher. Wir hätten eine blutige Leiche hinter uns herschleifen können, er hätte nicht mit der Wimper gezuckt.

Es war kurz nach elf. Die Nacht war mild, und die Straßen waren noch von Spaziergängern und Verkehr belebt. Steffi war müde, und ich setzte ihn in seinem Hotel ab. Ich selbst war zu unruhig, um zu schlafen. Bruno Manzini hatte mir eine harte Lehre erteilt. Meine Überlegungen endeten immer kurz vor dem Wesentlichen. Mein Urteil war vorschnell. Meine Handlungen waren unüberlegt und gefährlich. Der Direktor, der das erkannte, hatte mich zu einer willfährigen Figur in seinem zynischen Spiel gemacht. Auch Lili kannte meine Schwächen und würde sich mir nicht anvertrauen, solange ich sie nicht gemeistert hatte, sollte ich das überhaupt je schaffen.

Der Gedanke an meine einsame Wohnung schreckte mich, weshalb ich die Richtung zum alten Duca di Gallodoro einschlug, wo ich mit meiner Einsamkeit wenigstens nicht allein war. Ich wurde herzlich empfangen und bekam einen Tisch in einer schummrigen Ecke, wo ich trübsinnig über meinem Glas brütete und dem Geschiebe der Tänzer zusah. Ich war etwa zwanzig Minuten dort, als ich zwei Männer hereinkommen und ein paar Tische weiter Platz nehmen sah. Der eine war ein großer Mensch mit dem zerschlagenen Gesicht eines Boxers; der andere war klein, dunkel und adrett, mit Augen wie ein Frettchen.

Den Kleinen kannte ich. Jeder bei den Carabinieri kannte ihn, wenigstens dem Namen und Ruf nach. Sie nannten ihn den Chirurgen, weil er angeblich jedem Menschen bei lebendigem Leibe das Gehirn heraussezierte und den letzten Krümel an Informationen daraus quetschte. Der Festgenommene, der neulich aus dem Fenster gesprungen oder gestoßen worden war, hatte sich auch in seiner rührigen Obhut befunden. Der Große war offenbar sein Leibwächter – und vermutlich auch sein Schlächtergeselle. Ich setzte mich noch tiefer in den Schatten, damit er mich nicht sah und ich gezwungen wäre, Notiz von ihm zu nehmen.

Wenige Augenblicke später hörte die Band zu spielen auf, und die Tänzer kehrten an ihre Tische zurück. Dann gingen die Lichter aus, und es war fünf Sekunden dunkel, bis ein Scheinwerferkegel auf die Bühne fiel und eine Sängerin im Glanz ihres mit Ziermünzen bestickten Netzkostüms anstrahlte. Sie sah besser aus, als sie sang, aber das

Publikum liebte sie, rief sie zu zwei Wiederholungen auf die Bühne zurück und sang den Refrain mit.

Als die Lichter im Saal wieder angingen, sah ich hinüber zum Chirurgen. Er war über dem Tisch zusammengesunken. Sein Leibwächter lag seitlich auf der Wandbank. Beide waren durch Kopfschüsse aus einer Kleinkaliberpistole getötet worden. Ich warf ein paar Münzen auf den Tisch und begab mich zum Ausgang. Ich war schon halb draußen, als ich den Aufschrei einer Frau hörte und der Tumult einsetzte.

Die Ermordung des Chirurgen machte Schlagzeilen in der Morgenpresse. Die Polizei kündigte eine landesweite Fahndung nach den Mördern an und bat um Hinweise, besonders von Leuten, die das Duca di Gallodoro vor Eintreffen der Polizei verlassen hätten.

Manzini, der mich beim Frühstück angerufen hatte, um mich zu einer Besichtigungstour durch seine Fabriken einzuladen, war pessimistisch. „Ein Kerl wie er ist besser tot, aber fünfzig andere warten schon, um in seine Fußstapfen zu treten. Es ist also nichts gelöst. Die Fraktionen sind noch stärker polarisiert, und jede verdächtigt die andere. Sehen Sie nur, wie die Spannung steigt, Dante, die Unruhe und Angst. Und einem verängstigten Volk erscheint ein Tyrann nur um so verlockender. Ich habe eben einen Anruf aus Rom bekommen. Die Regierung erwägt eine neue Verordnung, die der Polizei noch mehr Vollmachten bei Ermittlungen und Verhaftungen geben soll. Man spricht von zweiundneunzigstündiger Sicherungsverwahrung auf Grund eines bloßen Verdachts. Das ist Irrsinn! Es wirft uns um vierzig Jahre zurück."

Er war noch immer ganz verzagt, als wir mit einigen seiner Direktoren zu Mittag aßen. Später, als wir in den Wagen stiegen, sagte er: „Kommen Sie, ich will Ihnen etwas Erfreulicheres zeigen."

Gut fünfzehn Kilometer vor der Stadt bogen wir von der Hauptstraße in ein privates Parkgelände ab, wo inmitten von Rasen und Beeten zwanzig Bungalows sich um ein zentrales Gebäude gruppierten, das wie ein Klubhaus aussah.

„Zur Beschwichtigung meines Piratengewissens, Dante. Das ist ein Heim für mongoloide Kinder, für die in ihren Familien nicht gesorgt werden kann. Und weil Anstalten, ganz gleich, wie sie sind, so oft nur Schaden anrichten, versuchen wir hier einen familiären Rahmen zu schaffen. In jedem Haus wohnen sechs bis zehn Kinder unter der Obhut eines Ehepaares. Das Zentralgebäude enthält Klassenzimmer, eine Klinik, eine Sporthalle und Zimmer fürs Personal. Und jede Woche lernen wir etwas hinzu, erleben wir irgendeine kleine Offenbarung, die das Ganze noch lohnender macht."

Die größte Offenbarung war für mich der Alte selbst. Das Personal verehrte ihn. Mit den Kindern ging er um wie ein glücklicher Großvater. Er drückte sie an sich, setzte sich zu ihnen auf den Fußboden und spielte mit ihnen. Er hob sich so einen Knirps auf die Schultern und trug ihn herum, während ein halbes Dutzend andere sich an seine Rockschöße hängten. Am Begrüßungs- und Abschiedszeremoniell war nichts Organisiertes. Er kam und ging wie der Patriarch einer gefährdeten Familie, die ohne ihn verloren und vergessen gewesen wäre. Merkwürdig war nur, daß er das anscheinend vor mir rechtfertigen zu müssen glaubte – ausgerechnet vor mir!

„Für mich ist dies eine reine Freude, Dante. Ich kehre verändert zum Ameisenhaufen zurück, wenn auch nur ein wenig. Ich weiß, daß es im Leben nicht nur Vendetta und Weh den Besiegten gibt. Das Unerklärliche ist, daß wir immer noch kämpfen müssen, um den Raum selbst für so ein bißchen Liebe zu erhalten. Täten wir's nicht, man würde diese meine Kinder den Bestien der Welt für anatomische Experimente überlassen."

Er schlug einen anderen Ton an, als wir in die Stadt zurückfuhren. „Wir stürzen uns jetzt wieder in den Dschungel – und Sie werden Leporello sehen. Sie können sich keine Illusionen leisten, Dante."

„Was für Illusionen, Bruno?"

„Daß der Salamander überleben wird. Der Zustand meines Herzens wird wahrscheinlich über kurz oder lang mein Tod sein. Wenn ich abtrete, bevor dies zu Ende ist, sind Sie allein. Was dann?"

„Ich könnte wieder zum SID zurückgehen, als fügsamer Staatsdiener. Oder den Posten annehmen, den Leporello mir heute abend anbieten wird. Oder nach Australien auswandern."

„Andere Möglichkeiten gibt es nicht?"

„Doch. Eine. Bedenken Sie mich in Ihrem Testament, Bruno. Vermachen Sie mir die Druckplatte für Ihre Salamanderkarten. Ich könnte als der Salamander weitermachen. Vielleicht schreibe ich die Legende neu!"

Er lachte. Auch ich lachte – über das herrliche Spektakel, wie Dante Matucci auf seinem Misthaufen thronte und allen finsteren Mächten dieser sonnenbeschienenen Welt seinen Widerstand entgegenkrähte.

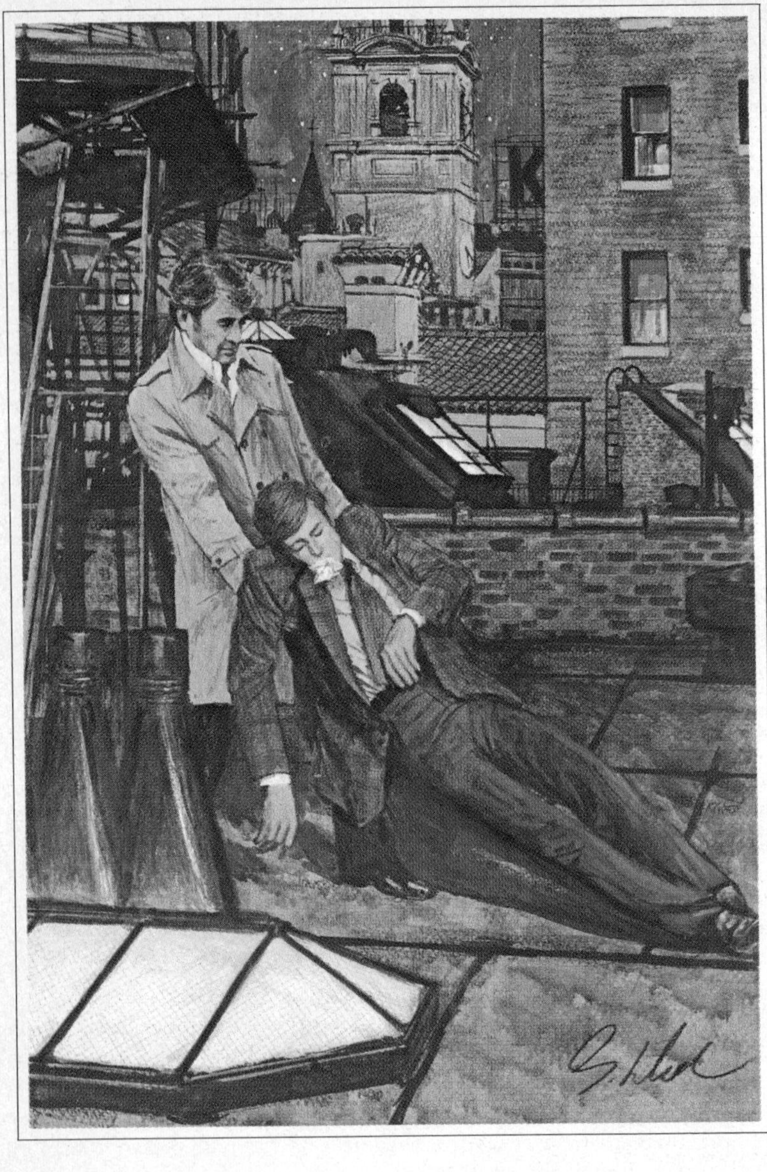

Ich wählte meine Garderobe für das Essen bei Leporello mit viel Bedacht aus. Ich mußte haargenau die richtige Figur machen, damit der General wußte, wo die Gebote einzusetzen hatten. Pietro schnippte die letzte Fluse von meinem Revers und begleitete mich hinaus zum Wagen, den er gerade spiegelblank geputzt hatte.

Ich fuhr vorsichtig, denn an jeder Straßenecke standen Polizei und Carabinieri. Die Ermordung des Chirurgen war keine Kleinigkeit in einer Eineinhalbmillionenstadt, die unter der Doppelbedrohung durch Chaos und Unterdrückung zitterte. Zwei Carabinieri prüften am Tor zu Leporellos Villa meinen Ausweis. Auf dem Gelände patrouillierten zwei Beamte in Zivil. Einer von ihnen öffnete meine Wagentür und begleitete mich zum Haus, wo mich ein Mädchen in Empfang nahm und ins Wohnzimmer führte.

Leporello war allein. Sein Händedruck war fest und herzlich. Ein Diener kam mit Getränken. Wir tranken uns zu. Leporello machte eine scherzhafte Bemerkung über die Sicherheitsbeamten. Ich sagte, ich hielte sie für eine kluge Vorsichtsmaßnahme. Dann kamen die Damen – und ich hatte das Gefühl, die Decke stürze über mir ein. Die Dame auf Roditis Photo war General Leporellos Frau.

Ich stammelte eine Begrüßung und beugte mich in tiefster Verlegenheit über ihre Hand. Man kann einer Dame ruhig in den Ausschnitt sehen, wenn man weiß, daß sie ihn einem absichtlich vorführt. Ihr in die Augen zu schauen, nachdem man ihre Liebesbriefe gelesen hat, ist etwas ganz anderes.

Zum Glück sorgte die andere Frau für Ablenkung. Laura Balestra war eine vitale Blondine mit großen Schlafzimmeraugen, einem Kleinmädchenlächeln und Talent zum Unterhalten. Sie liebte modisch gekleidete Männer. Sie haßte verknöcherte Soldaten. Sie war soeben aus Österreich zurückgekehrt, wo sie sich beinahe in einen Skilehrer verliebt hätte. Ob ich Elenas Kleid nicht wunderhübsch fände, und sei das nicht eine herrliche Villa? Ich war so dankbar für ihr Geplapper, daß ich sie hätte küssen mögen. Dann widmete sie sich Leporello und überließ mich der Gastgeberin.

Elena Leporello war eine schöne Frau mit großen, strahlenden dunklen Augen und dunklem, über die Ohren zurückgekämmtem Haar, das sich hinten zu einem Knoten vereinigte. Ich fragte mich, wie ein Ladestock wie der General es geschafft hatte, sie zu heiraten. Ihre Gedanken beschäftigten sich auch mit mir. „Sie sind älter, als ich erwartet hatte, Herr Oberst."

„Ich gebe mir alle Mühe, es zu verbergen, Signora."

„So hatte ich es nicht gemeint. Mein Mann umgibt sich gern mit sehr jungen Offizieren."

„So? Ich habe bisher nur einen aus seinem Stab kennengelernt. Hauptmann Roditi."

„Kennen Sie ihn gut?"

„So gut wie gar nicht. Wir sind uns erst dreimal begegnet, und immer nur sehr kurz."

„Ein recht ungewöhnlicher Mensch. Er ist schon sieben Jahre bei meinem Mann. Sie werden auch in seinen Stab eintreten, sagt mein Mann?"

„Der Herr General hat es vorgeschlagen."

„Ihnen gefällt der Gedanke nicht?"

„Ich muß noch über einige Vorbehalte mit ihm sprechen."

„Sie sind ein sehr diskreter Mensch."

„In meinem Beruf muß ich das sein."

„Ach ja. Sie sind irgendwo beim Staatsschutz, nicht wahr?"

„Richtig."

„Lieben Sie Ihre Arbeit?"

„Nicht immer. Man verliert zu schnell seine Illusionen."

„Haben Sie noch welche, Herr Oberst?"

„Ein paar. Und Sie?"

„Fragen Sie mich das ein andermal."

In diesem Augenblick wurden wir zum Abendessen gebeten. Wenn ich die Dame richtig durchschaute, versuchte sie auf die frivolste Weise, mich gegen ihren Mann auszuspielen. Bei Tisch fand sie eine Möglichkeit nach der anderen, mir hintenherum zu schmeicheln und Leporello eins auszuwischen, als er den ernsthaften Wunsch ausdrückte, mich in seinen Stab zu bekommen. Ich gewann den Eindruck, daß er Angst vor ihr hatte und sie, da sie es wußte, ihn bis an die Grenze des Erträglichen zu reizen versuchte. Mit der Zeit wurde ich ihres Spiels überdrüssig und begann mir selbst eins auszudenken. „Wußten Sie übrigens, Herr General, daß man in Venedig versucht hat, mich umzubringen?"

Er war ein guter Schauspieler. Er verschluckte sich an seinem Wein, dämpfte die erregten Ausrufe der Frauen mit einer Handbewegung und forderte mich auf, den ganzen Vorfall zu erzählen.

Ich spielte den Unbekümmerten. „Also, ich hatte soeben mit dem Direktor und Cavaliere Manzini zu Abend gegessen. Auf dem Weg zu Harrys Bar, wo ich mit einer Frau verabredet war, haben mir dann drei Mann in einer Gasse aufgelauert. Ich habe drei Schüsse abgegeben, und sie sind davongelaufen."

„Das beunruhigt mich, Oberst. Diese Gewaltakte wachsen sich zu einer Epidemie aus. Sie haben doch gehört, was gestern abend in Mailand geschehen ist?"

„Ich war dabei, Herr General."

Jetzt schauspielerte er nicht. Er starrte mich wie aus Fischaugen mit aufgerissenem Mund an. Ich erklärte mit ausgesuchtem Takt: „Sie finden meinen Namen nicht in Ihren Berichten, weil ich mich davongemacht habe, bevor die Panik ausbrach – um peinliche Fragen zu vermeiden."

„Und Sie haben nichts gesehen?"

„Nur die Leichen, als das Licht wieder anging. Das war offensichtlich Profi-Arbeit. Ich würde die Ermittlungen nicht zu intensiv betreiben."

„Das klingt aber merkwürdig, Oberst."

„Gar nicht so sehr, Herr General. Beide Seiten haben den Gewinn. Die Linke hat ihr Opfer, und Sie sind eine peinliche Last los."

Elena Leporello verstand sofort den Sinn und versuchte ihn gegen uns beide zu kehren. „Das hört sich aber nach einer bösen Anspielung an."

„Überhaupt nicht. Es ist eine Feststellung – oder soll ich etwa sagen, Ihr Gatte billige sadistische Vernehmungsmethoden? Ich gebe allerdings zu, daß man so etwas nicht laut sagen sollte."

Leporellos Miene hellte sich auf, und er beeilte sich, zustimmend zu nicken. „Sehr richtig, Matucci. Unser öffentliches Ansehen ist zur Zeit sehr wichtig."

„Und wie beurteilen Sie dieses Ansehen, Herr Oberst?" Elena ließ nicht locker. „Ich habe den Eindruck, es ist im Augenblick ein bißchen angeschlagen."

„In mancher Hinsicht, ja. Aber der Ruf Ihres Gatten steigt."

„Sein Ruf für was?"

„Entschiedene Politik, entschlossenes Handeln. Ich war neulich im Bankiersklub, Herr General. Ihre Rede hatte großen Eindruck gemacht. Die Rollkommandos, die Sie ausbilden –"

„Wo haben Sie denn davon gehört, Oberst?"

„Hier wird in jeder Bar davon gesprochen, Herr General."

„Das Projekt sollte eigentlich geheim sein."

„Ich versichere Ihnen, das ist es nicht mehr."

„Können Sie mir ein paar Lokale nennen, wo Sie dergleichen gehört haben?"

„Im Duca di Gallodoro, im Hilton, im Alcibiade . . ."

Der General interessierte sich plötzlich sehr für seine Erdbeertorte. Laura Balestra fragte schnippisch: „Im Alcibiade? Was haben Sie denn da gemacht, Herr Oberst?"

„Mich ein bißchen umgeschaut."

„Haben Sie gefunden, wonach Sie sich umgeschaut haben?"

„Ja. Ich habe einen Mann gefunden, hinter dem ich seit Wochen her bin."

„Ich hätte nie gedacht, daß man da Männer findet."

„O doch. Ich war da. Hauptmann Roditi war da."

„Matteo?" Elena hatte die Frage an Leporello gerichtet.

„Frag mich nicht, meine Liebe", sagte der General lächelnd. „Ich war nicht da . . . . und wenn es recht ist, werden der Oberst und ich jetzt unsern Kaffee in der Bibliothek trinken."

Kaum waren wir allein, änderte er schlagartig seinen Ton. Er war wieder jeder Zoll Soldat, knapp und entschieden. „Matucci, warum zögern Sie, zu mir zu kommen?"

„Aus zwei Gründen zunächst: Ich möchte meinen Urlaub zu Ende nehmen und mich in einer zivilen Stellung bei Bruno Manzini versuchen."

„Manzini ist ein gefährlicher Schurke. Er hat schon Menschen zum Selbstmord erpreßt. Wenn Sie heute abend gehen, gebe ich Ihnen zwei Akten mit, die Sie einmal studieren und mir dann wieder zurückgeben sollten. Sie werden Ihre eigenen Schlüsse ziehen."

„Sie scheinen sicher zu sein, daß meine Schlüsse mit den Ihren übereinstimmen werden."

„Wir werden sehen. Wenn Sie zu mir kommen, können Sie erst noch Ihren Urlaub beenden."

„Sehr entgegenkommend."

„Nun zu dem Posten selbst. Ihre Aufgabe wäre es, eine vollkommen neue Abteilung aufzubauen, die nur mir unterstellt und für politische Nachrichtenbeschaffung im weitesten Sinne zuständig ist. Wenn gewisse Ereignisse stattfinden, bedeutet Ihre Stellung umfangreiche Macht. Interesse?"

„Zunächst ja. Könnten Sie diese Ereignisse näher erläutern, Herr General?"

„Das kann ich erst, wenn ich mir Ihrer politischen Gesinnung sicher bin."

„Wie müßte sie beschaffen sein, Herr General?"

„Ich brauche einen sehr konservativen Mann."

„Dieser Ausdruck könnte ein Widerspruch in sich sein. Nachrichtendienste befassen sich mit dem Aktuellen wie mit dem Möglichen. Ich könnte den Direktor zitieren –"

„Würde es Ihnen helfen, wenn ich sagte, daß der Direktor ein sehr konservativer Mann geworden ist?"

„Das weiß ich schon, Herr General."

„Was wissen Sie schon?"

„Die Konferenz fand in der Villa Baldassare statt, nicht wahr?"

„Woher zum Teufel –"

„Wie gesagt, ich habe mit dem Direktor und Manzini zu Abend gegessen."

„Was haben sie Ihnen erzählt?"

„Nun, mir wurde das eine und andere Licht aufgesteckt. Zum Beispiel hat es eine Diskussion darüber gegeben, ob ich beseitigt werden solle. Zwei Stimmen waren gegen, eine für meine Ermordung – Ihre Stimme, Herr General. Sie sehen, Ihr Angebot überrascht mich sehr."

Ich hatte ihn zu erschüttern geglaubt. Doch als Soldat und Stratege war er nicht zu treffen.

Er wies mich ruhig zurecht. „Warum? Sie kennen das Gewerbe. Wir alle leben gefährlich. Ich habe mit Ja gestimmt. Dann habe ich meine Meinung geändert."

„Warum?"

„Ich habe den Direktor immer für einen nützlichen, aber unsicheren Verbündeten gehalten. Nach dieser Besprechung bin ich zu dem Schluß gekommen, daß ich einen Rivalen und auf lange Sicht einen Nachfolger für ihn brauche. Das sind Sie, mein lieber Oberst. Ganz einfach, nicht wahr?"

„Zu einfach. Alle haben eine Lebensversicherung, nur ich nicht. Manzini hat Geld und Einfluß. Der Direktor ist vom Präsidenten eingesetzt. Sie bekleiden den Rang eines Generals der Carabinieri. Nur ich sitze in dem Kirschbaum auf dem äußersten Ast."

„Kommen Sie zu mir, und Sie haben meinen persönlichen Schutz, Oberst."

„Ich muß gerade an den Chirurgen denken. Er ist tot."

„Er stand nicht unter meinem Schutz. Sie haben es selbst gesagt: Der Mann war eine peinliche Last. Noch einen Kognak?“

„Danke. Dürfte ich Ihnen ein paar Fragen stellen?“

„Bitte sehr.“

„Ihr Adjutant, Hauptmann Roditi – erklären Sie ihn mir.“

Ich hatte ihn am Nerv getroffen. Sein Ausdruck war plötzlich verkniffen und drohend. „Ich glaube, Sie sollten sich dazu selbst näher erklären, Oberst.“

„Sie wollen, daß ich zu Ihnen komme. Ich bin aber nicht bereit, diesen Schritt blind zu tun. Roditi ist, wie ich höre, Favorit am Hofe. Er wird gehaßt. Seinetwegen werden auch Sie gehaßt. Ich möchte wissen, warum.“

Er dachte nach. Endlich sagte er: „Roditi ist entbehrlich. Sie kommen, er geht, wenn Sie darauf hinauswollen.“

„Was hat er im Alcibiade gemacht?“

„Er wirbt dort Nachwuchs an.“

„Mich würde interessieren, warum Sie auf solche Typen zurückgreifen.“

„Wir brauchen Leute ohne Bindungen, die sich außer für Geld und die Gesellschaft von ihresgleichen für nichts interessieren. Sie werden ebenfalls entbehrlich sein, wie Söldner.“

„Herr General, wenn Sie an meiner Stelle wären, würde Ihnen diese Antwort genügen?“

„Wenn ich Sie wäre, würde ich nicht erwarten, daß mir alles haarklein vorgekaut wird.“

„Stimmt auch wieder. Aber Sie bieten mir Ihre Patronage an, Herr General. Ich muß wissen, wo die Stärken liegen, aber auch die Schwächen.“

„Ich höre.“

„Ihre Ehe ist offenbar unglücklich. Sie müssen sehr einsam sein.“

„Das bin ich. Ich gebe zu, daß ich mich zur Zeit in einer Wüste befinde, Matucci.“

„Darum stützen Sie sich auf Roditi?“

„Vielleicht mehr, als ich sollte. Er wird mir wie ein Sohn. Aber ich brauche jemanden, der viel stärker ist, viel klüger. Sie, mein Freund.“

„Aber Sie sind immer noch nicht bereit, mir zu vertrauen. Bitte, Herr General, lassen wir das Versteckspiel. Beim SID gibt es eine Akte über Sie. Der Direktor weiß, was sie enthält. Ich weiß es nicht, weil er sie immer persönlich in Verwahrung hat. Sie wollen mich gegen ihn ausspielen, aber ich bin ohnmächtig, solange ich nicht weiß, welche Waffen er gegen Sie einsetzen kann. Denken Sie doch darüber einmal nach! Wenn Sie mich dann noch haben wollen, können wir wieder darüber reden."

„Schließlich könnten Sie sich ja auch anders entscheiden und nicht zu mir wollen."

„Und Sie könnten Ihre Protektion von mir zurückziehen. In diesem Falle würde ich vielleicht enden wie der Chirurg. Sollte das eintreten, so gäbe es in der Schweiz eine Datenbank, die sofort eine Menge Informationen an die Presse und andere interessierte Gruppen geben würde."

„Erpressung, Oberst?"

„Nein, Herr General. Nur eine Versicherung. Sehen Sie, ich habe um diesen Posten nicht gebeten. Wenn Ihnen meine Bedingungen nicht zusagen, sprechen wir von etwas anderem."

„Wir sollten die Bedingungen klarer definieren."

„Völlige Offenheit auf beiden Seiten?"

„Gut. Ich setze mich in ein paar Tagen wieder mit Ihnen in Verbindung. Inzwischen können Sie die Akten studieren und Manzinis Rolle beurteilen. Noch einen Kognak?"

„Nein danke. Ich sollte nach Hause. Es war ein langer Tag."

„Nicht allzu unergiebig, hoffe ich."

„Im Gegenteil, Herr General. Ich glaube, wir sind ein gutes Stück vorangekommen."

„Gut. Übrigens, würde es Ihnen etwas ausmachen, Laura in der Stadt abzusetzen?"

„Nicht das mindeste. Es wäre mir eine Freude."

„Sie ist ein lustiges Ding – und ungebunden. Aber wem sage ich das, wie?"

Lustig war sie, und im Wagen plauderte sie drauflos wie verrückt. „Sie wissen, daß Sie sehr ungezogen waren, Dante! Sie sind der erste Mann, den ich mit Elena habe fertigwerden sehen, wenn sie die Krallen nach Leporello wetzte. Sie wollen doch nicht wirklich für ihn arbeiten, oder? Bei all den *finocchi,* die er um sich versammelt hat? Haben Sie Elenas Gesicht bemerkt, als Sie die Bombe von Roditi im Alcibiade haben fallen lassen? Mein lieber Mann – jeder weiß doch, daß sie ein Paar sind – sogar der General. Matteo muß der Vater der fünfjährigen Zwillinge sein... Wieso? Ach, hören Sie doch auf,

Matucci! Was glauben Sie denn, warum der alte Knacker sich die ganze Dreckarbeit von Matteo machen läßt? Sehen Sie, ich kenne Elena. Ich wette mit Ihnen – wenn sie nicht in den nächsten vierundzwanzig Stunden bei Ihnen anruft, schenke ich Ihnen selber eine Nacht im Bett."

„Sie sind auch ohne Wette eingeladen. Es gibt Sekt und . . ."

„Und Elena würde mich hassen. Sie ist verrückt nach Ihnen."

„Vorhin haben Sie gesagt, sie ist verrückt nach Roditi."

„Das ist eine Sache für sich. Die anderen – und es hat viele gegeben – sind ihre Rache an ihrem Mann. Wenn Sie für ihn arbeiten, wird sie Himmel und Hölle in Bewegung setzen, um Sie ins Bett zu kriegen."

„Das hört sich an, als ob sie reif fürs Irrenhaus wäre!"

„Wer wäre das nicht, wenn man mit einem alternden Homo mit Anflügen von Größenwahn verheiratet ist? Nun erzählen Sie mir mal von Ihrem Liebesleben, Herr Oberst."

Wie sich herausstellte, genügten drei Glas Sekt, und Laura war erledigt. Ich steckte sie ins Bett, klemmte ein „Gute Besserung" an den Badezimmerspiegel und schloß die Tür hinter ihr.

Es WAR ein Uhr nachts in Mailand, wo man, sofern man den Einheimischen glauben kann, bei Tag und Nacht für Geld alles bekommt. Was ich brauchte, war höchst einfach: einen Zerstäuber und einen einäugigen Notar, taub, stumm und sehr geldgierig. Trotz meiner Verbindungen brauchte ich eine Stunde, um ihn zu finden, und hunderttausend Lire, um ihn aus dem Haus zu locken.

Um Viertel nach drei war ich bewaffnet und in Begleitung besagten Notars vor Hauptmann Roditis Wohnung. Der Capitano war nicht da. Ich trat ein, sperrte den Notar zu einem Nickerchen ins Schlafzimmer, machte mir selbst eine Tasse Kaffee und richtete mich aufs Warten ein. Um Viertel vor vier kam Roditi, nicht mehr ganz nüchtern, nach Hause. Ich stellte ihn gegen die Wand und durchsuchte ihn nach Waffen. Dann drückte ich ihn in den dänischen Sessel und setzte mich auf die Tischkante, Pistole und Zerstäuber neben mir.

„Hauptmann, Sie könnten versucht sein, das Ganze für ein Spiel zu halten. Dem ist nicht so. Wenn Sie mir nicht wahrheitsgemäß antworten, sprühe ich Ihnen Blausäuregas ins Gesicht, und Sie sind in vier Sekunden tot. Wenn Sie mitarbeiten, kann ich Ihnen vielleicht einen Ausweg aus der Tinte anbieten, in der Sie jetzt sitzen. Klar?"

„Ja."

„In Ihrem Schlafzimmer befinden sich das Photo einer Frau und ein Bündel Liebesbriefe von einer gewissen Elena. Wer ist Elena?"

„Die Frau von General Leporello."

„Wie lange haben Sie schon ein Verhältnis mit ihr?"

„Ungefähr sechs Jahre."

„Sind Sie der Vater ihrer Kinder?"

„Ich glaube, ja."

„Weiß der General von dem Verhältnis?"

„Ja."

„Duldet er es?"

„Ja. Dadurch hat er uns beide in der Hand."

„Erklären Sie mir das."

„Er ist gesetzlich der Vater der Kinder. Sein Name steht in den Geburtsurkunden. Er kann Elena das Sorgerecht nehmen."

„Und womit hat er Sie in der Hand?"

„Ich habe für ihn gekuppelt und mich strafbar gemacht."

„Innerhalb oder außerhalb der Truppe?"

„Beides. Ich habe eine Wohnung in der Nähe des Doms, die er benutzt. Ich bezahle die Leute und sorge dafür, daß es hinterher keinen Ärger gibt."

„Wie machen Sie das?"

„Meist mit Drohungen. Notfalls mit Taten."

„Sie lassen die Leute zusammenschlagen, etwa so?"

„Ja."

„Kennen Sie Major Zenobio, den Kommandanten von Camerata?"

„Ja."

„Haben Sie heute von ihm gehört?"

„Es war eine Nachricht da, ich solle ihn anrufen. Ich habe es noch nicht getan."

„Haben Sie heute einen Brief aus Chiasso bekommen?"

„Ja."

„Hat der General einen bekommen?"

„Ja."

„Was haben Sie damit gemacht?"

„Ich habe sie ins kriminaltechnische Labor geschickt, um Fingerabdrücke und Maschinenschrift untersuchen zu lassen."

„Wußten Sie, wessen Fingerabdruck es war?"

„Er könnte von Balbo sein."

„Hat er Bandinelli und Calvi umgebracht?"

„Ja."

„Hat er eine Briefbombe in die Wohnung einer Lili Anders gelegt?"

„Ja."

„Wer hat den Befehl dazu gegeben?"

„Ich."

„Wer hat Ihnen den Befehl dazu gegeben?"

„Der General."

„Wo sind die Pantaleone-Papiere?"

„Ich habe sie Leporello gegeben."

„Wo sind sie jetzt?"

„Das weiß ich nicht. Vielleicht in seinem Haus."

„Wo ist Giuseppe Balbo?"

„Ich nehme an, er ist tot. Der General hat mir befohlen, heute abend mit ihm ins Alcibiade zu gehen und dafür zu sorgen, daß er um Viertel vor drei dort aufbrach."

„Wer sollte den Auftrag ausführen?"

„Weiß ich nicht. Das hat er mir nicht gesagt."

„Ist Ihnen je der Gedanke gekommen, er könnte Sie eines Tages los sein wollen?"

„Ja."

„Haben Sie sich nie dagegen abgesichert?"

„Doch. Ich habe Abhörgeräte in der andern Wohnung angebracht. Elena besitzt einen Satz Tonbänder und Photos. Ich selbst habe einen zweiten in einem Schließfach in der Banca Centrale."

„Ich brauche den Schlüssel dazu und eine Vollmacht."

„Sehr wohl."

„Wie stehen Sie jetzt zu Elena?"

„Ich liebe sie. Warum bliebe ich sonst in diesem dreckigen Geschäft?"

„Weil Sie nie aussteigen wollten. Wenn Leporello seinen Coup landet, sind Sie ein ganz großer Mann."

„Was werden Sie jetzt tun?"

„Nicht ich, Roditi, sondern Sie! Sie machen Ihre Aussage jetzt schriftlich. In Ihrem Schlafzimmer ist ein Mann, der das Protokoll beglaubigen wird. Dann unterhalten wir uns über das Weitere. Ich diktiere jetzt. Sie schreiben."

Wir brauchten eine halbe Stunde. Dann schickte ich den Notar seiner vertrottelten Wege, ließ Roditi einen Brief an seine Bank schreiben, steckte die Dokumente in meine Brusttasche und richtete mich auf ein Schwätzchen ein. Roditi war blaß und zittrig, darum genehmigte ich ihm einen Whisky, während ich ihm den Handel erklärte.

„Sie werden desertieren, Roditi. Packen Sie einen Koffer. Ich bringe Sie an einen sicheren Ort auf dem Lande, wo Sie bleiben, bis ich alles Material gegen Leporello zusammengetragen habe. Sie werden verhört werden. Sie werden weitere Aussagen machen. Aber Sie werden wenigstens nicht im Gefängnis sitzen und darauf warten müssen, daß ein Mithäftling Ihnen einen Bratspieß in den Rücken sticht. Bevor die Sache dann zum Platzen kommt, haben Sie vierundzwanzig Stunden Zeit, um mit Elena und den Kindern das Land zu verlassen. Das ist das Äußerste, was ich für Sie tun kann. Die Entscheidung liegt bei Ihnen."

„Nicht gut. Das klappt nicht."

„Haben Sie eine bessere Idee?"

„Ja. Lassen Sie mich frei, bis Sie Ihre Beweise beieinander haben. Ich kann Ihnen Informationen liefern. Es wird jetzt alles schnell gehen, Matucci."

„Was wird schnell gehen?"

„Das kann ich Ihnen noch nicht sagen. Aber ich werde es, sobald ich Bescheid weiß."

„Bedaure. Gefällt mir nicht. Packen Sie jetzt Ihren Koffer."

„Ich gehe nicht."

„Dann werden Sie mir sagen, warum."

„Gut. Sie sind den ganzen Abend verfolgt worden. Während Ihr Wagen vorm Haus des Generals stand, ist ein Peilsender darin versteckt worden."

„Dann wissen die also, wo ich jetzt bin?"

„Ja."

„Also darum war das alles so einfach, ja? Man wird mich abstechen, sowie ich aus der Haustür trete! Oder man hat mir eine Sprengladung in den Wagen gebaut, und sobald ich die Zündung einschalte, fliege ich bis zum Mond. Auf was muß ich mich gefaßt machen?"

„Ich weiß es nicht. Ich schwöre, ich weiß es nicht."

„Dann werden wir's mal herausfinden." Ich rief das Mailänder SID-Büro an und sprach mit dem diensthabenden Offizier, dem ich meine Ausweisnummer nannte. „Ich vernehme gerade einen Verdächtigen. Mein Wagen steht draußen vor dem Haus. Roter Mercedes mit Mailänder Nummer. Es ist eine Wanze eingebaut, vielleicht auch ein Sprengsatz. Möglicherweise wird man mich auch zu ermorden versuchen, wenn ich das Haus verlasse. Der Verdächtige ist ein Carabinieri-Offizier. Die schalten Sie also lieber nicht ein. Der Wagen ist mir egal, aber ich brauche ein anderes Fahrzeug, das ich benutzen kann. Wenn Sie soweit sind, schicken Sie einen Mann zu mir herauf. Parole: Drache. Beeilen Sie sich. Ach ja, und rufen Sie sicherheitshalber hier zurück, sobald ich aufgelegt habe."

Er rief zurück und sagte, die Leute würden in dreißig Minuten bei mir sein. Bis dahin konnte viel passieren. Ich knipste das Licht aus und sah aus dem Fenster. Es tat sich schon etwas. Drei Polizeiautos standen vor dem Haus, ein weiteres fuhr soeben vor. Die Absicht war klar: Verhaftung und zweiundneunzig Stunden Gewahrsam unter einer beliebigen Anschuldigung. Ich wußte sogar zwei Haftgründe, die zutrafen – Einbruch und Zurückhalten von Informationen über die Ermordung des Chirurgen. Bis ich da wieder herauskam – falls überhaupt –, würde Roditis Geständnis sich in Luft aufgelöst haben.

Ich riß Roditi auf die Beine, stopfte ihm ein zusammengeknäueltes Taschentuch in den Mund, drückte ihm die Pistole in die Nieren und schubste ihn vor mir her die vier Treppen zum Dach hinauf. Ich schloß die Dachtür von außen zu. Dann stellte ich Roditi mit dem Gesicht zur Tür und gab ihm einen kräftigen Schlag auf den Hinterkopf. Er fiel in sich zusammen wie ein Sack. Ich schleifte ihn in den Schutz der Wassertanks und nahm ihm den Knebel aus dem Mund, damit er nicht erstickte. Er hatte uns noch einiges zu erzählen, falls ich je aus dieser sauberen Falle herauskam.

Ein vorsichtiger Rundgang übers Dach zeigte mir, daß ich auf die nächsten beiden Dächer hinübersteigen und durch das dritte Gebäude entkommen konnte. Aber Roditi mitzunehmen war unmöglich. Ich ließ ihn also liegen, und Minuten später fand ich mich in einem leeren Bürohaus wieder. Während ich dort bis zum Morgen wartete, machte ich mir Gedanken darüber, was wohl aus Roditi geworden war und ob sich jemand die Mühe gemacht hatte, auf dem Dach nachzusehen. Sowie die ersten Büroangestellten kamen, ging ich hinaus auf die belebte, sonnenbeschienene Straße und fuhr mit einem Taxi zu Steffis Hotel.

Wenn's hart auf hart ging, war Steffi unbezahlbar. Während ich badete und mich rasierte, ging er fort und machte an einem Münzautomaten Photokopien von Roditis Aussage. Das Original deponierte er in der Mailänder Filiale seiner Bank, damit es sicher aufgehoben war. Dann überbrachte er Manzini eine Kopie mit einem Gruß von mir. Anschließend kamen beide zum Frühstück ins Hotel, plaudernd und schwatzend, als hätten sie sich schon ein Leben lang gekannt.

Beim Frühstück war dann allerdings der Spaß vorbei. Manzini rief den Herausgeber seiner Zeitung an und kehrte mit zwei Meldungen zurück, die in den Abendausgaben erscheinen würden. Die eine berichtete von einer Schießerei, bei der ein Giuseppe Balbo, den man der Morde im Duca di Gallodoro verdächtigte, erschossen worden war, als er sich seiner Verhaftung widersetzte. Die andere handelte von einem mysteriösen Vorfall in einem vornehmen Appartementhaus. Auf Grund eines anonymen Anrufs hatte die Polizei die Wohnung Hauptmann Matteo Roditis, des persönlichen Adjutanten Generalmajor Leporellos, aufgesucht. Die Wohnung sei leer und in Unordnung gewesen. Von dem Capitano habe man bei Redaktionsschluß noch keine Spur gehabt. Die Polizei habe einen Mann verhaftet, der ihres Wissens die Wohnung in den frühen Morgenstunden aufgesucht habe. Gesucht werde Dante Matucci, Angehöriger einer staatlichen Behörde, dessen Wagen vor dem Gebäude gestanden und dessen Fingerabdrücke man in der Wohnung gefunden habe. Das Ganze mit einem Photo von mir.

„Und damit, meine Herren", sagte Manzini matt, „ist unser Fall erledigt. Balbo ist tot. Roditi ist tot oder in Schutzhaft. Sein Geständnis ist wertlos, weil man Ihren Notar eine Gegenerklärung unterschreiben lassen wird, wonach sie unter Druck zustande gekommen sei. Und Sie, mein lieber Dante, sind von nun an auf der Flucht."

„Sie vergessen eines, Bruno. Ich habe einen Schlüssel und Roditis Vollmacht, sein Schließfach in der Banca Centrale zu öffnen. Wenn er die Wahrheit gesagt hat, kann der Inhalt Leporello erledigen."

Manzini ließ sich nicht aufheitern. „Und wie wollen Sie an das Schließfach herankommen? Sie müssen sich ausweisen, und in spätestens einer Stunde ist Ihre Beschreibung in ganz Mailand bekannt. Das bedeutet zugleich, daß wir Sie schleunigst hier fortschaffen müssen."

„Sie haben die von Roditi unterschriebene Vollmacht als Grundlage. Sie haben in Carlo Metaponte, der Ihnen die Salamanderkarten gemacht hat, einen hervorragenden Fälscher. Und Sie haben direkt in der Banca Centrale Ihren Freund Ludovisi sitzen. Nun, Bruno ...?"

„Jetzt kommt's auf Ludovisi an, nicht wahr? Gut, ich werd's versuchen. Geben Sie mir die Vollmacht und den Schlüssel. Und was machen wir jetzt mit Ihnen, Matucci?"

„Ich werde untertauchen müssen. Ich brauche die falschen Papiere, die in meiner Wohnung im Safe liegen."

„Die besorge ich. Wohin stecken wir Sie inzwischen?"

„Könnten Sie mich ein paar Tage in Pedognana behalten?"

„Nicht im Haus. Ich glaube, dort müssen wir mit Besuch von den Carabinieri rechnen. Auf dem Gelände schon, wenn es Ihnen nichts ausmacht, mal ein bißchen einfach zu wohnen. Und was ist mit Stefanelli?"

„Ich bleibe in der Stadt, Cavaliere. Der Tolpatsch hier hat erfahrene Hilfe nötiger, als er zugibt."

Ich dankte Steffi. „Wenn ich anrufe, nenne ich mich Rabin. Das sollte für uns alle ein Glücksname sein."

Manzini ging nicht darauf ein. „Was ist aber, wenn Ludovisi nicht mitspielt?"

„Dann gibt's noch eine letzte Hoffnung – Leporellos Frau."

„Wenn sie die Zeitungsmeldung liest, wird sie glauben, Sie hätten Roditi getötet oder entführt."

„Die Meldung stammt von ihrem Mann. Dem würde sie wahrscheinlich nicht glauben, wenn er ihr sagt, was für ein Wochentag ist."

„Eine furchtbar riskante Sache."

„Ich wüßte etwas Schlimmeres", sagte Steffi ernst. „Leporello als Duce, und seine Rabauken halten Ordnung mit dem Gummiknüppel."

Ich blieb vier Tage in Pedognana, wo man mich in der Mansardenstube des Gutsverwalters unterbrachte. Eines Nachmittags durchkämmten Carabinieri das ganze Anwesen; ich lag auf einer Tenne und zog mir einen kräftigen Heuschnupfen zu. Am vierten Tag kam Manzini mit meinen falschen Papieren und brachte mir Kleider, die zu meiner neuen Identität als Aldo Carnera, Handlungsreisender für eine von Manzinis Firmen, paßten. Falls jemand nachprüfte, standen der Name und die Angaben zur Person dort tatsächlich in den Akten.

Er brachte auch schlechte Nachrichten. Ludovisi sei in New York, auf dem Wege nach Mexiko, und werde in frühestens zehn Tagen zurückerwartet. Manzini war verärgert. Alle seine schönen Pläne für mich lagen in Trümmern, und um meinetwillen war auch er selbst bei der Bewegung in Mißkredit geraten. Man hatte ihn aus dem inneren Kreis verbannt. In einem ironischen Schreiben hatte der Direktor ihm geraten, er möge seine Tätigkeit vorerst auf finanzielle Beiträge beschränken.

Wir aßen zusammen zu Abend, und ich versuchte ihn in Erzähllaune zu bringen, aber er ließ sich nicht aus der Reserve locken, bis ich die beiden Akten erwähnte, die ich von Leporello bekommen, aber noch nicht gelesen hatte. Ich erinnerte mich jedoch an die Namen: Hans Helmut Ziegler und Emanuele Salatri. Er grübelte eine Weile darüber nach, dann warf er seine schlechte Laune ab wie einen Mantel.

„Ach ja! Wozu ist die Vergangenheit gut, wenn nicht dazu, unsere Hoffnung auf die Zukunft zu erneuern? Die Akte Ziegler. Die Geschichte begann 1930. Ich war in São Paulo und gab mein erstes großes Geld aus. Eines Abends stand ich in einem Spielsalon neben einem Brasilianer in meinem Alter. Um Mitternacht war er blank. Er sah so untröstlich aus, daß ich ihn einlud, einen Einsatz mit mir zu teilen – einfach auf gut Glück –, und wir gewannen. Arm in Arm gingen wir fort. Freunde fürs Leben. Er ist jetzt einer der größten Bankiers von Brasilien. Paulo Pinto. Als er seinen ersten Direktorenposten bekam, hat er mir eine Erinnerung an jene Nacht geschickt, einen Smaragd. Ich habe ihn für Raquela Rabin zu einer Brosche verarbeiten lassen.

Der zweite Teil der Geschichte setzt viel später ein. Hans Helmut Ziegler war der Gestapomann, der mich im Gefängnis bearbeitete. Nach dem Krieg verschwand er. 1965 schickte mein alter Freund Pinto mir ein Hochzeitsphoto von seiner Tochter. Der Mann, den sie geheiratet hatte, war Hans Helmut Ziegler. Es hat mich zwei Jahre Arbeit und zwanzigtausend Dollar gekostet, die Akte gegen ihn zusammenzustellen. Dann habe ich sie ihm mit einer Salamanderkarte geschickt. Er ist mit hoher Geschwindigkeit in einen Abgrund gerast. Als Pinto die Akte las, glaubte er, die Israelis hätten ihn auf dem Gewissen. Er schaltete die brasilianische Polizei ein, und die schickte die Akte an Interpol. Schließlich wurde sie über die italienischen Behörden bis zu mir zurückverfolgt – und so ist sie dann wohl in Leporellos Hände geraten.

Damit sollte die Geschichte zu Ende sein, Dante *mio,* aber sie ist es nicht. In den Tagen vor dem Schwarzen Sabbat glaubten die Juden von Rom, sie hätten mit den Deutschen ein Abkommen, sich loskaufen zu können. Ein Fonds wurde eingerichtet, in den jeder einzahlte, was er hatte – Gold, Juwelen, alles. Aber die Deutschen nahmen den Schmuck und die Menschen dazu. Raquela hatte einem von den Sammlern, einem gewissen Emanuele Salatri, ihre Smaragdbrosche gegeben. Er verschwand mit der Beute. 1969 fand nun in Zürich eine Schmuckauktion statt. Unter den Stücken im Katalog war diese Brosche. Sie führte mich zu einem wohlhabenden Londoner Juwelier namens Emanuele Salatri. Ich schickte ihm eine Akte nebst Karte. Er hat sich eine Kugel in den Kopf geschossen. Wieder verfolgte man die Akte bis zu mir zurück. Wieder hatte ich kein Verbrechen begangen.

Alte Geschichten! Ist es unrecht von mir, sie wieder auszugraben? Ich habe es oft gedacht. Aber immer wieder bin ich dann auf dieselbe Frage gestoßen: Warum sollen die Verbrecher im Wohlstand leben, solange die Opfer noch an den Folgen ihrer Verbrechen leiden? Das ist jetzt Ihre Frage, Matucci. Möglich, daß Leporello durch ein ganzes Meer von Verbrechen waten und dennoch ein guter Staatsmann werden kann. Doch wenn es so wäre, sollten wir ihn ertragen? Selbst wenn er jetzt in Sack und Asche daherkäme, sollten wir ihm seine Verbrechen verzeihen und ihn im gleichen Atemzug auf den Schild der Macht heben? Ich vermag es nicht einzusehen."

Es WAR spät, als wir an diesem Abend zu Bett gingen. Ich schlief nicht. In verzweifelter Einsamkeit schrieb ich an Lili; nicht als Onkel Pavel diesmal, sondern als Dante Matucci, der Flüchtling.

> Meine liebste Lili,
> dieser Brief kommt von Deinem Puppenspieler, der spät und schmerzhaft entdeckt hat, wie wenig er sein eigenes Schicksal in der Hand hat. Ich habe Deinen letzten Brief zerrissen, weil ich Dich aus meinen Gedanken haben wollte, bis das alles hier erledigt war. Es war zwecklos. Ich kann die Leere in meinem Herzen nicht ertragen. Ich bin eifersüchtig darauf, daß Du jemanden gefunden haben könntest, der meinen Platz in Deinem Herzen einnimmt. Ich liebe Dich, Lili. So, jetzt ist es heraus! Willst Du mich heiraten? Antworte nicht, bevor Du Dir sicher bist; denn wenn Du Dir sicher bist und ich bin frei, werde ich Dir bis ans Ende der Welt folgen.

Die Dinge haben sich schlecht für uns entwickelt, aber es gibt noch Hoffnung auf ein gutes Ende. Morgen kehre ich in die Unterwelt zurück, ein Flüchtling auf der Suche nach etwas, was einer zurückgelassen hat, den ich für tot halte. Finde ich es, ist alles gut. Wenn nicht, tauche ich wahrscheinlich eher in der Schweiz auf, als Du erwartest.

Ich fürchte mich, doch nicht zu sehr, denn langsam lerne ich, mit dem Menschen zu leben, der in meiner Haut steckt. Und vom Salamander lerne ich die Kunst des Überlebens ... Du wirst jetzt lächeln, aber ich hätte nie geglaubt, daß ich so lange ohne die Gesellschaft einer Frau auskommen könnte. Die Wahrheit ist vielleicht, daß meine Frau mir nie so fern ist, daß ich völlig ohne sie wäre.

Seltsam, wie die Worte meines dichtenden Namensvetters mir wiederkehren: ‚Sie, die meine Seele zum Paradiese macht.' Der alte Dante hat zu seiner Zeit ein paar gute Sachen von sich gegeben. Schade, daß er nicht mehr über den Körper geschrieben hat. Der fühlt sich zur Zeit sehr einsam.

Auf immer
Dein Dante

Ich habe den Brief noch, denn er wurde mir unter Umständen zurückgegeben, die später in diesen Bericht gehören.

Ich setzte mich mit Gisela Pestalozzi in Venedig in Verbindung. Die Wohnung, mein Unterschlupf, war ein kleines Juwel: Der Vorderausgang führte auf eine stille Gasse, vom Hinterausgang konnte man direkt in ein Boot steigen, durch ein Mansardenfenster konnte man über die Dächer verschwinden. Ich zahlte zwei Monatsmieten in bar.

Dann versuchte ich mich an Elena Leporello heranzumachen. Sie war meine letzte Chance. Wenn ich bei ihr nicht zum Ziel kam, konnte ich gleich in Richtung Alpen aufbrechen. Sie in Mailand anzurufen war riskant, aber ihr zu schreiben oder sie von Steffi auf der Straße ansprechen zu lassen wäre noch riskanter. Ich entschied mich für den Anruf. Ein Hausmädchen meldete sich.

„Kann ich bitte den General sprechen?" fragte ich.

„Der Herr General ist nicht zu Hause. Sie sollten es im Hauptquartier versuchen."

„Hier ist das Hauptquartier. Ist die Signora zu Hause?“ Ich wartete ziemlich lange, und als Elena sich meldete, sprach ich schnell und wortreich.

„Bitte, Signora, legen Sie nicht auf, bevor ich geendet habe. Hier ist Dante Matucci. Es besteht ein Haftbefehl gegen mich. Ich halte mich seit Tagen versteckt. Ich weiß nicht, ob Hauptmann Roditi lebt oder tot ist. Können Sie mir das bitte sagen?“

„Nein, im Augenblick nicht.“

„In den Meldungen wird der Eindruck erweckt, ich hätte ihn entführt oder ermordet. Beides ist nicht wahr. Wenn er lebt, muß ich ihn finden. Sind Sie bereit, mit mir zu sprechen?“

„Ja.“

„Wann?“

„Täglich zwischen zehn und sechs.“

„Danke. Hören Sie jetzt genau zu. Gehen Sie morgen früh um halb elf in die Libreria Ambrosiana. Sagen Sie, Sie möchten Petrarcas Vergil sehen. Ein Freund von mir wird Sie dann ansprechen und in Ihrem Wagen zu mir bringen. Werden Sie überwacht?“

„Das weiß ich nicht.“

„Wenn Sie glauben, daß Sie verfolgt werden, halten Sie diese Verabredung nicht ein. Die Abmachung bleibt drei Tage bestehen. Mein Freund wird fragen: ‚Sind Sie Raquela Rabin?‘ Sie werden antworten: ‚Ja.‘ Tun Sie dann, wozu er Sie auffordert. Richten Sie sich darauf ein, den ganzen Nachmittag weg zu sein.“

„Ich habe verstanden. Danke. Auf Wiederhören.“

So weit, so gut. Aber wie weit ist weit, wenn man es mit einer im Intrigieren erfahrenen Frau zu tun hat? Ich rief Steffi an und erklärte ihm meinen Plan, über Elena an Roditis Tonbänder und Photos heranzukommen.

„Matucci, kleiner Bruder“, sagte Steffi gramerfüllt, „hören Sie, was ein alter Ehemann Ihnen zu sagen hat. Diese Frau ist krank. Noch schlimmer, sie weiß es und genießt es. Sie braucht einen Ehemann, den sie herumstoßen und demütigen kann. Wenn er ein großes Tier ist, um so besser. Sie braucht – und hat – einen Liebhaber von derselben Art. Jetzt tauchen Sie auf Ihrem Fest auf, von Kopf bis Fuß zum Fingerlecken. Sie sind neu, Sie sind ein Mann. Sie muß beweisen, daß auch Sie ihr aus der Hand fressen, wenn sie will. Sie hat etwas, was Sie haben möchten – auch wenn es ihr lieber wäre, wenn Sie etwas anderes von ihr wollten –, und sie wird Sie zwingen, Männchen zu machen und zu betteln. Und zu betteln, und zu betteln. Und wenn Sie nicht mitmachen, wird sie Sie ans Messer liefern, nur um Ihnen zu zeigen, wer die Hosen anhat."

„Sie hat etwas, was ich haben will. Wie kriege ich es?"

„Eine Frau wie sie wird eine schmutzige Geschichte und die dazugehörigen Bilder nicht für sich behalten. Sie muß sie weitererzählen. Kriegen Sie raus, wer ihre Mitwisserin ist. Zapfen Sie diese Quelle an und drohen Sie Elena, es ihrem Mann zu sagen."

Laura Balestra, dachte ich. Sie konnte wissen, wo das Zeug war. Aber Elena würde auf eine solche Drohung nicht so reagieren, daß sie es mir gab. „Nein", sagte ich, „das kaufe ich Ihnen nicht ab. Bringen Sie Elena nach Venedig, kaufen Sie ihr auf dem Markusplatz ein Sandwich und verschwinden Sie, wenn ich aufkreuze. Dann warten Sie auf mich in meiner Wohnung."

Am folgenden Nachmittag um zwei begab ich mich in Leinenhose und grünem Pullover mit Aldo Carneras Papieren in der Tasche zum Markusplatz. Steffi sah mich kommen und verzog sich.

Elena begrüßte mich frostig. „Ich hoffe, Herr Oberst, daß diese unerquickliche kleine Komödie einen Sinn hat."

„Das hoffe ich auch, Signora. Haben Sie von Hauptmann Roditi gehört?"

„Kein Wort."

„Weiß Ihr Mann, wo er ist?"

„Nein. Er weiß von dem Notar, daß Sie Matteo gezwungen haben, ein falsches und belastendes Schriftstück zu unterschreiben, um ihn dann umbringen oder entführen zu lassen."

„Hat Ihr Mann das Schriftstück gelesen?"

„Davon hat er nichts gesagt."

„Möchten Sie es lesen?"

„Bitte."

Ich gab ihr eine Kopie von Roditis Geständnis und beobachtete sie genau, während sie las. Alle Farbe wich aus ihrem Gesicht. Sie zitterte heftig, und ich fürchtete einen Augenblick, sie werde in Ohnmacht fallen. Aber bis sie fertig war, hatte sie sich wieder in der Gewalt, und es war für mich erschreckend anzusehen, wie plötzlich sie ihrer Gefühle wieder Herr war. Sie sah mich verächtlich aus kalten Augen an.

„Ein einziges Lügengespinst, Oberst. Gemeine, ungeheuerliche Lügen. Von Ihnen diktiert – das hat der Notar vom Schlafzimmer aus gehört."

„Sind Sie sicher, daß alles falsch ist? Haben Sie kein Verhältnis mit Roditi gehabt?"

„Natürlich nicht."

„Ich habe Ihre Briefe gelesen, Signora. Ich habe Ihr Photo mit Ihrer Unterschrift gesehen."

„Es gibt gar keine Briefe, Oberst."

„Sie meinen, man hat sie auf Befehl Ihres Mannes verschwinden lassen. Aber nicht alle. Einen habe ich hier in der Tasche. Das Photo wurde von Donati in Bologna gemacht. Er hat einen Abzug für mich angefertigt. Und dann will ich Ihnen noch etwas sagen. Roditi war ein Freund von Giuseppe Balbo, der vor ein paar Abenden von der Polizei erschossen wurde. Ich habe die beiden zusammen im Alcibiade getroffen. Nein, Signora, nicht ich lüge, sondern Sie. Warum? Fürchten Sie sich vor Ihrem Mann?"

„Nein, Oberst."

„Roditi hat mir gesagt, Sie besäßen Photos und Tonbänder, die alle gegen Ihren Mann erhobenen Beschuldigungen beweisen. Er sagte, das sei Ihre einzige Versicherung gegen Ihren Mann."

„Ich habe dergleichen nicht. Und ich brauche keine Versicherung."

„Warum nicht? Weil Roditi tot ist? Oder ist Ihr Mann dabei, seine kleinen Spielchen aufzugeben? Und Sie? Was für eine Frau sind Sie?"

„Ich will Ihnen sagen, was für eine Frau ich bin, Oberst. Wenn mein Mann schlau genug ist, sich aus dieser Klemme herauszuwinden, dann ist er auch schlau genug, auf die Spitze des Baumes zu klettern. Da möchte ich auch sein. Wenn er's nicht schafft ... Nun, dann gibt's für mich immer noch ein neues Morgen."

„Sie können für Ihre Zukunft jetzt schon vorsorgen, Signora. Da drüben steht ein Polizist, und vor dem Dom stehen zwei Carabinieri. Rufen Sie sie her. Sagen Sie ihnen, wer ich bin, und lassen Sie mich verhaften."

„O nein, mein lieber Oberst, ich weiß noch nicht genau, wie schlau Sie sind und ob Sie meinem Mann ebenbürtig sind. Das ist ein Spiel, verstehen Sie nicht? Ich bin Ehrengast. Mir würde jetzt sogar eine Stunde mit Ihnen im Bett Spaß machen. Nein? Vielleicht ein andermal. Da fällt mir ein, haben Sie von Laura gehört?"

„Was soll ich von ihr gehört haben?"

„Sie ist gestern abend mit dem Auto gegen einen Baum gefahren. Sie trinkt zuviel, müssen Sie wissen. Vielleicht bleibt sie am Leben, aber es wird nur noch ein Dahinvegetieren sein. Wie schade! Sie war so ein hübsches Ding. Auf Wiedersehen, Oberst."

Sie reichte mir die Hand. Ich konnte sie nicht nehmen. Ich sah ihr nach, wie sie mit erhobenem Kopf und wippenden Hüften davonging, keck wie ein junges Mädchen, das Anschluß sucht. Die Tauben flogen in Wolken auf, als sie vorüberging, und der Kellner, der mir das Wechselgeld in die Hand zählte, seufzte über so eine Verschwendung von Weiblichkeit.

Es WAR eine einzige Katastrophe. Steffi zog Bilanz.

„Schachmatt, kleiner Bruder. Ihre letzte – und äußerst magere – Hoffnung ist das Schließfach. Ich wollte, ich könnte Ihnen helfen. Aber ich kann nicht. Ich fahre nach Hause. Rufen Sie mich an, wenn Sie mich brauchen. Aber nehmen Sie noch einen Rat von mir. Überlassen Sie die Sache Manzini, und hauen Sie ab in die Schweiz. Sie sitzen in einer Falle. Ich mag Sie, Matucci, weiß der Himmel, warum, und ich möchte Sie nicht geköpft sehen, bevor Sie überhaupt erwachsen sind."

Ich rief Manzini an, und auch er empfahl mir die Schweiz. Seine Stimme klang müde und mutlos, und ich machte mir Sorgen wegen seiner Gesundheit. Als ich den Hörer auflegte, packte mich die kalte Wut. In einem Anfall ohnmächtiger Raserei tigerte ich durch Giselas Wohnung. Es war doch unglaublich, daß wir mit all dem Beweismaterial nichts sollten anfangen können. Ungeheuerlich, daß ein einzelner den Arm des Gesetzes als Instrument des Verbrechens mißbrauchen konnte! Es beschämte mich, daß so ein skrupelloser Mensch mich zum Flüchtling machen konnte, während seine Frau dasaß und lachte.

Zum Teufel damit! Ich ließ mich nicht in die Flucht jagen wie ein Krimineller. Ich würde bleiben!

Wie ich das anstellen sollte, war eine andere Frage, über die ich beim Essen und einer Flasche Wein erst einmal nachdenken mußte. Und ich würde nicht hier herumsitzen und mich nicht trauen, die Nase vor die Tür zu stecken. Ich machte einen Spaziergang und fand ein einfaches Lokal, wo es nach gutem Essen roch. Die Nacht war mild, weshalb ich draußen sitzen blieb. Ich bestellte Risotto mit Muscheln und Fisch und eine Flasche Rotwein. Gerade wollte ich es mir schmekken lassen, als zwei Carabinieri mich einfach packten wie eine Apfelsine aus der Obstschale und mich in die Questura brachten.

Sie führten mich gleich zu ihrem Kommandanten. Der sah sich meine Papiere an, und ich versicherte ihm, daß ich wirklich der Handelsvertreter Aldo Carnera sei, der in den Papieren stand. Ob etwas gegen mich vorliege? Nein, versicherte er mir. Es handle sich nur um meinen grünen Pullover. Ob ich am Nachmittag auf dem Markusplatz gewesen sei? Ja. Aha! Das genügte.

Ich bat, zu erfahren, was an einem grünen Pullover so Besonderes sei. Er gab zu, nichts Besonderes daran zu sehen. Aber eine Frau, die ihren Namen nicht habe nennen wollen, habe ihn angerufen; sie habe einen Mann in dieser Kleidung als einen gewissen Dante Matucci erkannt, der von der Mailänder Polizei gesucht werde. Sie habe sein Photo in der Zeitung gesehen.

Der Kommandant brachte ein Photo von mir nebst Fingerabdrükken aus den SID-Akten zum Vorschein. Ich grinste, und er grinste, und wir einigten uns, daß ich eben Pech gehabt hatte. Ich fragte, ob er mir einen Anruf gestatte. Er kramte einen Befehl hervor, wonach Oberst Matucci nach seiner Festnahme daran zu hindern sei, mit irgend jemandem Verbindung aufzunehmen. Er müsse jetzt Mailand anrufen. Er tue dies einem dienstälteren Kollegen höchst ungern an. Ich solle es mir bis zu seiner Rückkehr bequem machen.

Ein Augenzwinkern ist so gut wie ein Kopfnicken. Ich benutzte das Telephon auf seinem Schreibtisch und rief Manzini an. Er war nicht da. Sein Diener nahm die Nachricht entgegen. So wußte der Alte wenigstens, was passiert war.

Der Kommandant blieb lange fort. Als er zurückkam, sah er mich ernst und nachdenklich an. Er sagte, ich sei jetzt offiziell verhaftet. Ich müsse ihm alle meine Sachen aushändigen, und er werde mir eine Quittung darüber geben. Er habe den Befehl erhalten, mich über Nacht dazubehalten und am Morgen nach Mailand zu schicken.

Ein Brigadiere führte mich in die Arrestzelle. Ein Wärter schloß mich ein. Etwa fünfzehn Minuten später kam der Brigadiere wieder, begleitet von einem Wächter und einem Mann im weißen Kittel, der eine mit einem Handtuch zugedeckte nierenförmige Schüssel trug. Er stellte sich mir als Polizeiarzt vor und forderte mich auf, einen Ärmel aufzurollen, damit er mir eine Beruhigungsspritze geben könne. Ich zuckte bei dem Nadelstich und fing an zu zählen, eins, zwei, drei ...

Dann gingen alle Lichter aus.

DREI

ICH ERWACHTE – oder träumte, daß ich erwachte – in absoluter Finsternis und absoluter Stille. Ich schwebte – oder träumte zu schweben – in grenzenlosem Raum in einem zeitlosen Kontinuum. Ich war nicht traurig; ich war nicht glücklich; ich hatte keine Schmerzen. Ich war nur. Fürs erste genügte das. Dann begann ich mich unbehaglich zu fühlen, zuerst nur ein wenig, dann immer ausgeprägter. Etwas fehlte. Ich konnte nicht feststellen, was. Meine Gedanken waren wie ziehender Nebel, und ich tastete ohne Hände ins Nichts.

Langsam löste sich der Nebel in Streifen und Schwaden auf. Ich begann meine verstreuten Teile zu sammeln. Mein Daumen traf meine Fingerspitzen. Meine Zunge fühlte den Gaumen. Meine Augenlider zuckten. Irgendwo weit draußen im Nebel berührten sich meine Füße. Dann wurden die Teile zu einem Ganzen, und ich erkannte, daß mein Körper und ich noch eins waren. Ich war da und lag nackt auf einer harten, flachen Unterlage.

Dann erfaßte mich Panik. Ich war lebendig begraben. Ich war blind. Ich war taub. Ich war stumm. Wenn ich schrie, würde kein Laut sich meiner ausgedörrten, zusammengeschnürten Kehle entringen. Mir brach der Angstschweiß aus. Dann legte sich allmählich die Panik, bis sie gottlob kein Wahnsinn mehr war. Jetzt wußte ich wenigstens, daß ich meinen Verstand noch besaß und anfangen mußte, ihn irgendwie zu gebrauchen.

Zuerst ließ ich meine Finger die Umgebung erkunden. Die Steinplatte, auf der ich lag, fühlte sich wie Marmor an. Sie hörte ein paar Zentimeter rechts und links von meinem Körper auf; über mir und ringsherum war leerer Raum. Nach unten stießen meine Finger auf einen Fußboden, der sich rauher und kälter anfühlte als die Platte. Wie weit er sich erstreckte, wußte ich nicht. Mir genügte, daß ich wieder in der Wirklichkeit Fuß gefaßt hatte.

Nun mußte ich mein inneres Selbst erforschen, nach festen Punkten für Zeit und Erinnerung suchen. Das war schon schwieriger. Endlich setzte eine Erinnerung sich fest: eine Frau ging durch eine Wolke von Tauben hindurch, während ein Mann im grünen Pullover an einem Tisch saß und ihr nachschaute. Von da aus konnte ich vorwärts gehen. Ich konnte von da aus rückwärts gehen. Ich ertappte mich dabei, daß ich in der Dunkelheit still vor mich hinweinte. Die Tränen taten gut. Sie fielen wie Öl auf die Wogen der Panik. Nachdem sie versiegt waren, wußte ich, daß ich noch Mensch war. Ich wußte, was mir widerfahren war und was mir sehr bald widerfahren würde.

Von all den raffinierten Folterinstrumenten, die der Mensch ersonnen hat, ist keines so wirkungsvoll wie Dunkelheit und Stille. Mein Namensvetter Dante Alighieri hat eine Dichtung über die Hölle verfaßt, die zur Weltliteratur zählt. Ich stehe als Zeuge dafür auf, daß er nicht wußte, wovon er schrieb. Die Hölle ist ein dunkler, stiller Raum. Verdammnis heißt, darin eingesperrt zu sein – allein.

Ich kann Ihnen sagen, was da geschieht, weil es mir geschah. Es war die heimtückischste Rache, die ein Mensch an einem anderen Menschen üben konnte ... Man sagt zu sich selbst, ich weiß, wer ich bin. Ich weiß, was sie versuchen werden, mir anzutun. Ich werde es nicht zulassen. Ich werde unter meiner Schädeldecke leben und mich an die Fakten halten, die ich kenne. Ich weiß, daß sie mir zu essen geben müssen, oder wenigstens Wasser.

Es wird jemand kommen, und sei es nur aus Schadenfreude; denn warum sich sonst die Mühe machen, mich zu quälen, wo es so einfach gewesen wäre, mir eine Kugel in den Kopf zu jagen?

Niemand kommt. Bei deinem ersten Rundgang an den Wänden entlang entdeckst du, daß man dir drei Ballonflaschen mit Wasser dagelassen hat, genug, um dich lange, lange am Leben zu erhalten. Du entdeckst außerdem, daß die Welt innerhalb deines Schädels zu verschwimmen beginnt. Du willst nach einer Erinnerung greifen und findest eine andere. Du hast immerzu Wahnvorstellungen. Wenn sie kämen, wüßtest du nicht, ob sie wirklich wären oder nicht.

Das ist eben der Witz, weißt du? Sie kommen, aber du merkst es nicht. Sie heben dich vom Boden auf und pumpen dich mit Barbituraten voll, damit die Halluzinationen bleiben. Sie lassen gerade so viel Glukose in deine Venen tropfen, daß du am Leben bleibst, und sie füttern dich mit genügend neuen Ängsten, um dich wahnsinnig zu machen. Später erfuhr ich, daß ich fünfzehn Tage dort gewesen war. Als sie mich herausholten, war ich eine Zeitlang blind, stumm und nicht zu kontrollierten Bewegungen fähig; ich trottete dahin wie ein Tier, bärtig und schmutzig. Man hielt mich achtundvierzig Stunden lang unter der Wirkung eines starken Beruhigungsmittels, und als ich daraus erwachte, glaubte ich felsenfest, ich sei gestorben und infolge irgendeines kosmischen Irrtums im Paradies gelandet.

Es WAR so hell, daß ich es nur den allerkürzesten Augenblick ertrug. Immer, wenn ich die Lider öffnete, war eine hübsche Krankenschwester im Zimmer. Sie sagte, ihr Name sei Claudia. Wann immer das Licht zu verblassen begann, wurde ich unruhig und bekam Angst, daß es ganz ausgehen könnte. Aber es ging nie aus. Stets kam eine andere Schwester und knipste die Lampen an, und selbst wenn ich schlief, brannte immer ein kleines Licht. Die Nachtschwester war nicht so hübsch wie Claudia, aber lieb und geduldig. Manchmal konnte ich gar nicht mehr zu reden aufhören. Andere Male war ich mürrisch und schweigsam und vermochte den unabänderlichen, schrecklichen Verlauf meiner Gedanken nicht in eine andere Richtung zu lenken.

Jeden Tag untersuchte mich der Arzt und unterhielt sich eine Weile mit mir über meine Krankheit, eine psychische Störung, die sich, wie er mir sagte, mit Geduld, leichten Beruhigungsmitteln und der einfachen Medizin menschlicher Gesellschaft von selbst heilen würde. Als ich fragte, wo ich sei, sagte er nur, ich befände mich in seiner Klinik. Ich sagte ihm, ich hätte Erinnerungsschwierigkeiten und könne mich nicht einmal auf eine Seite Gedrucktes konzentrieren. Das, erklärte er, sei die natürliche Reaktion eines Organismus, der über seine Kräfte strapaziert worden sei. Er funktioniere einfach so lange nicht, bis er ausgeruht und wieder einsatzbereit sei. Als ich fragte, ob ich noch unter Arrest stünde, lächelte er und sagte, ich sei frei.

Nach und nach begann ich die Wirklichkeit um mich herum zu erfassen, doch ferne Wirklichkeiten blieben verschwommen. Ich dachte an Lili, Manzini und Steffi, konnte sie aber weder als gegenwärtig begreifen noch ihre Abwesenheit bedauern. Leporello, seine Frau und der Direktor waren unklar bis zur Bedeutungslosigkeit. Ich wußte nur, daß ich sie irgendwie überlebt hatte.

Als ich zum erstenmal das Bett verlassen durfte, wunderte ich mich, wie schwach ich war. Der kurze Weg zum Fenster machte mich schwindlig und zittrig. Sogar der Blick nach draußen war ein Schock. Ich sah zuerst alles nur in einer Dimension. Ganz plötzlich wurde es dann perspektivisch. Ich sah eine Terrasse mit Korbsesseln und leuchtenden Sonnenschirmen, dahinter Rasen, Blumengärten und dann eine Wand aus Zypressen, die sich dunkel vor einem reinen Himmel erhob. Aber es sagte mir alles nichts. Es waren keine Menschen da, keine Landmarken.

Nach ein paar Augenblicken war ich froh, wieder ins Bett zu kommen.

Als ich erwachte, brannte die Nachtlampe, und Bruno Manzini stand am Fußende meines Bettes. Er kam, nahm meine Hände in die seinen und hielt sie in wortloser Begrüßung lange fest. Plötzlich weinte ich. Manzini tupfte mir mit seinem Taschentuch die Tränen von den Wangen.

Dann setzte er sich aufs Bett und redete mit mir, bis ich mich wieder gefangen hatte.

„Es war ein steiniger Weg, Dante *mio*. Aber Sie haben ihn überlebt. In einer Woche nehme ich Sie mit nach Pedognana. Freuen Sie sich?"

„O ja. Ich komme mir so verlassen vor. Was ist mit mir los?"

„Sie haben einen Abstecher in die Hölle hinter sich. Es dauert seine Zeit, sich davon zu erholen."

„Das glaube ich. Wo sind wir hier?"

„Bei Como. Es ist eine kleine psychiatrische Klinik. Ich finanziere sie ... Nein, keine Angst, Sie sind ganz gesund; aber Sie wären es nicht mehr, wenn man Sie noch viel länger festgehalten hätte."

„Wie bin ich hierher gekommen?"

„Ich habe Sie hergebracht. Es hat mich zehn Tage und viel Bestechungsgeld gekostet, Sie zu finden. Dann mußte ich mir eine richterliche Verfügung für Ihre Freilassung besorgen, was schon schwieriger war. Sie sind natürlich nur vorläufig frei. Die Anklage gegen Sie besteht noch."

„Ich kann mir nicht denken, warum Leporello mich hat laufen lassen."

„Er war überzeugt, Sie wären ein für allemal gebrochen. Und die Bewegung hätte einen großen Scheck von mir verloren. Aber vor Gericht stellen kann er Sie immer noch. Zum Glück haben wir jetzt medizinische Beweise für Ihre Mißhandlung, und ich glaube nicht, daß er die gerade jetzt bekanntwerden lassen möchte."

„Alles liegt in Scherben. Ich – ich kriege sie nicht mehr zusammen."

„Sie hatten sie schon zusammengesetzt, bevor das hier geschah. Wir sind im Besitz Ihrer Aufzeichnungen über die Mikrofilme, wir haben auch all die Tonbänder und Photos aus dem Bankschließfach. Wir können Leporello also jetzt erledigen – und danach den Direktor."

„Wissen Sie, was aus Roditi geworden ist?"

„Ja. Man hat ihn durch dieselbe Mühle gedreht. Er wird Leporello nie mehr gefährlich und niemand anderem mehr nützlich sein können."

„Ich fürchte, ich kann Ihnen auch nicht mehr allzuviel nützen."

„Jetzt hören Sie mir mal zu, mein Dante. Sie haben Glück gehabt, viel zuviel Glück, um sich selbst zu bemitleiden. Sie dürfen jetzt nicht aufgeben. Und Sie werden nicht aufgeben, denn wenn Sie es täten, würden Sie den Sieg Leporello überlassen, und dann wäre alles, was Sie gelitten haben, sinnlos gewesen."

„Ich bin so müde . . ."

„Versuchen Sie's einmal mit Haß, mein Freund. Er ist das beste Aufputschmittel der Welt. Ruhen Sie sich jetzt aus. In ein paar Tagen komme ich Sie wieder besuchen."

Ich war froh, daß er ging. Ich wollte mich selbst bemitleiden. Ich hatte ein bißchen Mitleid verdient, und dieser alte Mann hatte keines.

Am folgenden Tag saß ich eine Stunde auf der Terrasse. Den Tag darauf machte ich in Begleitung der Schwester einen ersten Rundgang durch den Garten. Von da an ging ich jeden Morgen, gemächlichen Schrittes wie ein meditierender Mönch, im Garten spazieren und sog die Sonne in mich hinein. Ich fing wieder an, Mensch zu werden. Ich konnte bis zu einer Stunde an einem Stück lesen. Man brachte mir Zeitungen, aber die schlug ich gar nicht erst auf. Tagesmeldungen bedeuteten eine Verantwortung, die ich noch nicht zu übernehmen bereit war.

Dann kam Manzini wieder. Er brachte Champagner und Kaviar mit, und wir picknickten auf der Terrasse, aber ich nahm mich vor ihm in acht. Ich wollte mir meine kostbare Ruhe nicht von ihm stören lassen. Er störte sie auch nicht. Er zerschlug sie. „Es gibt etwas, was Sie wissen sollten, Dante *mio.* Lili Anders sitzt in Rom im Gefängnis."

„Nein . . . das kann nicht wahr sein."

„Ist es aber. Der Direktor hat mich gestern angerufen, um mir die gute Nachricht mitzuteilen und mich zu bitten, sie Ihnen zu überbringen."

„Aber warum? Und wie?"

„Es scheint, Sie haben sie durch ein Telegramm zurückgerufen."

„Wie konnte ich? Ich war fast vier Wochen außer Gefecht."

„So erzählt es aber der Direktor. Sie hätten ihr telegraphiert, sie dürfe zurückkommen. Sie würden sie in Bozen treffen, wo Sie alles für die Heirat vorbereitet hätten. Sie hat das Telegramm aus der Handtasche geholt, als die Grenzpolizei sie im Fahndungsbuch gefunden hatte und verhörte."

„Das war eine Falle!"

„Natürlich. Aber sie ist hineingegangen."

„Wir müssen sie herausholen."

„Wie denn, mein Dante? Sie haben selbst die Beweise gegen sie zusammengetragen und das Netz des Spechtes zerschlagen. Sie können jetzt schlecht Ihr eigenes Zeugnis widerlegen, oder?"

„Aber der Direktor hatte versprochen, sie laufenzulassen."

„Hat er auch. Sie ist aber zurückgekommen. Er hat sie wegen illegaler Einwanderung geschnappt."

„So eine Sauerei! Ich muß hier raus, Bruno."

„Wenn das Ihr Wunsch ist, bitte sehr."

Wir waren halb über den Rasen, als mich ein Gedanke mitten im Schritt innehalten ließ. Ich packte ihn am Arm und fuhr ihn brutal an. „Haben Sie das arrangiert, Bruno?"

Er zuckte nicht einmal. Er stand aufrecht und fest vor mir und erdolchte mich mit seinem Blick.

„Würden Sie mir's zutrauen?"

„Allerdings."

„Gut. Dann haben Sie etwas gelernt."

„Waren Sie es?"

„Ich wäre dazu imstande gewesen – wenn ich es für nützlich gehalten hätte. Aber ich war's nicht. Ich glaube, Sie haben durch Ihr Gerede selbst dafür gesorgt, irgendwann in diesen fünfzehn Tagen der Umnachtung. Ich weiß, daß Sie da auch Dinge über mich erzählt haben, denn seitdem muß ich mich ständig herauslügen – und beinahe wäre uns das Schließfach durch die Lappen gegangen. Leporello hat eine richterliche Öffnungsverfügung erwirkt, einen Tag, nachdem wir es ausgeräumt hatten."

„Großer Gott! Bruno, das tut mir leid."

„Nicht doch. Denken Sie lieber an die, die Sie zum Verräter wider Willen gemacht haben."

„Ich bringe die Schweine um!"

„Genau das erwarten sie von Ihnen – und wenn Sie es versuchen und geschnappt werden, kommen Sie kein zweites Mal davon. Nein, Dante, diesmal machen wir's auf meine Art. Sie setzen hier den Fuß nicht eher vors Tor, als bis der Arzt es Ihnen erlaubt."

Der Arzt war unschlüssig. Unter Streß würden die Funktionsstörungen wieder auftreten. Mein Gedächtnis würde mir Streiche spielen, meine Konzentrationsfähigkeit würde versagen, ich wäre Depressions- und Angstanfällen ausgesetzt. Er könne mich erst gehen lassen, wenn ich das Risiko begriffen hätte und mich nicht überfordern würde.

Es war leicht gesagt, ich würde schon damit fertigwerden.

Aber die Schuldgefühle wegen des Verrats an Lili nagten derart an mir, daß ich in dem Moment, als wir zum Tor hinausfuhren, in tiefe Mutlosigkeit verfiel. Manzini überließ mich eine Weile meinen trüben Gedanken, dann überraschte er mich mit einer unverblümten Frage.

„Wie ernst ist es Ihnen mit dieser Frau?"

„Ich habe sie gefragt, ob sie mich heiraten will."

„Wann?"

„Ich habe ihr geschrieben, bevor ich das letzte Mal Pedognana verließ. Ich habe Ihnen den Brief mitgegeben, um ihn in Chiasso einzuwerfen."

„Sollten Sie nicht ihr Onkel Pavel sein?"

„Als ich diesen Brief schrieb, war ich es nicht."

„War das nicht ziemlich dumm?"

„Äußerlich betrachtet, ja."

„Sie wissen also gar nicht, ob sie will oder nicht?"

„Nein. Warum?"

„Nur so. Aber es gibt noch etwas Wichtigeres. Ich glaube, wir kennen das Datum für den *colpo di stato*."

„Wann?"

„Unter Eingeweihten wird der einunddreißigste Oktober geflüstert. Das paßt auch zu den Daten auf den Mikrofilmen."

„Das sind ja noch fünf Monate."

„Geben Sie nicht zuviel auf Zeit, Dante. Sie läuft sehr schnell davon. Leporello ist ein glänzender Organisator. Er hat schon einige wichtige Zeugen eingeschüchtert oder beseitigt. Wie er auch Sie zu beseitigen glaubte. Nein, wir müssen noch vor dem Sommer zuschlagen."

„Was soll ich tun?"

„Im Augenblick nur, was der Arzt befohlen hat – ausruhen. Aber eines können Sie tun, ohne Ihrer Gesundheit zu schaden."

„Was wäre das?"

„Empfangen Sie Freunde. Ich nehme doch an, daß Sie in der Truppe noch Freunde in Ihrem Rang haben? Schreiben Sie ein paar Briefe. Rufen Sie ein paar Leute an. Sie waren krank. Sie möchten sie gern irgendwann in Pedognana sehen. Wir haben genug Gästezimmer. Es ist Gelegenheit zum Reiten und Schießen da ... Sie werden schon kommen."

„Was haben Sie jetzt vor, Bruno?"

„Eine Prätorianergarde. Zehn resolute Männer, die begreifen, was auf dem Spiel steht, würden genügen. Nach Ihrer Darstellung stößt Leporello mit seiner Politik auf wenig Gegenliebe."

„Wenn Sie erwarten, daß ich eine Revolte in der Truppe inszeniere, das können Sie sich aus dem Kopf schlagen. Ich bin zwar im Moment nicht sehr auf Draht, aber das wäre Wahnsinn."

„Wer spricht von Revolte? Im Gegenteil, wir brauchen zehn gute Männer, die auf die Tradition der Carabinieri stolz sind und eifersüchtig über ihre Ehre und ihren Eid wachen; altmodische Patrioten, die es nicht gern sehen, wenn man ihren Mitbürgern die Zähne einschlägt und die Gerechtigkeit durch falsches Zeugnis ausgeschaltet wird."

Mehr wollte er jetzt nicht sagen, und ich war zu müde, um in ihn zu dringen.

Abends beim Cocktail stellte ich fest, daß noch ein Gast in der Villa war: die Principessa Faubiani. Ich war nicht in der Stimmung, der Primadonna der römischen Gesellschaft so den Hof zu machen, wie sie es sehr offensichtlich erwartete, aber Bruno zuliebe konnte ich mich wenigstens bemühen, nett zu sein. Ich wurde reichlich belohnt. Sie war eine geistreiche, intelligente Frau, die über genug Bosheit verfügte, um in der harten Welt, die sie ausbeutete, zu überleben, während sie für ihre Freunde mehr als genug Zuneigung und gute Laune übrig hatte. Sie trug die Salamanderbrosche aus Foscos Ausstellung, und als ich darüber eine Bemerkung machte, meinte sie vergnügt: „Ein Abschiedsgeschenk. Das ist nämlich meine erste und letzte Saison mit Bruno. Er verläßt mich."

Manzini lachte leise. „Ich habe noch nie im Leben eine Frau verlassen, das weißt du doch. Ich ziehe mich nur ehrenvoll vom Schlachtfeld zurück. Du bist zu jung, meine Liebe, und ich bin zu alt, und ich hasse es nun einmal, auf irgendeinem Gebiet nur zweitbester zu sein. Wann eröffnest du deine Schau in Bologna, Pia?"

„Nächsten Mittwoch."

„Und in Mailand und Turin?"

„Jeweils zehn Tage später."

„Bist du danach frei? Um mir einen letzten Gefallen zu tun?"

„Nicht direkt frei, Lieber. Ich muß nach Rom zurück, aber ..."

„Könntest du hier ein paar Tage die Gastgeberin spielen? Seit Dante nach Mailand gekommen ist, verspreche ich ihm schon, ihn mit Leuten bekannt zu machen. Er hat eine schwere Zeit hinter sich, und ich glaube, er braucht Abwechslung."

„Bitte, Bruno", sagte ich. „Gesellschaftlicher Umtrieb ist wirklich das letzte, was ich brauche."

„Es wird vielleicht Ihr letzter Umtrieb überhaupt sein, Dante, wenn Sie vor Gericht kommen. Du tust das für mich, nicht wahr, Pia?"

„Das weißt du doch."

„Und wenn du diesen Kerl hier herumsitzen siehst wie ein Häufchen Elend, dann führ ihn aus, stell ihn deinen Mädchen vor, verführ ihn selbst, wenn du willst, aber reiße ihn aus seiner Trübsal, verstanden?"

„Ihre Dienerin, Cavaliere."

„Schön wär's, meine Liebe. Trotzdem, es war nett, oder?"

Sie legte eine Hand auf die seine. „Es war nett, *caro*. Es tut mir leid wegen –"

„Schluß, bitte! Ich bin zäher, als man glaubt. Ich habe ein schönes Leben gehabt. Und ich will euch etwas sagen – ich war verliebt, zweimal. Das ist für jeden Mann mehr als genug."

„Ich weiß von Raquela, Lieber. Aber wer war die andere?"

„Meine Frau."

Wir machten beide große Augen. Er sah uns mit einem seltsamen, verlegenen Lächeln an. „Ich habe in letzter Zeit viel an sie gedacht und mich gefragt, ob wir uns wohl wiedersehen werden und ob wir uns dann wohl wiedererkennen. Ich habe sie 1934 in Paris geheiratet. Sie war neunzehn. Ich war vierunddreißig. Ich hatte die ganze Erde bereist und hielt sie für das allerschönste Geschöpf darauf. Und sie hat sich auf den ersten Blick in Pedognana verliebt. Fragt nur einmal einen von den Alten, und ihr werdet sehen, daß sie sich noch an sie erinnern. Sie war für das Leben auf dem Lande geboren, und das Anwesen ist in diesen beiden denkwürdigen Jahren unter ihren Händen erblüht.

Wir waren geradezu lächerlich glücklich. Meine Geschäfte florierten, und Marie Claire wurde schwanger. Für einen Mann wie mich, der nie ein Familienleben gekannt hatte, war das wie die Ankündigung eines zweiten Messias. Ich schäumte über vor lauter Plänen für meinen Sohn – denn es mußte natürlich ein Sohn sein.

Im vierten Monat erkrankte Marie Claire an Genickstarre und starb innerhalb einer Woche. Sie liegt in der Kapelle begraben. Sie hätten die Inschrift gesehen, Dante, wenn Sie Ihren sturen Nacken gebeugt hätten, um zu beten. Marie Claire ... meine geliebte Frau ... lange ist es her und weit weg. Trinken wir den Kaffee im Arbeitszimmer. Da ist es gemütlicher."

Doch als der Kaffee gebracht wurde, sagte er plötzlich, er wolle zu Bett. Pia wollte schon mitgehen, aber er drückte sie sanft in ihren Sessel zurück und bückte sich, um sie auf die Stirn zu küssen. Seine Stimme klang sehr zärtlich. „Bleib du hier, meine Liebe. Ich bin sehr müde. Wir unterhalten uns morgen. Gute Nacht, mein Dante."

Als er fort war, stieß Pia Faubiani die Schuhe von den Füßen, kringelte sich in den Sessel und gab einen tiefen Seufzer der Befriedigung von sich. „Bin ich froh, daß es so zu Ende gegangen ist! Ich hätte diesem Mann sehr ungern weh getan. Er ist – Gott segne ihn – ein ganz besonderer Mensch."

„Ich verstehe, was Sie meinen."

„Er liebt Sie, Dante."

„Ich weiß. Er hat es mir gesagt."

„Und wie stehen Sie zu ihm?"

„Ich bewundere ihn. Oft streite ich mich mit ihm. Manchmal wünsche ich mir, so zu sein wie er. Ich verstehe ihn nie ganz. Wie krank ist er eigentlich?"

„Er ist nicht wirklich krank. Sein Herz ist müde. Er kann jeden Tag sterben. Ich glaube, er fürchtet sich mehr davor, zu lange warten zu müssen. Am meisten bedauert er, daß er keinen Sohn hat. War das nicht eine traurige kleine Geschichte?"

„Ja. Es war die kürzeste Geschichte, die ich ihn je habe erzählen hören. Was haben Sie jetzt eigentlich vor?"

„Ich? Dasselbe, nur mit dem Geld irgendeines anderen. Ich brauche nur ein bißchen Sonne, dann gedeihe ich überall. Erzählen Sie mir von sich."

„Was gibt's da zu erzählen? Ich bin Geheimdienstoffizier und habe geglaubt, ich könne das System zerbrechen. Statt dessen hat das System mich zerbrochen."

„Das glauben Sie ja selbst nicht."

„Doch. Sehen Sie sich meine Hände an. Ich kann kein Glas mehr ruhig halten. Wissen Sie auch, warum? Ich fürchte mich davor, ins Bett zu gehen und das Licht auszuschalten. Ich weiß, es wird vorübergehen, aber die Angst habe ich immer noch."

„Ich will Ihnen etwas versprechen, Dante. Sie werden heute nacht gut schlafen."

Und ich schlief gut. Ohne Alpträume.

Am Frühstückstisch segnete Bruno uns mit einem Grinsen und einem venezianischen Sprichwort: Das Bett ist eine Medizin. Und wieder einmal hatte er recht.

Ich stellte fest, daß ich keine Briefe schreiben konnte, darum telephonierte ich im ganzen Land herum mit den Männern, die einmal meine Freunde gewesen waren. Die einen hätten sich nur zu gern mit mir unterhalten, waren aber zu beschäftigt, um zu kommen; andere sagten, sie kämen gern, könnten aber kein bestimmtes Datum nennen. Nur sechs äußerten ihre Sorge um einen alten Freund und zeigten sich bestürzt über das, was man dem Vernehmen nach mit mir gemacht hatte. Die letzteren würden an verschiedenen freien Tagen kommen, um mit mir zu essen und zu reden. Immer enttäuschter fragte ich mich, warum es so wenige waren. Während wir im Arbeitszimmer saßen und Papiere, Photos und Tonbänder studierten, gab Manzini mir darauf die Antwort.

„Das Vieh wittert den Wind, Dante. Es kehrt ihm den Schwanz zu und wartet, daß er vorübergeht. Die Spreu weht bei einem Windstoß davon, und nur das gute Korn setzt sich ab. Seien Sie dankbar, auch für die kleinste Ernte. Ich habe heute mit Frantisek im Vatikan gesprochen. Wenn Sie wollen, besucht er Lili, und wenn sie die Heirat will, können wir es arrangieren, daß Sie zu ihr ins Gefängnis gehen und Verlobung feiern können. Die Vorschriften lassen das zu, aber seien Sie ja sicher, daß Sie wissen, was Sie tun. Man kann nicht ein Leben lang von Schuld und Mitleid leben. Und es ist nicht gesagt, daß wir sie herausbekommen. Auch um ihretwillen sollten Sie sich die Tatsache vor Augen halten, daß nichts so zerstörerisch wirkt wie enttäuschte Hoffnungen. Also überlegen Sie sich's gut, bevor Sie der Frau eine neue Bürde auferlegen."

Natürlich mußte ich das. Ich wußte auch, daß ich mir selbst keine lebenslange, einsame Treue auferlegen konnte. Ich war nicht stolz darauf. Ich versuchte, es aus meinen Gedanken zu verdrängen und mich auf die vor mir liegende Arbeit zu konzentrieren – die Zusammenstellung alles uns zur Verfügung stehenden Materials, um zu sehen, ob es ausreichte, Leporello und den Direktor aus dem Sattel zu heben.

Es gab Schwierigkeiten. Meine Aufzeichnungen über die Mikrofilme von Ponza waren Informationen aus dritter Hand, nur aus dem Gedächtnis zusammengetragen. Selbst die Originale enthielten nur Pantaleones Pläne für einen Militärputsch und würden kaum als Beweismaterial gegen Leporello dienen können. Was wir gegen ihn in der Hand hatten, waren im Grunde nur die Bild- und Tondokumente über sein Sexualleben in Roditis Mailänder Wohnung. Damit konnten wir einen Skandal machen, aber Skandale konnten in Italien leicht unterdrückt werden, weil die Gesetze die Veröffentlichung obszönen Materials verboten. Wenn wir es außerhalb des Landes veröffentlichten, konnte man uns leicht Fälschung und politische Verleumdung vorwerfen. Aber dieses Risiko mußten wir vielleicht eingehen.

Aus dem Material einen gerichtsreifen Fall zu machen, war ebenfalls problematisch. Photographien kann man sehr leicht fälschen, und Roditi stand als Zeuge für ihre Echtheit nicht zur Verfügung.

Die Verteidigung konnte dann behaupten, die Tonbänder seien zusammengeschnitten worden und stellten somit auch eine Fälschung dar.

Wir beschlossen, uns auf die Photos zu konzentrieren, und ich machte mich mit einem Vergrößerungsglas darüber. Kein Zweifel, daß Leporello darauf war. Ich aber wollte sehen, ob ich nicht einen seiner Partner identifizieren konnte. Die Schwierigkeit war, daß wir nur Kontaktabzüge von fünfunddreißig Millimeter Größe hatten, die alle genauestens geprüft werden mußten. Endlich hatte ich Glück. Auf einem glaubte ich mit Sicherheit Giuseppe Balbo zu erkennen. Auf einem anderen kam ein Gesicht mir sehr bekannt vor. Ich kramte hilflos nach dem Namen, aber mein durch die Erlebnisse erschüttertes und zerrüttetes Gedächtnis versagte den Dienst.

Manzini dagegen triumphierte. „Balbo genügt uns vollkommen. Ein bekannter Krimineller, wahrscheinlich ein Mörder, der auf Grund eines Fingerabdrucks und Ihrer Aussage überführt ist und von Leporellos Leuten in Leporellos Befehlsbereich umgelegt wurde. Doch, das müßte reichen! Der andere fällt Ihnen schon noch ein. Jetzt hören Sie zu! Das Zeug ist zu explosiv, als daß wir es aus der Hand geben dürften. Wir müssen alle Geräte, die wir zum Vergrößern der Abzüge brauchen, in die Villa bringen. Verstehen Sie was davon?"

„Nur das Grundlegendste. Hier wird ein Fachmann gebraucht. Einer, dem wir vertrauen können."

„Ich werde meine Leute in Zürich anrufen. Am Ende wird Ihre Party doch noch eine Siegesfeier, Dante *mio*."

Es war noch eine Stunde bis Mittag. Ich ging auf der Terrasse auf und ab und sann auf einen Ausweg für Lili. Aber wohin ich auch blickte, es gab keinen. Flucht war unmöglich. Freispruch war undenkbar. Das Beweismaterial gegen sie reichte zwanzigmal für eine Verurteilung. Was sie am meisten fürchtete, war im Augenblick für sie Wirklichkeit: der kleine Raum, die Lampen, die Fragen, die aus dem Nichts kamen.

Manzini kam zu mir heraus. Er rieb sich die Hände vor Zufriedenheit. Die Geräte wurden schon in Mailand verpackt. Sein Fachmann würde morgen früh von Zürich aus hierher starten. Als diese Nachrichten mich nicht aufmunterten, fuhr er mich an: „Matucci, Schluß damit! Ihre Lili ist kein Kind mehr. Sie wird es überleben, wenn sie will. Und solange sie lebt, gibt es Hoffnung. Sie erweisen ihr mit Ihren Selbstquälereien keinen Dienst. So, haben Sie nun diesem Gesicht inzwischen einen Namen gegeben?"

„Noch nicht."

„Versuchen Sie's weiter. Ich habe die Party für heute in vier Wochen angesetzt. Es wird ein Gala-Ereignis. In dieses alte Haus hier muß mal etwas Leben kommen. Das gilt für mich übrigens auch – und für Sie."

„Wirklich, Bruno, ich sehe nicht –"

„Sie sehen nicht die Nase in Ihrem eigenen Gesicht! Das ist Ihr Problem. Glauben Sie denn, Sie könnten je wieder zu den Carabinieri zurück? Nie! Nicht einmal, wenn das Blut des unschuldigen Lammes Sie reinwäscht. Sie müssen von vorn anfangen. Wo? Als Straßenfeger? Natürlich nicht. Sie möchten so hoch wie möglich auf der Leiter beginnen. Dazu brauchen Sie Freunde und Beziehungen. Und darum werden wir eine Party geben, zu der ein jeder kommen und an die ein jeder sich erinnern wird. Ich habe Ihnen ein Buch ins Schlafzimmer gelegt; vielleicht finden Sie es ganz lehrreich."

Es handelte sich um Francesco Guicciardinis *Ricordi politici,* und ich fand diesen Herrn recht unterhaltsam. Er war, wie ich, ein gebürtiger Toskaner, ein Florentiner, der von zwei Medici-Päpsten in hohe

Regierungsämter gehoben wurde. Er war ein ganz und gar erbarmungsloser Mensch, aber er wußte zu regieren und liebte Frauen jeden Alters, jeder Art und jeder Veranlagung. Der einzige Mensch, der mit ihm fertigwurde, war Cosimo de' Medici, der auf seinen Schultern zur Macht kletterte und ihn dann in Pension schickte. Aber Guicciardini war von Natur aus ein Überlebenskünstler. Er zog sich mit Anstand zurück, baute Wein an, schrieb Bücher und starb in Frieden. Die *Ricordi* waren seine geheimen Aufzeichnungen, eine Art Tagebuch mit seinen Ansichten und Erfahrungen, die erst vier Jahrhunderte nach seinem Ableben veröffentlicht wurden. Manzini hatte einige Passagen angestrichen und kommentiert.

> Offen und ehrlich zu sein ist edel und großmütig, aber oft schädlich ... Verstellung ist oft unumgänglich, denn die Menschen sind schlecht von Natur aus. (Also lächle, mein Dante. Zeig ihnen, daß du ein Mensch bist, dem an der Welt nichts liegt, weil du noch Trümpfe in der Hinterhand hast!)

> Ich tadle nicht jene, die in brennender Liebe für ihr Vaterland Gefahren auf sich nehmen, um Freiheit zu schaffen ... obgleich ich ihr Tun für sehr gefährlich halte. Revolutionen haben selten Erfolg, und wenn sie ihn haben, stellt man sehr oft fest, daß sie nicht das erreichten, was man sich erhofft hatte. (Aus eben diesem Grunde halte ich nichts von öffentlichem Aufruhr und suche lieber die Bösen im geheimen zu verführen.)

> Man sollte Menschen nicht zu ernst nehmen, wenn sie über die Vorzüge der Freiheit schwätzen. Wenn sie eine gute Stellung in einem tyrannischen Land finden, werden sie sich beeilen, sie zu bekommen. (Ich würde noch weiter gehen und sagen, sie würden über einen Berg von Totenschädeln steigen, um selbst Tyrannen zu werden.)

> Die Vergangenheit erhellt die Zukunft; immer ist die Welt sich gleich gewesen. Dieselben Dinge kommen unter anderen Namen und anderen Farben immer wieder. (Du und ich, Dante *mio,* versuchen den Lauf der Geschichte zu verändern. Aber wir wollen nicht zuviel erhoffen. Ihr Fluß bleibt derselbe.)

Niemand kennt seine Untertanen so wenig wie ihr Herrscher. (Und darauf bauen wir, du und ich. Mich glauben sie gekauft zu haben. Sie wissen, daß sie dich eingeschüchtert haben. Aber daß wir noch gar nicht angefangen haben, uns zu wehren, das begreifen sie nicht.)

An dieser Stelle legte ich das Buch weg. Ich konnte noch immer nicht das Licht ausmachen, sondern lag lange da und starrte an die Decke.

MIT DEM nächsten Tag begann sich in Pedognana einiges zu tun. Gutseigene Handwerker bauten eine Mansarde zum Photoatelier um, und der Experte aus Zürich machte sich, nachdem er Verschwiegenheit gelobt hatte, ans Installieren der aus Mailand eingetroffenen Geräte. Am frühen Abend trafen Corrado Buoncompagni, der Herausgeber von Manzinis Zeitung, und der bekannte Filmregisseur Milo de Salis ein. Das Abendessen mit diesen beiden wurde zu einem Kriegsrat, bei dem Manzini erstmals die Grundzüge seines Plans enthüllte. Jetzt sah ich ihn endlich so, wie er war, und die Raffinesse und Kühnheit seines Geistes setzten mich in Erstaunen. Er sprach ruhig und leidenschaftslos, und dennoch hielt er uns gefangen, wie kein erfahrener Redner es vermocht hätte.

„Ich verlange von Ihnen, meinen Freunden, keine Schwüre. Von diesem Augenblick an sind wir alle Verschwörer und befinden uns alle in der gleichen Gefahr. Wir werden uns anderer Menschen bedienen müssen. Wir werden ihnen nur soviel sagen, wie sie zur Erfüllung ihrer Aufgaben brauchen. Ansonsten werden wir lügen, vertuschen, verwirren und vernebeln, so daß der wahre Zweck nur uns bekannt ist.

Diesen Zweck will ich beschreiben. Wir wollen versuchen, die Männer zu kompromittieren und zu entmachten, die mit Gewalt oder Gewaltandrohung eine Diktatur errichten wollen. Wir glauben, daß eine solche Regierungsform für die breite Mehrheit unseres Volkes unannehmbar wäre. Wir wissen jedoch, daß sie mit Hilfe all der modernen Kontrollmechanismen eingeführt werden kann – und sich sehr lange an der Macht halten könnte. Darum müssen wir den *colpo di stato,* der, wie wir wissen, geplant ist, schon im Keim ersticken.

Sie, Corrado, werden nun, beginnend mit der Donnerstagsausgabe, die Leitartikelpolitik der Zeitung ändern. Wir gehören nicht mehr der Mitte an, sondern schwenken nach rechts. Ich wünsche Leitartikel, die von meinen faschistischen Freunden gelesen werden. Ich möchte, daß wir Generalmajor Leporello groß herausstellen. Unsere Mitarbeiter werden nicht begeistert sein. Es ist Ihre Sache, sie bei Laune zu halten. Ich möchte weder Mitarbeiter noch Abonnenten verlieren, aber ich will deutlich werden lassen, daß ich unter Umständen bereit bin, die Rechte zu unterstützen. Ich will erreichen, daß sie mich zum Essen einladen. Dann kann ich sie meinerseits hierher einladen.

Milo, Ihre Aufgabe ist schwieriger, weil es dabei zeitliche und technische Probleme gibt. Matucci hat eine Unmenge von Dokumenten und Aufzeichnungen, darunter vor allem militärische Karten und Operationspläne. Daneben haben wir noch eine Kollektion obszöner Photos und Tonbänder. Weiteres Material ist Ihnen in Bild- und Nachrichtenarchiven zugänglich. Sie haben drei Wochen Zeit, um einen auf dem gesamten Material beruhenden Film von zehn Minuten Dauer zu schreiben, zu drehen und zu schneiden. In dem Film wird festgestellt, daß Generalmajor Leporello sich innerhalb der eigenen Truppe abartig betätigt hat und ein Mörder und Verschwörer gegen den Staat ist. Matucci wird den Film mit Ihnen redigieren. Er wird auch den Kommentar sprechen und zum Schluß als Ankläger auftreten. Als Schauspieler braucht er einen guten Regisseur. Ich bin sicher, daß Ihnen gelingen wird, was ich nicht geschafft habe.

Matucci, Sie arbeiten mit Milo. Sie rekrutieren außerdem die Prätorianergarde, von der ich gesprochen habe – ranghohe Offiziere, die bereit sind, eine offizielle Veranstaltung zu besuchen und dort zusammen mit Ihnen einzugreifen, wenn eine erwartete Krise eintreten sollte. Das ist der riskanteste Punkt, denn wenn sie uns im entscheidenden Augenblick im Stich lassen, können wir alle einpacken, und die Gottlosen gehen stärker denn je daraus hervor.

Nun lassen Sie mich diesen entscheidenden Augenblick näher beschreiben. Ich habe soeben die Pläne für eine der größten Unternehmungen meiner Laufbahn fertig – eine Kette von Touristenhotels und Seebädern rund um die Südküste. Weil das Touristen und Fremdenverkehrsindustrie in den unterentwickelten Süden bringt, hat die Regierung an diesem Projekt allergrößtes Interesse. Ein Bankenkonsortium hat sich jetzt bereit gefunden, das ganze Unternehmen zu finanzieren. Diese Nachricht gedenke ich in gut drei Wochen bei einer Feier in diesem Hause bekanntzugeben. Die Presse wird nicht eingeladen, aber Corrado wird als mein persönlicher Gast und zugleich

Verbindungsmann zu den Medien zugegen sein. Wenn es uns bei dieser Gelegenheit nicht gelingt, einen *colpo di stato* zu vereiteln, werden wir zu unserem eigenen Schutz sämtliches Material, das wir haben, veröffentlichen.

Auf der Gästeliste stehen Minister und hohe Staatsbeamte – unter ihnen Generalmajor Leporello mit Frau sowie der Direktor des SID. Ich glaube, daß unsere neue Redaktionspolitik sie zum Kommen ermutigt.

Ich bin mir noch nicht ganz schlüssig, wie dieser Abend vonstatten gehen wird. Eines aber ist sicher. Wenn wir siegen, wird niemand es uns danken. Wenn wir verlieren ... Na! Dann nehmen wir am besten die nächste Maschine nach Rio!"

AM NÄCHSTEN Tag identifizierte ich den zweiten Mann auf den Leporello-Photos. Es war Hauptmann Girolamo Carpi, der Adjutant des toten Pantaleone. War das eine Überraschung! Das war ein direktes Bindeglied zwischen Leporello und Pantaleone. Es offenbarte aber auch eine klaffende Lücke in meinen eigenen Informationen über Carpi, denn in seiner Personalakte befand sich kein einziger Hinweis auf eine abartige Veranlagung. Ich hatte ihn für den SID angeheuert und ihm dann ein sicheres Exil auf Sardinien beschafft. Jetzt mußte ich seine Rückkehr arrangieren. Das würde nicht so leicht sein. Ich war nicht mehr in einer Position, die es mir ermöglichte, an Personalakten des Heeres heranzukommen oder an Heeresdienststellen mit Bitten heranzutreten.

Ich trug mein Dilemma Bruno vor. Er runzelte die Stirn. „Das könnte unser wichtigster Zeuge werden. Wir müssen ihn herholen, ihn ausfragen, zerbrechen, in den Film einbauen. Wie machen wir das, ohne die Armee in Ihre Karten gucken zu lassen?"

„Wenn wir ihn nach Bologna versetzen lassen könnten ... Sie müssen doch hochgestellte Freunde in der Armee haben, die eine Versetzung durchdrücken könnten."

„Die habe ich. Fragt sich nur, wie weit ich ihnen in einer solchen Zeit trauen kann. Wie sind Sie zunächst überhaupt dazu gekommen, Carpi zu benutzen?"

„Mal überlegen. Nachdem er ungefähr ein halbes Jahr Adjutant bei Ihrem Bruder war, schlug der Direktor vor, ihn als Spitzel anzusetzen. Er gab mir Carpis Akte, aus der hervorging, daß er weit über seine Verhältnisse lebte. Ich habe ihm angetragen, er solle für den

SID arbeiten, dann würden wir seine Schulden bezahlen und ihm obendrein einen monatlichen Zuschuß geben. Er hat sofort zugegriffen."

„Der Direktor hat Ihnen die Akte gegeben. Sie hatten nicht von sich aus danach geschickt. Was könnte das bedeuten?"

„Daß sie frisiert worden sein könnte, bevor ich sie zu sehen bekam."

„Genau. Wir brauchen Ihren Hauptmann Carpi. Ich kriege ihn auch. Wenn er hier ist, können wir vielleicht einen Mord beweisen."

„Mord – aus welchem Motiv?"

„Vorteile auf allen Ebenen. Pantaleone stirbt. Leporello tritt als militärischer Führer an seine Stelle. Da Leporello den Mord organisiert hat, rückt der Direktor zum Staatschef auf, damit das Protokoll seine Ordnung hat. Sehen Sie das nicht? Und Carpi – sehen Sie Carpi als Vertrauten Leporellos, Dante, als Beauftragten des Direktors, als einen Mann, der freien Zugang zu Pantaleones Wohnung hat – und schließlich als den Mann, der meinen Halbbruder ermordet hat."

„Und sehen Sie mich als den Mann, der ihn angestellt hat. Das ist besonders hübsch!"

„Genau. Wie Sie sagen, bereitet der Direktor ein Schwarzbuch gegen Sie vor. Wenn wir Carpi beschuldigen, können Sie ebenfalls Schwierigkeiten bekommen."

„Finden wir uns damit ab, Bruno: Sie können mich mit Engelschören umgeben – ich stecke nach wie vor bis zum Hals im Dreck. Ich bin es, der mit dem allen angefangen hat. Ich bin es auch, der es zu Ende bringen muß. In dieser Art bauen Milo und ich auch den Film auf. Wenn es schiefgeht, müssen Sie sich von mir ganz distanzieren."

Er hob den weißen Kopf und warf mir ein kurzes, rätselhaftes Lächeln zu. „Dante, Sohn meines Herzens, betonen Sie nie das Offenkundige. Wenn wir verlieren, kann ich mir Sie nicht mehr leisten. Wenn wir gewinnen, werden wir beide sehr beschäftigt sein. Viel zu beschäftigt für große Gesten."

DIE NÄCHSTEN drei Wochen waren eine turbulente Zeit, und daß sie nicht in Panik ausarteten, war nur der ruhig führenden Hand Manzinis zu verdanken. Der Ballsaal wurde von Malern, Dekorateuren und Elektrikern in Beschlag genommen. Eine Scheune wurde zu einem Studio mit Schneideraum für Milo umgebaut. Die Gästeliste füllte sich. Die Pressekampagne war von der Rechten günstig aufgenommen worden. Leporello und der Direktor hatten ihr Kommen zugesagt.

Meine Freunde von der Truppe kamen mich einer nach dem anderen besuchen, und ich durchleuchtete sie wie ein Beichtvater, bevor ich es wagte, ihnen Andeutungen über unser Vorhaben zu machen. Sie waren alle über die Lage unserer Republik besorgt. Über die Heilmittel waren sie geteilter Meinung. Am Ende blieben nur vier übrig, denen ich genügend vertrauen zu können glaubte, um ihnen meinen Plan zu unterbreiten.

„Ihr werdet als Gäste zu einem offiziellen Empfang hier in der Villa eingeladen. Ihr kommt in Galauniform. Ich garantiere jedem von euch ein hübsches Mädchen als Begleiterin. Und nun der Grund. Es wird hier von wichtigen Leuten, Ministern, Funktionären und dergleichen nur so wimmeln. Die üblichen Sicherheitsbeamten werden zwar da sein, aber wir wollen sie nicht im Speisesaal haben. Deshalb möchte ich, daß ihr hier seid, nach außen hin fröhliche Gäste. Wir haben erfahren, daß an diesem Abend etwas passieren kann. Was, das kann ich euch nicht sagen. Ihr müßt mir vertrauen und unserer Freundschaft zuliebe kommen, vielleicht auch wegen der Dinge, über die wir gesprochen haben. Ihr seid zu nichts anderem verpflichtet, als einfach dazusein. Also, könnt ihr das annehmen oder nicht? Wenn ja, seid ihr mit noch einer Bedingung einverstanden? Das Ganze ist ein Staatsgeheimnis, und als solches müßt ihr es behandeln."

Sie nahmen an, und ich glaubte ihnen. Es waren Herzensfreunde, die mir nahestanden wie eine Familie, und das ist das einzige, worauf man sich in meinem geplagten Land verlassen kann. Als ich Manzini sagte, daß es statt der zehn, die er gewünscht hatte, nur vier waren, nickte er. „Zehn Offiziere in voller Montur wären schon eindrucksvoll. Aber lieber habe ich nur diese vier, als daß wir einen einzigen Zauderer darunter riskieren!"

Ich fragte nach Carpi. Er schüttelte den Kopf. „Noch nichts. Morgen fliege ich nach Rom und besuche einen Freund im Verteidigungsministerium. Es ist riskant und erfordert so einige Mauschelei, aber ich hoffe, wir werden ihn rechtzeitig hier haben."

Er wurde enttäuscht. Am Abend des großen Ereignisses war Hauptmann Carpi immer noch nicht da.

Beim letzten Kriegsrat um drei Uhr nachmittags wurde beschlossen, daß ich erst im letzten Moment auf dem Fest erscheinen sollte. Meine Anwesenheit würde für Leporello und den Direktor peinlich sein und in den Empfang, dessen Erfolg von einer genau richtig dosierten Atmosphäre abhing, ein gefährliches Element der Unruhe hineintragen.

Nach der Besprechung führte Manzini uns auf einen letzten Rundgang. Im Foyer sollten die Gäste von Pias Mädchen in Empfang genommen und in den ersten Salon geführt werden, wo sie von Manzini und Pia begrüßt wurden und zum Cocktail um ein beleuchtetes Modell seines Entwicklungsprojekts spazieren konnten – Modelle der geplanten Anlagen auf einer großen Reliefkarte des italienischen Stiefels.

Nach dem Cocktail würden die Gäste in den Ballsaal weitergehen, der für diese Gelegenheit in einen Speisesaal umgewandelt worden war. Der Saal erstrahlte von Blumen, und die Beleuchtung war so ausgetüftelt worden, daß sie auch noch der unscheinbarsten Frau schmeicheln mußte. Die Sitzordnung war ungewöhnlich: eine Reihe kleiner, rechteckiger Tische, an deren Längsseiten immer nur drei Personen sitzen konnten, so daß die Gäste einander in kleinen geschlossenen Grüppchen gegenübersaßen. Auf jedem Tisch stand am einen Ende ein silberner Kübel mit sechs goldverpackten Partygeschenken; am anderen Ende stand ein kleiner Fernsehempfänger, der an den Hauptmonitor im Nebenzimmer angeschlossen war. Der Tisch des Gastgebers am oberen Ende des Saales war hufeisenförmig angeordnet und hatte einen eigenen Fernsehempfänger.

Für jeden Gast gab es eine Programmkarte, die von Carlo Metaponte illustriert war und in unverschämter Ironie in einem kleinen silbernen Halter von der Form eines Salamanders steckte. Der Programmablauf war höchst einfach: ein Trinkspruch auf den Staatspräsidenten und die Republik, eine Begrüßungsansprache durch den Minister für Fremdenverkehr, eine Erwiderung von Bruno Manzini und die Vorführung eines kurzen Fernsehfilms über das neue Entwicklungsprojekt, Produktion und Regie: Milo de Salis. Manzini wies uns noch auf ein paar weitere Raffinessen hin: drei Fernsehkameras, von denen zwei auf die beiden Tische gerichtet waren, an denen Leporello und der Direktor saßen, während die dritte den ganzen Saal erfaßte, so daß alle Vorgänge beobachtet und festgehalten werden konnten. Leporello und der Direktor würden auf gegenüberliegenden

Seiten des Saales sitzen, keiner im Sichtbereich des anderen. An jedem ihrer Tische saß einer meiner Prätorianer, ein zweiter am Nebentisch. Was Manzini hier an Geld ausgegeben hatte, war umwerfend; was er an Phantasie und Geist hineingesteckt hatte, war unglaublich. Nach der Besichtigungsrunde nahm er mich mit in sein Arbeitszimmer, goß uns beiden einen Kognak ein und trank ein letztes Mal auf unser Abenteuer.

„Ich sage nicht, viel Glück, mein Dante. Was uns bis zu diesem Punkt gebracht hat, war Glaube, Arbeit und Mut. Wie es ausgeht, liegt natürlich in Gottes Hand ... und wenn Sie es auch nicht glauben, Er muß ein Interesse an den Ereignissen des heutigen Abends haben. Vielleicht sollte ich meinen Trinkspruch so formulieren: Möge Er seine Hand über Ihnen halten, mein Dante, und Sie in einen stillen Hafen führen."

Dazu sagte ich amen, und schon lange nicht mehr war ich dem Beten so nah gewesen. Wir tranken aus und setzten die Gläser ab. Dann rückte Manzini mit seiner letzten Überraschung heraus.

„Dante, mein Freund, haben Sie schon einmal an morgen gedacht?"

„An morgen?"

„Ja. Das Morgen wird kommen – falls wir nicht im Schlaf sterben."

„Und?"

„Und wenn unser Plan Erfolg hat, haben Sie den Direktor und Leporello unter Arrest. Wie geht's dann weiter?"

„Nach der Dienstvorschrift. Aussagen des festnehmenden Offiziers und der Beschuldigten. Übergabe der Beweismittel an das Gericht. Untersuchung, Anklage, Erklärung der Verteidigung und öffentliche Gerichtsverhandlung."

„Was natürlich einen internationalen Skandal bedeutet."

„Auf jeden Fall."

„Mit tiefgreifenden politischen Konsequenzen, für die bisher weder die Regierung noch das Volk bereit ist."

„Richtig."

„Zählen Sie die Konsequenzen aus Ihrer Sicht einmal auf."

„Wir werden einen faschistischen Putsch verhindert haben. Das Vertrauen der Öffentlichkeit in die höchste Verwaltung wird erschüttert sein. Wir werden der Linken Auftrieb geben. Andererseits haben wir bewiesen, daß der Staat fähig ist, sich zum Wohle des Volkes selbst zu reinigen und in Ordnung zu halten."

„Und das Endergebnis?"

„Eventuell günstig. Aber das kann ich nur vermuten."

„Womit die Sache nach wie vor ein Risiko bleibt – ein schweres Risiko. Und das erste Risiko ist Ihres. Sie nehmen die Verhaftungen vor, erheben die Beschuldigungen, leiten die Anklage ein. Ist der Fall hieb- und stichfest?"

„Gegen Leporello ja. Gegen den Direktor nein. Ein guter Anwalt kann ihn heraushauen."

„Und dann würden Sie an die Wand gestellt. Sind Sie darauf vorbereitet?"

„Ich will es hoffen."

„Sie könnten dem aus dem Weg gehen."

„Wie?"

„Es passieren manchmal Unfälle – glückliche Unfälle."

„Ich weiß. ‚Der Gefangene wurde bei einem Fluchtversuch erschossen.' ‚Der Verhaftete erlag bei der Vernehmung einem Herzschlag.' Nein, Bruno! Nicht für mich. Nicht für Sie. Nicht einmal für den Präsidenten persönlich."

„Auch nicht für das Volk? Ihr Volk, Dante *mio?*"

„Das Volk gehört sich selbst, nicht mir. Ich bin der einzige, der mir gehört. Das haben Sie mir beigebracht, Bruno."

Er sah mich lange nachdenklich an, dann grinste er und ging an seinen Schreibtisch. Er nahm ein kleines, samtbezogenes Kästchen aus einer Schublade. „Das ist ein Geschenk", sagte er nur. „Ich hoffe, es gefällt Ihnen."

Ich öffnete das Kästchen und fand, in einem Samtkissen steckend, einen goldenen Siegelring. Das gravierte Siegel zeigte einen gekrönten Salamander.

Mein seelisches Gleichgewicht war noch immer sehr labil, und ich war zutiefst gerührt.

„Der Ring ist ein Symbol, Dante *mio,* kein Talisman. Das einzig Magische daran ist die Liebe, mit der er geschenkt wird. Erinnere dich daran, wenn ich dich verlasse, denn das werde ich, muß ich ..."

Es WAR erst zwanzig vor sechs, und ich hatte noch eine lange Wartezeit vor mir. Die Gäste würden nicht vor halb neun eintreffen. Frühestens um halb zehn würden sie zum Diner Platz nehmen, und dann würde ich in den Kontrollraum hinuntergehen und den Monitor beobachten. In dem Augenblick, da Manzini seine Ansprache beendete, würde ich in den Ballsaal treten, drinnen Posten beziehen und die Tür zuschließen. Sollte Leporello oder der Direktor dann versuchen, den Saal zu verlassen, konnte ich ihn aufhalten. Bis dahin mußte ich ausgeruht sein. Ich stellte mir den Wecker und sank in einen tiefen Schlaf.

Ich erwachte erfrischt und sonderbar ruhig. Ich rasierte mich sorgfältig, wusch mich und zog meine neue Uniform an. Als ich mich im Spiegel betrachtete, sah ich einen Mann, den ich kaum erkannte: einen aktiven Offizier von einer Truppe, deren Diensteid noch immer einen königlichen Klang hatte und deren Tradition, mochte sie von einzelnen auch noch so sehr besudelt worden sein, einen Ehrenschild trug. Ich empfand Stolz und sogar eine gewisse zögernde Zuneigung für den Mann, der in meiner Haut steckte. Doch genug! Es war Zeit zu gehen.

Als ich ins Foyer kam, öffnete der Haushofmeister soeben das Eingangsportal und ließ Hauptmann Carpi eintreten. Im ersten Augenblick erkannte er mich nicht, dann war er wie vor den Kopf geschlagen. Er sagte, man habe ihn von Sardinien hierhergeschickt, damit er Generalmajor Leporello ein paar eilige Depeschen persönlich übergebe. Sein Flugzeug sei in Cagliari aufgehalten worden, und er habe einen Wagen mieten müssen, der ihn nach Pedognana herausbrachte. Ich sagte ihm, der General sei beim Essen, aber ich würde ihn zu ihm führen, sobald der offizielle Teil vorbei sei. Ich brachte ihn in den Kontrollraum, gab ihm Champagner und Kanapees und nahm Milo beiseite, um ihn zu warnen, daß er ja keine unvorsichtigen Bemerkungen machte. Dann setzten wir uns, um zu beobachten, was drinnen vor sich ging, und in der Zwischenzeit versuchte ich mir krampfhaft zu überlegen, wie ich mir diese höchst unzeitige Ankunft zunutze machen könnte.

Als Manzini sich erhob, um seinen Toast auf den Präsidenten auszubringen, stand mein Entschluß fest.

Der Minister für Fremdenverkehr hielt eine geschliffene und geistreiche Rede, die darauf abzielte, die wichtigen Leute im Saal zu beeindrucken – unter ihnen seinen Kollegen, den Innenminister. Er pries den kühnen Weitblick Manzinis, lobte die Bankiers für ihr Vertrauen in die Wirtschaft und Stabilität des Landes und versicherte alle Beteiligten des Wohlwollens der Regierung. Er empfahl sich mit einem Bukett blumiger Redensarten und nahm unter höflichem Applaus wieder Platz.

Dann begann Bruno Manzini mit seiner Ansprache.

„Ich danke dem Herrn Minister für sein Vertrauen in unser Vorhaben, das seinerseits wiederum ein Beweis des Vertrauens in die Zukunft unseres geliebten Landes ist. Dieser Vertrauensbeweis ist um so aufrichtiger, als meine Partner und ich diese großen Summen für die Entwicklung Italiens in einem Augenblick bereitstellen, in dem unser Land, entgegen dem Optimismus meines Freundes, des Herrn Ministers, zutiefst gespalten ist. Zwar sind wir ein Volk unter einer Fahne, doch sind wir zugleich viele Völker mit unterschiedlicher Geschichte. Wir haben zu viele Parteien und zu wenig Konsens zwischen ihnen, um ohne weiteres eine Regierung für das Volk und durch das Volk zu erzielen. Zuviel Reichtum ist in zu wenigen Händen konzentriert, auch den meinen. Der Versuch jedoch, diese Unterschiede mit Gewalt und finsteren Machenschaften zu beseitigen, wie manche es möchten, wäre eine gefährliche Torheit, die alles zunichte machen könnte, was wir seit Ende des Krieges erreicht haben, und alles, was wir noch zu erreichen hoffen."

Man applaudierte. Das war eine Feststellung, der sie alle beipflichten konnten. Manzini sorgte mit einem Lächeln und einer Geste wieder für Ruhe.

„In den silbernen Kübeln, die auf jedem Tisch stehen, finden Sie mehrere Päckchen. Würden die Herren diese bitte jeweils an den Tischen weiterreichen? Bitte, öffnen Sie sie noch nicht. Der Inhalt wird Ihnen erst etwas bedeuten, nachdem Sie den Film gesehen haben, der, ich muß es Ihnen sagen, nicht der im Programm versprochene ist. Die Presse weiß nichts von seiner Existenz. Die Öffentlichkeit wird ihn nie zu sehen bekommen – nur Sie, meine Freunde und Landsleute. Einige von Ihnen, die Damen besonders, werden sich von den Bildern brüskiert fühlen. Ich bitte Sie um Nachsicht, bis der Film sich selbst rechtfertigt. Wenn Sie jetzt bitte Ihre Stühle ein wenig drehen wollten, müßten Sie alle einen guten Blick auf Ihre Fernsehgeräte haben."

Das war das Stichwort. Während der kurzen Unruhe standen zwei meiner Prätorianer auf und lehnten sich an die Wand – mit einem einzigen Schritt würden sie bei Leporello und Baldassare sein. Da ein paar andere Männer dasselbe taten, entstand nur der Eindruck einer zwanglosen Umgruppierung. Ich drängte Carpi aus dem Kontrollraum, und wir betraten beide den Speisesaal, als dort gerade die Lichter ausgingen. Ich verschloß die Tür, steckte den Schlüssel in die Tasche und richtete den Blick auf den nächststehenden Fernsehschirm.

Milo de Salis hatte sich für den Film eine ebenso einfache wie vernichtende Methode ausgedacht. Er bestand aus einer Folge direkter, unverblümter Behauptungen in Bild und Text.

„Dieses Bild zeigt General Massimo Pantaleone, der in diesem Jahr, in der Nacht zum Aschermittwoch, in Rom verstarb."

„Dies ist der Totenschein, in dem eine natürliche Todesursache bestätigt wird. In Wirklichkeit aber starb er an einer Luftinjektion in die Oberschenkelarterie. Er wurde ermordet."

Es folgte ein Seufzer der Überraschung, ein Tuscheln, dann Stille, als der Kommentar wieder einsetzte.

„Dies ist die Photokopie eines späteren Obduktionsbefunds, unterschrieben von drei sehr angesehenen Ärzten."

„Dieses Bild zeigt ein Bürohaus in der Via Sicilia, in dem die Papiere des Generals nach seinem Tod verwahrt wurden. Die Papiere wurden gestohlen und zwei Männer dabei ermordet – der Rechtsanwalt Sergio Bandinelli und der SID-Agent Giampiero Calvi."

„Dieser Personalausweis gehört dem Mann, der sie ermordet hat, Giuseppe Balbo, ein Krimineller, der noch eine Reihe von Falschnamen benutzte."

„Unter den Papieren des Generals befanden sich diese militärischen Karten, die seitdem in Details abgeändert wurden, jedoch nicht wesentlich. Sie zeigen, daß eine Militärjunta am einunddreißigsten Oktober dieses Jahres die rechtmäßige Regierung der Republik Italien zu stürzen und eine Diktatur zu errichten gedenkt."

„Die Karten und Pläne, die Sie soeben gesehen haben, befinden sich jetzt im Besitz dieses Mannes, der heute abend unter uns ist – Generalmajor Leporello."

Wieder ging Bewegung durch die Reihen, als alle Köpfe sich nach Leporello umwandten. Sie konnten ihn jedoch bei der schwachen Beleuchtung nicht sehen und richteten ihre Aufmerksamkeit wieder auf das Fernsehbild und den Kommentar.

„Dies hier ist ein aus jüngster Zeit stammendes Photo von Hauptmann Matteo Roditi, dem früheren Adjutanten Generalmajor Leporellos, der sich zur Zeit in psychiatrischer Pflege befindet. Er wurde bis zum Wahnsinn gefoltert, um seine Aussage vor Gericht zu verhindern."

„Das ist ein weiteres Photo des Mörders Giuseppe Balbo, der von General Leporellos Leuten erschossen wurde, als er sich der Verhaftung widersetzte."

„Das ist der Klub Alcibiade, ein Treffpunkt für Abartige, wo Hauptmann Roditi sich oft mit Giuseppe Balbo traf, der merkwürdigerweise den Carabinieri unter dem Kommando General Leporellos angehörte."

„Dies ist Generalmajor Leporellos Frau."

„Das ist ein Liebesbrief, einer von dreißig, die sie an Hauptmann Roditi, den Adjutanten ihres Mannes und wirklichen Vater ihrer Kinder, geschrieben hat. Ihre Liebesbeziehung wurde vom General geduldet, und zwar aus triftigem Grund."

Augenblicklich war Leporello auf den Beinen. Seine große Gestalt stand riesenhaft im Halbdunkel. Er schrie: „Das ist eine Ungeheuerlichkeit gegenüber einer unschuldigen Frau! Ich verlange –" Er verlangte nichts. Mein Prätorianer war an seiner Seite und drückte ihm eine Pistole in die Rippen.

Manzinis Stimme klang wie eine Fanfare vom Podium. „Setzen Sie sich, General! Meine Damen und Herren, ich bitte Sie, Ruhe zu bewahren. Wir sind nicht hier, um eine Frau zu beleidigen, sondern um ein drohendes Blutvergießen zu verhindern."

Ein Stöhnen des Entsetzens ging durch den Saal; es war fast körperlich zu fühlen. Sie warteten, bis Leporello wieder saß, dann ließen sie schweigend die letzten brutalen Enthüllungen über sich ergehen.

„Die nächsten Bilder werden Sie peinlich berühren, aber ich bitte Sie, genau hinzusehen. Dieses hier zeigt Generalmajor Leporello beim Sexualakt mit dem Mörder Giuseppe Balbo."

„Dieses hier zeigt ihn wiederum beim Sexualakt mit dem Mann, der als persönlicher Adjutant und mutmaßlicher Mörder des verstorbenen Generals Pantaleone identifiziert wurde. Sein Name ist Hauptmann Girolamo Carpi."

„Dieser Mann, Generalmajor Leporello, war ausersehen, den Staatsstreich durchzuführen. Er selbst wäre allerdings nie an die Macht gekommen. Hinter ihm stand noch ein anderer."

„Dieser Mann – Prinz Filippo Baldassare, Direktor des Servizio Informazione Difesa – hat den Tod Pantaleones geplant, Carpi zu seiner Ermordung angestiftet und dann dafür gesorgt, daß Leporello an seine Stelle trat."

Wieder drehten die Zuschauer sich in der Dunkelheit um und suchten Baldassare. Ich war einer der wenigen, die ihn sehen konnten. Der Direktor saß ruhig und unbewegt da und trank Kognak aus einem kristallenen Schwenker, während der Film weiterging.

„Wer ich bin? Ich bin Oberst Dante Matucci, ebenfalls vom SID, und ich habe diese Informationen zusammengetragen. Auch ich wurde eingesperrt und gefoltert, um zu verhindern, daß ich sie aufdeckte. Ich übernehme die volle Verantwortung für Inhalt und Vorführung dieses Films. Ich erkläre seine Aussage für wahr und werde den zuständigen Behörden das Beweismaterial übergeben."

Die Schirme wurden dunkel. Das Licht ging an, und einhundertfünfzig Menschen saßen stumm und zu beschämt da, um einander anzusehen. Ich trat in die Mitte des stillen Saals, Carpi wie ein Schlafwandler an meiner Seite. Einen Augenblick erfaßte mich blinde Panik. Dann fand ich meine Worte.

„Die anwesenden Offiziere werden den General und Prinz Baldassare jetzt unter Arrest stellen."

Und dann betete ich – Lieber Gott, laß sie es tun, bitte! Und sie taten es. Sie legten den beiden Männern die Hand auf die Schulter. Der Vorgang war endgültig und abgeschlossen.

Ich hörte mich sagen: „Meine Damen und Herren, ich habe hier, ebenfalls unter Arrest, den Hauptmann Girolamo Carpi, der seine Aussage an geeigneter Stelle machen wird."

Dann ergriff Manzini von seinem Platz aus wieder das Wort. „Meine Landsleute! Sie sind heute abend erschreckt und beschämt worden. Ich will mich dafür nicht entschuldigen. Ich sage nur, daß dies ein kleiner Preis ist, um blutige innere Unruhen und die Bedrükkung durch eine neue Tyrannei zu verhindern. Ich darf Sie jetzt bitten, sich in den Salon zurückzuziehen, wo Ihnen Kaffee und Getränke serviert werden."

Sie erhoben sich langsam und entfernten sich wie Roboter, jeder mit seinem Partygeschenk unterm Arm, das aus einem Dossier über die Verdammten mit einer Salamanderkarte bestand. Elena Leporello ging ohne einen Blick des Erkennens an mir vorbei. Schließlich blieb keiner mehr übrig, nur die Prätorianer, die Angeklagten, Manzini, der Innenminister und ich.

Manzini und der Minister kamen vom Ehrentisch herüber langsam auf mich zu. Sie sahen mich kalt und ausdruckslos an. Der Minister sagte: „Ich danke Ihnen, Oberst. Sie werden mit diesen Herren tun, was Ihre Pflicht ist. Ich werde hier warten. Sie erstatten mir Bericht, bevor Sie gehen."

Bruno Manzini tat, was er angekündigt hatte. Er ging fort.

Es WAR eine schaurige Szene. Drei Gefangene mit ihren Wärtern stumm inmitten der Trümmer, die von eines reichen Mannes Fest geblieben waren. Wir waren wie Schauspieler, die auf einer leeren Bühne erstarrt waren und darauf warteten, daß der Regisseur sie in Bewegung setzte. Schließlich begriff ich, daß ich der Regisseur war und das Spiel ohne mich weder weitergehen noch enden konnte. Ich mußte etwas sagen. Ich hörte meine Worte, als kämen sie aus eines anderen Mund.

„Prinz Baldassare, General Leporello, bleiben Sie bitte auf Ihren Plätzen. Die anderen Herren begleiten Hauptmann Carpi in den Kontrollraum und warten dort, bis ich sie rufe."

Die Prätorianer führten den stummen, keinen Widerstand leistenden Carpi aus dem Saal. Als die Tür sich hinter ihnen schloß, war ich endlich mit meinen Gegenspielern allein. Ich empfand keinen Triumph, nur ein merkwürdiges Gefühl des Verlassenseins und eine unbestimmte Demütigung. Beide saßen kerzengerade da, die Gesichter von mir abgewandt. Ich ging zuerst zu Leporello. Ich setzte mich ihm gegenüber rittlings auf einen Stuhl und starrte in eine Totenmaske.

„Herr General, Sie haben das Recht, sich in einer Kaserne der Bewachung durch aktive Offiziere zu unterstellen und sich für ein Verfahren nach militärischem Recht zu entscheiden. Wenn Sie von diesem Recht keinen Gebrauch machen, unterliegen Sie ab sofort zivilen Gesetzen. Wofür entscheiden Sie sich?"

Er antwortete nicht. Er saß da wie eine Figur aus Stein, die Lippen geschlossen, die Augen ausdruckslos wie Kieselsteine. Seine Muskeln waren erstarrt; kein Zucken verriet ein Erkennen. Dann hörte ich Prinz Baldassare kalt und ironisch sagen:

„Klassischer Fall von Weggetreten, Matucci. Völlig hinüber. Aus dem bekommen Sie heute kein Wort mehr heraus, vielleicht auch nie. Zu Ihrer eigenen Deckung sollten Sie einen Arzt rufen."

Ich fuhr herum und sah ihn in aller Ruhe, mit einem Lächeln auf den Lippen, seinen Kognak trinken und an einer Zigarre paffen. Er prostete mir zu. „Kompliment, Matucci. Ein Tribunal per Fernsehen. Wieso bin ich darauf nie gekommen? Sehr eindrucksvoll." Er füllte einen Kelch mit Wein und schob ihn mir über den Tisch zu. „Setzen Sie sich! Entspannen Sie sich. Ich bin ein hilfsbereiter Zeuge. Sie können es sich leisten, mich zuvorkommend zu behandeln. Sie müssen jetzt sehr zufrieden sein. Was ist Ihr nächster Schritt?"

„Sie kennen die Bestimmungen so gut wie ich."

„Und ich verstehe mich besser aufs Geschäft, Matucci. Ihr Fall gegen Leporello steht – obwohl ich nicht glaube, daß er sich je der Verantwortung wird stellen können. Er war schon immer ein Psychopath. Heute abend haben Sie ihm den Rest gegeben. Ein guter Anwalt wird auf Verhandlungsunfähigkeit plädieren, und der Staat wird im eigenen Interesse mitspielen. Aber was haben Sie gegen mich in Händen? Carpi wird eingeschüchtert oder liquidiert sein, bevor Sie auch nur eine Zeile einer brauchbaren Aussage von ihm bekommen haben. Aber es ist Ihr Fall, den Sie durchziehen müssen, ob Sie gewinnen oder verlieren. Es sei denn . . ."

„Was?"

„Es sei denn, Sie sind für einen kleinen Vortrag über Staatskunst zu haben. In diesem Fach waren Sie immer schwach, das habe ich Ihnen schon gesagt."

„Wenn Sie einen Kuhhandel vorschlagen wollen, ist meine Antwort nein."

„Mein lieber Matucci! Halten Sie mich für so naiv, einem Mann wie Ihnen, der nicht nur rechtschaffen, sondern auch noch in der überlegenen Position ist, einen Kuhhandel vorzuschlagen? Im Gegenteil, ich fordere Sie auf, sich ausgiebig mit den Realitäten zu befassen. Staatskunst hat nichts mit Gerechtigkeit zu tun, weder mit relativer noch mit absoluter. Sie ist die Kunst und das Geschick, große Menschenmassen unter Kontrolle und in einem genau ausgewogenen Gleichgewicht zu halten. Einem Staatsmann stehen dazu alle Mittel zur Verfügung, und er muß bereit sein, sie alle anzuwenden – vom Henkerbeil bis zur Zirkusvorstellung. Barmherzigkeit ist für ihn keine Tugend, sondern ein Schachzug. Sie, Matucci, sind immer noch ein Staatsdiener. Ein Staatsmann sind Sie nicht. Aber heute abend haben Sie Gelegenheit, einer zu werden." Er brach ab, trank einen Schluck Kognak und lächelte mich durch die Rauchschwaden seiner Zigarre an. Dann ging er auf einen neuen Kurs.

„In diesem Augenblick sind Sie in einer sehr starken Position. Sie haben einen Militärputsch vereitelt. Sie haben im Minister einen wichtigen Gönner gefunden, der nur darauf wartet, daß Sie ihm das Richtige raten. Was würden Sie wollen, wenn Sie in seiner Haut steckten? Einen stillen, wohldosierten Triumph, oder ein Tablett voll blutiger Köpfe? Ein Kopf kann nützlich sein. Sie können ihn dem Volk zur Warnung vorzeigen. Mehr als einer ist Metzelei. Welchen Kopf würden Sie sich aussuchen? In meinen – wie ich zugebe, voreingenommenen – Augen den mit dem wenigsten Gehirn. Da drüben sitzt er. Der meine ist für Sie und den Minister sehr viel mehr wert, wenn Sie ihn auf meinen Schultern lassen. Ich bin kompromittiert, also kann ich keinen Schaden mehr anrichten, es sei denn, Sie stellen mich vor Gericht – und in diesem Falle, mein lieber Matucci, verspreche ich Ihnen einen Skandal, der von Moskau bis nach San Franzisko stinkt. Wenn mir auf der anderen Seite Gnade widerführe, würde ich darauf mit Dankbarkeit reagieren. Ich würde von der Bildfläche verschwinden und meinem Nachfolger ein reiches Vermächtnis an Informationen hinterlassen. Habe ich mich klar ausgedrückt?"

Ich schämte mich jetzt für ihn. Eben hatte er noch überzeugend gesprochen, jetzt biederte er sich nur noch an. Ich sagte barsch: „Ich bin nicht befugt, Gnade in Aussicht zu stellen."

„Lieber Freund, das weiß ich doch. Außerdem wäre es für Sie gefährlich, sich überhaupt mit mir einzulassen. Sie sollen und dürfen nur mit dem Minister verhandeln."

„Was wollen Sie dann von mir?"

„Ich möchte unter vier Augen mit dem Minister sprechen. Bitte sofort."

„Vielleicht möchte er nicht mit Ihnen sprechen."

„Und ob. Hinterher wird er mit Ihnen sprechen wollen."

„Und?"

„Ich möchte nur, daß Sie ihm ehrlich und sachlich antworten."

„Können Sie sicher sein, daß ich das tun werde?"

„Nein. Ich hoffe es nur. Ich könnte es Ihnen nicht verdenken, wenn Sie Ihren Vorteil bis zum Äußersten ausnutzen würden. Nun, jedenfalls habe ich Ihnen meinen Vortrag gehalten; machen Sie daraus, was Sie wollen."

„Fassen Sie mal bei Leporello mit an. Wir legen ihn irgendwo ins Bett, und ich rufe einen Arzt. Dann spreche ich mit dem Minister."

Das Gespräch zwischen Prinz Baldassare und dem Minister dauerte über drei Stunden. Ich war nicht dabei. Ich besprach mich mit Professor Malpensa von der psychiatrischen Klinik des Heeres in Bologna, der mit dem Hubschrauber nach Pedognana geholt worden war. Bei ihm war noch Dr. Lambrusco, Manzinis Hausarzt. Ich hatte die beiden gebeten, Leporello zu untersuchen und gemeinsam eine Diagnose zu stellen. Sie gaben mir ihre Diagnose schriftlich: „Katatonischer oder pseudokatatonischer Zustand, herbeigeführt durch Schuldgefühl oder Schrecken. Wir empfehlen gemeinsam, den Patienten zur Beobachtung in eine Klinik einzuweisen. Unserer Ansicht nach ist der Patient gegenwärtig zu keiner rationalen Kommunikation fähig, und es wäre zwecklos und gefährlich, ihn einem Verhör oder Arrest auszusetzen. Prognose – ungewiß."

Ich nahm das Schriftstück entgegen und gab den General in die Hände Professor Malpensas. Dann ging ich zu Manzini. Ich fand ihn allein im Salon, grau im Gesicht, aber gutgelaunt. „Nun, Matucci, wir haben es geschafft!"

„Ja. Es ist jetzt sehr still."

„Was hatten Sie erwartet? Girlanden, einen Triumphzug?"

„Selig, wer nichts erwartet, denn er kann sich darauf verlassen, daß er's kriegt. Ich glaube, ich kann einen Kognak brauchen."

„Bedienen Sie sich." Er zeigte aufs Arbeitszimmer. „Unser Freund Baldassare versucht mit dem Minister ein Geschäft zu machen. Würde es Sie überraschen, zu hören, daß ich dazu geraten habe?"

„Unter welchen Bedingungen, Bruno?"

„Ich habe behauptet, daß wir ohne die Mithilfe des Direktors dieses Drama heute abend nicht hätten starten können."

„Das ist doch nicht wahr."

„Ich weiß. Sie wissen es. Der Minister weiß es. Aber es ist nun mal im Augenblick die günstigste Version. Einwände?"

„Ich kann es nicht billigen, aber ich sehe ein, daß es unumgänglich ist."

„Sie haben dazugelernt, Dante *mio*."

„Aus schlechter Erfahrung. Könnten Sie jetzt den Herausgeber Ihrer Zeitung erreichen?"

„Natürlich. Warum?"

„Er soll eine Meldung an die Agenturen geben."

„Was haben Sie vor?"

„Das kann ich Ihnen nicht sagen, bevor ich mit dem Minister gesprochen habe."

Er musterte mich rasch mit einem prüfenden Blick. „Wenigstens mit Ihnen kann man zufrieden sein, Dante. Lange habe ich mich gefragt, wieviel von Ihnen Mann und wieviel nur Produkt der Umstände war. Verzeihen Sie mir! Wie soll man wissen, ob eine Nuß gesund ist, ohne die Schale zu knacken? Sie sind ein Mensch voller Widersprüche. Sie sind ein Feigling und ein Held, weise und närrisch, weich wie Wachs und hart wie Eisen. Ich weiß nicht, wie Sie einmal enden werden, aber ich habe meine Zeit bei Ihnen nicht verschwendet. Ich rufe den Herausgeber an."

Er war etwa drei Minuten aus dem Zimmer, als der Minister eintrat und, als er sah, daß ich allein war, in barschem Ton feststellte, daß er mir ein paar Fragen zu stellen habe.

„Zu Ihren Diensten, Herr Minister."

„Die Behauptungen, die Sie heute abend aufgestellt haben, sind die wahr?"

„Ja."

„Können Sie das vor Gericht beweisen?"

„Die Vorwürfe gegen General Leporello kann ich vor Gericht beweisen."

„Können Sie für eine Verurteilung garantieren?"

„Garantieren, nein."

„Aber Sie wären bereit, es zu versuchen?"

„Als Beamter der öffentlichen Sicherheit, ja."

„Sie machen eine Einschränkung. Warum?"

Ich reichte ihm den ärztlichen Befund über Leporello und wartete, bis er ihn durchgelesen hatte. Er gab ihn mir zurück. „Ich wiederhole, Oberst, warum haben Sie Ihre letzte Antwort mit einer Einschränkung versehen?"

„Weil ich verpflichtet bin, Ihnen als Beamter der öffentlichen Sicherheit zu raten, Herr Minister. Ich bin nicht um eine politische Stellungnahme gebeten worden."

„Dann bitte ich Sie jetzt um eine vorurteilslose politische Stellungnahme. Wir haben dank Ihrer Bemühungen eine nationale Krise abgewendet. Wie sollen wir uns verhalten, um einen nationalen Skandal zu vermeiden?"

„Wir haben zwei wichtige Männer unter Arrest, Herr Minister. Der eine ist unzurechnungsfähig. Gegen den anderen reichen die Beweise nicht aus; und selbst wenn wir sie vervollständigen könnten, würden wir riskieren, daß er Enthüllungen macht, die der öffentlichen Sicherheit schaden. Wir würden auch eine Spaltung innerhalb unseres Landes sowie zwischen uns und unseren Verbündeten riskieren. Ich würde also mit allem schuldigen Respekt empfehlen, Prinz Baldassare die Möglichkeit zu geben, sich aus dem öffentlichen Leben zurückzuziehen und innerhalb von zwölf Stunden das Land zu verlassen."

„Ist das möglich, ohne eine allgemeine Empörung auszulösen?"

„Mit feindseligen Stellungnahmen, auch mit ein paar politischen Verwicklungen ist zu rechnen. Ich würde sie aber für ein geringeres Übel halten als eine Gerichtsverhandlung mit allem Drum und Dran."

„Wie stehen Sie persönlich zu Prinz Baldassare?"

„Ich bewundere sein Talent und habe viel von ihm gelernt. Ich mißbillige seine Politik und seinen persönlichen Ehrgeiz. Ich habe sehr private Gründe, ihn gern vernichtet zu sehen."

„Was für Gründe sind das?"

„Er hat eine Frau verhaftet, eine ehemalige ausländische Agentin, die ich liebe. Er hat meine Karriere zerstört. Er hat dafür gesorgt, daß ich einer psychischen Folter unterzogen wurde, von deren Folgen ich mich erst vor kurzem wieder erholt habe."

„Und trotzdem würden Sie seine Freilassung empfehlen?"

„Als eine politische Notwendigkeit, ja."

„Könnten Sie das organisieren und durchführen?"

„Sie meinen, ob ich die persönliche Verantwortung dafür übernehme, Herr Minister? Ob ich somit die Regierung und das Ministerium davon entbinde und die Gefahr auf mich persönlich nehme?"

„Sie drücken es sehr genau aus, Oberst. Möchten Sie Bedenkzeit? Oder ein Bonbon zur Versüßung des Risikos?"

„Zeit haben wir nicht, Herr Minister. Und ich bin nicht käuflich – nicht mehr. Ich habe meine eigenen Gründe, es zu tun. Heute nacht noch werde ich ihn über die Grenze schaffen."

„Danke, Oberst. Ich möchte, daß Sie sich so bald wie möglich bei mir in Rom melden."

„Darf ich Sie daran erinnern, daß gegen mich ein Verfahren läuft, das noch von General Leporello eingeleitet wurde?"

„Die Anklage wird zurückgezogen. Sie sind wieder in den aktiven Dienst gestellt und mir verantwortlich. Bis Sie wieder nach Rom kommen, glaube ich Ihnen sicher Ihre Ernennung zum Direktor bestätigen zu können."

Er hatte es als eine Auszeichnung gemeint – Manna in der Hungerwüste einer Bürokratenkarriere. Statt dessen schmeckte es nach den Früchten des Toten Meeres – Staub und Asche auf der Zunge. Eben noch hatte ich mich als Patriot gefühlt; mit dieser Belohnung jetzt hatte er mich wieder zur Hure gemacht. Aber ich hatte keine andere Wahl, als das Spiel mitzuspielen oder die Karten auf den Tisch zu werfen. Ich verbeugte mich. „Ergebenen Dank, Herr Minister."

„Danke auch, Oberst. Gute Nacht."

Es WAR schon komisch, auf dem Stuhl des Direktors zu sitzen. Für einen Mann von seiner Eleganz unterhielt er ein geradezu schäbiges Büro. Die einzigen Zeichen der Macht waren die grauen Aktenschränke, das Zerhackertelephon und die Wechselsprechanlage, mit der ich zwanzig Leute im Galopp zu mir kommen lassen konnte.

Der alte Steffi saß auf der anderen Seite des Schreibtischs und gackerte: „Also, Matucci! Was ist das für ein Gefühl? Paßt Ihr Hintern auf den Sitz der Mächtigen? Und was jetzt, welche Politik? Links, rechts oder Mitte?"

„Ein Mittelweg, Steffi. *Tolleranza.* Ich glaube, wir brauchen allesamt eine kleine Atempause."

„Bis einer eine Bombe schmeißt oder die Polizei auf Demonstranten schießt und die Herren da oben durchdrehen und nach Taten schreien. Ich frage mich, wie tolerant Sie dann sein werden! Na, jedenfalls besteht Hoffnung!"

„Kommen Sie, Steffi, geben Sie mir Zeit."

„Ich kann Ihnen Zeit geben. Aber die anderen? Und wie steht's mit Ihnen selbst?"

„Bitte, alter Freund!"

„Na schön, ich weiß, ich bin sauer. Tut mir leid. Was möchten Sie von mir?"

„Der Gefängnisdirektor erwartet Sie. Sie zeigen ihm den Brief des Ministers und meinen. Lili wird Ihnen übergeben. Sie liefern sie in ihrer Wohnung ab. Ich werde dort sein, wenn Sie ankommen."

Er starrte mich an wie ein seltenes Tier. „Warum holen Sie sie nicht selbst? Was haben Sie eigentlich in den Adern, Matucci, Eiswasser?"

Jetzt wurde ich wütend, maßlos wütend, und ich goß den ganzen aufgestauten Zorn von Monaten über ihn aus.

„Ich will Ihnen sagen, was für ein Mensch ich bin, Steffi. Ich blute wie jeder andere. Und mir hängen alle die Schlaumeier wie Sie zum Hals heraus, die immer glauben, sie könnten mich in einem Schema unterbringen. Sie wollen wissen, warum ich nicht selbst ins Gefängnis gehe? Ich sag's Ihnen! Weil ich das erste Mal, das Lili mich sähe, in Begleitung des Gefängnisdirektors, eines Notars und eines Wärters mit Pistole im Gürtel käme. Ich würde so aussehen wie sie, und ich will nicht, daß Lili mich so sieht, weil das nicht der Mann ist, der ich bin – wenigstens nicht für sie. Ich will sie in die Arme nehmen und küssen und trösten, und das könnte ich nicht, wenn auf den Rängen

Zoten darüber gerissen würden und jeder kleine Bürohammel hinter der Hand grinste. Dem will ich sie nicht aussetzen. Ich habe Sie gebeten, hinzugehen, weil ich dachte, Sie wären mein Freund. Jetzt scheren Sie sich raus hier! Ich finde schon jemand anderen."

Er saß bedrückt da, und seine Lippen arbeiteten. Schließlich sah er mich an, und in seinem Blick lagen Mitleid und eine neue Art von Respekt. Er sagte ruhig: „Ich bin ein alter Narr mit einem Spatzenhirn. Ich will gern für Sie hingehen, kleiner Bruder."

„Danke."

„Sie haben Angst, nicht wahr?"

„Ja, Steffi, ich habe Angst."

„Immer sachte! Immer ruhig bleiben!"

Ich füllte Lilis Wohnung mit Körben von Blumen. Ich hatte Sekt in einem Kübel kaltstehen, Kanapees auf einem silbernen Tablett und einen ganzen Kühlschrank voll mit Essen. Ich hatte alle Papiere bereit, um auf dem Kapitol das Aufgebot zu bestellen. Ich hatte sogar einen smaragdenen Verlobungsring, eigens von Bulgari entworfen.

Das Klingeln an der Tür war wie Kamelglocken in der Wüste. Als ich öffnete, stand Lili vor mir, ganz allein und still. Ich riß sie in meine Arme und war erstaunt, wie leicht sie war. Ich küßte und drückte sie und fragte mich, wohin nur all die Leidenschaft gegangen war. Ich setzte sie in einen Sessel und bediente sie wie eine Königin. Und dann sah ich sie an. Sie war fast durchsichtig, zu Haut und Knochen zusammengeschrumpft. Ihre Kleider hingen an ihr wie an einer Vogelscheuche. Ihr Mund war verkniffen, ihre Hände zittrig. Die beredten Augen waren glasig und stumpf wie Kieselsteine. Sie aß und trank ganz mechanisch, und als ich ihr meine Hände auf Stirn und Wangen legte, ließ sie es sich gefallen, reagierte aber nicht.

Ich kniete neben ihr nieder und bettelte: „Sag mir, Lili, was ist geschehen? Was haben sie dir angetan?"

„Manchmal haben sie mich verhört. Meist haben sie mich in Ruhe gelassen."

„Lili, du weißt doch, daß ich dieses Telegramm nicht geschickt habe?"

Sie sah mich mit leerem Blick an. „Was für ein Telegramm?"

„Man hat mir gesagt, du wärst auf Grund eines Telegramms von mir zurückgekommen."

„Ich habe kein Telegramm erhalten."

„Warum bist du dann zurückgekommen?"

„Ich hatte deinen Brief bekommen. Ich habe ihn jeden Abend gelesen, bevor ich zu Bett ging. Eines Abends war er nicht mehr da. Ich glaubte, ich hätte ihn verlegt. Anderntags machte ich einen Spaziergang. Mein Freund aus Lugano, der Ingenieur, hielt neben mir an und wollte mich mitnehmen. Ich stieg ein. Da hat mir jemand ein Kissen aufs Gesicht gedrückt. Als nächstes kann ich mich erst wieder erinnern, daß zwei Männer, die ich nicht kannte, mich nach Rom brachten. Das ist alles. Nur daß sie mir gesagt haben, du wärst auch im Gefängnis."

„O Schatz! Das tut mir so leid!"

„Es macht nichts."

„Hör zu, Liebes. Wir bringen dich wieder auf die Beine, und dann heiraten wir. Alle Probleme sind dann gelöst. Du stehst unter dem persönlichen Schutz des SID-Direktors, für immer. Wie klingt das?"

„Wunderschön, Dante. Aber ich möchte nicht."

Während ich sie noch anstarrte, ohne zu begreifen, sah ich die erste Spur von Leben in ihre Wangen kommen, das erste Dämmern von Gefühlen in ihrem Blick. Sie sagte ganz sanft: „Dante, ich weiß, daß du mich liebst. Dein Brief war das rührendste Kompliment, das ich im Leben bekommen habe, aber ich gebe ihn dir zurück. Ich könnte es nicht ertragen, ihn zu behalten. Und vernichten will ich ihn nicht."

„Aber du hast doch gesagt, der Brief sei fort?"

„Sie haben ihn mir im Gefängnis zurückgegeben. Sie tun dort die merkwürdigsten Dinge, einmal grausam, einmal nett; man weiß nie, was als nächstes an der Reihe ist. Ich liebe dich auch, Dante – ich glaube, ich werde dich immer lieben –, aber ich möchte nicht auf immer und ewig mit dir leben."

„Lili, bitte –"

„Nein, hör mir zu, Dante! Ich verstehe euch Italiener nicht mehr! Ihr seid so herzlich und freundlich; und dann seid ihr plötzlich so hinterhältig und grausam, daß mir das Blut in den Adern gefriert. Ihr kennt keine Verpflichtungen, Dante – nur der Familie und dem Heute gegenüber. Außerhalb der Familie, nach dem Heute ist alles Argwohn und Berechnung. Dante, ich tue dir so ungern weh, aber ich muß das sagen. Ihr seid das Volk, das immer überlebt, egal, was mit euch geschieht. Das ist etwas Wunderbares, Hoffnungsvolles. Aber es ist zugleich etwas Schreckliches, denn ihr würdet einander zertrampeln, um an den letzten Tropfen Wasser auf der Welt heranzukommen. Sogar du, mein Dante! Und damit kann ich mich nicht abfinden. Ich möchte in Sicherheit leben, mit einem kleinen Buch, das mir sagt, was ich tun soll. Ich möchte, wenn ich mich an die Regeln halte, die Gewißheit haben, daß die Regeln mir Schutz bieten – mehr Schutz als Versprechungen, mehr Schutz sogar als Liebe. In der Schweiz kann ich das. Hier nicht. Ich kann das Risiko mit dir nicht mehr eingehen."

Was sollte ich sagen? Es stimmte ja alles. Der Ring an meinem Finger war ein Symbol dafür: das Fabeltier, das die heißesten Flammen überlebte. Und doch war es nicht wahr. Nicht so, wie sie es gesagt hatte. Das Büchlein mit den Regeln war keine Antwort. Nicht für uns, das Volk der Sonne. Wie konnten wir an Beständigkeit glauben, wir, die wir über die Gebeine toter Herrscher an die Macht kamen? Wir konnten dem Morgen nicht trauen; wir konnten uns nur mit dem Heute arrangieren. Ich kniete lange so neben ihr, mein Gesicht in ihre Hände vergraben, aus deren Poren noch der muffige Gefängnisgeruch drang.

Ich liebte sie und konnte doch keine Worte finden, die sie oder mich getröstet hätten.

Dann hörte ich sie sagen: „Hilfst du mir bitte packen, Dante, und könntest du mir einen Flug nach Zürich besorgen? Ich möchte so schnell wie möglich von hier fort."

Nun erst entdeckte ich, wie wichtig es war, der Direktor zu sein. Ich konnte ihr in der ersten Klasse einer ausgebuchten Maschine noch einen Platz beschaffen. Auf Fiumicino durfte ich den Wagen ins Parkverbot stellen. Im Warteraum der ersten Klasse bekam ich kostenlos Getränke angeboten. Ich durfte Lili bis ins Flugzeug begleiten und sie der Obhut des Chefstewards anvertrauen. All das wegen eines Stückchens Karton in einem schwarzen Lederetui, das mit dem Hoheitswappen der Republik gestempelt war.

Ich fuhr nach Rom zurück und rief Pia Faubiani an. Sie war nicht zu Hause; sie sei nach Venedig gefahren, um ihre neue Modeschau zu eröffnen. Ich rief bei einer Agentur an und beauftragte sie, mir eine größere Wohnung in einem besseren Viertel zu beschaffen. Ich brauchte mehr *figura,* eine bessere Fassade, wo ich es doch jetzt mit hochgestellten Leuten und großen Affären zu tun hatte. Ich aß am Abend in meinem alten Restaurant in Trastevere, doch plötzlich fand ich es zu voll und provinziell. Sogar der Musiker schien seine besondere Note eingebüßt zu haben. Ich fuhr früh nach Hause und versuchte ein paar Zeilen von meinem dichtenden Namensvetter zu lesen, bevor ich zu Bett ging. Ich war zu schläfrig, um mich auf seine umständliche Bildersprache zu konzentrieren – und außerdem glaubte ich ihm kein Wort. Aber nein, das stimmt ja nicht. Drei Zeilen fand ich, die ich glauben mußte:

Wer im Jammer glücklicher Tage gedenkt,
sprach sie zu mir, der leidet schlimmste Qual,
auch der Mann weiß davon, der dich hierher gelenkt.

Morris West

Der Salamander ist der fünfte Roman des vielgelesenen Schriftstellers Morris West, den wir Ihnen in den Auswahlbüchern vorstellen. In einem Brief hat Morris West sich vor kurzem einen „Autor des moralischen Dilemmas" genannt und seine Arbeit erläutert. In *Des Teufels Advokat* war es das Dilemma eines Kirchenmannes, dessen Leben formal untadelig war, doch jeder Nächstenliebe entbehrte. Mit *In den Schuhen des Fischers* beschrieb er „den Zwiespalt eines Mannes, der seine Macht im Namen Gottes auszuüben behauptete" und seinen Glauben bewahrte, „obgleich dessen Bewahrung die Vernichtung eines Menschen bedeutete". Auch in *Der Salamander* muß der Held Kompromisse schließen und widersprüchliche Verpflichtungen miteinander in Einklang bringen.

Morris West wurde 1916 in Melbourne in Australien geboren. Er ging in die Schule des Ordens der Christlichen Brüder, in den er mit vierzehn Jahren als Postulant eintrat, um ihn zwölf Jahre später ohne die endgültigen Weihen wieder zu verlassen. Im Zweiten Weltkrieg diente er in der Abwehr, und nachdem er mehrere Jahre für Rundfunk und Fernsehen geschrieben hatte, erkannte er, daß er die Freiheit brauchte, das schreiben zu können, was *er* schreiben wollte. Und das tut er seitdem.

Morris West lebt und arbeitet jetzt seit fast zehn Jahren in Italien; heute lebt er mit seiner Frau Joy und seinen vier Kindern auf Sardinien.

Die ungekürzten deutschen Ausgaben von
„Piratenkurs“ und „Der Salamander“
sind im Buchhandel erhältlich